סליחות קורן • מנהג פולין

קורן ירושלים

סליחות קורן

מנהג פולין

חטאנו צורנו סלח לנו יוצרנו

ערך
הרב אליהו ליפשיץ

•

הוצאת קורֵן ירושלים

סליחות קורן
מהדורה ראשונה © 2016
הוצאת קורן ירושלים
ת״ד 4044 ירושלים 91040
www.korenpub.com

מנהג פולין, מהדורה אישית, כריכה רכה, מסת״ב: 978-965-301-869-3

נדפס בישראל 2019

סלספ3

תוכן עניינים

בְּהִתְעַטֵּף עָלַי נַפְשִׁי אֶת ה׳ זָכָרְתִּי (יונה פרק ב, ח)

מתוך שטף החיים הגועש ומתוך השגרה התובענית אנו מוצאים את עצמנו בהיכל הזמן של חודש הרחמים, כמו עבד שבבהילות הובא בבגדיו הצואים לפני כס המלוכה ללא כל הכנה מוקדמת. לשגרה שלנו, משם הובלנו להיכל מקודש זה, יש תכונות מוחשיות מאוד ובחווייתנו נוקשות מאוד בדרישותיהן שאינן ניתנות לדחייה: הצורך לפרנס, הצורך לאכול ולהאכיל, בני אדם הבאים בתביעה שנספק להם מס, עבודה, יחס, כבוד, או כוחות. טבענו להתייחס לדרישות אלה במלוא הרצינות ובכובד ראש; ובמודעות לאחריות שלנו אנו מארגנים את החיים שלנו בהתאם להן.

נוכח פחות, דוחק פחות, ובחווייתנו על פי רוב גם גורלי פחות, הוא הרובד הרוחני של חיינו. המודעות שלנו לנוכחות של ה׳ בחיינו תלויה בעיקר בנכונות שלנו להיפתח אליו, וממילא אין בה אופי של הכתבה או תביעה. בפועל הוא אינו מקבל את הבמה. כך עולה מאיחולו האחרון של רבי יוחנן בן זכאי לתלמידיו: ״יהי רצון שתהא מורא שמים עליכם כמורא בשר ודם״ (ברכות כח ,ב). אם לא נעשה את המאמץ להיות מוסריים בכל מצב, לרוב לא יהיו לדבר השלכות שליליות הנראות לעין. אם לא נשתדל לראות את עצמנו עומדים לפני מלך מלכי המלכים בשעת התפילה ומעבר לה, על פניו לא ייגררו מכך תוצאות קשות. אם לא נקבע עתים לתורה ולגמילות חסדים, ואם לא נשאף לפעול בכלל לשם שמים, עולמֵנו ימשיך להתנהל כדרכו, לכאורה.

ממילא אין אנו רואים את הקב״ה במרכז חיינו. כמו שאנחנו נוכחים לדעת מתוך הקשרים שלנו עם בני זוג, עם הורים, עם ילדים ועם חברים – זהו השורש של כל בעיה שנוצרת בקשר אישי עם הזולת. הדבר הצורם ביותר לזולת הוא כאשר הוא נדחק הצידה מבחינתנו, כשהוא אינו משמעותי לנו, כשהוא אינו תופס מקום אצלנו בלב ובראש. אנחנו איננו נותנים לה׳ מקום בתוך הגוף שהוא עצמו ברא.

ה׳ מאפשר לנו תיקון. ה׳ מורה לנו לפנות אליו באופן ישיר, לקרוא בשמו, לעמוד מולו במילים שהוא שם בפינו. וכפי התעלמותנו מהרוח עד כה, כך המרכזיות שהיא תופסת בחיינו עתה, וזהו היסוד לסליחת ה׳. אנחנו מתוודים שעד כה ה׳ לא היה במרכז עולמנו, אך כעת בקראנו אליו באמת, בוודאי יהיה שוב קרוב אלינו.

העריכה של נוסח הסליחות ושל המבואות לסליחות היא פרי מלאכתם של הרב אליהו ליפשיץ והרב אהרן גלצר, הייעוץ וההגהות של אביחי גמדני. הגהה של כל הסליחות והמבואות נעשתה על ידי ינון חן ואפרת גרוס, והעיצוב המוקפד הוא מעשי ידי אסתר באר, על פי העקרונות שקבע אליהו קורן ז״ל. על ההפקה אמון אבישי מגנצא.

תקווה גדולה יש בליבנו ובלב כל ישראלי, שנישא את ה׳ בקרבנו מעבר להיכל הזמן של אלול ותשרי, אל תוך עומק חיינו, וכמטר יפריח את כל תחומי החיים.

״דְּרֹשׁ נָא דֹּרְשֶׁיךָ בִּדְרָשָׁם פָּנֶיךָ״

יהושע מילר

מוצאי צום החמישי התשע״ו

סליחות

סליחות ליום ראשון

אַשְׁרֵי יוֹשְׁבֵי בֵיתֶךָ, עוֹד יְהַלְלוּךָ סֶּלָה: תהלים פד

אַשְׁרֵי הָעָם שֶׁכָּכָה לּוֹ, אַשְׁרֵי הָעָם שֶׁיהוה אֱלֹהָיו: תהלים קמד

תְּהִלָּה לְדָוִד תהלים קמה

אֲרוֹמִמְךָ אֱלוֹהַי הַמֶּלֶךְ, וַאֲבָרְכָה שִׁמְךָ לְעוֹלָם וָעֶד:

בְּכָל־יוֹם אֲבָרְכֶךָּ, וַאֲהַלְלָה שִׁמְךָ לְעוֹלָם וָעֶד:

גָּדוֹל יהוה וּמְהֻלָּל מְאֹד, וְלִגְדֻלָּתוֹ אֵין חֵקֶר:

דּוֹר לְדוֹר יְשַׁבַּח מַעֲשֶׂיךָ, וּגְבוּרֹתֶיךָ יַגִּידוּ:

הֲדַר כְּבוֹד הוֹדֶךָ, וְדִבְרֵי נִפְלְאֹתֶיךָ אָשִׂיחָה:

וֶעֱזוּז נוֹרְאֹתֶיךָ יֹאמֵרוּ, וּגְדוּלָּתְךָ אֲסַפְּרֶנָּה:

זֵכֶר רַב־טוּבְךָ יַבִּיעוּ, וְצִדְקָתְךָ יְרַנֵּנוּ:

חַנּוּן וְרַחוּם יהוה, אֶרֶךְ אַפַּיִם וּגְדָל־חָסֶד:

טוֹב־יהוה לַכֹּל, וְרַחֲמָיו עַל־כָּל־מַעֲשָׂיו:

יוֹדוּךָ יהוה כָּל־מַעֲשֶׂיךָ, וַחֲסִידֶיךָ יְבָרְכוּכָה:

כְּבוֹד מַלְכוּתְךָ יֹאמֵרוּ, וּגְבוּרָתְךָ יְדַבֵּרוּ:

לְהוֹדִיעַ לִבְנֵי הָאָדָם גְּבוּרֹתָיו, וּכְבוֹד הֲדַר מַלְכוּתוֹ:

מַלְכוּתְךָ מַלְכוּת כָּל־עֹלָמִים, וּמֶמְשַׁלְתְּךָ בְּכָל־דּוֹר וָדֹר:

סוֹמֵךְ יהוה לְכָל־הַנֹּפְלִים, וְזוֹקֵף לְכָל־הַכְּפוּפִים:

עֵינֵי־כֹל אֵלֶיךָ יְשַׂבֵּרוּ, וְאַתָּה נוֹתֵן־לָהֶם אֶת־אָכְלָם בְּעִתּוֹ:

פּוֹתֵחַ אֶת־יָדֶךָ, וּמַשְׂבִּיעַ לְכָל־חַי רָצוֹן:

צַדִּיק יהוה בְּכָל־דְּרָכָיו, וְחָסִיד בְּכָל־מַעֲשָׂיו:

קָרוֹב יהוה לְכָל־קֹרְאָיו, לְכֹל אֲשֶׁר יִקְרָאֻהוּ בֶאֱמֶת:

רְצוֹן־יְרֵאָיו יַעֲשֶׂה, וְאֶת־שַׁוְעָתָם יִשְׁמַע, וְיוֹשִׁיעֵם:

שׁוֹמֵר יהוה אֶת־כָּל־אֹהֲבָיו, וְאֵת כָּל־הָרְשָׁעִים יַשְׁמִיד:
תְּהִלַּת יהוה יְדַבֶּר פִּי, וִיבָרֵךְ כָּל־בָּשָׂר שֵׁם קָדְשׁוֹ לְעוֹלָם וָעֶד:
תהלים קטו וַאֲנַחְנוּ נְבָרֵךְ יָהּ מֵעַתָּה וְעַד־עוֹלָם, הַלְלוּיָהּ:

במדבר יד וְעַתָּה יִגְדַּל־נָא כֹּחַ אֲדֹנָי כַּאֲשֶׁר דִּבַּרְתָּ לֵאמֹר:
תהלים כה זְכֹר־רַחֲמֶיךָ יהוה וַחֲסָדֶיךָ כִּי מֵעוֹלָם הֵמָּה:

חצי קדיש

ש״ץ: יִתְגַּדַּל וְיִתְקַדַּשׁ שְׁמֵהּ רַבָּא (קהל: אָמֵן)
בְּעָלְמָא דִּי בְרָא כִרְעוּתֵהּ
וְיַמְלִיךְ מַלְכוּתֵהּ [וְיַצְמַח פֻּרְקָנֵהּ וִיקָרֵב מְשִׁיחֵהּ (קהל: אָמֵן)]
בְּחַיֵּיכוֹן וּבְיוֹמֵיכוֹן וּבְחַיֵּי דְכָל בֵּית יִשְׂרָאֵל
בַּעֲגָלָא וּבִזְמַן קָרִיב, וְאִמְרוּ אָמֵן. (קהל: אָמֵן)

קהל וש״ץ: יְהֵא שְׁמֵהּ רַבָּא מְבָרַךְ לְעָלַם וּלְעָלְמֵי עָלְמַיָּא.

ש״ץ: יִתְבָּרַךְ וְיִשְׁתַּבַּח וְיִתְפָּאַר וְיִתְרוֹמַם וְיִתְנַשֵּׂא
וְיִתְהַדָּר וְיִתְעַלֶּה וְיִתְהַלָּל
שְׁמֵהּ דְּקֻדְשָׁא בְּרִיךְ הוּא (קהל: אָמֵן)
לְעֵלָּא מִן כָּל בִּרְכָתָא וְשִׁירָתָא, תֻּשְׁבְּחָתָא וְנֶחֱמָתָא
דַּאֲמִירָן בְּעָלְמָא, וְאִמְרוּ אָמֵן. (קהל: אָמֵן)

דניאל ט לְךָ אֲדֹנָי הַצְּדָקָה, וְלָנוּ בֹּשֶׁת הַפָּנִים:
בראשית מד מַה נִּתְאוֹנֵן וּמַה נֹּאמַר, מַה־נְּדַבֵּר וּמַה־נִּצְטַדָּק:
נַחְפְּשָׂה דְרָכֵינוּ וְנַחְקֹרָה וְנָשׁוּבָה אֵלֶיךָ, כִּי יְמִינְךָ פְשׁוּטָה לְקַבֵּל שָׁבִים.
לֹא בְחֶסֶד וְלֹא בְמַעֲשִׂים בָּאנוּ לְפָנֶיךָ, כְּדַלִּים וּכְרָשִׁים דָּפַקְנוּ דְלָתֶיךָ.
דְּלָתֶיךָ דָּפַקְנוּ רַחוּם וְחַנּוּן, נָא אַל תְּשִׁיבֵנוּ רֵיקָם מִלְּפָנֶיךָ.
מִלְּפָנֶיךָ מַלְכֵּנוּ רֵיקָם אַל תְּשִׁיבֵנוּ, כִּי אַתָּה שׁוֹמֵעַ תְּפִלָּה.

שְׁמֵעַ תְּפִלָּה, עָדֶיךָ כָּל־בָּשָׂר יָבֹאוּ: תהלים סה
יָבוֹא כָל בָּשָׂר לְהִשְׁתַּחֲוֹת לְפָנֶיךָ יהוה.
יָבֹאוּ וְיִשְׁתַּחֲווּ לְפָנֶיךָ אֲדֹנָי, וִיכַבְּדוּ לִשְׁמֶךָ: תהלים פו
בֹּאוּ נִשְׁתַּחֲוֶה וְנִכְרָעָה, נִבְרְכָה לִפְנֵי־יהוה עֹשֵׂנוּ: תהלים צה
נָבוֹאָה לְמִשְׁכְּנוֹתָיו, נִשְׁתַּחֲוֶה לַהֲדֹם רַגְלָיו: תהלים קלב
בֹּאוּ שְׁעָרָיו בְּתוֹדָה חֲצֵרֹתָיו בִּתְהִלָּה תהלים ק
הוֹדוּ לוֹ בָּרְכוּ שְׁמוֹ:
וַאֲנַחְנוּ בְּרֹב חַסְדְּךָ נָבוֹא בֵיתֶךָ
נִשְׁתַּחֲוֶה אֶל הֵיכַל קָדְשְׁךָ בְּיִרְאָתֶךָ.
הִנֵּה בָּרְכוּ אֶת־יהוה כָּל־עַבְדֵי יהוה תהלים קלד
הָעֹמְדִים בְּבֵית־יהוה בַּלֵּילוֹת:
שְׂאוּ־יְדֵכֶם קֹדֶשׁ, וּבָרְכוּ אֶת־יהוה:
רוֹמְמוּ יהוה אֱלֹהֵינוּ וְהִשְׁתַּחֲווּ לַהֲדֹם רַגְלָיו, קָדוֹשׁ הוּא: תהלים צט
רוֹמְמוּ יהוה אֱלֹהֵינוּ וְהִשְׁתַּחֲווּ לְהַר קָדְשׁוֹ
כִּי־קָדוֹשׁ יהוה אֱלֹהֵינוּ:
הִשְׁתַּחֲווּ לַיהוה בְּהַדְרַת־קֹדֶשׁ, חִילוּ מִפָּנָיו כָּל־הָאָרֶץ: תהלים צו
נִשְׁתַּחֲוֶה אֶל הֵיכַל קָדְשְׁךָ וְנוֹדֶה אֶת שְׁמֶךָ
עַל חַסְדְּךָ וְעַל אֲמִתֶּךָ, כִּי הִגְדַּלְתָּ עַל כָּל שִׁמְךָ אִמְרָתֶךָ.
יהוה אֱלֹהֵי צְבָאוֹת מִי־כָמוֹךָ חֲסִין יָהּ, וֶאֱמוּנָתְךָ סְבִיבוֹתֶיךָ: תהלים פט
כִּי מִי בַשַּׁחַק יַעֲרֹךְ לַיהוה, יִדְמֶה לַיהוה בִּבְנֵי אֵלִים:
כִּי־גָדוֹל אַתָּה וְעֹשֵׂה נִפְלָאוֹת, אַתָּה אֱלֹהִים לְבַדֶּךָ: תהלים פו
כִּי־גָדֹל מֵעַל־שָׁמַיִם חַסְדֶּךָ, וְעַד־שְׁחָקִים אֲמִתֶּךָ: תהלים קח
גָּדוֹל יהוה וּמְהֻלָּל מְאֹד, וְלִגְדֻלָּתוֹ אֵין חֵקֶר: תהלים קמה
כִּי גָדוֹל יהוה וּמְהֻלָּל מְאֹד, נוֹרָא הוּא עַל־כָּל־אֱלֹהִים: תהלים צו
כִּי אֵל גָּדוֹל יהוה, וּמֶלֶךְ גָּדוֹל עַל־כָּל־אֱלֹהִים: תהלים צה
אֲשֶׁר מִי־אֵל בַּשָּׁמַיִם וּבָאָרֶץ אֲשֶׁר־יַעֲשֶׂה כְמַעֲשֶׂיךָ וְכִגְבוּרֹתֶךָ: דברים ג

ירמיה י מִי לֹא יִרָאֲךָ מֶלֶךְ הַגּוֹיִם כִּי לְךָ יָאָתָה
כִּי בְכָל־חַכְמֵי הַגּוֹיִם וּבְכָל־מַלְכוּתָם מֵאֵין כָּמוֹךָ:
מֵאֵין כָּמוֹךָ יהוה, גָּדוֹל אַתָּה וְגָדוֹל שִׁמְךָ בִּגְבוּרָה:
תהלים פט לְךָ זְרוֹעַ עִם־גְּבוּרָה, תָּעֹז יָדְךָ תָּרוּם יְמִינֶךָ:
תהלים עד לְךָ יוֹם אַף־לְךָ לָיְלָה, אַתָּה הֲכִינוֹתָ מָאוֹר וָשָׁמֶשׁ:
תהלים צה אֲשֶׁר בְּיָדוֹ מֶחְקְרֵי־אָרֶץ, וְתוֹעֲפוֹת הָרִים לוֹ:
תהלים קו מִי יְמַלֵּל גְּבוּרוֹת יהוה, יַשְׁמִיעַ כָּל־תְּהִלָּתוֹ:
דברי הימים א׳ כט לְךָ יהוה הַגְּדֻלָּה וְהַגְּבוּרָה וְהַתִּפְאֶרֶת וְהַנֵּצַח וְהַהוֹד
כִּי־כֹל בַּשָּׁמַיִם וּבָאָרֶץ
לְךָ יהוה הַמַּמְלָכָה וְהַמִּתְנַשֵּׂא לְכֹל לְרֹאשׁ:
תהלים פט לְךָ שָׁמַיִם אַף־לְךָ אָרֶץ, תֵּבֵל וּמְלֹאָהּ אַתָּה יְסַדְתָּם:
תהלים עד אַתָּה הִצַּבְתָּ כָּל־גְּבוּלוֹת אָרֶץ, קַיִץ וָחֹרֶף אַתָּה יְצַרְתָּם:
אַתָּה רִצַּצְתָּ רָאשֵׁי לִוְיָתָן, תִּתְּנֶנּוּ מַאֲכָל לְעָם לְצִיִּים:
אַתָּה בָקַעְתָּ מַעְיָן וָנָחַל, אַתָּה הוֹבַשְׁתָּ נַהֲרוֹת אֵיתָן:
אַתָּה פוֹרַרְתָּ בְעָזְּךָ יָם, שִׁבַּרְתָּ רָאשֵׁי תַנִּינִים עַל־הַמָּיִם:
תהלים פט אַתָּה מוֹשֵׁל בְּגֵאוּת הַיָּם, בְּשׂוֹא גַלָּיו אַתָּה תְשַׁבְּחֵם:
תהלים מח גָּדוֹל יהוה וּמְהֻלָּל מְאֹד, בְּעִיר אֱלֹהֵינוּ הַר־קָדְשׁוֹ:
ישעיה לז יהוה צְבָאוֹת אֱלֹהֵי יִשְׂרָאֵל יֹשֵׁב הַכְּרֻבִים
אַתָּה־הוּא הָאֱלֹהִים לְבַדְּךָ:
תהלים פט אֵל נַעֲרָץ בְּסוֹד־קְדֹשִׁים רַבָּה, וְנוֹרָא עַל־כָּל־סְבִיבָיו:
וְיוֹדוּ שָׁמַיִם פִּלְאֲךָ יהוה, אַף־אֱמוּנָתְךָ בִּקְהַל קְדֹשִׁים:
תהלים צה לְכוּ נְרַנְּנָה לַיהוה, נָרִיעָה לְצוּר יִשְׁעֵנוּ:
נְקַדְּמָה פָנָיו בְּתוֹדָה, בִּזְמִרוֹת נָרִיעַ לוֹ:
תהלים פט צֶדֶק וּמִשְׁפָּט מְכוֹן כִּסְאֶךָ, חֶסֶד וֶאֱמֶת יְקַדְּמוּ פָנֶיךָ:
תהלים נה אֲשֶׁר יַחְדָּו נַמְתִּיק סוֹד, בְּבֵית אֱלֹהִים נְהַלֵּךְ בְּרָגֶשׁ:
תהלים צה אֲשֶׁר־לוֹ הַיָּם וְהוּא עָשָׂהוּ, וְיַבֶּשֶׁת יָדָיו יָצָרוּ:
איוב יב אֲשֶׁר בְּיָדוֹ נֶפֶשׁ כָּל־חָי, וְרוּחַ כָּל־בְּשַׂר־אִישׁ:

הַנְּשָׁמָה לָךְ וְהַגּוּף פָּעֳלָךְ, חוּסָה עַל עֲמָלָךְ.
הַנְּשָׁמָה לָךְ וְהַגּוּף שֶׁלָּךְ, יהוה עֲשֵׂה לְמַעַן שְׁמֶךָ.
אָתָאנוּ עַל שִׁמְךָ, יהוה עֲשֵׂה לְמַעַן שְׁמֶךָ
בַּעֲבוּר כְּבוֹד שִׁמְךָ, כִּי אֵל חַנּוּן וְרַחוּם שְׁמֶךָ.
לְמַעַן שִׁמְךָ יהוה, וְסָלַחְתָּ לַעֲוֹנֵנוּ כִּי רַב הוּא.

סְלַח לָנוּ, אָבִינוּ, כִּי בְּרֹב אִוַּלְתֵּנוּ שָׁגִינוּ.
מְחַל לָנוּ, מַלְכֵּנוּ, כִּי רַבּוּ עֲוֹנֵינוּ.

אמנם אנחנו חטאנו, אך מצבנו הקשה עומד בניגוד משווע לשלוות הגויים הסוגדים לעבודה זרה. על כן אנו מתפללים שה׳ יושיע את ישראל הנשענים עליו.

א. מחבר: רבי בנימין בן זרח

אֱלֹהֵינוּ וֵאלֹהֵי אֲבוֹתֵינוּ

אֵיךְ נִפְתַּח פֶּה לְפָנֶיךָ, דַּר מְתוּחִים
בְּאֵילוּ פָנִים נִשְׁפֹּךְ שִׂיחִים.
גָּעַלְנוּ נְתִיבוֹתֶיךָ הַיְשָׁרִים וְהַנְּכוֹחִים
דָּבַקְנוּ בְּתוֹעֵבוֹת וּבְמַעֲשִׂים זְנוּחִים.
הָלַכְנוּ אַחֲרֵי מַשְׂאוֹת שָׁוְא וּמַדּוּחִים
וְהִקְשִׁינוּ עֹרֶף וְהֵעַזְנוּ מְצָחִים.
זָעַמְתָּ בְּשֶׁלָּנוּ בֵּית מִשְׁכְּנוֹת מִבְטַחִים
חָרֵב, וּפַס רֵיחַ נִיחוֹחִים.
טֹרְדוּ וְטֻלְטְלוּ כֹּהֲנִים מְשׁוּחִים
יוֹדְעֵי עֵרֶךְ עוֹלוֹת וּזְבָחִים.
כַּמָּה יִסַּרְתָּנוּ עַל יְדֵי צִירִים וּשְׁלוּחִים
לֹא הִקְשַׁבְנוּ לִשְׁמֹעַ לְמוֹכִיחִים.
מֵאָז וְעַד עַתָּה אָנוּ נִדָּחִים
נֶהֱרָגִים נִשְׁחָטִים וְנִטְבָּחִים.
שֹׂרַדְנוּ מְתֵי מְעַט בֵּין קוֹצִים כְּסוּחִים
עֵינֵינוּ כָלוֹת בְּלִי מְצֹא רְוָחִים.
פּוֹרְכֵי עַמְּךָ אֲשֶׁר לַמַּת שׁוֹחֲחִים

צַפֵּר וָעֶרֶב לָמָּה מַצְלִיחִים.
קָמִים לְמוֹלְךָ נְאָצוֹת שׂוֹחֲחִים
רְצוּצִים, בַּמֶּה אַתֶּם בּוֹטְחִים.
שׁוֹכֵן עַד וְקָדוֹשׁ, צְפֵה בְּעֶלְבּוֹן אֲנוּחִים
תְּמוּכִים עָלֶיךָ וּבְךָ מִתְאַחִים.
בְּנוֹרָאוֹת יְמִינְךָ נִוָּשֵׁעַ לִנְצָחִים
כִּי עַל רַחֲמֶיךָ הָרַבִּים אָנוּ בְטוּחִים.

כִּי עַל רַחֲמֶיךָ הָרַבִּים אָנוּ בְטוּחִים, וְעַל צִדְקוֹתֶיךָ אָנוּ נִשְׁעָנִים
וְלִסְלִיחוֹתֶיךָ אָנוּ מְקַוִּים, וְלִישׁוּעָתְךָ אָנוּ מְצַפִּים.
אַתָּה הוּא מֶלֶךְ אוֹהֵב צְדָקוֹת מִקֶּדֶם
מַעֲבִיר עֲוֹנוֹת עַמּוֹ וּמֵסִיר חַטֹּאת יְרֵאָיו
כּוֹרֵת בְּרִית לָרִאשׁוֹנִים וּמְקַיֵּם שְׁבוּעָה לָאַחֲרוֹנִים.
אַתָּה הוּא שֶׁיָּרַדְתָּ בַּעֲנַן כְּבוֹדֶךָ עַל הַר סִינַי
וְהֶרְאֵיתָ דַּרְכֵי טוּבְךָ לְמֹשֶׁה עַבְדֶּךָ וְאָרְחוֹת חֲסָדֶיךָ גִּלִּיתָ לוֹ
וְהוֹדַעְתּוֹ כִּי אַתָּה אֵל רַחוּם וְחַנּוּן
אֶרֶךְ אַפַּיִם וְרַב חֶסֶד וּמַרְבֶּה לְהֵיטִיב
וּמַנְהִיג אֶת הָעוֹלָם כֻּלּוֹ בְּמִדַּת הָרַחֲמִים.
וְכֵן כָּתוּב:
וַיֹּאמֶר אֲנִי אַעֲבִיר כָּל־טוּבִי עַל־פָּנֶיךָ שמות לג
וְקָרָאתִי בְשֵׁם יהוה לְפָנֶיךָ
וְחַנֹּתִי אֶת־אֲשֶׁר אָחֹן, וְרִחַמְתִּי אֶת־אֲשֶׁר אֲרַחֵם:

אֵל אֶרֶךְ אַפַּיִם אַתָּה, וּבַעַל הָרַחֲמִים נִקְרֵאתָ, וְדֶרֶךְ תְּשׁוּבָה הוֹרֵיתָ.
גְּדֻלַּת רַחֲמֶיךָ וַחֲסָדֶיךָ, תִּזְכֹּר הַיּוֹם וּבְכָל יוֹם לְזֶרַע יְדִידֶיךָ.
תֵּפֶן אֵלֵינוּ בְּרַחֲמִים, כִּי אַתָּה הוּא בַּעַל הָרַחֲמִים.
בְּתַחֲנוּן וּבִתְפִלָּה פָּנֶיךָ נְקַדֵּם, כְּהוֹדַעְתָּ לֶעָנָו מִקֶּדֶם.

מֵחֲרוֹן אַפְּךָ שׁוּב, כְּמוֹ בְּתוֹרָתְךָ כָּתוּב.
וּבְצֵל כְּנָפֶיךָ נֶחֱסֶה וְנִתְלוֹנָן, כְּיוֹם וַיֵּרֶד יהוה בֶּעָנָן.
תַּעֲבֹר עַל פֶּשַׁע וְתִמְחֶה אָשָׁם, כְּיוֹם וַיִּתְיַצֵּב עִמּוֹ שָׁם.
תַּאֲזִין שַׁוְעָתֵנוּ וְתַקְשִׁיב מֶנּוּ מַאֲמָר, כְּיוֹם וַיִּקְרָא בְשֵׁם יהוה
וְשָׁם נֶאֱמַר

קהל ואחריו שליח הציבור:

וַיַּעֲבֹר יהוה עַל־פָּנָיו וַיִּקְרָא שמות לד

יהוה, יהוה, אֵל רַחוּם וְחַנּוּן, אֶרֶךְ אַפַּיִם, וְרַב־חֶסֶד וֶאֱמֶת:
נֹצֵר חֶסֶד לָאֲלָפִים, נֹשֵׂא עָוֹן וָפֶשַׁע וְחַטָּאָה, וְנַקֵּה:

וְסָלַחְתָּ לַעֲוֹנֵנוּ וּלְחַטָּאתֵנוּ, וּנְחַלְתָּנוּ:
סְלַח לָנוּ אָבִינוּ כִּי חָטָאנוּ
מְחַל לָנוּ מַלְכֵּנוּ כִּי פָשָׁעְנוּ.
כִּי־אַתָּה אֲדֹנָי טוֹב וְסַלָּח, וְרַב־חֶסֶד לְכָל־קֹרְאֶיךָ: תהלים פו

יהוה, בֹּקֶר תִּשְׁמַע קוֹלֵנוּ, בֹּקֶר נַעֲרָךְ לְךָ וּנְצַפֶּה.
שְׁמַע קוֹל תַּחֲנוּנֵינוּ בְּשַׁוְּעֵנוּ אֵלֶיךָ
בְּנָשְׂאֵנוּ יָדֵינוּ אֶל דְּבִיר קָדְשֶׁךָ.
שְׁמַע יהוה קוֹלֵנוּ נִקְרָא, חָנֵּנוּ וַעֲנֵנוּ.
שׁוּבֵנוּ אֱלֹהֵי יִשְׁעֵנוּ, וְהָפֵר כַּעַסְךָ עִמָּנוּ: תהלים פה
וְאֵין־קוֹרֵא בְשִׁמְךָ, מִתְעוֹרֵר לְהַחֲזִיק בָּךְ:
שִׁמְעָה תְפִלָּתֵנוּ יהוה וְשַׁוְעָתֵנוּ הַאֲזִינָה, אֶל דִּמְעָתֵנוּ אַל תֶּחֱרַשׁ.

כְּרַחֵם אָב עַל בָּנִים, כֵּן תְּרַחֵם יהוה עָלֵינוּ.
לַיהוה הַיְשׁוּעָה, עַל־עַמְּךָ בִרְכָתֶךָ סֶּלָה: תהלים ג
יהוה צְבָאוֹת עִמָּנוּ, מִשְׂגָּב לָנוּ אֱלֹהֵי יַעֲקֹב סֶלָה: תהלים מו
יהוה צְבָאוֹת, אַשְׁרֵי אָדָם בֹּטֵחַ בָּךְ: תהלים פד
יהוה הוֹשִׁיעָה, הַמֶּלֶךְ יַעֲנֵנוּ בְיוֹם־קָרְאֵנוּ: תהלים כ

במדבר יד

סְלַח־נָא לַעֲוֹן הָעָם הַזֶּה כְּגֹדֶל חַסְדֶּךָ
וְכַאֲשֶׁר נָשָׂאתָה לָעָם הַזֶּה מִמִּצְרַיִם וְעַד־הֵנָּה:
וְשָׁם נֶאֱמַר

קהל ואחריו שליח הציבור:

וַיֹּאמֶר יהוה, סָלַחְתִּי כִּדְבָרֶךָ:

דניאל ט

הַטֵּה אֱלֹהַי אָזְנְךָ וּשְׁמָע, פְּקַח עֵינֶיךָ וּרְאֵה שֹׁמְמֹתֵינוּ
וְהָעִיר אֲשֶׁר־נִקְרָא שִׁמְךָ עָלֶיהָ
כִּי לֹא עַל־צִדְקֹתֵינוּ אֲנַחְנוּ מַפִּילִים תַּחֲנוּנֵינוּ לְפָנֶיךָ
כִּי עַל־רַחֲמֶיךָ הָרַבִּים:
אֲדֹנָי שְׁמָעָה, אֲדֹנָי סְלָחָה, אֲדֹנָי הַקְשִׁיבָה וַעֲשֵׂה אַל תְּאַחַר
לְמַעַנְךָ אֱלֹהַי כִּי־שִׁמְךָ נִקְרָא עַל־עִירְךָ וְעַל־עַמֶּךָ:

אנשים ראויים אינם מצויים בינינו. שליח הציבור חש שאינו ראוי להעתיר בעד ישראל, ועל כן נתלה הוא ברחמיו של הקב״ה, ומתחנן שתפילתו תישמע כתפילת הגון וזקן.

ב. מחבר: רבי שלמה הבבלי

אֱלֹהֵינוּ וֵאלֹהֵי אֲבוֹתֵינוּ

אֵין מִי יִקְרָא בְּצֶדֶק
אִישׁ טוֹב נִמְשַׁל כְּחֵדֶק
בַּקֵּשׁ רַחֲמִים בְּעַד שְׁחוּקֵי הָדֵק
בְּשׁוּם פָּנִים אֵין בֶּדֶק.

גֶּבֶר תָּמִים וְנָבָר אָפֵס
גָּמַר חָסִיד וְצַדִּיק נִרְפַּשׂ
דּוֹר עָנִי בַּעֲוֹנוֹ נִתְפַּשׂ
דְּבָרָיו לְהַגִּיד מִי יְחַפֵּשׂ.

הוֹסַפְנוּ בְּחַטָּאֵינוּ חֵמָה לְהַבְעִיר
הַמִּתְנַדְּבִים כִּבְנֵי בַיִת לְהַפְעִיר
וּמַה יַּעֲצָר כֹּחַ רַב וְצָעִיר
וִדּוּי וּפֶלֶל לְקַדִּישׁ וָעִיר.

זָחַלְתִּי וָאִירָא בְּעַד מַחַן
זַעַק לְחַוּוֹת לְחוֹקֵר בְּבֹחַן
חֲסַר חֶסֶד וִיתּוּר צַחַן
חֵן אֵיךְ אֶמְצָא בְּתַחַן.

טוֹב לְקוֹרְאֶיךָ בְּנֶפֶשׁ רָהַב
טְרָחָם נְשׂוֹא וּלְכַלְכֵּל יָהַב
יְקַר חַסְדְּךָ עָלַי יְרָהַב
יַעַן קוֹלִי לְהַאֲזִין בְּאָהַב.

כַּהֲגוּן מִדּוֹת וּבִתְפִלָּה שָׁלֵם
כְּזָקֵן וְרָגִיל וְלֹא כְגֹלֶם
לְהֵחָשֵׁב נֶגְדְּךָ דִּכְאִי מִלְּהִכָּלֵם
לְרַחֲמֶיךָ זָכְרָה לְרַוְחָתִי מֵהִתְעַלֵּם.

מְרֻבִּים צָרְכֵינוּ וְאֵין לְהֵאָמֵר
מִקֹּצֶר דֵּעָה וּמֵרֹב מֶמֶר
נֶגְדְּךָ הַכֹּל יוֹצֵר חֹמֶר
נוֹהֵג וְרוֹעֶה צֵל וְשׁוֹמֵר.

שֹׂרַדְנוּ כְּתֹרֶן הַר בְּדוּדֵנוּ
סְחִי וּמָאוֹס הוּשַׂם כְּבוֹדֵנוּ
עֲנֵנוּ וּתְנֵנוּ מִחְיָה בְּשִׁעְבּוּדֵנוּ
עוֹד לְמִנְיָנְךָ בַּקֵּשׁ אֲבוּדֵינוּ.

פְּקֻדַּת נִגְעֵי תוֹכְחוֹתֶיךָ שְׁבוּטִים
פְּזוּרִים פְּרוּדִים וּבַגּוֹיִם עֲבוּטִים
צָפְנֵם בְּסֻכְּךָ מֵרִיב וּשְׁפָטִים
צְפִיַּת תִּפְאַרְתְּךָ לָמוֹ מַבָּטִים.

קוֹל כֹּחֲךָ לַהַב חוֹצֵב
קֶצֶב טוּב וְחִלּוּפוֹ קוֹצֵב
רֵעֶיךָ דּוֹפְקִים בְּקוֹל עָצֵב
רְצוֹת נִדְבָתָם וּבְקִרְבָּם הִתְיַצֵּב.

שׁוֹקְדִים בְּצוֹם לִבָּם לְהַכְנִיעַ
שְׁאוֹנָם מִזַּעַם בַּחֲדָרֶיךָ תַּצְנִיעַ
תּוֹבְעִים בְּלַחַשׁ שָׂפָה לְהָנִיעַ
תַּאֲוָתָם אַל נָא תַּמְנִיעַ.

שִׁמְךָ אֱלֹהִים חַיִּים מִתְפָּאֵר
לְחַיִּים טוֹבִים מִמְּךָ נִשְׁאֵר
מְקוֹר חַיִּים עִמְּךָ מִתְבָּאֵר
הַבִּיטָה וַעֲנֵנוּ וְעֵינֵינוּ הָאֵר.

אֵל מֶלֶךְ יוֹשֵׁב עַל כִּסֵּא רַחֲמִים, מִתְנַהֵג בַּחֲסִידוּת.
מוֹחֵל עֲוֹנוֹת עַמּוֹ, מַעֲבִיר רִאשׁוֹן רִאשׁוֹן.
מַרְבֶּה מְחִילָה לְחַטָּאִים, וּסְלִיחָה לְפוֹשְׁעִים.
עֹשֶׂה צְדָקוֹת עִם כָּל בָּשָׂר וָרוּחַ, לֹא כְרָעָתָם תִּגְמֹל.
אֵל, הוֹרֵיתָ לָּנוּ לוֹמַר שְׁלֹשׁ עֶשְׂרֵה
זְכָר לָנוּ הַיּוֹם בְּרִית שְׁלֹשׁ עֶשְׂרֵה
כְּהוֹדַעְתָּ לֶעָנָו מִקֶּדֶם, כְּמוֹ שֶׁכָּתוּב:
וַיֵּרֶד יהוה בֶּעָנָן, וַיִּתְיַצֵּב עִמּוֹ שָׁם שמות לד
וַיִּקְרָא בְשֵׁם יהוה:

קהל ואחריו שליח הציבור:

וַיַּעֲבֹר יהוה עַל־פָּנָיו וַיִּקְרָא

יהוה, יהוה, אֵל רַחוּם וְחַנּוּן, אֶרֶךְ אַפַּיִם, וְרַב־חֶסֶד וֶאֱמֶת:
נֹצֵר חֶסֶד לָאֲלָפִים, נֹשֵׂא עָוֹן וָפֶשַׁע וְחַטָּאָה, וְנַקֵּה:

וְסָלַחְתָּ לַעֲוֹנֵנוּ וּלְחַטָּאתֵנוּ וּנְחַלְתָּנוּ:
סְלַח לָנוּ, אָבִינוּ, כִּי חָטָאנוּ, מְחַל לָנוּ, מַלְכֵּנוּ, כִּי פָשָׁעְנוּ.
כִּי־אַתָּה, יהוה, טוֹב וְסַלָּח וְרַב־חֶסֶד לְכָל־קֹרְאֶיךָ: תהלים פו

תָּבוֹא לְפָנֶיךָ תְּפִלָּתֵנוּ וְאַל תִּתְעַלַּם מִתְּחִנָּתֵנוּ.
תָּבוֹא לְפָנֶיךָ תְּפִלָּתֵנוּ אֶל הֵיכַל קָדְשֶׁךָ.
תָּבוֹא לְפָנֶיךָ אֶנְקַת אָסִיר, כְּגֹדֶל זְרוֹעֲךָ הוֹתֵר בְּנֵי־תְמוּתָה: תהלים עט
אֱלֹהֵינוּ, בֹּשְׁנוּ בְּמַעֲשֵׂנוּ וְנִכְלַמְנוּ בַּעֲוֹנֵינוּ.

כְּרַחֵם אָב עַל בָּנִים, כֵּן תְּרַחֵם יהוה עָלֵינוּ.
לַיהוה הַיְשׁוּעָה, עַל־עַמְּךָ בִרְכָתֶךָ סֶּלָה: תהלים ג
יהוה צְבָאוֹת עִמָּנוּ, מִשְׂגָּב לָנוּ אֱלֹהֵי יַעֲקֹב סֶלָה: תהלים מו
יהוה צְבָאוֹת, אַשְׁרֵי אָדָם בֹּטֵחַ בָּךְ: תהלים פד
יהוה הוֹשִׁיעָה, הַמֶּלֶךְ יַעֲנֵנוּ בְיוֹם־קָרְאֵנוּ: תהלים כ

בפיוט זה מתערבים כמה נושאים: בושה בגלל החטאים, הצרות שבאו על ישראל מחמתם, ובקשת גאולה ורחמים. הערבוביה מביעה, אולי, את סערת הרגשות שבה מצוי המתפלל.

ג. מחבר: רבי שלמה הבבלי

אֱלֹהֵינוּ וֵאלֹהֵי אֲבוֹתֵינוּ

תָּבוֹא לְפָנֶיךָ שַׁוְעַת חִנּוּן
תְּהִי נָא אָזְנְךָ קַשֶּׁבֶת תַּחֲנוּן
שִׁמְעָה, יהוה, צֶדֶק, הַקְשִׁיבָה רִנּוּן
שָׁר מֵישָׁרִים וּמַעֲלִים מֵרִנּוּן.

רֹאשׁ לְהָרִים נִכְלַמְנוּ בֹּשְׁנוּ
רֵיחַ נִרְדֵּנוּ כִּי הִבְאַשְׁנוּ
קִלְקַלְנוּ יְשָׁרִים וְתוֹרוֹת שִׁבַּשְׁנוּ
קַרְקַע פָּנֵינוּ בְּכֵן כָּבַשְׁנוּ.

צַר וּמָצוֹק מִכָּל צַד
צֹאן נִדָּחָה מֵאֵין מְצָד
פָּנָה לְיָמִין וַיִּגְזֹר מֵעֶצַד
פַּחַד מִשְּׂמֹאל וְצַיָּד הַצָּד.

עֵינֶיךָ רוֹאוֹת תִּהְיֶינָה פְּקוּחוֹת
עֳנִי וְעִנּוּי מִצָּרוֹת הַמְּתוּחוֹת
סֶפֶד לְרִנָּה וּלְרִצּוּי תּוֹכָחוֹת
סַבּוֹת וַהֲפֹךְ בִּדְרָכֶיךָ הַנְּכוֹחוֹת.

נִתַּנּוּ בַּעֲוֹנֵינוּ לַשְּׁבִי וּלְבִזָּה
נֶחְנוּ מְלָכֵינוּ וְכֹהֲנֵינוּ לְבוּזָה
מֵרוֹם נִכְבָּדוֹת וְאַהֲבָה עַזָּה
מִגַּרְתָּ לָאָרֶץ לְשַׁמָּה וְלַעֲזָה.

לֹא חִלִּינוּ פָנֶיךָ לְהַפִּיל תְּחִנָּה
לְהַשְׂכִּיל בַּאֲמִתֶּךָ מֵעֲלוֹת צַחֲנָה
כָּלִינוּ כִּסְדוֹם בִּשְׁפַל קוֹל הַטַּחֲנָה
כִּמְעַט רֶגַע לוּלֵא תְחִנָּה.

יֶתֶר הַפְּלֵטָה לְהַשְׁאִיר חַסְתָּ
יָתֵד וְגָדֵר תַּתָּה וְכִנַּסְתָּ
טִלְטַלְתָּנוּ כְּנֶגֶד שָׁלֹשׁ מָאַסְתָּ
טִירַת כֶּסֶף בִּגְלָלֵנוּ רָמַסְתָּ.

חָבֹל חָבַלְנוּ מַעַל לְמַעְלָה
חֲבַלְנוּ מֵעַל אֶל עָל
זְכֹר צִוִּיתָ בְּלִי לִגְעֹל
זְרוּיִים לְקַבֵּץ וּבָם לִבְעֹל.

וְאַתָּה, אַחֲרֵי כָּל הַבָּא
וַדַּאי וְצַדִּיק, וְלָנוּ הַדִּבָּה
הַיּוֹם כְּמֵאָז בְּלִי סִבָּה
הִנְנוּ לְפָנֶיךָ בְּאַשְׁמָה רַבָּה.

דַּלַּת עַם לְקֶלֶס וְחֵרוּף
דְּחוּפִים סְחוּפִים נְתוּנִים לְטֵרוּף

גָּלוּת וְשִׁעְבּוּד בְּנִסָּיוֹן וְצֵרוּף
גַּלְגֵּל בְּחֶסֶד לִסְלִיחָה וְתֵרוּף.

בְּרַחֲמֶיךָ עוֹד בְּרִבּוֹת עִתִּים
בְּךָ נוֹשַׁעְנוּ קַיָּם וְהוֹשַׁעְתִּים
אֵלֶּה מֵרָחוֹק יָבֹאוּ כִּתִּים
אֵלֶּה מִצָּפוֹן וּמִצִּיִּים וְכִתִּים.

שֶׁלְּךָ הֵם עֲבָדֶיךָ וְעַמֶּךָ
לַבֵּב כִּימֵי קֶדֶם מַנְעִימֶיךָ
מָשְׁכֵנוּ אַחֲרֶיךָ, שִׂימֵנוּ בִּרְשׁוּמֶיךָ
הַכֹּל חֲפֵצִים לְיִרְאָה אֶת שְׁמֶךָ.

הַקָּטֹן לָאֶלֶף גָּדֵל, רְחוּמֵנוּ
וְהַצָּעִיר לְגוֹי לְהַעֲצִים בִּתְחוּמֵנוּ
יַחַד בְּכָל צִדְקוֹתֶיךָ לְרַחֲמֵנוּ
יָשֹׁב נָא אַפְּךָ וּתְנַחֲמֵנוּ.

אֵל מֶלֶךְ יוֹשֵׁב עַל כִּסֵּא רַחֲמִים, מִתְנַהֵג בַּחֲסִידוּת.
מוֹחֵל עֲוֹנוֹת עַמּוֹ, מַעֲבִיר רִאשׁוֹן רִאשׁוֹן.
מַרְבֶּה מְחִילָה לְחַטָּאִים, וּסְלִיחָה לְפוֹשְׁעִים.
עֹשֶׂה צְדָקוֹת עִם כָּל בָּשָׂר וָרוּחַ, לֹא כְרָעָתָם תִּגְמֹל.
אֵל, הוֹרֵיתָ לָּנוּ לוֹמַר שְׁלֹשׁ עֶשְׂרֵה
וּזְכָר לָנוּ הַיּוֹם בְּרִית שְׁלֹשׁ עֶשְׂרֵה
כְּהוֹדַעְתָּ לֶעָנָו מִקֶּדֶם, כְּמוֹ שֶׁכָּתוּב, וַיֵּרֶד יהוה בֶּעָנָן שמות לד
וַיִּתְיַצֵּב עִמּוֹ שָׁם, וַיִּקְרָא בְשֵׁם יהוה:

קהל ואחריו שליח הציבור:

וַיַּעֲבֹר יהוה עַל־פָּנָיו וַיִּקְרָא

יהוה, יהוה, אֵל רַחוּם וְחַנּוּן, אֶרֶךְ אַפַּיִם, וְרַב־חֶסֶד וֶאֱמֶת:
נֹצֵר חֶסֶד לָאֲלָפִים, נֹשֵׂא עָוֹן וָפֶשַׁע וְחַטָּאָה, וְנַקֵּה:

וְסָלַחְתָּ לַעֲוֹנֵנוּ וּלְחַטָּאתֵנוּ וּנְחַלְתָּנוּ:
סְלַח לָנוּ, אָבִינוּ, כִּי חָטָאנוּ, מְחַל לָנוּ, מַלְכֵּנוּ, כִּי פָשָׁעְנוּ.
כִּי־אַתָּה, יהוה, טוֹב וְסַלָּח וְרַב־חֶסֶד לְכָל־קֹרְאֶיךָ: תהלים פו

תחינתנו לגאולה נשענת על זכות אבות (ובפרט זכות העקידה), על הייסורים שישראל עוברים, ועל כוחה של תשובה שקדמה לעולם.

ד. פזמון

בְּמוֹצָאֵי מְנוּחָה קִדַּמְנוּךָ תְּחִלָּה
הַט אָזְנְךָ מִמָּרוֹם, יוֹשֵׁב תְּהִלָּה
לִשְׁמֹעַ אֶל־הָרִנָּה וְאֶל־הַתְּפִלָּה: מלכים א׳ ח

אֶת יְמִין עֹז עוֹרְרָה לַעֲשׂוֹת חָיִל
בְּצֶדֶק נֶעֱקַד וְנִשְׁחַט תְּמוּרוֹ אַיִל
גְּנָן נָא גִזְעוֹ בְּזַעֲקָם בְּעוֹד לַיִל
לִשְׁמֹעַ אֶל־הָרִנָּה וְאֶל־הַתְּפִלָּה:

דְּרשׁ נָא דוֹרְשֶׁיךָ בְּדָרְשָׁם פָּנֶיךָ
הִדָּרֵשׁ לָמוֹ מִשְּׁמֵי מְעוֹנֶךָ
וּלְשַׁוְעַת חִנּוּנָם אַל תַּעְלֵם אָזְנֶךָ
לִשְׁמֹעַ אֶל־הָרִנָּה וְאֶל־הַתְּפִלָּה:

זוֹחֲלִים וְרוֹעֲדִים מִיּוֹם בּוֹאֶךָ
חָלִים כִּמְבַכִּירָה מֵעֶבְרַת מַשָּׂאֶךָ
טִנּוּפָם מְחֵה נָא וְיָרְנוּ פְלָאֶיךָ
לִשְׁמֹעַ אֶל־הָרִנָּה וְאֶל־הַתְּפִלָּה:

יוֹצֵר אַתָּה לְכָל יְצִיר נוֹצָר
כּוֹנַנְתָּ מֵאָז תֶּרֶף לְחַלְּצָם מִמֵּצַר
לְחָנְנָם חִנָּם מֵאוֹצָר הַמְנֻצָּר
לִשְׁמֹעַ אֶל־הָרִנָּה וְאֶל־הַתְּפִלָּה:

מָרוֹם, אִם עָצְמוּ פִּשְׁעֵי קְהָלֶךָ
נָא שַׂגְּבֵם מֵאוֹצָר הַמּוּכָן בִּזְבוּלֶךָ
עָדֶיךָ לָחֹן חִנָּם בָּאִים אֵלֶיךָ
לִשְׁמֹעַ אֶל־הָרִנָּה וְאֶל־הַתְּפִלָּה:

פְּנֵה נָא אֶל הַתְּלָאוֹת וְאַל לַחֲטָאוֹת
צַדֵּק צוֹעֲקֶיךָ, מַפְלִיא פְּלָאוֹת
קְשֹׁב נָא רִנָּתָם, יהוה אֱלֹהִים צְבָאוֹת
לִשְׁמֹעַ אֶל־הָרִנָּה וְאֶל־הַתְּפִלָּה:

רְצֵה עֲתִירָתָם בְּעָמְדָם בַּלֵּילוֹת
שְׁעֵה נָא בְּרָצוֹן כְּקָרְבָּן כָּלִיל וְעוֹלוֹת
תַּרְאֵם נִסֶּיךָ, עוֹשֶׂה גְדוֹלוֹת
לִשְׁמֹעַ אֶל־הָרִנָּה וְאֶל־הַתְּפִלָּה:

אֵל מֶלֶךְ יוֹשֵׁב עַל כִּסֵּא רַחֲמִים, מִתְנַהֵג בַּחֲסִידוּת.
מוֹחֵל עֲוֹנוֹת עַמּוֹ, מַעֲבִיר רִאשׁוֹן רִאשׁוֹן.
מַרְבֶּה מְחִילָה לְחַטָּאִים, וּסְלִיחָה לְפוֹשְׁעִים.
עֹשֶׂה צְדָקוֹת עִם כָּל בָּשָׂר וָרוּחַ, לֹא כְרָעָתָם תִּגְמֹל.
אֵל, הוֹרֵיתָ לָּנוּ לוֹמַר שְׁלֹשׁ עֶשְׂרֵה
זְכָר לָנוּ הַיּוֹם בְּרִית שְׁלֹשׁ עֶשְׂרֵה
כְּהוֹדַעְתָּ לֶעָנָו מִקֶּדֶם, כְּמוֹ שֶׁכָּתוּב:
וַיֵּרֶד יהוה בֶּעָנָן, וַיִּתְיַצֵּב עִמּוֹ שָׁם שמות לד
וַיִּקְרָא בְשֵׁם יהוה:

קהל ואחריו שליח הציבור:

וַיַּעֲבֹר יהוה עַל־פָּנָיו וַיִּקְרָא

יהוה, יהוה, אֵל רַחוּם וְחַנּוּן, אֶרֶךְ אַפַּיִם, וְרַב־חֶסֶד וֶאֱמֶת:
נֹצֵר חֶסֶד לָאֲלָפִים, נֹשֵׂא עָוֹן וָפֶשַׁע וְחַטָּאָה, וְנַקֵּה:

וְסָלַחְתָּ לַעֲוֹנֵנוּ וּלְחַטָּאתֵנוּ וּנְחַלְתָּנוּ:
סְלַח לָנוּ, אָבִינוּ, כִּי חָטָאנוּ
מְחַל לָנוּ, מַלְכֵּנוּ, כִּי פָשָׁעְנוּ.
כִּי־אַתָּה, יהוה, טוֹב וְסַלָּח וְרַב־חֶסֶד לְכָל־קֹרְאֶיךָ: תהלים פו

תהלים כה זְכֹר־רַחֲמֶיךָ יהוה וַחֲסָדֶיךָ, כִּי מֵעוֹלָם הֵמָּה:
זָכְרֵנוּ יהוה בִּרְצוֹן עַמֶּךָ, פָּקְדֵנוּ בִּישׁוּעָתֶךָ.
תהלים עד זְכֹר עֲדָתְךָ קָנִיתָ קֶּדֶם, גָּאַלְתָּ שֵׁבֶט נַחֲלָתֶךָ, הַר־צִיּוֹן זֶה שָׁכַנְתָּ בּוֹ:
זְכֹר יהוה חִבַּת יְרוּשָׁלָיִם, אַהֲבַת צִיּוֹן אַל תִּשְׁכַּח לָנֶצַח.
תהלים קב אַתָּה תָקוּם תְּרַחֵם צִיּוֹן, כִּי־עֵת לְחֶנְנָהּ, כִּי־בָא מוֹעֵד:
תהלים קלז זְכֹר יהוה לִבְנֵי אֱדוֹם אֵת יוֹם יְרוּשָׁלָיִם
הָאֹמְרִים עָרוּ עָרוּ, עַד הַיְסוֹד בָּהּ:
שמות לב זְכֹר לְאַבְרָהָם לְיִצְחָק וּלְיִשְׂרָאֵל עֲבָדֶיךָ
אֲשֶׁר נִשְׁבַּעְתָּ לָהֶם בָּךְ וַתְּדַבֵּר אֲלֵהֶם
אַרְבֶּה אֶת־זַרְעֲכֶם כְּכוֹכְבֵי הַשָּׁמָיִם
וְכָל־הָאָרֶץ הַזֹּאת אֲשֶׁר אָמַרְתִּי אֶתֵּן לְזַרְעֲכֶם, וְנָחֲלוּ לְעֹלָם:
דברים ט זְכֹר לַעֲבָדֶיךָ לְאַבְרָהָם לְיִצְחָק וּלְיַעֲקֹב
אַל־תֵּפֶן אֶל־קְשִׁי הָעָם הַזֶּה וְאֶל־רִשְׁעוֹ וְאֶל־חַטָּאתוֹ:

זְכָר לָנוּ בְּרִית אָבוֹת כַּאֲשֶׁר אָמַרְתָּ:
ויקרא כו וְזָכַרְתִּי אֶת־בְּרִיתִי יַעֲקוֹב
וְאַף אֶת־בְּרִיתִי יִצְחָק וְאַף אֶת־בְּרִיתִי אַבְרָהָם אֶזְכֹּר
וְהָאָרֶץ אֶזְכֹּר:

זְכָר לָנוּ בְּרִית רִאשׁוֹנִים כַּאֲשֶׁר אָמַרְתָּ:
ויקרא כו וְזָכַרְתִּי לָהֶם בְּרִית רִאשֹׁנִים
אֲשֶׁר הוֹצֵאתִי־אֹתָם מֵאֶרֶץ מִצְרַיִם לְעֵינֵי הַגּוֹיִם
לִהְיוֹת לָהֶם לֵאלֹהִים, אֲנִי יהוה:

עֲשֵׂה עִמָּנוּ כְּמָה שֶׁהִבְטַחְתָּנוּ:
ויקרא כו וְאַף גַּם־זֹאת בִּהְיוֹתָם בְּאֶרֶץ אֹיְבֵיהֶם
לֹא־מְאַסְתִּים וְלֹא־גְעַלְתִּים לְכַלֹּתָם
לְהָפֵר בְּרִיתִי אִתָּם, כִּי אֲנִי יהוה אֱלֹהֵיהֶם:

הָשֵׁב שְׁבוּתֵנוּ וְרַחֲמֵנוּ כְּמָה שֶׁכָּתוּב:
וְשָׁב יהוה אֱלֹהֶיךָ אֶת־שְׁבוּתְךָ וְרִחֲמֶךָ דברים ל
וְשָׁב וְקִבֶּצְךָ מִכָּל־הָעַמִּים
אֲשֶׁר הֱפִיצְךָ יהוה אֱלֹהֶיךָ שָׁמָּה:

קַבֵּץ נִדָּחֵינוּ כְּמָה שֶׁכָּתוּב:
אִם־יִהְיֶה נִדַּחֲךָ בִּקְצֵה הַשָּׁמָיִם דברים ל
מִשָּׁם יְקַבֶּצְךָ יהוה אֱלֹהֶיךָ וּמִשָּׁם יִקָּחֶךָ:

מְחֵה פְשָׁעֵינוּ כָּעָב וְכֶעָנָן כְּמָה שֶׁכָּתוּב:
מָחִיתִי כָעָב פְּשָׁעֶיךָ וְכֶעָנָן חַטֹּאותֶיךָ, שׁוּבָה אֵלַי כִּי גְאַלְתִּיךָ: ישעיה מד
מְחֵה פְשָׁעֵינוּ לְמַעַנְךָ כַּאֲשֶׁר אָמַרְתָּ:
אָנֹכִי אָנֹכִי הוּא מֹחֶה פְשָׁעֶיךָ לְמַעֲנִי, וְחַטֹּאתֶיךָ לֹא אֶזְכֹּר: ישעיה מג

הַלְבֵּן חֲטָאֵינוּ כַּשֶּׁלֶג וְכַצֶּמֶר כְּמָה שֶׁכָּתוּב:
לְכוּ־נָא וְנִוָּכְחָה יֹאמַר יהוה ישעיה א
אִם־יִהְיוּ חֲטָאֵיכֶם כַּשָּׁנִים כַּשֶּׁלֶג יַלְבִּינוּ
אִם־יַאְדִּימוּ כַתּוֹלָע כַּצֶּמֶר יִהְיוּ:

זְרֹק עָלֵינוּ מַיִם טְהוֹרִים וְטַהֲרֵנוּ כְּמָה שֶׁכָּתוּב:
וְזָרַקְתִּי עֲלֵיכֶם מַיִם טְהוֹרִים וּטְהַרְתֶּם יחזקאל לו
מִכֹּל טֻמְאוֹתֵיכֶם וּמִכָּל־גִּלּוּלֵיכֶם אֲטַהֵר אֶתְכֶם:

רַחֵם עָלֵינוּ וְאַל תַּשְׁחִיתֵנוּ כְּמָה שֶׁכָּתוּב:
כִּי אֵל רַחוּם יהוה אֱלֹהֶיךָ דברים ד
לֹא יַרְפְּךָ וְלֹא יַשְׁחִיתֶךָ
וְלֹא יִשְׁכַּח אֶת־בְּרִית אֲבוֹתֶיךָ אֲשֶׁר נִשְׁבַּע לָהֶם:

מוֹל אֶת לְבָבֵנוּ לְאַהֲבָה אֶת שְׁמֶךָ כְּמָה שֶׁכָּתוּב:
וּמָל יהוה אֱלֹהֶיךָ אֶת־לְבָבְךָ וְאֶת־לְבַב זַרְעֶךָ דברים ל
לְאַהֲבָה אֶת־יהוה אֱלֹהֶיךָ בְּכָל־לְבָבְךָ וּבְכָל־נַפְשְׁךָ, לְמַעַן חַיֶּיךָ:

הִמָּצֵא לָנוּ בְּבַקָּשָׁתֵנוּ כְּמָה שֶׁכָּתוּב:
דברים ד וּבִקַּשְׁתֶּם מִשָּׁם אֶת־יהוה אֱלֹהֶיךָ וּמָצָאתָ
כִּי תִדְרְשֶׁנּוּ בְּכָל־לְבָבְךָ וּבְכָל־נַפְשֶׁךָ:

תְּבִיאֵנוּ אֶל הַר קָדְשֶׁךָ וְשַׂמְּחֵנוּ בְּבֵית תְּפִלָּתֶךָ כְּמָה שֶׁכָּתוּב:
ישעיה נו וַהֲבִיאוֹתִים אֶל־הַר קָדְשִׁי וְשִׂמַּחְתִּים בְּבֵית תְּפִלָּתִי
עוֹלֹתֵיהֶם וְזִבְחֵיהֶם לְרָצוֹן עַל־מִזְבְּחִי
כִּי בֵיתִי בֵּית־תְּפִלָּה יִקָּרֵא לְכָל־הָעַמִּים:

פותחים את ארון הקודש ואומרים פסוק פסוק עד 'אַל תַּעַזְבֵנוּ'.

יש קהילות האומרות את הפסוקים בסדר אחר:
'שְׁמַע קוֹלֵנוּ', 'הֲשִׁיבֵנוּ', 'אַל תַּשְׁלִיכֵנוּ מִלְּפָנֶיךָ' ו'אַל תַּשְׁלִיכֵנוּ לְעֵת זִקְנָה',
וממשיכים בלחש: 'אַל תַּעַזְבֵנוּ', 'עֲשֵׂה עִמָּנוּ אוֹת',
'אֲמָרֵינוּ הַאֲזִינָה', 'יִהְיוּ לְרָצוֹן' ו'כִּי לְךָ ה' הוֹחָלְנוּ'.

שליח הציבור אומר, והקהל חוזר אחריו בקול:

שְׁמַע קוֹלֵנוּ, יהוה אֱלֹהֵינוּ, חוּס וְרַחֵם עָלֵינוּ
וְקַבֵּל בְּרַחֲמִים וּבְרָצוֹן אֶת תְּפִלָּתֵנוּ.
איכה ה הֲשִׁיבֵנוּ יהוה אֵלֶיךָ וְנָשׁוּבָה, חַדֵּשׁ יָמֵינוּ כְּקֶדֶם:
אֲמָרֵינוּ הַאֲזִינָה יהוה, בִּינָה הֲגִיגֵנוּ.

בלחש: יִהְיוּ לְרָצוֹן אִמְרֵי פִינוּ וְהֶגְיוֹן לִבֵּנוּ לְפָנֶיךָ, יהוה צוּרֵנוּ וְגוֹאֲלֵנוּ.
אַל תַּשְׁלִיכֵנוּ מִלְּפָנֶיךָ, וְרוּחַ קָדְשְׁךָ אַל תִּקַּח מִמֶּנּוּ.
אַל תַּשְׁלִיכֵנוּ לְעֵת זִקְנָה, כִּכְלוֹת כֹּחֵנוּ אַל תַּעַזְבֵנוּ.
אַל תַּעַזְבֵנוּ יהוה, אֱלֹהֵינוּ אַל תִּרְחַק מִמֶּנּוּ.
עֲשֵׂה עִמָּנוּ אוֹת לְטוֹבָה, וְיִרְאוּ שׂוֹנְאֵינוּ וְיֵבֹשׁוּ
כִּי אַתָּה יהוה עֲזַרְתָּנוּ וְנִחַמְתָּנוּ.
כִּי לְךָ יהוה הוֹחָלְנוּ, אַתָּה תַעֲנֶה אֲדֹנָי אֱלֹהֵינוּ.

סוגרים את ארון הקודש.

וידוי

אֱלֹהֵינוּ וֵאלֹהֵי אֲבוֹתֵינוּ
תָּבֹא לְפָנֶיךָ תְּפִלָּתֵנוּ, וְאַל תִּתְעַלַּם מִתְּחִנָּתֵנוּ.
שֶׁאֵין אֲנוּ עַזֵּי פָנִים וּקְשֵׁי עֹרֶף לוֹמַר לְפָנֶיךָ
יהוה אֱלֹהֵינוּ וֵאלֹהֵי אֲבוֹתֵינוּ
צַדִּיקִים אֲנַחְנוּ וְלֹא חָטָאנוּ.
אֲבָל אֲנַחְנוּ וַאֲבוֹתֵינוּ חָטָאנוּ.

כשמתוודה, מכה באגרופו על החזה כנגד הלב בכל חטא שמזכיר.

אָשַׁמְנוּ, בָּגַדְנוּ, גָּזַלְנוּ, דִּבַּרְנוּ דֹפִי
הֶעֱוִינוּ, וְהִרְשַׁעְנוּ, זַדְנוּ, חָמַסְנוּ, טָפַלְנוּ שֶׁקֶר
יָעַצְנוּ רָע, כִּזַּבְנוּ, לַצְנוּ, מָרַדְנוּ, נִאַצְנוּ
סָרַרְנוּ, עָוִינוּ, פָּשַׁעְנוּ, צָרַרְנוּ, קִשִּׁינוּ עֹרֶף
רָשַׁעְנוּ, שִׁחַתְנוּ, תִּעַבְנוּ, תָּעִינוּ, תִּעְתָּעְנוּ.

סַרְנוּ מִמִּצְוֹתֶיךָ וּמִמִּשְׁפָּטֶיךָ הַטּוֹבִים, וְלֹא שָׁוָה לָנוּ.
וְאַתָּה צַדִּיק עַל כָּל־הַבָּא עָלֵינוּ נחמיה ט
כִּי־אֱמֶת עָשִׂיתָ וַאֲנַחְנוּ הִרְשָׁעְנוּ:

אָשַׁמְנוּ מִכָּל עָם, בֹּשְׁנוּ מִכָּל דּוֹר
גָּלָה מִמֶּנּוּ מָשׂוֹשׂ, דָּוָה לִבֵּנוּ בַּחֲטָאֵינוּ
הָחְבַּל אִוּוּיֵנוּ, וְנִפְרַע פְּאֵרֵנוּ
זְבוּל בֵּית מִקְדָּשֵׁנוּ חָרַב בַּעֲוֹנֵינוּ, טִירָתֵנוּ הָיְתָה לְשַׁמָּה
יְפִי אַדְמָתֵנוּ לְזָרִים, כֹּחֵנוּ לְנָכְרִים.

על פי הגר״א (מעשה רב, אות רב) אומרים וידוי פעם אחת בלבד.

וַעֲדַיִן לֹא שַׁבְנוּ מִטָּעוּתֵנוּ, וְהֵיאַךְ נָעִיז פָּנֵינוּ וְנַקְשֶׁה עָרְפֵּנוּ, לוֹמַר לְפָנֶיךָ, יהוה אֱלֹהֵינוּ וֵאלֹהֵי אֲבוֹתֵינוּ, צַדִּיקִים אֲנַחְנוּ וְלֹא חָטָאנוּ, אֲבָל אֲנַחְנוּ וַאֲבוֹתֵינוּ חָטָאנוּ.

כשמתוודה, מכה באגרופו על החזה כנגד הלב בכל חטא שמזכיר.

אָשַׁמְנוּ, בָּגַדְנוּ, גָּזַלְנוּ, דִּבַּרְנוּ דֹפִי
הֶעֱוִינוּ, וְהִרְשַׁעְנוּ, זַדְנוּ, חָמַסְנוּ, טָפַלְנוּ שֶׁקֶר
יָעַצְנוּ רָע, כִּזַּבְנוּ, לַצְנוּ, מָרַדְנוּ, נִאַצְנוּ
סָרַרְנוּ, עָוִינוּ, פָּשַׁעְנוּ, צָרַרְנוּ, קִשִּׁינוּ עֹרֶף
רָשַׁעְנוּ, שִׁחַתְנוּ, תִּעַבְנוּ, תָּעִינוּ, תִּעְתָּעְנוּ.

סַרְנוּ מִמִּצְוֹתֶיךָ וּמִמִּשְׁפָּטֶיךָ הַטּוֹבִים, וְלֹא שָׁוָה לָנוּ.
נחמיה ט וְאַתָּה צַדִּיק עַל כָּל־הַבָּא עָלֵינוּ, כִּי־אֱמֶת עָשִׂיתָ וַאֲנַחְנוּ הִרְשָׁעְנוּ:

לְעֵינֵינוּ עָשְׁקוּ עֲמָלֵנוּ, מְמֻשָּׁךְ וּמְמֹרָט מִמֶּנּוּ
נָתְנוּ עֻלָּם עָלֵינוּ, סָבַלְנוּ עַל שִׁכְמֵנוּ
איכה ה עֲבָדִים מָשְׁלוּ בָנוּ, פֹּרֵק אֵין מִיָּדָם:
צָרוֹת רַבּוֹת סְבָבוּנוּ, קְרָאנוּךָ יהוה אֱלֹהֵינוּ
רִחַקְתָּ מִמֶּנּוּ בַּעֲוֹנֵינוּ, שַׁבְנוּ מֵאַחֲרֶיךָ, תָּעִינוּ וְאָבָדְנוּ.

וַעֲדַיִן לֹא שַׁבְנוּ מִטָּעוּתֵנוּ, וְהֵיאַךְ נָעִיז פָּנֵינוּ וְנַקְשֶׁה עָרְפֵּנוּ, לוֹמַר לְפָנֶיךָ, יהוה אֱלֹהֵינוּ וֵאלֹהֵי אֲבוֹתֵינוּ, צַדִּיקִים אֲנַחְנוּ וְלֹא חָטָאנוּ, אֲבָל אֲנַחְנוּ וַאֲבוֹתֵינוּ חָטָאנוּ.

כשמתוודה, מכה באגרופו על החזה כנגד הלב בכל חטא שמזכיר.

אָשַׁמְנוּ, בָּגַדְנוּ, גָּזַלְנוּ, דִּבַּרְנוּ דֹפִי
הֶעֱוִינוּ, וְהִרְשַׁעְנוּ, זַדְנוּ, חָמַסְנוּ, טָפַלְנוּ שֶׁקֶר
יָעַצְנוּ רָע, כִּזַּבְנוּ, לַצְנוּ, מָרַדְנוּ, נִאַצְנוּ
סָרַרְנוּ, עָוִינוּ, פָּשַׁעְנוּ, צָרַרְנוּ, קִשִּׁינוּ עֹרֶף
רָשַׁעְנוּ, שִׁחַתְנוּ, תִּעַבְנוּ, תָּעִינוּ, תִּעְתָּעְנוּ.

סַרְנוּ מִמִּצְוֹתֶיךָ וּמִמִּשְׁפָּטֶיךָ הַטּוֹבִים, וְלֹא שָׁוָה לָנוּ.
נחמיה ט וְאַתָּה צַדִּיק עַל כָּל־הַבָּא עָלֵינוּ, כִּי־אֱמֶת עָשִׂיתָ וַאֲנַחְנוּ הִרְשָׁעְנוּ:

הִרְשַׁעְנוּ וּפָשַׁעְנוּ לָכֵן לֹא נוֹשָׁעְנוּ.
וְתֵן בְּלִבֵּנוּ לַעֲזֹב דֶּרֶךְ רֶשַׁע, וְחִישׁ לָנוּ יֶשַׁע
ישעיה נה כַּכָּתוּב עַל יַד נְבִיאֶךָ: יַעֲזֹב רָשָׁע דַּרְכּוֹ וְאִישׁ אָוֶן מַחְשְׁבֹתָיו
וְיָשֹׁב אֶל־יהוה וִירַחֲמֵהוּ וְאֶל־אֱלֹהֵינוּ כִּי־יַרְבֶּה לִסְלוֹחַ:

מְשִׁיחַ צִדְקֶךָ אָמַר לְפָנֶיךָ: שְׁגִיאוֹת מִי־יָבִין, מִנִּסְתָּרוֹת נַקֵּנִי: נַקֵּנוּ יהוה תהלים יט
אֱלֹהֵינוּ מִכָּל פְּשָׁעֵינוּ וְטַהֲרֵנוּ מִכָּל טֻמְאוֹתֵינוּ וּזְרֹק עָלֵינוּ מַיִם טְהוֹרִים
וְטַהֲרֵנוּ, כַּכָּתוּב עַל יַד נְבִיאֶךָ: וְזָרַקְתִּי עֲלֵיכֶם מַיִם טְהוֹרִים וּטְהַרְתֶּם, יחזקאל לו
מִכֹּל טֻמְאוֹתֵיכֶם וּמִכָּל־גִּלּוּלֵיכֶם אֲטַהֵר אֶתְכֶם: עַמְּךָ וְנַחֲלָתְךָ רְעֵבֵי
טוּבְךָ, צְמֵאֵי חַסְדְּךָ, תְּאֵבֵי יִשְׁעֶךָ. יַכִּירוּ וְיֵדְעוּ, כִּי לַיהוה אֱלֹהֵינוּ הָרַחֲמִים
וְהַסְּלִיחוֹת.

אֵל רַחוּם שְׁמֶךָ. אֵל חַנּוּן שְׁמֶךָ. בָּנוּ נִקְרָא שְׁמֶךָ. יהוה עֲשֵׂה לְמַעַן שְׁמֶךָ. עֲשֵׂה לְמַעַן אֲמִתָּךְ. עֲשֵׂה לְמַעַן בְּרִיתָךְ. עֲשֵׂה לְמַעַן גָּדְלָךְ וְתִפְאַרְתָּךְ. עֲשֵׂה לְמַעַן דָּתָךְ. עֲשֵׂה לְמַעַן הוֹדָךְ. עֲשֵׂה לְמַעַן וִעוּדָךְ. עֲשֵׂה לְמַעַן זִכְרָךְ. עֲשֵׂה לְמַעַן חַסְדָּךְ. עֲשֵׂה לְמַעַן טוּבָךְ. עֲשֵׂה לְמַעַן יִחוּדָךְ. עֲשֵׂה לְמַעַן כְּבוֹדָךְ. עֲשֵׂה לְמַעַן לִמּוּדָךְ. עֲשֵׂה לְמַעַן מַלְכוּתָךְ. עֲשֵׂה לְמַעַן נִצְחָךְ. עֲשֵׂה לְמַעַן סוֹדָךְ. עֲשֵׂה לְמַעַן עֻזָּךְ. עֲשֵׂה לְמַעַן פְּאֵרָךְ. עֲשֵׂה לְמַעַן צִדְקָתָךְ. עֲשֵׂה לְמַעַן קְדֻשָּׁתָךְ. עֲשֵׂה לְמַעַן רַחֲמֶיךָ הָרַבִּים. עֲשֵׂה לְמַעַן שְׁכִינָתָךְ. עֲשֵׂה לְמַעַן תְּהִלָּתָךְ. עֲשֵׂה לְמַעַן אוֹהֲבֶיךָ שׁוֹכְנֵי עָפָר. עֲשֵׂה לְמַעַן אַבְרָהָם יִצְחָק וְיַעֲקֹב. עֲשֵׂה לְמַעַן מֹשֶׁה וְאַהֲרֹן. עֲשֵׂה לְמַעַן דָּוִד וּשְׁלֹמֹה. עֲשֵׂה לְמַעַן יְרוּשָׁלַיִם עִיר קָדְשֶׁךָ. עֲשֵׂה לְמַעַן צִיּוֹן מִשְׁכַּן כְּבוֹדֶךָ. עֲשֵׂה לְמַעַן שִׁמְמוֹת הֵיכָלֶךָ. עֲשֵׂה לְמַעַן הֲרִיסוּת מִזְבְּחֶךָ. עֲשֵׂה לְמַעַן הֲרוּגִים עַל שֵׁם קָדְשֶׁךָ. עֲשֵׂה לְמַעַן טְבוּחִים עַל יִחוּדֶךָ. עֲשֵׂה לְמַעַן בָּאֵי בָאֵשׁ וּבַמַּיִם עַל קִדּוּשׁ שְׁמֶךָ. עֲשֵׂה לְמַעַן יוֹנְקֵי שָׁדַיִם שֶׁלֹּא חָטְאוּ. עֲשֵׂה לְמַעַן גְּמוּלֵי חָלָב שֶׁלֹּא פָשְׁעוּ. עֲשֵׂה לְמַעַן תִּינוֹקוֹת שֶׁל בֵּית רַבָּן. עֲשֵׂה לְמַעַנְךָ אִם לֹא לְמַעֲנֵנוּ. עֲשֵׂה לְמַעַנְךָ וְהוֹשִׁיעֵנוּ.

עֲנֵנוּ יהוה עֲנֵנוּ. עֲנֵנוּ אֱלֹהֵינוּ עֲנֵנוּ. עֲנֵנוּ אָבִינוּ עֲנֵנוּ. עֲנֵנוּ בּוֹרְאֵנוּ עֲנֵנוּ. עֲנֵנוּ גּוֹאֲלֵנוּ עֲנֵנוּ. עֲנֵנוּ דּוֹרְשֵׁנוּ עֲנֵנוּ. עֲנֵנוּ הָאֵל הַנֶּאֱמָן עֲנֵנוּ. עֲנֵנוּ וָתִיק וְחָסִיד עֲנֵנוּ. עֲנֵנוּ זַךְ וְיָשָׁר עֲנֵנוּ. עֲנֵנוּ חַי וְקַיָּם עֲנֵנוּ. עֲנֵנוּ טוֹב וּמֵטִיב עֲנֵנוּ. עֲנֵנוּ יוֹדֵעַ יֵצֶר עֲנֵנוּ. עֲנֵנוּ כּוֹבֵשׁ כְּעָסִים עֲנֵנוּ. עֲנֵנוּ לוֹבֵשׁ צְדָקוֹת עֲנֵנוּ. עֲנֵנוּ מֶלֶךְ מַלְכֵי הַמְּלָכִים עֲנֵנוּ. עֲנֵנוּ נוֹרָא וְנִשְׂגָּב עֲנֵנוּ. עֲנֵנוּ סוֹלֵחַ

וּמוֹחֵל עֲנֵנוּ. עֲנֵנוּ עוֹנֶה בְּעֵת צָרָה עֲנֵנוּ. עֲנֵנוּ פּוֹדֶה וּמַצִּיל עֲנֵנוּ. עֲנֵנוּ צַדִּיק וְיָשָׁר עֲנֵנוּ. עֲנֵנוּ קָרוֹב לְקוֹרְאָיו עֲנֵנוּ. עֲנֵנוּ רַחוּם וְחַנּוּן עֲנֵנוּ. עֲנֵנוּ שׁוֹמֵעַ אֶל אֶבְיוֹנִים עֲנֵנוּ. עֲנֵנוּ תּוֹמֵךְ תְּמִימִים עֲנֵנוּ. עֲנֵנוּ אֱלֹהֵי אֲבוֹתֵינוּ עֲנֵנוּ. עֲנֵנוּ אֱלֹהֵי אַבְרָהָם עֲנֵנוּ. עֲנֵנוּ פַּחַד יִצְחָק עֲנֵנוּ. עֲנֵנוּ אֲבִיר יַעֲקֹב עֲנֵנוּ. עֲנֵנוּ עֶזְרַת הַשְּׁבָטִים עֲנֵנוּ. עֲנֵנוּ מִשְׂגַּב אִמָּהוֹת עֲנֵנוּ. עֲנֵנוּ קָשֶׁה לִכְעֹס עֲנֵנוּ. עֲנֵנוּ רַךְ לִרְצוֹת עֲנֵנוּ. עֲנֵנוּ עוֹנֶה בְּעֵת רָצוֹן עֲנֵנוּ. עֲנֵנוּ אֲבִי יְתוֹמִים עֲנֵנוּ. עֲנֵנוּ דַּיַּן אַלְמָנוֹת עֲנֵנוּ.

מִי שֶׁעָנָה לְאַבְרָהָם אָבִינוּ בְּהַר הַמּוֹרִיָּה, הוּא יַעֲנֵנוּ.
מִי שֶׁעָנָה לְיִצְחָק בְּנוֹ כְּשֶׁנֶּעֱקַד עַל גַּבֵּי הַמִּזְבֵּחַ, הוּא יַעֲנֵנוּ.
מִי שֶׁעָנָה לְיַעֲקֹב בְּבֵית אֵל, הוּא יַעֲנֵנוּ.
מִי שֶׁעָנָה לְיוֹסֵף בְּבֵית הָאֲסוּרִים, הוּא יַעֲנֵנוּ.
מִי שֶׁעָנָה לַאֲבוֹתֵינוּ עַל יַם סוּף, הוּא יַעֲנֵנוּ.
מִי שֶׁעָנָה לְמֹשֶׁה בְּחוֹרֵב, הוּא יַעֲנֵנוּ.
מִי שֶׁעָנָה לְאַהֲרֹן בַּמַּחְתָּה, הוּא יַעֲנֵנוּ.
מִי שֶׁעָנָה לְפִינְחָס בְּקוּמוֹ מִתּוֹךְ הָעֵדָה, הוּא יַעֲנֵנוּ.
מִי שֶׁעָנָה לִיהוֹשֻׁעַ בַּגִּלְגָּל, הוּא יַעֲנֵנוּ.
מִי שֶׁעָנָה לִשְׁמוּאֵל בַּמִּצְפָּה, הוּא יַעֲנֵנוּ.
מִי שֶׁעָנָה לְדָוִד וּשְׁלֹמֹה בְנוֹ בִּירוּשָׁלָיִם, הוּא יַעֲנֵנוּ.
מִי שֶׁעָנָה לְאֵלִיָּהוּ בְּהַר הַכַּרְמֶל, הוּא יַעֲנֵנוּ.
מִי שֶׁעָנָה לֶאֱלִישָׁע בִּירִיחוֹ, הוּא יַעֲנֵנוּ.
מִי שֶׁעָנָה לְיוֹנָה בִּמְעֵי הַדָּגָה, הוּא יַעֲנֵנוּ.
מִי שֶׁעָנָה לְחִזְקִיָּהוּ מֶלֶךְ יְהוּדָה בְּחָלְיוֹ, הוּא יַעֲנֵנוּ.
מִי שֶׁעָנָה לַחֲנַנְיָה מִישָׁאֵל וַעֲזַרְיָה בְּתוֹךְ כִּבְשַׁן הָאֵשׁ, הוּא יַעֲנֵנוּ.
מִי שֶׁעָנָה לְדָנִיֵּאל בְּגוֹב הָאֲרָיוֹת, הוּא יַעֲנֵנוּ.
מִי שֶׁעָנָה לְמָרְדְּכַי וְאֶסְתֵּר בְּשׁוּשַׁן הַבִּירָה, הוּא יַעֲנֵנוּ.
מִי שֶׁעָנָה לְעֶזְרָא בַּגּוֹלָה, הוּא יַעֲנֵנוּ.
מִי שֶׁעָנָה לְכָל הַצַּדִּיקִים וְהַחֲסִידִים וְהַתְּמִימִים וְהַיְשָׁרִים, הוּא יַעֲנֵנוּ.

רַחֲמָנָא דְּעָנֵי לַעֲנִיֵּי עֲנֵינָן.
רַחֲמָנָא דְּעָנֵי לִתְבִירֵי לִבָּא עֲנֵינָן.
רַחֲמָנָא דְּעָנֵי לְמַכִּיכֵי רוּחָא עֲנֵינָן.
רַחֲמָנָא עֲנֵינָן.
רַחֲמָנָא חוּס, רַחֲמָנָא פְּרֹק, רַחֲמָנָא שֵׁיזִב.
רַחֲמָנָא רַחֵם עֲלָן, הַשְׁתָּא בַּעֲגָלָא וּבִזְמַן קָרִיב.

נפילת אפיים

יושבים, ובמקום שיש בו ספר תורה, נופלים אפיים:
משעינים את הראש על יד שמאל ומכסים את הפנים.

לפני נפילת אפיים נוהגים לומר את הפסוק 'וַיֹּאמֶר דָּוִד אֶל־גָּד' (קיצור של"ה).

וַיֹּאמֶר דָּוִד אֶל־גָּד, צַר־לִי מְאֹד שמואל ב׳ כד
נִפְּלָה־נָּא בְיַד־יהוה, כִּי־רַבִּים רַחֲמָו, וּבְיַד־אָדָם אַל־אֶפֹּלָה:

רַחוּם וְחַנּוּן, חָטָאתִי לְפָנֶיךָ.
יהוה מָלֵא רַחֲמִים, רַחֵם עָלַי וְקַבֵּל תַּחֲנוּנָי.

נוהגים לומר את מזמור ו (מנהגי מהרי"ט טירנא):

יהוה, אַל־בְּאַפְּךָ תוֹכִיחֵנִי, וְאַל־בַּחֲמָתְךָ תְיַסְּרֵנִי: תהלים ו
חָנֵּנִי יהוה, כִּי אֻמְלַל אָנִי, רְפָאֵנִי יהוה, כִּי נִבְהֲלוּ עֲצָמָי:
וְנַפְשִׁי נִבְהֲלָה מְאֹד, וְאַתָּ יהוה, עַד־מָתָי:
שׁוּבָה יהוה, חַלְּצָה נַפְשִׁי, הוֹשִׁיעֵנִי לְמַעַן חַסְדֶּךָ:
כִּי אֵין בַּמָּוֶת זִכְרֶךָ, בִּשְׁאוֹל מִי יוֹדֶה־לָּךְ:
יָגַעְתִּי בְּאַנְחָתִי, אַשְׂחֶה בְכָל־לַיְלָה מִטָּתִי
בְּדִמְעָתִי עַרְשִׂי אַמְסֶה:
עָשְׁשָׁה מִכַּעַס עֵינִי, עָתְקָה בְּכָל־צוֹרְרָי:
סוּרוּ מִמֶּנִּי כָּל־פֹּעֲלֵי אָוֶן, כִּי שָׁמַע יהוה קוֹל בִּכְיִי:
שָׁמַע יהוה תְּחִנָּתִי, יהוה תְּפִלָּתִי יִקָּח:
יֵבֹשׁוּ וְיִבָּהֲלוּ מְאֹד כָּל־אֹיְבָי, יָשֻׁבוּ יֵבֹשׁוּ רָגַע: כאן מרימים את הראש.

מַחֵי וּמַסֵּי, מֵמִית וּמְחַיֶּה, מַסֵּיק מִן שְׁאוֹל לְחַיֵּי עָלְמָא.
בְּרָא כַּד חָטֵא, אֲבוּהִי לַקְיֵהּ, אֲבוּהִי דְחָיֵס מַסֵּא לְכָאֵבֵהּ.
עַבְדָּא דְמָרֵיד נָפֵיק בְּקוֹלָר, מָרֵהּ תָּאֵיב וְתָבַר קוֹלָרֵהּ.

בְּרָךְ בֻּכְרָךְ אֲנַן וְחָטֵינַן קַמָּךְ, הָא רְוֵי נַפְשַׁן בְּגִדִין מְרָרִין.
עַבְדָּךְ אֲנַן וּמָרְדִנַן קַמָּךְ, הָא בְּבִזְתָא הָא בְּשִׁבְיְתָא הָא בְּמַלְקְיוּתָא.
בְּמָטוּ מִנָּךְ בְּרַחֲמָךְ דִּנְפִישִׁין, אַסֵּי לְכָאֵבָא דִתְקֵף עֲלָן
עַד דְּלָא נֶהֱוֵי גְמִירָא בְּשִׁבְיָא.

יש הנוהגים שלא לומר תחינה זו.

מַכְנִיסֵי רַחֲמִים, הַכְנִיסוּ רַחֲמֵינוּ לִפְנֵי בַּעַל הָרַחֲמִים. מַשְׁמִיעֵי תְפִלָּה, הַשְׁמִיעוּ תְּפִלָּתֵנוּ לִפְנֵי שׁוֹמֵעַ תְּפִלָּה. מַשְׁמִיעֵי צְעָקָה, הַשְׁמִיעוּ צַעֲקָתֵנוּ לִפְנֵי שׁוֹמֵעַ צְעָקָה. מַכְנִיסֵי דִמְעָה, הַכְנִיסוּ דִּמְעוֹתֵינוּ לִפְנֵי מֶלֶךְ מִתְרַצֶּה בִּדְמָעוֹת. הִשְׁתַּדְּלוּ וְהַרְבּוּ תְּחִנָּה וּבַקָּשָׁה לִפְנֵי מֶלֶךְ אֵל רָם וְנִשָּׂא. הַזְכִּירוּ לְפָנָיו הַשְׁמִיעוּ לְפָנָיו תּוֹרָה וּמַעֲשִׂים טוֹבִים שֶׁל שׁוֹכְנֵי עָפָר. יִזְכֹּר אַהֲבָתָם וִיחַיֶּה זַרְעָם, שֶׁלֹּא תֹאבַד שְׁאֵרִית יַעֲקֹב. כִּי צֹאן רוֹעֶה נֶאֱמָן הָיָה לְחֶרְפָּה, יִשְׂרָאֵל גּוֹי אֶחָד לְמָשָׁל וְלִשְׁנִינָה. מַהֵר עֲנֵנוּ אֱלֹהֵי יִשְׁעֵנוּ, וּפְדֵנוּ מִכָּל גְּזֵרוֹת קָשׁוֹת, וְהוֹשִׁיעָה בְּרַחֲמֶיךָ הָרַבִּים מְשִׁיחַ צִדְקָךְ וְעַמָּךְ.

מָרָן דְּבִשְׁמַיָּא לָךְ מִתְחַנְּנַן, כְּבַר שִׁבְיָא דְּמִתְחַנַּן לְשַׁבָּיֵהּ.
כֻּלְּהוֹן בְּנֵי שִׁבְיָא בְּכַסְפָּא מִתְפָּרְקִין
וְעַמָּךְ בֵּית יִשְׂרָאֵל בְּרַחֲמֵי וּבְתַחֲנוּנֵי.
הַב לַן שְׁאֵלְתִין וּבָעוּתִין, דְּלָא נֶהְדַּר רֵיקָם מִן קֳדָמָךְ.

מָרָן דְּבִשְׁמַיָּא לָךְ מִתְחַנְּנַן, כְּעַבְדָּא דְּמִתְחַנַּן לְמָרֵהּ.
עֲשִׁיקֵי אֲנַן וּבַחֲשׁוֹכָא שָׁרֵינָן.
מְרִירָן נַפְשִׁין מֵעַקְתִין דִּנְפִישִׁין.
חֵילָא לֵית בַּן לְרַצּוּיָךְ, מָרָן.
עֲבֵד בְּדִיל קְיָמָא דִּגְזַרְתְּ עִם אֲבָהָתָנָא.

הפיוט ׳שׁוֹמֵר יִשְׂרָאֵל׳ חותם את הסליחות בחודש אלול ובעשרת ימי תשובה.

שׁוֹמֵר יִשְׂרָאֵל, שְׁמֹר שְׁאֵרִית יִשְׂרָאֵל, וְאַל יֹאבַד יִשְׂרָאֵל
הָאוֹמְרִים שְׁמַע יִשְׂרָאֵל.
שׁוֹמֵר גּוֹי אֶחָד, שְׁמֹר שְׁאֵרִית עַם אֶחָד, וְאַל יֹאבַד גּוֹי אֶחָד
הַמְיַחֲדִים שִׁמְךָ, יהוה אֱלֹהֵינוּ יהוה אֶחָד.
שׁוֹמֵר גּוֹי קָדוֹשׁ, שְׁמֹר שְׁאֵרִית עַם קָדוֹשׁ, וְאַל יֹאבַד גּוֹי קָדוֹשׁ
הַמְשַׁלְּשִׁים בְּשָׁלֹשׁ קְדֻשּׁוֹת לְקָדוֹשׁ.
מִתְרַצֶּה בְּרַחֲמִים וּמִתְפַּיֵּס בְּתַחֲנוּנִים, הִתְרַצֵּה וְהִתְפַּיֵּס לְדוֹר עָנִי
כִּי אֵין עוֹזֵר.
אָבִינוּ מַלְכֵּנוּ, חָנֵּנוּ וַעֲנֵנוּ, כִּי אֵין בָּנוּ מַעֲשִׂים
עֲשֵׂה עִמָּנוּ צְדָקָה וָחֶסֶד וְהוֹשִׁיעֵנוּ.

לקט הפסוקים מסדר רב עמרם גאון מבטא את תחושתו של האדם, שלאחר שהתפלל בכל אופן שהוא מכיר, מוסר את דינו לשמים (טור, קלא).

עומדים במקום המסומן ב▴ (מג״א קלא, ד בשם השל״ה).

וַאֲנַחְנוּ לֹא נֵדַע ▴מַה־נַּעֲשֶׂה, כִּי עָלֶיךָ עֵינֵינוּ: דברי הימים ב׳ כ
זְכֹר־רַחֲמֶיךָ יהוה וַחֲסָדֶיךָ, כִּי מֵעוֹלָם הֵמָּה: תהלים כה
יְהִי־חַסְדְּךָ יהוה עָלֵינוּ, כַּאֲשֶׁר יִחַלְנוּ לָךְ: תהלים לג
אַל־תִּזְכָּר־לָנוּ עֲוֹנֹת רִאשֹׁנִים תהלים עט
מַהֵר יְקַדְּמוּנוּ רַחֲמֶיךָ, כִּי דַלּוֹנוּ מְאֹד:
עֶזְרֵנוּ בְּשֵׁם יהוה, עֹשֵׂה שָׁמַיִם וָאָרֶץ: תהלים קכד
חָנֵּנוּ יהוה חָנֵּנוּ, כִּי־רַב שָׂבַעְנוּ בוּז: תהלים קכג
בְּרֹגֶז רַחֵם תִּזְכּוֹר: חבקוק ג
[בְּרֹגֶז עֲקֵדָה תִּזְכֹּר, בְּרֹגֶז תְּמִימוּת תִּזְכֹּר.
יהוה הוֹשִׁיעָה, הַמֶּלֶךְ יַעֲנֵנוּ בְיוֹם־קָרְאֵנוּ:] תהלים כ
כִּי־הוּא יָדַע יִצְרֵנוּ, זָכוּר כִּי־עָפָר אֲנָחְנוּ: תהלים קג
עָזְרֵנוּ אֱלֹהֵי יִשְׁעֵנוּ עַל־דְּבַר כְּבוֹד־שְׁמֶךָ תהלים עט
וְהַצִּילֵנוּ וְכַפֵּר עַל־חַטֹּאתֵינוּ לְמַעַן שְׁמֶךָ:

קדיש שלם

ש״ץ: יִתְגַּדַּל וְיִתְקַדַּשׁ שְׁמֵהּ רַבָּא (קהל: אָמֵן)
בְּעָלְמָא דִּי בְרָא כִרְעוּתֵהּ
וְיַמְלִיךְ מַלְכוּתֵהּ [וְיַצְמַח פֻּרְקָנֵהּ וִיקָרֵב מְשִׁיחֵהּ (קהל: אָמֵן)]
בְּחַיֵּיכוֹן וּבְיוֹמֵיכוֹן וּבְחַיֵּי דְכָל בֵּית יִשְׂרָאֵל
בַּעֲגָלָא וּבִזְמַן קָרִיב
וְאִמְרוּ אָמֵן. (קהל: אָמֵן)

קהל וש״ץ: יְהֵא שְׁמֵהּ רַבָּא מְבָרַךְ לְעָלַם וּלְעָלְמֵי עָלְמַיָּא.

ש״ץ: יִתְבָּרַךְ וְיִשְׁתַּבַּח וְיִתְפָּאַר וְיִתְרוֹמַם וְיִתְנַשֵּׂא
וְיִתְהַדָּר וְיִתְעַלֶּה וְיִתְהַלָּל
שְׁמֵהּ דְּקֻדְשָׁא בְּרִיךְ הוּא (קהל: אָמֵן)
לְעֵלָּא מִן כָּל בִּרְכָתָא וְשִׁירָתָא, תֻּשְׁבְּחָתָא וְנֶחֱמָתָא
דַּאֲמִירָן בְּעָלְמָא
וְאִמְרוּ אָמֵן. (קהל: אָמֵן)

תִּתְקַבַּל צְלוֹתְהוֹן וּבָעוּתְהוֹן דְּכָל בֵּית יִשְׂרָאֵל
קֳדָם אֲבוּהוֹן דִּי בִשְׁמַיָּא
וְאִמְרוּ אָמֵן. (קהל: אָמֵן)

יְהֵא שְׁלָמָא רַבָּא מִן שְׁמַיָּא
וְחַיִּים [טוֹבִים] עָלֵינוּ וְעַל כָּל יִשְׂרָאֵל
וְאִמְרוּ אָמֵן. (קהל: אָמֵן)

כורע ופוסע שלוש פסיעות לאחור. קד לשמאל, לימין ולפנים באמירת:
עֹשֶׂה שָׁלוֹם בִּמְרוֹמָיו
הוּא יַעֲשֶׂה שָׁלוֹם עָלֵינוּ וְעַל כָּל יִשְׂרָאֵל
וְאִמְרוּ אָמֵן. (קהל: אָמֵן)

סליחות ליום שני

תהלים פד אַשְׁרֵי יוֹשְׁבֵי בֵיתֶךָ, עוֹד יְהַלְלְוּךָ סֶּלָה:

תהלים קמד אַשְׁרֵי הָעָם שֶׁכָּכָה לּוֹ, אַשְׁרֵי הָעָם שֶׁיהוה אֱלֹהָיו:

תהלים קמה תְּהִלָּה לְדָוִד

אֲרוֹמִמְךָ אֱלוֹהַי הַמֶּלֶךְ, וַאֲבָרְכָה שִׁמְךָ לְעוֹלָם וָעֶד:

בְּכָל־יוֹם אֲבָרְכֶךָּ, וַאֲהַלְלָה שִׁמְךָ לְעוֹלָם וָעֶד:

גָּדוֹל יהוה וּמְהֻלָּל מְאֹד, וְלִגְדֻלָּתוֹ אֵין חֵקֶר:

דּוֹר לְדוֹר יְשַׁבַּח מַעֲשֶׂיךָ, וּגְבוּרֹתֶיךָ יַגִּידוּ:

הֲדַר כְּבוֹד הוֹדֶךָ, וְדִבְרֵי נִפְלְאֹתֶיךָ אָשִׂיחָה:

וֶעֱזוּז נוֹרְאֹתֶיךָ יֹאמֵרוּ, וּגְדוּלָּתְךָ אֲסַפְּרֶנָּה:

זֵכֶר רַב־טוּבְךָ יַבִּיעוּ, וְצִדְקָתְךָ יְרַנֵּנוּ:

חַנּוּן וְרַחוּם יהוה, אֶרֶךְ אַפַּיִם וּגְדָל־חָסֶד:

טוֹב־יהוה לַכֹּל, וְרַחֲמָיו עַל־כָּל־מַעֲשָׂיו:

יוֹדְוּךָ יהוה כָּל־מַעֲשֶׂיךָ, וַחֲסִידֶיךָ יְבָרְכוּכָה:

כְּבוֹד מַלְכוּתְךָ יֹאמֵרוּ, וּגְבוּרָתְךָ יְדַבֵּרוּ:

לְהוֹדִיעַ לִבְנֵי הָאָדָם גְּבוּרֹתָיו, וּכְבוֹד הֲדַר מַלְכוּתוֹ:

מַלְכוּתְךָ מַלְכוּת כָּל־עֹלָמִים, וּמֶמְשַׁלְתְּךָ בְּכָל־דּוֹר וָדֹר:

סוֹמֵךְ יהוה לְכָל־הַנֹּפְלִים, וְזוֹקֵף לְכָל־הַכְּפוּפִים:

עֵינֵי־כֹל אֵלֶיךָ יְשַׂבֵּרוּ, וְאַתָּה נוֹתֵן־לָהֶם אֶת־אָכְלָם בְּעִתּוֹ:

פּוֹתֵחַ אֶת־יָדֶךָ, וּמַשְׂבִּיעַ לְכָל־חַי רָצוֹן:

צַדִּיק יהוה בְּכָל־דְּרָכָיו, וְחָסִיד בְּכָל־מַעֲשָׂיו:

קָרוֹב יהוה לְכָל־קֹרְאָיו, לְכֹל אֲשֶׁר יִקְרָאֻהוּ בֶאֱמֶת:

רְצוֹן־יְרֵאָיו יַעֲשֶׂה, וְאֶת־שַׁוְעָתָם יִשְׁמַע, וְיוֹשִׁיעֵם:

שׁוֹמֵר יהוה אֶת־כָּל־אֹהֲבָיו, וְאֵת כָּל־הָרְשָׁעִים יַשְׁמִיד:
תְּהִלַּת יהוה יְדַבֶּר פִּי, וִיבָרֵךְ כָּל־בָּשָׂר שֵׁם קָדְשׁוֹ לְעוֹלָם וָעֶד:
תהלים קטו וַאֲנַחְנוּ נְבָרֵךְ יָהּ מֵעַתָּה וְעַד־עוֹלָם, הַלְלוּיָהּ:

במדבר יד וְעַתָּה יִגְדַּל־נָא כֹּחַ אֲדֹנָי כַּאֲשֶׁר דִּבַּרְתָּ לֵאמֹר:
תהלים כה זְכֹר־רַחֲמֶיךָ יהוה וַחֲסָדֶיךָ כִּי מֵעוֹלָם הֵמָּה:

חצי קדיש

ש״ץ: יִתְגַּדַּל וְיִתְקַדַּשׁ שְׁמֵהּ רַבָּא (קהל: אָמֵן)
בְּעָלְמָא דִּי בְרָא כִרְעוּתֵהּ
וְיַמְלִיךְ מַלְכוּתֵהּ [וְיַצְמַח פֻּרְקָנֵהּ וִיקָרֵב מְשִׁיחֵהּ (קהל: אָמֵן)]
בְּחַיֵּיכוֹן וּבְיוֹמֵיכוֹן וּבְחַיֵּי דְכָל בֵּית יִשְׂרָאֵל
בַּעֲגָלָא וּבִזְמַן קָרִיב, וְאִמְרוּ אָמֵן. (קהל: אָמֵן)

קהל וש״ץ: יְהֵא שְׁמֵהּ רַבָּא מְבָרַךְ לְעָלַם וּלְעָלְמֵי עָלְמַיָּא.

ש״ץ: יִתְבָּרַךְ וְיִשְׁתַּבַּח וְיִתְפָּאַר וְיִתְרוֹמַם וְיִתְנַשֵּׂא
וְיִתְהַדָּר וְיִתְעַלֶּה וְיִתְהַלָּל
שְׁמֵהּ דְּקֻדְשָׁא בְּרִיךְ הוּא (קהל: אָמֵן)
לְעֵלָּא מִן כָּל בִּרְכָתָא וְשִׁירָתָא, תֻּשְׁבְּחָתָא וְנֶחֱמָתָא
דַּאֲמִירָן בְּעָלְמָא, וְאִמְרוּ אָמֵן. (קהל: אָמֵן)

דניאל ט לְךָ אֲדֹנָי הַצְּדָקָה, וְלָנוּ בֹּשֶׁת הַפָּנִים:
בראשית מד מַה נִּתְאוֹנֵן וּמַה נֹּאמַר, מַה־נְּדַבֵּר וּמַה־נִּצְטַדָּק:
נַחְפְּשָׂה דְרָכֵינוּ וְנַחְקֹרָה וְנָשׁוּבָה אֵלֶיךָ, כִּי יְמִינְךָ פְשׁוּטָה לְקַבֵּל שָׁבִים.
לֹא בְחֶסֶד וְלֹא בְמַעֲשִׂים בָּאנוּ לְפָנֶיךָ, כְּדַלִּים וּכְרָשִׁים דָּפַקְנוּ דְלָתֶיךָ.
דְּלָתֶיךָ דָּפַקְנוּ רַחוּם וְחַנּוּן, נָא אַל תְּשִׁיבֵנוּ רֵיקָם מִלְּפָנֶיךָ.
מִלְּפָנֶיךָ מַלְכֵּנוּ רֵיקָם אַל תְּשִׁיבֵנוּ, כִּי אַתָּה שׁוֹמֵעַ תְּפִלָּה.

שְׁמֵעַ תְּפִלָּה, עָדֶיךָ כָּל־בָּשָׂר יָבֹאוּ: תהלים סה

יָבוֹא כָל בָּשָׂר לְהִשְׁתַּחֲוֹת לְפָנֶיךָ יהוה.

יָבוֹאוּ וְיִשְׁתַּחֲווּ לְפָנֶיךָ אֲדֹנָי, וִיכַבְּדוּ לִשְׁמֶךָ: תהלים פו

בֹּאוּ נִשְׁתַּחֲוֶה וְנִכְרָעָה, נִבְרְכָה לִפְנֵי־יהוה עֹשֵׂנוּ: תהלים צה

נָבוֹאָה לְמִשְׁכְּנוֹתָיו, נִשְׁתַּחֲוֶה לַהֲדֹם רַגְלָיו: תהלים קלב

בֹּאוּ שְׁעָרָיו בְּתוֹדָה חֲצֵרֹתָיו בִּתְהִלָּה תהלים ק

הוֹדוּ לוֹ בָּרְכוּ שְׁמוֹ:

וַאֲנַחְנוּ בְּרֹב חַסְדְּךָ נָבוֹא בֵיתֶךָ

נִשְׁתַּחֲוֶה אֶל הֵיכַל קָדְשְׁךָ בְּיִרְאָתֶךָ.

הִנֵּה בָּרְכוּ אֶת־יהוה כָּל־עַבְדֵי יהוה תהלים קלד

הָעֹמְדִים בְּבֵית־יהוה בַּלֵּילוֹת:

שְׂאוּ־יְדֵכֶם קֹדֶשׁ, וּבָרְכוּ אֶת־יהוה:

רוֹמְמוּ יהוה אֱלֹהֵינוּ וְהִשְׁתַּחֲווּ לַהֲדֹם רַגְלָיו, קָדוֹשׁ הוּא: תהלים צט

רוֹמְמוּ יהוה אֱלֹהֵינוּ וְהִשְׁתַּחֲווּ לְהַר קָדְשׁוֹ

כִּי־קָדוֹשׁ יהוה אֱלֹהֵינוּ:

הִשְׁתַּחֲווּ לַיהוה בְּהַדְרַת־קֹדֶשׁ, חִילוּ מִפָּנָיו כָּל־הָאָרֶץ: תהלים צו

נִשְׁתַּחֲוֶה אֶל הֵיכַל קָדְשְׁךָ וְנוֹדֶה אֶת שְׁמֶךָ

עַל חַסְדְּךָ וְעַל אֲמִתֶּךָ, כִּי הִגְדַּלְתָּ עַל כָּל שִׁמְךָ אִמְרָתֶךָ.

יהוה אֱלֹהֵי צְבָאוֹת מִי־כָמוֹךָ חֲסִין יָהּ, וֶאֱמוּנָתְךָ סְבִיבוֹתֶיךָ: תהלים פט

כִּי מִי בַשַּׁחַק יַעֲרֹךְ לַיהוה, יִדְמֶה לַיהוה בִּבְנֵי אֵלִים:

כִּי־גָדוֹל אַתָּה וְעֹשֵׂה נִפְלָאוֹת, אַתָּה אֱלֹהִים לְבַדֶּךָ: תהלים פו

כִּי־גָדֹל מֵעַל־שָׁמַיִם חַסְדֶּךָ, וְעַד־שְׁחָקִים אֲמִתֶּךָ: תהלים קח

גָּדוֹל יהוה וּמְהֻלָּל מְאֹד, וְלִגְדֻלָּתוֹ אֵין חֵקֶר: תהלים קמה

כִּי גָדוֹל יהוה וּמְהֻלָּל מְאֹד, נוֹרָא הוּא עַל־כָּל־אֱלֹהִים: תהלים צו

כִּי אֵל גָּדוֹל יהוה, וּמֶלֶךְ גָּדוֹל עַל־כָּל־אֱלֹהִים: תהלים צה

אֲשֶׁר מִי־אֵל בַּשָּׁמַיִם וּבָאָרֶץ אֲשֶׁר־יַעֲשֶׂה כְמַעֲשֶׂיךָ וְכִגְבוּרֹתֶךָ: דברים ג

מִי לֹא יִרָאֲךָ מֶלֶךְ הַגּוֹיִם כִּי לְךָ יָאָתָה ירמיה י
כִּי בְכָל־חַכְמֵי הַגּוֹיִם וּבְכָל־מַלְכוּתָם מֵאֵין כָּמוֹךָ:
מֵאֵין כָּמוֹךָ יהוה, גָּדוֹל אַתָּה וְגָדוֹל שִׁמְךָ בִּגְבוּרָה:
לְךָ זְרוֹעַ עִם־גְּבוּרָה, תָּעֹז יָדְךָ תָּרוּם יְמִינֶךָ: תהלים פט
לְךָ יוֹם אַף־לְךָ לָיְלָה, אַתָּה הֲכִינוֹתָ מָאוֹר וָשָׁמֶשׁ: תהלים עד
אֲשֶׁר בְּיָדוֹ מֶחְקְרֵי־אָרֶץ, וְתוֹעֲפוֹת הָרִים לוֹ: תהלים צה
מִי יְמַלֵּל גְּבוּרוֹת יהוה, יַשְׁמִיעַ כָּל־תְּהִלָּתוֹ: תהלים קו
לְךָ יהוה הַגְּדֻלָּה וְהַגְּבוּרָה וְהַתִּפְאֶרֶת וְהַנֵּצַח וְהַהוֹד דברי הימים א׳ כט
כִּי־כֹל בַּשָּׁמַיִם וּבָאָרֶץ
לְךָ יהוה הַמַּמְלָכָה וְהַמִּתְנַשֵּׂא לְכֹל לְרֹאשׁ:
לְךָ שָׁמַיִם אַף־לְךָ אָרֶץ, תֵּבֵל וּמְלֹאָהּ אַתָּה יְסַדְתָּם: תהלים פט
אַתָּה הִצַּבְתָּ כָּל־גְּבוּלוֹת אָרֶץ, קַיִץ וָחֹרֶף אַתָּה יְצַרְתָּם: תהלים עד
אַתָּה רִצַּצְתָּ רָאשֵׁי לִוְיָתָן, תִּתְּנֶנּוּ מַאֲכָל לְעָם לְצִיִּים:
אַתָּה בָקַעְתָּ מַעְיָן וָנָחַל, אַתָּה הוֹבַשְׁתָּ נַהֲרוֹת אֵיתָן:
אַתָּה פוֹרַרְתָּ בְעָזְּךָ יָם, שִׁבַּרְתָּ רָאשֵׁי תַנִּינִים עַל־הַמָּיִם:
אַתָּה מוֹשֵׁל בְּגֵאוּת הַיָּם, בְּשׂוֹא גַלָּיו אַתָּה תְשַׁבְּחֵם: תהלים פט
גָּדוֹל יהוה וּמְהֻלָּל מְאֹד, בְּעִיר אֱלֹהֵינוּ הַר־קָדְשׁוֹ: תהלים מח
יהוה צְבָאוֹת אֱלֹהֵי יִשְׂרָאֵל יֹשֵׁב הַכְּרֻבִים ישעיה לז
אַתָּה־הוּא הָאֱלֹהִים לְבַדֶּךָ:
אֵל נַעֲרָץ בְּסוֹד־קְדֹשִׁים רַבָּה, וְנוֹרָא עַל־כָּל־סְבִיבָיו: תהלים פט
וְיוֹדוּ שָׁמַיִם פִּלְאֲךָ יהוה, אַף־אֱמוּנָתְךָ בִּקְהַל קְדֹשִׁים:
לְכוּ נְרַנְּנָה לַיהוה, נָרִיעָה לְצוּר יִשְׁעֵנוּ: תהלים צה
נְקַדְּמָה פָנָיו בְּתוֹדָה, בִּזְמִרוֹת נָרִיעַ לוֹ:
צֶדֶק וּמִשְׁפָּט מְכוֹן כִּסְאֶךָ, חֶסֶד וֶאֱמֶת יְקַדְּמוּ פָנֶיךָ: תהלים פט
אֲשֶׁר יַחְדָּו נַמְתִּיק סוֹד, בְּבֵית אֱלֹהִים נְהַלֵּךְ בְּרָגֶשׁ: תהלים נה
אֲשֶׁר־לוֹ הַיָּם וְהוּא עָשָׂהוּ, וְיַבֶּשֶׁת יָדָיו יָצָרוּ: תהלים צה
אֲשֶׁר בְּיָדוֹ נֶפֶשׁ כָּל־חָי, וְרוּחַ כָּל־בְּשַׂר־אִישׁ: איוב יב

הַנְּשָׁמָה לָךְ וְהַגּוּף פָּעֳלָךְ, חוּסָה עַל עֲמָלָךְ.
הַנְּשָׁמָה לָךְ וְהַגּוּף שֶׁלָּךְ, יהוה עֲשֵׂה לְמַעַן שְׁמֶךָ.
אָתָאנוּ עַל שִׁמְךָ, יהוה עֲשֵׂה לְמַעַן שְׁמֶךָ
בַּעֲבוּר כְּבוֹד שִׁמְךָ, כִּי אֵל חַנּוּן וְרַחוּם שְׁמֶךָ.
לְמַעַן שִׁמְךָ יהוה, וְסָלַחְתָּ לַעֲוֹנֵנוּ כִּי רַב הוּא.

סְלַח לָנוּ, אָבִינוּ, כִּי בְּרֹב אִוַּלְתֵּנוּ שָׁגִינוּ.
מְחַל לָנוּ, מַלְכֵּנוּ, כִּי רַבּוּ עֲוֹנֵינוּ.

אֵל אֶרֶךְ אַפַּיִם אַתָּה, וּבַעַל הָרַחֲמִים נִקְרֵאתָ, וְדֶרֶךְ תְּשׁוּבָה הוֹרֵיתָ.
גְּדֻלַּת רַחֲמֶיךָ וַחֲסָדֶיךָ, תִּזְכֹּר הַיּוֹם וּבְכָל יוֹם לְזֶרַע יְדִידֶיךָ.
תֵּפֶן אֵלֵינוּ בְּרַחֲמִים, כִּי אַתָּה הוּא בַּעַל הָרַחֲמִים.
בְּתַחֲנוּן וּבִתְפִלָּה פָּנֶיךָ נְקַדֵּם, כְּהוֹדַעְתָּ לֶעָנָו מִקֶּדֶם.
מֵחֲרוֹן אַפְּךָ שׁוּב, כְּמוֹ בְּתוֹרָתְךָ כָּתוּב.
וּבְצֵל כְּנָפֶיךָ נֶחֱסֶה וְנִתְלוֹנָן, כְּיוֹם וַיֵּרֶד יהוה בֶּעָנָן.
תַּעֲבֹר עַל פֶּשַׁע וְתִמְחֶה אָשָׁם, כְּיוֹם וַיִּתְיַצֵּב עִמּוֹ שָׁם.
תַּאֲזִין שַׁוְעָתֵנוּ וְתַקְשִׁיב מֶנּוּ מַאֲמָר, כְּיוֹם וַיִּקְרָא בְשֵׁם יהוה
וְשָׁם נֶאֱמַר

קהל ואחריו שליח הציבור:

וַיַּעֲבֹר יהוה עַל־פָּנָיו וַיִּקְרָא שמות לד

יהוה, יהוה, אֵל רַחוּם וְחַנּוּן, אֶרֶךְ אַפַּיִם, וְרַב־חֶסֶד וֶאֱמֶת:
נֹצֵר חֶסֶד לָאֲלָפִים, נֹשֵׂא עָוֹן וָפֶשַׁע וְחַטָּאָה, וְנַקֵּה:

וְסָלַחְתָּ לַעֲוֹנֵנוּ וּלְחַטָּאתֵנוּ, וּנְחַלְתָּנוּ:
סְלַח לָנוּ אָבִינוּ כִּי חָטָאנוּ
מְחַל לָנוּ מַלְכֵּנוּ כִּי פָשָׁעְנוּ.
כִּי־אַתָּה אֲדֹנָי טוֹב וְסַלָּח, וְרַב־חֶסֶד לְכָל־קֹרְאֶיךָ: תהלים פו

ירמיה יד
מִקְוֵה יִשְׂרָאֵל מוֹשִׁיעוֹ בְּעֵת צָרָה
לָמָּה תִהְיֶה כְּגֵר בָּאָרֶץ וּכְאֹרֵחַ נָטָה לָלוּן:
לָמָּה תִהְיֶה כְּאִישׁ נִדְהָם כְּגִבּוֹר לֹא־יוּכַל לְהוֹשִׁיעַ:

תהלים מד
קוּמָה עֶזְרָתָה לָּנוּ, וּפְדֵנוּ לְמַעַן חַסְדֶּךָ:

כְּרַחֵם אָב עַל בָּנִים, כֵּן תְּרַחֵם יהוה עָלֵינוּ.

תהלים ג
לַיהוה הַיְשׁוּעָה, עַל־עַמְּךָ בִרְכָתֶךָ סֶּלָה:

תהלים מו
יהוה צְבָאוֹת עִמָּנוּ, מִשְׂגָּב לָנוּ אֱלֹהֵי יַעֲקֹב סֶלָה:

תהלים פד
יהוה צְבָאוֹת, אַשְׁרֵי אָדָם בֹּטֵחַ בָּךְ:

תהלים כ
יהוה הוֹשִׁיעָה, הַמֶּלֶךְ יַעֲנֵנוּ בְיוֹם־קָרְאֵנוּ:

במדבר יד
סְלַח־נָא לַעֲוֹן הָעָם הַזֶּה כְּגֹדֶל חַסְדֶּךָ
וְכַאֲשֶׁר נָשָׂאתָה לָעָם הַזֶּה מִמִּצְרַיִם וְעַד־הֵנָּה:
וְשָׁם נֶאֱמַר

קהל ואחריו שליח הציבור:

וַיֹּאמֶר יהוה, סָלַחְתִּי כִּדְבָרֶךָ:

דניאל ט
הַטֵּה אֱלֹהַי אָזְנְךָ וּשְׁמָע
פְּקַח עֵינֶיךָ וּרְאֵה שֹׁמְמֹתֵינוּ, וְהָעִיר אֲשֶׁר־נִקְרָא שִׁמְךָ עָלֶיהָ
כִּי לֹא עַל־צִדְקֹתֵינוּ אֲנַחְנוּ מַפִּילִים תַּחֲנוּנֵינוּ לְפָנֶיךָ
כִּי עַל־רַחֲמֶיךָ הָרַבִּים:
אֲדֹנָי שְׁמָעָה, אֲדֹנָי סְלָחָה, אֲדֹנָי הַקְשִׁיבָה וַעֲשֵׂה אַל־תְּאַחַר
לְמַעַנְךָ אֱלֹהַי, כִּי־שִׁמְךָ נִקְרָא עַל־עִירְךָ וְעַל־עַמֶּךָ:

צרות רבות באו עלינו מפני חטאינו הרבים, אף על פי כן על חסד ה׳ אנו נשענים,
בזכות אבות אנו נתלים וגאולה מה׳ מבקשים.

ה. מחבר: רבי שלמה הבבלי

אֱלֹהֵינוּ וֵאלֹהֵי אֲבוֹתֵינוּ
אִם עֲוֹנֵינוּ רַבּוּ לְהַגְדִּיל
בָּנוּ עָנוּ עֵבוֹת כְּגָדִיל
גָּרְמוּ לָנוּ בֵּינָתַיִם לְהַבְדִּיל
דַּרְכֵי רַחֲמֶיךָ לֹא תַחֲדִיל.

הִתְנַהֵג בְּמִדַּת חֶסֶד הִתְנֵיתָ
וְאַתָּה הוּא לֹא שָׁנִיתָ
זְכֹר עֲדָתְךָ אֲשֶׁר קָנִיתָ
חֹן שְׁיָרֵי בְכוֹר כִּנִּיתָ.

טְעַנְתָּנוּ גַּפֵּי קֶרֶת נְתוּנִים
יִשַּׁבְתָּנוּ שֵׁן סֶלַע אֵיתָנִים
כְּאַחַת דִּכִּיתָנוּ בִּמְקוֹם תַּנִּים
לְרְוָיָה צֵאת כַּמָּה מְתוּנִים.

מֵרֹב פְּקֻדּוֹת וּבֶהָלָה מְחַלְחֶלֶת
נָקְטָה נַפְשִׁי לֶעָפָר בּוֹחֶלֶת
סָמְכָה בֶטֶן לָאָרֶץ נִשְׁחֶלֶת
עוּרָה לָמָּה תִישַׁן, תּוֹחֶלֶת.

פְּקַח קוֹחַ קְרֹא אֲסִירֶיךָ חֲפֹץ
צוֹק הָעִתִּים חֶשְׁבּוֹנָם קְפֹץ
קַבֵּץ פְּזוּרֶיךָ עֵדֶר הַנָּפוֹץ
רְאוֹת עוֹלָתָה פִּיהָ תִּקְפֹּץ.

שְׁמֹר שְׁבוּעַת חֶסֶד וּתְנַאי
תָּם וְצָבוּר וּבְנָאי אֵיתָנַי
שְׁלוֹמוֹ יְצַוֶּה לִבְלִי גְנַאי
הֲפֹךְ וְשַׁנּוֹת לְטוֹבָה הַפְּנַאי.

קָטֹן כִּי יַעֲקֹב וָדָל
יָדוּעַ חֹלִי נִבְזֶה וַחֲדַל
חַיִּים וָחֶסֶד מָעוֹז וּמִגְדָּל
כַּאֲשֶׁר עַתָּה כֹּחֲךָ יִגְדָּל.

אֵל מֶלֶךְ יוֹשֵׁב עַל כִּסֵּא רַחֲמִים, מִתְנַהֵג בַּחֲסִידוּת.
מוֹחֵל עֲוֹנוֹת עַמּוֹ, מַעֲבִיר רִאשׁוֹן רִאשׁוֹן.
מַרְבֶּה מְחִילָה לְחַטָּאִים, וּסְלִיחָה לְפוֹשְׁעִים.
עֹשֶׂה צְדָקוֹת עִם כָּל בָּשָׂר וָרוּחַ, לֹא כְרָעָתָם תִּגְמֹל.
אֵל, הוֹרֵיתָ לָּנוּ לוֹמַר שְׁלֹשׁ עֶשְׂרֵה
זְכָר לָנוּ הַיּוֹם בְּרִית שְׁלֹשׁ עֶשְׂרֵה
כְּהוֹדַעְתָּ לֶעָנָו מִקֶּדֶם, כְּמוֹ שֶׁכָּתוּב:
שמות לד וַיֵּרֶד יהוה בֶּעָנָן, וַיִּתְיַצֵּב עִמּוֹ שָׁם
וַיִּקְרָא בְשֵׁם יהוה:

קהל ואחריו שליח הציבור:

וַיַּעֲבֹר יהוה עַל־פָּנָיו וַיִּקְרָא

יהוה, יהוה, אֵל רַחוּם וְחַנּוּן, אֶרֶךְ אַפַּיִם, וְרַב־חֶסֶד וֶאֱמֶת:
נֹצֵר חֶסֶד לָאֲלָפִים, נֹשֵׂא עָוֹן וָפֶשַׁע וְחַטָּאָה, וְנַקֵּה:

וְסָלַחְתָּ לַעֲוֹנֵנוּ וּלְחַטָּאתֵנוּ וּנְחַלְתָּנוּ:
סְלַח לָנוּ אָבִינוּ כִּי חָטָאנוּ
מְחַל לָנוּ מַלְכֵּנוּ כִּי פָשָׁעְנוּ.
תהלים פו כִּי־אַתָּה אֲדֹנָי טוֹב וְסַלָּח, וְרַב־חֶסֶד לְכָל־קֹרְאֶיךָ:

לֹא כַחֲטָאֵינוּ תַּעֲשֶׂה לָנוּ, וְלֹא כַעֲוֹנוֹתֵינוּ תִּגְמֹל עָלֵינוּ.
ירמיה יד אִם־עֲוֹנֵינוּ עָנוּ בָנוּ, יהוה עֲשֵׂה לְמַעַן שְׁמֶךָ:
תהלים קל אִם־עֲוֹנוֹת תִּשְׁמָר־יָהּ, אֲדֹנָי מִי יַעֲמֹד:
אִם בָּנֶיךָ חָטְאוּ לָךְ, אַל תְּשַׁלְּחֵם בְּיַד פִּשְׁעָם.
תהלים לג נַפְשֵׁנוּ חִכְּתָה לַיהוה, עֶזְרֵנוּ וּמָגִנֵּנוּ הוּא:

כְּרַחֵם אָב עַל בָּנִים, כֵּן תְּרַחֵם יהוה עָלֵינוּ.
תהלים ג לַיהוה הַיְשׁוּעָה, עַל־עַמְּךָ בִרְכָתֶךָ סֶּלָה:

יהוה צְבָאוֹת עִמָּנוּ, מִשְׂגָּב לָנוּ אֱלֹהֵי יַעֲקֹב סֶלָה: תהלים מו

יהוה צְבָאוֹת, אַשְׁרֵי אָדָם בֹּטֵחַ בָּךְ: תהלים פד

יהוה הוֹשִׁיעָה, הַמֶּלֶךְ יַעֲנֵנוּ בְיוֹם־קָרְאֵנוּ: תהלים כ

ישראל, ארוסתו האהובה, סגולה חביבה, כמאוסה נראית וכמשולחת. כל הקללות האמורות בתורה באו עליה, ורחמים מבקשת היא להשיב אהבתה כקדם.

ו. מחבר: רבי שלמה הבבלי

אֱלֹהֵינוּ וֵאלֹהֵי אֲבוֹתֵינוּ

אֵין כְּמִדַּת בָּשָׂר מִדָּתֶךָ
אַיֵּה קִנְאָתְךָ וַעֲצַת עֲמִידָתֶךָ
בַּת בֵּרַוְתָּ לְבֵית חֶמְדָּתֶךָ
בְּעָלְוּהָ אֲדוֹנִים וְאֵין לְצִמְדָּתֶךָ.

גּוֹעָה לְדוֹדִי אֲנִי מְאֹרֶסֶת
גּוֹעֵל רוֹדִי אֵיךְ נִדְרֶסֶת
דִּין הֶרֶג לְעַצְמָהּ מַקְנֶסֶת
דְּחוּיָה גַּם כִּי נֶאֱנֶסֶת.

הָאֵם בְּלִי סֵפֶר שְׁלוּחַ
הַבֵּן כְּיָתוֹם אוֹבֵד שָׁלְוּחַ
וְגַן נָעוּל הֶפְקֵר כְּמַלְוּחַ
וּמַעְיָן חָתוּם נִרְפָּס דָּלְוּחַ.

זַעַם כְּרֶגַע וְעַתָּה לְהִפּוּךְ
זֵרֵי קֹדֶשׁ עַתָּה לִשְׁפּוּךְ
חִבַּת רֵעַ כְּקֶרֶן הַפּוּךְ
חֲשׁוּבָה עֲזוּבָה כְּקוֹרַעַת בַּפּוּךְ.

טוֹבַת הַתֹּאַר קְדוֹרַנִּית מִפֶּרֶךְ
טְרִיָּה מַכָּה מִבְּלִי אֶרֶךְ
יוֹם נָקָם נִסְתַּם דֶּרֶךְ
יוֹם שִׁלּוּם נֶחְתַּם חֶרֶךְ.

כֹּחַ הַסַּבָּל הִכְשִׁיל נֵטֶל
כָּסוּל וְשָׁחוּל הַנִּשְׁאָר מִקֶּטֶל
לֹא לְמַרְגּוֹעַ נָד וּמִטַּלְטֵל
לְעָמֵל וְיָגֵעַ וְאַחֵר נוֹטֵל.

מַטַּע קֶרֶן שֶׁמֶן הַמְדֻשָּׁן
מִרְמָס מַדּוּעַ כַּחֲרְלֵי כִבְשָׁן
נוֹצֵר לְמַעְלָה לֹא יִישָׁן
נְטָעוֹ לְמִשְׁלוֹחַ פָּרוֹת הַבָּשָׁן.

שׂוֹרֵקָה מַה בֶּצַע וְנִקְטֶפֶת
סוֹרַחַת מַה יִּתְרוֹן וְנֶחֱטֶפֶת
עַל יַד חֲקוּקָה וְטוֹטֶפֶת
עַל מָה אַהֲבָתָהּ נִשְׁטֶפֶת.

פְּעֻלַּת הָרוֹבִים מִעוּט מְלָאכֶת
פְּרִיעַת שָׂכָר רַבָּה וְהוֹלֶכֶת
צוֹפֶה הַפָּנוֹת וְעַתָּה נִמְשֶׁכֶת
צָרָה פְּקוּדָה וְאַחֶרֶת נִסְמֶכֶת.

קֹדֶשׁ רֵאשִׁית עֲרֵמַת שְׂעָרִים
קַצְוֵי אֶרֶץ זְרוּיִים כִּשְׂעוֹרִים
רוּחַ מְנַשֶּׁבֶת בַּעֲלֵי יְעָרִים
רִדּוּף נִשְׁמֶטֶת נָסִים וְנִסְעָרִים.

שְׁמֹנֶה וְתִשְׁעִים הָאָלוֹת הָאֵלֶּה
שָׁלְמוּ אֵלֶּה מֵאֵלֶּה וְכָאֵלֶּה
תְּרַחֵם תְּקַבְּצֵנוּ מִקְּרָנוֹת אֵלֶּה
אָז יֹאמְרוּ בַגּוֹיִם, הִגְדִּיל יהוה לַעֲשׂוֹת עִם־אֵלֶּה: תהלים קכו

אֵל מֶלֶךְ יוֹשֵׁב עַל כִּסֵּא רַחֲמִים, מִתְנַהֵג בַּחֲסִידוּת.
מוֹחֵל עֲוֹנוֹת עַמּוֹ, מַעֲבִיר רִאשׁוֹן רִאשׁוֹן.
מַרְבֶּה מְחִילָה לְחַטָּאִים, וּסְלִיחָה לְפוֹשְׁעִים.
עֹשֶׂה צְדָקוֹת עִם כָּל בָּשָׂר וָרוּחַ, לֹא כְרָעָתָם תִּגְמֹל.
אֵל, הוֹרֵיתָ לָּנוּ לוֹמַר שְׁלֹשׁ עֶשְׂרֵה
זְכָר לָנוּ הַיּוֹם בְּרִית שְׁלֹשׁ עֶשְׂרֵה
כְּהוֹדַעְתָּ לֶעָנָו מִקֶּדֶם, כְּמוֹ שֶׁכָּתוּב:
וַיֵּרֶד יהוה בֶּעָנָן, וַיִּתְיַצֵּב עִמּוֹ שָׁם, וַיִּקְרָא בְשֵׁם יהוה: שמות לד

קהל ואחריו שליח הציבור:

וַיַּעֲבֹר יהוה עַל־פָּנָיו וַיִּקְרָא

יהוה, יהוה, אֵל רַחוּם וְחַנּוּן, אֶרֶךְ אַפַּיִם, וְרַב־חֶסֶד וֶאֱמֶת:
נֹצֵר חֶסֶד לָאֲלָפִים, נֹשֵׂא עָוֹן וָפֶשַׁע וְחַטָּאָה, וְנַקֵּה:

וְסָלַחְתָּ לַעֲוֹנֵנוּ וּלְחַטָּאתֵנוּ וּנְחַלְתָּנוּ:
סְלַח לָנוּ אָבִינוּ כִּי חָטָאנוּ, מְחַל לָנוּ מַלְכֵּנוּ כִּי פָשָׁעְנוּ.
כִּי־אַתָּה אֲדֹנָי טוֹב וְסַלָּח, וְרַב־חֶסֶד לְכָל־קֹרְאֶיךָ: תהלים פו

סבל רב ישראל סובלים, ואף בעומק סבלם בה׳ דבקים, תורתו משמרים,
אליו מתפללים ורחמים ממנו מבקשים.

ז. פזמון | מחבר: שמואל הכהן

הקהל אומר פיוט זה בית בית, ושליח הציבור חוזר אחריו בקול:

מַלְאֲכֵי רַחֲמִים, מְשָׁרְתֵי עֶלְיוֹן
חַלּוּ נָא פְּנֵי אֵל בְּמֵיטַב הִגָּיוֹן
אוּלַי יָחוּס עַם עָנִי וְאֶבְיוֹן, אוּלַי יְרַחֵם.

אוּלַי יְרַחֵם שְׁאֵרִית יוֹסֵף
שְׁפָלִים וּנְבְזִים, פְּשׁוּחֵי שֶׁסֶף
שְׁבוּיֵי חִנָּם, מְכוּרֵי בְלֹא כֶסֶף
שׁוֹאֲגִים בִּתְפִלָּה וּמְבַקְשִׁים רִשָּׁיוֹן.
אוּלַי יָחוּס עַם עָנִי וְאֶבְיוֹן, אוּלַי יְרַחֵם.

אוּלַי יְרַחֵם מְעֻנֵּי כֶבֶל
מְלֻמְּדֵי מַכּוֹת בְּעִנּוּי סֵבֶל
מְנוֹד רֹאשׁ נְתוּנִים לְיוֹשְׁבֵי תֵבֵל
מָשָׁל בָּעַמִּים קֶצֶף וּבִזָּיוֹן.
אוּלַי יָחוּס עַם עָנִי וְאֶבְיוֹן, אוּלַי יְרַחֵם.

אוּלַי יְרַחֵם וְיִרְאֶה בְּדָוֵי עַמּוֹ
וְיַקְשִׁיב וְיִשְׁמַע הַצָּגִים לְעֻמּוֹ
וְעוֹדִים בְּלַחַשׁ מוּסָר לָמוֹ
וְעֵינֵיהֶם תּוֹלִים לִמְצוֹא רָצוֹן.
אוּלַי יָחוּס עַם עָנִי וְאֶבְיוֹן, אוּלַי יְרַחֵם.

אוּלַי יְרַחֵם אוֹמְרֵי סְלַח נָא
אוֹמְצֵי שִׁבְחוֹ בְּכָל עֵת וְעוֹנָה
אֲגוּדִים בְּצָרָה לִשְׁפֹּךְ תְּחִנָּה
אֶת פְּנֵי אֱלֹהֵיהֶם שׁוֹפְכִים לֵב דְּוָיוֹן.
אוּלַי יָחוּס עַם עָנִי וְאֶבְיוֹן, אוּלַי יְרַחֵם.

אוּלַי יְרַחֵם לָקְחָה בְּכִפְלַיִם
לְעוּטָה אֲרָיוֹת כְּמוֹ בְּפִי שַׁחֲלַיִם
לוֹקָה וּמִשְׁתַּלֶּמֶת בַּעֲוֹן שׁוּלַיִם
לֹא שָׁכְחָה בְּכָל זֹאת מִכְתַּב עֹז חֶבְיוֹן.
אוּלַי יָחוּס עַם עָנִי וְאֶבְיוֹן, אוּלַי יְרַחֵם.

אוּלַי יְרַחֵם כְּבוּשֵׁי פָנִים
הַשּׁוֹמְעִים חֶרְפָּתָם וְלֹא מְשִׁיבִים וְעוֹנִים
נִצְחָם מְקַוִּים וְלִישְׁעוֹ נִשְׁעָנִים
כִּי לֹא כָלוּ רַחֲמָיו בְּכִלָּיוֹן.
אוּלַי יָחוּס עַם עָנִי וְאֶבְיוֹן, אוּלַי יְרַחֵם.

אוּלַי יְרַחֵם יְחַלֵּץ עָנִי בְּעָנְיוֹ
חֲבוּשׁוֹ יַתִּיר מֵאֶרֶץ שִׁבְיוֹ
יְגָהֶה מְזוֹרוֹ וְיַחְבֹּשׁ חָלְיוֹ
צַעֲקָתוֹ יִשְׁמַע וְיָחִישׁ עֵת פִּדְיוֹן.
אוּלַי יָחוּס עַם עָנִי וְאֶבְיוֹן, אוּלַי יְרַחֵם.

אֵל מֶלֶךְ יוֹשֵׁב עַל כִּסֵּא רַחֲמִים, מִתְנַהֵג בַּחֲסִידוּת.
מוֹחֵל עֲוֹנוֹת עַמּוֹ, מַעֲבִיר רִאשׁוֹן רִאשׁוֹן.
מַרְבֶּה מְחִילָה לְחַטָּאִים, וּסְלִיחָה לְפוֹשְׁעִים.
עֹשֶׂה צְדָקוֹת עִם כָּל בָּשָׂר וָרוּחַ, לֹא כְרָעָתָם תִּגְמֹל.
אֵל, הוֹרֵיתָ לָּנוּ לוֹמַר שְׁלֹשׁ עֶשְׂרֵה
זְכָר לָנוּ הַיּוֹם בְּרִית שְׁלֹשׁ עֶשְׂרֵה
כְּהוֹדַעְתָּ לֶעָנָו מִקֶּדֶם, כְּמוֹ שֶׁכָּתוּב:
שמות לד וַיֵּרֶד יהוה בֶּעָנָן, וַיִּתְיַצֵּב עִמּוֹ שָׁם
וַיִּקְרָא בְשֵׁם יהוה:

קהל ואחריו שליח הציבור:

וַיַּעֲבֹר יהוה עַל־פָּנָיו וַיִּקְרָא

יהוה, יהוה, אֵל רַחוּם וְחַנּוּן, אֶרֶךְ אַפַּיִם, וְרַב־חֶסֶד וֶאֱמֶת:
נֹצֵר חֶסֶד לָאֲלָפִים, נֹשֵׂא עָוֹן וָפֶשַׁע וְחַטָּאָה, וְנַקֵּה:

וְסָלַחְתָּ לַעֲוֹנֵנוּ וּלְחַטָּאתֵנוּ וּנְחַלְתָּנוּ:
סְלַח לָנוּ אָבִינוּ כִּי חָטָאנוּ
מְחַל לָנוּ מַלְכֵּנוּ כִּי פָשָׁעְנוּ.
תהלים פו כִּי־אַתָּה אֲדֹנָי טוֹב וְסַלָּח, וְרַב־חֶסֶד לְכָל־קֹרְאֶיךָ:

זְכֹר־רַחֲמֶיךָ יהוה וַחֲסָדֶיךָ, כִּי מֵעוֹלָם הֵמָּה: תהלים כה
זָכְרֵנוּ יהוה בִּרְצוֹן עַמֶּךָ, פָּקְדֵנוּ בִּישׁוּעָתֶךָ.
זְכֹר עֲדָתְךָ קָנִיתָ קֶּדֶם, גָּאַלְתָּ שֵׁבֶט נַחֲלָתֶךָ, הַר־צִיּוֹן זֶה שָׁכַנְתָּ בּוֹ: תהלים עד
זְכֹר יהוה חִבַּת יְרוּשָׁלָיִם, אַהֲבַת צִיּוֹן אַל תִּשְׁכַּח לָנֶצַח.
אַתָּה תָקוּם תְּרַחֵם צִיּוֹן, כִּי־עֵת לְחֶנְנָהּ, כִּי־בָא מוֹעֵד: תהלים קב
זְכֹר יהוה לִבְנֵי אֱדוֹם אֵת יוֹם יְרוּשָׁלָיִם תהלים קלז
הָאוֹמְרִים עָרוּ עָרוּ, עַד הַיְסוֹד בָּהּ:
זְכֹר לְאַבְרָהָם לְיִצְחָק וּלְיִשְׂרָאֵל עֲבָדֶיךָ שמות לב
אֲשֶׁר נִשְׁבַּעְתָּ לָהֶם בָּךְ וַתְּדַבֵּר אֲלֵהֶם
אַרְבֶּה אֶת־זַרְעֲכֶם כְּכוֹכְבֵי הַשָּׁמָיִם
וְכָל־הָאָרֶץ הַזֹּאת אֲשֶׁר אָמַרְתִּי אֶתֵּן לְזַרְעֲכֶם, וְנָחֲלוּ לְעֹלָם:
זְכֹר לַעֲבָדֶיךָ לְאַבְרָהָם לְיִצְחָק וּלְיַעֲקֹב דברים ט
אַל־תֵּפֶן אֶל־קְשִׁי הָעָם הַזֶּה וְאֶל־רִשְׁעוֹ וְאֶל־חַטָּאתוֹ:

זְכָר לָנוּ בְּרִית אָבוֹת כַּאֲשֶׁר אָמַרְתָּ:
וְזָכַרְתִּי אֶת־בְּרִיתִי יַעֲקוֹב ויקרא כו
וְאַף אֶת־בְּרִיתִי יִצְחָק וְאַף אֶת־בְּרִיתִי אַבְרָהָם אֶזְכֹּר
וְהָאָרֶץ אֶזְכֹּר:

זְכָר לָנוּ בְּרִית רִאשׁוֹנִים כַּאֲשֶׁר אָמַרְתָּ:
וְזָכַרְתִּי לָהֶם בְּרִית רִאשֹׁנִים ויקרא כו
אֲשֶׁר הוֹצֵאתִי־אֹתָם מֵאֶרֶץ מִצְרַיִם לְעֵינֵי הַגּוֹיִם
לִהְיוֹת לָהֶם לֵאלֹהִים, אֲנִי יהוה:

עֲשֵׂה עִמָּנוּ כְּמָה שֶׁהִבְטַחְתָּנוּ:
וְאַף גַּם־זֹאת בִּהְיוֹתָם בְּאֶרֶץ אֹיְבֵיהֶם ויקרא כו
לֹא־מְאַסְתִּים וְלֹא־גְעַלְתִּים לְכַלֹּתָם
לְהָפֵר בְּרִיתִי אִתָּם, כִּי אֲנִי יהוה אֱלֹהֵיהֶם:

הָשֵׁב שְׁבוּתֵנוּ וְרַחֲמֵנוּ כְּמָה שֶׁכָּתוּב:
דברים ל
וְשָׁב יהוה אֱלֹהֶיךָ אֶת־שְׁבוּתְךָ וְרִחֲמֶךָ
וְשָׁב וְקִבֶּצְךָ מִכָּל־הָעַמִּים
אֲשֶׁר הֱפִיצְךָ יהוה אֱלֹהֶיךָ שָׁמָּה:

קַבֵּץ נִדָּחֵינוּ כְּמָה שֶׁכָּתוּב:
דברים ל
אִם־יִהְיֶה נִדַּחֲךָ בִּקְצֵה הַשָּׁמָיִם
מִשָּׁם יְקַבֶּצְךָ יהוה אֱלֹהֶיךָ וּמִשָּׁם יִקָּחֶךָ:

מְחֵה פְשָׁעֵינוּ כָּעָב וְכֶעָנָן כְּמָה שֶׁכָּתוּב:
ישעיה מד
מָחִיתִי כָעָב פְּשָׁעֶיךָ וְכֶעָנָן חַטֹּאותֶיךָ, שׁוּבָה אֵלַי כִּי גְאַלְתִּיךָ:
מְחֵה פְשָׁעֵינוּ לְמַעַנְךָ כַּאֲשֶׁר אָמַרְתָּ:
ישעיה מג
אָנֹכִי אָנֹכִי הוּא מֹחֶה פְשָׁעֶיךָ לְמַעֲנִי, וְחַטֹּאתֶיךָ לֹא אֶזְכֹּר:

הַלְבֵּן חֲטָאֵינוּ כַּשֶּׁלֶג וְכַצֶּמֶר כְּמָה שֶׁכָּתוּב:
ישעיה א
לְכוּ־נָא וְנִוָּכְחָה יֹאמַר יהוה
אִם־יִהְיוּ חֲטָאֵיכֶם כַּשָּׁנִים כַּשֶּׁלֶג יַלְבִּינוּ
אִם־יַאְדִּימוּ כַתּוֹלָע כַּצֶּמֶר יִהְיוּ:

זְרֹק עָלֵינוּ מַיִם טְהוֹרִים וְטַהֲרֵנוּ כְּמָה שֶׁכָּתוּב:
יחזקאל לו
וְזָרַקְתִּי עֲלֵיכֶם מַיִם טְהוֹרִים וּטְהַרְתֶּם
מִכֹּל טֻמְאוֹתֵיכֶם וּמִכָּל־גִּלּוּלֵיכֶם אֲטַהֵר אֶתְכֶם:

רַחֵם עָלֵינוּ וְאַל תַּשְׁחִיתֵנוּ כְּמָה שֶׁכָּתוּב:
דברים ד
כִּי אֵל רַחוּם יהוה אֱלֹהֶיךָ
לֹא יַרְפְּךָ וְלֹא יַשְׁחִיתֶךָ
וְלֹא יִשְׁכַּח אֶת־בְּרִית אֲבֹתֶיךָ אֲשֶׁר נִשְׁבַּע לָהֶם:

מוֹל אֶת לְבָבֵנוּ לְאַהֲבָה אֶת שְׁמֶךָ כְּמָה שֶׁכָּתוּב:
דברים ל
וּמָל יהוה אֱלֹהֶיךָ אֶת־לְבָבְךָ וְאֶת־לְבַב זַרְעֶךָ
לְאַהֲבָה אֶת־יהוה אֱלֹהֶיךָ בְּכָל־לְבָבְךָ וּבְכָל־נַפְשְׁךָ, לְמַעַן חַיֶּיךָ:

הִמָּצֵא לָנוּ בְּבַקָּשָׁתֵנוּ כְּמָה שֶׁכָּתוּב:

דברים ד וּבִקַּשְׁתֶּם מִשָּׁם אֶת־יהוה אֱלֹהֶיךָ וּמָצָאתָ
כִּי תִדְרְשֶׁנּוּ בְּכָל־לְבָבְךָ וּבְכָל־נַפְשֶׁךָ:

תְּבִיאֵנוּ אֶל הַר קָדְשֶׁךָ וְשַׂמְּחֵנוּ בְּבֵית תְּפִלָּתֶךָ כְּמָה שֶׁכָּתוּב:

ישעיה נו וַהֲבִיאוֹתִים אֶל־הַר קָדְשִׁי וְשִׂמַּחְתִּים בְּבֵית תְּפִלָּתִי
עוֹלֹתֵיהֶם וְזִבְחֵיהֶם לְרָצוֹן עַל־מִזְבְּחִי
כִּי בֵיתִי בֵּית־תְּפִלָּה יִקָּרֵא לְכָל־הָעַמִּים:

פותחים את ארון הקודש ואומרים פסוק פסוק עד ׳אַל תַּעַזְבֵנוּ׳.

יש קהילות האומרות את הפסוקים בסדר אחר:
׳שְׁמַע קוֹלֵנוּ׳, ׳הֲשִׁיבֵנוּ׳, ׳אַל תַּשְׁלִיכֵנוּ מִלְּפָנֶיךָ׳ ו׳אַל תַּשְׁלִיכֵנוּ לְעֵת זִקְנָה׳,
וממשיכים בלחש: ׳אַל תַּעַזְבֵנוּ׳, ׳עֲשֵׂה עִמָּנוּ אוֹת׳,
׳אֲמָרֵינוּ הַאֲזִינָה׳, ׳יִהְיוּ לְרָצוֹן׳ ו׳כִּי לְךָ ה׳ הוֹחָלְנוּ׳.

שליח הציבור אומר, והקהל חוזר אחריו בקול:

שְׁמַע קוֹלֵנוּ, יהוה אֱלֹהֵינוּ, חוּס וְרַחֵם עָלֵינוּ
וְקַבֵּל בְּרַחֲמִים וּבְרָצוֹן אֶת תְּפִלָּתֵנוּ.

איכה ה הֲשִׁיבֵנוּ יהוה אֵלֶיךָ וְנָשׁוּבָה, חַדֵּשׁ יָמֵינוּ כְּקֶדֶם:
אֲמָרֵינוּ הַאֲזִינָה יהוה, בִּינָה הֲגִיגֵנוּ.

בלחש: יִהְיוּ לְרָצוֹן אִמְרֵי פִינוּ וְהֶגְיוֹן לִבֵּנוּ לְפָנֶיךָ, יהוה צוּרֵנוּ וְגוֹאֲלֵנוּ.
אַל תַּשְׁלִיכֵנוּ מִלְּפָנֶיךָ, וְרוּחַ קָדְשְׁךָ אַל תִּקַּח מִמֶּנּוּ.
אַל תַּשְׁלִיכֵנוּ לְעֵת זִקְנָה, כִּכְלוֹת כֹּחֵנוּ אַל תַּעַזְבֵנוּ.
אַל תַּעַזְבֵנוּ יהוה, אֱלֹהֵינוּ אַל תִּרְחַק מִמֶּנּוּ.
עֲשֵׂה עִמָּנוּ אוֹת לְטוֹבָה, וְיִרְאוּ שׂוֹנְאֵינוּ וְיֵבֹשׁוּ
כִּי אַתָּה יהוה עֲזַרְתָּנוּ וְנִחַמְתָּנוּ.
כִּי לְךָ יהוה הוֹחָלְנוּ, אַתָּה תַעֲנֶה אֲדֹנָי אֱלֹהֵינוּ.

סוגרים את ארון הקודש.

וידוי

אֱלֹהֵינוּ וֵאלֹהֵי אֲבוֹתֵינוּ
תָּבֹא לְפָנֶיךָ תְּפִלָּתֵנוּ, וְאַל תִּתְעַלַּם מִתְּחִנָּתֵנוּ.
שֶׁאֵין אֲנוּ עַזֵּי פָנִים וּקְשֵׁי עֹרֶף לוֹמַר לְפָנֶיךָ
יהוה אֱלֹהֵינוּ וֵאלֹהֵי אֲבוֹתֵינוּ
צַדִּיקִים אֲנַחְנוּ וְלֹא חָטָאנוּ.
אֲבָל אֲנַחְנוּ וַאֲבוֹתֵינוּ חָטָאנוּ.

כשמתוודה, מכה באגרופו על החזה כנגד הלב בכל חטא שמזכיר.

אָשַׁמְנוּ, בָּגַדְנוּ, גָּזַלְנוּ, דִּבַּרְנוּ דֹפִי
הֶעֱוִינוּ, וְהִרְשַׁעְנוּ, זַדְנוּ, חָמַסְנוּ, טָפַלְנוּ שֶׁקֶר
יָעַצְנוּ רָע, כִּזַּבְנוּ, לַצְנוּ, מָרַדְנוּ, נִאַצְנוּ
סָרַרְנוּ, עָוִינוּ, פָּשַׁעְנוּ, צָרַרְנוּ, קִשִּׁינוּ עֹרֶף
רָשַׁעְנוּ, שִׁחַתְנוּ, תִּעַבְנוּ, תָּעִינוּ, תִּעְתָּעְנוּ.

סַרְנוּ מִמִּצְוֹתֶיךָ וּמִמִּשְׁפָּטֶיךָ הַטּוֹבִים, וְלֹא שָׁוָה לָנוּ.
וְאַתָּה צַדִּיק עַל כָּל־הַבָּא עָלֵינוּ נחמיה ט
כִּי־אֱמֶת עָשִׂיתָ וַאֲנַחְנוּ הִרְשָׁעְנוּ:

אָשַׁמְנוּ מִכָּל עָם, בֹּשְׁנוּ מִכָּל דּוֹר
גָּלָה מִמֶּנּוּ מָשׂוֹשׂ, דָּוָה לִבֵּנוּ בַּחֲטָאֵינוּ
הָחְבַּל אִוּוּיֵנוּ, וְנִפְרַע פְּאֵרֵנוּ
זְבוּל בֵּית מִקְדָּשֵׁנוּ חָרַב בַּעֲוֹנֵינוּ, טִירָתֵנוּ הָיְתָה לְשַׁמָּה
יְפִי אַדְמָתֵנוּ לְזָרִים, כֹּחֵנוּ לְנָכְרִים.

על פי הגר"א (מעשה רב, אות רב) אומרים וידוי פעם אחת בלבד.

וַעֲדַיִן לֹא שַׁבְנוּ מִטָּעוּתֵנוּ, וְהֵיאַךְ נָעִיז פָּנֵינוּ וְנַקְשֶׁה עָרְפֵּנוּ, לוֹמַר לְפָנֶיךָ, יהוה אֱלֹהֵינוּ וֵאלֹהֵי אֲבוֹתֵינוּ, צַדִּיקִים אֲנַחְנוּ וְלֹא חָטָאנוּ, אֲבָל אֲנַחְנוּ וַאֲבוֹתֵינוּ חָטָאנוּ.

כשמתוודה, מכה באגרופו על החזה כנגד הלב בכל חטא שמזכיר.

אָשַֽׁמְנוּ, בָּגַֽדְנוּ, גָּזַֽלְנוּ, דִּבַּֽרְנוּ דֹֽפִי
הֶעֱוִֽינוּ, וְהִרְשַֽׁעְנוּ, זַֽדְנוּ, חָמַֽסְנוּ, טָפַֽלְנוּ שֶֽׁקֶר
יָעַֽצְנוּ רָע, כִּזַּֽבְנוּ, לַֽצְנוּ, מָרַֽדְנוּ, נִאַֽצְנוּ
סָרַֽרְנוּ, עָוִֽינוּ, פָּשַֽׁעְנוּ, צָרַֽרְנוּ, קִשִּֽׁינוּ עֹֽרֶף
רָשַֽׁעְנוּ, שִׁחַֽתְנוּ, תִּעַֽבְנוּ, תָּעִֽינוּ, תִּעְתָּֽעְנוּ.

סַֽרְנוּ מִמִּצְוֹתֶֽיךָ וּמִמִּשְׁפָּטֶֽיךָ הַטּוֹבִים, וְלֹא שָֽׁוָה לָֽנוּ.
וְאַתָּה צַדִּיק עַל כָּל־הַבָּא עָלֵֽינוּ, כִּי־אֱמֶת עָשִֽׂיתָ וַאֲנַֽחְנוּ הִרְשָֽׁעְנוּ: נחמיה ט

לְעֵינֵֽינוּ עָשְׁקוּ עֲמָלֵֽנוּ, מְמֻשָּׁךְ וּמְמֹרָט מִמֶּֽנּוּ
נָתְנוּ עֻלָּם עָלֵֽינוּ, סָבַֽלְנוּ עַל שִׁכְמֵֽנוּ
עֲבָדִים מָֽשְׁלוּ בָֽנוּ, פֹּרֵק אֵין מִיָּדָם: איכה ה
צָרוֹת רַבּוֹת סְבָבֽוּנוּ, קְרָאנֽוּךָ יהוה אֱלֹהֵֽינוּ
רָחַֽקְתָּ מִמֶּֽנּוּ בַּעֲוֹנֵֽינוּ, שַֽׁבְנוּ מֵאַחֲרֶֽיךָ, תָּעִֽינוּ וְאָבָֽדְנוּ.

וַעֲדַֽיִן לֹא שַֽׁבְנוּ מִטָּעוּתֵֽנוּ, וְהֵיאַךְ נָעִיז פָּנֵֽינוּ וְנַקְשֶׁה עָרְפֵּֽנוּ, לוֹמַר לְפָנֶֽיךָ, יהוה אֱלֹהֵֽינוּ וֵאלֹהֵי אֲבוֹתֵֽינוּ, צַדִּיקִים אֲנַֽחְנוּ וְלֹא חָטָֽאנוּ, אֲבָל אֲנַֽחְנוּ וַאֲבוֹתֵֽינוּ חָטָֽאנוּ.

כשמתוודה, מכה באגרופו על החזה כנגד הלב בכל חטא שמזכיר.

אָשַֽׁמְנוּ, בָּגַֽדְנוּ, גָּזַֽלְנוּ, דִּבַּֽרְנוּ דֹֽפִי
הֶעֱוִֽינוּ, וְהִרְשַֽׁעְנוּ, זַֽדְנוּ, חָמַֽסְנוּ, טָפַֽלְנוּ שֶֽׁקֶר
יָעַֽצְנוּ רָע, כִּזַּֽבְנוּ, לַֽצְנוּ, מָרַֽדְנוּ, נִאַֽצְנוּ
סָרַֽרְנוּ, עָוִֽינוּ, פָּשַֽׁעְנוּ, צָרַֽרְנוּ, קִשִּֽׁינוּ עֹֽרֶף
רָשַֽׁעְנוּ, שִׁחַֽתְנוּ, תִּעַֽבְנוּ, תָּעִֽינוּ, תִּעְתָּֽעְנוּ.

סַֽרְנוּ מִמִּצְוֹתֶֽיךָ וּמִמִּשְׁפָּטֶֽיךָ הַטּוֹבִים, וְלֹא שָֽׁוָה לָֽנוּ.
וְאַתָּה צַדִּיק עַל כָּל־הַבָּא עָלֵֽינוּ, כִּי־אֱמֶת עָשִֽׂיתָ וַאֲנַֽחְנוּ הִרְשָֽׁעְנוּ: נחמיה ט

הִרְשַֽׁעְנוּ וּפָשַֽׁעְנוּ לָכֵן לֹא נוֹשָֽׁעְנוּ.
וְתֵן בְּלִבֵּֽנוּ לַעֲזֹב דֶּֽרֶךְ רֶֽשַׁע, וְחִישׁ לָֽנוּ יֶֽשַׁע
כַּכָּתוּב עַל יַד נְבִיאֶֽךָ: יַעֲזֹב רָשָׁע דַּרְכּוֹ וְאִישׁ אָֽוֶן מַחְשְׁבֹתָיו ישעיה נה
וְיָשֹׁב אֶל־יהוה וִירַחֲמֵֽהוּ וְאֶל־אֱלֹהֵֽינוּ כִּי־יַרְבֶּה לִסְלֽוֹחַ:

מְשִׁיחַ צִדְקֶךָ אָמַר לְפָנֶיךָ: שְׁגִיאוֹת מִי־יָבִין, מִנִּסְתָּרוֹת נַקֵּנִי: נַקֵּנוּ יהוה אֱלֹהֵינוּ מִכָּל פְּשָׁעֵינוּ וְטַהֲרֵנוּ מִכָּל טֻמְאוֹתֵינוּ וּזְרֹק עָלֵינוּ מַיִם טְהוֹרִים וְטַהֲרֵנוּ, כַּכָּתוּב עַל יַד נְבִיאֶךָ: וְזָרַקְתִּי עֲלֵיכֶם מַיִם טְהוֹרִים וּטְהַרְתֶּם, מִכֹּל טֻמְאוֹתֵיכֶם וּמִכָּל־גִּלּוּלֵיכֶם אֲטַהֵר אֶתְכֶם: עַמְּךָ וְנַחֲלָתְךָ רְעֵבֵי טוּבְךָ, צְמֵאֵי חַסְדֶּךָ, תְּאֵבֵי יִשְׁעֶךָ. יַכִּירוּ וְיֵדְעוּ, כִּי לַיהוה אֱלֹהֵינוּ הָרַחֲמִים וְהַסְּלִיחוֹת.

תהלים יט · יחזקאל לו

אֵל רַחוּם שְׁמֶךָ. אֵל חַנּוּן שְׁמֶךָ. בָּנוּ נִקְרָא שְׁמֶךָ. יהוה עֲשֵׂה לְמַעַן שְׁמֶךָ. עֲשֵׂה לְמַעַן אֲמִתָּךְ. עֲשֵׂה לְמַעַן בְּרִיתָךְ. עֲשֵׂה לְמַעַן גָּדְלָךְ וְתִפְאַרְתָּךְ. עֲשֵׂה לְמַעַן דָּתָךְ. עֲשֵׂה לְמַעַן הוֹדָךְ. עֲשֵׂה לְמַעַן וִעוּדָךְ. עֲשֵׂה לְמַעַן זִכְרָךְ. עֲשֵׂה לְמַעַן חַסְדָּךְ. עֲשֵׂה לְמַעַן טוּבָךְ. עֲשֵׂה לְמַעַן יִחוּדָךְ. עֲשֵׂה לְמַעַן כְּבוֹדָךְ. עֲשֵׂה לְמַעַן לִמּוּדָךְ. עֲשֵׂה לְמַעַן מַלְכוּתָךְ. עֲשֵׂה לְמַעַן נִצְחָךְ. עֲשֵׂה לְמַעַן סוֹדָךְ. עֲשֵׂה לְמַעַן עֻזָּךְ. עֲשֵׂה לְמַעַן פְּאֵרָךְ. עֲשֵׂה לְמַעַן צִדְקָתָךְ. עֲשֵׂה לְמַעַן קְדֻשָּׁתָךְ. עֲשֵׂה לְמַעַן רַחֲמֶיךָ הָרַבִּים. עֲשֵׂה לְמַעַן שְׁכִינָתָךְ. עֲשֵׂה לְמַעַן תְּהִלָּתָךְ. עֲשֵׂה לְמַעַן אוֹהֲבֶיךָ שׁוֹכְנֵי עָפָר. עֲשֵׂה לְמַעַן אַבְרָהָם יִצְחָק וְיַעֲקֹב. עֲשֵׂה לְמַעַן מֹשֶׁה וְאַהֲרֹן. עֲשֵׂה לְמַעַן דָּוִד וּשְׁלֹמֹה. עֲשֵׂה לְמַעַן יְרוּשָׁלַיִם עִיר קָדְשֶׁךָ. עֲשֵׂה לְמַעַן צִיּוֹן מִשְׁכַּן כְּבוֹדֶךָ. עֲשֵׂה לְמַעַן שִׁמְמוֹת הֵיכָלֶךָ. עֲשֵׂה לְמַעַן הֲרִיסוּת מִזְבְּחֶךָ. עֲשֵׂה לְמַעַן הֲרוּגִים עַל שֵׁם קָדְשֶׁךָ. עֲשֵׂה לְמַעַן טְבוּחִים עַל יִחוּדֶךָ. עֲשֵׂה לְמַעַן בָּאֵי בָאֵשׁ וּבַמַּיִם עַל קִדּוּשׁ שְׁמֶךָ. עֲשֵׂה לְמַעַן יוֹנְקֵי שָׁדַיִם שֶׁלֹּא חָטְאוּ. עֲשֵׂה לְמַעַן גְּמוּלֵי חָלָב שֶׁלֹּא פָשְׁעוּ. עֲשֵׂה לְמַעַן תִּינוֹקוֹת שֶׁל בֵּית רַבָּן. עֲשֵׂה לְמַעַנְךָ אִם לֹא לְמַעֲנֵנוּ. עֲשֵׂה לְמַעַנְךָ וְהוֹשִׁיעֵנוּ.

עֲנֵנוּ יהוה עֲנֵנוּ. עֲנֵנוּ אֱלֹהֵינוּ עֲנֵנוּ. עֲנֵנוּ אָבִינוּ עֲנֵנוּ. עֲנֵנוּ בּוֹרְאֵנוּ עֲנֵנוּ. עֲנֵנוּ גּוֹאֲלֵנוּ עֲנֵנוּ. עֲנֵנוּ דּוֹרְשֵׁנוּ עֲנֵנוּ. עֲנֵנוּ הָאֵל הַנֶּאֱמָן עֲנֵנוּ. עֲנֵנוּ וָתִיק וְחָסִיד עֲנֵנוּ. עֲנֵנוּ זַךְ וְיָשָׁר עֲנֵנוּ. עֲנֵנוּ חַי וְקַיָּם עֲנֵנוּ. עֲנֵנוּ טוֹב וּמֵטִיב עֲנֵנוּ. עֲנֵנוּ יוֹדֵעַ יֵצֶר עֲנֵנוּ. עֲנֵנוּ כּוֹבֵשׁ כְּעָסִים עֲנֵנוּ. עֲנֵנוּ לוֹבֵשׁ צְדָקוֹת עֲנֵנוּ. עֲנֵנוּ מֶלֶךְ מַלְכֵי הַמְּלָכִים עֲנֵנוּ. עֲנֵנוּ נוֹרָא וְנִשְׂגָּב עֲנֵנוּ. עֲנֵנוּ סוֹלֵחַ

וּמוֹחֵל עֲנֵנוּ. עֲנֵנוּ עוֹנֶה בְּעֵת צָרָה עֲנֵנוּ. עֲנֵנוּ פּוֹדֶה וּמַצִּיל עֲנֵנוּ. עֲנֵנוּ צַדִּיק וְיָשָׁר עֲנֵנוּ. עֲנֵנוּ קָרוֹב לְקוֹרְאָיו עֲנֵנוּ. עֲנֵנוּ רַחוּם וְחַנּוּן עֲנֵנוּ. עֲנֵנוּ שׁוֹמֵעַ אֶל אֶבְיוֹנִים עֲנֵנוּ. עֲנֵנוּ תּוֹמֵךְ תְּמִימִים עֲנֵנוּ. עֲנֵנוּ אֱלֹהֵי אֲבוֹתֵינוּ עֲנֵנוּ. עֲנֵנוּ אֱלֹהֵי אַבְרָהָם עֲנֵנוּ. עֲנֵנוּ פַּחַד יִצְחָק עֲנֵנוּ. עֲנֵנוּ אֲבִיר יַעֲקֹב עֲנֵנוּ. עֲנֵנוּ עֶזְרַת הַשְּׁבָטִים עֲנֵנוּ. עֲנֵנוּ מִשְׂגַּב אִמָּהוֹת עֲנֵנוּ. עֲנֵנוּ קָשֶׁה לִכְעֹס עֲנֵנוּ. עֲנֵנוּ רַךְ לִרְצוֹת עֲנֵנוּ. עֲנֵנוּ עוֹנֶה בְּעֵת רָצוֹן עֲנֵנוּ. עֲנֵנוּ אֲבִי יְתוֹמִים עֲנֵנוּ. עֲנֵנוּ דַּיַּן אַלְמָנוֹת עֲנֵנוּ.

מִי שֶׁעָנָה לְאַבְרָהָם אָבִינוּ בְּהַר הַמּוֹרִיָּה, הוּא יַעֲנֵנוּ.
מִי שֶׁעָנָה לְיִצְחָק בְּנוֹ כְּשֶׁנֶּעֱקַד עַל גַּבֵּי הַמִּזְבֵּחַ, הוּא יַעֲנֵנוּ.
מִי שֶׁעָנָה לְיַעֲקֹב בְּבֵית אֵל, הוּא יַעֲנֵנוּ.
מִי שֶׁעָנָה לְיוֹסֵף בְּבֵית הָאֲסוּרִים, הוּא יַעֲנֵנוּ.
מִי שֶׁעָנָה לַאֲבוֹתֵינוּ עַל יַם סוּף, הוּא יַעֲנֵנוּ.
מִי שֶׁעָנָה לְמֹשֶׁה בְּחוֹרֵב, הוּא יַעֲנֵנוּ.
מִי שֶׁעָנָה לְאַהֲרֹן בַּמַּחְתָּה, הוּא יַעֲנֵנוּ.
מִי שֶׁעָנָה לְפִינְחָס בְּקוּמוֹ מִתּוֹךְ הָעֵדָה, הוּא יַעֲנֵנוּ.
מִי שֶׁעָנָה לִיהוֹשֻׁעַ בַּגִּלְגָּל, הוּא יַעֲנֵנוּ.
מִי שֶׁעָנָה לִשְׁמוּאֵל בַּמִּצְפָּה, הוּא יַעֲנֵנוּ.
מִי שֶׁעָנָה לְדָוִד וּשְׁלֹמֹה בְנוֹ בִּירוּשָׁלָיִם, הוּא יַעֲנֵנוּ.
מִי שֶׁעָנָה לְאֵלִיָּהוּ בְּהַר הַכַּרְמֶל, הוּא יַעֲנֵנוּ.
מִי שֶׁעָנָה לֶאֱלִישָׁע בִּירִיחוֹ, הוּא יַעֲנֵנוּ.
מִי שֶׁעָנָה לְיוֹנָה בִּמְעֵי הַדָּגָה, הוּא יַעֲנֵנוּ.
מִי שֶׁעָנָה לְחִזְקִיָּהוּ מֶלֶךְ יְהוּדָה בְּחָלְיוֹ, הוּא יַעֲנֵנוּ.
מִי שֶׁעָנָה לַחֲנַנְיָה מִישָׁאֵל וַעֲזַרְיָה בְּתוֹךְ כִּבְשַׁן הָאֵשׁ, הוּא יַעֲנֵנוּ.
מִי שֶׁעָנָה לְדָנִיֵּאל בְּגוֹב הָאֲרָיוֹת, הוּא יַעֲנֵנוּ.
מִי שֶׁעָנָה לְמָרְדְּכַי וְאֶסְתֵּר בְּשׁוּשַׁן הַבִּירָה, הוּא יַעֲנֵנוּ.
מִי שֶׁעָנָה לְעֶזְרָא בַּגּוֹלָה, הוּא יַעֲנֵנוּ.
מִי שֶׁעָנָה לְכָל הַצַּדִּיקִים וְהַחֲסִידִים וְהַתְּמִימִים וְהַיְשָׁרִים, הוּא יַעֲנֵנוּ.

רַחֲמָנָא דְּעָנֵי לַעֲנִיֵּי עֲנֵינָן.
רַחֲמָנָא דְּעָנֵי לִתְבִירֵי לִבָּא עֲנֵינָן.
רַחֲמָנָא דְּעָנֵי לְמַכִּיכֵי רוּחָא עֲנֵינָן.
רַחֲמָנָא עֲנֵינָן.
רַחֲמָנָא חוּס, רַחֲמָנָא פְּרֹק, רַחֲמָנָא שֵׁיזִב.
רַחֲמָנָא רַחֵם עֲלָן, הַשְׁתָּא בַּעֲגָלָא וּבִזְמַן קָרִיב.

נפילת אפיים

יושבים, ובמקום שיש בו ספר תורה, נופלים אפיים:
משעינים את הראש על היד שאין בה תפילין (ומי שאין לו תפילין, על יד שמאל),
ומכסים את הפנים (ספר מהרי״ל, סב).

לפני נפילת אפיים נוהגים לומר את הפסוק ׳וַיֹּאמֶר דָּוִד אֶל־גָּד׳ (קיצור של״ה).

וַיֹּאמֶר דָּוִד אֶל־גָּד, צַר־לִי מְאֹד — שמואל ב׳ כד
נִפְּלָה־נָּא בְיַד־יהוה, כִּי־רַבִּים רַחֲמָו, וּבְיַד־אָדָם אַל־אֶפֹּלָה:

רַחוּם וְחַנּוּן, חָטָאתִי לְפָנֶיךָ.
יהוה מָלֵא רַחֲמִים, רַחֵם עָלַי וְקַבֵּל תַּחֲנוּנָי.

נוהגים לומר את מזמור ו (מנהגי מהר״י טירנא).

יהוה, אַל־בְּאַפְּךָ תוֹכִיחֵנִי, וְאַל־בַּחֲמָתְךָ תְיַסְּרֵנִי: — תהלים ו
חָנֵּנִי יהוה, כִּי אֻמְלַל אָנִי, רְפָאֵנִי יהוה, כִּי נִבְהֲלוּ עֲצָמָי:
וְנַפְשִׁי נִבְהֲלָה מְאֹד, וְאַתָּה יהוה, עַד־מָתָי:
שׁוּבָה יהוה, חַלְּצָה נַפְשִׁי, הוֹשִׁיעֵנִי לְמַעַן חַסְדֶּךָ:
כִּי אֵין בַּמָּוֶת זִכְרֶךָ, בִּשְׁאוֹל מִי יוֹדֶה־לָּךְ:
יָגַעְתִּי בְּאַנְחָתִי, אַשְׂחֶה בְכָל־לַיְלָה מִטָּתִי
בְּדִמְעָתִי עַרְשִׂי אַמְסֶה:
עָשְׁשָׁה מִכַּעַס עֵינִי, עָתְקָה בְּכָל־צוֹרְרָי:
סוּרוּ מִמֶּנִּי כָּל־פֹּעֲלֵי אָוֶן, כִּי שָׁמַע יהוה קוֹל בִּכְיִי:
שָׁמַע יהוה תְּחִנָּתִי, יהוה תְּפִלָּתִי יִקָּח:
יֵבֹשׁוּ וְיִבָּהֲלוּ מְאֹד כָּל־אֹיְבָי, יָשֻׁבוּ יֵבֹשׁוּ רָגַע: — כאן מרימים את הראש.

מַחֵי וּמַסֵּי, מֵמִית וּמְחַיֶּה, מַסֵּיק מִן שְׁאוֹל לְחַיֵּי עָלְמָא.
בְּרָא כַּד חָטֵא, אֲבוּהִי לָקְיֵהּ, אֲבוּהִי דְּחָיֵס מַסֵּא לִכְאֵבֵהּ.
עַבְדָּא דְּמָרֵיד נָפֵיק בְּקוֹלָר, מָרֵהּ תָּאֵיב וְתָבַר קוֹלָרֵהּ.

בְּרָךְ בְּכְרָךְ אֲנַן וְחָטֵינַן קַמָּךְ, הָא רְוֵי נַפְשַׁן בְּגִדִּין מְרָרִין.
עַבְדָּךְ אֲנַן וּמָרְדִינָן קַמָּךְ, הָא בְּבִזְּתָא הָא בְשִׁבְיְתָא הָא בְּמַלְקְיוּתָא.
בְּמָטוּ מִנָּךְ בְּרַחֲמָךְ דִּנְפִישִׁין, אַסֵּי לִכְאֵבָא דִּתְקוֹף עֲלַן
עַד דְּלָא נֶהֱוֵי גְמִירָא בְּשִׁבְיָא.

יש הנוהגים שלא לומר תחינה זו.

מַכְנִיסֵי רַחֲמִים, הַכְנִיסוּ רַחֲמֵינוּ לִפְנֵי בַּעַל הָרַחֲמִים. מַשְׁמִיעֵי תְפִלָּה, הַשְׁמִיעוּ תְּפִלָּתֵנוּ לִפְנֵי שׁוֹמֵעַ תְּפִלָּה. מַשְׁמִיעֵי צְעָקָה, הַשְׁמִיעוּ צַעֲקָתֵנוּ לִפְנֵי שׁוֹמֵעַ צְעָקָה. מַכְנִיסֵי דִמְעָה, הַכְנִיסוּ דִמְעוֹתֵינוּ לִפְנֵי מֶלֶךְ מִתְרַצֶּה בִּדְמָעוֹת. הִשְׁתַּדְּלוּ וְהַרְבּוּ תְּחִנָּה וּבַקָּשָׁה לִפְנֵי מֶלֶךְ אֵל רָם וְנִשָּׂא. הַזְכִּירוּ לְפָנָיו הַשְׁמִיעוּ לְפָנָיו תּוֹרָה וּמַעֲשִׂים טוֹבִים שֶׁל שׁוֹכְנֵי עָפָר. יִזְכֹּר אַהֲבָתָם וִיחַיֶּה זַרְעָם, שֶׁלֹּא תֹאבַד שְׁאֵרִית יַעֲקֹב. כִּי צֹאן רוֹעֶה נֶאֱמָן הָיָה לְחֶרְפָּה, יִשְׂרָאֵל גּוֹי אֶחָד לְמָשָׁל וְלִשְׁנִינָה. מַהֵר עֲנֵנוּ אֱלֹהֵי יִשְׁעֵנוּ, וּפְדֵנוּ מִכָּל גְּזֵרוֹת קָשׁוֹת, וְהוֹשִׁיעָה בְּרַחֲמֶיךָ הָרַבִּים מְשִׁיחַ צִדְקָךְ וְעַמָּךְ.

מָרַן דְּבִשְׁמַיָּא לָךְ מִתְחַנַּנַן, כְּבַר שִׁבְיָא דְּמִתְחַנַּן לְשַׁבָּיֵהּ.
כָּלְהוֹן בְּנֵי שִׁבְיָא בְּכַסְפָּא מִתְפָּרְקִין
וְעַמָּךְ בֵּית יִשְׂרָאֵל בְּרַחֲמֵי וּבְתַחֲנוּנֵי.
הַב לַן שְׁאֵלְתִין וּבָעוּתִין, דְּלָא נֶהְדַּר רֵיקָם מִן קֳדָמָךְ.

מָרַן דְּבִשְׁמַיָּא לָךְ מִתְחַנַּנַן, כְּעַבְדָּא דְּמִתְחַנַּן לְמָרֵהּ.
עֲשִׁיקֵי אֲנַן וּבַחֲשׁוֹכָא שָׁרֵינָן.
מְרִירָן נַפְשִׁין מֵעַקְתִין דִּנְפִישִׁין.
חֵילָא לֵית בַּן לְרַצּוּיָךְ, מָרַן.
עֲבֵד בְּדִיל קְיָמָא דִּגְזַרְתְּ עִם אֲבָהָתַנָא.

הפיוט ׳שׁוֹמֵר יִשְׂרָאֵל׳ חותם את הסליחות בחודש אלול ובעשרת ימי תשובה.

שׁוֹמֵר יִשְׂרָאֵל, שְׁמֹר שְׁאֵרִית יִשְׂרָאֵל, וְאַל יֹאבַד יִשְׂרָאֵל
הָאוֹמְרִים שְׁמַע יִשְׂרָאֵל.

שׁוֹמֵר גּוֹי אֶחָד, שְׁמֹר שְׁאֵרִית עַם אֶחָד, וְאַל יֹאבַד גּוֹי אֶחָד
הַמְיַחֲדִים שִׁמְךָ, יהוה אֱלֹהֵינוּ יהוה אֶחָד.

שׁוֹמֵר גּוֹי קָדוֹשׁ, שְׁמֹר שְׁאֵרִית עַם קָדוֹשׁ, וְאַל יֹאבַד גּוֹי קָדוֹשׁ
הַמְשַׁלְּשִׁים בְּשָׁלֹשׁ קְדֻשּׁוֹת לְקָדוֹשׁ.

מִתְרַצֶּה בְּרַחֲמִים וּמִתְפַּיֵּס בְּתַחֲנוּנִים, הִתְרַצֵּה וְהִתְפַּיֵּס לְדוֹר עָנִי
כִּי אֵין עוֹזֵר.

אָבִינוּ מַלְכֵּנוּ, חָנֵּנוּ וַעֲנֵנוּ, כִּי אֵין בָּנוּ מַעֲשִׂים
עֲשֵׂה עִמָּנוּ צְדָקָה וָחֶסֶד וְהוֹשִׁיעֵנוּ.

לקט הפסוקים מסדר רב עמרם גאון מבטא את תחושתו של האדם,
שלאחר שהתפלל בכל אופן שהוא מכיר, מוסר את דינו לשמים (טור, קלא).

עומדים במקום המסומן ב• (מג״א קלא, ד בשם השל״ה).

וַאֲנַחְנוּ לֹא נֵדַע •מַה־נַּעֲשֶׂה, כִּי עָלֶיךָ עֵינֵינוּ: דברי הימים ב׳ כ

זְכֹר־רַחֲמֶיךָ יהוה וַחֲסָדֶיךָ, כִּי מֵעוֹלָם הֵמָּה: תהלים כה

יְהִי־חַסְדְּךָ יהוה עָלֵינוּ, כַּאֲשֶׁר יִחַלְנוּ לָךְ: תהלים לג

אַל־תִּזְכָּר־לָנוּ עֲוֹנֹת רִאשֹׁנִים תהלים עט
מַהֵר יְקַדְּמוּנוּ רַחֲמֶיךָ, כִּי דַלּוֹנוּ מְאֹד:

עֶזְרֵנוּ בְּשֵׁם יהוה, עֹשֵׂה שָׁמַיִם וָאָרֶץ: תהלים קכד

חָנֵּנוּ יהוה חָנֵּנוּ, כִּי־רַב שָׂבַעְנוּ בוּז: תהלים קכג

בְּרֹגֶז רַחֵם תִּזְכּוֹר: חבקוק ג

[בְּרֹגֶז עֲקֵדָה תִּזְכֹּר, בְּרֹגֶז תְּמִימוּת תִּזְכֹּר.

יהוה הוֹשִׁיעָה, הַמֶּלֶךְ יַעֲנֵנוּ בְיוֹם־קָרְאֵנוּ:] תהלים כ

כִּי־הוּא יָדַע יִצְרֵנוּ, זָכוּר כִּי־עָפָר אֲנָחְנוּ: תהלים קג

עָזְרֵנוּ אֱלֹהֵי יִשְׁעֵנוּ עַל־דְּבַר כְּבוֹד־שְׁמֶךָ תהלים עט
וְהַצִּילֵנוּ וְכַפֵּר עַל־חַטֹּאתֵינוּ לְמַעַן שְׁמֶךָ:

קדיש שלם

ש״ץ: יִתְגַּדַּל וְיִתְקַדַּשׁ שְׁמֵהּ רַבָּא (קהל: אָמֵן)
בְּעָלְמָא דִּי בְרָא כִרְעוּתֵהּ
וְיַמְלִיךְ מַלְכוּתֵהּ [וְיַצְמַח פֻּרְקָנֵהּ וִיקָרֵב מְשִׁיחֵהּ (קהל: אָמֵן)]
בְּחַיֵּיכוֹן וּבְיוֹמֵיכוֹן וּבְחַיֵּי דְכָל בֵּית יִשְׂרָאֵל
בַּעֲגָלָא וּבִזְמַן קָרִיב
וְאִמְרוּ אָמֵן. (קהל: אָמֵן)

קהל וש״ץ: יְהֵא שְׁמֵהּ רַבָּא מְבָרַךְ לְעָלַם וּלְעָלְמֵי עָלְמַיָּא.

ש״ץ: יִתְבָּרַךְ וְיִשְׁתַּבַּח וְיִתְפָּאַר וְיִתְרוֹמַם וְיִתְנַשֵּׂא
וְיִתְהַדָּר וְיִתְעַלֶּה וְיִתְהַלָּל
שְׁמֵהּ דְּקֻדְשָׁא בְּרִיךְ הוּא (קהל: אָמֵן)
לְעֵלָּא מִן כָּל בִּרְכָתָא וְשִׁירָתָא, תֻּשְׁבְּחָתָא וְנֶחֱמָתָא
דַּאֲמִירָן בְּעָלְמָא
וְאִמְרוּ אָמֵן. (קהל: אָמֵן)

תִּתְקַבַּל צְלוֹתְהוֹן וּבָעוּתְהוֹן דְּכָל בֵּית יִשְׂרָאֵל
קֳדָם אֲבוּהוֹן דִּי בִשְׁמַיָּא
וְאִמְרוּ אָמֵן. (קהל: אָמֵן)

יְהֵא שְׁלָמָא רַבָּא מִן שְׁמַיָּא
וְחַיִּים [טוֹבִים] עָלֵינוּ וְעַל כָּל יִשְׂרָאֵל
וְאִמְרוּ אָמֵן. (קהל: אָמֵן)

כורע ופוסע שלוש פסיעות לאחור. קד לשמאל, לימין ולפנים באמירת:

עֹשֶׂה שָׁלוֹם בִּמְרוֹמָיו
הוּא יַעֲשֶׂה שָׁלוֹם עָלֵינוּ וְעַל כָּל יִשְׂרָאֵל
וְאִמְרוּ אָמֵן. (קהל: אָמֵן)

סליחות ליום שלישי

אַשְׁרֵי יוֹשְׁבֵי בֵיתֶךָ, עוֹד יְהַלְלוּךָ סֶּלָה: תהלים פד

אַשְׁרֵי הָעָם שֶׁכָּכָה לּוֹ, אַשְׁרֵי הָעָם שֶׁיהוה אֱלֹהָיו: תהלים קמד

תְּהִלָּה לְדָוִד תהלים קמה

אֲרוֹמִמְךָ אֱלוֹהַי הַמֶּלֶךְ, וַאֲבָרְכָה שִׁמְךָ לְעוֹלָם וָעֶד:
בְּכָל־יוֹם אֲבָרְכֶךָּ, וַאֲהַלְלָה שִׁמְךָ לְעוֹלָם וָעֶד:
גָּדוֹל יהוה וּמְהֻלָּל מְאֹד, וְלִגְדֻלָּתוֹ אֵין חֵקֶר:
דּוֹר לְדוֹר יְשַׁבַּח מַעֲשֶׂיךָ, וּגְבוּרֹתֶיךָ יַגִּידוּ:
הֲדַר כְּבוֹד הוֹדֶךָ, וְדִבְרֵי נִפְלְאֹתֶיךָ אָשִׂיחָה:
וֶעֱזוּז נוֹרְאֹתֶיךָ יֹאמֵרוּ, וּגְדוּלָּתְךָ אֲסַפְּרֶנָּה:
זֵכֶר רַב־טוּבְךָ יַבִּיעוּ, וְצִדְקָתְךָ יְרַנֵּנוּ:
חַנּוּן וְרַחוּם יהוה, אֶרֶךְ אַפַּיִם וּגְדָל־חָסֶד:
טוֹב־יהוה לַכֹּל, וְרַחֲמָיו עַל־כָּל־מַעֲשָׂיו:
יוֹדוּךָ יהוה כָּל־מַעֲשֶׂיךָ, וַחֲסִידֶיךָ יְבָרְכוּכָה:
כְּבוֹד מַלְכוּתְךָ יֹאמֵרוּ, וּגְבוּרָתְךָ יְדַבֵּרוּ:
לְהוֹדִיעַ לִבְנֵי הָאָדָם גְּבוּרֹתָיו, וּכְבוֹד הֲדַר מַלְכוּתוֹ:
מַלְכוּתְךָ מַלְכוּת כָּל־עֹלָמִים, וּמֶמְשַׁלְתְּךָ בְּכָל־דּוֹר וָדֹר:
סוֹמֵךְ יהוה לְכָל־הַנֹּפְלִים, וְזוֹקֵף לְכָל־הַכְּפוּפִים:
עֵינֵי־כֹל אֵלֶיךָ יְשַׂבֵּרוּ, וְאַתָּה נוֹתֵן־לָהֶם אֶת־אָכְלָם בְּעִתּוֹ:
פּוֹתֵחַ אֶת־יָדֶךָ, וּמַשְׂבִּיעַ לְכָל־חַי רָצוֹן:
צַדִּיק יהוה בְּכָל־דְּרָכָיו, וְחָסִיד בְּכָל־מַעֲשָׂיו:
קָרוֹב יהוה לְכָל־קֹרְאָיו, לְכֹל אֲשֶׁר יִקְרָאֻהוּ בֶאֱמֶת:
רְצוֹן־יְרֵאָיו יַעֲשֶׂה, וְאֶת־שַׁוְעָתָם יִשְׁמַע, וְיוֹשִׁיעֵם:

שׁוֹמֵר יהוה אֶת־כָּל־אֹהֲבָיו, וְאֵת כָּל־הָרְשָׁעִים יַשְׁמִיד:
תְּהִלַּת יהוה יְדַבֶּר פִּי, וִיבָרֵךְ כָּל־בָּשָׂר שֵׁם קָדְשׁוֹ לְעוֹלָם וָעֶד:
תהלים קטו וַאֲנַחְנוּ נְבָרֵךְ יָהּ מֵעַתָּה וְעַד־עוֹלָם, הַלְלוּיָהּ:

במדבר יד וְעַתָּה יִגְדַּל־נָא כֹּחַ אֲדֹנָי כַּאֲשֶׁר דִּבַּרְתָּ לֵאמֹר:
תהלים כה זְכֹר־רַחֲמֶיךָ יהוה וַחֲסָדֶיךָ כִּי מֵעוֹלָם הֵמָּה:

חצי קדיש

ש״ץ: יִתְגַּדַּל וְיִתְקַדַּשׁ שְׁמֵהּ רַבָּא (קהל: אָמֵן)
בְּעָלְמָא דִּי בְרָא כִרְעוּתֵהּ
וְיַמְלִיךְ מַלְכוּתֵהּ [וְיַצְמַח פֻּרְקָנֵהּ וִיקָרֵב מְשִׁיחֵהּ (קהל: אָמֵן)]
בְּחַיֵּיכוֹן וּבְיוֹמֵיכוֹן וּבְחַיֵּי דְכָל בֵּית יִשְׂרָאֵל
בַּעֲגָלָא וּבִזְמַן קָרִיב, וְאִמְרוּ אָמֵן. (קהל: אָמֵן)

קהל וש״ץ: יְהֵא שְׁמֵהּ רַבָּא מְבָרַךְ לְעָלַם וּלְעָלְמֵי עָלְמַיָּא.

ש״ץ: יִתְבָּרַךְ וְיִשְׁתַּבַּח וְיִתְפָּאַר וְיִתְרוֹמַם וְיִתְנַשֵּׂא
וְיִתְהַדָּר וְיִתְעַלֶּה וְיִתְהַלָּל
שְׁמֵהּ דְּקֻדְשָׁא בְּרִיךְ הוּא (קהל: אָמֵן)
לְעֵלָּא מִן כָּל בִּרְכָתָא וְשִׁירָתָא, תֻּשְׁבְּחָתָא וְנֶחֱמָתָא
דַּאֲמִירָן בְּעָלְמָא, וְאִמְרוּ אָמֵן. (קהל: אָמֵן)

דניאל ט לְךָ אֲדֹנָי הַצְּדָקָה, וְלָנוּ בֹּשֶׁת הַפָּנִים:
בראשית מד מַה נִּתְאוֹנֵן וּמַה נֹּאמַר, מַה־נְּדַבֵּר וּמַה־נִּצְטַדָּק:
נַחְפְּשָׂה דְרָכֵינוּ וְנַחְקֹרָה וְנָשׁוּבָה אֵלֶיךָ, כִּי יְמִינְךָ פְשׁוּטָה לְקַבֵּל שָׁבִים.
לֹא בְחֶסֶד וְלֹא בְמַעֲשִׂים בָּאנוּ לְפָנֶיךָ, כְּדַלִּים וּכְרָשִׁים דָּפַקְנוּ דְלָתֶיךָ.
דְּלָתֶיךָ דָפַקְנוּ רַחוּם וְחַנּוּן, נָא אַל תְּשִׁיבֵנוּ רֵיקָם מִלְּפָנֶיךָ.
מִלְּפָנֶיךָ מַלְכֵּנוּ רֵיקָם אַל תְּשִׁיבֵנוּ, כִּי אַתָּה שׁוֹמֵעַ תְּפִלָּה.

שְׁמֵעַ תְּפִלָּה, עָדֶיךָ כָּל־בָּשָׂר יָבֹאוּ: תהלים סה
יָבוֹא כָל בָּשָׂר לְהִשְׁתַּחֲוֹת לְפָנֶיךָ יהוה.
יָבֹאוּ וְיִשְׁתַּחֲווּ לְפָנֶיךָ אֲדֹנָי, וִיכַבְּדוּ לִשְׁמֶךָ: תהלים פו
בֹּאוּ נִשְׁתַּחֲוֶה וְנִכְרָעָה, נִבְרְכָה לִפְנֵי־יהוה עֹשֵׂנוּ: תהלים צה
נָבוֹאָה לְמִשְׁכְּנוֹתָיו, נִשְׁתַּחֲוֶה לַהֲדֹם רַגְלָיו: תהלים קלב
בֹּאוּ שְׁעָרָיו בְּתוֹדָה חֲצֵרֹתָיו בִּתְהִלָּה תהלים ק
הוֹדוּ לוֹ בָּרְכוּ שְׁמוֹ:
וַאֲנַחְנוּ בְּרֹב חַסְדְּךָ נָבוֹא בֵיתֶךָ
נִשְׁתַּחֲוֶה אֶל הֵיכַל קָדְשְׁךָ בְּיִרְאָתֶךָ.
הִנֵּה בָּרְכוּ אֶת־יהוה כָּל־עַבְדֵי יהוה תהלים קלד
הָעֹמְדִים בְּבֵית־יהוה בַּלֵּילוֹת:
שְׂאוּ־יְדֵכֶם קֹדֶשׁ, וּבָרְכוּ אֶת־יהוה:
רוֹמְמוּ יהוה אֱלֹהֵינוּ וְהִשְׁתַּחֲווּ לַהֲדֹם רַגְלָיו, קָדוֹשׁ הוּא: תהלים צט
רוֹמְמוּ יהוה אֱלֹהֵינוּ וְהִשְׁתַּחֲווּ לְהַר קָדְשׁוֹ
כִּי־קָדוֹשׁ יהוה אֱלֹהֵינוּ:
הִשְׁתַּחֲווּ לַיהוה בְּהַדְרַת־קֹדֶשׁ, חִילוּ מִפָּנָיו כָּל־הָאָרֶץ: תהלים צו
נִשְׁתַּחֲוֶה אֶל הֵיכַל קָדְשְׁךָ וְנוֹדֶה אֶת שְׁמֶךָ
עַל חַסְדְּךָ וְעַל אֲמִתֶּךָ, כִּי הִגְדַּלְתָּ עַל כָּל שִׁמְךָ אִמְרָתֶךָ.
יהוה אֱלֹהֵי צְבָאוֹת מִי־כָמוֹךָ חֲסִין יָהּ, וֶאֱמוּנָתְךָ סְבִיבוֹתֶיךָ: תהלים פט
כִּי מִי בַשַּׁחַק יַעֲרֹךְ לַיהוה, יִדְמֶה לַיהוה בִּבְנֵי אֵלִים:
כִּי־גָדוֹל אַתָּה וְעֹשֵׂה נִפְלָאוֹת, אַתָּה אֱלֹהִים לְבַדֶּךָ: תהלים פו
כִּי־גָדֹל מֵעַל־שָׁמַיִם חַסְדֶּךָ, וְעַד־שְׁחָקִים אֲמִתֶּךָ: תהלים קח
גָּדוֹל יהוה וּמְהֻלָּל מְאֹד, וְלִגְדֻלָּתוֹ אֵין חֵקֶר: תהלים קמה
כִּי גָדוֹל יהוה וּמְהֻלָּל מְאֹד, נוֹרָא הוּא עַל־כָּל־אֱלֹהִים: תהלים צו
כִּי אֵל גָּדוֹל יהוה, וּמֶלֶךְ גָּדוֹל עַל־כָּל־אֱלֹהִים: תהלים צה
אֲשֶׁר מִי־אֵל בַּשָּׁמַיִם וּבָאָרֶץ אֲשֶׁר־יַעֲשֶׂה כְמַעֲשֶׂיךָ וְכִגְבוּרֹתֶךָ: דברים ג

מִי לֹא יִרָאֲךָ מֶלֶךְ הַגּוֹיִם כִּי לְךָ יָאָתָה ירמיה י
כִּי בְכָל־חַכְמֵי הַגּוֹיִם וּבְכָל־מַלְכוּתָם מֵאֵין כָּמוֹךָ:
מֵאֵין כָּמוֹךָ יהוה, גָּדוֹל אַתָּה וְגָדוֹל שִׁמְךָ בִּגְבוּרָה:
לְךָ זְרוֹעַ עִם־גְּבוּרָה, תָּעֹז יָדְךָ תָּרוּם יְמִינֶךָ: תהלים פט
לְךָ יוֹם אַף־לְךָ לָיְלָה, אַתָּה הֲכִינוֹתָ מָאוֹר וָשָׁמֶשׁ: תהלים עד
אֲשֶׁר בְּיָדוֹ מֶחְקְרֵי־אָרֶץ, וְתוֹעֲפוֹת הָרִים לוֹ: תהלים צה
מִי יְמַלֵּל גְּבוּרוֹת יהוה, יַשְׁמִיעַ כָּל־תְּהִלָּתוֹ: תהלים קו
לְךָ יהוה הַגְּדֻלָּה וְהַגְּבוּרָה וְהַתִּפְאֶרֶת וְהַנֵּצַח וְהַהוֹד דברי הימים א׳ כט
כִּי־כֹל בַּשָּׁמַיִם וּבָאָרֶץ
לְךָ יהוה הַמַּמְלָכָה וְהַמִּתְנַשֵּׂא לְכֹל לְרֹאשׁ:
לְךָ שָׁמַיִם אַף־לְךָ אָרֶץ, תֵּבֵל וּמְלֹאָהּ אַתָּה יְסַדְתָּם: תהלים פט
אַתָּה הִצַּבְתָּ כָּל־גְּבוּלוֹת אָרֶץ, קַיִץ וָחֹרֶף אַתָּה יְצַרְתָּם: תהלים עד
אַתָּה רִצַּצְתָּ רָאשֵׁי לִוְיָתָן, תִּתְּנֶנּוּ מַאֲכָל לְעָם לְצִיִּים:
אַתָּה בָקַעְתָּ מַעְיָן וָנָחַל, אַתָּה הוֹבַשְׁתָּ נַהֲרוֹת אֵיתָן:
אַתָּה פוֹרַרְתָּ בְעָזְּךָ יָם, שִׁבַּרְתָּ רָאשֵׁי תַנִּינִים עַל־הַמָּיִם:
אַתָּה מוֹשֵׁל בְּגֵאוּת הַיָּם, בְּשׂוֹא גַלָּיו אַתָּה תְשַׁבְּחֵם: תהלים פט
גָּדוֹל יהוה וּמְהֻלָּל מְאֹד, בְּעִיר אֱלֹהֵינוּ הַר־קָדְשׁוֹ: תהלים מח
יהוה צְבָאוֹת אֱלֹהֵי יִשְׂרָאֵל יֹשֵׁב הַכְּרֻבִים ישעיה לז
אַתָּה־הוּא הָאֱלֹהִים לְבַדֶּךָ:
אֵל נַעֲרָץ בְּסוֹד־קְדֹשִׁים רַבָּה, וְנוֹרָא עַל־כָּל־סְבִיבָיו: תהלים פט
וְיוֹדוּ שָׁמַיִם פִּלְאֲךָ יהוה, אַף־אֱמוּנָתְךָ בִּקְהַל קְדֹשִׁים:
לְכוּ נְרַנְּנָה לַיהוה, נָרִיעָה לְצוּר יִשְׁעֵנוּ: תהלים צה
נְקַדְּמָה פָנָיו בְּתוֹדָה, בִּזְמִרוֹת נָרִיעַ לוֹ:
צֶדֶק וּמִשְׁפָּט מְכוֹן כִּסְאֶךָ, חֶסֶד וֶאֱמֶת יְקַדְּמוּ פָנֶיךָ: תהלים פט
אֲשֶׁר יַחְדָּו נַמְתִּיק סוֹד, בְּבֵית אֱלֹהִים נְהַלֵּךְ בְּרָגֶשׁ: תהלים נה
אֲשֶׁר־לוֹ הַיָּם וְהוּא עָשָׂהוּ, וְיַבֶּשֶׁת יָדָיו יָצָרוּ: תהלים צה
אֲשֶׁר בְּיָדוֹ נֶפֶשׁ כָּל־חָי, וְרוּחַ כָּל־בְּשַׂר־אִישׁ: איוב יב

הַנְּשָׁמָה לָךְ וְהַגּוּף פָּעֳלָךְ, חוּסָה עַל עֲמָלָךְ.
הַנְּשָׁמָה לָךְ וְהַגּוּף שֶׁלָּךְ, יהוה עֲשֵׂה לְמַעַן שְׁמֶךָ.
אָתָאנוּ עַל שִׁמְךָ, יהוה עֲשֵׂה לְמַעַן שְׁמֶךָ
בַּעֲבוּר כְּבוֹד שִׁמְךָ, כִּי אֵל חַנּוּן וְרַחוּם שְׁמֶךָ.
לְמַעַן שִׁמְךָ יהוה, וְסָלַחְתָּ לַעֲוֹנֵנוּ כִּי רַב הוּא.

סְלַח לָנוּ, אָבִינוּ, כִּי בְּרֹב אִוַּלְתֵּנוּ שָׁגִינוּ.
מְחַל לָנוּ, מַלְכֵּנוּ, כִּי רַבּוּ עֲוֹנֵינוּ.

אֵל אֶרֶךְ אַפַּיִם אַתָּה, וּבַעַל הָרַחֲמִים נִקְרֵאתָ, וְדֶרֶךְ תְּשׁוּבָה הוֹרֵיתָ.
גְּדֻלַּת רַחֲמֶיךָ וַחֲסָדֶיךָ, תִּזְכֹּר הַיּוֹם וּבְכָל יוֹם לְזֶרַע יְדִידֶיךָ.
תֵּפֶן אֵלֵינוּ בְּרַחֲמִים, כִּי אַתָּה הוּא בַּעַל הָרַחֲמִים.
בְּתַחֲנוּן וּבִתְפִלָּה פָּנֶיךָ נְקַדֵּם, כְּהוֹדַעְתָּ לֶעָנָו מִקֶּדֶם.
מֵחֲרוֹן אַפְּךָ שׁוּב, כְּמוֹ בְּתוֹרָתְךָ כָּתוּב.
וּבְצֵל כְּנָפֶיךָ נֶחֱסֶה וְנִתְלוֹנָן, כְּיוֹם וַיֵּרֶד יהוה בֶּעָנָן.
תַּעֲבֹר עַל פֶּשַׁע וְתִמְחֶה אָשָׁם, כְּיוֹם וַיִּתְיַצֵּב עִמּוֹ שָׁם.
תַּאֲזִין שַׁוְעָתֵנוּ וְתַקְשִׁיב מֶנּוּ מַאֲמָר, כְּיוֹם וַיִּקְרָא בְשֵׁם יהוה
וְשָׁם נֶאֱמַר

קהל ואחריו שליח הציבור:

וַיַּעֲבֹר יהוה עַל־פָּנָיו וַיִּקְרָא שמות לד

יהוה, יהוה, אֵל רַחוּם וְחַנּוּן, אֶרֶךְ אַפַּיִם, וְרַב־חֶסֶד וֶאֱמֶת:
נֹצֵר חֶסֶד לָאֲלָפִים, נֹשֵׂא עָוֹן וָפֶשַׁע וְחַטָּאָה, וְנַקֵּה:

וְסָלַחְתָּ לַעֲוֹנֵנוּ וּלְחַטָּאתֵנוּ, וּנְחַלְתָּנוּ:
סְלַח לָנוּ אָבִינוּ כִּי חָטָאנוּ
מְחַל לָנוּ מַלְכֵּנוּ כִּי פָשָׁעְנוּ.
כִּי־אַתָּה אֲדֹנָי טוֹב וְסַלָּח, וְרַב־חֶסֶד לְכָל־קֹרְאֶיךָ: תהלים פו

תהלים יב הוֹשִׁיעָה יהוה, כִּי־גָמַר חָסִיד, כִּי־פַסּוּ אֱמוּנִים מִבְּנֵי אָדָם:

תהלים קכד לוּלֵי יהוה שֶׁהָיָה לָנוּ, בְּקוּם עָלֵינוּ אָדָם:

אֲזַי חַיִּים בְּלָעוּנוּ, בַּחֲרוֹת אַפָּם בָּנוּ:

כְּרַחֵם אָב עַל בָּנִים, כֵּן תְּרַחֵם יהוה עָלֵינוּ.

תהלים ג לַיהוה הַיְשׁוּעָה, עַל־עַמְּךָ בִרְכָתֶךָ סֶּלָה:

תהלים מו יהוה צְבָאוֹת עִמָּנוּ, מִשְׂגָּב לָנוּ אֱלֹהֵי יַעֲקֹב סֶלָה:

תהלים פד יהוה צְבָאוֹת, אַשְׁרֵי אָדָם בֹּטֵחַ בָּךְ:

תהלים כ יהוה הוֹשִׁיעָה, הַמֶּלֶךְ יַעֲנֵנוּ בְיוֹם־קָרְאֵנוּ:

במדבר יד סְלַח־נָא לַעֲוֹן הָעָם הַזֶּה כְּגֹדֶל חַסְדֶּךָ
וְכַאֲשֶׁר נָשָׂאתָה לָעָם הַזֶּה מִמִּצְרַיִם וְעַד־הֵנָּה:
וְשָׁם נֶאֱמַר

קהל ואחריו שליח הציבור:

וַיֹּאמֶר יהוה, סָלַחְתִּי כִּדְבָרֶךָ:

דניאל ט הַטֵּה אֱלֹהַי אָזְנְךָ וּשְׁמָע
פְּקַח עֵינֶיךָ וּרְאֵה שֹׁמְמֹתֵינוּ וְהָעִיר אֲשֶׁר־נִקְרָא שִׁמְךָ עָלֶיהָ
כִּי לֹא עַל־צִדְקֹתֵינוּ אֲנַחְנוּ מַפִּילִים תַּחֲנוּנֵינוּ לְפָנֶיךָ
כִּי עַל־רַחֲמֶיךָ הָרַבִּים:
אֲדֹנָי שְׁמָעָה, אֲדֹנָי סְלָחָה, אֲדֹנָי הַקְשִׁיבָה וַעֲשֵׂה אַל־תְּאַחַר
לְמַעַנְךָ אֱלֹהַי, כִּי־שִׁמְךָ נִקְרָא עַל־עִירְךָ וְעַל־עַמֶּךָ:

הגויים בעמנו נלחמים, ולהדיחו מעל ה׳ מתאמצים. זכות אהבתו לבניו, אהבה שאינה תלויה בדבר, אנו מזכירים, ובזכות נאמנותנו לה׳ בכל מצב, לגאולה שלמה אנו מייחלים.

ח. מחבר: רבי יצחק ברבי מאיר

אֱלֹהֵינוּ וֵאלֹהֵי אֲבוֹתֵינוּ

יִשְׂרָאֵל עַמְּךָ תְּחִנָּה עוֹרְכִים
שֶׁהֵם מְצֵרִים וּלְהִוָּשַׁע צְרִיכִים
צָרֵיהֶם עֲלֵיהֶם עֹל מַאֲרִיכִים
כָּל זֹאת הִגִּיעָתַם וְשִׁמְךָ מְבָרְכִים.

חֳלִי וּמַכְאוֹב לְהִכָּתֵב לֹא נִמְסַר
עֲלוּבִים מִנֹּעַר וּמֵהֶם לֹא הוּסַר
קָדוֹשׁ בְּיָדְךָ לְפַתֵּחַ מוּסָר
כְּאָמְנוּתְךָ הַנְּקִיָּה וְלֹא כְּאָמְנוּת בָּשָׂר.

הַלּוֹבֵשׁ צְדָקָה וְלוֹ כַּמְּעִיל עֲטוּיָה
וּמִמַּכָּה עַצְמָהּ מְתַקֵּן רְטִיָּה
קוֹמֵם עֲדָתְךָ מִנְּפִילָתָהּ הַמְּטוּיָה
בְּכֹחֲךָ הַגָּדוֹל וּבִזְרוֹעֲךָ הַנְּטוּיָה.

טְמֵאִים אוֹמְרִים נַחֲלָתְךָ לְחַבֵּל
כְּבוֹדְךָ לְהָמִיר וּבְהֶבְלָם לְהִתְהַבֵּל
נֵצֶר נִתְעָב לֶאֱלוֹהַּ לְקַבֵּל
וְיִרְאָתְךָ הַקְּדוֹשָׁה לִנְטוֹשׁ וּלְנַבֵּל.

בְּאַהֲבָתְךָ וּבְחֶמְלָתְךָ מְנַשֵּׂא וּמְנַטֵּל
עֲצָתָם תְּסַכֵּל וּמַחְשְׁבֹתָם תְּבַטֵּל
רַבָּה הַמְּהוּמָה בֵּינֵיהֶם הַטֵּל
וּמַלְאָךְ אַכְזָרִי דּוֹחֶה וּמְטַלְטֵל.

בַּעֲבוּר כְּבוֹד שִׁמְךָ שֵׁם קָדְשְׁךָ הַמְּהֻלָּל
נוֹרָאוֹת הַפְלֵא לְבַל בַּגּוֹיִם יִתְחַלָּל
יוֹעֲצֵיהֶם וְאֵיתָנֵיהֶם תּוֹלִיךְ שׁוֹלָל
וּבָהֶם תְּעוֹלֵל כַּאֲשֶׁר בִּי הִתְעוֹלָל.

מֵקִים מֵעָפָר דָּל וְאֶבְיוֹן מֵאַשְׁפָּה
כְּנֶסֶתְךָ בַּל תִּתֵּן לְכָלָה וּלְחֶרְפָּה
אִם בְּפִקּוּדֶיךָ מִתְעַצֶּלֶת וּמַרְפָּה
עַל כָּל פְּשָׁעֶיהָ אַהֲבָתְךָ תְּהֵא מְחַפָּה.

יְתֵרָה חִבָּתָם לְפָנֶיךָ אֲדוֹנֵי הָאֲדוֹנִים
בֵּין כָּךְ וּבֵין כָּךְ קְרוּאִים לְךָ בָּנִים
רַחֲמֶיךָ יְקַדְּמוּנוּ אֱלֹהֵי עֶלְיוֹנִים וְתַחְתּוֹנִים
טֶרֶם יִשְׁטְפוּנוּ הַמַּיִם הַזֵּידוֹנִים.

חֲפֵצִי קִרְבָתְךָ עַל כָּל הַבָּאוֹת
הָחִישָׁה לָמוֹ יְשׁוּעוֹת הַנִּבָּאוֹת
קָדוֹשׁ עֲשֵׂה עִמָּהֶם לְטוֹבָה אוֹת
חָזָק וְאַמִּיץ גּוֹאֲלָם, יהוה צְבָאוֹת.

אֵל מֶלֶךְ יוֹשֵׁב עַל כִּסֵּא רַחֲמִים, מִתְנַהֵג בַּחֲסִידוּת.
מוֹחֵל עֲוֹנוֹת עַמּוֹ, מַעֲבִיר רִאשׁוֹן רִאשׁוֹן.
מַרְבֶּה מְחִילָה לְחַטָּאִים, וּסְלִיחָה לְפוֹשְׁעִים.
עֹשֶׂה צְדָקוֹת עִם כָּל בָּשָׂר וָרוּחַ, לֹא כְרָעָתָם תִּגְמֹל.
אֵל, הוֹרֵיתָ לָּנוּ לוֹמַר שְׁלֹשׁ עֶשְׂרֵה
זְכֹר לָנוּ הַיּוֹם בְּרִית שְׁלֹשׁ עֶשְׂרֵה
כְּהוֹדַעְתָּ לֶעָנָו מִקֶּדֶם, כְּמוֹ שֶׁכָּתוּב:
וַיֵּרֶד יהוה בֶּעָנָן, וַיִּתְיַצֵּב עִמּוֹ שָׁם שמות לד
וַיִּקְרָא בְשֵׁם יהוה:

קהל ואחריו שליח הציבור:

וַיַּעֲבֹר יהוה עַל־פָּנָיו וַיִּקְרָא

יהוה, יהוה, אֵל רַחוּם וְחַנּוּן, אֶרֶךְ אַפַּיִם, וְרַב־חֶסֶד וֶאֱמֶת:
נֹצֵר חֶסֶד לָאֲלָפִים, נֹשֵׂא עָוֹן וָפֶשַׁע וְחַטָּאָה, וְנַקֵּה:

וְסָלַחְתָּ לַעֲוֹנֵנוּ וּלְחַטָּאתֵנוּ וּנְחַלְתָּנוּ:
סְלַח לָנוּ אָבִינוּ כִּי חָטָאנוּ
מְחַל לָנוּ מַלְכֵּנוּ כִּי פָשָׁעְנוּ.
כִּי־אַתָּה אֲדֹנָי טוֹב וְסַלָּח, וְרַב־חֶסֶד לְכָל־קֹרְאֶיךָ: תהלים פו

נִשָּׂא לְבָבֵנוּ אֶל־כַּפָּיִם אֶל־אֵל בַּשָּׁמָיִם: איכה ג

תָּבוֹא לְפָנֶיךָ אֶנְקַת אָסִיר, כְּגֹדֶל זְרוֹעֲךָ הוֹתֵר בְּנֵי תְמוּתָה: תהלים עט

לַאדֹנָי אֱלֹהֵינוּ הָרַחֲמִים וְהַסְּלִיחוֹת כִּי מָרַדְנוּ בּוֹ: דניאל ט

כְּרַחֵם אָב עַל בָּנִים, כֵּן תְּרַחֵם יהוה עָלֵינוּ.

לַיהוה הַיְשׁוּעָה, עַל־עַמְּךָ בִרְכָתֶךָ סֶּלָה: תהלים ג

יהוה צְבָאוֹת עִמָּנוּ, מִשְׂגָּב לָנוּ אֱלֹהֵי יַעֲקֹב סֶלָה: תהלים מו

יהוה צְבָאוֹת, אַשְׁרֵי אָדָם בֹּטֵחַ בָּךְ: תהלים פד

יהוה הוֹשִׁיעָה, הַמֶּלֶךְ יַעֲנֵנוּ בְיוֹם־קָרְאֵנוּ: תהלים כ

חטאנו, ואין לנו פתחון פה לפני ה׳ להתלונן על צרות רבות שפקדונו.
רק בזכות האבות תולים אנו תקוותנו, ובה׳ תוחלתנו.

ט.

אֱלֹהֵינוּ וֵאלֹהֵי אֲבוֹתֵינוּ

אֵלֶיךָ נְשׂוּאוֹת עֵינֵינוּ
בְּכָל פִּנָּה וּפִנָּה אֲשֶׁר זֵרִיתָנוּ.

גַּעְיַת קוֹלֵנוּ בְּרָמָה נִשְׁמָע
דֶּלֶף בְּכִי תַמְרוּרִים נִדְמָע.

הֱצִיקָתְנוּ בִטְנֵנוּ בְּרֹב תַּחֲלוּאוֹת
וּמִתְּלָאוֹת הַבָּאוֹת אַחֲרֵי תְלָאוֹת.

זוּלָתְךָ, מַלְכֵּנוּ, בְּעָלוּנוּ אֲדוֹנִים
חוֹרְשִׁים זֶה אַחַר זֶה כַּמָּה שָׁנִים.

טְרוּפָה פָּרָתְךָ בְּפִצְעֵי חַבּוּרִים
יְגוּעָה וּכְבָר אֵין לָךְ בָּהּ צֹרֶךְ וְלֹא לַאֲחֵרִים.

כָּל הַיּוֹם עָלֶיךָ הֲרוּגִים
לְכַפָּרָה אֵין אָנוּ מַשִּׂיגִים.

מַה נִּתְנֶה וּמַה נְּקַדֵּם
נֶגְדְּךָ מִלְּבוּשׁ וּמִלְּהִתְאַדֵּם.

שִׂיחַ שִׂפְתוֹתֵינוּ אִם נִבְרוֹר כְּשׁוֹשָׁן
עֲוֹנֵנוּ נֶגְדֵּנוּ יָשָׁן נוֹשָׁן.

פְּגָרֵינוּ אִם תַּצְמִית וְדָמֵנוּ אִם תִּשְׁפֹּךְ
צְדָקָה אֶרֶץ וּמִבְּלִי רֹגֶז תַּהֲפֹךְ.

קוּמוּ, רְבוּצֵי מַכְפֵּל, סַעֲדוּנוּ בְּשַׁוְעָה
רְאוּ כִלָּיוֹן אַיֵּה שְׁבוּעָה.

שׁוֹמְרֵי הַצֹּאן, הָקִיצוּ וְהִשְׁתּוֹמְמוּ
שֶׁקַּדְתֶּם טְרַחְתֶּם וּבַבֶּהָלוֹת הִתַּמּוּ.

תִּפְאֶרֶת עֻזָּמוֹ, עוּרָה לָמָּה תִישַׁן
תּוֹחֶלֶת יִשְׂרָאֵל הִנֵּה לֹא יָנוּם וְלֹא יִישָׁן.

אֵל מֶלֶךְ יוֹשֵׁב עַל כִּסֵּא רַחֲמִים, מִתְנַהֵג בַּחֲסִידוּת.
מוֹחֵל עֲוֹנוֹת עַמּוֹ, מַעֲבִיר רִאשׁוֹן רִאשׁוֹן.
מַרְבֶּה מְחִילָה לְחַטָּאִים, וּסְלִיחָה לְפוֹשְׁעִים.
עֹשֶׂה צְדָקוֹת עִם כָּל בָּשָׂר וָרוּחַ, לֹא כְרָעָתָם תִּגְמֹל.
אֵל, הוֹרֵיתָ לָּנוּ לוֹמַר שְׁלֹשׁ עֶשְׂרֵה
זְכָר לָנוּ הַיּוֹם בְּרִית שְׁלֹשׁ עֶשְׂרֵה
כְּהוֹדַעְתָּ לֶעָנָו מִקֶּדֶם, כְּמוֹ שֶׁכָּתוּב:
וַיֵּרֶד יהוה בֶּעָנָן, וַיִּתְיַצֵּב עִמּוֹ שָׁם שמות לד
וַיִּקְרָא בְשֵׁם יהוה:

קהל ואחריו שליח הציבור:

וַיַּעֲבֹר יהוה עַל־פָּנָיו וַיִּקְרָא

יהוה, יהוה, אֵל רַחוּם וְחַנּוּן, אֶרֶךְ אַפַּיִם, וְרַב־חֶסֶד וֶאֱמֶת:
נֹצֵר חֶסֶד לָאֲלָפִים, נֹשֵׂא עָוֹן וָפֶשַׁע וְחַטָּאָה, וְנַקֵּה:

וְסָלַחְתָּ לַעֲוֹנֵנוּ וּלְחַטָּאתֵנוּ וּנְחַלְתָּנוּ:
סְלַח לָנוּ אָבִינוּ כִּי חָטָאנוּ
מְחַל לָנוּ מַלְכֵּנוּ כִּי פָשָׁעְנוּ.
כִּי־אַתָּה אֲדֹנָי טוֹב וְסַלָּח, וְרַב־חֶסֶד לְכָל־קֹרְאֶיךָ: תהלים פו

לפני ה׳ אנו עומדים, זכויות אין בנו, וזעקתנו על רחמיו המרובים נשענת.

י. פזמון | מחבר: שפטיה

הקהל אומר פיוט זה בית בית, ושליח הציבור חוזר אחריו בקול:

יִשְׂרָאֵל נוֹשַׁע בַּיהוה תְּשׁוּעַת עוֹלָמִים ישעיה מה
גַּם הַיּוֹם יִוָּשְׁעוּ מִפִּיךָ, שׁוֹכֵן מְרוֹמִים
כִּי אַתָּה רַב סְלִיחוֹת וּבַעַל הָרַחֲמִים.

שְׁעָרֶיךָ הֵם דּוֹפְקִים כַּעֲנִיִּים וְדַלִּים
צָקוּן לַחֲשָׁם קְשֹׁב יָהּ שׁוֹכֵן מְעָלִים
כִּי אַתָּה רַב סְלִיחוֹת וּבַעַל הָרַחֲמִים.

פְּחוּדִים הֵם מִכָּל צָרוֹת, מִמְחָרְפֵיהֶם וּמִלּוֹחֲצֵיהֶם
נָא אַל תַּעַזְבֵם יהוה אֱלֹהֵי אֲבוֹתֵיהֶם
כִּי אַתָּה רַב סְלִיחוֹת וּבַעַל הָרַחֲמִים.

טוּבוֹתֶיךָ יְקַדְּמוּ לָהֶם בְּיוֹם תּוֹכֵחָה
וּמִתּוֹךְ צָרָה הַמְצִיאֵם פְּדוּת וּרְוָחָה
כִּי אַתָּה רַב סְלִיחוֹת וּבַעַל הָרַחֲמִים.

יִוָּשְׁעוּ לְעֵין כֹּל, וְאַל יִמְשְׁלוּ בָם רְשָׁעִים
כַּלֵּה שֵׂעִיר וְחוֹתְנוֹ, וְיַעֲלוּ לְצִיּוֹן מוֹשִׁיעִים
כִּי אַתָּה רַב סְלִיחוֹת וּבַעַל הָרַחֲמִים.

הַקְשִׁיבָה אָדוֹן לְקוֹל שַׁוְעָתָם
וְלִמְכוֹן שִׁבְתְּךָ הַשָּׁמַיִם תַּעֲלֶה תְפִלָּתָם
כִּי אַתָּה רַב סְלִיחוֹת וּבַעַל הָרַחֲמִים.

אֵל מֶלֶךְ יוֹשֵׁב עַל כִּסֵּא רַחֲמִים, מִתְנַהֵג בַּחֲסִידוּת.
מוֹחֵל עֲוֹנוֹת עַמּוֹ, מַעֲבִיר רִאשׁוֹן רִאשׁוֹן.
מַרְבֶּה מְחִילָה לְחַטָּאִים, וּסְלִיחָה לְפוֹשְׁעִים.
עֹשֶׂה צְדָקוֹת עִם כָּל בָּשָׂר וָרוּחַ, לֹא כְרָעָתָם תִּגְמֹל.
אֵל, הוֹרֵיתָ לָּנוּ לוֹמַר שְׁלֹשׁ עֶשְׂרֵה
זְכָר לָנוּ הַיּוֹם בְּרִית שְׁלֹשׁ עֶשְׂרֵה
כְּהוֹדַעְתָּ לֶעָנָו מִקֶּדֶם, כְּמוֹ שֶׁכָּתוּב:
וַיֵּרֶד יהוה בֶּעָנָן, וַיִּתְיַצֵּב עִמּוֹ שָׁם — שמות לד
וַיִּקְרָא בְשֵׁם יהוה:

קהל ואחריו שליח הציבור:

וַיַּעֲבֹר יהוה עַל־פָּנָיו וַיִּקְרָא

יהוה, יהוה, אֵל רַחוּם וְחַנּוּן, אֶרֶךְ אַפַּיִם, וְרַב־חֶסֶד וֶאֱמֶת:
נֹצֵר חֶסֶד לָאֲלָפִים, נֹשֵׂא עָוֹן וָפֶשַׁע וְחַטָּאָה, וְנַקֵּה:

וְסָלַחְתָּ לַעֲוֹנֵנוּ וּלְחַטָּאתֵנוּ וּנְחַלְתָּנוּ:
סְלַח לָנוּ אָבִינוּ כִּי חָטָאנוּ
מְחַל לָנוּ מַלְכֵּנוּ כִּי פָשָׁעְנוּ.
תהלים פו — כִּי־אַתָּה אֲדֹנָי טוֹב וְסַלָּח, וְרַב־חֶסֶד לְכָל־קֹרְאֶיךָ:

תהלים כה — זְכֹר־רַחֲמֶיךָ יהוה וַחֲסָדֶיךָ, כִּי מֵעוֹלָם הֵמָּה:
זָכְרֵנוּ יהוה בִּרְצוֹן עַמֶּךָ, פָּקְדֵנוּ בִּישׁוּעָתֶךָ.
תהלים עד — זְכֹר עֲדָתְךָ קָנִיתָ קֶּדֶם, גָּאַלְתָּ שֵׁבֶט נַחֲלָתֶךָ
הַר־צִיּוֹן זֶה שָׁכַנְתָּ בּוֹ:
זְכֹר יהוה חִבַּת יְרוּשָׁלָיִם, אַהֲבַת צִיּוֹן אַל תִּשְׁכַּח לָנֶצַח.
תהלים קב — אַתָּה תָקוּם תְּרַחֵם צִיּוֹן, כִּי־עֵת לְחֶנְנָהּ, כִּי־בָא מוֹעֵד:
תהלים קלז — זְכֹר יהוה לִבְנֵי אֱדוֹם אֵת יוֹם יְרוּשָׁלָיִם
הָאוֹמְרִים עָרוּ עָרוּ, עַד הַיְסוֹד בָּהּ:

זְכֹר לְאַבְרָהָם לְיִצְחָק וּלְיִשְׂרָאֵל עֲבָדֶיךָ שמות לב
אֲשֶׁר נִשְׁבַּעְתָּ לָהֶם בָּךְ וַתְּדַבֵּר אֲלֵהֶם
אַרְבֶּה אֶת־זַרְעֲכֶם כְּכוֹכְבֵי הַשָּׁמָיִם
וְכָל־הָאָרֶץ הַזֹּאת אֲשֶׁר אָמַרְתִּי אֶתֵּן לְזַרְעֲכֶם, וְנָחֲלוּ לְעֹלָם:
זְכֹר לַעֲבָדֶיךָ לְאַבְרָהָם לְיִצְחָק וּלְיַעֲקֹב דברים ט
אַל־תֵּפֶן אֶל־קְשִׁי הָעָם הַזֶּה וְאֶל־רִשְׁעוֹ וְאֶל־חַטָּאתוֹ:

זְכָר לָנוּ בְּרִית אָבוֹת כַּאֲשֶׁר אָמַרְתָּ:
וְזָכַרְתִּי אֶת־בְּרִיתִי יַעֲקוֹב ויקרא כו
וְאַף אֶת־בְּרִיתִי יִצְחָק וְאַף אֶת־בְּרִיתִי אַבְרָהָם אֶזְכֹּר
וְהָאָרֶץ אֶזְכֹּר:
זְכָר לָנוּ בְּרִית רִאשׁוֹנִים כַּאֲשֶׁר אָמַרְתָּ:
וְזָכַרְתִּי לָהֶם בְּרִית רִאשֹׁנִים ויקרא כו
אֲשֶׁר הוֹצֵאתִי־אֹתָם מֵאֶרֶץ מִצְרַיִם לְעֵינֵי הַגּוֹיִם
לִהְיוֹת לָהֶם לֵאלֹהִים, אֲנִי יהוה:

עֲשֵׂה עִמָּנוּ כְּמָה שֶׁהִבְטַחְתָּנוּ:
וְאַף גַּם־זֹאת בִּהְיוֹתָם בְּאֶרֶץ אֹיְבֵיהֶם ויקרא כו
לֹא־מְאַסְתִּים וְלֹא־גְעַלְתִּים לְכַלֹּתָם
לְהָפֵר בְּרִיתִי אִתָּם, כִּי אֲנִי יהוה אֱלֹהֵיהֶם:

הָשֵׁב שְׁבוּתֵנוּ וְרַחֲמֵנוּ כְּמָה שֶׁכָּתוּב:
וְשָׁב יהוה אֱלֹהֶיךָ אֶת־שְׁבוּתְךָ וְרִחֲמֶךָ דברים ל
וְשָׁב וְקִבֶּצְךָ מִכָּל־הָעַמִּים
אֲשֶׁר הֱפִיצְךָ יהוה אֱלֹהֶיךָ שָׁמָּה:

קַבֵּץ נִדָּחֵינוּ כְּמָה שֶׁכָּתוּב:
אִם־יִהְיֶה נִדַּחֲךָ בִּקְצֵה הַשָּׁמָיִם דברים ל
מִשָּׁם יְקַבֶּצְךָ יהוה אֱלֹהֶיךָ וּמִשָּׁם יִקָּחֶךָ:

מְחֵה פְשָׁעֵינוּ כָּעָב וְכֶעָנָן כְּמָה שֶׁכָּתוּב:

ישעיה מד מָחִיתִי כָעָב פְּשָׁעֶיךָ וְכֶעָנָן חַטֹּאותֶיךָ, שׁוּבָה אֵלַי כִּי גְאַלְתִּיךָ:

מְחֵה פְשָׁעֵינוּ לְמַעַנְךָ כַּאֲשֶׁר אָמַרְתָּ:

ישעיה מג אָנֹכִי אָנֹכִי הוּא מֹחֶה פְשָׁעֶיךָ לְמַעֲנִי, וְחַטֹּאתֶיךָ לֹא אֶזְכֹּר:

הַלְבֵּן חֲטָאֵינוּ כַּשֶּׁלֶג וְכַצֶּמֶר כְּמָה שֶׁכָּתוּב:

ישעיה א לְכוּ־נָא וְנִוָּכְחָה יֹאמַר יהוה
אִם־יִהְיוּ חֲטָאֵיכֶם כַּשָּׁנִים כַּשֶּׁלֶג יַלְבִּינוּ
אִם־יַאְדִּימוּ כַתּוֹלָע כַּצֶּמֶר יִהְיוּ:

זְרֹק עָלֵינוּ מַיִם טְהוֹרִים וְטַהֲרֵנוּ כְּמָה שֶׁכָּתוּב:

יחזקאל לו וְזָרַקְתִּי עֲלֵיכֶם מַיִם טְהוֹרִים וּטְהַרְתֶּם
מִכֹּל טֻמְאוֹתֵיכֶם וּמִכָּל־גִּלּוּלֵיכֶם אֲטַהֵר אֶתְכֶם:

רַחֵם עָלֵינוּ וְאַל תַּשְׁחִיתֵנוּ כְּמָה שֶׁכָּתוּב:

דברים ד כִּי אֵל רַחוּם יהוה אֱלֹהֶיךָ
לֹא יַרְפְּךָ וְלֹא יַשְׁחִיתֶךָ
וְלֹא יִשְׁכַּח אֶת־בְּרִית אֲבוֹתֶיךָ אֲשֶׁר נִשְׁבַּע לָהֶם:

מוֹל אֶת לְבָבֵנוּ לְאַהֲבָה אֶת שְׁמֶךָ כְּמָה שֶׁכָּתוּב:

דברים ל וּמָל יהוה אֱלֹהֶיךָ אֶת־לְבָבְךָ וְאֶת־לְבַב זַרְעֶךָ
לְאַהֲבָה אֶת־יהוה אֱלֹהֶיךָ בְּכָל־לְבָבְךָ וּבְכָל־נַפְשְׁךָ
לְמַעַן חַיֶּיךָ:

הִמָּצֵא לָנוּ בְּבַקָּשָׁתֵנוּ כְּמָה שֶׁכָּתוּב:

דברים ד וּבִקַּשְׁתֶּם מִשָּׁם אֶת־יהוה אֱלֹהֶיךָ וּמָצָאתָ
כִּי תִדְרְשֶׁנּוּ בְּכָל־לְבָבְךָ וּבְכָל־נַפְשֶׁךָ:

תְּבִיאֵנוּ אֶל הַר קָדְשֶׁךָ וְשַׂמְּחֵנוּ בְּבֵית תְּפִלָּתֶךָ כְּמָה שֶׁכָּתוּב:

ישעיה נו וַהֲבִיאוֹתִים אֶל־הַר קָדְשִׁי וְשִׂמַּחְתִּים בְּבֵית תְּפִלָּתִי
עוֹלֹתֵיהֶם וְזִבְחֵיהֶם לְרָצוֹן עַל־מִזְבְּחִי
כִּי בֵיתִי בֵּית־תְּפִלָּה יִקָּרֵא לְכָל־הָעַמִּים:

פותחים את ארון הקודש ואומרים פסוק פסוק עד ׳אַל תַּעַזְבֵנוּ׳.

יש קהילות האומרות את הפסוקים בסדר אחר: ׳שְׁמַע קוֹלֵנוּ׳, ׳הֲשִׁיבֵנוּ׳, ׳אַל תַּשְׁלִיכֵנוּ מִלְּפָנֶיךָ׳ ו׳אַל תַּשְׁלִיכֵנוּ לְעֵת זִקְנָה׳, וממשיכים בלחש: ׳אַל תַּעַזְבֵנוּ׳, ׳עֲשֵׂה עִמָּנוּ אוֹת׳, ׳אֲמָרֵינוּ הַאֲזִינָה׳, ׳יִהְיוּ לְרָצוֹן׳ ו׳כִּי לְךָ ה׳ הוֹחָלְנוּ׳.

שליח הציבור אומר, והקהל חוזר אחריו בקול:

שְׁמַע קוֹלֵנוּ, יהוה אֱלֹהֵינוּ, חוּס וְרַחֵם עָלֵינוּ
וְקַבֵּל בְּרַחֲמִים וּבְרָצוֹן אֶת תְּפִלָּתֵנוּ.
איכה ה הֲשִׁיבֵנוּ יהוה אֵלֶיךָ וְנָשׁוּבָה, חַדֵּשׁ יָמֵינוּ כְּקֶדֶם:
אֲמָרֵינוּ הַאֲזִינָה יהוה, בִּינָה הֲגִיגֵנוּ.

בלחש: יִהְיוּ לְרָצוֹן אִמְרֵי פִינוּ וְהֶגְיוֹן לִבֵּנוּ לְפָנֶיךָ, יהוה צוּרֵנוּ וְגוֹאֲלֵנוּ.
אַל תַּשְׁלִיכֵנוּ מִלְּפָנֶיךָ, וְרוּחַ קָדְשְׁךָ אַל תִּקַּח מִמֶּנּוּ.
אַל תַּשְׁלִיכֵנוּ לְעֵת זִקְנָה, כִּכְלוֹת כֹּחֵנוּ אַל תַּעַזְבֵנוּ.
אַל תַּעַזְבֵנוּ יהוה, אֱלֹהֵינוּ אַל תִּרְחַק מִמֶּנּוּ.
עֲשֵׂה עִמָּנוּ אוֹת לְטוֹבָה, וְיִרְאוּ שׂוֹנְאֵינוּ וְיֵבֹשׁוּ
כִּי אַתָּה יהוה עֲזַרְתָּנוּ וְנִחַמְתָּנוּ.
כִּי לְךָ יהוה הוֹחָלְנוּ, אַתָּה תַעֲנֶה אֲדֹנָי אֱלֹהֵינוּ.

סוגרים את ארון הקודש.

וידוי

אֱלֹהֵינוּ וֵאלֹהֵי אֲבוֹתֵינוּ, תָּבֹא לְפָנֶיךָ תְּפִלָּתֵנוּ, וְאַל תִּתְעַלַּם מִתְּחִנָּתֵנוּ.
שֶׁאֵין אָנוּ עַזֵּי פָנִים וּקְשֵׁי עֹרֶף לוֹמַר לְפָנֶיךָ
יהוה אֱלֹהֵינוּ וֵאלֹהֵי אֲבוֹתֵינוּ, צַדִּיקִים אֲנַחְנוּ וְלֹא חָטָאנוּ.
אֲבָל אֲנַחְנוּ וַאֲבוֹתֵינוּ חָטָאנוּ.

כשמתוודה, מכה באגרופו על החזה כנגד הלב בכל חטא שמזכיר.

אָשַׁמְנוּ, בָּגַדְנוּ, גָּזַלְנוּ, דִּבַּרְנוּ דֹפִי
הֶעֱוִינוּ, וְהִרְשַׁעְנוּ, זַדְנוּ, חָמַסְנוּ, טָפַלְנוּ שֶׁקֶר
יָעַצְנוּ רָע, כִּזַּבְנוּ, לַצְנוּ, מָרַדְנוּ, נִאַצְנוּ
סָרַרְנוּ, עָוִינוּ, פָּשַׁעְנוּ, צָרַרְנוּ, קִשִּׁינוּ עֹרֶף
רָשַׁעְנוּ, שִׁחַתְנוּ, תִּעַבְנוּ, תָּעִינוּ, תִּעְתָּעְנוּ.

סַרְנוּ מִמִּצְוֹתֶיךָ וּמִמִּשְׁפָּטֶיךָ הַטּוֹבִים, וְלֹא שָׁוָה לָנוּ.

נחמיה ט וְאַתָּה צַדִּיק עַל כָּל־הַבָּא עָלֵינוּ

כִּי־אֱמֶת עָשִׂיתָ וַאֲנַחְנוּ הִרְשָׁעְנוּ:

אָשַׁמְנוּ מִכָּל עָם, בֹּשְׁנוּ מִכָּל דּוֹר

גָּלָה מִמֶּנּוּ מָשׂוֹשׂ, דָּוָה לִבֵּנוּ בַּחֲטָאֵינוּ

הָחְבַּל אִוּוּיֵנוּ, וְנִפְרַע פְּאֵרֵנוּ

זְבוּל בֵּית מִקְדָּשֵׁנוּ חָרַב בַּעֲוֹנֵינוּ, טִירָתֵנוּ הָיְתָה לְשַׁמָּה

יְפִי אַדְמָתֵנוּ לְזָרִים, כֹּחֵנוּ לְנָכְרִים.

על פי הגר״א (מעשה רב, אות רב) אומרים וידוי פעם אחת בלבד.

וַעֲדַיִן לֹא שַׁבְנוּ מִטָּעוּתֵנוּ, וְהֵיאַךְ נָעִיז פָּנֵינוּ וְנַקְשֶׁה עָרְפֵּנוּ, לוֹמַר לְפָנֶיךָ, יהוה אֱלֹהֵינוּ וֵאלֹהֵי אֲבוֹתֵינוּ, צַדִּיקִים אֲנַחְנוּ וְלֹא חָטָאנוּ, אֲבָל אֲנַחְנוּ וַאֲבוֹתֵינוּ חָטָאנוּ.

כשמתוודה, מכה באגרופו על החזה כנגד הלב בכל חטא שמזכיר.

אָשַׁמְנוּ, בָּגַדְנוּ, גָּזַלְנוּ, דִּבַּרְנוּ דֹפִי

הֶעֱוִינוּ, וְהִרְשַׁעְנוּ, זַדְנוּ, חָמַסְנוּ, טָפַלְנוּ שֶׁקֶר

יָעַצְנוּ רָע, כִּזַּבְנוּ, לַצְנוּ, מָרַדְנוּ, נִאַצְנוּ

סָרַרְנוּ, עָוִינוּ, פָּשַׁעְנוּ, צָרַרְנוּ, קִשִּׁינוּ עֹרֶף

רָשַׁעְנוּ, שִׁחַתְנוּ, תִּעַבְנוּ, תָּעִינוּ, תִּעְתָּעְנוּ.

סַרְנוּ מִמִּצְוֹתֶיךָ וּמִמִּשְׁפָּטֶיךָ הַטּוֹבִים, וְלֹא שָׁוָה לָנוּ.

נחמיה ט וְאַתָּה צַדִּיק עַל כָּל־הַבָּא עָלֵינוּ, כִּי־אֱמֶת עָשִׂיתָ וַאֲנַחְנוּ הִרְשָׁעְנוּ:

לְעֵינֵינוּ עָשְׁקוּ עֲמָלֵנוּ, מְמֻשָּׁךְ וּמְמֹרָט מִמֶּנּוּ

נָתְנוּ עֻלָּם עָלֵינוּ, סָבַלְנוּ עַל שִׁכְמֵנוּ

איכה ה עֲבָדִים מָשְׁלוּ בָנוּ, פֹּרֵק אֵין מִיָּדָם:

צָרוֹת רַבּוֹת סְבָבוּנוּ, קְרָאנוּךָ יהוה אֱלֹהֵינוּ

רִחַקְתָּ מִמֶּנּוּ בַּעֲוֹנֵינוּ, שַׁבְנוּ מֵאַחֲרֶיךָ, תָּעִינוּ וְאָבָדְנוּ.

וַעֲדַיִן לֹא שַׁבְנוּ מִטָּעוּתֵנוּ, וְהֵיאַךְ נָעִיז פָּנֵינוּ וְנַקְשֶׁה עָרְפֵּנוּ, לוֹמַר לְפָנֶיךָ, יהוה אֱלֹהֵינוּ וֵאלֹהֵי אֲבוֹתֵינוּ, צַדִּיקִים אֲנַחְנוּ וְלֹא חָטָאנוּ, אֲבָל אֲנַחְנוּ וַאֲבוֹתֵינוּ חָטָאנוּ.

כשמתוודה, מכה באגרופו על החזה כנגד הלב בכל חטא שמזכיר.

אָשַׁמְנוּ, בָּגַדְנוּ, גָּזַלְנוּ, דִּבַּרְנוּ דֹפִי
הֶעֱוִינוּ, וְהִרְשַׁעְנוּ, זַדְנוּ, חָמַסְנוּ, טָפַלְנוּ שֶׁקֶר
יָעַצְנוּ רָע, כִּזַּבְנוּ, לַצְנוּ, מָרַדְנוּ, נִאַצְנוּ
סָרַרְנוּ, עָוִינוּ, פָּשַׁעְנוּ, צָרַרְנוּ, קִשִּׁינוּ עֹרֶף
רָשַׁעְנוּ, שִׁחַתְנוּ, תִּעַבְנוּ, תָּעִינוּ, תִּעְתָּעְנוּ.

סַרְנוּ מִמִּצְוֹתֶיךָ וּמִמִּשְׁפָּטֶיךָ הַטּוֹבִים, וְלֹא שָׁוָה לָנוּ.
וְאַתָּה צַדִּיק עַל כָּל־הַבָּא עָלֵינוּ נחמיה ט
כִּי־אֱמֶת עָשִׂיתָ וַאֲנַחְנוּ הִרְשָׁעְנוּ:

הִרְשַׁעְנוּ וּפָשַׁעְנוּ לָכֵן לֹא נוֹשָׁעְנוּ.
וְתֵן בְּלִבֵּנוּ לַעֲזֹב דֶּרֶךְ רֶשַׁע, וְחִישׁ לָנוּ יֶשַׁע
כַּכָּתוּב עַל יַד נְבִיאֶךָ:
יַעֲזֹב רָשָׁע דַּרְכּוֹ וְאִישׁ אָוֶן מַחְשְׁבֹתָיו ישעיה נה
וְיָשֹׁב אֶל־יהוה וִירַחֲמֵהוּ וְאֶל־אֱלֹהֵינוּ כִּי־יַרְבֶּה לִסְלוֹחַ:

מְשִׁיחַ צִדְקֶךָ אָמַר לְפָנֶיךָ:
שְׁגִיאוֹת מִי־יָבִין, מִנִּסְתָּרוֹת נַקֵּנִי: תהלים יט
נַקֵּנוּ יהוה אֱלֹהֵינוּ מִכָּל פְּשָׁעֵינוּ וְטַהֲרֵנוּ מִכָּל טֻמְאוֹתֵינוּ
וּזְרֹק עָלֵינוּ מַיִם טְהוֹרִים וְטַהֲרֵנוּ
כַּכָּתוּב עַל יַד נְבִיאֶךָ:
וְזָרַקְתִּי עֲלֵיכֶם מַיִם טְהוֹרִים וּטְהַרְתֶּם יחזקאל לו
מִכֹּל טֻמְאוֹתֵיכֶם וּמִכָּל־גִּלּוּלֵיכֶם אֲטַהֵר אֶתְכֶם:
עַמְּךָ וְנַחֲלָתְךָ רְעֵבֵי טוּבְךָ, צְמֵאֵי חַסְדְּךָ, תְּאֵבֵי יִשְׁעֶךָ.
יַכִּירוּ וְיֵדְעוּ, כִּי לַיהוה אֱלֹהֵינוּ הָרַחֲמִים וְהַסְּלִיחוֹת.

אֵל רַחוּם שְׁמֶךָ. אֵל חַנּוּן שְׁמֶךָ. בָּנוּ נִקְרָא שְׁמֶךָ. יהוה עֲשֵׂה לְמַעַן שְׁמֶךָ.
עֲשֵׂה לְמַעַן אֲמִתָּךְ. עֲשֵׂה לְמַעַן בְּרִיתָךְ. עֲשֵׂה לְמַעַן גָּדְלָךְ וְתִפְאַרְתָּךְ.

עֲשֵׂה לְמַעַן דָּתָךְ. עֲשֵׂה לְמַעַן הוֹדָךְ. עֲשֵׂה לְמַעַן וְעוּדָךְ. עֲשֵׂה לְמַעַן זִכְרָךְ. עֲשֵׂה לְמַעַן חַסְדָּךְ. עֲשֵׂה לְמַעַן טוּבָךְ. עֲשֵׂה לְמַעַן יִחוּדָךְ. עֲשֵׂה לְמַעַן כְּבוֹדָךְ. עֲשֵׂה לְמַעַן לִמּוּדָךְ. עֲשֵׂה לְמַעַן מַלְכוּתָךְ. עֲשֵׂה לְמַעַן נִצְחָךְ. עֲשֵׂה לְמַעַן סוֹדָךְ. עֲשֵׂה לְמַעַן עֻזָּךְ. עֲשֵׂה לְמַעַן פְּאֵרָךְ. עֲשֵׂה לְמַעַן צִדְקָתָךְ. עֲשֵׂה לְמַעַן קְדֻשָּׁתָךְ. עֲשֵׂה לְמַעַן רַחֲמֶיךָ הָרַבִּים. עֲשֵׂה לְמַעַן שְׁכִינָתָךְ. עֲשֵׂה לְמַעַן תְּהִלָּתָךְ. עֲשֵׂה לְמַעַן אוֹהֲבֶיךָ שׁוֹכְנֵי עָפָר. עֲשֵׂה לְמַעַן אַבְרָהָם יִצְחָק וְיַעֲקֹב. עֲשֵׂה לְמַעַן מֹשֶׁה וְאַהֲרֹן. עֲשֵׂה לְמַעַן דָּוִד וּשְׁלֹמֹה. עֲשֵׂה לְמַעַן יְרוּשָׁלַיִם עִיר קָדְשֶׁךָ. עֲשֵׂה לְמַעַן צִיּוֹן מִשְׁכַּן כְּבוֹדֶךָ. עֲשֵׂה לְמַעַן שִׁמְמוֹת הֵיכָלֶךָ. עֲשֵׂה לְמַעַן הֲרִיסוּת מִזְבְּחֶךָ. עֲשֵׂה לְמַעַן הֲרוּגִים עַל שֵׁם קָדְשֶׁךָ. עֲשֵׂה לְמַעַן טְבוּחִים עַל יִחוּדֶךָ. עֲשֵׂה לְמַעַן בָּאֵי בָאֵשׁ וּבַמַּיִם עַל קִדּוּשׁ שְׁמֶךָ. עֲשֵׂה לְמַעַן יוֹנְקֵי שָׁדַיִם שֶׁלֹּא חָטְאוּ. עֲשֵׂה לְמַעַן גְּמוּלֵי חָלָב שֶׁלֹּא פָשְׁעוּ. עֲשֵׂה לְמַעַן תִּינוֹקוֹת שֶׁל בֵּית רַבָּן. עֲשֵׂה לְמַעַנְךָ אִם לֹא לְמַעֲנֵנוּ. עֲשֵׂה לְמַעַנְךָ וְהוֹשִׁיעֵנוּ.

עֲנֵנוּ יהוה עֲנֵנוּ. עֲנֵנוּ אֱלֹהֵינוּ עֲנֵנוּ. עֲנֵנוּ אָבִינוּ עֲנֵנוּ. עֲנֵנוּ בּוֹרְאֵנוּ עֲנֵנוּ. עֲנֵנוּ גּוֹאֲלֵנוּ עֲנֵנוּ. עֲנֵנוּ דּוֹרְשֵׁנוּ עֲנֵנוּ. עֲנֵנוּ הָאֵל הַנֶּאֱמָן עֲנֵנוּ. עֲנֵנוּ וָתִיק וְחָסִיד עֲנֵנוּ. עֲנֵנוּ זַךְ וְיָשָׁר עֲנֵנוּ. עֲנֵנוּ חַי וְקַיָּם עֲנֵנוּ. עֲנֵנוּ טוֹב וּמֵטִיב עֲנֵנוּ. עֲנֵנוּ יוֹדֵעַ יֵצֶר עֲנֵנוּ. עֲנֵנוּ כּוֹבֵשׁ כְּעָסִים עֲנֵנוּ. עֲנֵנוּ לוֹבֵשׁ צְדָקוֹת עֲנֵנוּ. עֲנֵנוּ מֶלֶךְ מַלְכֵי הַמְּלָכִים עֲנֵנוּ. עֲנֵנוּ נוֹרָא וְנִשְׂגָּב עֲנֵנוּ. עֲנֵנוּ סוֹלֵחַ וּמוֹחֵל עֲנֵנוּ. עֲנֵנוּ עוֹנֶה בְּעֵת צָרָה עֲנֵנוּ. עֲנֵנוּ פּוֹדֶה וּמַצִּיל עֲנֵנוּ. עֲנֵנוּ צַדִּיק וְיָשָׁר עֲנֵנוּ. עֲנֵנוּ קָרוֹב לְקוֹרְאָיו עֲנֵנוּ. עֲנֵנוּ רַחוּם וְחַנּוּן עֲנֵנוּ. עֲנֵנוּ שׁוֹמֵעַ אֶל אֶבְיוֹנִים עֲנֵנוּ. עֲנֵנוּ תּוֹמֵךְ תְּמִימִים עֲנֵנוּ. עֲנֵנוּ אֱלֹהֵי אֲבוֹתֵינוּ עֲנֵנוּ. עֲנֵנוּ אֱלֹהֵי אַבְרָהָם עֲנֵנוּ. עֲנֵנוּ פַּחַד יִצְחָק עֲנֵנוּ. עֲנֵנוּ אֲבִיר יַעֲקֹב עֲנֵנוּ. עֲנֵנוּ עֶזְרַת הַשְּׁבָטִים עֲנֵנוּ. עֲנֵנוּ מִשְׂגַּב אִמָּהוֹת עֲנֵנוּ. עֲנֵנוּ קָשֶׁה לִכְעֹס עֲנֵנוּ. עֲנֵנוּ רַךְ לִרְצוֹת עֲנֵנוּ. עֲנֵנוּ עוֹנֶה בְּעֵת רָצוֹן עֲנֵנוּ. עֲנֵנוּ אֲבִי יְתוֹמִים עֲנֵנוּ. עֲנֵנוּ דַּיַּן אַלְמָנוֹת עֲנֵנוּ.

מִי שֶׁעָנָה לְאַבְרָהָם אָבִינוּ בְּהַר הַמּוֹרִיָּה, הוּא יַעֲנֵנוּ.
מִי שֶׁעָנָה לְיִצְחָק בְּנוֹ כְּשֶׁנֶּעֱקַד עַל גַּבֵּי הַמִּזְבֵּחַ, הוּא יַעֲנֵנוּ.
מִי שֶׁעָנָה לְיַעֲקֹב בְּבֵית אֵל, הוּא יַעֲנֵנוּ.
מִי שֶׁעָנָה לְיוֹסֵף בְּבֵית הָאֲסוּרִים, הוּא יַעֲנֵנוּ.
מִי שֶׁעָנָה לַאֲבוֹתֵינוּ עַל יַם סוּף, הוּא יַעֲנֵנוּ.
מִי שֶׁעָנָה לְמשֶׁה בְּחוֹרֵב, הוּא יַעֲנֵנוּ.
מִי שֶׁעָנָה לְאַהֲרֹן בַּמַּחְתָּה, הוּא יַעֲנֵנוּ.
מִי שֶׁעָנָה לְפִינְחָס בְּקוּמוֹ מִתּוֹךְ הָעֵדָה, הוּא יַעֲנֵנוּ.
מִי שֶׁעָנָה לִיהוֹשֻׁעַ בַּגִּלְגָּל, הוּא יַעֲנֵנוּ.
מִי שֶׁעָנָה לִשְׁמוּאֵל בַּמִּצְפָּה, הוּא יַעֲנֵנוּ.
מִי שֶׁעָנָה לְדָוִד וּשְׁלֹמֹה בְנוֹ בִּירוּשָׁלָיִם, הוּא יַעֲנֵנוּ.
מִי שֶׁעָנָה לְאֵלִיָּהוּ בְּהַר הַכַּרְמֶל, הוּא יַעֲנֵנוּ.
מִי שֶׁעָנָה לֶאֱלִישָׁע בִּירִיחוֹ, הוּא יַעֲנֵנוּ.
מִי שֶׁעָנָה לְיוֹנָה בִּמְעֵי הַדָּגָה, הוּא יַעֲנֵנוּ.
מִי שֶׁעָנָה לְחִזְקִיָּהוּ מֶלֶךְ יְהוּדָה בְּחָלְיוֹ, הוּא יַעֲנֵנוּ.
מִי שֶׁעָנָה לַחֲנַנְיָה מִישָׁאֵל וַעֲזַרְיָה בְּתוֹךְ כִּבְשַׁן הָאֵשׁ, הוּא יַעֲנֵנוּ.
מִי שֶׁעָנָה לְדָנִיֵּאל בְּגוֹב הָאֲרָיוֹת, הוּא יַעֲנֵנוּ.
מִי שֶׁעָנָה לְמָרְדְּכַי וְאֶסְתֵּר בְּשׁוּשַׁן הַבִּירָה, הוּא יַעֲנֵנוּ.
מִי שֶׁעָנָה לְעֶזְרָא בַּגּוֹלָה, הוּא יַעֲנֵנוּ.
מִי שֶׁעָנָה לְכָל הַצַּדִּיקִים וְהַחֲסִידִים וְהַתְּמִימִים וְהַיְשָׁרִים, הוּא יַעֲנֵנוּ.

רַחֲמָנָא דְּעָנֵי לַעֲנִיֵּי עֲנֵינָן.
רַחֲמָנָא דְּעָנֵי לִתְבִירֵי לִבָּא עֲנֵינָן.
רַחֲמָנָא דְּעָנֵי לְמַכִּיכֵי רוּחָא עֲנֵינָן.
רַחֲמָנָא עֲנֵינָן.
רַחֲמָנָא חוּס, רַחֲמָנָא פְּרֻק, רַחֲמָנָא שֵׁיזִב.
רַחֲמָנָא רַחֵם עֲלָן, הַשְׁתָּא בַּעֲגָלָא וּבִזְמַן קָרִיב.

נפילת אפיים

יושבים, ובמקום שיש בו ספר תורה, נופלים אפיים:
משעינים את הראש על היד שאין בה תפילין (ומי שאין לו תפילין, על יד שמאל),
ומכסים את הפנים (ספר מהרי"ל, סב).

לפני נפילת אפיים נוהגים לומר את הפסוק 'וַיֹּאמֶר דָּוִד אֶל־גָּד' (קיצור של"ה).

שמואל ב' כד

וַיֹּאמֶר דָּוִד אֶל־גָּד
צַר־לִי מְאֹד
נִפְּלָה־נָּא בְיַד־יהוה, כִּי־רַבִּים רַחֲמָו
וּבְיַד־אָדָם אַל־אֶפֹּלָה:

רַחוּם וְחַנּוּן, חָטָאתִי לְפָנֶיךָ.
יהוה מָלֵא רַחֲמִים, רַחֵם עָלַי וְקַבֵּל תַּחֲנוּנָי.

נוהגים לומר את מזמור ו (מנהגי מהר"י טירנא):

תהלים ו

יהוה, אַל־בְּאַפְּךָ תוֹכִיחֵנִי, וְאַל־בַּחֲמָתְךָ תְיַסְּרֵנִי:
חָנֵּנִי יהוה, כִּי אֻמְלַל אָנִי, רְפָאֵנִי יהוה
כִּי נִבְהֲלוּ עֲצָמָי:
וְנַפְשִׁי נִבְהֲלָה מְאֹד, וְאַתָּ יהוה, עַד־מָתָי:
שׁוּבָה יהוה, חַלְּצָה נַפְשִׁי
הוֹשִׁיעֵנִי לְמַעַן חַסְדֶּךָ:
כִּי אֵין בַּמָּוֶת זִכְרֶךָ, בִּשְׁאוֹל מִי יוֹדֶה־לָּךְ:
יָגַעְתִּי בְּאַנְחָתִי, אַשְׂחֶה בְכָל־לַיְלָה מִטָּתִי
בְּדִמְעָתִי עַרְשִׂי אַמְסֶה:
עָשְׁשָׁה מִכַּעַס עֵינִי, עָתְקָה בְּכָל־צוֹרְרָי:
סוּרוּ מִמֶּנִּי כָּל־פֹּעֲלֵי אָוֶן
כִּי שָׁמַע יהוה קוֹל בִּכְיִי:
שָׁמַע יהוה תְּחִנָּתִי, יהוה תְּפִלָּתִי יִקָּח:
יֵבֹשׁוּ וְיִבָּהֲלוּ מְאֹד כָּל־אֹיְבָי, יָשֻׁבוּ יֵבֹשׁוּ רָגַע: כאן מרימים את הראש.

מַחֵי וּמַסֵּי, מֵמִית וּמְחַיֶּה, מַסֵּיק מִן שְׁאוֹל לְחַיֵּי עָלְמָא.
בְּרָא כַּד חָטֵא, אֲבוּהִי לַקְיֵהּ, אֲבוּהִי דְחָיֵס מַסֵּא לִכְאֵבֵהּ.
עַבְדָּא דְמָרֵיד נָפֵיק בְּקוֹלָר, מָרֵהּ תָּאֵיב וְתָבַר קוֹלָרֵהּ.

בְּרָךְ בְּכוֹרָךְ אֲנַן וְחָטֵינַן קַמָּךְ, הָא רְוֵי נַפְשַׁן בְּגִדִין מְרָרִין.
עַבְדָּךְ אֲנַן וּמָרְדִינַן קַמָּךְ, הָא בְּבִזְתָא הָא בְּשִׁבְיְתָא הָא בְּמַלְקְיוּתָא.
בְּמָטוּ מִנָּךְ בְּרַחֲמָךְ דִּנְפִישִׁין, אַסֵּי לִכְאֵבָא דִּתְקֵף עֲלַן
עַד דְּלָא נֶהֱוֵי גְמִירָא בְּשִׁבְיָא.

יש הנוהגים שלא לומר תחינה זו.

מַכְנִיסֵי רַחֲמִים, הַכְנִיסוּ רַחֲמֵינוּ לִפְנֵי בַּעַל הָרַחֲמִים. מַשְׁמִיעֵי תְפִלָּה, הַשְׁמִיעוּ תְּפִלָּתֵנוּ לִפְנֵי שׁוֹמֵעַ תְּפִלָּה. מַשְׁמִיעֵי צְעָקָה, הַשְׁמִיעוּ צַעֲקָתֵנוּ לִפְנֵי שׁוֹמֵעַ צְעָקָה. מַכְנִיסֵי דִמְעָה, הַכְנִיסוּ דִּמְעוֹתֵינוּ לִפְנֵי מֶלֶךְ מִתְרַצֶּה בִּדְמָעוֹת. הִשְׁתַּדְּלוּ וְהַרְבּוּ תְּחִנָּה וּבַקָּשָׁה לִפְנֵי מֶלֶךְ אֵל רָם וְנִשָּׂא. הַזְכִּירוּ לְפָנָיו הַשְׁמִיעוּ לְפָנָיו תּוֹרָה וּמַעֲשִׂים טוֹבִים שֶׁל שׁוֹכְנֵי עָפָר. יִזְכֹּר אַהֲבָתָם וִיחַיֶּה זַרְעָם, שֶׁלֹּא תֹאבַד שְׁאֵרִית יַעֲקֹב. כִּי צֹאן רוֹעֶה נֶאֱמָן הָיָה לְחֶרְפָּה, יִשְׂרָאֵל גּוֹי אֶחָד לְמָשָׁל וְלִשְׁנִינָה. מַהֵר עֲנֵנוּ אֱלֹהֵי יִשְׁעֵנוּ, וּפְדֵנוּ מִכָּל גְּזֵרוֹת קָשׁוֹת, וְהוֹשִׁיעָה בְּרַחֲמֶיךָ הָרַבִּים מְשִׁיחַ צִדְקֶךָ וְעַמָּךְ.

מָרָן דְּבִשְׁמַיָּא לָךְ מִתְחַנְּנַן, כְּבַר שִׁבְיָא דְּמִתְחַנַּן לְשַׁבָּיֵהּ.
כֻּלְּהוֹן בְּנֵי שִׁבְיָא בְּכַסְפָּא מִתְפָּרְקִין
וְעַמָּךְ בֵּית יִשְׂרָאֵל בְּרַחֲמֵי וּבְתַחֲנוּנֵי.
הַב לַן שְׁאֶלְתִּין וּבָעוּתִין, דְּלָא נֶהְדַּר רֵיקָם מִן קֳדָמָךְ.

מָרָן דְּבִשְׁמַיָּא לָךְ מִתְחַנַּנַן, כְּעַבְדָּא דְּמִתְחַנַּן לְמָרֵהּ.
עֲשִׁיקֵי אֲנַן וּבַחֲשׁוֹכָא שָׁרֵינָן.
מְרִירָן נַפְשִׁין מֵעַקְתִין דִּנְפִישִׁין.
חֵילָא לֵית בַּן לְרַצוּיָךְ, מָרָן.
עֲבֵד בְּדִיל קְיָמָא דִּגְזַרְתְּ עִם אֲבָהָתָנָא.

הפיוט ׳שׁוֹמֵר יִשְׂרָאֵל׳ חותם את הסליחות בחודש אלול ובעשרת ימי תשובה.

שׁוֹמֵר יִשְׂרָאֵל, שְׁמֹר שְׁאֵרִית יִשְׂרָאֵל, וְאַל יֹאבַד יִשְׂרָאֵל
הָאוֹמְרִים שְׁמַע יִשְׂרָאֵל.

שׁוֹמֵר גּוֹי אֶחָד, שְׁמֹר שְׁאֵרִית עַם אֶחָד, וְאַל יֹאבַד גּוֹי אֶחָד
הַמְיַחֲדִים שִׁמְךָ, יהוה אֱלֹהֵינוּ יהוה אֶחָד.

שׁוֹמֵר גּוֹי קָדוֹשׁ, שְׁמֹר שְׁאֵרִית עַם קָדוֹשׁ, וְאַל יֹאבַד גּוֹי קָדוֹשׁ
הַמְשַׁלְּשִׁים בְּשָׁלֹשׁ קְדֻשּׁוֹת לְקָדוֹשׁ.

מִתְרַצֶּה בְרַחֲמִים וּמִתְפַּיֵּס בְּתַחֲנוּנִים, הִתְרַצֵּה וְהִתְפַּיֵּס לְדוֹר עָנִי
כִּי אֵין עוֹזֵר.

אָבִינוּ מַלְכֵּנוּ, חָנֵּנוּ וַעֲנֵנוּ, כִּי אֵין בָּנוּ מַעֲשִׂים
עֲשֵׂה עִמָּנוּ צְדָקָה וָחֶסֶד וְהוֹשִׁיעֵנוּ.

לקט הפסוקים מסדר רב עמרם גאון מבטא את תחושתו של האדם,
שלאחר שהתפלל בכל אופן שהוא מכיר, מוסר את דינו לשמים (טור, קלא).

עומדים במקום המסומן ב־* (מג״א קלא, ד בשם השל״ה).

וַאֲנַחְנוּ לֹא נֵדַע *מַה־נַּעֲשֶׂה, כִּי עָלֶיךָ עֵינֵינוּ: דברי הימים ב׳ כ

זְכֹר־רַחֲמֶיךָ יהוה וַחֲסָדֶיךָ, כִּי מֵעוֹלָם הֵמָּה: תהלים כה

יְהִי־חַסְדְּךָ יהוה עָלֵינוּ, כַּאֲשֶׁר יִחַלְנוּ לָךְ: תהלים לג

אַל־תִּזְכָּר־לָנוּ עֲוֹנֹת רִאשֹׁנִים תהלים עט
מַהֵר יְקַדְּמוּנוּ רַחֲמֶיךָ, כִּי דַלּוֹנוּ מְאֹד:

עֶזְרֵנוּ בְּשֵׁם יהוה, עֹשֵׂה שָׁמַיִם וָאָרֶץ: תהלים קכד

חָנֵּנוּ יהוה חָנֵּנוּ, כִּי־רַב שָׂבַעְנוּ בוּז: תהלים קכג

בְּרֹגֶז רַחֵם תִּזְכּוֹר: חבקוק ג

[בְּרֹגֶז עֲקֵדָה תִּזְכֹּר, בְּרֹגֶז תְּמִימוּת תִּזְכֹּר.
יהוה הוֹשִׁיעָה, הַמֶּלֶךְ יַעֲנֵנוּ בְיוֹם־קָרְאֵנוּ:] תהלים כ

כִּי־הוּא יָדַע יִצְרֵנוּ, זָכוּר כִּי־עָפָר אֲנָחְנוּ: תהלים קג

עָזְרֵנוּ אֱלֹהֵי יִשְׁעֵנוּ עַל־דְּבַר כְּבוֹד־שְׁמֶךָ תהלים עט
וְהַצִּילֵנוּ וְכַפֵּר עַל־חַטֹּאתֵינוּ לְמַעַן שְׁמֶךָ:

קדיש שלם

ש״ץ: יִתְגַּדַּל וְיִתְקַדַּשׁ שְׁמֵהּ רַבָּא (קהל: אָמֵן)
בְּעָלְמָא דִּי בְרָא כִרְעוּתֵהּ
וְיַמְלִיךְ מַלְכוּתֵהּ [וְיַצְמַח פֻּרְקָנֵהּ וִיקָרֵב מְשִׁיחֵהּ (קהל: אָמֵן)]
בְּחַיֵּיכוֹן וּבְיוֹמֵיכוֹן וּבְחַיֵּי דְכָל בֵּית יִשְׂרָאֵל
בַּעֲגָלָא וּבִזְמַן קָרִיב
וְאִמְרוּ אָמֵן. (קהל: אָמֵן)

קהל וש״ץ: יְהֵא שְׁמֵהּ רַבָּא מְבָרַךְ לְעָלַם וּלְעָלְמֵי עָלְמַיָּא.

ש״ץ: יִתְבָּרַךְ וְיִשְׁתַּבַּח וְיִתְפָּאַר וְיִתְרוֹמַם וְיִתְנַשֵּׂא
וְיִתְהַדָּר וְיִתְעַלֶּה וְיִתְהַלָּל
שְׁמֵהּ דְּקֻדְשָׁא בְּרִיךְ הוּא (קהל: אָמֵן)
לְעֵלָּא מִן כָּל בִּרְכָתָא וְשִׁירָתָא, תֻּשְׁבְּחָתָא וְנֶחֱמָתָא
דַּאֲמִירָן בְּעָלְמָא
וְאִמְרוּ אָמֵן. (קהל: אָמֵן)

תִּתְקַבַּל צְלוֹתְהוֹן וּבָעוּתְהוֹן דְּכָל בֵּית יִשְׂרָאֵל
קֳדָם אֲבוּהוֹן דִּי בִשְׁמַיָּא
וְאִמְרוּ אָמֵן. (קהל: אָמֵן)

יְהֵא שְׁלָמָא רַבָּא מִן שְׁמַיָּא
וְחַיִּים [טוֹבִים] עָלֵינוּ וְעַל כָּל יִשְׂרָאֵל
וְאִמְרוּ אָמֵן. (קהל: אָמֵן)

כורע ופוסע שלוש פסיעות לאחור. קד לשמאל, לימין ולפנים באמירת:

עֹשֶׂה שָׁלוֹם בִּמְרוֹמָיו
הוּא יַעֲשֶׂה שָׁלוֹם עָלֵינוּ וְעַל כָּל יִשְׂרָאֵל
וְאִמְרוּ אָמֵן. (קהל: אָמֵן)

סליחות ליום רביעי

תהלים פד אַשְׁרֵי יוֹשְׁבֵי בֵיתֶךָ, עוֹד יְהַלְלוּךָ סֶּלָה:
תהלים קמד אַשְׁרֵי הָעָם שֶׁכָּכָה לוֹ, אַשְׁרֵי הָעָם שֶׁיהוה אֱלֹהָיו:
תהלים קמה תְּהִלָּה לְדָוִד

אֲרוֹמִמְךָ אֱלוֹהַי הַמֶּלֶךְ, וַאֲבָרְכָה שִׁמְךָ לְעוֹלָם וָעֶד:
בְּכָל־יוֹם אֲבָרְכֶךָּ, וַאֲהַלְלָה שִׁמְךָ לְעוֹלָם וָעֶד:
גָּדוֹל יהוה וּמְהֻלָּל מְאֹד, וְלִגְדֻלָּתוֹ אֵין חֵקֶר:
דּוֹר לְדוֹר יְשַׁבַּח מַעֲשֶׂיךָ, וּגְבוּרֹתֶיךָ יַגִּידוּ:
הֲדַר כְּבוֹד הוֹדֶךָ, וְדִבְרֵי נִפְלְאֹתֶיךָ אָשִׂיחָה:
וֶעֱזוּז נוֹרְאֹתֶיךָ יֹאמֵרוּ, וּגְדוּלָּתְךָ אֲסַפְּרֶנָּה:
זֵכֶר רַב־טוּבְךָ יַבִּיעוּ, וְצִדְקָתְךָ יְרַנֵּנוּ:
חַנּוּן וְרַחוּם יהוה, אֶרֶךְ אַפַּיִם וּגְדָל־חָסֶד:
טוֹב־יהוה לַכֹּל, וְרַחֲמָיו עַל־כָּל־מַעֲשָׂיו:
יוֹדוּךָ יהוה כָּל־מַעֲשֶׂיךָ, וַחֲסִידֶיךָ יְבָרְכוּכָה:
כְּבוֹד מַלְכוּתְךָ יֹאמֵרוּ, וּגְבוּרָתְךָ יְדַבֵּרוּ:
לְהוֹדִיעַ לִבְנֵי הָאָדָם גְּבוּרֹתָיו, וּכְבוֹד הֲדַר מַלְכוּתוֹ:
מַלְכוּתְךָ מַלְכוּת כָּל־עֹלָמִים, וּמֶמְשַׁלְתְּךָ בְּכָל־דּוֹר וָדֹר:
סוֹמֵךְ יהוה לְכָל־הַנֹּפְלִים, וְזוֹקֵף לְכָל־הַכְּפוּפִים:
עֵינֵי־כֹל אֵלֶיךָ יְשַׂבֵּרוּ, וְאַתָּה נוֹתֵן־לָהֶם אֶת־אָכְלָם בְּעִתּוֹ:
פּוֹתֵחַ אֶת־יָדֶךָ, וּמַשְׂבִּיעַ לְכָל־חַי רָצוֹן:
צַדִּיק יהוה בְּכָל־דְּרָכָיו, וְחָסִיד בְּכָל־מַעֲשָׂיו:
קָרוֹב יהוה לְכָל־קֹרְאָיו, לְכֹל אֲשֶׁר יִקְרָאֻהוּ בֶאֱמֶת:
רְצוֹן־יְרֵאָיו יַעֲשֶׂה, וְאֶת־שַׁוְעָתָם יִשְׁמַע, וְיוֹשִׁיעֵם:

שׁוֹמֵר יהוה אֶת־כָּל־אֹהֲבָיו, וְאֵת כָּל־הָרְשָׁעִים יַשְׁמִיד:
תְּהִלַּת יהוה יְדַבֶּר פִּי, וִיבָרֵךְ כָּל־בָּשָׂר שֵׁם קָדְשׁוֹ לְעוֹלָם וָעֶד:
וַאֲנַחְנוּ נְבָרֵךְ יָהּ מֵעַתָּה וְעַד־עוֹלָם, הַלְלוּיָהּ: תהלים קטו

וְעַתָּה יִגְדַּל־נָא כֹּחַ אֲדֹנָי כַּאֲשֶׁר דִּבַּרְתָּ לֵאמֹר: במדבר יד
זְכֹר־רַחֲמֶיךָ יהוה וַחֲסָדֶיךָ כִּי מֵעוֹלָם הֵמָּה: תהלים כה

חצי קדיש

ש״ץ: יִתְגַּדַּל וְיִתְקַדַּשׁ שְׁמֵהּ רַבָּא (קהל: אָמֵן)
בְּעָלְמָא דִּי בְרָא כִרְעוּתֵהּ
וְיַמְלִיךְ מַלְכוּתֵהּ [וְיַצְמַח פֻּרְקָנֵהּ וִיקָרֵב מְשִׁיחֵהּ (קהל: אָמֵן)]
בְּחַיֵּיכוֹן וּבְיוֹמֵיכוֹן וּבְחַיֵּי דְכָל בֵּית יִשְׂרָאֵל
בַּעֲגָלָא וּבִזְמַן קָרִיב, וְאִמְרוּ אָמֵן. (קהל: אָמֵן)

קהל וש״ץ: יְהֵא שְׁמֵהּ רַבָּא מְבָרַךְ לְעָלַם וּלְעָלְמֵי עָלְמַיָּא.

ש״ץ: יִתְבָּרַךְ וְיִשְׁתַּבַּח וְיִתְפָּאַר וְיִתְרוֹמַם וְיִתְנַשֵּׂא
וְיִתְהַדָּר וְיִתְעַלֶּה וְיִתְהַלָּל
שְׁמֵהּ דְּקֻדְשָׁא בְּרִיךְ הוּא (קהל: אָמֵן)
לְעֵלָּא מִן כָּל בִּרְכָתָא וְשִׁירָתָא, תֻּשְׁבְּחָתָא וְנֶחֱמָתָא
דַּאֲמִירָן בְּעָלְמָא, וְאִמְרוּ אָמֵן. (קהל: אָמֵן)

לְךָ אֲדֹנָי הַצְּדָקָה, וְלָנוּ בֹּשֶׁת הַפָּנִים: דניאל ט
מַה נִּתְאוֹנֵן וּמַה נֹּאמַר, מַה־נְּדַבֵּר וּמַה־נִּצְטַדָּק: בראשית מד
נַחְפְּשָׂה דְרָכֵינוּ וְנַחְקֹרָה וְנָשׁוּבָה אֵלֶיךָ, כִּי יְמִינְךָ פְשׁוּטָה לְקַבֵּל שָׁבִים.
לֹא בְחֶסֶד וְלֹא בְמַעֲשִׂים בָּאנוּ לְפָנֶיךָ, כְּדַלִּים וּכְרָשִׁים דָּפַקְנוּ דְלָתֶיךָ.
דְּלָתֶיךָ דָּפַקְנוּ רַחוּם וְחַנּוּן, נָא אַל תְּשִׁיבֵנוּ רֵיקָם מִלְּפָנֶיךָ.
מִלְּפָנֶיךָ מַלְכֵּנוּ רֵיקָם אַל תְּשִׁיבֵנוּ, כִּי אַתָּה שׁוֹמֵעַ תְּפִלָּה.

תהלים סה שֹׁמֵעַ תְּפִלָּה, עָדֶיךָ כָּל־בָּשָׂר יָבֹאוּ:
יָבוֹא כָל בָּשָׂר לְהִשְׁתַּחֲוֹת לְפָנֶיךָ יהוה.
תהלים פו יָבוֹאוּ וְיִשְׁתַּחֲווּ לְפָנֶיךָ אֲדֹנָי, וִיכַבְּדוּ לִשְׁמֶךָ:
תהלים צה בֹּאוּ נִשְׁתַּחֲוֶה וְנִכְרָעָה, נִבְרְכָה לִפְנֵי־יהוה עֹשֵׂנוּ:
תהלים קלב נָבוֹאָה לְמִשְׁכְּנוֹתָיו, נִשְׁתַּחֲוֶה לַהֲדֹם רַגְלָיו:
תהלים ק בֹּאוּ שְׁעָרָיו בְּתוֹדָה חֲצֵרֹתָיו בִּתְהִלָּה
הוֹדוּ לוֹ בָּרְכוּ שְׁמוֹ:
וַאֲנַחְנוּ בְּרֹב חַסְדְּךָ נָבוֹא בֵיתֶךָ
נִשְׁתַּחֲוֶה אֶל הֵיכַל קָדְשְׁךָ בְּיִרְאָתֶךָ.
תהלים קלד הִנֵּה בָּרְכוּ אֶת־יהוה כָּל־עַבְדֵי יהוה
הָעֹמְדִים בְּבֵית־יהוה בַּלֵּילוֹת:
שְׂאוּ־יְדֵכֶם קֹדֶשׁ, וּבָרְכוּ אֶת־יהוה:
תהלים צט רוֹמְמוּ יהוה אֱלֹהֵינוּ וְהִשְׁתַּחֲווּ לַהֲדֹם רַגְלָיו, קָדוֹשׁ הוּא:
רוֹמְמוּ יהוה אֱלֹהֵינוּ וְהִשְׁתַּחֲווּ לְהַר קָדְשׁוֹ
כִּי־קָדוֹשׁ יהוה אֱלֹהֵינוּ:
תהלים צו הִשְׁתַּחֲווּ לַיהוה בְּהַדְרַת־קֹדֶשׁ, חִילוּ מִפָּנָיו כָּל־הָאָרֶץ:
נִשְׁתַּחֲוֶה אֶל הֵיכַל קָדְשְׁךָ וְנוֹדֶה אֶת שְׁמֶךָ
עַל חַסְדְּךָ וְעַל אֲמִתֶּךָ
כִּי הִגְדַּלְתָּ עַל כָּל שִׁמְךָ אִמְרָתֶךָ.
תהלים פט יהוה אֱלֹהֵי צְבָאוֹת מִי־כָמוֹךָ חֲסִין יָהּ, וֶאֱמוּנָתְךָ סְבִיבוֹתֶיךָ:
כִּי מִי בַשַּׁחַק יַעֲרֹךְ לַיהוה, יִדְמֶה לַיהוה בִּבְנֵי אֵלִים:
תהלים פו כִּי־גָדוֹל אַתָּה וְעֹשֵׂה נִפְלָאוֹת, אַתָּה אֱלֹהִים לְבַדֶּךָ:
תהלים קח כִּי־גָדוֹל מֵעַל־שָׁמַיִם חַסְדֶּךָ, וְעַד־שְׁחָקִים אֲמִתֶּךָ:
תהלים קמה גָּדוֹל יהוה וּמְהֻלָּל מְאֹד, וְלִגְדֻלָּתוֹ אֵין חֵקֶר:
תהלים צו כִּי גָדוֹל יהוה וּמְהֻלָּל מְאֹד, נוֹרָא הוּא עַל־כָּל־אֱלֹהִים:
תהלים צה כִּי אֵל גָּדוֹל יהוה, וּמֶלֶךְ גָּדוֹל עַל־כָּל־אֱלֹהִים:
דברים ג אֲשֶׁר מִי־אֵל בַּשָּׁמַיִם וּבָאָרֶץ אֲשֶׁר־יַעֲשֶׂה כְמַעֲשֶׂיךָ וְכִגְבוּרֹתֶךָ:

מִי לֹא יִרָאֲךָ מֶלֶךְ הַגּוֹיִם כִּי לְךָ יָאָתָה ירמיה י
כִּי בְכָל־חַכְמֵי הַגּוֹיִם וּבְכָל־מַלְכוּתָם מֵאֵין כָּמוֹךָ:
מֵאֵין כָּמוֹךָ יהוה, גָּדוֹל אַתָּה וְגָדוֹל שִׁמְךָ בִּגְבוּרָה:
לְךָ זְרוֹעַ עִם־גְּבוּרָה, תָּעֹז יָדְךָ תָּרוּם יְמִינֶךָ: תהלים פט
לְךָ יוֹם אַף־לְךָ לָיְלָה, אַתָּה הֲכִינוֹתָ מָאוֹר וָשָׁמֶשׁ: תהלים עד
אֲשֶׁר בְּיָדוֹ מֶחְקְרֵי־אָרֶץ, וְתוֹעֲפוֹת הָרִים לוֹ: תהלים צה
מִי יְמַלֵּל גְּבוּרוֹת יהוה, יַשְׁמִיעַ כָּל־תְּהִלָּתוֹ: תהלים קו
לְךָ יהוה הַגְּדֻלָּה וְהַגְּבוּרָה וְהַתִּפְאֶרֶת וְהַנֵּצַח וְהַהוֹד דברי הימים א׳ כט
כִּי־כֹל בַּשָּׁמַיִם וּבָאָרֶץ
לְךָ יהוה הַמַּמְלָכָה וְהַמִּתְנַשֵּׂא לְכֹל לְרֹאשׁ:
לְךָ שָׁמַיִם אַף־לְךָ אָרֶץ, תֵּבֵל וּמְלֹאָהּ אַתָּה יְסַדְתָּם: תהלים פט
אַתָּה הִצַּבְתָּ כָּל־גְּבוּלוֹת אָרֶץ, קַיִץ וָחֹרֶף אַתָּה יְצַרְתָּם: תהלים עד
אַתָּה רִצַּצְתָּ רָאשֵׁי לִוְיָתָן, תִּתְּנֶנּוּ מַאֲכָל לְעָם לְצִיִּים:
אַתָּה בָקַעְתָּ מַעְיָן וָנָחַל, אַתָּה הוֹבַשְׁתָּ נַהֲרוֹת אֵיתָן:
אַתָּה פוֹרַרְתָּ בְעָזְּךָ יָם, שִׁבַּרְתָּ רָאשֵׁי תַנִּינִים עַל־הַמָּיִם:
אַתָּה מוֹשֵׁל בְּגֵאוּת הַיָּם, בְּשׂוֹא גַלָּיו אַתָּה תְשַׁבְּחֵם: תהלים פט
גָּדוֹל יהוה וּמְהֻלָּל מְאֹד, בְּעִיר אֱלֹהֵינוּ הַר־קָדְשׁוֹ: תהלים מח
יהוה צְבָאוֹת אֱלֹהֵי יִשְׂרָאֵל יֹשֵׁב הַכְּרֻבִים ישעיה לז
אַתָּה־הוּא הָאֱלֹהִים לְבַדְּךָ:
אֵל נַעֲרָץ בְּסוֹד־קְדֹשִׁים רַבָּה, וְנוֹרָא עַל־כָּל־סְבִיבָיו: תהלים פט
וְיוֹדוּ שָׁמַיִם פִּלְאֲךָ יהוה, אַף־אֱמוּנָתְךָ בִּקְהַל קְדֹשִׁים:
לְכוּ נְרַנְּנָה לַיהוה, נָרִיעָה לְצוּר יִשְׁעֵנוּ: תהלים צה
נְקַדְּמָה פָנָיו בְּתוֹדָה, בִּזְמִרוֹת נָרִיעַ לוֹ:
צֶדֶק וּמִשְׁפָּט מְכוֹן כִּסְאֶךָ, חֶסֶד וֶאֱמֶת יְקַדְּמוּ פָנֶיךָ: תהלים פט
אֲשֶׁר יַחְדָּו נַמְתִּיק סוֹד, בְּבֵית אֱלֹהִים נְהַלֵּךְ בְּרָגֶשׁ: תהלים נה
אֲשֶׁר־לוֹ הַיָּם וְהוּא עָשָׂהוּ, וְיַבֶּשֶׁת יָדָיו יָצָרוּ: תהלים צה
אֲשֶׁר בְּיָדוֹ נֶפֶשׁ כָּל־חָי, וְרוּחַ כָּל־בְּשַׂר־אִישׁ: איוב יב

הַנְּשָׁמָה לָךְ וְהַגּוּף פָּעֳלָךְ, חוּסָה עַל עֲמָלָךְ.
הַנְּשָׁמָה לָךְ וְהַגּוּף שֶׁלָּךְ, יהוה עֲשֵׂה לְמַעַן שְׁמֶךָ.
אָתָאנוּ עַל שִׁמְךָ, יהוה עֲשֵׂה לְמַעַן שְׁמֶךָ
בַּעֲבוּר כְּבוֹד שִׁמְךָ, כִּי אֵל חַנּוּן וְרַחוּם שְׁמֶךָ.
לְמַעַן שִׁמְךָ יהוה, וְסָלַחְתָּ לַעֲוֹנֵנוּ כִּי רַב הוּא.

סְלַח לָנוּ, אָבִינוּ, כִּי בְּרֹב אִוַּלְתֵּנוּ שָׁגִינוּ.
מְחַל לָנוּ, מַלְכֵּנוּ, כִּי רַבּוּ עֲוֹנֵינוּ.

אֵל אֶרֶךְ אַפַּיִם אַתָּה, וּבַעַל הָרַחֲמִים נִקְרֵאתָ, וְדֶרֶךְ תְּשׁוּבָה הוֹרֵיתָ.
גְּדֻלַּת רַחֲמֶיךָ וַחֲסָדֶיךָ, תִּזְכֹּר הַיּוֹם וּבְכָל יוֹם לְזֶרַע יְדִידֶיךָ.
תֵּפֶן אֵלֵינוּ בְּרַחֲמִים, כִּי אַתָּה הוּא בַּעַל הָרַחֲמִים.
בְּתַחֲנוּן וּבִתְפִלָּה פָּנֶיךָ נְקַדֵּם, כְּהוֹדַעְתָּ לֶעָנָו מִקֶּדֶם.
מֵחֲרוֹן אַפְּךָ שׁוּב, כְּמוֹ בְּתוֹרָתְךָ כָּתוּב.
וּבְצֵל כְּנָפֶיךָ נֶחֱסֶה וְנִתְלוֹנָן, כְּיוֹם וַיֵּרֶד יהוה בֶּעָנָן.
תַּעֲבֹר עַל פֶּשַׁע וְתִמְחֶה אָשָׁם, כְּיוֹם וַיִּתְיַצֵּב עִמּוֹ שָׁם.
תַּאֲזִין שַׁוְעָתֵנוּ וְתַקְשִׁיב מֶנּוּ מַאֲמָר, כְּיוֹם וַיִּקְרָא בְשֵׁם יהוה
וְשָׁם נֶאֱמַר

קהל ואחריו שליח הציבור:

וַיַּעֲבֹר יהוה עַל־פָּנָיו וַיִּקְרָא שמות לד

יהוה, יהוה, אֵל רַחוּם וְחַנּוּן, אֶרֶךְ אַפַּיִם, וְרַב־חֶסֶד וֶאֱמֶת:
נֹצֵר חֶסֶד לָאֲלָפִים, נֹשֵׂא עָוֹן וָפֶשַׁע וְחַטָּאָה, וְנַקֵּה:

וְסָלַחְתָּ לַעֲוֹנֵנוּ וּלְחַטָּאתֵנוּ, וּנְחַלְתָּנוּ:
סְלַח לָנוּ אָבִינוּ כִּי חָטָאנוּ
מְחַל לָנוּ מַלְכֵּנוּ כִּי פָשָׁעְנוּ.
כִּי־אַתָּה אֲדֹנָי טוֹב וְסַלָּח, וְרַב־חֶסֶד לְכָל־קֹרְאֶיךָ: תהלים פו

לָמָה יהוה תַּעֲמֹד בְּרָחוֹק, תַּעְלִים לְעִתּוֹת בַּצָּרָה: תהלים י
לָמָּה־פָנֶיךָ תַסְתִּיר, תִּשְׁכַּח עָנְיֵנוּ וְלַחֲצֵנוּ: תהלים מד
וְאַל תַּסְתֵּר פָּנֶיךָ מֵעַבְדֶּךָ, כִּי צַר לָנוּ מַהֵר עֲנֵנוּ.
עֲנֵנוּ יהוה כִּי טוֹב חַסְדֶּךָ, כְּרֹב רַחֲמֶיךָ פְּנֵה אֵלֵינוּ.
אַל־יָשֹׁב דַּךְ נִכְלָם, עָנִי וְאֶבְיוֹן יְהַלְלוּ שְׁמֶךָ: תהלים עד

כְּרַחֵם אָב עַל בָּנִים, כֵּן תְּרַחֵם יהוה עָלֵינוּ.
לַיהוה הַיְשׁוּעָה, עַל־עַמְּךָ בִרְכָתֶךָ סֶּלָה: תהלים ג
יהוה צְבָאוֹת עִמָּנוּ, מִשְׂגָּב לָנוּ אֱלֹהֵי יַעֲקֹב סֶלָה: תהלים מו
יהוה צְבָאוֹת, אַשְׁרֵי אָדָם בֹּטֵחַ בָּךְ: תהלים פד
יהוה הוֹשִׁיעָה, הַמֶּלֶךְ יַעֲנֵנוּ בְיוֹם־קָרְאֵנוּ: תהלים כ

סְלַח־נָא לַעֲוֹן הָעָם הַזֶּה כְּגֹדֶל חַסְדֶּךָ במדבר יד
וְכַאֲשֶׁר נָשָׂאתָה לָעָם הַזֶּה מִמִּצְרַיִם וְעַד־הֵנָּה:
וְשָׁם נֶאֱמַר

קהל ואחריו שליח הציבור:

וַיֹּאמֶר יהוה, סָלַחְתִּי כִּדְבָרֶךָ:

הַטֵּה אֱלֹהַי אָזְנְךָ וּשְׁמָע דניאל ט
פְּקַח עֵינֶיךָ וּרְאֵה שֹׁמְמֹתֵינוּ
וְהָעִיר אֲשֶׁר־נִקְרָא שִׁמְךָ עָלֶיהָ
כִּי לֹא עַל־צִדְקֹתֵינוּ אֲנַחְנוּ מַפִּילִים תַּחֲנוּנֵינוּ לְפָנֶיךָ
כִּי עַל־רַחֲמֶיךָ הָרַבִּים:
אֲדֹנָי שְׁמָעָה, אֲדֹנָי סְלָחָה
אֲדֹנָי הַקְשִׁיבָה וַעֲשֵׂה אַל תְּאַחַר
לְמַעַנְךָ אֱלֹהַי
כִּי־שִׁמְךָ נִקְרָא עַל־עִירְךָ וְעַל־עַמֶּךָ:

אויבינו טובחים בנו, את שמך מבקשים להשכיח מפינו, את טובי עמך שלא יָצְאוּ לשמד מכלים הם. אנא, גאל אותנו ובאויביך נקום, שהרי אנו עבדיך ונחלתך.

יא. מחבר: רבי שלמה הבבלי

אֱלֹהֵינוּ וֵאלֹהֵי אֲבוֹתֵינוּ

אֲנִי יוֹם אִירָא אֵלֶיךָ אֶקְרָא
בַּל יַעַשְׁקוּנִי זֵדִים עוֹזְבֵי יְקָרָה
גְּמוּל לְהָשִׁיב לָהֶם שֵׁב לְבַקָּרָה
דִּין רֶשַׁע וְעָוֶל מְלוֹאָם יִקְרָא.

הַחוֹשְׁבִים לְהַשְׁכִּיחַ שֵׁם קֹדֶשׁ הַנִּכְבָּד
וּלְהַרְגִּיל שֵׁם טֻמְאָה נִקְלָה וְנֶאֱבָד
זֶה דַּרְכָּם טוֹבֵי עַם אִבָּד
חֲשֹׁךְ הַשְּׁאָר מִכָּתְשָׁם בְּבֵית הַבָּד.

טְרוֹף טֶרֶף אָדָם לָמְדוּ כִּמְדָבָר
יָדוּ גוֹרָל כְּעַל הֶפְקֵר בַּמִּדְבָּר
כִּמְעַט כִּלּוּ וְלֹא יְעַדְּרוּ דָּבָר
לוּלֵי רַחֲמֶיךָ, אָדוֹן, בְּחֶסֶד דִּבָּר.

מִי יְהַרְהֵר אַחַר מִדּוֹתֶיךָ לְדַיְּנָה
נִבְחַן לְהָשִׁיב מֵחֲלָצָיו לְזַיְּנָה
סָרְנוּ וְסֹעֲרְנוּ וְנִשְׁמְטָה חֶרֶב הַיּוֹנָה
עִמְּךָ הַדִּין וְיָדְךָ עַל הָעֶלְיוֹנָה.

פֶּן יֹאמַר יְכָלְתִּי בַּעַל הַמּוֹט
צָרֵי יְהוּדָה יָגִילוּ כִּי אֶמּוֹט
קְרָא לְמְכוּרֵי חִנָּם שְׁנַת שָׁמוֹט
רָשָׁע הַפּוֹשֵׁט יָד יִסּוֹג אָחוֹר וְיִקָּמֵט.

שְׁטָרְךָ קוֹדֵם וְלוֹ נוֹשִׁים מְבַקְשִׁים
שִׁעְבּוּדְךָ לְהַרְחִיק רַבּוּ אֲדוֹנִים קָשִׁים
תְּחוּמֵי סִימָנֵי מְצָרֶיךָ לַעֲקֹר מְבַקְשִׁים
תְּבוּאָה קִדַּשְׁתָּ בְּלַע מְלִילוֹת וְקַשִּׁים.

שֶׁפֶט רָעָה תָּבוֹא עֲלֵיהֶם וְהַאֲשִׁימֵם
לָמוֹ עוֹלֵל וְהִתְעוֹלֵל בְּכֹבֶד יִשׁמֵּם
מְנָת כּוֹסָם פַּחֵי מַפָּח הַגְשִׁימֵם
הֲשִׁיבֵם שִׁבְעָתַיִם נְקָם בְּרִית וְהַשְׁמֵם.

הָעִיר קִרְיַת טִירַת נֵוְךָ נַהֲלֵנוּ
יָם גְּאוּלִים דֶּרֶךְ לַעֲבוֹר קְהָלֵנוּ
בְּךָ תוֹחַלְתֵּנוּ וְאַתָּה רַב מְחוֹלְלֵנוּ
נַחֲמֵנוּ נָא יְהִי חַסְדְּךָ עָלֵינוּ.

אֵל מֶלֶךְ יוֹשֵׁב עַל כִּסֵּא רַחֲמִים, מִתְנַהֵג בַּחֲסִידוּת.
מוֹחֵל עֲוֹנוֹת עַמּוֹ, מַעֲבִיר רִאשׁוֹן רִאשׁוֹן.
מַרְבֶּה מְחִילָה לְחַטָּאִים, וּסְלִיחָה לְפוֹשְׁעִים.
עֹשֵׂה צְדָקוֹת עִם כָּל בָּשָׂר וָרוּחַ, לֹא כְרָעָתָם תִּגְמֹל.
אֵל, הוֹרֵיתָ לָּנוּ לוֹמַר שְׁלֹשׁ עֶשְׂרֵה
זְכָר לָנוּ הַיּוֹם בְּרִית שְׁלֹשׁ עֶשְׂרֵה
כְּהוֹדַעְתָּ לֶעָנָו מִקֶּדֶם, כְּמוֹ שֶׁכָּתוּב:
וַיֵּרֶד יהוה בֶּעָנָן, וַיִּתְיַצֵּב עִמּוֹ שָׁם שמות לד
וַיִּקְרָא בְשֵׁם יהוה:

קהל ואחריו שליח הציבור:

וַיַּעֲבֹר יהוה עַל־פָּנָיו וַיִּקְרָא

יהוה, יהוה, אֵל רַחוּם וְחַנּוּן, אֶרֶךְ אַפַּיִם, וְרַב־חֶסֶד וֶאֱמֶת:
נֹצֵר חֶסֶד לָאֲלָפִים, נֹשֵׂא עָוֹן וָפֶשַׁע וְחַטָּאָה, וְנַקֵּה:

וְסָלַחְתָּ לַעֲוֹנֵנוּ וּלְחַטָּאתֵנוּ וּנְחַלְתָּנוּ:
סְלַח לָנוּ אָבִינוּ כִּי חָטָאנוּ
מְחַל לָנוּ מַלְכֵּנוּ כִּי פָשָׁעְנוּ.
כִּי־אַתָּה אֲדֹנָי טוֹב וְסַלָּח, וְרַב־חֶסֶד לְכָל־קֹרְאֶיךָ: תהלים פו

הַבֵּט מִשָּׁמַיִם וּרְאֵה, מִזְּבֻל קָדְשְׁךָ וְתִפְאַרְתֶּךָ ישעיה סג
אַיֵּה קִנְאָתְךָ וּגְבוּרֹתֶיךָ, הֲמוֹן מֵעֶיךָ וְרַחֲמֶיךָ אֵלַי הִתְאַפָּקוּ.
אַתָּה פוֹרַרְתָּ בְעָזְּךָ יָם, שִׁבַּרְתָּ רָאשֵׁי תַנִּינִים עַל־הַמָּיִם: תהלים עד
אִם־עֲוֹנֵינוּ עָנוּ בָנוּ, יהוה עֲשֵׂה לְמַעַן שְׁמֶךָ: ירמיה יד

כְּרַחֵם אָב עַל בָּנִים, כֵּן תְּרַחֵם יהוה עָלֵינוּ.
לַיהוה הַיְשׁוּעָה, עַל־עַמְּךָ בִרְכָתֶךָ סֶּלָה: תהלים ג
יהוה צְבָאוֹת עִמָּנוּ, מִשְׂגָּב לָנוּ אֱלֹהֵי יַעֲקֹב סֶלָה: תהלים מו
יהוה צְבָאוֹת, אַשְׁרֵי אָדָם בֹּטֵחַ בָּךְ: תהלים פד
יהוה הוֹשִׁיעָה, הַמֶּלֶךְ יַעֲנֵנוּ בְיוֹם־קָרְאֵנוּ: תהלים כ

נפלאות העבר מאבותינו שמענו, ותמהים אנו לראות את שתיקת ה׳ אל מול שעבודנו, וזעקה גדולה זועקים אנו לרחמים וגאולה.

יב. מחבר: רבנו גרשום

אֱלֹהֵינוּ וֵאלֹהֵי אֲבוֹתֵינוּ

אַיֵּה כָּל נִפְלְאוֹתֶיךָ הַגְּדוֹלוֹת וְהַנּוֹרָאוֹת
אֲשֶׁר סִפְּרוּ לָנוּ אֲבוֹתֵינוּ, יהוה צְבָאוֹת
בְּרֶדֶת יִשְׂרָאֵל מִצְרַיְמָה בְּשִׁעְבּוּד וּתְלָאוֹת
בְּחַבְלֵי אָדָם מְשַׁכְתָּם וְלֹא בְשַׁלְשְׁלָאוֹת.

גַּם מַעֲבִידֵיהֶם בְּקָשָׁה עֲבוֹדָה
גָּזְרוּ בַיְאוֹר זְכוּרֵיהֶם לַאֲבָדָה
דַּנְתָּם סְאָה בִסְאָה מִדָּה בְּמִדָּה
דְּגָלִים הוֹצֵאתָ בִּרְכוּשׁ כָּל חֶמְדָּה.

הַיָּם וְגַלָּיו בְּעָזְּךָ פּוֹרָרוּ
הַיַּרְדֵּן הוֹבַשְׁתָּ וּבְרֶגֶל עָבָרוּ
וּבַמִּדְבָּר כִּלְכַּלְתָּם וְדָבָר לֹא חָסֵרוּ
וּמַמְלָכוֹת וַעֲמָמִים בְּיָדָם נִמְסָרוּ.

זָנְחוּ הַטּוֹב וּרְדָפוּם מַכְנִיעִים
זָעֲקוּךָ וְשָׁמַעְתָּ וְהֶעֱמַדְתָּ לָהֶם מוֹשִׁיעִים

חָנוּ בְּאַרְצָם כָּל טוּב שְׂבֵעִים
חָטְאוּ וְגָלוּ וּפְקַדְתָּם לְשִׁבְעִים.

טָפְלוּ שֶׁקֶר וְנִתְּנוּ לְמִרְמָס
טֹרְדוּם לְמַדְחֵפוֹת אַנְשֵׁי חָמָס
יָצְאוּ מֵאַרְצָם וְקֵץ חֲזָרָתָם נִכְמָס
יָשְׁבוּ בַגּוֹיִם וְהָיוּ לָמַס.

כֹּחַ אַמֵּץ פְּלֵטָה הַנִּשְׁאֶרֶת
כָּשַׁל כּוֹחָהּ מִכֹּבֶד רָעָה מַמְאֶרֶת
לְעֵת רִאשׁוֹנָה פְּקֻדָּה מְשֹׁאֶרֶת
לָבוֹא שְׁנִיָּה אָצָה וּמְמַהֶרֶת.

מֵעֵת לְעֵת צָרָתִי מְרֻבָּה
מִיּוֹם שֶׁעָבַר קָשֶׁה הַבָּא
נִלְאֵיתִי נְשֹׂא עֹל מַדְהֵבָה
נוֹאֶמֶת מְדֹד וְהָבֵא הֲבָאָה רַבָּה.

סְגֻלָּתְךָ דּוֹחֵק צוֹרֵר הַצַּר
סְבָרָהּ לְהָמִיר בְּתָלוּי נוֹצָר
עַד אָנָה, יהוה, אֶקְרָא מִמֵּצַר
עֲנֵנִי בַמֶּרְחָב, יָהּ, כִּי יָדְךָ לֹא תִקְצָר.

פְּשָׁעִים אִם עָצְמוּ בֵּינֵינוּ וּבֵינְךָ לְהַבְדִּילָה
פַּרְגּוֹד אִם נִנְעַל בִּפְנֵי הַתְּפִלָּה
צוּר, בְּכִסֵּא כְבוֹדְךָ חֲתֹר מְחִלָּה
צַעֲקָתֵנוּ לְפָנֶיךָ תָּבוֹא פְּנֵי כְבוֹדְךָ לְהִתְקַבְּלָה.

קְרָא שְׁנַת רָצוֹן מֵעֹצֶב לְהַנְפִּישִׁי
קַבֵּץ נְפוּצוֹתַי וַעֲבֹר בְּרֹאשִׁי
רִיבָה, יהוה, רִיבֵי נַפְשִׁי
רְצֵה לְהַצִּילֵנִי, אֱלֹהַי קְדוֹשִׁי.

שְׁנֵי רְשָׁעִים בְּחָצָץ תִּגְרֹס
שְׁכוֹל וְאַלְמוֹן אוֹתָם תַּהֲרֹס
תִּשְׁפֹּךְ דָּמָם אַרְצָה לָרֹס
תְּמוּתָה הוֹתֵר וּבֶאֱמוּנָה תְּאָרֵשׂ.

גְּדֹר פִּרְצַת סֻכַּת דָּוִד הַנּוֹפֶלֶת
רוֹמֵם קִרְיָה עַד עָפָר מֻשְׁפֶּלֶת
שְׁבוּיָה נַחֵם נְחָמָה מְכֻפֶּלֶת
מְאוֹרָהּ הָאֵר וְתָאִיר מֵאֲפֵלֶת.

בְּנֵה עִירְךָ כִּימֵי עוֹלָם
רַפֵּא מִזְבַּחֲךָ הֵיכָל וְאוּלָם
יְהוּדָה וְיִשְׂרָאֵל שָׁם יַעַבְדוּךָ כֻּלָּם
יִגְדַּל שִׁמְךָ מֵעוֹלָם וְעַד עוֹלָם.

אֵל מֶלֶךְ יוֹשֵׁב עַל כִּסֵּא רַחֲמִים, מִתְנַהֵג בַּחֲסִידוּת.
מוֹחֵל עֲוֹנוֹת עַמּוֹ, מַעֲבִיר רִאשׁוֹן רִאשׁוֹן.
מַרְבֶּה מְחִילָה לְחַטָּאִים, וּסְלִיחָה לְפוֹשְׁעִים.
עֹשֶׂה צְדָקוֹת עִם כָּל בָּשָׂר וָרוּחַ, לֹא כְרָעָתָם תִּגְמֹל.
אֵל, הוֹרֵיתָ לָנוּ לוֹמַר שְׁלֹשׁ עֶשְׂרֵה
וּזְכָר לָנוּ הַיּוֹם בְּרִית שְׁלֹשׁ עֶשְׂרֵה
כְּהוֹדַעְתָּ לֶעָנָו מִקֶּדֶם, כְּמוֹ שֶׁכָּתוּב
וַיֵּרֶד יהוה בֶּעָנָן, וַיִּתְיַצֵּב עִמּוֹ שָׁם שמות לד
וַיִּקְרָא בְשֵׁם יהוה:

קהל ואחריו שליח הציבור:

וַיַּעֲבֹר יהוה עַל־פָּנָיו וַיִּקְרָא

יהוה, יהוה, אֵל רַחוּם וְחַנּוּן, אֶרֶךְ אַפַּיִם, וְרַב־חֶסֶד וֶאֱמֶת:
נֹצֵר חֶסֶד לָאֲלָפִים, נֹשֵׂא עָוֹן וָפֶשַׁע וְחַטָּאָה, וְנַקֵּה:

וְסָלַחְתָּ לַעֲוֹנֵנוּ וּלְחַטָּאתֵנוּ וּנְחַלְתָּנוּ:
סְלַח לָנוּ אָבִינוּ כִּי חָטָאנוּ, מְחַל לָנוּ מַלְכֵּנוּ כִּי פָשָׁעְנוּ.
כִּי־אַתָּה אֲדֹנָי טוֹב וְסַלָּח, וְרַב־חֶסֶד לְכָל־קֹרְאֶיךָ: תהלים פו

נושאי שם ה' בעולם אנו, ובזכות כך גְאָלֵנוּ, ואף אם נתקלקלו דרכינו - לטובה דוננו.

יג. פזמון

בְּאַשְׁמֹרֶת הַבֹּקֶר קְרָאתִיךָ, אֵל מְהֻלָּל
יֶעֱרַב לְךָ חִין עֶרְכִּי יוֹם לִבִּי לְךָ סוֹלָל
וְתַגִּיהַּ אֶת חָשְׁכִּי וּכְאוֹר בֹּקֶר יְהֻלָּל
מַלְכִּי וֵאלֹהָי, כִּי־אֵלֶיךָ אֶתְפַּלָּל: תהלים ה

צָרֵי מַזְעִימֶיךָ בְּאַף חֵרְפוּ עַמֶּךָ
וְנָשְׂאוּ אֵימֶךָ בְּרֶגֶשׁ שְׁאוֹן קָמֶיךָ
שְׁפֹךְ עֲלֵיהֶם זַעְמֶךָ וַחֲרוֹן אַף מִמְּרוֹמֶיךָ
וְקַנֵּא, אֵל, לְשִׁמְךָ אֲשֶׁר בַּגּוֹיִם מְחֻלָּל.
מַלְכִּי וֵאלֹהָי, כִּי־אֵלֶיךָ אֶתְפַּלָּל:

חַי רוֹכֵב עַל עָב קַל, אִם תַּעֲלֵנִי בְּמִשְׁקָל
צִדְקִי כְּחוֹל יָם יִתְקַל וְרִשְׁעִי כְּנוֹצָה יֵקַל
וְאִם נְתִיב אָרְחִי מְעֻקָּל וְדִינִי כְּשׁוֹר הַנִּסְקָל
שָׁקְלָה בְּפֶלֶס מְהֻלָּל אִישׁ מִפְּשָׁעִים מְחוֹלָל.
מַלְכִּי וֵאלֹהָי, כִּי־אֵלֶיךָ אֶתְפַּלָּל:

קוֹמֵם אָרוֹן וּבַדָּיו וְהַלְבֵּשׁ אַהֲרֹן מַדָּיו
וְרוֹבֶה וְצוֹדֶה בְּצִידָיו יֹאכַל פְּרִי מַעֲבָדָיו
וְאִישׁ נוֹהֵם עַל מְרָדָיו לְשׁוֹן אֵשׁ תֹּאכַל בַּדָּיו
וּבָעֲרוּ שְׁנֵיהֶם יַחְדָּו כַּאֲשֶׁר יִבְעַר הַגָּלָל.
מַלְכִּי וֵאלֹהָי, כִּי־אֵלֶיךָ אֶתְפַּלָּל:

קָדוֹשׁ עַל כָּל אָדוֹן, עִם כָּל יְצוּרָיו נָדוֹן
חֲזֵה יְרִיבִי אִישׁ מָדוֹן מְדַבֵּר עָלַי בְּזָדוֹן
וְנָכְחִי יְעוֹרֵר כִּידוֹן וְתוֹתָח בִּי יָדוֹן
תְּנָה אֶת נַפְשִׁי לְשָׁלָל, מוֹלִיךְ יוֹעֲצִים שׁוֹלָל.
מַלְכִּי וֵאלֹהָי, כִּי־אֵלֶיךָ אֶתְפַּלָּל:

אֵל מֶלֶךְ יוֹשֵׁב עַל כִּסֵּא רַחֲמִים, מִתְנַהֵג בַּחֲסִידוּת.
מוֹחֵל עֲוֹנוֹת עַמּוֹ, מַעֲבִיר רִאשׁוֹן רִאשׁוֹן.
מַרְבֶּה מְחִילָה לְחַטָּאִים, וּסְלִיחָה לְפוֹשְׁעִים.
עֹשֶׂה צְדָקוֹת עִם כָּל בָּשָׂר וָרוּחַ, לֹא כְרָעָתָם תִּגְמֹל.
אֵל, הוֹרֵיתָ לָּנוּ לוֹמַר שְׁלֹשׁ עֶשְׂרֵה
זְכֹר לָנוּ הַיּוֹם בְּרִית שְׁלֹשׁ עֶשְׂרֵה
כְּהוֹדַעְתָּ לֶעָנָו מִקֶּדֶם, כְּמוֹ שֶׁכָּתוּב:
שמות לד וַיֵּרֶד יהוה בֶּעָנָן, וַיִּתְיַצֵּב עִמּוֹ שָׁם, וַיִּקְרָא בְשֵׁם יהוה:

קהל ואחריו שליח הציבור:

וַיַּעֲבֹר יהוה עַל־פָּנָיו וַיִּקְרָא

יהוה, יהוה, אֵל רַחוּם וְחַנּוּן, אֶרֶךְ אַפַּיִם, וְרַב־חֶסֶד וֶאֱמֶת:
נֹצֵר חֶסֶד לָאֲלָפִים, נֹשֵׂא עָוֺן וָפֶשַׁע וְחַטָּאָה, וְנַקֵּה:

וְסָלַחְתָּ לַעֲוֹנֵנוּ וּלְחַטָּאתֵנוּ וּנְחַלְתָּנוּ:
סְלַח לָנוּ אָבִינוּ כִּי חָטָאנוּ
מְחַל לָנוּ מַלְכֵּנוּ כִּי פָשָׁעְנוּ.
תהלים פו כִּי־אַתָּה אֲדֹנָי טוֹב וְסַלָּח, וְרַב־חֶסֶד לְכָל־קֹרְאֶיךָ:

תהלים כה זְכֹר־רַחֲמֶיךָ יהוה וַחֲסָדֶיךָ, כִּי מֵעוֹלָם הֵמָּה:
זָכְרֵנוּ יהוה בִּרְצוֹן עַמֶּךָ, פָּקְדֵנוּ בִּישׁוּעָתֶךָ.
תהלים עד זְכֹר עֲדָתְךָ קָנִיתָ קֶּדֶם, גָּאַלְתָּ שֵׁבֶט נַחֲלָתֶךָ
הַר־צִיּוֹן זֶה שָׁכַנְתָּ בּוֹ:
זְכֹר יהוה חִבַּת יְרוּשָׁלָיִם, אַהֲבַת צִיּוֹן אַל תִּשְׁכַּח לָנֶצַח.
תהלים קב אַתָּה תָקוּם תְּרַחֵם צִיּוֹן, כִּי־עֵת לְחֶנְנָהּ, כִּי־בָא מוֹעֵד:
תהלים קלז זְכֹר יהוה לִבְנֵי אֱדוֹם אֵת יוֹם יְרוּשָׁלָיִם
הָאֹמְרִים עָרוּ עָרוּ, עַד הַיְסוֹד בָּהּ:

זְכֹר לְאַבְרָהָם לְיִצְחָק וּלְיִשְׂרָאֵל עֲבָדֶיךָ שמות לב
אֲשֶׁר נִשְׁבַּעְתָּ לָהֶם בָּךְ וַתְּדַבֵּר אֲלֵהֶם
אַרְבֶּה אֶת־זַרְעֲכֶם כְּכוֹכְבֵי הַשָּׁמָיִם
וְכָל־הָאָרֶץ הַזֹּאת אֲשֶׁר אָמַרְתִּי אֶתֵּן לְזַרְעֲכֶם, וְנָחֲלוּ לְעֹלָם:
זְכֹר לַעֲבָדֶיךָ לְאַבְרָהָם לְיִצְחָק וּלְיַעֲקֹב דברים ט
אַל־תֵּפֶן אֶל־קְשִׁי הָעָם הַזֶּה וְאֶל־רִשְׁעוֹ וְאֶל־חַטָּאתוֹ:

זְכָר לָנוּ בְּרִית אָבוֹת כַּאֲשֶׁר אָמַרְתָּ:
וְזָכַרְתִּי אֶת־בְּרִיתִי יַעֲקוֹב ויקרא כו
וְאַף אֶת־בְּרִיתִי יִצְחָק וְאַף אֶת־בְּרִיתִי אַבְרָהָם אֶזְכֹּר
וְהָאָרֶץ אֶזְכֹּר:

זְכָר לָנוּ בְּרִית רִאשׁוֹנִים כַּאֲשֶׁר אָמַרְתָּ:
וְזָכַרְתִּי לָהֶם בְּרִית רִאשֹׁנִים ויקרא כו
אֲשֶׁר הוֹצֵאתִי־אֹתָם מֵאֶרֶץ מִצְרַיִם לְעֵינֵי הַגּוֹיִם
לִהְיוֹת לָהֶם לֵאלֹהִים, אֲנִי יהוה:

עֲשֵׂה עִמָּנוּ כְּמָה שֶׁהִבְטַחְתָּנוּ:
וְאַף גַּם־זֹאת בִּהְיוֹתָם בְּאֶרֶץ אֹיְבֵיהֶם ויקרא כו
לֹא־מְאַסְתִּים וְלֹא־גְעַלְתִּים לְכַלֹּתָם
לְהָפֵר בְּרִיתִי אִתָּם, כִּי אֲנִי יהוה אֱלֹהֵיהֶם:

הָשֵׁב שְׁבוּתֵנוּ וְרַחֲמֵנוּ כְּמָה שֶׁכָּתוּב:
וְשָׁב יהוה אֱלֹהֶיךָ אֶת־שְׁבוּתְךָ וְרִחֲמֶךָ דברים ל
וְשָׁב וְקִבֶּצְךָ מִכָּל־הָעַמִּים
אֲשֶׁר הֱפִיצְךָ יהוה אֱלֹהֶיךָ שָׁמָּה:

קַבֵּץ נִדָּחֵינוּ כְּמָה שֶׁכָּתוּב:
אִם־יִהְיֶה נִדַּחֲךָ בִּקְצֵה הַשָּׁמָיִם דברים ל
מִשָּׁם יְקַבֶּצְךָ יהוה אֱלֹהֶיךָ וּמִשָּׁם יִקָּחֶךָ:

מְחֵה פְשָׁעֵינוּ כָּעָב וְכֶעָנָן כְּמָה שֶׁכָּתוּב:
ישעיה מד מָחִיתִי כָעָב פְּשָׁעֶיךָ וְכֶעָנָן חַטֹּאותֶיךָ, שׁוּבָה אֵלַי כִּי גְאַלְתִּיךָ:
מְחֵה פְשָׁעֵינוּ לְמַעַנְךָ כַּאֲשֶׁר אָמַרְתָּ:
ישעיה מג אָנֹכִי אָנֹכִי הוּא מֹחֶה פְשָׁעֶיךָ לְמַעֲנִי, וְחַטֹּאתֶיךָ לֹא אֶזְכֹּר:

הַלְבֵּן חֲטָאֵינוּ כַּשֶּׁלֶג וְכַצֶּמֶר כְּמָה שֶׁכָּתוּב:
ישעיה א לְכוּ־נָא וְנִוָּכְחָה יֹאמַר יהוה
אִם־יִהְיוּ חֲטָאֵיכֶם כַּשָּׁנִים כַּשֶּׁלֶג יַלְבִּינוּ
אִם־יַאְדִּימוּ כַתּוֹלָע כַּצֶּמֶר יִהְיוּ:

זְרֹק עָלֵינוּ מַיִם טְהוֹרִים וְטַהֲרֵנוּ כְּמָה שֶׁכָּתוּב:
יחזקאל לו וְזָרַקְתִּי עֲלֵיכֶם מַיִם טְהוֹרִים וּטְהַרְתֶּם
מִכֹּל טֻמְאוֹתֵיכֶם וּמִכָּל־גִּלּוּלֵיכֶם אֲטַהֵר אֶתְכֶם:

רַחֵם עָלֵינוּ וְאַל תַּשְׁחִיתֵנוּ כְּמָה שֶׁכָּתוּב:
דברים ד כִּי אֵל רַחוּם יהוה אֱלֹהֶיךָ
לֹא יַרְפְּךָ וְלֹא יַשְׁחִיתֶךָ
וְלֹא יִשְׁכַּח אֶת־בְּרִית אֲבוֹתֶיךָ אֲשֶׁר נִשְׁבַּע לָהֶם:

מוֹל אֶת לְבָבֵנוּ לְאַהֲבָה אֶת שְׁמֶךָ כְּמָה שֶׁכָּתוּב:
דברים ל וּמָל יהוה אֱלֹהֶיךָ אֶת־לְבָבְךָ וְאֶת־לְבַב זַרְעֶךָ
לְאַהֲבָה אֶת־יהוה אֱלֹהֶיךָ בְּכָל־לְבָבְךָ וּבְכָל־נַפְשְׁךָ
לְמַעַן חַיֶּיךָ:

הִמָּצֵא לָנוּ בְּבַקָּשָׁתֵנוּ כְּמָה שֶׁכָּתוּב:
דברים ד וּבִקַּשְׁתֶּם מִשָּׁם אֶת־יהוה אֱלֹהֶיךָ וּמָצָאתָ
כִּי תִדְרְשֶׁנּוּ בְּכָל־לְבָבְךָ וּבְכָל־נַפְשֶׁךָ:

תְּבִיאֵנוּ אֶל הַר קָדְשֶׁךָ וְשַׂמְּחֵנוּ בְּבֵית תְּפִלָּתֶךָ כְּמָה שֶׁכָּתוּב:
ישעיה נו וַהֲבִיאוֹתִים אֶל־הַר קָדְשִׁי וְשִׂמַּחְתִּים בְּבֵית תְּפִלָּתִי
עוֹלֹתֵיהֶם וְזִבְחֵיהֶם לְרָצוֹן עַל־מִזְבְּחִי
כִּי בֵיתִי בֵּית־תְּפִלָּה יִקָּרֵא לְכָל־הָעַמִּים:

פותחים את ארון הקודש ואומרים פסוק פסוק עד 'אַל תַּעַזְבֵנוּ'.

יש קהילות האומרות את הפסוקים בסדר אחר: 'שְׁמַע קוֹלֵנוּ', 'הֲשִׁיבֵנוּ', 'אַל תַּשְׁלִיכֵנוּ מִלְּפָנֶיךָ' ו'אַל תַּשְׁלִיכֵנוּ לְעֵת זִקְנָה', וממשיכים בלחש: 'אַל תַּעַזְבֵנוּ', 'עֲשֵׂה עִמָּנוּ אוֹת', 'אֲמָרֵינוּ הַאֲזִינָה', 'יִהְיוּ לְרָצוֹן' ו'כִּי לְךָ ה' הוֹחָלְנוּ'.

שליח הציבור אומר, והקהל חוזר אחריו בקול:

שְׁמַע קוֹלֵנוּ, יהוה אֱלֹהֵינוּ, חוּס וְרַחֵם עָלֵינוּ
וְקַבֵּל בְּרַחֲמִים וּבְרָצוֹן אֶת תְּפִלָּתֵנוּ.
הֲשִׁיבֵנוּ יהוה אֵלֶיךָ וְנָשׁוּבָה, חַדֵּשׁ יָמֵינוּ כְּקֶדֶם: איכה ה
אֲמָרֵינוּ הַאֲזִינָה יהוה, בִּינָה הֲגִיגֵנוּ.

בלחש: יִהְיוּ לְרָצוֹן אִמְרֵי פִינוּ וְהֶגְיוֹן לִבֵּנוּ לְפָנֶיךָ, יהוה צוּרֵנוּ וְגוֹאֲלֵנוּ.
אַל תַּשְׁלִיכֵנוּ מִלְּפָנֶיךָ, וְרוּחַ קָדְשְׁךָ אַל תִּקַּח מִמֶּנּוּ.
אַל תַּשְׁלִיכֵנוּ לְעֵת זִקְנָה, כִּכְלוֹת כֹּחֵנוּ אַל תַּעַזְבֵנוּ.
אַל תַּעַזְבֵנוּ יהוה, אֱלֹהֵינוּ אַל תִּרְחַק מִמֶּנּוּ.
עֲשֵׂה עִמָּנוּ אוֹת לְטוֹבָה, וְיִרְאוּ שׂוֹנְאֵינוּ וְיֵבֹשׁוּ
כִּי אַתָּה יהוה עֲזַרְתָּנוּ וְנִחַמְתָּנוּ.
כִּי לְךָ יהוה הוֹחָלְנוּ, אַתָּה תַעֲנֶה אֲדֹנָי אֱלֹהֵינוּ.

סוגרים את ארון הקודש.

וידוי

אֱלֹהֵינוּ וֵאלֹהֵי אֲבוֹתֵינוּ, תָּבֹא לְפָנֶיךָ תְּפִלָּתֵנוּ, וְאַל תִּתְעַלַּם מִתְּחִנָּתֵנוּ.
שֶׁאֵין אֲנוּ עַזֵּי פָנִים וּקְשֵׁי עֹרֶף לוֹמַר לְפָנֶיךָ
יהוה אֱלֹהֵינוּ וֵאלֹהֵי אֲבוֹתֵינוּ, צַדִּיקִים אֲנַחְנוּ וְלֹא חָטָאנוּ.
אֲבָל אֲנַחְנוּ וַאֲבוֹתֵינוּ חָטָאנוּ.

כשמתוודה, מכה באגרופו על החזה כנגד הלב בכל חטא שמזכיר.

אָשַׁמְנוּ, בָּגַדְנוּ, גָּזַלְנוּ, דִּבַּרְנוּ דֹפִי
הֶעֱוִינוּ, וְהִרְשַׁעְנוּ, זַדְנוּ, חָמַסְנוּ, טָפַלְנוּ שֶׁקֶר
יָעַצְנוּ רָע, כִּזַּבְנוּ, לַצְנוּ, מָרַדְנוּ, נִאַצְנוּ
סָרַרְנוּ, עָוִינוּ, פָּשַׁעְנוּ, צָרַרְנוּ, קִשִּׁינוּ עֹרֶף
רָשַׁעְנוּ, שִׁחַתְנוּ, תִּעַבְנוּ, תָּעִינוּ, תִּעְתָּעְנוּ.

סַרְנוּ מִמִּצְוֹתֶיךָ וּמִמִּשְׁפָּטֶיךָ הַטּוֹבִים, וְלֹא שָׁוָה לָנוּ.
וְאַתָּה צַדִּיק עַל כָּל־הַבָּא עָלֵינוּ נחמיה ט
כִּי־אֱמֶת עָשִׂיתָ וַאֲנַחְנוּ הִרְשָׁעְנוּ:

אָשַׁמְנוּ מִכָּל עָם, בֹּשְׁנוּ מִכָּל דּוֹר
גָּלָה מִמֶּנּוּ מָשׂוֹשׂ, דָּוָה לִבֵּנוּ בַּחֲטָאֵינוּ
הָחְבַּל אִוּוּיֵנוּ, וְנִפְרַע פְּאֵרֵנוּ
זְבוּל בֵּית מִקְדָּשֵׁנוּ חָרַב בַּעֲוֹנֵינוּ, טִירָתֵנוּ הָיְתָה לְשַׁמָּה
יְפִי אַדְמָתֵנוּ לְזָרִים, כֹּחֵנוּ לְנָכְרִים.

על פי הגר״א (מעשה רב, אות רב) אומרים וידוי פעם אחת בלבד.

וַעֲדַיִן לֹא שַׁבְנוּ מִטָּעוּתֵנוּ, וְהֵיאַךְ נָעִיז פָּנֵינוּ וְנַקְשֶׁה עָרְפֵּנוּ, לוֹמַר לְפָנֶיךָ, יהוה אֱלֹהֵינוּ וֵאלֹהֵי אֲבוֹתֵינוּ, צַדִּיקִים אֲנַחְנוּ וְלֹא חָטָאנוּ, אֲבָל אֲנַחְנוּ וַאֲבוֹתֵינוּ חָטָאנוּ.

כשמתוודה, מכה באגרופו על החזה כנגד הלב בכל חטא שמזכיר.

אָשַׁמְנוּ, בָּגַדְנוּ, גָּזַלְנוּ, דִּבַּרְנוּ דֹפִי
הֶעֱוִינוּ, וְהִרְשַׁעְנוּ, זַדְנוּ, חָמַסְנוּ, טָפַלְנוּ שֶׁקֶר
יָעַצְנוּ רָע, כִּזַּבְנוּ, לַצְנוּ, מָרַדְנוּ, נִאַצְנוּ
סָרַרְנוּ, עָוִינוּ, פָּשַׁעְנוּ, צָרַרְנוּ, קִשִּׁינוּ עֹרֶף
רָשַׁעְנוּ, שִׁחַתְנוּ, תִּעַבְנוּ, תָּעִינוּ, תִּעְתָּעְנוּ.

סַרְנוּ מִמִּצְוֹתֶיךָ וּמִמִּשְׁפָּטֶיךָ הַטּוֹבִים, וְלֹא שָׁוָה לָנוּ.
וְאַתָּה צַדִּיק עַל כָּל־הַבָּא עָלֵינוּ, כִּי־אֱמֶת עָשִׂיתָ וַאֲנַחְנוּ הִרְשָׁעְנוּ: נחמיה ט

לְעֵינֵינוּ עָשְׁקוּ עֲמָלֵנוּ, מְמֻשָּׁךְ וּמְמֹרָט מִמֶּנּוּ
נָתְנוּ עֻלָּם עָלֵינוּ, סָבַלְנוּ עַל שִׁכְמֵנוּ
עֲבָדִים מָשְׁלוּ בָנוּ, פֹּרֵק אֵין מִיָּדָם: איכה ה
צָרוֹת רַבּוֹת סְבָבוּנוּ, קְרָאנוּךָ יהוה אֱלֹהֵינוּ
רָחַקְתָּ מִמֶּנּוּ בַּעֲוֹנֵינוּ, שַׁבְנוּ מֵאַחֲרֶיךָ, תָּעִינוּ וְאָבַדְנוּ.

וַעֲדַיִן לֹא שַׁבְנוּ מִטָּעוּתֵנוּ, וְהֵיאַךְ נָעִיז פָּנֵינוּ וְנַקְשֶׁה עָרְפֵּנוּ, לוֹמַר לְפָנֶיךָ, יהוה אֱלֹהֵינוּ וֵאלֹהֵי אֲבוֹתֵינוּ, צַדִּיקִים אֲנַחְנוּ וְלֹא חָטָאנוּ, אֲבָל אֲנַחְנוּ וַאֲבוֹתֵינוּ חָטָאנוּ.

כשמתוודה, מכה באגרופו על החזה כנגד הלב בכל חטא שמזכיר.

אָשַׁמְנוּ, בָּגַדְנוּ, גָּזַלְנוּ, דִּבַּרְנוּ דֹפִי
הֶעֱוִינוּ, וְהִרְשַׁעְנוּ, זַדְנוּ, חָמַסְנוּ, טָפַלְנוּ שֶׁקֶר
יָעַצְנוּ רָע, כִּזַּבְנוּ, לַצְנוּ, מָרַדְנוּ, נִאַצְנוּ
סָרַרְנוּ, עָוִינוּ, פָּשַׁעְנוּ, צָרַרְנוּ, קִשִּׁינוּ עֹרֶף
רָשַׁעְנוּ, שִׁחַתְנוּ, תִּעַבְנוּ, תָּעִינוּ, תִּעְתָּעְנוּ.

סַרְנוּ מִמִּצְוֹתֶיךָ וּמִמִּשְׁפָּטֶיךָ הַטּוֹבִים, וְלֹא שָׁוָה לָנוּ.
וְאַתָּה צַדִּיק עַל כָּל־הַבָּא עָלֵינוּ (נחמיה ט)
כִּי־אֱמֶת עָשִׂיתָ וַאֲנַחְנוּ הִרְשָׁעְנוּ:

הִרְשַׁעְנוּ וּפָשַׁעְנוּ לָכֵן לֹא נוֹשָׁעְנוּ.
וְתֵן בְּלִבֵּנוּ לַעֲזֹב דֶּרֶךְ רֶשַׁע, וְחִישׁ לָנוּ יֶשַׁע
כַּכָּתוּב עַל יַד נְבִיאֶךָ:
יַעֲזֹב רָשָׁע דַּרְכּוֹ וְאִישׁ אָוֶן מַחְשְׁבֹתָיו (ישעיה נה)
וְיָשֹׁב אֶל־יהוה וִירַחֲמֵהוּ וְאֶל־אֱלֹהֵינוּ כִּי־יַרְבֶּה לִסְלוֹחַ:

מְשִׁיחַ צִדְקֶךָ אָמַר לְפָנֶיךָ:
שְׁגִיאוֹת מִי־יָבִין, מִנִּסְתָּרוֹת נַקֵּנִי: (תהלים יט)
נַקֵּנוּ יהוה אֱלֹהֵינוּ מִכָּל פְּשָׁעֵינוּ וְטַהֲרֵנוּ מִכָּל טֻמְאוֹתֵינוּ
וּזְרֹק עָלֵינוּ מַיִם טְהוֹרִים וְטַהֲרֵנוּ
כַּכָּתוּב עַל יַד נְבִיאֶךָ:
וְזָרַקְתִּי עֲלֵיכֶם מַיִם טְהוֹרִים וּטְהַרְתֶּם (יחזקאל לו)
מִכֹּל טֻמְאוֹתֵיכֶם וּמִכָּל־גִּלּוּלֵיכֶם אֲטַהֵר אֶתְכֶם:
עַמְּךָ וְנַחֲלָתְךָ רְעֵבֵי טוּבְךָ, צְמֵאֵי חַסְדְּךָ, תְּאֵבֵי יִשְׁעֶךָ.
יַכִּירוּ וְיֵדְעוּ, כִּי לַיהוה אֱלֹהֵינוּ הָרַחֲמִים וְהַסְּלִיחוֹת.

אֵל רַחוּם שְׁמֶךָ. אֵל חַנּוּן שְׁמֶךָ. בָּנוּ נִקְרָא שְׁמֶךָ. יהוה עֲשֵׂה לְמַעַן שְׁמֶךָ.
עֲשֵׂה לְמַעַן אֲמִתָּךְ. עֲשֵׂה לְמַעַן בְּרִיתָךְ. עֲשֵׂה לְמַעַן גָּדְלָךְ וְתִפְאַרְתָּךְ.

עֲשֵׂה לְמַעַן דָּתָךְ. עֲשֵׂה לְמַעַן הוֹדָךְ. עֲשֵׂה לְמַעַן וְעוּדָךְ. עֲשֵׂה לְמַעַן זִכְרָךְ. עֲשֵׂה לְמַעַן חַסְדָּךְ. עֲשֵׂה לְמַעַן טוּבָךְ. עֲשֵׂה לְמַעַן יִחוּדָךְ. עֲשֵׂה לְמַעַן כְּבוֹדָךְ. עֲשֵׂה לְמַעַן לִמּוּדָךְ. עֲשֵׂה לְמַעַן מַלְכוּתָךְ. עֲשֵׂה לְמַעַן נִצְחָךְ. עֲשֵׂה לְמַעַן סוֹדָךְ. עֲשֵׂה לְמַעַן עֻזָּךְ. עֲשֵׂה לְמַעַן פְּאֵרָךְ. עֲשֵׂה לְמַעַן צִדְקָתָךְ. עֲשֵׂה לְמַעַן קְדֻשָּׁתָךְ. עֲשֵׂה לְמַעַן רַחֲמֶיךָ הָרַבִּים. עֲשֵׂה לְמַעַן שְׁכִינָתָךְ. עֲשֵׂה לְמַעַן תְּהִלָּתָךְ. עֲשֵׂה לְמַעַן אוֹהֲבֶיךָ שׁוֹכְנֵי עָפָר. עֲשֵׂה לְמַעַן אַבְרָהָם יִצְחָק וְיַעֲקֹב. עֲשֵׂה לְמַעַן מֹשֶׁה וְאַהֲרֹן. עֲשֵׂה לְמַעַן דָּוִד וּשְׁלֹמֹה. עֲשֵׂה לְמַעַן יְרוּשָׁלַיִם עִיר קָדְשֶׁךָ. עֲשֵׂה לְמַעַן צִיּוֹן מִשְׁכַּן כְּבוֹדֶךָ. עֲשֵׂה לְמַעַן שִׁמְמוֹת הֵיכָלֶךָ. עֲשֵׂה לְמַעַן הֲרִיסוּת מִזְבְּחֶךָ. עֲשֵׂה לְמַעַן הֲרוּגִים עַל שֵׁם קָדְשֶׁךָ. עֲשֵׂה לְמַעַן טְבוּחִים עַל יִחוּדֶךָ. עֲשֵׂה לְמַעַן בָּאֵי בָאֵשׁ וּבַמַּיִם עַל קִדּוּשׁ שְׁמֶךָ. עֲשֵׂה לְמַעַן יוֹנְקֵי שָׁדַיִם שֶׁלֹּא חָטְאוּ. עֲשֵׂה לְמַעַן גְּמוּלֵי חָלָב שֶׁלֹּא פָשְׁעוּ. עֲשֵׂה לְמַעַן תִּינוֹקוֹת שֶׁל בֵּית רַבָּן. עֲשֵׂה לְמַעַנְךָ אִם לֹא לְמַעֲנֵנוּ. עֲשֵׂה לְמַעַנְךָ וְהוֹשִׁיעֵנוּ.

עֲנֵנוּ יהוה עֲנֵנוּ. עֲנֵנוּ אֱלֹהֵינוּ עֲנֵנוּ. עֲנֵנוּ אָבִינוּ עֲנֵנוּ. עֲנֵנוּ בּוֹרְאֵנוּ עֲנֵנוּ. עֲנֵנוּ גּוֹאֲלֵנוּ עֲנֵנוּ. עֲנֵנוּ דּוֹרְשֵׁנוּ עֲנֵנוּ. עֲנֵנוּ הָאֵל הַנֶּאֱמָן עֲנֵנוּ. עֲנֵנוּ וָתִיק וְחָסִיד עֲנֵנוּ. עֲנֵנוּ זַךְ וְיָשָׁר עֲנֵנוּ. עֲנֵנוּ חַי וְקַיָּם עֲנֵנוּ. עֲנֵנוּ טוֹב וּמֵטִיב עֲנֵנוּ. עֲנֵנוּ יוֹדֵעַ יֵצֶר עֲנֵנוּ. עֲנֵנוּ כּוֹבֵשׁ כְּעָסִים עֲנֵנוּ. עֲנֵנוּ לוֹבֵשׁ צְדָקוֹת עֲנֵנוּ. עֲנֵנוּ מֶלֶךְ מַלְכֵי הַמְּלָכִים עֲנֵנוּ. עֲנֵנוּ נוֹרָא וְנִשְׂגָּב עֲנֵנוּ. עֲנֵנוּ סוֹלֵחַ וּמוֹחֵל עֲנֵנוּ. עֲנֵנוּ עוֹנֶה בְּעֵת צָרָה עֲנֵנוּ. עֲנֵנוּ פּוֹדֶה וּמַצִּיל עֲנֵנוּ. עֲנֵנוּ צַדִּיק וְיָשָׁר עֲנֵנוּ. עֲנֵנוּ קָרוֹב לְקוֹרְאָיו עֲנֵנוּ. עֲנֵנוּ רַחוּם וְחַנּוּן עֲנֵנוּ. עֲנֵנוּ שׁוֹמֵעַ אֶל אֶבְיוֹנִים עֲנֵנוּ. עֲנֵנוּ תּוֹמֵךְ תְּמִימִים עֲנֵנוּ. עֲנֵנוּ אֱלֹהֵי אֲבוֹתֵינוּ עֲנֵנוּ. עֲנֵנוּ אֱלֹהֵי אַבְרָהָם עֲנֵנוּ. עֲנֵנוּ פַּחַד יִצְחָק עֲנֵנוּ. עֲנֵנוּ אֲבִיר יַעֲקֹב עֲנֵנוּ. עֲנֵנוּ עֶזְרַת הַשְּׁבָטִים עֲנֵנוּ. עֲנֵנוּ מִשְׂגַּב אִמָּהוֹת עֲנֵנוּ. עֲנֵנוּ קָשֶׁה לִכְעֹס עֲנֵנוּ. עֲנֵנוּ רַךְ לִרְצוֹת עֲנֵנוּ. עֲנֵנוּ עוֹנֶה בְּעֵת רָצוֹן עֲנֵנוּ. עֲנֵנוּ אֲבִי יְתוֹמִים עֲנֵנוּ. עֲנֵנוּ דַּיַּן אַלְמָנוֹת עֲנֵנוּ.

מִי שֶׁעָנָה לְאַבְרָהָם אָבִינוּ בְּהַר הַמּוֹרִיָּה, הוּא יַעֲנֵנוּ.
מִי שֶׁעָנָה לְיִצְחָק בְּנוֹ כְּשֶׁנֶּעֱקַד עַל גַּבֵּי הַמִּזְבֵּחַ, הוּא יַעֲנֵנוּ.
מִי שֶׁעָנָה לְיַעֲקֹב בְּבֵית אֵל, הוּא יַעֲנֵנוּ.
מִי שֶׁעָנָה לְיוֹסֵף בְּבֵית הָאֲסוּרִים, הוּא יַעֲנֵנוּ.
מִי שֶׁעָנָה לַאֲבוֹתֵינוּ עַל יַם סוּף, הוּא יַעֲנֵנוּ.
מִי שֶׁעָנָה לְמֹשֶׁה בְּחוֹרֵב, הוּא יַעֲנֵנוּ.
מִי שֶׁעָנָה לְאַהֲרֹן בַּמַּחְתָּה, הוּא יַעֲנֵנוּ.
מִי שֶׁעָנָה לְפִינְחָס בְּקוּמוֹ מִתּוֹךְ הָעֵדָה, הוּא יַעֲנֵנוּ.
מִי שֶׁעָנָה לִיהוֹשֻׁעַ בַּגִּלְגָּל, הוּא יַעֲנֵנוּ.
מִי שֶׁעָנָה לִשְׁמוּאֵל בַּמִּצְפָּה, הוּא יַעֲנֵנוּ.
מִי שֶׁעָנָה לְדָוִד וּשְׁלֹמֹה בְנוֹ בִּירוּשָׁלָיִם, הוּא יַעֲנֵנוּ.
מִי שֶׁעָנָה לְאֵלִיָּהוּ בְּהַר הַכַּרְמֶל, הוּא יַעֲנֵנוּ.
מִי שֶׁעָנָה לֶאֱלִישָׁע בִּירִיחוֹ, הוּא יַעֲנֵנוּ.
מִי שֶׁעָנָה לְיוֹנָה בִּמְעֵי הַדָּגָה, הוּא יַעֲנֵנוּ.
מִי שֶׁעָנָה לְחִזְקִיָּהוּ מֶלֶךְ יְהוּדָה בְּחָלְיוֹ, הוּא יַעֲנֵנוּ.
מִי שֶׁעָנָה לַחֲנַנְיָה מִישָׁאֵל וַעֲזַרְיָה בְּתוֹךְ כִּבְשַׁן הָאֵשׁ, הוּא יַעֲנֵנוּ.
מִי שֶׁעָנָה לְדָנִיֵּאל בְּגוֹב הָאֲרָיוֹת, הוּא יַעֲנֵנוּ.
מִי שֶׁעָנָה לְמָרְדְּכַי וְאֶסְתֵּר בְּשׁוּשַׁן הַבִּירָה, הוּא יַעֲנֵנוּ.
מִי שֶׁעָנָה לְעֶזְרָא בַּגּוֹלָה, הוּא יַעֲנֵנוּ.
מִי שֶׁעָנָה לְכָל הַצַּדִּיקִים וְהַחֲסִידִים וְהַתְּמִימִים וְהַיְשָׁרִים, הוּא יַעֲנֵנוּ.

רַחֲמָנָא דְּעָנֵי לַעֲנִיֵּי עֲנֵינָן.
רַחֲמָנָא דְּעָנֵי לִתְבִירֵי לִבָּא עֲנֵינָן.
רַחֲמָנָא דְּעָנֵי לְמַכִּיכֵי רוּחָא עֲנֵינָן.
רַחֲמָנָא עֲנֵינָן.
רַחֲמָנָא חוּס, רַחֲמָנָא פְּרֹק, רַחֲמָנָא שֵׁיזִב.
רַחֲמָנָא רַחֵם עֲלָן, הַשְׁתָּא בַּעֲגָלָא וּבִזְמַן קָרִיב.

נפילת אפיים

יושבים, ובמקום שיש בו ספר תורה, נופלים אפיים:
משעינים את הראש על היד שאין בה תפילין (ומי שאין לו תפילין, על יד שמאל),
ומכסים את הפנים (ספר מהרי״ל, סב).

לפני נפילת אפיים נוהגים לומר את הפסוק 'וַיֹּאמֶר דָּוִד אֶל־גָּד' (קיצור של״ה).

שמואל ב׳ כד

וַיֹּאמֶר דָּוִד אֶל־גָּד
צַר־לִי מְאֹד
נִפְּלָה־נָּא בְיַד־יהוה, כִּי־רַבִּים רַחֲמָו
וּבְיַד־אָדָם אַל־אֶפֹּלָה:

רַחוּם וְחַנּוּן, חָטָאתִי לְפָנֶיךָ.
יהוה מָלֵא רַחֲמִים, רַחֵם עָלַי וְקַבֵּל תַּחֲנוּנָי.

נוהגים לומר את מזמור ו (מנהגי מהר״י טירנא):

תהלים ו

יהוה, אַל־בְּאַפְּךָ תוֹכִיחֵנִי, וְאַל־בַּחֲמָתְךָ תְיַסְּרֵנִי:
חָנֵּנִי יהוה, כִּי אֻמְלַל אָנִי, רְפָאֵנִי יהוה
כִּי נִבְהֲלוּ עֲצָמָי:
וְנַפְשִׁי נִבְהֲלָה מְאֹד, וְאַתָּ יהוה, עַד־מָתָי:
שׁוּבָה יהוה, חַלְּצָה נַפְשִׁי
הוֹשִׁיעֵנִי לְמַעַן חַסְדֶּךָ:
כִּי אֵין בַּמָּוֶת זִכְרֶךָ, בִּשְׁאוֹל מִי יוֹדֶה־לָּךְ:
יָגַעְתִּי בְּאַנְחָתִי, אַשְׂחֶה בְכָל־לַיְלָה מִטָּתִי
בְּדִמְעָתִי עַרְשִׂי אַמְסֶה:
עָשְׁשָׁה מִכַּעַס עֵינִי, עָתְקָה בְּכָל־צוֹרְרָי:
סוּרוּ מִמֶּנִּי כָּל־פֹּעֲלֵי אָוֶן
כִּי שָׁמַע יהוה קוֹל בִּכְיִי:
שָׁמַע יהוה תְּחִנָּתִי, יהוה תְּפִלָּתִי יִקָּח:
יֵבֹשׁוּ וְיִבָּהֲלוּ מְאֹד כָּל־אֹיְבָי, יָשֻׁבוּ יֵבֹשׁוּ רָגַע: כאן מרימים את הראש.

מַחֵי וּמַסֵּי, מֵמִית וּמַחְיֶה, מַסֵּיק מִן שְׁאוֹל לְחַיֵּי עָלְמָא.
בְּרָא כַּד חָטֵא, אֲבוּהִי לַקְיֵהּ, אֲבוּהִי דְחָיֵס מַסֵּא לִכְאֵבֵהּ.
עַבְדָּא דְמָרֵיד נָפֵיק בְּקוֹלָר, מָרֵהּ תָּאֵיב וְתָבַר קוֹלָרֵהּ.

בְּרָךְ בֻּכְרָךְ אֲנַן וְחָטֵינַן קַמָּךְ, הָא רְוֵי נַפְשָׁן בְּגִדִּין מְרָרִין.
עַבְדָּךְ אֲנַן וּמָרְדִינַן קַמָּךְ, הָא בְּבִזְתָא הָא בְּשִׁבְיְתָא הָא בְּמַלְקְיוּתָא.
בְּמָטוּ מִנָּךְ בְּרַחֲמָךְ דִּנְפִישִׁין, אַסֵּי לִכְאֵבָא דִּתְקֵף עֲלַן
עַד דְּלָא נֶהֱוֵי גְמִירָא בְּשִׁבְיָא.

יש הנוהגים שלא לומר תחינה זו.

מַכְנִיסֵי רַחֲמִים, הַכְנִיסוּ רַחֲמֵינוּ לִפְנֵי בַּעַל הָרַחֲמִים. מַשְׁמִיעֵי תְפִלָּה, הַשְׁמִיעוּ תְפִלָּתֵנוּ לִפְנֵי שׁוֹמֵעַ תְּפִלָּה. מַשְׁמִיעֵי צְעָקָה, הַשְׁמִיעוּ צַעֲקָתֵנוּ לִפְנֵי שׁוֹמֵעַ צְעָקָה. מַכְנִיסֵי דִמְעָה, הַכְנִיסוּ דִמְעוֹתֵינוּ לִפְנֵי מֶלֶךְ מִתְרַצֶּה בִּדְמָעוֹת. הִשְׁתַּדְּלוּ וְהַרְבּוּ תְּחִנָּה וּבַקָּשָׁה לִפְנֵי מֶלֶךְ אֵל רָם וְנִשָּׂא. הַזְכִּירוּ לְפָנָיו הַשְׁמִיעוּ לְפָנָיו תּוֹרָה וּמַעֲשִׂים טוֹבִים שֶׁל שׁוֹכְנֵי עָפָר. יִזְכֹּר אַהֲבָתָם וִיחַיֶּה זַרְעָם, שֶׁלֹּא תֹאבַד שְׁאֵרִית יַעֲקֹב. כִּי צֹאן רוֹעֶה נֶאֱמָן הָיָה לְחֶרְפָּה, יִשְׂרָאֵל גּוֹי אֶחָד לְמָשָׁל וְלִשְׁנִינָה. מַהֵר עֲנֵנוּ אֱלֹהֵי יִשְׁעֵנוּ, וּפְדֵנוּ מִכָּל גְּזֵרוֹת קָשׁוֹת, וְהוֹשִׁיעָה בְּרַחֲמֶיךָ הָרַבִּים מְשִׁיחַ צִדְקָךְ וְעַמָּךְ.

מָרָן דְּבִשְׁמַיָּא לָךְ מִתְחַנַּנָן, כְּבַר שִׁבְיָא דְּמִתְחַנַּן לְשַׁבָּיֵהּ.
כֻּלְּהוֹן בְּנֵי שִׁבְיָא בְּכַסְפָּא מִתְפָּרְקִין
וְעַמָּךְ בֵּית יִשְׂרָאֵל בְּרַחֲמֵי וּבְתַחֲנוּנֵי.
הַב לַן שְׁאֶלְתִּין וּבָעוּתִין, דְּלָא נֶהְדַּר רֵיקָם מִן קֳדָמָךְ.

מָרָן דְּבִשְׁמַיָּא לָךְ מִתְחַנַּנָן, כְּעַבְדָּא דְּמִתְחַנַּן לְמָרֵהּ.
עֲשִׁיקֵי אֲנַן וּבַחֲשׁוֹכָא שָׁרֵינָן.
מְרִירָן נַפְשִׁין מֵעַקְתִין דִּנְפִישִׁין.
חֵילָא לֵית בַּן לְרַצּוּיָךְ, מָרָן.
עֲבֵד בְּדִיל קְיָמָא דִּגְזַרְתְּ עִם אֲבָהָתַנָא.

הפיוט 'שׁוֹמֵר יִשְׂרָאֵל' חותם את הסליחות בחודש אלול ובעשרת ימי תשובה.

שׁוֹמֵר יִשְׂרָאֵל, שְׁמֹר שְׁאֵרִית יִשְׂרָאֵל, וְאַל יֹאבַד יִשְׂרָאֵל
הָאוֹמְרִים שְׁמַע יִשְׂרָאֵל.

שׁוֹמֵר גּוֹי אֶחָד, שְׁמֹר שְׁאֵרִית עַם אֶחָד, וְאַל יֹאבַד גּוֹי אֶחָד
הַמְיַחֲדִים שִׁמְךָ, יהוה אֱלֹהֵינוּ יהוה אֶחָד.

שׁוֹמֵר גּוֹי קָדוֹשׁ, שְׁמֹר שְׁאֵרִית עַם קָדוֹשׁ, וְאַל יֹאבַד גּוֹי קָדוֹשׁ
הַמְשַׁלְּשִׁים בְּשָׁלֹשׁ קְדֻשּׁוֹת לְקָדוֹשׁ.

מִתְרַצֶּה בְּרַחֲמִים וּמִתְפַּיֵּס בְּתַחֲנוּנִים, הִתְרַצֵּה וְהִתְפַּיֵּס לְדוֹר עָנִי
כִּי אֵין עוֹזֵר.

אָבִינוּ מַלְכֵּנוּ, חָנֵּנוּ וַעֲנֵנוּ, כִּי אֵין בָּנוּ מַעֲשִׂים
עֲשֵׂה עִמָּנוּ צְדָקָה וָחֶסֶד וְהוֹשִׁיעֵנוּ.

לקט הפסוקים מסדר רב עמרם גאון מבטא את תחושתו של האדם,
שלאחר שהתפלל בכל אופן שהוא מכיר, מוסר את דינו לשמים (טור, קלא).

עומדים במקום המסומן ב־• (מג"א קלא, ד בשם השל"ה).

וַאֲנַחְנוּ לֹא נֵדַע •מַה־נַּעֲשֶׂה, כִּי עָלֶיךָ עֵינֵינוּ: (דברי הימים ב׳ כ)
זְכֹר־רַחֲמֶיךָ יהוה וַחֲסָדֶיךָ, כִּי מֵעוֹלָם הֵמָּה: (תהלים כה)
יְהִי־חַסְדְּךָ יהוה עָלֵינוּ, כַּאֲשֶׁר יִחַלְנוּ לָךְ: (תהלים לג)
אַל־תִּזְכָּר־לָנוּ עֲוֹנֹת רִאשֹׁנִים (תהלים עט)
מַהֵר יְקַדְּמוּנוּ רַחֲמֶיךָ, כִּי דַלּוֹנוּ מְאֹד:
עֶזְרֵנוּ בְּשֵׁם יהוה, עֹשֵׂה שָׁמַיִם וָאָרֶץ: (תהלים קכד)
חָנֵּנוּ יהוה חָנֵּנוּ, כִּי־רַב שָׂבַעְנוּ בוּז: (תהלים קכג)
בְּרֹגֶז רַחֵם תִּזְכּוֹר: (חבקוק ג)
[בְּרֹגֶז עֲקֵדָה תִּזְכֹּר, בְּרֹגֶז תְּמִימוּת תִּזְכֹּר.
יהוה הוֹשִׁיעָה, הַמֶּלֶךְ יַעֲנֵנוּ בְיוֹם־קָרְאֵנוּ:] (תהלים כ)
כִּי־הוּא יָדַע יִצְרֵנוּ, זָכוּר כִּי־עָפָר אֲנָחְנוּ: (תהלים קג)
עָזְרֵנוּ אֱלֹהֵי יִשְׁעֵנוּ עַל־דְּבַר כְּבוֹד־שְׁמֶךָ (תהלים עט)
וְהַצִּילֵנוּ וְכַפֵּר עַל־חַטֹּאתֵינוּ לְמַעַן שְׁמֶךָ:

קדיש שלם

ש״ץ: יִתְגַּדַּל וְיִתְקַדַּשׁ שְׁמֵהּ רַבָּא (קהל: אָמֵן)
בְּעָלְמָא דִּי בְרָא כִרְעוּתֵהּ
וְיַמְלִיךְ מַלְכוּתֵהּ [וְיַצְמַח פֻּרְקָנֵהּ וִיקָרֵב מְשִׁיחֵהּ (קהל: אָמֵן)]
בְּחַיֵּיכוֹן וּבְיוֹמֵיכוֹן וּבְחַיֵּי דְכָל בֵּית יִשְׂרָאֵל
בַּעֲגָלָא וּבִזְמַן קָרִיב
וְאִמְרוּ אָמֵן. (קהל: אָמֵן)

קהל וש״ץ: יְהֵא שְׁמֵהּ רַבָּא מְבָרַךְ לְעָלַם וּלְעָלְמֵי עָלְמַיָּא.

ש״ץ: יִתְבָּרַךְ וְיִשְׁתַּבַּח וְיִתְפָּאַר וְיִתְרוֹמַם וְיִתְנַשֵּׂא
וְיִתְהַדָּר וְיִתְעַלֶּה וְיִתְהַלָּל
שְׁמֵהּ דְּקֻדְשָׁא בְּרִיךְ הוּא (קהל: אָמֵן)
לְעֵלָּא מִן כָּל בִּרְכָתָא וְשִׁירָתָא, תֻּשְׁבְּחָתָא וְנֶחֱמָתָא
דַּאֲמִירָן בְּעָלְמָא
וְאִמְרוּ אָמֵן. (קהל: אָמֵן)

תִּתְקַבַּל צְלוֹתְהוֹן וּבָעוּתְהוֹן דְּכָל בֵּית יִשְׂרָאֵל
קֳדָם אֲבוּהוֹן דִּי בִשְׁמַיָּא
וְאִמְרוּ אָמֵן. (קהל: אָמֵן)

יְהֵא שְׁלָמָא רַבָּא מִן שְׁמַיָּא
וְחַיִּים [טוֹבִים] עָלֵינוּ וְעַל כָּל יִשְׂרָאֵל
וְאִמְרוּ אָמֵן. (קהל: אָמֵן)

כורע ופוסע שלוש פסיעות לאחור. קד לשמאל, לימין ולפנים באמירת:

עֹשֶׂה שָׁלוֹם בִּמְרוֹמָיו
הוּא יַעֲשֶׂה שָׁלוֹם עָלֵינוּ וְעַל כָּל יִשְׂרָאֵל
וְאִמְרוּ אָמֵן. (קהל: אָמֵן)

סליחות ליום חמישי

תהלים פד אַשְׁרֵי יוֹשְׁבֵי בֵיתֶךָ, עוֹד יְהַלְלוּךָ סֶּלָה:
תהלים קמד אַשְׁרֵי הָעָם שֶׁכָּכָה לּוֹ, אַשְׁרֵי הָעָם שֶׁיהוה אֱלֹהָיו:
תהלים קמה תְּהִלָּה לְדָוִד

אֲרוֹמִמְךָ אֱלוֹהַי הַמֶּלֶךְ, וַאֲבָרְכָה שִׁמְךָ לְעוֹלָם וָעֶד:
בְּכָל־יוֹם אֲבָרְכֶךָּ, וַאֲהַלְלָה שִׁמְךָ לְעוֹלָם וָעֶד:
גָּדוֹל יהוה וּמְהֻלָּל מְאֹד, וְלִגְדֻלָּתוֹ אֵין חֵקֶר:
דּוֹר לְדוֹר יְשַׁבַּח מַעֲשֶׂיךָ, וּגְבוּרֹתֶיךָ יַגִּידוּ:
הֲדַר כְּבוֹד הוֹדֶךָ, וְדִבְרֵי נִפְלְאֹתֶיךָ אָשִׂיחָה:
וֶעֱזוּז נוֹרְאֹתֶיךָ יֹאמֵרוּ, וּגְדוּלָּתְךָ אֲסַפְּרֶנָּה:
זֵכֶר רַב־טוּבְךָ יַבִּיעוּ, וְצִדְקָתְךָ יְרַנֵּנוּ:
חַנּוּן וְרַחוּם יהוה, אֶרֶךְ אַפַּיִם וּגְדָל־חָסֶד:
טוֹב־יהוה לַכֹּל, וְרַחֲמָיו עַל־כָּל־מַעֲשָׂיו:
יוֹדוּךָ יהוה כָּל־מַעֲשֶׂיךָ, וַחֲסִידֶיךָ יְבָרְכוּכָה:
כְּבוֹד מַלְכוּתְךָ יֹאמֵרוּ, וּגְבוּרָתְךָ יְדַבֵּרוּ:
לְהוֹדִיעַ לִבְנֵי הָאָדָם גְּבוּרֹתָיו, וּכְבוֹד הֲדַר מַלְכוּתוֹ:
מַלְכוּתְךָ מַלְכוּת כָּל־עֹלָמִים, וּמֶמְשַׁלְתְּךָ בְּכָל־דּוֹר וָדֹר:
סוֹמֵךְ יהוה לְכָל־הַנֹּפְלִים, וְזוֹקֵף לְכָל־הַכְּפוּפִים:
עֵינֵי־כֹל אֵלֶיךָ יְשַׂבֵּרוּ, וְאַתָּה נוֹתֵן־לָהֶם אֶת־אָכְלָם בְּעִתּוֹ:
פּוֹתֵחַ אֶת־יָדֶךָ, וּמַשְׂבִּיעַ לְכָל־חַי רָצוֹן:
צַדִּיק יהוה בְּכָל־דְּרָכָיו, וְחָסִיד בְּכָל־מַעֲשָׂיו:
קָרוֹב יהוה לְכָל־קֹרְאָיו, לְכֹל אֲשֶׁר יִקְרָאֻהוּ בֶאֱמֶת:
רְצוֹן־יְרֵאָיו יַעֲשֶׂה, וְאֶת־שַׁוְעָתָם יִשְׁמַע, וְיוֹשִׁיעֵם:

שׁוֹמֵר יהוה אֶת־כָּל־אֹהֲבָיו, וְאֵת כָּל־הָרְשָׁעִים יַשְׁמִיד:
תְּהִלַּת יהוה יְדַבֶּר פִּי, וִיבָרֵךְ כָּל־בָּשָׂר שֵׁם קָדְשׁוֹ לְעוֹלָם וָעֶד:
וַאֲנַחְנוּ נְבָרֵךְ יָהּ מֵעַתָּה וְעַד־עוֹלָם, הַלְלוּיָהּ: תהלים קטו

וְעַתָּה יִגְדַּל־נָא כֹּחַ אֲדֹנָי כַּאֲשֶׁר דִּבַּרְתָּ לֵאמֹר: במדבר יד
זְכֹר־רַחֲמֶיךָ יהוה וַחֲסָדֶיךָ כִּי מֵעוֹלָם הֵמָּה: תהלים כה

חצי קדיש

ש״ץ: יִתְגַּדַּל וְיִתְקַדַּשׁ שְׁמֵהּ רַבָּא (קהל: אָמֵן)
בְּעָלְמָא דִּי בְרָא כִרְעוּתֵהּ
וְיַמְלִיךְ מַלְכוּתֵהּ [וְיַצְמַח פֻּרְקָנֵהּ וִיקָרֵב מְשִׁיחֵהּ (קהל: אָמֵן)]
בְּחַיֵּיכוֹן וּבְיוֹמֵיכוֹן וּבְחַיֵּי דְכָל בֵּית יִשְׂרָאֵל
בַּעֲגָלָא וּבִזְמַן קָרִיב, וְאִמְרוּ אָמֵן. (קהל: אָמֵן)

קהל וש״ץ: יְהֵא שְׁמֵהּ רַבָּא מְבָרַךְ לְעָלַם וּלְעָלְמֵי עָלְמַיָּא.

ש״ץ: יִתְבָּרַךְ וְיִשְׁתַּבַּח וְיִתְפָּאַר וְיִתְרוֹמַם וְיִתְנַשֵּׂא
וְיִתְהַדָּר וְיִתְעַלֶּה וְיִתְהַלָּל
שְׁמֵהּ דְּקֻדְשָׁא בְּרִיךְ הוּא (קהל: אָמֵן)
לְעֵלָּא מִן כָּל בִּרְכָתָא וְשִׁירָתָא, תֻּשְׁבְּחָתָא וְנֶחֱמָתָא
דַּאֲמִירָן בְּעָלְמָא, וְאִמְרוּ אָמֵן. (קהל: אָמֵן)

לְךָ אֲדֹנָי הַצְּדָקָה, וְלָנוּ בֹּשֶׁת הַפָּנִים: דניאל ט
מַה נִּתְאוֹנֵן וּמַה נֹּאמַר, מַה־נְּדַבֵּר וּמַה־נִּצְטַדָּק: בראשית מד
נַחְפְּשָׂה דְרָכֵינוּ וְנַחְקֹרָה וְנָשׁוּבָה אֵלֶיךָ, כִּי יְמִינְךָ פְשׁוּטָה לְקַבֵּל שָׁבִים.
לֹא בְחֶסֶד וְלֹא בְמַעֲשִׂים בָּאנוּ לְפָנֶיךָ, כְּדַלִּים וּכְרָשִׁים דָּפַקְנוּ דְלָתֶיךָ.
דְּלָתֶיךָ דָּפַקְנוּ רַחוּם וְחַנּוּן, נָא אַל תְּשִׁיבֵנוּ רֵיקָם מִלְּפָנֶיךָ.
מִלְּפָנֶיךָ מַלְכֵּנוּ רֵיקָם אַל תְּשִׁיבֵנוּ, כִּי אַתָּה שׁוֹמֵעַ תְּפִלָּה.

תהלים סה שֹׁמֵעַ תְּפִלָּה, עָדֶיךָ כָּל־בָּשָׂר יָבֹאוּ:
יָבוֹא כָל בָּשָׂר לְהִשְׁתַּחֲוֹת לְפָנֶיךָ יהוה.
תהלים פו יָבוֹאוּ וְיִשְׁתַּחֲווּ לְפָנֶיךָ אֲדֹנָי, וִיכַבְּדוּ לִשְׁמֶךָ:
תהלים צה בֹּאוּ נִשְׁתַּחֲוֶה וְנִכְרָעָה, נִבְרְכָה לִפְנֵי־יהוה עֹשֵׂנוּ:
תהלים קלב נָבוֹאָה לְמִשְׁכְּנוֹתָיו, נִשְׁתַּחֲוֶה לַהֲדֹם רַגְלָיו:
תהלים ק בֹּאוּ שְׁעָרָיו בְּתוֹדָה חֲצֵרֹתָיו בִּתְהִלָּה
הוֹדוּ לוֹ בָּרְכוּ שְׁמוֹ:
וַאֲנַחְנוּ בְּרֹב חַסְדְּךָ נָבוֹא בֵיתֶךָ
נִשְׁתַּחֲוֶה אֶל הֵיכַל קָדְשְׁךָ בְּיִרְאָתֶךָ.
תהלים קלד הִנֵּה בָּרְכוּ אֶת־יהוה כָּל־עַבְדֵי יהוה
הָעֹמְדִים בְּבֵית־יהוה בַּלֵּילוֹת:
שְׂאוּ־יְדֵכֶם קֹדֶשׁ, וּבָרְכוּ אֶת־יהוה:
תהלים צט רוֹמְמוּ יהוה אֱלֹהֵינוּ וְהִשְׁתַּחֲווּ לַהֲדֹם רַגְלָיו, קָדוֹשׁ הוּא:
רוֹמְמוּ יהוה אֱלֹהֵינוּ וְהִשְׁתַּחֲווּ לְהַר קָדְשׁוֹ
כִּי־קָדוֹשׁ יהוה אֱלֹהֵינוּ:
תהלים צו הִשְׁתַּחֲווּ לַיהוה בְּהַדְרַת־קֹדֶשׁ, חִילוּ מִפָּנָיו כָּל־הָאָרֶץ:
נִשְׁתַּחֲוֶה אֶל הֵיכַל קָדְשְׁךָ וְנוֹדֶה אֶת שְׁמֶךָ
עַל חַסְדְּךָ וְעַל אֲמִתֶּךָ
כִּי הִגְדַּלְתָּ עַל כָּל שִׁמְךָ אִמְרָתֶךָ.
תהלים פט יהוה אֱלֹהֵי צְבָאוֹת מִי־כָמוֹךָ חֲסִין יָהּ, וֶאֱמוּנָתְךָ סְבִיבוֹתֶיךָ:
כִּי מִי בַשַּׁחַק יַעֲרֹךְ לַיהוה, יִדְמֶה לַיהוה בִּבְנֵי אֵלִים:
תהלים פו כִּי־גָדוֹל אַתָּה וְעֹשֵׂה נִפְלָאוֹת, אַתָּה אֱלֹהִים לְבַדֶּךָ:
תהלים קח כִּי־גָדוֹל מֵעַל־שָׁמַיִם חַסְדֶּךָ, וְעַד־שְׁחָקִים אֲמִתֶּךָ:
תהלים קמה גָּדוֹל יהוה וּמְהֻלָּל מְאֹד, וְלִגְדֻלָּתוֹ אֵין חֵקֶר:
תהלים צו כִּי גָדוֹל יהוה וּמְהֻלָּל מְאֹד, נוֹרָא הוּא עַל־כָּל־אֱלֹהִים:
תהלים צה כִּי אֵל גָּדוֹל יהוה, וּמֶלֶךְ גָּדוֹל עַל־כָּל־אֱלֹהִים:
דברים ג אֲשֶׁר מִי־אֵל בַּשָּׁמַיִם וּבָאָרֶץ אֲשֶׁר־יַעֲשֶׂה כְמַעֲשֶׂיךָ וְכִגְבוּרֹתֶךָ:

מִי לֹא יִרָאֲךָ מֶלֶךְ הַגּוֹיִם כִּי לְךָ יָאָתָה ירמיה י
כִּי בְכָל־חַכְמֵי הַגּוֹיִם וּבְכָל־מַלְכוּתָם מֵאֵין כָּמוֹךָ:
מֵאֵין כָּמוֹךָ יהוה, גָּדוֹל אַתָּה וְגָדוֹל שִׁמְךָ בִּגְבוּרָה:
לְךָ זְרוֹעַ עִם־גְּבוּרָה, תָּעֹז יָדְךָ תָּרוּם יְמִינֶךָ: תהלים פט
לְךָ יוֹם אַף־לְךָ לָיְלָה, אַתָּה הֲכִינוֹתָ מָאוֹר וָשָׁמֶשׁ: תהלים עד
אֲשֶׁר בְּיָדוֹ מֶחְקְרֵי־אָרֶץ, וְתוֹעֲפוֹת הָרִים לוֹ: תהלים צה
מִי יְמַלֵּל גְּבוּרוֹת יהוה, יַשְׁמִיעַ כָּל־תְּהִלָּתוֹ: תהלים קו
לְךָ יהוה הַגְּדֻלָּה וְהַגְּבוּרָה וְהַתִּפְאֶרֶת וְהַנֵּצַח וְהַהוֹד דברי הימים א׳ כט
כִּי־כֹל בַּשָּׁמַיִם וּבָאָרֶץ
לְךָ יהוה הַמַּמְלָכָה וְהַמִּתְנַשֵּׂא לְכֹל לְרֹאשׁ:
לְךָ שָׁמַיִם אַף־לְךָ אָרֶץ, תֵּבֵל וּמְלֹאָהּ אַתָּה יְסַדְתָּם: תהלים פט
אַתָּה הִצַּבְתָּ כָּל־גְּבוּלוֹת אָרֶץ, קַיִץ וָחֹרֶף אַתָּה יְצַרְתָּם: תהלים עד
אַתָּה רִצַּצְתָּ רָאשֵׁי לִוְיָתָן, תִּתְּנֶנּוּ מַאֲכָל לְעָם לְצִיִּים:
אַתָּה בָקַעְתָּ מַעְיָן וָנָחַל, אַתָּה הוֹבַשְׁתָּ נַהֲרוֹת אֵיתָן:
אַתָּה פוֹרַרְתָּ בְעָזְּךָ יָם, שִׁבַּרְתָּ רָאשֵׁי תַנִּינִים עַל־הַמָּיִם:
אַתָּה מוֹשֵׁל בְּגֵאוּת הַיָּם, בְּשׂוֹא גַלָּיו אַתָּה תְשַׁבְּחֵם: תהלים פט
גָּדוֹל יהוה וּמְהֻלָּל מְאֹד, בְּעִיר אֱלֹהֵינוּ הַר־קָדְשׁוֹ: תהלים מח
יהוה צְבָאוֹת אֱלֹהֵי יִשְׂרָאֵל יֹשֵׁב הַכְּרֻבִים ישעיה לז
אַתָּה־הוּא הָאֱלֹהִים לְבַדֶּךָ:
אֵל נַעֲרָץ בְּסוֹד־קְדֹשִׁים רַבָּה, וְנוֹרָא עַל־כָּל־סְבִיבָיו: תהלים פט
וְיוֹדוּ שָׁמַיִם פִּלְאֲךָ יהוה, אַף־אֱמוּנָתְךָ בִּקְהַל קְדֹשִׁים:
לְכוּ נְרַנְּנָה לַיהוה, נָרִיעָה לְצוּר יִשְׁעֵנוּ: תהלים צה
נְקַדְּמָה פָנָיו בְּתוֹדָה, בִּזְמִרוֹת נָרִיעַ לוֹ:
צֶדֶק וּמִשְׁפָּט מְכוֹן כִּסְאֶךָ, חֶסֶד וֶאֱמֶת יְקַדְּמוּ פָנֶיךָ: תהלים פט
אֲשֶׁר יַחְדָּו נַמְתִּיק סוֹד, בְּבֵית אֱלֹהִים נְהַלֵּךְ בְּרָגֶשׁ: תהלים נה
אֲשֶׁר־לוֹ הַיָּם וְהוּא עָשָׂהוּ, וְיַבֶּשֶׁת יָדָיו יָצָרוּ: תהלים צה
אֲשֶׁר בְּיָדוֹ נֶפֶשׁ כָּל־חָי, וְרוּחַ כָּל־בְּשַׂר־אִישׁ: איוב יב

הַנְּשָׁמָה לָךְ וְהַגּוּף פָּעֳלָךְ, חוּסָה עַל עֲמָלָךְ.
הַנְּשָׁמָה לָךְ וְהַגּוּף שֶׁלָּךְ, יהוה עֲשֵׂה לְמַעַן שְׁמֶךָ.
אָתָאנוּ עַל שִׁמְךָ, יהוה עֲשֵׂה לְמַעַן שְׁמֶךָ
בַּעֲבוּר כְּבוֹד שִׁמְךָ, כִּי אֵל חַנּוּן וְרַחוּם שְׁמֶךָ.
לְמַעַן שִׁמְךָ יהוה, וְסָלַחְתָּ לַעֲוֹנֵנוּ כִּי רַב הוּא.

סְלַח לָנוּ, אָבִינוּ, כִּי בְּרֹב אִוַּלְתֵּנוּ שָׁגִינוּ.
מְחַל לָנוּ, מַלְכֵּנוּ, כִּי רַבּוּ עֲוֹנֵינוּ.

אֵל אֶרֶךְ אַפַּיִם אַתָּה, וּבַעַל הָרַחֲמִים נִקְרֵאתָ, וְדֶרֶךְ תְּשׁוּבָה הוֹרֵיתָ.
גְּדֻלַּת רַחֲמֶיךָ וַחֲסָדֶיךָ, תִּזְכֹּר הַיּוֹם וּבְכָל יוֹם לְזֶרַע יְדִידֶיךָ.
תֵּפֶן אֵלֵינוּ בְּרַחֲמִים, כִּי אַתָּה הוּא בַּעַל הָרַחֲמִים.
בְּתַחֲנוּן וּבִתְפִלָּה פָּנֶיךָ נְקַדֵּם, כְּהוֹדַעְתָּ לֶעָנָו מִקֶּדֶם.
מֵחֲרוֹן אַפְּךָ שׁוּב, כְּמוֹ בְּתוֹרָתְךָ כָּתוּב.
וּבְצֵל כְּנָפֶיךָ נֶחֱסֶה וְנִתְלוֹנָן, כְּיוֹם וַיֵּרֶד יהוה בֶּעָנָן.
תַּעֲבֹר עַל פֶּשַׁע וְתִמְחֶה אָשָׁם, כְּיוֹם וַיִּתְיַצֵּב עִמּוֹ שָׁם.
תַּאֲזִין שַׁוְעָתֵנוּ וְתַקְשִׁיב מֶנּוּ מַאֲמָר, כְּיוֹם וַיִּקְרָא בְשֵׁם יהוה
וְשָׁם נֶאֱמַר

קהל ואחריו שליח הציבור:

וַיַּעֲבֹר יהוה עַל־פָּנָיו וַיִּקְרָא שמות לד

יהוה, יהוה, אֵל רַחוּם וְחַנּוּן, אֶרֶךְ אַפַּיִם, וְרַב־חֶסֶד וֶאֱמֶת:
נֹצֵר חֶסֶד לָאֲלָפִים, נֹשֵׂא עָוֹן וָפֶשַׁע וְחַטָּאָה, וְנַקֵּה:

וְסָלַחְתָּ לַעֲוֹנֵנוּ וּלְחַטָּאתֵנוּ, וּנְחַלְתָּנוּ:
סְלַח לָנוּ אָבִינוּ כִּי חָטָאנוּ
מְחַל לָנוּ מַלְכֵּנוּ כִּי פָשָׁעְנוּ.
כִּי־אַתָּה אֲדֹנָי טוֹב וְסַלָּח, וְרַב־חֶסֶד לְכָל־קֹרְאֶיךָ: תהלים פו

וְאֵין־קוֹרֵא בְשִׁמְךָ, מִתְעוֹרֵר לְהַחֲזִיק בָּךְ: ישעיה סד

הוֹשִׁיעָה יהוה כִּי־גָמַר חָסִיד תהלים יב

כִּי־פַסּוּ אֱמוּנִים מִבְּנֵי אָדָם:

הוֹשַׁע יהוה אֶת־עַמְּךָ, אֵת שְׁאֵרִית יִשְׂרָאֵל: ירמיה לא

כְּרַחֵם אָב עַל בָּנִים, כֵּן תְּרַחֵם יהוה עָלֵינוּ.

לַיהוה הַיְשׁוּעָה, עַל־עַמְּךָ בִרְכָתֶךָ סֶּלָה: תהלים ג

יהוה צְבָאוֹת עִמָּנוּ, מִשְׂגָּב לָנוּ אֱלֹהֵי יַעֲקֹב סֶלָה: תהלים מו

יהוה צְבָאוֹת, אַשְׁרֵי אָדָם בֹּטֵחַ בָּךְ: תהלים פד

יהוה הוֹשִׁיעָה, הַמֶּלֶךְ יַעֲנֵנוּ בְיוֹם־קָרְאֵנוּ: תהלים כ

סְלַח־נָא לַעֲוֹן הָעָם הַזֶּה כְּגֹדֶל חַסְדֶּךָ במדבר יד

וְכַאֲשֶׁר נָשָׂאתָה לָעָם הַזֶּה מִמִּצְרַיִם וְעַד־הֵנָּה:

וְשָׁם נֶאֱמַר

קהל ואחריו שליח הציבור:

וַיֹּאמֶר יהוה, סָלַחְתִּי כִּדְבָרֶךָ:

הַטֵּה אֱלֹהַי אָזְנְךָ וּשְׁמָע דניאל ט

פְּקַח עֵינֶיךָ וּרְאֵה שֹׁמְמֹתֵינוּ

וְהָעִיר אֲשֶׁר־נִקְרָא שִׁמְךָ עָלֶיהָ

כִּי לֹא עַל־צִדְקֹתֵינוּ אֲנַחְנוּ מַפִּילִים תַּחֲנוּנֵינוּ לְפָנֶיךָ

כִּי עַל־רַחֲמֶיךָ הָרַבִּים:

אֲדֹנָי שְׁמָעָה, אֲדֹנָי סְלָחָה

אֲדֹנָי הַקְשִׁיבָה וַעֲשֵׂה אַל תְּאַחַר

לְמַעַנְךָ אֱלֹהַי

כִּי־שִׁמְךָ נִקְרָא עַל־עִירְךָ וְעַל־עַמֶּךָ:

מתוך גלותם ודוחק צרותיהם ישראל מתאווים לאלוהיהם, ומבקשים שיגאלם בכוחו הגדול.

יד. מחבר: אליה בר שמעיה

אֱלֹהֵינוּ וֵאלֹהֵי אֲבוֹתֵינוּ

אִוִּיתִֽיךָ קִוִּיתִֽיךָ מֵאֶֽרֶץ מֶרְחַקִּים
בְּקִרְבִּי שִׁחַרְתִּֽיךָ קְרָאתִֽיךָ מִמַּעֲמַקִּים
גָּֽרַסְתִּי לְתַאֲוָתְךָ כְּאַיָּל עַל אֲפִיקִים
דְּרַשְׁתִּֽיךָ וּבִקַּשְׁתִּֽיךָ בָּרְחוֹבוֹת וּבַשְּׁוָקִים.
הִנֵּה הָעֵת תַּרְוִֽיחַ לַדְּחוּקִים
וְתַעֲשֶׂה דִּין וּמִשְׁפָּט לַעֲשׁוּקִים
זְמוֹרֵיהֶם שִׁחֲתוּ וּבְקָקוּם בּוֹקְקִים
חֲמוּסִים נְגוּשִׂים בְּיַד מַדִּיקִים
טְלָאֶֽיךָ שִׁעֲשַֽׁעְתָּ כִּילָדִים רַכִּים
יָמִים רַבִּים לְחוּצִים וּדְפוּקִים
כֹּל חָסְרוּ מִטּוּב רֵיקִים
לְבָאִים שִׁנֵּיהֶם עָלֵֽימוֹ חוֹרְקִים.
מָאַֽסְתָּ וְזָנַֽחְתָּ וְנָטַֽשְׁתָּ דְּבֵקִים
נֵאַֽרְתָּ בְּרִית שְׁלֹשֶׁת הַחֲשׁוּקִים
סְחִי שַׂמְתָּֽנוּ מְכִּים וְלוֹקִים
עֲצוּמֵי גָזָם וַאֲכוּלֵי יְלָקִים
פְּצוּעֵי חַבּוּרוֹת וְאֵבָרִים מִתְפָּרְקִים
צָֽרֵי חָדַֽלְנוּ וְדַלּֽוֹנוּ מִתַּמְרוּקִים.
קוּמָה עֶזְרָֽתָה לְנֶאֱנָחִים וְנֶאֱנָקִים
רוֹמֵם מֵאַשְׁפּוֹת וּמֵעָפָר תָּקִים
שִׁלְטוֹן בְּיָדְךָ יְרוּדֶֽיךָ לְהָקִים
תָּקְפְּךָ בַּשַּֽׁחַק וּמֶמְשַׁלְתְּךָ בָּאֲרָקִים
אַךְ לְשִׁמְךָ יוֹדוּ הַצַּדִּיקִים
בְּנָשְׂאֲךָ רֹאשׁ שְׁבָעָתַֽיִם מְזֻקָּקִים
עַתָּה יֹאמְרוּ הַקְּרוֹבִים וְהָרְחוֹקִים
חָזָק וְאַמִּיץ דְּבָרוֹ הֵקִים
לַחֲבַצֶּֽלֶת הַשָּׁרוֹן שׁוֹשַׁנַּת הָעֲמָקִים.

אֵל מֶלֶךְ יוֹשֵׁב עַל כִּסֵּא רַחֲמִים, מִתְנַהֵג בַּחֲסִידוּת.
מוֹחֵל עֲוֹנוֹת עַמּוֹ, מַעֲבִיר רִאשׁוֹן רִאשׁוֹן.
מַרְבֶּה מְחִילָה לְחַטָּאִים, וּסְלִיחָה לְפוֹשְׁעִים.
עֹשֶׂה צְדָקוֹת עִם כָּל בָּשָׂר וָרוּחַ, לֹא כְרָעָתָם תִּגְמֹל.
אֵל, הוֹרֵיתָ לָּנוּ לוֹמַר שְׁלֹשׁ עֶשְׂרֵה
זְכָר לָנוּ הַיּוֹם בְּרִית שְׁלֹשׁ עֶשְׂרֵה
כְּהוֹדַעְתָּ לֶעָנָו מִקֶּדֶם, כְּמוֹ שֶׁכָּתוּב:
וַיֵּרֶד יהוה בֶּעָנָן, וַיִּתְיַצֵּב עִמּוֹ שָׁם שמות לד
וַיִּקְרָא בְשֵׁם יהוה:

קהל ואחריו שליח הציבור:

וַיַּעֲבֹר יהוה עַל־פָּנָיו וַיִּקְרָא

יהוה, יהוה, אֵל רַחוּם וְחַנּוּן, אֶרֶךְ אַפַּיִם, וְרַב־חֶסֶד וֶאֱמֶת:
נֹצֵר חֶסֶד לָאֲלָפִים, נֹשֵׂא עָוֹן וָפֶשַׁע וְחַטָּאָה, וְנַקֵּה:

וְסָלַחְתָּ לַעֲוֹנֵנוּ וּלְחַטָּאתֵנוּ וּנְחַלְתָּנוּ:
סְלַח לָנוּ, אָבִינוּ, כִּי חָטָאנוּ.
מְחַל לָנוּ, מַלְכֵּנוּ, כִּי פָשָׁעְנוּ.
כִּי־אַתָּה, יהוה, טוֹב וְסַלָּח וְרַב־חֶסֶד לְכָל־קֹרְאֶיךָ: תהלים פו

אַל־תִּזְכָּר־לָנוּ עֲוֹנֹת רִאשֹׁנִים, מַהֵר יְקַדְּמוּנוּ רַחֲמֶיךָ כִּי דַלּוֹנוּ מְאֹד: תהלים עט
יהוה אֱלֹהֵינוּ, בְּעָלוּנוּ אֲדֹנִים זוּלָתֶךָ, לְבַד־בְּךָ נַזְכִּיר שְׁמֶךָ: ישעיה כו
כִּי־עָלֶיךָ הֹרַגְנוּ כָל־הַיּוֹם, נֶחְשַׁבְנוּ כְּצֹאן טִבְחָה: תהלים מד

כְּרַחֵם אָב עַל בָּנִים, כֵּן תְּרַחֵם יהוה עָלֵינוּ.
לַיהוה הַיְשׁוּעָה, עַל־עַמְּךָ בִרְכָתֶךָ סֶּלָה: תהלים ג
יהוה צְבָאוֹת עִמָּנוּ, מִשְׂגָּב לָנוּ אֱלֹהֵי יַעֲקֹב סֶלָה: תהלים מו
יהוה צְבָאוֹת, אַשְׁרֵי אָדָם בֹּטֵחַ בָּךְ: תהלים פד
יהוה הוֹשִׁיעָה, הַמֶּלֶךְ יַעֲנֵנוּ בְיוֹם־קָרְאֵנוּ: תהלים כ

מעומק דאגתנו ודלותנו תחת יד הגויים, את רחמיו של ה׳ אנו מזכירים,
ולהבטחתו לגאול אותנו כמו שגאל בימי קדם אנו מצפים.

טו. מחבר: רבי בנימין בן זרח

אֱלֹהֵינוּ וֵאלֹהֵי אֲבוֹתֵינוּ

אַיֵּה קִנְאָתְךָ וּגְבוּרוֹתֶיךָ
בַּעֲשׂוֹתְךָ נוֹרָאוֹת לְזֶרַע כְּרוּתֵי בְרִיתֶךָ
גְּרוּשִׁים נְטוּשִׁים אֲנַחְנוּ מִנַּחֲלָתֶךָ
יהוה אֱלֹהִים, בְּעָלוּנוּ אֲדֹנִים זוּלָתֶךָ: ישעיה כו

דַּאֲגַת עֲנִיֶּיךָ גָּדְלָה עַד לִמְאֹד
הַסּוֹבְלִים עֹל מוֹרָאֲךָ בְּלֵב וָנֶפֶשׁ וּמְאֹד
וְהֵם שָׁחִים וּמְשְׁפָּלִים עַד מְאֹד
מַהֵר יְקַדְּמוּנוּ רַחֲמֶיךָ כִּי דַלּוֹנוּ מְאֹד: תהלים עט

זִיוֵנוּ שׁוֹנֶה מִפְּנֵי מְחָרְפִים יוֹם יוֹם
חוֹרְקִים שֵׁן וְשׂוֹחֲחִים אַךְ זֶה הַיּוֹם
טֶכֶס מֶמְשַׁלְתְּךָ גַּלֵּה, אָיֹם
כִּי־עָלֶיךָ הֹרַגְנוּ כָל־הַיּוֹם: תהלים מד

יִחַלְנוּ קֵץ גְּאֻלָּה וְנֶחָמָה
כִּי כִסַּתְנוּ בוּשָׁה וְעָטַתְנוּ כְלִמָּה
לְחוּצִים וַעֲבוּדִים תַּחַת יַד כָּל אֻמָּה
וְאֵין אִתָּנוּ יוֹדֵעַ עַד מָה.

מֶלֶךְ מְלָכִים, זְכֹר רַחֲמֶיךָ הַיְשָׁנִים
נוֹצְרֵי יִחוּדֶךָ מַלֵּט מֵאוּדִים הָעֲשֵׁנִים
סַאַב צַחֲנָתָם לַבֵּן הַמִּתְלַעַ כַּשָּׁנִים
אַל־תִּזְכָּר־לָנוּ עֲוֹנֹת רִאשֹׁנִים: תהלים עט

עַל הַר צִיּוֹן שֶׁשָּׁמֵם
פָּנֵי כְבוּשִׁים וְלִבִּי יִשְׁתּוֹמֵם
צָרִים אֲשֶׁר שְׁמְמוּהוּ הַאֲשִׁימֵם
וְהָאֵר פָּנֶיךָ עַל־מִקְדָּשְׁךָ הַשָּׁמֵם: דניאל ט

קִנְיַן הַנִּקְנָה מֵאָז לְשֵׁם תִּפְאַרְתֶּךָ
רַחֵם וְאַל תַּשְׁחֵת וְהִיא תְהִלָּתֶךָ
שֶׁכֵּן הִבְטִיחָנוּ נֶאֱמַן בֵּיתֶךָ
כִּי אֵל רַחוּם יהוה אֱלֹהֶיךָ, לֹא יַרְפְּךָ וְלֹא יַשְׁחִיתֶךָ: דברים ד

תִּזְכֹּר תַּבְנִית תָּם בְּכִסְאֲךָ מְחֻקֶּה
נָאוֹר, יְלָדָיו מִנַּחַל עֲדָנֶיךָ תַשְׁקֶה
יֶשַׁע הַמְצִיאֵם וּמִפֶּשַׁע אוֹתָם נַקֵּה
נֹשֵׂא עָוֹן וָפֶשַׁע וְחַטָּאָה, וְנַקֵּה: שמות לד

אֵל מֶלֶךְ יוֹשֵׁב עַל כִּסֵּא רַחֲמִים, מִתְנַהֵג בַּחֲסִידוּת.
מוֹחֵל עֲוֹנוֹת עַמּוֹ, מַעֲבִיר רִאשׁוֹן רִאשׁוֹן.
מַרְבֶּה מְחִילָה לְחַטָּאִים, וּסְלִיחָה לְפוֹשְׁעִים.
עֹשֶׂה צְדָקוֹת עִם כָּל בָּשָׂר וָרוּחַ, לֹא כְרָעָתָם תִּגְמֹל.
אֵל, הוֹרֵיתָ לָּנוּ לוֹמַר שְׁלֹשׁ עֶשְׂרֵה
זְכָר לָנוּ הַיּוֹם בְּרִית שְׁלֹשׁ עֶשְׂרֵה
כְּהוֹדַעְתָּ לֶעָנָו מִקֶּדֶם, כְּמוֹ שֶׁכָּתוּב:
וַיֵּרֶד יהוה בֶּעָנָן, וַיִּתְיַצֵּב עִמּוֹ שָׁם שמות לד
וַיִּקְרָא בְשֵׁם יהוה:

קהל ואחריו שליח הציבור:

וַיַּעֲבֹר יהוה עַל־פָּנָיו וַיִּקְרָא

יהוה, יהוה, אֵל רַחוּם וְחַנּוּן, אֶרֶךְ אַפַּיִם, וְרַב־חֶסֶד וֶאֱמֶת:
נֹצֵר חֶסֶד לָאֲלָפִים, נֹשֵׂא עָוֹן וָפֶשַׁע וְחַטָּאָה, וְנַקֵּה:

וְסָלַחְתָּ לַעֲוֹנֵנוּ וּלְחַטָּאתֵנוּ וּנְחַלְתָּנוּ:
סְלַח לָנוּ, אָבִינוּ, כִּי חָטָאנוּ, מְחַל לָנוּ, מַלְכֵּנוּ, כִּי פָשָׁעְנוּ.
כִּי־אַתָּה, יהוה, טוֹב וְסַלָּח וְרַב־חֶסֶד לְכָל־קֹרְאֶיךָ: תהלים פו

בהיות מקדש על מכונו וכהנים על משמרתם הקרבנות היו כפרתנו, כיום נותרו לנו רק תפילתנו ותחינתנו. יהי רצון שתפילתנו תעמוד לנו לכפר חטאינו.

טז. פזמון | מחבר: רבי שלמה אבן גבירול

שַׁחַר קַמְתִּי לְהוֹדוֹת לְךָ, אֱלֹהֵי תְהִלָּתִי
וַאֲרַנֵּן לַבֹּקֶר וְאוֹדִיעֲךָ חַטָּאתִי
תִּנָּתֶן לִי בָּזֶה שְׂכַר לִפְעֻלָּתִי
נַפְשִׁי בִּשְׁאֵלָתִי וְעַמִּי בְּבַקָּשָׁתִי: אסתר ז

לְפָנִים זֹאת בְּיִשְׂרָאֵל מַקְרִיבֵי הַקָּרְבָּן
אִם חֲטָאַי כַּשָּׁנִי כֻּלּוֹ הָפַךְ לָבָן
וְאֶדַּדֶּה כָּל שְׁנוֹתַי וְאַאֲנִין עַל הַחָרְבָּן
וְאֵין לִי לְבַד מִלָּתִי וְעוֹלָתִי תְּפִלָּתִי.
נַפְשִׁי בִּשְׁאֵלָתִי וְעַמִּי בְּבַקָּשָׁתִי:

מִזְבֵּחַ בִּהְיוֹתוֹ וְקָדָשִׁים לִזְבִיחָה
וְהֵבִיא אִישׁ אֶת זִבְחוֹ וְחַטָּאתוֹ נִמְחָה
אָפֵס מֶנִּי מְכַהֵן וְאֵין זֶבַח וְאֵין מִנְחָה
תּוֹדָתִי זְבִיחָתִי שִׂיחָתִי מִנְחָתִי.
נַפְשִׁי בִּשְׁאֵלָתִי וְעַמִּי בְּבַקָּשָׁתִי:

הֵן בִּהְיוֹת הָעֲבוֹדָה וְכֹהֲנִים עַל מִשְׁמֶרֶת
הֲלֹא חַטָּאת מְכַפֶּרֶת וְהָעוֹלָה מַכְשֶׁרֶת
וְאֵין חַטָּאת וְאֵין עוֹלָה וְלֹא חֵלֶב וְיוֹתֶרֶת
וְאֶשְׁפֹּךְ אֶת רִנָּתִי וְאַפִּיל תְּחִנָּתִי.
נַפְשִׁי בִּשְׁאֵלָתִי וְעַמִּי בְּבַקָּשָׁתִי:

הֵן קֶדֶם בַּמִּקְדָּשׁ בְּקוּם זְרִיזִים בְּאַשְׁמֹרֶת
טְהוֹרִים נִצְּבוּ לְהָפִיס חֲדָשִׁים לִקְטֹרֶת
וְאֵין לְבוֹנָה וְאֵין קְטֹרֶת וְנִשְׁאַרְתִּי שְׁחַרְחֹרֶת
בְּהִתְוַדּוֹת חַטָּאתִי תְּהִי כְּקָרְבַּן תּוֹדָתִי.
נַפְשִׁי בִּשְׁאֵלָתִי וְעַמִּי בְּבַקָּשָׁתִי:

חֲזֵה, קָדוֹשׁ, כִּי יָדַי כָּבְדָה עַל אַנְחָתִי
וְאֵין מִי יַעֲמֹד בַּעֲדִי וְאֵין לִי בֵּית מְנוּחָתִי
לְבַד בְּךָ אַזְכִּיר שִׁמְךָ, מָעוֹז צוּר יְשׁוּעָתִי
הַעֲבֵר אֶת אַשְׁמָתִי וַעֲנֵה בִּי צִדְקָתִי.
נַפְשִׁי בִּשְׁאֵלָתִי וְעַמִּי בְּבַקָּשָׁתִי:

אֵל מֶלֶךְ יוֹשֵׁב עַל כִּסֵּא רַחֲמִים, מִתְנַהֵג בַּחֲסִידוּת.
מוֹחֵל עֲוֹנוֹת עַמּוֹ, מַעֲבִיר רִאשׁוֹן רִאשׁוֹן.
מַרְבֶּה מְחִילָה לְחַטָּאִים, וּסְלִיחָה לְפוֹשְׁעִים.
עֹשֶׂה צְדָקוֹת עִם כָּל בָּשָׂר וָרוּחַ, לֹא כְרָעָתָם תִּגְמֹל.
אֵל, הוֹרֵיתָ לָנוּ לוֹמַר שְׁלֹשׁ עֶשְׂרֵה
זְכֹר לָנוּ הַיּוֹם בְּרִית שְׁלֹשׁ עֶשְׂרֵה
כְּהוֹדַעְתָּ לֶעָנָו מִקֶּדֶם, כְּמוֹ שֶׁכָּתוּב:
וַיֵּרֶד יהוה בֶּעָנָן שמות לד
וַיִּתְיַצֵּב עִמּוֹ שָׁם
וַיִּקְרָא בְשֵׁם יהוה:

קהל ואחריו שליח הציבור:

וַיַּעֲבֹר יהוה עַל־פָּנָיו וַיִּקְרָא

יהוה, יהוה, אֵל רַחוּם וְחַנּוּן, אֶרֶךְ אַפַּיִם, וְרַב־חֶסֶד וֶאֱמֶת:
נֹצֵר חֶסֶד לָאֲלָפִים, נֹשֵׂא עָוֹן וָפֶשַׁע וְחַטָּאָה, וְנַקֵּה:

וְסָלַחְתָּ לַעֲוֹנֵנוּ וּלְחַטָּאתֵנוּ וּנְחַלְתָּנוּ:
סְלַח לָנוּ, אָבִינוּ, כִּי חָטָאנוּ
מְחַל לָנוּ, מַלְכֵּנוּ, כִּי פָשָׁעְנוּ.
כִּי־אַתָּה, יהוה, טוֹב וְסַלָּח וְרַב־חֶסֶד לְכָל־קֹרְאֶיךָ: תהלים פו

תהלים כה זְכֹר־רַחֲמֶיךָ יהוה וַחֲסָדֶיךָ, כִּי מֵעוֹלָם הֵמָּה:
זָכְרֵנוּ יהוה בִּרְצוֹן עַמֶּךָ, פָּקְדֵנוּ בִּישׁוּעָתֶךָ.
תהלים עד זְכֹר עֲדָתְךָ קָנִיתָ קֶּדֶם, גָּאַלְתָּ שֵׁבֶט נַחֲלָתֶךָ, הַר־צִיּוֹן זֶה שָׁכַנְתָּ בּוֹ:
זְכֹר יהוה חִבַּת יְרוּשָׁלָיִם, אַהֲבַת צִיּוֹן אַל תִּשְׁכַּח לָנֶצַח.
תהלים קב אַתָּה תָקוּם תְּרַחֵם צִיּוֹן, כִּי־עֵת לְחֶנְנָהּ, כִּי־בָא מוֹעֵד:
תהלים קלז זְכֹר יהוה לִבְנֵי אֱדוֹם אֵת יוֹם יְרוּשָׁלָיִם
הָאֹמְרִים עָרוּ עָרוּ, עַד הַיְסוֹד בָּהּ:
שמות לב זְכֹר לְאַבְרָהָם לְיִצְחָק וּלְיִשְׂרָאֵל עֲבָדֶיךָ
אֲשֶׁר נִשְׁבַּעְתָּ לָהֶם בָּךְ וַתְּדַבֵּר אֲלֵהֶם
אַרְבֶּה אֶת־זַרְעֲכֶם כְּכוֹכְבֵי הַשָּׁמָיִם
וְכָל־הָאָרֶץ הַזֹּאת אֲשֶׁר אָמַרְתִּי אֶתֵּן לְזַרְעֲכֶם, וְנָחֲלוּ לְעֹלָם:
דברים ט זְכֹר לַעֲבָדֶיךָ לְאַבְרָהָם לְיִצְחָק וּלְיַעֲקֹב
אַל־תֵּפֶן אֶל־קְשִׁי הָעָם הַזֶּה וְאֶל־רִשְׁעוֹ וְאֶל־חַטָּאתוֹ:

זְכָר לָנוּ בְּרִית אָבוֹת כַּאֲשֶׁר אָמַרְתָּ:
ויקרא כו וְזָכַרְתִּי אֶת־בְּרִיתִי יַעֲקוֹב
וְאַף אֶת־בְּרִיתִי יִצְחָק וְאַף אֶת־בְּרִיתִי אַבְרָהָם אֶזְכֹּר
וְהָאָרֶץ אֶזְכֹּר:

זְכָר לָנוּ בְּרִית רִאשׁוֹנִים כַּאֲשֶׁר אָמַרְתָּ:
ויקרא כו וְזָכַרְתִּי לָהֶם בְּרִית רִאשֹׁנִים
אֲשֶׁר הוֹצֵאתִי־אֹתָם מֵאֶרֶץ מִצְרַיִם לְעֵינֵי הַגּוֹיִם
לִהְיוֹת לָהֶם לֵאלֹהִים, אֲנִי יהוה:

עֲשֵׂה עִמָּנוּ כְּמָה שֶׁהִבְטַחְתָּנוּ:
ויקרא כו וְאַף גַּם־זֹאת בִּהְיוֹתָם בְּאֶרֶץ אֹיְבֵיהֶם
לֹא־מְאַסְתִּים וְלֹא־גְעַלְתִּים לְכַלֹּתָם
לְהָפֵר בְּרִיתִי אִתָּם, כִּי אֲנִי יהוה אֱלֹהֵיהֶם:

הָשֵׁב שְׁבוּתֵנוּ וְרַחֲמֵנוּ כְּמָה שֶׁכָּתוּב:
וְשָׁב יהוה אֱלֹהֶיךָ אֶת־שְׁבוּתְךָ וְרִחֲמֶךָ דברים ל
וְשָׁב וְקִבֶּצְךָ מִכָּל־הָעַמִּים
אֲשֶׁר הֱפִיצְךָ יהוה אֱלֹהֶיךָ שָׁמָּה:

קַבֵּץ נִדָּחֵינוּ כְּמָה שֶׁכָּתוּב:
אִם־יִהְיֶה נִדַּחֲךָ בִּקְצֵה הַשָּׁמָיִם דברים ל
מִשָּׁם יְקַבֶּצְךָ יהוה אֱלֹהֶיךָ וּמִשָּׁם יִקָּחֶךָ:

מְחֵה פְשָׁעֵינוּ כָּעָב וְכֶעָנָן כְּמָה שֶׁכָּתוּב:
מָחִיתִי כָעָב פְּשָׁעֶיךָ וְכֶעָנָן חַטֹּאותֶיךָ, שׁוּבָה אֵלַי כִּי גְאַלְתִּיךָ: ישעיה מד
מְחֵה פְשָׁעֵינוּ לְמַעַנְךָ כַּאֲשֶׁר אָמַרְתָּ:
אָנֹכִי אָנֹכִי הוּא מֹחֶה פְשָׁעֶיךָ לְמַעֲנִי, וְחַטֹּאתֶיךָ לֹא אֶזְכֹּר: ישעיה מג

הַלְבֵּן חֲטָאֵינוּ כַּשֶּׁלֶג וְכַצֶּמֶר כְּמָה שֶׁכָּתוּב:
לְכוּ־נָא וְנִוָּכְחָה יֹאמַר יהוה ישעיה א
אִם־יִהְיוּ חֲטָאֵיכֶם כַּשָּׁנִים כַּשֶּׁלֶג יַלְבִּינוּ
אִם־יַאְדִּימוּ כַתּוֹלָע כַּצֶּמֶר יִהְיוּ:

זְרֹק עָלֵינוּ מַיִם טְהוֹרִים וְטַהֲרֵנוּ כְּמָה שֶׁכָּתוּב:
וְזָרַקְתִּי עֲלֵיכֶם מַיִם טְהוֹרִים וּטְהַרְתֶּם יחזקאל לו
מִכֹּל טֻמְאוֹתֵיכֶם וּמִכָּל־גִּלּוּלֵיכֶם אֲטַהֵר אֶתְכֶם:

רַחֵם עָלֵינוּ וְאַל תַּשְׁחִיתֵנוּ כְּמָה שֶׁכָּתוּב:
כִּי אֵל רַחוּם יהוה אֱלֹהֶיךָ דברים ד
לֹא יַרְפְּךָ וְלֹא יַשְׁחִיתֶךָ
וְלֹא יִשְׁכַּח אֶת־בְּרִית אֲבוֹתֶיךָ אֲשֶׁר נִשְׁבַּע לָהֶם:

מוֹל אֶת לְבָבֵנוּ לְאַהֲבָה אֶת שְׁמֶךָ כְּמָה שֶׁכָּתוּב:
וּמָל יהוה אֱלֹהֶיךָ אֶת־לְבָבְךָ וְאֶת־לְבַב זַרְעֶךָ דברים ל
לְאַהֲבָה אֶת־יהוה אֱלֹהֶיךָ בְּכָל־לְבָבְךָ וּבְכָל־נַפְשְׁךָ, לְמַעַן חַיֶּיךָ:

הִמָּצֵא לָנוּ בְּבַקָּשָׁתֵנוּ כְּמָה שֶׁכָּתוּב:

דברים ד וּבִקַּשְׁתֶּם מִשָּׁם אֶת־יהוה אֱלֹהֶיךָ וּמָצָאתָ
כִּי תִדְרְשֶׁנּוּ בְּכָל־לְבָבְךָ וּבְכָל־נַפְשֶׁךָ:

תְּבִיאֵנוּ אֶל הַר קָדְשֶׁךָ וְשַׂמְּחֵנוּ בְּבֵית תְּפִלָּתֶךָ כְּמָה שֶׁכָּתוּב:

ישעיה נו וַהֲבִיאוֹתִים אֶל־הַר קָדְשִׁי וְשִׂמַּחְתִּים בְּבֵית תְּפִלָּתִי
עוֹלֹתֵיהֶם וְזִבְחֵיהֶם לְרָצוֹן עַל־מִזְבְּחִי
כִּי בֵיתִי בֵּית־תְּפִלָּה יִקָּרֵא לְכָל־הָעַמִּים:

פותחים את ארון הקודש ואומרים פסוק פסוק עד 'אַל תַּעַזְבֵנוּ'.

יש קהילות האומרות את הפסוקים בסדר אחר:
'שְׁמַע קוֹלֵנוּ', 'הֲשִׁיבֵנוּ', 'אַל תַּשְׁלִיכֵנוּ מִלְּפָנֶיךָ' ו'אַל תַּשְׁלִיכֵנוּ לְעֵת זִקְנָה',
וממשיכים בלחש: 'אַל תַּעַזְבֵנוּ', 'עֲשֵׂה עִמָּנוּ אוֹת',
'אֲמָרֵינוּ הַאֲזִינָה', 'יִהְיוּ לְרָצוֹן' ו'כִּי לְךָ ה' הוֹחָלְנוּ'.

שליח הציבור אומר, והקהל חוזר אחריו בקול:

שְׁמַע קוֹלֵנוּ, יהוה אֱלֹהֵינוּ, חוּס וְרַחֵם עָלֵינוּ
וְקַבֵּל בְּרַחֲמִים וּבְרָצוֹן אֶת תְּפִלָּתֵנוּ.

איכה ה הֲשִׁיבֵנוּ יהוה אֵלֶיךָ וְנָשׁוּבָה, חַדֵּשׁ יָמֵינוּ כְּקֶדֶם:
אֲמָרֵינוּ הַאֲזִינָה יהוה, בִּינָה הֲגִיגֵנוּ.

בלחש: יִהְיוּ לְרָצוֹן אִמְרֵי פִינוּ וְהֶגְיוֹן לִבֵּנוּ לְפָנֶיךָ, יהוה צוּרֵנוּ וְגוֹאֲלֵנוּ.
אַל תַּשְׁלִיכֵנוּ מִלְּפָנֶיךָ, וְרוּחַ קָדְשְׁךָ אַל תִּקַּח מִמֶּנּוּ.
אַל תַּשְׁלִיכֵנוּ לְעֵת זִקְנָה, כִּכְלוֹת כֹּחֵנוּ אַל תַּעַזְבֵנוּ.
אַל תַּעַזְבֵנוּ יהוה, אֱלֹהֵינוּ אַל תִּרְחַק מִמֶּנּוּ.
עֲשֵׂה עִמָּנוּ אוֹת לְטוֹבָה, וְיִרְאוּ שׂוֹנְאֵינוּ וְיֵבֹשׁוּ
כִּי אַתָּה יהוה עֲזַרְתָּנוּ וְנִחַמְתָּנוּ.
כִּי לְךָ יהוה הוֹחָלְנוּ, אַתָּה תַעֲנֶה אֲדֹנָי אֱלֹהֵינוּ.

סוגרים את ארון הקודש.

וידוי

אֱלֹהֵינוּ וֵאלֹהֵי אֲבוֹתֵינוּ
תָּבֹא לְפָנֶיךָ תְּפִלָּתֵנוּ, וְאַל תִּתְעַלַּם מִתְּחִנָּתֵנוּ.
שֶׁאֵין אֲנוּ עַזֵּי פָנִים וּקְשֵׁי עֹרֶף לוֹמַר לְפָנֶיךָ
יהוה אֱלֹהֵינוּ וֵאלֹהֵי אֲבוֹתֵינוּ
צַדִּיקִים אֲנַחְנוּ וְלֹא חָטָאנוּ.
אֲבָל אֲנַחְנוּ וַאֲבוֹתֵינוּ חָטָאנוּ.

כשמתוודה, מכה באגרופו על החזה כנגד הלב בכל חטא שמזכיר.

אָשַׁמְנוּ, בָּגַדְנוּ, גָּזַלְנוּ, דִּבַּרְנוּ דֹפִי
הֶעֱוִינוּ, וְהִרְשַׁעְנוּ, זַדְנוּ, חָמַסְנוּ, טָפַלְנוּ שֶׁקֶר
יָעַצְנוּ רָע, כִּזַּבְנוּ, לַצְנוּ, מָרַדְנוּ, נִאַצְנוּ
סָרַרְנוּ, עָוִינוּ, פָּשַׁעְנוּ, צָרַרְנוּ, קִשִּׁינוּ עֹרֶף
רָשַׁעְנוּ, שִׁחַתְנוּ, תִּעַבְנוּ, תָּעִינוּ, תִּעְתָּעְנוּ.

סַרְנוּ מִמִּצְוֹתֶיךָ וּמִמִּשְׁפָּטֶיךָ הַטּוֹבִים, וְלֹא שָׁוָה לָנוּ.
וְאַתָּה צַדִּיק עַל כָּל־הַבָּא עָלֵינוּ נחמיה ט
כִּי־אֱמֶת עָשִׂיתָ וַאֲנַחְנוּ הִרְשָׁעְנוּ:

אָשַׁמְנוּ מִכָּל עָם, בֹּשְׁנוּ מִכָּל דּוֹר
גָּלָה מִמֶּנּוּ מָשׂוֹשׂ, דָּוָה לִבֵּנוּ בַּחֲטָאֵינוּ
הָחְבַּל אִוּוּיֵנוּ, וְנִפְרַע פְּאֵרֵנוּ
זְבוּל בֵּית מִקְדָּשֵׁנוּ חָרַב בַּעֲוֹנֵינוּ, טִירָתֵנוּ הָיְתָה לְשַׁמָּה
יְפִי אַדְמָתֵנוּ לְזָרִים, כֹּחֵנוּ לְנָכְרִים.

על פי הגר״א (מעשה רב, אות רב) אומרים וידוי פעם אחת בלבד.

וַעֲדַיִן לֹא שַׁבְנוּ מִטָּעוּתֵנוּ, וְהֵיאַךְ נָעִיז פָּנֵינוּ וְנַקְשֶׁה עָרְפֵּנוּ, לוֹמַר לְפָנֶיךָ, יהוה אֱלֹהֵינוּ וֵאלֹהֵי אֲבוֹתֵינוּ, צַדִּיקִים אֲנַחְנוּ וְלֹא חָטָאנוּ, אֲבָל אֲנַחְנוּ וַאֲבוֹתֵינוּ חָטָאנוּ.

כשמתוודה, מכה באגרופו על החזה כנגד הלב בכל חטא שמזכיר.

אָשַׁמְנוּ, בָּגַדְנוּ, גָּזַלְנוּ, דִּבַּרְנוּ דֹפִי
הֶעֱוִינוּ, וְהִרְשַׁעְנוּ, זַדְנוּ, חָמַסְנוּ, טָפַלְנוּ שֶׁקֶר
יָעַצְנוּ רָע, כִּזַּבְנוּ, לַצְנוּ, מָרַדְנוּ, נִאַצְנוּ
סָרַרְנוּ, עָוִינוּ, פָּשַׁעְנוּ, צָרַרְנוּ, קִשִּׁינוּ עֹרֶף
רָשַׁעְנוּ, שִׁחַתְנוּ, תִּעַבְנוּ, תָּעִינוּ, תִּעְתָּעְנוּ.

סַרְנוּ מִמִּצְוֹתֶיךָ וּמִמִּשְׁפָּטֶיךָ הַטּוֹבִים, וְלֹא שָׁוָה לָנוּ.
נחמיה ט וְאַתָּה צַדִּיק עַל כָּל־הַבָּא עָלֵינוּ, כִּי־אֱמֶת עָשִׂיתָ וַאֲנַחְנוּ הִרְשָׁעְנוּ:

לְעֵינֵינוּ עָשְׁקוּ עֲמָלֵנוּ, מְמֻשָּׁךְ וּמְמֹרָט מִמֶּנּוּ
נָתְנוּ עֻלָּם עָלֵינוּ, סָבַלְנוּ עַל שִׁכְמֵנוּ
איכה ה עֲבָדִים מָשְׁלוּ בָנוּ, פֹּרֵק אֵין מִיָּדָם:
צָרוֹת רַבּוֹת סְבָבוּנוּ, קְרָאנוּךָ יהוה אֱלֹהֵינוּ
רִחַקְתָּ מִמֶּנּוּ בַּעֲוֹנֵינוּ, שַׁבְנוּ מֵאַחֲרֶיךָ, תָּעִינוּ וְאָבָדְנוּ.

וַעֲדַיִן לֹא שַׁבְנוּ מִטָּעוּתֵנוּ, וְהֵיאַךְ נָעִיז פָּנֵינוּ וְנַקְשֶׁה עָרְפֵּנוּ, לוֹמַר לְפָנֶיךָ, יהוה אֱלֹהֵינוּ וֵאלֹהֵי אֲבוֹתֵינוּ, צַדִּיקִים אֲנַחְנוּ וְלֹא חָטָאנוּ, אֲבָל אֲנַחְנוּ וַאֲבוֹתֵינוּ חָטָאנוּ.

כשמתוודה, מכה באגרופו על החזה כנגד הלב בכל חטא שמזכיר.

אָשַׁמְנוּ, בָּגַדְנוּ, גָּזַלְנוּ, דִּבַּרְנוּ דֹפִי
הֶעֱוִינוּ, וְהִרְשַׁעְנוּ, זַדְנוּ, חָמַסְנוּ, טָפַלְנוּ שֶׁקֶר
יָעַצְנוּ רָע, כִּזַּבְנוּ, לַצְנוּ, מָרַדְנוּ, נִאַצְנוּ
סָרַרְנוּ, עָוִינוּ, פָּשַׁעְנוּ, צָרַרְנוּ, קִשִּׁינוּ עֹרֶף
רָשַׁעְנוּ, שִׁחַתְנוּ, תִּעַבְנוּ, תָּעִינוּ, תִּעְתָּעְנוּ.

סַרְנוּ מִמִּצְוֹתֶיךָ וּמִמִּשְׁפָּטֶיךָ הַטּוֹבִים, וְלֹא שָׁוָה לָנוּ.
נחמיה ט וְאַתָּה צַדִּיק עַל כָּל־הַבָּא עָלֵינוּ, כִּי־אֱמֶת עָשִׂיתָ וַאֲנַחְנוּ הִרְשָׁעְנוּ:

הִרְשַׁעְנוּ וּפָשַׁעְנוּ לָכֵן לֹא נוֹשָׁעְנוּ.
וְתֵן בְּלִבֵּנוּ לַעֲזֹב דֶּרֶךְ רֶשַׁע, וְחִישׁ לָנוּ יֶשַׁע
ישעיה נה כַּכָּתוּב עַל יַד נְבִיאֶךָ: יַעֲזֹב רָשָׁע דַּרְכּוֹ וְאִישׁ אָוֶן מַחְשְׁבֹתָיו
וְיָשֹׁב אֶל־יהוה וִירַחֲמֵהוּ וְאֶל־אֱלֹהֵינוּ כִּי־יַרְבֶּה לִסְלוֹחַ:

מְשִׁיחַ צִדְקֶךָ אָמַר לְפָנֶיךָ: שְׁגִיאוֹת מִי־יָבִין, מִנִּסְתָּרוֹת נַקֵּנִי: נַקֵּנוּ יהוה אֱלֹהֵינוּ מִכָּל פְּשָׁעֵינוּ וְטַהֲרֵנוּ מִכָּל טֻמְאוֹתֵינוּ וּזְרֹק עָלֵינוּ מַיִם טְהוֹרִים וְטַהֲרֵנוּ, כַּכָּתוּב עַל יַד נְבִיאֶךָ: וְזָרַקְתִּי עֲלֵיכֶם מַיִם טְהוֹרִים וּטְהַרְתֶּם, מִכֹּל טֻמְאוֹתֵיכֶם וּמִכָּל־גִּלּוּלֵיכֶם אֲטַהֵר אֶתְכֶם: עַמְּךָ וְנַחֲלָתְךָ רְעֵבֵי טוּבְךָ, צְמֵאֵי חַסְדְּךָ, תְּאֵבֵי יִשְׁעֶךָ. יַכִּירוּ וְיֵדְעוּ, כִּי לַיהוה אֱלֹהֵינוּ הָרַחֲמִים וְהַסְּלִיחוֹת. תהלים יט יחזקאל לו

אֵל רַחוּם שְׁמֶךָ. אֵל חַנּוּן שְׁמֶךָ. בָּנוּ נִקְרָא שְׁמֶךָ. יהוה עֲשֵׂה לְמַעַן שְׁמֶךָ. עֲשֵׂה לְמַעַן אֲמִתָּךְ. עֲשֵׂה לְמַעַן בְּרִיתָךְ. עֲשֵׂה לְמַעַן גָּדְלָךְ וְתִפְאַרְתָּךְ. עֲשֵׂה לְמַעַן דָּתָךְ. עֲשֵׂה לְמַעַן הוֹדָךְ. עֲשֵׂה לְמַעַן וִעוּדָךְ. עֲשֵׂה לְמַעַן זִכְרָךְ. עֲשֵׂה לְמַעַן חַסְדָּךְ. עֲשֵׂה לְמַעַן טוּבָךְ. עֲשֵׂה לְמַעַן יִחוּדָךְ. עֲשֵׂה לְמַעַן כְּבוֹדָךְ. עֲשֵׂה לְמַעַן לִמּוּדָךְ. עֲשֵׂה לְמַעַן מַלְכוּתָךְ. עֲשֵׂה לְמַעַן נִצְחָךְ. עֲשֵׂה לְמַעַן סוֹדָךְ. עֲשֵׂה לְמַעַן עֻזָּךְ. עֲשֵׂה לְמַעַן פְּאֵרָךְ. עֲשֵׂה לְמַעַן צִדְקָתָךְ. עֲשֵׂה לְמַעַן קְדֻשָּׁתָךְ. עֲשֵׂה לְמַעַן רַחֲמֶיךָ הָרַבִּים. עֲשֵׂה לְמַעַן שְׁכִינָתָךְ. עֲשֵׂה לְמַעַן תְּהִלָּתָךְ. עֲשֵׂה לְמַעַן אוֹהֲבֶיךָ שׁוֹכְנֵי עָפָר. עֲשֵׂה לְמַעַן אַבְרָהָם יִצְחָק וְיַעֲקֹב. עֲשֵׂה לְמַעַן מֹשֶׁה וְאַהֲרֹן. עֲשֵׂה לְמַעַן דָּוִד וּשְׁלֹמֹה. עֲשֵׂה לְמַעַן יְרוּשָׁלַיִם עִיר קָדְשֶׁךָ. עֲשֵׂה לְמַעַן צִיּוֹן מִשְׁכַּן כְּבוֹדֶךָ. עֲשֵׂה לְמַעַן שִׁמְמוֹת הֵיכָלֶךָ. עֲשֵׂה לְמַעַן הֲרִיסוּת מִזְבְּחֶךָ. עֲשֵׂה לְמַעַן הֲרוּגִים עַל שֵׁם קָדְשֶׁךָ. עֲשֵׂה לְמַעַן טְבוּחִים עַל יִחוּדֶךָ. עֲשֵׂה לְמַעַן בָּאֵי בָאֵשׁ וּבַמַּיִם עַל קִדּוּשׁ שְׁמֶךָ. עֲשֵׂה לְמַעַן יוֹנְקֵי שָׁדַיִם שֶׁלֹּא חָטְאוּ. עֲשֵׂה לְמַעַן גְּמוּלֵי חָלָב שֶׁלֹּא פָשְׁעוּ. עֲשֵׂה לְמַעַן תִּינוֹקוֹת שֶׁל בֵּית רַבָּן. עֲשֵׂה לְמַעַנְךָ אִם לֹא לְמַעֲנֵנוּ. עֲשֵׂה לְמַעַנְךָ וְהוֹשִׁיעֵנוּ.

עֲנֵנוּ יהוה עֲנֵנוּ. עֲנֵנוּ אֱלֹהֵינוּ עֲנֵנוּ. עֲנֵנוּ אָבִינוּ עֲנֵנוּ. עֲנֵנוּ בּוֹרְאֵנוּ עֲנֵנוּ. עֲנֵנוּ גּוֹאֲלֵנוּ עֲנֵנוּ. עֲנֵנוּ דּוֹרְשֵׁנוּ עֲנֵנוּ. עֲנֵנוּ הָאֵל הַנֶּאֱמָן עֲנֵנוּ. עֲנֵנוּ וָתִיק וְחָסִיד עֲנֵנוּ. עֲנֵנוּ זַךְ וְיָשָׁר עֲנֵנוּ. עֲנֵנוּ חַי וְקַיָּם עֲנֵנוּ. עֲנֵנוּ טוֹב וּמֵטִיב עֲנֵנוּ. עֲנֵנוּ יוֹדֵעַ יֵצֶר עֲנֵנוּ. עֲנֵנוּ כּוֹבֵשׁ כְּעָסִים עֲנֵנוּ. עֲנֵנוּ לוֹבֵשׁ צְדָקוֹת עֲנֵנוּ. עֲנֵנוּ מֶלֶךְ מַלְכֵי הַמְּלָכִים עֲנֵנוּ. עֲנֵנוּ נוֹרָא וְנִשְׂגָּב עֲנֵנוּ. עֲנֵנוּ סוֹלֵחַ

וּמוֹחֵל עֲנֵנוּ. עֲנֵנוּ עוֹנֶה בְּעֵת צָרָה עֲנֵנוּ. עֲנֵנוּ פּוֹדֶה וּמַצִּיל עֲנֵנוּ. עֲנֵנוּ צַדִּיק וְיָשָׁר עֲנֵנוּ. עֲנֵנוּ קָרוֹב לְקוֹרְאָיו עֲנֵנוּ. עֲנֵנוּ רַחוּם וְחַנּוּן עֲנֵנוּ. עֲנֵנוּ שׁוֹמֵעַ אֶל אֶבְיוֹנִים עֲנֵנוּ. עֲנֵנוּ תּוֹמֵךְ תְּמִימִים עֲנֵנוּ. עֲנֵנוּ אֱלֹהֵי אֲבוֹתֵינוּ עֲנֵנוּ. עֲנֵנוּ אֱלֹהֵי אַבְרָהָם עֲנֵנוּ. עֲנֵנוּ פַּחַד יִצְחָק עֲנֵנוּ. עֲנֵנוּ אֲבִיר יַעֲקֹב עֲנֵנוּ. עֲנֵנוּ עֶזְרַת הַשְּׁבָטִים עֲנֵנוּ. עֲנֵנוּ מִשְׂגַּב אִמָּהוֹת עֲנֵנוּ. עֲנֵנוּ קָשֶׁה לִכְעֹס עֲנֵנוּ. עֲנֵנוּ רַךְ לִרְצוֹת עֲנֵנוּ. עֲנֵנוּ עוֹנֶה בְּעֵת רָצוֹן עֲנֵנוּ. עֲנֵנוּ אֲבִי יְתוֹמִים עֲנֵנוּ. עֲנֵנוּ דַּיַּן אַלְמָנוֹת עֲנֵנוּ.

מִי שֶׁעָנָה לְאַבְרָהָם אָבִינוּ בְּהַר הַמּוֹרִיָּה, הוּא יַעֲנֵנוּ.
מִי שֶׁעָנָה לְיִצְחָק בְּנוֹ כְּשֶׁנֶּעֱקַד עַל גַּבֵּי הַמִּזְבֵּחַ, הוּא יַעֲנֵנוּ.
מִי שֶׁעָנָה לְיַעֲקֹב בְּבֵית אֵל, הוּא יַעֲנֵנוּ.
מִי שֶׁעָנָה לְיוֹסֵף בְּבֵית הָאֲסוּרִים, הוּא יַעֲנֵנוּ.
מִי שֶׁעָנָה לַאֲבוֹתֵינוּ עַל יַם סוּף, הוּא יַעֲנֵנוּ.
מִי שֶׁעָנָה לְמֹשֶׁה בְּחוֹרֵב, הוּא יַעֲנֵנוּ.
מִי שֶׁעָנָה לְאַהֲרֹן בַּמַּחְתָּה, הוּא יַעֲנֵנוּ.
מִי שֶׁעָנָה לְפִינְחָס בְּקוּמוֹ מִתּוֹךְ הָעֵדָה, הוּא יַעֲנֵנוּ.
מִי שֶׁעָנָה לִיהוֹשֻׁעַ בַּגִּלְגָּל, הוּא יַעֲנֵנוּ.
מִי שֶׁעָנָה לִשְׁמוּאֵל בַּמִּצְפָּה, הוּא יַעֲנֵנוּ.
מִי שֶׁעָנָה לְדָוִד וּשְׁלֹמֹה בְנוֹ בִּירוּשָׁלָיִם, הוּא יַעֲנֵנוּ.
מִי שֶׁעָנָה לְאֵלִיָּהוּ בְּהַר הַכַּרְמֶל, הוּא יַעֲנֵנוּ.
מִי שֶׁעָנָה לֶאֱלִישָׁע בִּירִיחוֹ, הוּא יַעֲנֵנוּ.
מִי שֶׁעָנָה לְיוֹנָה בִּמְעֵי הַדָּגָה, הוּא יַעֲנֵנוּ.
מִי שֶׁעָנָה לְחִזְקִיָּהוּ מֶלֶךְ יְהוּדָה בְּחָלְיוֹ, הוּא יַעֲנֵנוּ.
מִי שֶׁעָנָה לַחֲנַנְיָה מִישָׁאֵל וַעֲזַרְיָה בְּתוֹךְ כִּבְשַׁן הָאֵשׁ, הוּא יַעֲנֵנוּ.
מִי שֶׁעָנָה לְדָנִיֵּאל בְּגוֹב הָאֲרָיוֹת, הוּא יַעֲנֵנוּ.
מִי שֶׁעָנָה לְמָרְדְּכַי וְאֶסְתֵּר בְּשׁוּשַׁן הַבִּירָה, הוּא יַעֲנֵנוּ.
מִי שֶׁעָנָה לְעֶזְרָא בַּגּוֹלָה, הוּא יַעֲנֵנוּ.
מִי שֶׁעָנָה לְכָל הַצַּדִּיקִים וְהַחֲסִידִים וְהַתְּמִימִים וְהַיְשָׁרִים, הוּא יַעֲנֵנוּ.

רַחֲמָנָא דְּעָנֵי לַעֲנִיֵּי עֲנֵינָן.
רַחֲמָנָא דְּעָנֵי לִתְבִירֵי לִבָּא עֲנֵינָן.
רַחֲמָנָא דְּעָנֵי לְמַכִּיכֵי רוּחָא עֲנֵינָן.
רַחֲמָנָא עֲנֵינָן.
רַחֲמָנָא חוּס, רַחֲמָנָא פְּרֹק, רַחֲמָנָא שֵׁיזִב.
רַחֲמָנָא רַחֵם עֲלָן, הַשְׁתָּא בַּעֲגָלָא וּבִזְמַן קָרִיב.

נפילת אפיים

יושבים, ובמקום שיש בו ספר תורה, נופלים אפיים:
משעינים את הראש על היד שאין בה תפילין (ומי שאין לו תפילין, על יד שמאל),
ומכסים את הפנים (ספר מהרי״ל, סב).

לפני נפילת אפיים נוהגים לומר את הפסוק ׳וַיֹּאמֶר דָּוִד אֶל־גָּד׳ (קיצור של״ה).

וַיֹּאמֶר דָּוִד אֶל־גָּד, צַר־לִי מְאֹד שמואל ב׳ כד
נִפְּלָה־נָּא בְיַד־יהוה, כִּי־רַבִּים רַחֲמָו, וּבְיַד־אָדָם אַל־אֶפֹּלָה:

רַחוּם וְחַנּוּן, חָטָאתִי לְפָנֶיךָ.
יהוה מָלֵא רַחֲמִים, רַחֵם עָלַי וְקַבֵּל תַּחֲנוּנָי.

נוהגים לומר את מזמור ו (מנהגי מהר״י טירנא):

יהוה, אַל־בְּאַפְּךָ תוֹכִיחֵנִי, וְאַל־בַּחֲמָתְךָ תְיַסְּרֵנִי: תהלים ו
חָנֵּנִי יהוה, כִּי אֻמְלַל אָנִי, רְפָאֵנִי יהוה, כִּי נִבְהֲלוּ עֲצָמָי:
וְנַפְשִׁי נִבְהֲלָה מְאֹד, וְאַתָּ יהוה, עַד־מָתָי:
שׁוּבָה יהוה, חַלְּצָה נַפְשִׁי, הוֹשִׁיעֵנִי לְמַעַן חַסְדֶּךָ:
כִּי אֵין בַּמָּוֶת זִכְרֶךָ, בִּשְׁאוֹל מִי יוֹדֶה־לָּךְ:
יָגַעְתִּי בְּאַנְחָתִי, אַשְׂחֶה בְכָל־לַיְלָה מִטָּתִי
בְּדִמְעָתִי עַרְשִׂי אַמְסֶה:
עָשְׁשָׁה מִכַּעַס עֵינִי, עָתְקָה בְּכָל־צוֹרְרָי:
סוּרוּ מִמֶּנִּי כָּל־פֹּעֲלֵי אָוֶן, כִּי שָׁמַע יהוה קוֹל בִּכְיִי:
שָׁמַע יהוה תְּחִנָּתִי, יהוה תְּפִלָּתִי יִקָּח:
יֵבֹשׁוּ וְיִבָּהֲלוּ מְאֹד כָּל־אֹיְבָי, יָשֻׁבוּ יֵבֹשׁוּ רָגַע: כאן מרימים את הראש.

מַחֵי וּמַסֵּי, מֵמִית וּמְחַיֶּה, מַסֵּיק מִן שְׁאוֹל לְחַיֵּי עָלְמָא.
בְּרָא כַּד חָטֵא, אֲבוּהִי לַקְיֵהּ, אֲבוּהִי דְחָיֵס מַסֵּא לִכְאֵבֵהּ.
עַבְדָּא דְמָרֵיד נָפֵיק בְּקוֹלָר, מָרֵהּ תָּאֵיב וְתָבַר קוֹלָרֵהּ.

בְּרָךְ בְּכֹרָךְ אֲנַן וְחָטֵינַן קַמָּךְ, הָא רְוֵי נַפְשִׁין בְּגִידִין מְרָרִין.
עַבְדָּךְ אֲנַן וּמְרַדְנַן קַמָּךְ, הָא בְּבִזְּתָא הָא בְּשִׁבְיְתָא הָא בְּמַלְקְיוּתָא.
בְּמָטוּ מִנָּךְ בְּרַחֲמָךְ דִּנְפִישִׁין, אַסֵּי לִכְאֵבָא דִתְקִף עֲלַן
עַד דְּלָא נֶהֱוֵי גְמִירָא בְּשִׁבְיָא.

יש הנוהגים שלא לומר תחינה זו.

מַכְנִיסֵי רַחֲמִים, הַכְנִיסוּ רַחֲמֵינוּ לִפְנֵי בַּעַל הָרַחֲמִים. מַשְׁמִיעֵי תְפִלָּה, הַשְׁמִיעוּ תְּפִלָּתֵנוּ לִפְנֵי שׁוֹמֵעַ תְּפִלָּה. מַשְׁמִיעֵי צְעָקָה, הַשְׁמִיעוּ צַעֲקָתֵנוּ לִפְנֵי שׁוֹמֵעַ צְעָקָה. מַכְנִיסֵי דִמְעָה, הַכְנִיסוּ דִּמְעוֹתֵינוּ לִפְנֵי מֶלֶךְ מִתְרַצֶּה בִּדְמָעוֹת. הִשְׁתַּדְּלוּ וְהַרְבּוּ תְּחִנָּה וּבַקָּשָׁה לִפְנֵי מֶלֶךְ אֵל רָם וְנִשָּׂא. הַזְכִּירוּ לְפָנָיו הַשְׁמִיעוּ לְפָנָיו תּוֹרָה וּמַעֲשִׂים טוֹבִים שֶׁל שׁוֹכְנֵי עָפָר. יִזְכֹּר אַהֲבָתָם וִיחַיֶּה זַרְעָם, שֶׁלֹּא תֹאבַד שְׁאֵרִית יַעֲקֹב. כִּי צֹאן רוֹעֶה נֶאֱמָן הָיָה לְחֶרְפָּה, יִשְׂרָאֵל גּוֹי אֶחָד לְמָשָׁל וְלִשְׁנִינָה. מַהֵר עֲנֵנוּ אֱלֹהֵי יִשְׁעֵנוּ, וּפְדֵנוּ מִכָּל גְּזֵרוֹת קָשׁוֹת, וְהוֹשִׁיעָה בְּרַחֲמֶיךָ הָרַבִּים מְשִׁיחַ צִדְקָךְ וְעַמָּךְ.

מָרָן דְּבִשְׁמַיָּא לָךְ מִתְחַנַּנַּן, כְּבַר שִׁבְיָא דְּמִתְחַנַּן לְשַׁבְיֵהּ.
כֻּלְּהוֹן בְּנֵי שִׁבְיָא בְּכַסְפָּא מִתְפָּרְקִין
וְעַמָּךְ בֵּית יִשְׂרָאֵל בְּרַחֲמֵי וּבְתַחֲנוּנֵי.
הַב לַן שְׁאֶלְתִּין וּבָעוּתִין, דְּלָא נֶהְדַּר רֵיקָם מִן קֳדָמָךְ.

מָרָן דְּבִשְׁמַיָּא לָךְ מִתְחַנַּנַּן, כְּעַבְדָּא דְּמִתְחַנַּן לְמָרֵהּ.
עֲשִׁיקֵי אֲנַן וּבַחֲשׁוֹכָא שָׁרֵינָן.
מְרִירָן נַפְשִׁין מֵעַקְתִין דִּנְפִישִׁין.
חֵילָא לֵית בַּן לְרַצוֹיָךְ, מָרָן.
עֲבֵד בְּדִיל קְיָמָא דִּגְזַרְתְּ עִם אֲבָהָתַנָא.

הפיוט ׳שׁוֹמֵר יִשְׂרָאֵל׳ חותם את הסליחות בחודש אלול ובעשרת ימי תשובה.

שׁוֹמֵר יִשְׂרָאֵל, שְׁמֹר שְׁאֵרִית יִשְׂרָאֵל, וְאַל יֹאבַד יִשְׂרָאֵל
הָאוֹמְרִים שְׁמַע יִשְׂרָאֵל.

שׁוֹמֵר גּוֹי אֶחָד, שְׁמֹר שְׁאֵרִית עַם אֶחָד, וְאַל יֹאבַד גּוֹי אֶחָד
הַמְיַחֲדִים שִׁמְךָ, יהוה אֱלֹהֵינוּ יהוה אֶחָד.

שׁוֹמֵר גּוֹי קָדוֹשׁ, שְׁמֹר שְׁאֵרִית עַם קָדוֹשׁ, וְאַל יֹאבַד גּוֹי קָדוֹשׁ
הַמְשַׁלְּשִׁים בְּשָׁלֹשׁ קְדֻשּׁוֹת לְקָדוֹשׁ.

מִתְרַצֶּה בְּרַחֲמִים וּמִתְפַּיֵּס בְּתַחֲנוּנִים, הִתְרַצֵּה וְהִתְפַּיֵּס לְדוֹר עָנִי
כִּי אֵין עוֹזֵר.

אָבִינוּ מַלְכֵּנוּ, חָנֵּנוּ וַעֲנֵנוּ, כִּי אֵין בָּנוּ מַעֲשִׂים
עֲשֵׂה עִמָּנוּ צְדָקָה וָחֶסֶד וְהוֹשִׁיעֵנוּ.

לקט הפסוקים מסדר רב עמרם גאון מבטא את תחושתו של האדם,
שלאחר שהתפלל בכל אופן שהוא מכיר, מוסר את דינו לשמים (טור, קלא).

עומדים במקום המסומן ב▪ (מג״א קלא, ד בשם השל״ה).

וַאֲנַחְנוּ לֹא נֵדַע ▪מַה־נַּעֲשֶׂה, כִּי עָלֶיךָ עֵינֵינוּ: דברי הימים ב׳ כ
זְכֹר־רַחֲמֶיךָ יהוה וַחֲסָדֶיךָ, כִּי מֵעוֹלָם הֵמָּה: תהלים כה
יְהִי־חַסְדְּךָ יהוה עָלֵינוּ, כַּאֲשֶׁר יִחַלְנוּ לָךְ: תהלים לג
אַל־תִּזְכָּר־לָנוּ עֲוֹנֹת רִאשֹׁנִים תהלים עט
מַהֵר יְקַדְּמוּנוּ רַחֲמֶיךָ, כִּי דַלּוֹנוּ מְאֹד:
עֶזְרֵנוּ בְּשֵׁם יהוה, עֹשֵׂה שָׁמַיִם וָאָרֶץ: תהלים קכד
חָנֵּנוּ יהוה חָנֵּנוּ, כִּי־רַב שָׂבַעְנוּ בוּז: תהלים קכג
בְּרֹגֶז רַחֵם תִּזְכּוֹר: חבקוק ג
[בְּרֹגֶז עֲקֵדָה תִּזְכֹּר, בְּרֹגֶז תְּמִימוּת תִּזְכֹּר.
יהוה הוֹשִׁיעָה, הַמֶּלֶךְ יַעֲנֵנוּ בְיוֹם־קָרְאֵנוּ:] תהלים כ
כִּי־הוּא יָדַע יִצְרֵנוּ, זָכוּר כִּי־עָפָר אֲנָחְנוּ: תהלים קג
עָזְרֵנוּ אֱלֹהֵי יִשְׁעֵנוּ עַל־דְּבַר כְּבוֹד־שְׁמֶךָ תהלים עט
וְהַצִּילֵנוּ וְכַפֵּר עַל־חַטֹּאתֵינוּ לְמַעַן שְׁמֶךָ:

קדיש שלם

ש״ץ: יִתְגַּדַּל וְיִתְקַדַּשׁ שְׁמֵהּ רַבָּא (קהל: אָמֵן)
בְּעָלְמָא דִּי בְרָא כִרְעוּתֵהּ
וְיַמְלִיךְ מַלְכוּתֵהּ [וְיַצְמַח פֻּרְקָנֵהּ וִיקָרֵב מְשִׁיחֵהּ (קהל: אָמֵן)]
בְּחַיֵּיכוֹן וּבְיוֹמֵיכוֹן וּבְחַיֵּי דְכָל בֵּית יִשְׂרָאֵל
בַּעֲגָלָא וּבִזְמַן קָרִיב
וְאִמְרוּ אָמֵן. (קהל: אָמֵן)

קהל וש״ץ: יְהֵא שְׁמֵהּ רַבָּא מְבָרַךְ לְעָלַם וּלְעָלְמֵי עָלְמַיָּא.

ש״ץ: יִתְבָּרַךְ וְיִשְׁתַּבַּח וְיִתְפָּאַר וְיִתְרוֹמַם וְיִתְנַשֵּׂא
וְיִתְהַדָּר וְיִתְעַלֶּה וְיִתְהַלָּל
שְׁמֵהּ דְּקֻדְשָׁא בְּרִיךְ הוּא (קהל: אָמֵן)
לְעֵלָּא מִן כָּל בִּרְכָתָא וְשִׁירָתָא, תֻּשְׁבְּחָתָא וְנֶחֱמָתָא
דַּאֲמִירָן בְּעָלְמָא
וְאִמְרוּ אָמֵן. (קהל: אָמֵן)

תִּתְקַבַּל צְלוֹתְהוֹן וּבָעוּתְהוֹן דְּכָל בֵּית יִשְׂרָאֵל
קֳדָם אֲבוּהוֹן דִּי בִשְׁמַיָּא
וְאִמְרוּ אָמֵן. (קהל: אָמֵן)

יְהֵא שְׁלָמָא רַבָּא מִן שְׁמַיָּא
וְחַיִּים [טוֹבִים] עָלֵינוּ וְעַל כָּל יִשְׂרָאֵל
וְאִמְרוּ אָמֵן. (קהל: אָמֵן)

כורע ופוסע שלוש פסיעות לאחור. קד לשמאל, לימין ולפנים באמירת:

עֹשֶׂה שָׁלוֹם בִּמְרוֹמָיו
הוּא יַעֲשֶׂה שָׁלוֹם עָלֵינוּ וְעַל כָּל יִשְׂרָאֵל
וְאִמְרוּ אָמֵן. (קהל: אָמֵן)

סליחות ליום שישי

אַשְׁרֵי יוֹשְׁבֵי בֵיתֶךָ, עוֹד יְהַלְלְוּךָ סֶּלָה: תהלים פד

אַשְׁרֵי הָעָם שֶׁכָּכָה לּוֹ, אַשְׁרֵי הָעָם שֶׁיהוה אֱלֹהָיו: תהלים קמד

תְּהִלָּה לְדָוִד תהלים קמה

אֲרוֹמִמְךָ אֱלוֹהַי הַמֶּלֶךְ, וַאֲבָרְכָה שִׁמְךָ לְעוֹלָם וָעֶד:
בְּכָל־יוֹם אֲבָרְכֶךָּ, וַאֲהַלְלָה שִׁמְךָ לְעוֹלָם וָעֶד:
גָּדוֹל יהוה וּמְהֻלָּל מְאֹד, וְלִגְדֻלָּתוֹ אֵין חֵקֶר:
דּוֹר לְדוֹר יְשַׁבַּח מַעֲשֶׂיךָ, וּגְבוּרֹתֶיךָ יַגִּידוּ:
הֲדַר כְּבוֹד הוֹדֶךָ, וְדִבְרֵי נִפְלְאֹתֶיךָ אָשִׂיחָה:
וֶעֱזוּז נוֹרְאֹתֶיךָ יֹאמֵרוּ, וּגְדוּלָּתְךָ אֲסַפְּרֶנָּה:
זֵכֶר רַב־טוּבְךָ יַבִּיעוּ, וְצִדְקָתְךָ יְרַנֵּנוּ:
חַנּוּן וְרַחוּם יהוה, אֶרֶךְ אַפַּיִם וּגְדָל־חָסֶד:
טוֹב־יהוה לַכֹּל, וְרַחֲמָיו עַל־כָּל־מַעֲשָׂיו:
יוֹדְוּךָ יהוה כָּל־מַעֲשֶׂיךָ, וַחֲסִידֶיךָ יְבָרְכוּכָה:
כְּבוֹד מַלְכוּתְךָ יֹאמֵרוּ, וּגְבוּרָתְךָ יְדַבֵּרוּ:
לְהוֹדִיעַ לִבְנֵי הָאָדָם גְּבוּרֹתָיו, וּכְבוֹד הֲדַר מַלְכוּתוֹ:
מַלְכוּתְךָ מַלְכוּת כָּל־עֹלָמִים, וּמֶמְשַׁלְתְּךָ בְּכָל־דּוֹר וָדֹר:
סוֹמֵךְ יהוה לְכָל־הַנֹּפְלִים, וְזוֹקֵף לְכָל־הַכְּפוּפִים:
עֵינֵי־כֹל אֵלֶיךָ יְשַׂבֵּרוּ, וְאַתָּה נוֹתֵן־לָהֶם אֶת־אָכְלָם בְּעִתּוֹ:
פּוֹתֵחַ אֶת־יָדֶךָ, וּמַשְׂבִּיעַ לְכָל־חַי רָצוֹן:
צַדִּיק יהוה בְּכָל־דְּרָכָיו, וְחָסִיד בְּכָל־מַעֲשָׂיו:
קָרוֹב יהוה לְכָל־קֹרְאָיו, לְכֹל אֲשֶׁר יִקְרָאֻהוּ בֶאֱמֶת:
רְצוֹן־יְרֵאָיו יַעֲשֶׂה, וְאֶת־שַׁוְעָתָם יִשְׁמַע, וְיוֹשִׁיעֵם:

שׁוֹמֵר יהוה אֶת־כָּל־אֹהֲבָיו, וְאֵת כָּל־הָרְשָׁעִים יַשְׁמִיד:
תְּהִלַּת יהוה יְדַבֶּר פִּי, וִיבָרֵךְ כָּל־בָּשָׂר שֵׁם קָדְשׁוֹ לְעוֹלָם וָעֶד:
תהלים קטו וַאֲנַחְנוּ נְבָרֵךְ יָהּ מֵעַתָּה וְעַד־עוֹלָם, הַלְלוּיָהּ:

במדבר יד וְעַתָּה יִגְדַּל־נָא כֹּחַ אֲדֹנָי כַּאֲשֶׁר דִּבַּרְתָּ לֵאמֹר:
תהלים כה זְכֹר־רַחֲמֶיךָ יהוה וַחֲסָדֶיךָ כִּי מֵעוֹלָם הֵמָּה:

חצי קדיש

ש״ץ: יִתְגַּדַּל וְיִתְקַדַּשׁ שְׁמֵהּ רַבָּא (קהל: אָמֵן)
בְּעָלְמָא דִּי בְרָא כִרְעוּתֵהּ
וְיַמְלִיךְ מַלְכוּתֵהּ [וְיַצְמַח פֻּרְקָנֵהּ וִיקָרֵב מְשִׁיחֵהּ (קהל: אָמֵן)]
בְּחַיֵּיכוֹן וּבְיוֹמֵיכוֹן וּבְחַיֵּי דְכָל בֵּית יִשְׂרָאֵל
בַּעֲגָלָא וּבִזְמַן קָרִיב, וְאִמְרוּ אָמֵן. (קהל: אָמֵן)

קהל וש״ץ: יְהֵא שְׁמֵהּ רַבָּא מְבָרַךְ לְעָלַם וּלְעָלְמֵי עָלְמַיָּא.

ש״ץ: יִתְבָּרַךְ וְיִשְׁתַּבַּח וְיִתְפָּאַר וְיִתְרוֹמַם וְיִתְנַשֵּׂא
וְיִתְהַדָּר וְיִתְעַלֶּה וְיִתְהַלָּל
שְׁמֵהּ דְּקֻדְשָׁא בְּרִיךְ הוּא (קהל: אָמֵן)
לְעֵלָּא מִן כָּל בִּרְכָתָא וְשִׁירָתָא, תֻּשְׁבְּחָתָא וְנֶחֱמָתָא
דַּאֲמִירָן בְּעָלְמָא, וְאִמְרוּ אָמֵן. (קהל: אָמֵן)

דניאל ט לְךָ אֲדֹנָי הַצְּדָקָה, וְלָנוּ בֹּשֶׁת הַפָּנִים:
בראשית מד מַה נִּתְאוֹנֵן וּמַה נֹּאמַר, מַה־נְּדַבֵּר וּמַה־נִּצְטַדָּק:
נַחְפְּשָׂה דְרָכֵינוּ וְנַחְקֹרָה וְנָשׁוּבָה אֵלֶיךָ, כִּי יְמִינְךָ פְשׁוּטָה לְקַבֵּל שָׁבִים.
לֹא בְחֶסֶד וְלֹא בְמַעֲשִׂים בָּאנוּ לְפָנֶיךָ, כְּדַלִּים וּכְרָשִׁים דָּפַקְנוּ דְלָתֶיךָ.
דְּלָתֶיךָ דָּפַקְנוּ רַחוּם וְחַנּוּן, נָא אַל תְּשִׁיבֵנוּ רֵיקָם מִלְּפָנֶיךָ.
מִלְּפָנֶיךָ מַלְכֵּנוּ רֵיקָם אַל תְּשִׁיבֵנוּ, כִּי אַתָּה שׁוֹמֵעַ תְּפִלָּה.

שֹׁמֵעַ תְּפִלָּה, עָדֶיךָ כָּל־בָּשָׂר יָבֹאוּ: תהלים סה
יָבוֹא כָל בָּשָׂר לְהִשְׁתַּחֲוֹת לְפָנֶיךָ יהוה.
יָבוֹאוּ וְיִשְׁתַּחֲווּ לְפָנֶיךָ אֲדֹנָי, וִיכַבְּדוּ לִשְׁמֶךָ: תהלים פו
בֹּאוּ נִשְׁתַּחֲוֶה וְנִכְרָעָה, נִבְרְכָה לִפְנֵי־יהוה עֹשֵׂנוּ: תהלים צה
נָבוֹאָה לְמִשְׁכְּנוֹתָיו, נִשְׁתַּחֲוֶה לַהֲדֹם רַגְלָיו: תהלים קלב
בֹּאוּ שְׁעָרָיו בְּתוֹדָה חֲצֵרֹתָיו בִּתְהִלָּה תהלים ק
הוֹדוּ לוֹ בָּרְכוּ שְׁמוֹ:
וַאֲנַחְנוּ בְּרֹב חַסְדְּךָ נָבוֹא בֵיתֶךָ
נִשְׁתַּחֲוֶה אֶל הֵיכַל קָדְשְׁךָ בְּיִרְאָתֶךָ.
הִנֵּה בָּרְכוּ אֶת־יהוה כָּל־עַבְדֵי יהוה תהלים קלד
הָעֹמְדִים בְּבֵית־יהוה בַּלֵּילוֹת:
שְׂאוּ־יְדֵכֶם קֹדֶשׁ, וּבָרְכוּ אֶת־יהוה:
רוֹמְמוּ יהוה אֱלֹהֵינוּ וְהִשְׁתַּחֲווּ לַהֲדֹם רַגְלָיו, קָדוֹשׁ הוּא: תהלים צט
רוֹמְמוּ יהוה אֱלֹהֵינוּ וְהִשְׁתַּחֲווּ לְהַר קָדְשׁוֹ
כִּי־קָדוֹשׁ יהוה אֱלֹהֵינוּ:
הִשְׁתַּחֲווּ לַיהוה בְּהַדְרַת־קֹדֶשׁ, חִילוּ מִפָּנָיו כָּל־הָאָרֶץ: תהלים צו
נִשְׁתַּחֲוֶה אֶל הֵיכַל קָדְשְׁךָ וְנוֹדֶה אֶת שְׁמֶךָ
עַל חַסְדְּךָ וְעַל אֲמִתֶּךָ, כִּי הִגְדַּלְתָּ עַל כָּל שִׁמְךָ אִמְרָתֶךָ.
יהוה אֱלֹהֵי צְבָאוֹת מִי־כָמוֹךָ חֲסִין יָהּ, וֶאֱמוּנָתְךָ סְבִיבוֹתֶיךָ: תהלים פט
כִּי מִי בַשַּׁחַק יַעֲרֹךְ לַיהוה, יִדְמֶה לַיהוה בִּבְנֵי אֵלִים:
כִּי־גָדוֹל אַתָּה וְעֹשֵׂה נִפְלָאוֹת, אַתָּה אֱלֹהִים לְבַדֶּךָ: תהלים פו
כִּי־גָדוֹל מֵעַל־שָׁמַיִם חַסְדֶּךָ, וְעַד־שְׁחָקִים אֲמִתֶּךָ: תהלים קח
גָּדוֹל יהוה וּמְהֻלָּל מְאֹד, וְלִגְדֻלָּתוֹ אֵין חֵקֶר: תהלים קמה
כִּי גָדוֹל יהוה וּמְהֻלָּל מְאֹד, נוֹרָא הוּא עַל־כָּל־אֱלֹהִים: תהלים צו
כִּי אֵל גָּדוֹל יהוה, וּמֶלֶךְ גָּדוֹל עַל־כָּל־אֱלֹהִים: תהלים צה
אֲשֶׁר מִי־אֵל בַּשָּׁמַיִם וּבָאָרֶץ אֲשֶׁר־יַעֲשֶׂה כְמַעֲשֶׂיךָ וְכִגְבוּרֹתֶךָ: דברים ג

מִי לֹא יִרָאֲךָ מֶלֶךְ הַגּוֹיִם כִּי לְךָ יָאָתָה ירמיה י
כִּי בְכָל־חַכְמֵי הַגּוֹיִם וּבְכָל־מַלְכוּתָם מֵאֵין כָּמוֹךָ:
מֵאֵין כָּמוֹךָ יהוה, גָּדוֹל אַתָּה וְגָדוֹל שִׁמְךָ בִּגְבוּרָה:
לְךָ זְרוֹעַ עִם־גְּבוּרָה, תָּעֹז יָדְךָ תָּרוּם יְמִינֶךָ: תהלים פט
לְךָ יוֹם אַף־לְךָ לָיְלָה, אַתָּה הֲכִינוֹתָ מָאוֹר וָשָׁמֶשׁ: תהלים עד
אֲשֶׁר בְּיָדוֹ מֶחְקְרֵי־אָרֶץ, וְתוֹעֲפוֹת הָרִים לוֹ: תהלים צה
מִי יְמַלֵּל גְּבוּרוֹת יהוה, יַשְׁמִיעַ כָּל־תְּהִלָּתוֹ: תהלים קו
לְךָ יהוה הַגְּדֻלָּה וְהַגְּבוּרָה וְהַתִּפְאֶרֶת וְהַנֵּצַח וְהַהוֹד דברי הימים א׳ כט
כִּי־כֹל בַּשָּׁמַיִם וּבָאָרֶץ
לְךָ יהוה הַמַּמְלָכָה וְהַמִּתְנַשֵּׂא לְכֹל לְרֹאשׁ:
לְךָ שָׁמַיִם אַף־לְךָ אָרֶץ, תֵּבֵל וּמְלֹאָהּ אַתָּה יְסַדְתָּם: תהלים פט
אַתָּה הִצַּבְתָּ כָּל־גְּבוּלוֹת אָרֶץ, קַיִץ וָחֹרֶף אַתָּה יְצַרְתָּם: תהלים עד
אַתָּה רִצַּצְתָּ רָאשֵׁי לִוְיָתָן, תִּתְּנֶנּוּ מַאֲכָל לְעָם לְצִיִּים:
אַתָּה בָקַעְתָּ מַעְיָן וָנָחַל, אַתָּה הוֹבַשְׁתָּ נַהֲרוֹת אֵיתָן:
אַתָּה פוֹרַרְתָּ בְעָזְּךָ יָם, שִׁבַּרְתָּ רָאשֵׁי תַנִּינִים עַל־הַמָּיִם:
אַתָּה מוֹשֵׁל בְּגֵאוּת הַיָּם, בְּשׂוֹא גַלָּיו אַתָּה תְשַׁבְּחֵם: תהלים פט
גָּדוֹל יהוה וּמְהֻלָּל מְאֹד, בְּעִיר אֱלֹהֵינוּ הַר־קָדְשׁוֹ: תהלים מח
יהוה צְבָאוֹת אֱלֹהֵי יִשְׂרָאֵל יֹשֵׁב הַכְּרֻבִים ישעיה לז
אַתָּה־הוּא הָאֱלֹהִים לְבַדֶּךָ:
אֵל נַעֲרָץ בְּסוֹד־קְדֹשִׁים רַבָּה, וְנוֹרָא עַל־כָּל־סְבִיבָיו: תהלים פט
וְיוֹדוּ שָׁמַיִם פִּלְאֲךָ יהוה, אַף־אֱמוּנָתְךָ בִּקְהַל קְדֹשִׁים:
לְכוּ נְרַנְּנָה לַיהוה, נָרִיעָה לְצוּר יִשְׁעֵנוּ: תהלים צה
נְקַדְּמָה פָנָיו בְּתוֹדָה, בִּזְמִרוֹת נָרִיעַ לוֹ:
צֶדֶק וּמִשְׁפָּט מְכוֹן כִּסְאֶךָ, חֶסֶד וֶאֱמֶת יְקַדְּמוּ פָנֶיךָ: תהלים פט
אֲשֶׁר יַחְדָּו נַמְתִּיק סוֹד, בְּבֵית אֱלֹהִים נְהַלֵּךְ בְּרָגֶשׁ: תהלים נה
אֲשֶׁר־לוֹ הַיָּם וְהוּא עָשָׂהוּ, וְיַבֶּשֶׁת יָדָיו יָצָרוּ: תהלים צה
אֲשֶׁר בְּיָדוֹ נֶפֶשׁ כָּל־חָי, וְרוּחַ כָּל־בְּשַׂר־אִישׁ: איוב יב

הַנְּשָׁמָה לָךְ וְהַגּוּף פָּעֳלָךְ, חוּסָה עַל עֲמָלָךְ.
הַנְּשָׁמָה לָךְ וְהַגּוּף שֶׁלָּךְ, יהוה עֲשֵׂה לְמַעַן שְׁמֶךָ.
אָתָאנוּ עַל שִׁמְךָ, יהוה עֲשֵׂה לְמַעַן שְׁמֶךָ
בַּעֲבוּר כְּבוֹד שִׁמְךָ, כִּי אֵל חַנּוּן וְרַחוּם שְׁמֶךָ.
לְמַעַן שִׁמְךָ יהוה, וְסָלַחְתָּ לַעֲוֹנֵנוּ כִּי רַב הוּא.

סְלַח לָנוּ, אָבִינוּ, כִּי בְּרֹב אִוַּלְתֵּנוּ שָׁגִינוּ.
מְחַל לָנוּ, מַלְכֵּנוּ, כִּי רַבּוּ עֲוֹנֵינוּ.

אֵל אֶרֶךְ אַפַּיִם אַתָּה, וּבַעַל הָרַחֲמִים נִקְרֵאתָ, וְדֶרֶךְ תְּשׁוּבָה הוֹרֵיתָ.
גְּדֻלַּת רַחֲמֶיךָ וַחֲסָדֶיךָ, תִּזְכֹּר הַיּוֹם וּבְכָל יוֹם לְזֶרַע יְדִידֶיךָ.
תֵּפֶן אֵלֵינוּ בְּרַחֲמִים, כִּי אַתָּה הוּא בַּעַל הָרַחֲמִים.
בְּתַחֲנוּן וּבִתְפִלָּה פָּנֶיךָ נְקַדֵּם, כְּהוֹדַעְתָּ לֶעָנָו מִקֶּדֶם.
מֵחֲרוֹן אַפְּךָ שׁוּב, כְּמוֹ בְּתוֹרָתְךָ כָּתוּב.
וּבְצֵל כְּנָפֶיךָ נֶחֱסֶה וְנִתְלוֹנָן, כְּיוֹם וַיֵּרֶד יהוה בֶּעָנָן.
תַּעֲבֹר עַל פֶּשַׁע וְתִמְחֶה אָשָׁם, כְּיוֹם וַיִּתְיַצֵּב עִמּוֹ שָׁם.
תַּאֲזִין שַׁוְעָתֵנוּ וְתַקְשִׁיב מֶנּוּ מַאֲמָר, כְּיוֹם וַיִּקְרָא בְשֵׁם יהוה
וְשָׁם נֶאֱמַר

קהל ואחריו שליח הציבור:

וַיַּעֲבֹר יהוה עַל־פָּנָיו וַיִּקְרָא — שמות לד

יהוה, יהוה, אֵל רַחוּם וְחַנּוּן, אֶרֶךְ אַפַּיִם, וְרַב־חֶסֶד וֶאֱמֶת:
נֹצֵר חֶסֶד לָאֲלָפִים, נֹשֵׂא עָוֹן וָפֶשַׁע וְחַטָּאָה, וְנַקֵּה:

וְסָלַחְתָּ לַעֲוֹנֵנוּ וּלְחַטָּאתֵנוּ, וּנְחַלְתָּנוּ:
סְלַח לָנוּ אָבִינוּ כִּי חָטָאנוּ
מְחַל לָנוּ מַלְכֵּנוּ כִּי פָשָׁעְנוּ.
כִּי־אַתָּה אֲדֹנָי טוֹב וְסַלָּח, וְרַב־חֶסֶד לְכָל־קֹרְאֶיךָ: — תהלים פו

תהלים מב כְּאַיָּל תַּעֲרֹג עַל־אֲפִיקֵי־מָיִם
כֵּן נַפְשִׁי תַעֲרֹג אֵלֶיךָ אֱלֹהִים:
תהלים מד כִּי שָׁחָה לֶעָפָר נַפְשֵׁנוּ, דָּבְקָה לָאָרֶץ בִּטְנֵנוּ:
תהלים עט שְׁפֹךְ חֲמָתְךָ אֶל־הַגּוֹיִם אֲשֶׁר לֹא־יְדָעוּךָ
וְעַל מַמְלָכוֹת אֲשֶׁר בְּשִׁמְךָ לֹא קָרָאוּ:
כִּי אָכַל אֶת־יַעֲקֹב, וְאֶת־נָוֵהוּ הֵשַׁמּוּ:
תהלים מד קוּמָה עֶזְרָתָה לָּנוּ וּפְדֵנוּ לְמַעַן חַסְדֶּךָ:

כְּרַחֵם אָב עַל בָּנִים, כֵּן תְּרַחֵם יהוה עָלֵינוּ.
תהלים ג לַיהוה הַיְשׁוּעָה, עַל־עַמְּךָ בִרְכָתֶךָ סֶּלָה:
תהלים מו יהוה צְבָאוֹת עִמָּנוּ, מִשְׂגָּב לָנוּ אֱלֹהֵי יַעֲקֹב סֶלָה:
תהלים פד יהוה צְבָאוֹת, אַשְׁרֵי אָדָם בֹּטֵחַ בָּךְ:
תהלים כ יהוה הוֹשִׁיעָה, הַמֶּלֶךְ יַעֲנֵנוּ בְיוֹם־קָרְאֵנוּ:

במדבר יד סְלַח־נָא לַעֲוֹן הָעָם הַזֶּה כְּגֹדֶל חַסְדֶּךָ
וְכַאֲשֶׁר נָשָׂאתָה לָעָם הַזֶּה מִמִּצְרַיִם וְעַד־הֵנָּה:
וְשָׁם נֶאֱמַר

קהל ואחריו שליח הציבור:

וַיֹּאמֶר יהוה, סָלַחְתִּי כִּדְבָרֶךָ:

דניאל ט הַטֵּה אֱלֹהַי אָזְנְךָ וּשְׁמָע
פְּקַח עֵינֶיךָ וּרְאֵה שֹׁמְמֹתֵינוּ
וְהָעִיר אֲשֶׁר־נִקְרָא שִׁמְךָ עָלֶיהָ
כִּי לֹא עַל־צִדְקֹתֵינוּ אֲנַחְנוּ מַפִּילִים תַּחֲנוּנֵינוּ לְפָנֶיךָ
כִּי עַל־רַחֲמֶיךָ הָרַבִּים:
אֲדֹנָי שְׁמָעָה, אֲדֹנָי סְלָחָה
אֲדֹנָי הַקְשִׁיבָה וַעֲשֵׂה אַל תְּאַחַר
לְמַעַנְךָ אֱלֹהַי כִּי־שִׁמְךָ נִקְרָא עַל־עִירְךָ וְעַל־עַמֶּךָ:

מדוכאים במקום תנים ובגיא צלמוות, מייחלים לה׳, ומצפים לגאולה שלמה לפנים משורת הדין למען שמו, מרוב רחמיו ובזכות הבטחתו.

יז. מחבר: רבי שלמה הבבלי

אֱלֹהֵינוּ וֵאלֹהֵי אֲבוֹתֵינוּ

תַּעֲרֹג אֵלֶיךָ כְּאַיָּל עַל אֲפִיקִים
שָׁחָה לְקֵץ רְוָיָה וְאֵין מְפִיקִים
רָחוֹק וְעָמֹק וְלִדְלוֹת לֹא מַסְפִּיקִים
קוֹוִים וְחוֹכִים וַאֲמָנָה לֹא מַפְסִיקִים.

צְמֵאֶיךָ צֹק לָהֶם יְחוּל לְבָבָם
פָּנֶיךָ לֵרָאוֹת בֵּית מְעוֹן חֲבִיבָם
עֲבֹר בַּסָּךְ וְעַמּוּד אֵשׁ סְבִיבָם
סוּר עָרֵל וְטָמֵא בַּעֲלֵי דְבָבָם.

נַכְחִידֵם נִירְשָׁה לָמוֹ נָמוּ חָרְשׁוּ
מִירֻשָּׁתְךָ אֲשֶׁר הוֹרַשְׁתָּ עַמְּךָ גֵּרְשׁוּ
לְהַשְׁמִיד יוֹם יוֹם עוֹד יִדְרֹשׁוּ
כְּנֹס מַס וְחָמָס וַעֲנִיֶּיךָ יְרוֹשֵׁשׁוּ.

יָבוֹזוּ יְבַזּוּ יְדִידֶיךָ יְכַנּוּם כְּלָבִים
טִפֵּשׁ נָבָל כֹּמֶר תַּעַר הַגַּלָּבִים
חֶרְפָּתָם שׁוֹמְעִים עֲלוּבִים וְלֹא עוֹלְבִים
זָר לֹא נִשְׁלָבִים וְעָלֶיךָ נִצְלָבִים.

וַאֲנַחְנוּ עַמְּךָ נֶגְדְּךָ זֶה עִנּוּיֵנוּ
הַעַל אֵלֶּה תִתְאַפַּק תֶּחֱשֶׁה וּתְעַנֵּנוּ
דִּכִּיתָנוּ בִּמְקוֹם תַּנִּים וְאֵלֶיךָ עֵינֵינוּ
גַּם גֵּיא צַלְמָוֶת שִׁחַרְנוּךָ מָגִנֵּנוּ.

בָּנוּ נִקְרָא שִׁמְךָ אַל יִתְחַלָּל
בְּךָ כָּל זֶרַע יִשְׂרָאֵל יִתְהַלָּל
אִם עֲוֹנֵינוּ רַבּוּ וּמָלְאוּ חָלָל
אָנֹכִי מֹחֶה פְשָׁעֶיךָ פִּיךָ מִלָּל.

שְׁגִיאוֹת שִׂים זֵדִים וְאֵין קוֹנֵס
לִפְנִים מִשּׁוּרַת הַדִּין לָנוּ הִכָּנֵס
מִפְּנֵי קֹשֶׁט סֶלָה יֵבוֹשׁ הָאוֹנֵס
הַנֵּס יִתְנוֹסֵס וְנִדְחֵי יִשְׂרָאֵל יְכַנֵּס.

הָרֵץ בַּת פּוּצִי וְקָרְבָּן תֵּשַׁע
קַבֵּץ יַחַד עֲשִׂירִית עִם תֵּשַׁע
טַבַּע חֵטְא וְלֹא יִמָּצֵא רֶשַׁע
נֹשֵׂא עָוֹן וְעֹבֵר עַל־פֶּשַׁע: מיכה ז

אֵל מֶלֶךְ יוֹשֵׁב עַל כִּסֵּא רַחֲמִים, מִתְנַהֵג בַּחֲסִידוּת.
מוֹחֵל עֲוֹנוֹת עַמּוֹ, מַעֲבִיר רִאשׁוֹן רִאשׁוֹן.
מַרְבֶּה מְחִילָה לְחַטָּאִים, וּסְלִיחָה לְפוֹשְׁעִים.
עֹשֶׂה צְדָקוֹת עִם כָּל בָּשָׂר וָרוּחַ, לֹא כְרָעָתָם תִּגְמֹל.
אֵל, הוֹרֵיתָ לָּנוּ לוֹמַר שְׁלֹשׁ עֶשְׂרֵה
זְכָר לָנוּ הַיּוֹם בְּרִית שְׁלֹשׁ עֶשְׂרֵה
כְּהוֹדַעְתָּ לֶעָנָו מִקֶּדֶם, כְּמוֹ שֶׁכָּתוּב:
וַיֵּרֶד יהוה בֶּעָנָן, וַיִּתְיַצֵּב עִמּוֹ שָׁם, וַיִּקְרָא בְשֵׁם יהוה: שמות לד

קהל ואחריו שליח הציבור:

וַיַּעֲבֹר יהוה עַל־פָּנָיו וַיִּקְרָא

יהוה, יהוה, אֵל רַחוּם וְחַנּוּן, אֶרֶךְ אַפַּיִם, וְרַב־חֶסֶד וֶאֱמֶת:
נֹצֵר חֶסֶד לָאֲלָפִים, נֹשֵׂא עָוֹן וָפֶשַׁע וְחַטָּאָה, וְנַקֵּה:

וְסָלַחְתָּ לַעֲוֹנֵנוּ וּלְחַטָּאתֵנוּ וּנְחַלְתָּנוּ:
סְלַח לָנוּ, אָבִינוּ, כִּי חָטָאנוּ, מְחַל לָנוּ, מַלְכֵּנוּ, כִּי פָשָׁעְנוּ.
כִּי־אַתָּה, יהוה, טוֹב וְסַלָּח וְרַב־חֶסֶד לְכָל־קֹרְאֶיךָ: תהלים פו

כִּי־עִמְּךָ מְקוֹר חַיִּים בְּאוֹרְךָ נִרְאֶה־אוֹר׃ תהלים לו
כִּי־עִם־יהוה הַחֶסֶד וְהַרְבֵּה עִמּוֹ פְדוּת׃ תהלים קל
פְּדֵה אֱלֹהִים אֶת־יִשְׂרָאֵל מִכֹּל צָרוֹתָיו׃ תהלים כה
וְהוּא יִפְדֶּה אֶת־יִשְׂרָאֵל מִכֹּל עֲוֹנוֹתָיו׃ תהלים קל
כִּי־פָדָה יהוה אֶת־יַעֲקֹב, וּגְאָלוֹ מִיַּד חָזָק מִמֶּנּוּ׃ ירמיה לא
מִקְוֵה יִשְׂרָאֵל מוֹשִׁיעוֹ בְּעֵת צָרָה ירמיה יד
לָמָּה תִהְיֶה כְּגֵר בָּאָרֶץ וּכְאֹרֵחַ נָטָה לָלוּן׃
לָמָה אֱלֹהִים זָנַחְתָּ לָנֶצַח תהלים עד
יֶעְשַׁן אַפְּךָ בְּצֹאן מַרְעִיתֶךָ׃

כְּרַחֵם אָב עַל בָּנִים, כֵּן תְּרַחֵם יהוה עָלֵינוּ.
לַיהוה הַיְשׁוּעָה, עַל־עַמְּךָ בִרְכָתֶךָ סֶּלָה׃ תהלים ג
יהוה צְבָאוֹת עִמָּנוּ, מִשְׂגָּב לָנוּ אֱלֹהֵי יַעֲקֹב סֶלָה׃ תהלים מו
יהוה צְבָאוֹת, אַשְׁרֵי אָדָם בֹּטֵחַ בָּךְ׃ תהלים פד
יהוה הוֹשִׁיעָה, הַמֶּלֶךְ יַעֲנֵנוּ בְיוֹם־קָרְאֵנוּ׃ תהלים כ

ישראל נמקים בגלותם, והגויים מתריסים בפניהם: מאס ה׳ בכם לעולם.
על כן הם מתחננים לה׳ לקום לגאלם ולנקום באויביהם.

יח. מחבר: רבי שמעון בר יצחק

אֱלֹהֵינוּ וֵאלֹהֵי אֲבוֹתֵינוּ

אָרְכוּ הַיָּמִים וּדְבַר חָזוֹן
אַרְמוֹן נִטַּשׁ וְחָדַל פְּרָזוֹן
בְּקִוּוּי מַרְפֵּא בְּעֵתָהּ וְרָזוֹן
בִּטְחָה וְהַשְׁקֵט לִמְנוּסָה וְחִפָּזוֹן.

גְּאֻלָּה נֶאֱחֶרֶת וְתוֹחֶלֶת מְמֻשָּׁכָה
גּוֹלָה וְסוּרָה קְדוֹרַנִּית חֲשׁוּכָה
דִּמְעָתָהּ מְצוּיָה בְּלֶחְיָהּ לְמָשְׁכָה
דְּרוּסָה בְּעוּטָה נְגוּחָה נְשׁוּכָה.

הוּבְאָה בַּחֹשֶׁךְ וְיוֹשֶׁבֶת דּוֹמָם
הוֹמֶה לִבָּהּ וּבְתוֹכָהּ יִשְׁתּוֹמָם
וְעֵינֶיהָ מִיַּחֲלוֹת לַיְלָה וְיוֹמָם
וְעָצוּר בְּעַצְמוֹתֶיהָ כְּגַחֶלֶת לְחָמָם.

זְמַנֵּי קִצֶּיהָ מְאֹד חָתָמוּ
זוֹהֲרוֹת נְהָרוֹתֶיהָ בְּעֶבְרָה נֶעְתָּמוּ
חֻבְאוּ נִדָּחֶיהָ וּבְמַסְגֵּר נִסְתָּמוּ
חַטָּאֶיהָ הִשִּׂיגוּהָ כִּי נִכְתָּמוּ.

טוֹפְלֵי שֶׁקֶר יִשְׁלָיוּ בְּשֶׁקֶט
טִירוֹתָם בְּטוּחוֹת כְּבַעַל שִׁמְרֵי שֶׁקֶט
יַעֲצִיבוּ רַעְיָתְךָ בְּרֹגֶז לְמַקֵּט
יְגוֹזְזוּהָ כְּרָחֵל גִּזּוֹתֶיהָ לְלַקֵּט.

כָּשַׁל כֹּחָהּ מִכֹּבֶד סֵבֶל
כִּנּוֹרָהּ לִבְכִי וְעוּגָבָהּ לְאֵבֶל
לְנֶגְדָּהּ כְּלִמָּתָהּ מִצָּרֶיהָ לְהִתְנַבֵּל
לֵאמֹר נוֹאַשְׁתֶּם לָצֵאת מִבָּבֶל.

מָאֹס נִמְאַסְתֶּם בְּגָלוּת לִנְדֹּחַ
מְנוּסְכֶם אָבַד וְכִיקוֹד מֻקְדָּח
נוֹתַרְתֶּם כַּנֵּס וְכִצְבִי מֻדָּח
נִהְיָה יְקַרְכֶם כְּאֹפֶל מְנֻדָּח.

סַלְעֵנוּ וּמְצוּדָתֵנוּ, בְּשִׁמְךָ נָרוּץ
סָבוּל עָלֶיךָ כִּלָּיוֹן חָרוּץ
עֲנוּשִׁים וּמֻכִּים בְּפֶרֶץ פָּרוּץ
עֻזְּךָ מֵהָמִיר בְּחֹמֶר קָרוּץ.

פְּנֵה לְהָחִישׁ לְעֶזְרָתִי אֱיָלוּתִי
פֶּן יֹאמַר הָאוֹיֵב יְכָלְתִּי

צָרַי יָגִילוּ כִּי שָׁכָלְתִּי
צוּר, הֲקִימֵנִי כִּי נָפַלְתִּי.

קוּמָה וְהִנָּשֵׂא בְּעֶבְרוֹת צוֹרְרִים
קָרֵב יוֹם יִקְרְאוּ נוֹצְרִים
רָעֵי גוֹיִם לִהְיוֹת מְצֵרִים
רְאוֹת דְּרִיכַת פּוּרַת בּוֹצְרִים.

שׁוּר בְּעַמְּךָ לְהוֹסִיף אָמְצוֹ
שְׁקֹד לְטַהֲרוֹ וּלְנַקּוֹתוֹ מִשִּׁמְצוֹ
תִּשְׁמֹר עֶדְרְךָ כְּרוֹעֶה לְרִבְצוֹ
תַּשְׁמִיעַ מְזָרֵה יִשְׂרָאֵל יְקַבְּצוֹ.

שַׁנֵּן בְּרַק חֶרֶב בְּזַעְמֶךָ
שַׁכֵּר חִצֶּיךָ מִגּוֹי מַזְעִימֶךָ
מֵרֹאשׁ פַּרְעוֹת אוֹיֵב בְּהִתְנַקְמֶךָ
מִמַּה שֶּׁעָשׂוּ בְּחַלְלֵי עַמֶּךָ.

עֲבוּר נִקְמָתְךָ גּוֹיִם הַרְנִינוּ
עֶלְיוֹת וְתַחְתִּיּוֹת הָרִיעוּ רָנּוּ
וְהַר וָגֶבַע וְאִילָנוֹת יְרַנֵּנוּ
וְגַם יוֹשְׁבֵי סֶלַע יָרֹנּוּ.

נְקֹם הַדָּם וּנְקֹם הֶחָמָס
נִמְסָךְ לְצָרִים לְהַגִּירָם נִכְמָס
בְּכוֹס עָמֹק וְרָחָב לְהַעְמַס
בִּשְׂחוֹק וּבְלַעַג כֹּחָם יִמַּס.

רִאשׁוֹנָה תְּשַׁלֵּם מִשְׁנֵה עֲוֹנוֹתֵיהֶם
רְאֵה חִלְּלָם אַרְצְךָ בְּשְׁחִיתוֹתֵיהֶם
יֵבֹשׁוּ צָרִים בְּשֶׁקֶר עִוּתוֹתֵיהֶם
יִפָּקְדוּ מֵרֹב יָמִים בְּחַטֹּאתֵיהֶם.

צָרְפֵנוּ כַּכֶּסֶף בְּמוּעָקָה לְגוּלָּלָה
צְמַתְנוּ וְנוֹאַשְׁנוּ מִן הַגְּאֻלָּה
חָלִילָה לְנַפֵּץ יַד עַם סְגֻלָּה
חֵפֶץ פְּרוּטָה מִכִּיס אָזְלָה.

קַנֵּא לְשִׁמְךָ וְלִקְדֻשָּׁתְךָ חַס
קָרְבֵנוּ אֵלֶיךָ וּבְצִלְּךָ נֶחֱס
חֲזֵה כִּי אֵין מַפְגִּיעַ עָלֵינוּ לְהָחֵס
חַלּוֹתְךָ כְּמֹשֶׁה וְאַהֲרֹן וּפִינְחָס.

זְכֹר בְּרִית חֶסֶד קְדוּמִים
זַעֲקָתֵנוּ שְׁעֵה מִשְּׁמֵי מְרוֹמִים
קַיֵּם לְעַמְּךָ בְּרִית שְׁלוּמִים
אֵל מֶלֶךְ יוֹשֵׁב עַל כִּסֵּא רַחֲמִים.

אֵל מֶלֶךְ יוֹשֵׁב עַל כִּסֵּא רַחֲמִים, מִתְנַהֵג בַּחֲסִידוּת.
מוֹחֵל עֲוֹנוֹת עַמּוֹ, מַעֲבִיר רִאשׁוֹן רִאשׁוֹן.
מַרְבֶּה מְחִילָה לְחַטָּאִים, וּסְלִיחָה לְפוֹשְׁעִים.
עֹשֶׂה צְדָקוֹת עִם כָּל בָּשָׂר וָרוּחַ, לֹא כְרָעָתָם תִּגְמֹל.
אֵל, הוֹרֵיתָ לָּנוּ לוֹמַר שְׁלֹשׁ עֶשְׂרֵה
זְכָר לָנוּ הַיּוֹם בְּרִית שְׁלֹשׁ עֶשְׂרֵה
כְּהוֹדַעְתָּ לֶעָנָו מִקֶּדֶם, כְּמוֹ שֶׁכָּתוּב:
וַיֵּרֶד יהוה בֶּעָנָן, וַיִּתְיַצֵּב עִמּוֹ שָׁם שמות לד
וַיִּקְרָא בְשֵׁם יהוה:
קהל ואחריו שליח הציבור:
וַיַּעֲבֹר יהוה עַל־פָּנָיו וַיִּקְרָא

יהוה, יהוה, אֵל רַחוּם וְחַנּוּן, אֶרֶךְ אַפַּיִם, וְרַב־חֶסֶד וֶאֱמֶת:
נֹצֵר חֶסֶד לָאֲלָפִים, נֹשֵׂא עָוֹן וָפֶשַׁע וְחַטָּאָה, וְנַקֵּה:

וְסָלַחְתָּ לַעֲוֹנֵנוּ וּלְחַטָּאתֵנוּ וּנְחַלְתָּנוּ:
סְלַח לָנוּ, אָבִינוּ, כִּי חָטָאנוּ, מְחַל לָנוּ, מַלְכֵּנוּ, כִּי פָשָׁעְנוּ.
כִּי־אַתָּה, יהוה, טוֹב וְסַלָּח וְרַב־חֶסֶד לְכָל־קֹרְאֶיךָ: תהלים פו

הגויים בכוח זרועם בוטחים, ואנו רק בשמו של ה׳ בוטחים.

יט. פזמון | מחבר: רבי שלמה הבבלי

חָנֵּנוּ יהוה חָנֵּנוּ, עֲנֵנוּ יהוה עֲנֵנוּ
עָזְרֵנוּ, אֱלֹהֵי יִשְׁעֵנוּ, כִּי עָלֶיךָ נִשְׁעָנוּ.

אֵלֶּה בְשָׁלִישֵׁימוֹ וְאֵלֶּה בְפָרָשֵׁימוֹ בִּקְרָב
וַאֲנַחְנוּ בְּשֵׁם קָדְשְׁךָ לְהִתְעָרֵב
שׁוֹכֵן שַׁחַק, לְיִשְׁעֵנוּ תִּקְרַב.
עָזְרֵנוּ, אֱלֹהֵי יִשְׁעֵנוּ, כִּי עָלֶיךָ נִשְׁעָנוּ.

אֵלֶּה בְלִגְיוֹנָם וְאֵלֶּה בִגְאוֹנָם מִתְפָּאֲרִים
וַאֲנַחְנוּ בְּרַב לְהוֹשִׁיעַ מִתְגַּבְּרִים
לַעֲזֹר לְאֵין כֹּחַ מִכַּבִּירִים.
עָזְרֵנוּ, אֱלֹהֵי יִשְׁעֵנוּ, כִּי עָלֶיךָ נִשְׁעָנוּ.

אֵלֶּה בְמָגִנָּתָם וְאֵלֶּה בְצִנָּתָם מִסְתַּחֲרִים
וַאֲנַחְנוּ בַּאֲמִתְּךָ מַחֵס תָּרִים
מֵרוּחַ עָרִיצִים הֱיוֹת נִסְתָּרִים.
עָזְרֵנוּ, אֱלֹהֵי יִשְׁעֵנוּ, כִּי עָלֶיךָ נִשְׁעָנוּ.

אֵלֶּה בְהַצְהָלָה וְשַׁעַט וְאֵלֶּה בְצַחְצוּחַ וּמֵעַט
וַאֲנַחְנוּ בְּאוֹר כְּשַׂלְמָה עָט
מֵרוֹם שָׁרָם דִּכּוּי בָּעַט.
עָזְרֵנוּ, אֱלֹהֵי יִשְׁעֵנוּ, כִּי עָלֶיךָ נִשְׁעָנוּ.

אֵלֶּה בְהַגָּפַת תְּרִיסִים וְאֵלֶּה בְשִׁפְעַת קַלְגַּסִּים
וַאֲנַחְנוּ בְּמָגֵן חוֹסִים וּמִיָּגוֹן מִתְגַּיְּסִים
שׁוֹבֵר מַטֵּה גְאוֹן גַּסִּים.
עָזְרֵנוּ, אֱלֹהֵי יִשְׁעֵנוּ, כִּי עָלֶיךָ נִשְׁעָנוּ.

אֵלֶּה בְּקַרְנֵי נְבָחִים וְאֵלֶּה בְּקוֹל צְוָחִים
וַאֲנַחְנוּ בְּקוֹלוֹ בְּמֵי שְׁבָחִים
מְפָרֵק וּמְפוֹצֵץ סַלְעֵי צְחִיחִים.

עָזְרֵנוּ, אֱלֹהֵי יִשְׁעֵנוּ, כִּי עָלֶיךָ נִשְׁעָנּוּ.

אֵלֶּה בְּטִכּוּס עֶרְכָּן וְאֵלֶּה בְּטַכְסִיס סָרְכָּן
וַאֲנַחְנוּ בְּאֵין כְּעֶרְכּוֹ אַרְכוֹן וְאַרְכָּן
מֵקִים מְרָכָּן לְבָמוֹת דּוֹרְכָן.

עָזְרֵנוּ, אֱלֹהֵי יִשְׁעֵנוּ, כִּי עָלֶיךָ נִשְׁעָנּוּ.

אֵלֶּה בְּנִצְחָנֵימוֹ וְאֵלֶּה בְּרִצְחָנֵימוֹ הַבְטָחוֹת
וַאֲנַחְנוּ בְּשֵׁם נֵצַח יִשְׂרָאֵל כַּפֵּינוּ שְׁטוּחוֹת
מִלַּעֲרֹץ וּמִלִּירָא וּמִלֵּרַךְ טוּחוֹת.

עָזְרֵנוּ, אֱלֹהֵי יִשְׁעֵנוּ, כִּי עָלֶיךָ נִשְׁעָנּוּ.

אֵל מֶלֶךְ יוֹשֵׁב עַל כִּסֵּא רַחֲמִים, מִתְנַהֵג בַּחֲסִידוּת.
מוֹחֵל עֲוֹנוֹת עַמּוֹ, מַעֲבִיר רִאשׁוֹן רִאשׁוֹן.
מַרְבֶּה מְחִילָה לְחַטָּאִים, וּסְלִיחָה לְפוֹשְׁעִים.
עֹשֶׂה צְדָקוֹת עִם כָּל בָּשָׂר וָרוּחַ, לֹא כְרָעָתָם תִּגְמֹל.
אֵל, הוֹרֵיתָ לָּנוּ לוֹמַר שְׁלֹשׁ עֶשְׂרֵה
זְכָר לָנוּ הַיּוֹם בְּרִית שְׁלֹשׁ עֶשְׂרֵה
כְּהוֹדַעְתָּ לֶעָנָו מִקֶּדֶם, כְּמוֹ שֶׁכָּתוּב:
וַיֵּרֶד יהוה בֶּעָנָן, וַיִּתְיַצֵּב עִמּוֹ שָׁם שמות לד
וַיִּקְרָא בְשֵׁם יהוה:

קהל ואחריו שליח הציבור:

וַיַּעֲבֹר יהוה עַל־פָּנָיו וַיִּקְרָא

יהוה, יהוה, אֵל רַחוּם וְחַנּוּן, אֶרֶךְ אַפַּיִם, וְרַב־חֶסֶד וֶאֱמֶת:
נֹצֵר חֶסֶד לָאֲלָפִים, נֹשֵׂא עָוֹן וָפֶשַׁע וְחַטָּאָה, וְנַקֵּה:

וְסָלַחְתָּ לַעֲוֺנֵנוּ וּלְחַטָּאתֵנוּ וּנְחַלְתָּנוּ:
סְלַח לָנוּ, אָבִינוּ, כִּי חָטָאנוּ. מְחַל לָנוּ, מַלְכֵּנוּ, כִּי פָשָׁעְנוּ.
כִּי־אַתָּה, יהוה, טוֹב וְסַלָּח וְרַב־חֶסֶד לְכָל־קֹרְאֶיךָ: תהלים פו

זְכֹר־רַחֲמֶיךָ יהוה וַחֲסָדֶיךָ, כִּי מֵעוֹלָם הֵמָּה: תהלים כה
זָכְרֵנוּ יהוה בִּרְצוֹן עַמֶּךָ, פָּקְדֵנוּ בִּישׁוּעָתֶךָ.
זְכֹר עֲדָתְךָ קָנִיתָ קֶּדֶם, גָּאַלְתָּ שֵׁבֶט נַחֲלָתֶךָ, הַר־צִיּוֹן זֶה שָׁכַנְתָּ בּוֹ: תהלים עד
זְכֹר יהוה חִבַּת יְרוּשָׁלָיִם, אַהֲבַת צִיּוֹן אַל תִּשְׁכַּח לָנֶצַח.
אַתָּה תָקוּם תְּרַחֵם צִיּוֹן, כִּי־עֵת לְחֶנְנָהּ, כִּי־בָא מוֹעֵד: תהלים קב
זְכֹר יהוה לִבְנֵי אֱדוֹם אֵת יוֹם יְרוּשָׁלָיִם תהלים קלז
הָאֹמְרִים עָרוּ עָרוּ, עַד הַיְסוֹד בָּהּ:
זְכֹר לְאַבְרָהָם לְיִצְחָק וּלְיִשְׂרָאֵל עֲבָדֶיךָ שמות לב
אֲשֶׁר נִשְׁבַּעְתָּ לָהֶם בָּךְ וַתְּדַבֵּר אֲלֵהֶם
אַרְבֶּה אֶת־זַרְעֲכֶם כְּכוֹכְבֵי הַשָּׁמָיִם
וְכָל־הָאָרֶץ הַזֹּאת אֲשֶׁר אָמַרְתִּי אֶתֵּן לְזַרְעֲכֶם, וְנָחֲלוּ לְעֹלָם:
זְכֹר לַעֲבָדֶיךָ לְאַבְרָהָם לְיִצְחָק וּלְיַעֲקֹב דברים ט
אַל־תֵּפֶן אֶל־קְשִׁי הָעָם הַזֶּה וְאֶל־רִשְׁעוֹ וְאֶל־חַטָּאתוֹ:

זְכָר לָנוּ בְּרִית אָבוֹת כַּאֲשֶׁר אָמַרְתָּ: וְזָכַרְתִּי אֶת־בְּרִיתִי יַעֲקוֹב ויקרא כו
וְאַף אֶת־בְּרִיתִי יִצְחָק וְאַף אֶת־בְּרִיתִי אַבְרָהָם אֶזְכֹּר
וְהָאָרֶץ אֶזְכֹּר:
זְכָר לָנוּ בְּרִית רִאשׁוֹנִים כַּאֲשֶׁר אָמַרְתָּ: וְזָכַרְתִּי לָהֶם בְּרִית רִאשֹׁנִים ויקרא כו
אֲשֶׁר הוֹצֵאתִי־אֹתָם מֵאֶרֶץ מִצְרַיִם לְעֵינֵי הַגּוֹיִם
לִהְיוֹת לָהֶם לֵאלֹהִים, אֲנִי יהוה:

עֲשֵׂה עִמָּנוּ כְּמָה שֶּׁהִבְטַחְתָּנוּ:
וְאַף גַּם־זֹאת בִּהְיוֹתָם בְּאֶרֶץ אֹיְבֵיהֶם ויקרא כו
לֹא־מְאַסְתִּים וְלֹא־גְעַלְתִּים לְכַלֹּתָם
לְהָפֵר בְּרִיתִי אִתָּם, כִּי אֲנִי יהוה אֱלֹהֵיהֶם:

הָשֵׁב שְׁבוּתֵנוּ וְרַחֲמֵנוּ כְּמָה שֶׁכָּתוּב:
דברים ל וְשָׁב יהוה אֱלֹהֶיךָ אֶת־שְׁבוּתְךָ וְרִחֲמֶךָ
וְשָׁב וְקִבֶּצְךָ מִכָּל־הָעַמִּים
אֲשֶׁר הֱפִיצְךָ יהוה אֱלֹהֶיךָ שָׁמָּה:

קַבֵּץ נִדָּחֵינוּ כְּמָה שֶׁכָּתוּב:
דברים ל אִם־יִהְיֶה נִדַּחֲךָ בִּקְצֵה הַשָּׁמָיִם
מִשָּׁם יְקַבֶּצְךָ יהוה אֱלֹהֶיךָ וּמִשָּׁם יִקָּחֶךָ:

מְחֵה פְשָׁעֵינוּ כָּעָב וְכֶעָנָן כְּמָה שֶׁכָּתוּב:
ישעיה מד מָחִיתִי כָעָב פְּשָׁעֶיךָ וְכֶעָנָן חַטֹּאותֶיךָ, שׁוּבָה אֵלַי כִּי גְאַלְתִּיךָ:
מְחֵה פְשָׁעֵינוּ לְמַעַנְךָ כַּאֲשֶׁר אָמַרְתָּ:
ישעיה מג אָנֹכִי אָנֹכִי הוּא מֹחֶה פְשָׁעֶיךָ לְמַעֲנִי, וְחַטֹּאתֶיךָ לֹא אֶזְכֹּר:

הַלְבֵּן חֲטָאֵינוּ כַּשֶּׁלֶג וְכַצֶּמֶר כְּמָה שֶׁכָּתוּב:
ישעיה א לְכוּ־נָא וְנִוָּכְחָה יֹאמַר יהוה
אִם־יִהְיוּ חֲטָאֵיכֶם כַּשָּׁנִים כַּשֶּׁלֶג יַלְבִּינוּ
אִם־יַאְדִּימוּ כַתּוֹלָע כַּצֶּמֶר יִהְיוּ:

זְרֹק עָלֵינוּ מַיִם טְהוֹרִים וְטַהֲרֵנוּ כְּמָה שֶׁכָּתוּב:
יחזקאל לו וְזָרַקְתִּי עֲלֵיכֶם מַיִם טְהוֹרִים וּטְהַרְתֶּם
מִכֹּל טֻמְאוֹתֵיכֶם וּמִכָּל־גִּלּוּלֵיכֶם אֲטַהֵר אֶתְכֶם:

רַחֵם עָלֵינוּ וְאַל תַּשְׁחִיתֵנוּ כְּמָה שֶׁכָּתוּב:
דברים ד כִּי אֵל רַחוּם יהוה אֱלֹהֶיךָ
לֹא יַרְפְּךָ וְלֹא יַשְׁחִיתֶךָ
וְלֹא יִשְׁכַּח אֶת־בְּרִית אֲבוֹתֶיךָ אֲשֶׁר נִשְׁבַּע לָהֶם:

מוֹל אֶת לְבָבֵנוּ לְאַהֲבָה אֶת שְׁמֶךָ כְּמָה שֶׁכָּתוּב:
דברים ל וּמָל יהוה אֱלֹהֶיךָ אֶת־לְבָבְךָ וְאֶת־לְבַב זַרְעֶךָ
לְאַהֲבָה אֶת־יהוה אֱלֹהֶיךָ בְּכָל־לְבָבְךָ וּבְכָל־נַפְשְׁךָ, לְמַעַן חַיֶּיךָ:

הַמָּצֵא לָנוּ בְּבַקָּשָׁתֵנוּ כְּמָה שֶׁכָּתוּב:
דברים ד וּבִקַּשְׁתֶּם מִשָּׁם אֶת־יהוה אֱלֹהֶיךָ וּמָצָאתָ
כִּי תִדְרְשֶׁנּוּ בְּכָל־לְבָבְךָ וּבְכָל־נַפְשֶׁךָ:

תְּבִיאֵנוּ אֶל הַר קָדְשֶׁךָ וְשַׂמְּחֵנוּ בְּבֵית תְּפִלָּתֶךָ כְּמָה שֶׁכָּתוּב:
ישעיה נו וַהֲבִיאוֹתִים אֶל־הַר קָדְשִׁי וְשִׂמַּחְתִּים בְּבֵית תְּפִלָּתִי
עוֹלֹתֵיהֶם וְזִבְחֵיהֶם לְרָצוֹן עַל־מִזְבְּחִי
כִּי בֵיתִי בֵּית־תְּפִלָּה יִקָּרֵא לְכָל־הָעַמִּים:

פותחים את ארון הקודש ואומרים פסוק פסוק עד ׳אַל תַּעַזְבֵנוּ׳.

יש קהילות האומרות את הפסוקים בסדר אחר:
׳שְׁמַע קוֹלֵנוּ׳, ׳הֲשִׁיבֵנוּ׳, ׳אַל תַּשְׁלִיכֵנוּ מִלְּפָנֶיךָ׳ ו׳אַל תַּשְׁלִיכֵנוּ לְעֵת זִקְנָה׳,
וממשיכים בלחש: ׳אַל תַּעַזְבֵנוּ׳, ׳עֲשֵׂה עִמָּנוּ אוֹת׳,
׳אֲמָרֵינוּ הַאֲזִינָה׳, ׳יִהְיוּ לְרָצוֹן׳ ו׳כִּי לְךָ ה׳ הוֹחָלְנוּ׳.

שליח הציבור אומר, והקהל חוזר אחריו בקול:

שְׁמַע קוֹלֵנוּ, יהוה אֱלֹהֵינוּ, חוּס וְרַחֵם עָלֵינוּ
וְקַבֵּל בְּרַחֲמִים וּבְרָצוֹן אֶת תְּפִלָּתֵנוּ.
איכה ה הֲשִׁיבֵנוּ יהוה אֵלֶיךָ וְנָשׁוּבָה, חַדֵּשׁ יָמֵינוּ כְּקֶדֶם:
אֲמָרֵינוּ הַאֲזִינָה יהוה, בִּינָה הֲגִיגֵנוּ.

בלחש: יִהְיוּ לְרָצוֹן אִמְרֵי פִינוּ וְהֶגְיוֹן לִבֵּנוּ לְפָנֶיךָ, יהוה צוּרֵנוּ וְגוֹאֲלֵנוּ.
אַל תַּשְׁלִיכֵנוּ מִלְּפָנֶיךָ, וְרוּחַ קָדְשְׁךָ אַל תִּקַּח מִמֶּנּוּ.
אַל תַּשְׁלִיכֵנוּ לְעֵת זִקְנָה, כִּכְלוֹת כֹּחֵנוּ אַל תַּעַזְבֵנוּ.
אַל תַּעַזְבֵנוּ יהוה, אֱלֹהֵינוּ אַל תִּרְחַק מִמֶּנּוּ.
עֲשֵׂה עִמָּנוּ אוֹת לְטוֹבָה, וְיִרְאוּ שׂוֹנְאֵינוּ וְיֵבֹשׁוּ
כִּי אַתָּה יהוה עֲזַרְתָּנוּ וְנִחַמְתָּנוּ.
כִּי לְךָ יהוה הוֹחָלְנוּ, אַתָּה תַעֲנֶה אֲדֹנָי אֱלֹהֵינוּ.

סוגרים את ארון הקודש.

וידוי

אֱלֹהֵינוּ וֵאלֹהֵי אֲבוֹתֵינוּ
תָּבֹא לְפָנֶיךָ תְּפִלָּתֵנוּ, וְאַל תִּתְעַלַּם מִתְּחִנָּתֵנוּ.
שֶׁאֵין אָנוּ עַזֵּי פָנִים וּקְשֵׁי עֹרֶף לוֹמַר לְפָנֶיךָ
יהוה אֱלֹהֵינוּ וֵאלֹהֵי אֲבוֹתֵינוּ
צַדִּיקִים אֲנַחְנוּ וְלֹא חָטָאנוּ.
אֲבָל אֲנַחְנוּ וַאֲבוֹתֵינוּ חָטָאנוּ.

כשמתוודה, מכה באגרופו על החזה כנגד הלב בכל חטא שמזכיר.

אָשַׁמְנוּ, בָּגַדְנוּ, גָּזַלְנוּ, דִּבַּרְנוּ דֹפִי
הֶעֱוִינוּ, וְהִרְשַׁעְנוּ, זַדְנוּ, חָמַסְנוּ, טָפַלְנוּ שֶׁקֶר
יָעַצְנוּ רָע, כִּזַּבְנוּ, לַצְנוּ, מָרַדְנוּ, נִאַצְנוּ
סָרַרְנוּ, עָוִינוּ, פָּשַׁעְנוּ, צָרַרְנוּ, קִשִּׁינוּ עֹרֶף
רָשַׁעְנוּ, שִׁחַתְנוּ, תִּעַבְנוּ, תָּעִינוּ, תִּעְתָּעְנוּ.

סַרְנוּ מִמִּצְוֹתֶיךָ וּמִמִּשְׁפָּטֶיךָ הַטּוֹבִים, וְלֹא שָׁוָה לָנוּ.
וְאַתָּה צַדִּיק עַל כָּל־הַבָּא עָלֵינוּ נחמיה ט
כִּי־אֱמֶת עָשִׂיתָ וַאֲנַחְנוּ הִרְשָׁעְנוּ:

אָשַׁמְנוּ מִכָּל עָם, בֹּשְׁנוּ מִכָּל דּוֹר
גָּלָה מִמֶּנּוּ מָשׂוֹשׂ, דָּוָה לִבֵּנוּ בַּחֲטָאֵינוּ
הָחְבַּל אִוּוּיֵנוּ, וְנִפְרַע פְּאֵרֵנוּ
זְבוּל בֵּית מִקְדָּשֵׁנוּ חָרַב בַּעֲוֹנֵינוּ
טִירָתֵנוּ הָיְתָה לְשַׁמָּה
יְפִי אַדְמָתֵנוּ לְזָרִים, כֹּחֵנוּ לְנָכְרִים.

על פי הגר״א (מעשה רב, אות רב) אומרים וידוי פעם אחת בלבד.

וַעֲדַיִן לֹא שַׁבְנוּ מִטָּעוּתֵנוּ, וְהֵיאַךְ נָעִיז פָּנֵינוּ וְנַקְשֶׁה עָרְפֵּנוּ, לוֹמַר לְפָנֶיךָ, יהוה אֱלֹהֵינוּ וֵאלֹהֵי אֲבוֹתֵינוּ, צַדִּיקִים אֲנַחְנוּ וְלֹא חָטָאנוּ, אֲבָל אֲנַחְנוּ וַאֲבוֹתֵינוּ חָטָאנוּ.

כשמתוודה, מכה באגרופו על החזה כנגד הלב בכל חטא שמזכיר.

אָשַֽׁמְנוּ, בָּגַֽדְנוּ, גָּזַֽלְנוּ, דִּבַּֽרְנוּ דֹֽפִי
הֶעֱוִֽינוּ, וְהִרְשַֽׁעְנוּ, זַֽדְנוּ, חָמַֽסְנוּ, טָפַֽלְנוּ שֶֽׁקֶר
יָעַֽצְנוּ רָע, כִּזַּֽבְנוּ, לַֽצְנוּ, מָרַֽדְנוּ, נִאַֽצְנוּ
סָרַֽרְנוּ, עָוִֽינוּ, פָּשַֽׁעְנוּ, צָרַֽרְנוּ, קִשִּֽׁינוּ עֹֽרֶף
רָשַֽׁעְנוּ, שִׁחַֽתְנוּ, תִּעַֽבְנוּ, תָּעִֽינוּ, תִּעְתָּֽעְנוּ.

סַֽרְנוּ מִמִּצְוֹתֶֽיךָ וּמִמִּשְׁפָּטֶֽיךָ הַטּוֹבִים, וְלֹא שָֽׁוָה לָֽנוּ.
וְאַתָּה צַדִּיק עַל כָּל־הַבָּא עָלֵֽינוּ, כִּי־אֱמֶת עָשִֽׂיתָ וַאֲנַֽחְנוּ הִרְשָֽׁעְנוּ: נחמיה ט

לְעֵינֵֽינוּ עָשְׁקוּ עֲמָלֵֽנוּ, מְמֻשָּׁךְ וּמְמֹרָט מִמֶּֽנּוּ
נָֽתְנוּ עֻלָּם עָלֵֽינוּ, סָבַֽלְנוּ עַל שִׁכְמֵֽנוּ
עֲבָדִים מָֽשְׁלוּ בָֽנוּ, פֹּרֵק אֵין מִיָּדָם: איכה ה
צָרוֹת רַבּוֹת סְבָבֽוּנוּ, קְרָאנֽוּךָ יהוה אֱלֹהֵֽינוּ
רִחַֽקְתָּ מִמֶּֽנּוּ בַּעֲוֹנֵֽינוּ, שַֽׁבְנוּ מֵאַחֲרֶֽיךָ, תָּעִֽינוּ וְאָבָֽדְנוּ.

וַעֲדַֽיִן לֹא שַֽׁבְנוּ מִטָּעוּתֵֽנוּ, וְהֵיאַךְ נָעִיז פָּנֵֽינוּ וְנַקְשֶׁה עָרְפֵּֽנוּ, לוֹמַר לְפָנֶֽיךָ, יהוה אֱלֹהֵֽינוּ וֵאלֹהֵי אֲבוֹתֵֽינוּ, צַדִּיקִים אֲנַֽחְנוּ וְלֹא חָטָֽאנוּ, אֲבָל אֲנַֽחְנוּ וַאֲבוֹתֵֽינוּ חָטָֽאנוּ.

כשמתוודה, מכה באגרופו על החזה כנגד הלב בכל חטא שמזכיר.

אָשַֽׁמְנוּ, בָּגַֽדְנוּ, גָּזַֽלְנוּ, דִּבַּֽרְנוּ דֹֽפִי
הֶעֱוִֽינוּ, וְהִרְשַֽׁעְנוּ, זַֽדְנוּ, חָמַֽסְנוּ, טָפַֽלְנוּ שֶֽׁקֶר
יָעַֽצְנוּ רָע, כִּזַּֽבְנוּ, לַֽצְנוּ, מָרַֽדְנוּ, נִאַֽצְנוּ
סָרַֽרְנוּ, עָוִֽינוּ, פָּשַֽׁעְנוּ, צָרַֽרְנוּ, קִשִּֽׁינוּ עֹֽרֶף
רָשַֽׁעְנוּ, שִׁחַֽתְנוּ, תִּעַֽבְנוּ, תָּעִֽינוּ, תִּעְתָּֽעְנוּ.

סַֽרְנוּ מִמִּצְוֹתֶֽיךָ וּמִמִּשְׁפָּטֶֽיךָ הַטּוֹבִים, וְלֹא שָֽׁוָה לָֽנוּ.
וְאַתָּה צַדִּיק עַל כָּל־הַבָּא עָלֵֽינוּ, כִּי־אֱמֶת עָשִֽׂיתָ וַאֲנַֽחְנוּ הִרְשָֽׁעְנוּ: נחמיה ט

הִרְשַֽׁעְנוּ וּפָשַֽׁעְנוּ לָכֵן לֹא נוֹשָֽׁעְנוּ.
וְתֵן בְּלִבֵּֽנוּ לַעֲזֹב דֶּֽרֶךְ רֶֽשַׁע, וְחִישׁ לָֽנוּ יֶֽשַׁע
כַּכָּתוּב עַל יַד נְבִיאֶֽךָ: יַעֲזֹב רָשָׁע דַּרְכּוֹ וְאִישׁ אָֽוֶן מַחְשְׁבֹתָיו ישעיה נה
וְיָשֹׁב אֶל־יהוה וִירַחֲמֵֽהוּ וְאֶל־אֱלֹהֵֽינוּ כִּי־יַרְבֶּה לִסְלֽוֹחַ:

תהלים יט מְשִׁיחַ צִדְקֶךָ אָמַר לְפָנֶיךָ: שְׁגִיאוֹת מִי־יָבִין, מִנִּסְתָּרוֹת נַקֵּנִי: נַקֵּנוּ יהוה אֱלֹהֵינוּ מִכָּל פְּשָׁעֵינוּ וְטַהֲרֵנוּ מִכָּל טֻמְאוֹתֵינוּ וּזְרֹק עָלֵינוּ מַיִם טְהוֹרִים
יחזקאל לו וְטַהֲרֵנוּ, כַּכָּתוּב עַל יַד נְבִיאֶךָ: וְזָרַקְתִּי עֲלֵיכֶם מַיִם טְהוֹרִים וּטְהַרְתֶּם, מִכֹּל טֻמְאוֹתֵיכֶם וּמִכָּל־גִּלּוּלֵיכֶם אֲטַהֵר אֶתְכֶם: עַמְּךָ וְנַחֲלָתְךָ רְעֵבֵי טוּבְךָ, צְמֵאֵי חַסְדֶּךָ, תְּאֵבֵי יִשְׁעֶךָ. יַכִּירוּ וְיֵדְעוּ, כִּי לַיהוה אֱלֹהֵינוּ הָרַחֲמִים וְהַסְּלִיחוֹת.

אֵל רַחוּם שְׁמֶךָ. אֵל חַנּוּן שְׁמֶךָ. בָּנוּ נִקְרָא שְׁמֶךָ. יהוה עֲשֵׂה לְמַעַן שְׁמֶךָ. עֲשֵׂה לְמַעַן אֲמִתָּךְ. עֲשֵׂה לְמַעַן בְּרִיתָךְ. עֲשֵׂה לְמַעַן גָּדְלָךְ וְתִפְאַרְתָּךְ. עֲשֵׂה לְמַעַן דָּתָךְ. עֲשֵׂה לְמַעַן הוֹדָךְ. עֲשֵׂה לְמַעַן וִעוּדָךְ. עֲשֵׂה לְמַעַן זִכְרָךְ. עֲשֵׂה לְמַעַן חַסְדָּךְ. עֲשֵׂה לְמַעַן טוּבָךְ. עֲשֵׂה לְמַעַן יִחוּדָךְ. עֲשֵׂה לְמַעַן כְּבוֹדָךְ. עֲשֵׂה לְמַעַן לִמּוּדָךְ. עֲשֵׂה לְמַעַן מַלְכוּתָךְ. עֲשֵׂה לְמַעַן נִצְחָךְ. עֲשֵׂה לְמַעַן סוֹדָךְ. עֲשֵׂה לְמַעַן עֻזָּךְ. עֲשֵׂה לְמַעַן פְּאֵרָךְ. עֲשֵׂה לְמַעַן צִדְקָתָךְ. עֲשֵׂה לְמַעַן קְדֻשָּׁתָךְ. עֲשֵׂה לְמַעַן רַחֲמֶיךָ הָרַבִּים. עֲשֵׂה לְמַעַן שְׁכִינָתָךְ. עֲשֵׂה לְמַעַן תְּהִלָּתָךְ. עֲשֵׂה לְמַעַן אוֹהֲבֶיךָ שׁוֹכְנֵי עָפָר. עֲשֵׂה לְמַעַן אַבְרָהָם יִצְחָק וְיַעֲקֹב. עֲשֵׂה לְמַעַן מֹשֶׁה וְאַהֲרֹן. עֲשֵׂה לְמַעַן דָּוִד וּשְׁלֹמֹה. עֲשֵׂה לְמַעַן יְרוּשָׁלַיִם עִיר קָדְשֶׁךָ. עֲשֵׂה לְמַעַן צִיּוֹן מִשְׁכַּן כְּבוֹדֶךָ. עֲשֵׂה לְמַעַן שִׁמְמוֹת הֵיכָלֶךָ. עֲשֵׂה לְמַעַן הֲרִיסוּת מִזְבְּחֶךָ. עֲשֵׂה לְמַעַן הֲרוּגִים עַל שֵׁם קָדְשֶׁךָ. עֲשֵׂה לְמַעַן טְבוּחִים עַל יִחוּדֶךָ. עֲשֵׂה לְמַעַן בָּאֵי בָאֵשׁ וּבַמַּיִם עַל קִדּוּשׁ שְׁמֶךָ. עֲשֵׂה לְמַעַן יוֹנְקֵי שָׁדַיִם שֶׁלֹּא חָטְאוּ. עֲשֵׂה לְמַעַן גְּמוּלֵי חָלָב שֶׁלֹּא פָשְׁעוּ. עֲשֵׂה לְמַעַן תִּינוֹקוֹת שֶׁל בֵּית רַבָּן. עֲשֵׂה לְמַעַנְךָ אִם לֹא לְמַעֲנֵנוּ. עֲשֵׂה לְמַעַנְךָ וְהוֹשִׁיעֵנוּ.

עֲנֵנוּ יהוה עֲנֵנוּ. עֲנֵנוּ אֱלֹהֵינוּ עֲנֵנוּ. עֲנֵנוּ אָבִינוּ עֲנֵנוּ. עֲנֵנוּ בּוֹרְאֵנוּ עֲנֵנוּ. עֲנֵנוּ גּוֹאֲלֵנוּ עֲנֵנוּ. עֲנֵנוּ דּוֹרְשֵׁנוּ עֲנֵנוּ. עֲנֵנוּ הָאֵל הַנֶּאֱמָן עֲנֵנוּ. עֲנֵנוּ וָתִיק וְחָסִיד עֲנֵנוּ. עֲנֵנוּ זַךְ וְיָשָׁר עֲנֵנוּ. עֲנֵנוּ חַי וְקַיָּם עֲנֵנוּ. עֲנֵנוּ טוֹב וּמֵטִיב עֲנֵנוּ. עֲנֵנוּ יוֹדֵעַ יֵצֶר עֲנֵנוּ. עֲנֵנוּ כּוֹבֵשׁ כְּעָסִים עֲנֵנוּ. עֲנֵנוּ לוֹבֵשׁ צְדָקוֹת עֲנֵנוּ. עֲנֵנוּ מֶלֶךְ מַלְכֵי הַמְּלָכִים עֲנֵנוּ. עֲנֵנוּ נוֹרָא וְנִשְׂגָּב עֲנֵנוּ. עֲנֵנוּ סוֹלֵחַ

וּמוֹחֵל עֲנֵנוּ. עֲנֵנוּ עוֹנֶה בְּעֵת צָרָה עֲנֵנוּ. עֲנֵנוּ פּוֹדֶה וּמַצִּיל עֲנֵנוּ. עֲנֵנוּ צַדִּיק וְיָשָׁר עֲנֵנוּ. עֲנֵנוּ קָרוֹב לְקוֹרְאָיו עֲנֵנוּ. עֲנֵנוּ רַחוּם וְחַנּוּן עֲנֵנוּ. עֲנֵנוּ שׁוֹמֵעַ אֶל אֶבְיוֹנִים עֲנֵנוּ. עֲנֵנוּ תּוֹמֵךְ תְּמִימִים עֲנֵנוּ. עֲנֵנוּ אֱלֹהֵי אֲבוֹתֵינוּ עֲנֵנוּ. עֲנֵנוּ אֱלֹהֵי אַבְרָהָם עֲנֵנוּ. עֲנֵנוּ פַּחַד יִצְחָק עֲנֵנוּ. עֲנֵנוּ אֲבִיר יַעֲקֹב עֲנֵנוּ. עֲנֵנוּ עֶזְרַת הַשְּׁבָטִים עֲנֵנוּ. עֲנֵנוּ מִשְׂגַּב אִמָּהוֹת עֲנֵנוּ. עֲנֵנוּ קָשֶׁה לִכְעֹס עֲנֵנוּ. עֲנֵנוּ רַךְ לִרְצוֹת עֲנֵנוּ. עֲנֵנוּ עוֹנֶה בְּעֵת רָצוֹן עֲנֵנוּ. עֲנֵנוּ אֲבִי יְתוֹמִים עֲנֵנוּ. עֲנֵנוּ דַּיַּן אַלְמָנוֹת עֲנֵנוּ.

מִי שֶׁעָנָה לְאַבְרָהָם אָבִינוּ בְּהַר הַמּוֹרִיָּה, הוּא יַעֲנֵנוּ.
מִי שֶׁעָנָה לְיִצְחָק בְּנוֹ כְּשֶׁנֶּעֱקַד עַל גַּבֵּי הַמִּזְבֵּחַ, הוּא יַעֲנֵנוּ.
מִי שֶׁעָנָה לְיַעֲקֹב בְּבֵית אֵל, הוּא יַעֲנֵנוּ.
מִי שֶׁעָנָה לְיוֹסֵף בְּבֵית הָאֲסוּרִים, הוּא יַעֲנֵנוּ.
מִי שֶׁעָנָה לַאֲבוֹתֵינוּ עַל יַם סוּף, הוּא יַעֲנֵנוּ.
מִי שֶׁעָנָה לְמֹשֶׁה בְּחוֹרֵב, הוּא יַעֲנֵנוּ.
מִי שֶׁעָנָה לְאַהֲרֹן בַּמַּחְתָּה, הוּא יַעֲנֵנוּ.
מִי שֶׁעָנָה לְפִינְחָס בְּקוּמוֹ מִתּוֹךְ הָעֵדָה, הוּא יַעֲנֵנוּ.
מִי שֶׁעָנָה לִיהוֹשֻׁעַ בַּגִּלְגָּל, הוּא יַעֲנֵנוּ.
מִי שֶׁעָנָה לִשְׁמוּאֵל בַּמִּצְפָּה, הוּא יַעֲנֵנוּ.
מִי שֶׁעָנָה לְדָוִד וּשְׁלֹמֹה בְנוֹ בִּירוּשָׁלַיִם, הוּא יַעֲנֵנוּ.
מִי שֶׁעָנָה לְאֵלִיָּהוּ בְּהַר הַכַּרְמֶל, הוּא יַעֲנֵנוּ.
מִי שֶׁעָנָה לֶאֱלִישָׁע בִּירִיחוֹ, הוּא יַעֲנֵנוּ.
מִי שֶׁעָנָה לְיוֹנָה בִּמְעֵי הַדָּגָה, הוּא יַעֲנֵנוּ.
מִי שֶׁעָנָה לְחִזְקִיָּהוּ מֶלֶךְ יְהוּדָה בְּחָלְיוֹ, הוּא יַעֲנֵנוּ.
מִי שֶׁעָנָה לַחֲנַנְיָה מִישָׁאֵל וַעֲזַרְיָה בְּתוֹךְ כִּבְשַׁן הָאֵשׁ, הוּא יַעֲנֵנוּ.
מִי שֶׁעָנָה לְדָנִיֵּאל בְּגוֹב הָאֲרָיוֹת, הוּא יַעֲנֵנוּ.
מִי שֶׁעָנָה לְמָרְדְּכַי וְאֶסְתֵּר בְּשׁוּשַׁן הַבִּירָה, הוּא יַעֲנֵנוּ.
מִי שֶׁעָנָה לְעֶזְרָא בַּגּוֹלָה, הוּא יַעֲנֵנוּ.
מִי שֶׁעָנָה לְכָל הַצַּדִּיקִים וְהַחֲסִידִים וְהַתְּמִימִים וְהַיְשָׁרִים, הוּא יַעֲנֵנוּ.

רַחֲמָנָא דְּעָנֵי לַעֲנִיֵּי עֲנֵינָן.
רַחֲמָנָא דְּעָנֵי לִתְבִירֵי לִבָּא עֲנֵינָן.
רַחֲמָנָא דְּעָנֵי לְמַכִּיכֵי רוּחָא עֲנֵינָן.
רַחֲמָנָא עֲנֵינָן.
רַחֲמָנָא חוּס, רַחֲמָנָא פְּרָק, רַחֲמָנָא שֵׁיזִב.
רַחֲמָנָא רַחֵם עֲלָן, הַשְׁתָּא בַּעֲגָלָא וּבִזְמַן קָרִיב.

נפילת אפיים

יושבים, ובמקום שיש בו ספר תורה, נופלים אפיים:
משעינים את הראש על היד שאין בה תפילין (ומי שאין לו תפילין, על יד שמאל), ומכסים את הפנים (ספר מהרי״ל, סב).

לפני נפילת אפיים נוהגים לומר את הפסוק ׳וַיֹּאמֶר דָּוִד אֶל־גָּד׳ (קיצור של״ה).

וַיֹּאמֶר דָּוִד אֶל־גָּד, צַר־לִי מְאֹד שמואל ב׳ כד
נִפְּלָה־נָּא בְיַד־יהוה, כִּי־רַבִּים רַחֲמָו, וּבְיַד־אָדָם אַל־אֶפֹּלָה:

רַחוּם וְחַנּוּן, חָטָאתִי לְפָנֶיךָ.
יהוה מָלֵא רַחֲמִים, רַחֵם עָלַי וְקַבֵּל תַּחֲנוּנָי.

נוהגים לומר את מזמור ו (מנהגי מהר״י טירנא):

יהוה, אַל־בְּאַפְּךָ תוֹכִיחֵנִי, וְאַל־בַּחֲמָתְךָ תְיַסְּרֵנִי: תהלים ו
חָנֵּנִי יהוה, כִּי אֻמְלַל אָנִי, רְפָאֵנִי יהוה, כִּי נִבְהֲלוּ עֲצָמָי:
וְנַפְשִׁי נִבְהֲלָה מְאֹד, וְאַתָּ יהוה, עַד־מָתָי:
שׁוּבָה יהוה, חַלְּצָה נַפְשִׁי, הוֹשִׁיעֵנִי לְמַעַן חַסְדֶּךָ:
כִּי אֵין בַּמָּוֶת זִכְרֶךָ, בִּשְׁאוֹל מִי יוֹדֶה־לָּךְ:
יָגַעְתִּי בְּאַנְחָתִי, אַשְׂחֶה בְכָל־לַיְלָה מִטָּתִי
בְּדִמְעָתִי עַרְשִׂי אַמְסֶה:
עָשְׁשָׁה מִכַּעַס עֵינִי, עָתְקָה בְּכָל־צוֹרְרָי:
סוּרוּ מִמֶּנִּי כָּל־פֹּעֲלֵי אָוֶן, כִּי שָׁמַע יהוה קוֹל בִּכְיִי:
שָׁמַע יהוה תְּחִנָּתִי, יהוה תְּפִלָּתִי יִקָּח:
יֵבֹשׁוּ וְיִבָּהֲלוּ מְאֹד כָּל־אֹיְבָי, יָשֻׁבוּ יֵבֹשׁוּ רָגַע: כאן מרימים את הראש.

מַחֵי וּמַסֵּי, מֵמִית וּמְחַיֶּה, מַסֵּיק מִן שְׁאוֹל לְחַיֵּי עָלְמָא.
בְּרָא כַּד חָטֵא, אֲבוּהִי לַקְיֵהּ, אֲבוּהִי דְחָיֵס מַסֵּא לִכְאֵבֵהּ.
עַבְדָּא דְמָרֵיד נָפֵיק בְּקוֹלָר, מָרֵהּ תָּאֵיב וְתָבַר קוֹלָרֵהּ.

בְּרָךְ בְּכְרָךְ אֲנַן וְחָטֵינַן קַמָּךְ, הָא רְוֵי נַפְשָׁן בְּגִדִּין מְרָרִין.
עַבְדָּךְ אֲנַן וּמָרְדִנָן קַמָּךְ, הָא בְּבִזְּתָא הָא בְּשִׁבְיְתָא הָא בְּמַלְקְיוּתָא.
בְּמָטוּ מִנָּךְ בְּרַחֲמָךְ דִּנְפִישִׁין, אַסֵּי לִכְאֵבָא דִּתְקֵף עֲלַן
עַד דְּלָא נֶהֱוֵי גְמִירָא בְּשִׁבְיָא.

יש הנוהגים שלא לומר תחינה זו.

מַכְנִיסֵי רַחֲמִים, הַכְנִיסוּ רַחֲמֵינוּ לִפְנֵי בַּעַל הָרַחֲמִים. מַשְׁמִיעֵי תְפִלָּה, הַשְׁמִיעוּ תְּפִלָּתֵנוּ לִפְנֵי שׁוֹמֵעַ תְּפִלָּה. מַשְׁמִיעֵי צְעָקָה, הַשְׁמִיעוּ צַעֲקָתֵנוּ לִפְנֵי שׁוֹמֵעַ צְעָקָה. מַכְנִיסֵי דִמְעָה, הַכְנִיסוּ דִּמְעוֹתֵינוּ לִפְנֵי מֶלֶךְ מִתְרַצֶּה בִּדְמָעוֹת. הִשְׁתַּדְּלוּ וְהַרְבּוּ תְּחִנָּה וּבַקָּשָׁה לִפְנֵי מֶלֶךְ אֵל רָם וְנִשָּׂא. הַזְכִּירוּ לְפָנָיו הַשְׁמִיעוּ לְפָנָיו תּוֹרָה וּמַעֲשִׂים טוֹבִים שֶׁל שׁוֹכְנֵי עָפָר. יִזְכֹּר אַהֲבָתָם וִיחַיֶּה זַרְעָם, שֶׁלֹּא תֹאבַד שְׁאֵרִית יַעֲקֹב. כִּי צֹאן רוֹעֶה נֶאֱמָן הָיָה לְחֶרְפָּה, יִשְׂרָאֵל גּוֹי אֶחָד לְמָשָׁל וְלִשְׁנִינָה. מַהֵר עֲנֵנוּ אֱלֹהֵי יִשְׁעֵנוּ, וּפְדֵנוּ מִכָּל גְּזֵרוֹת קָשׁוֹת, וְהוֹשִׁיעָה בְרַחֲמֶיךָ הָרַבִּים מְשִׁיחַ צִדְקֶךָ וְעַמֶּךָ.

מָרָן דְּבִשְׁמַיָּא לָךְ מִתְחַנַּנָן, כְּבַר שִׁבְיָא דְּמִתְחַנַּן לְשַׁבָּיֵהּ.
כֻּלְּהוֹן בְּנֵי שִׁבְיָא בְּכַסְפָּא מִתְפָּרְקִין
וְעַמָּךְ בֵּית יִשְׂרָאֵל בְּרַחֲמֵי וּבְתַחֲנוּנֵי.
הַב לַן שְׁאֵלְתִּין וּבָעוּתִין, דְּלָא נֶהְדַּר רֵיקָם מִן קֳדָמָךְ.

מָרָן דְּבִשְׁמַיָּא לָךְ מִתְחַנַּנָן, כְּעַבְדָּא דְּמִתְחַנַּן לְמָרֵהּ.
עֲשִׁיקֵי אֲנַן וּבַחֲשׁוֹכָא שָׁרֵינָן.
מְרִירָן נַפְשִׁין מֵעַקְתִין דִּנְפִישִׁין.
חֵילָא לֵית בַּן לְרַצוּיָךְ, מָרָן.
עֲבֵד בְּדִיל קְיָמָא דִּגְזַרְתְּ עִם אֲבָהָתָנָא.

הפיוט 'שׁוֹמֵר יִשְׂרָאֵל' חותם את הסליחות בחודש אלול ובעשרת ימי תשובה.

שׁוֹמֵר יִשְׂרָאֵל, שְׁמֹר שְׁאֵרִית יִשְׂרָאֵל, וְאַל יֹאבַד יִשְׂרָאֵל
הָאוֹמְרִים שְׁמַע יִשְׂרָאֵל.

שׁוֹמֵר גּוֹי אֶחָד, שְׁמֹר שְׁאֵרִית עַם אֶחָד, וְאַל יֹאבַד גּוֹי אֶחָד
הַמְיַחֲדִים שִׁמְךָ, יהוה אֱלֹהֵינוּ יהוה אֶחָד.

שׁוֹמֵר גּוֹי קָדוֹשׁ, שְׁמֹר שְׁאֵרִית עַם קָדוֹשׁ, וְאַל יֹאבַד גּוֹי קָדוֹשׁ
הַמְשַׁלְּשִׁים בְּשָׁלֹשׁ קְדֻשּׁוֹת לְקָדוֹשׁ.

מִתְרַצֶּה בְּרַחֲמִים וּמִתְפַּיֵּס בְּתַחֲנוּנִים, הִתְרַצֵּה וְהִתְפַּיֵּס לְדוֹר עָנִי
כִּי אֵין עוֹזֵר.

אָבִינוּ מַלְכֵּנוּ, חָנֵּנוּ וַעֲנֵנוּ, כִּי אֵין בָּנוּ מַעֲשִׂים
עֲשֵׂה עִמָּנוּ צְדָקָה וָחֶסֶד וְהוֹשִׁיעֵנוּ.

לקט הפסוקים מסדר רב עמרם גאון מבטא את תחושתו של האדם,
שלאחר שהתפלל בכל אופן שהוא מכיר, מוסר את דינו לשמים (טור, קלא).

עומדים במקום המסומן ב־ (מג"א קלא, ד בשם השל"ה).

וַאֲנַחְנוּ לֹא נֵדַע מַה־נַּעֲשֶׂה, כִּי עָלֶיךָ עֵינֵינוּ: דברי הימים ב׳ כ

זְכֹר־רַחֲמֶיךָ יהוה וַחֲסָדֶיךָ, כִּי מֵעוֹלָם הֵמָּה: תהלים כה

יְהִי־חַסְדְּךָ יהוה עָלֵינוּ, כַּאֲשֶׁר יִחַלְנוּ לָךְ: תהלים לג

אַל־תִּזְכָּר־לָנוּ עֲוֺנֹת רִאשֹׁנִים תהלים עט
מַהֵר יְקַדְּמוּנוּ רַחֲמֶיךָ, כִּי דַלּוֹנוּ מְאֹד:

עֶזְרֵנוּ בְּשֵׁם יהוה, עֹשֵׂה שָׁמַיִם וָאָרֶץ: תהלים קכד

חָנֵּנוּ יהוה חָנֵּנוּ, כִּי־רַב שָׂבַעְנוּ בוּז: תהלים קכג

בְּרֹגֶז רַחֵם תִּזְכּוֹר: חבקוק ג

[בְּרֹגֶז עֲקֵדָה תִּזְכֹּר, בְּרֹגֶז תְּמִימוּת תִּזְכֹּר.

יהוה הוֹשִׁיעָה, הַמֶּלֶךְ יַעֲנֵנוּ בְיוֹם־קָרְאֵנוּ:] תהלים כ

כִּי־הוּא יָדַע יִצְרֵנוּ, זָכוּר כִּי־עָפָר אֲנָחְנוּ: תהלים קג

עָזְרֵנוּ אֱלֹהֵי יִשְׁעֵנוּ עַל־דְּבַר כְּבוֹד־שְׁמֶךָ תהלים עט
וְהַצִּילֵנוּ וְכַפֵּר עַל־חַטֹּאתֵינוּ לְמַעַן שְׁמֶךָ:

קדיש שלם

ש״ץ: יִתְגַּדַּל וְיִתְקַדַּשׁ שְׁמֵהּ רַבָּא (קהל: אָמֵן)
בְּעָלְמָא דִּי בְרָא כִרְעוּתֵהּ
וְיַמְלִיךְ מַלְכוּתֵהּ [וְיַצְמַח פֻּרְקָנֵהּ וִיקָרֵב מְשִׁיחֵהּ (קהל: אָמֵן)]
בְּחַיֵּיכוֹן וּבְיוֹמֵיכוֹן וּבְחַיֵּי דְכָל בֵּית יִשְׂרָאֵל
בַּעֲגָלָא וּבִזְמַן קָרִיב
וְאִמְרוּ אָמֵן. (קהל: אָמֵן)

קהל וש״ץ: יְהֵא שְׁמֵהּ רַבָּא מְבָרַךְ לְעָלַם וּלְעָלְמֵי עָלְמַיָּא.

ש״ץ: יִתְבָּרַךְ וְיִשְׁתַּבַּח וְיִתְפָּאַר וְיִתְרוֹמַם וְיִתְנַשֵּׂא
וְיִתְהַדָּר וְיִתְעַלֶּה וְיִתְהַלָּל
שְׁמֵהּ דְּקֻדְשָׁא בְּרִיךְ הוּא (קהל: אָמֵן)
לְעֵלָּא מִן כָּל בִּרְכָתָא וְשִׁירָתָא, תֻּשְׁבְּחָתָא וְנֶחֱמָתָא
דַּאֲמִירָן בְּעָלְמָא
וְאִמְרוּ אָמֵן. (קהל: אָמֵן)

תִּתְקַבַּל צְלוֹתְהוֹן וּבָעוּתְהוֹן דְּכָל בֵּית יִשְׂרָאֵל
קֳדָם אֲבוּהוֹן דִּי בִשְׁמַיָּא
וְאִמְרוּ אָמֵן. (קהל: אָמֵן)

יְהֵא שְׁלָמָא רַבָּא מִן שְׁמַיָּא
וְחַיִּים [טוֹבִים] עָלֵינוּ וְעַל כָּל יִשְׂרָאֵל
וְאִמְרוּ אָמֵן. (קהל: אָמֵן)

כורע ופוסע שלוש פסיעות לאחור. קד לשמאל, לימין ולפנים באמירת:

עֹשֶׂה שָׁלוֹם בִּמְרוֹמָיו
הוּא יַעֲשֶׂה שָׁלוֹם עָלֵינוּ וְעַל כָּל יִשְׂרָאֵל
וְאִמְרוּ אָמֵן. (קהל: אָמֵן)

סליחות ליום שביעי

תהלים פד אַשְׁרֵי יוֹשְׁבֵי בֵיתֶךָ, עוֹד יְהַלְלוּךָ סֶּלָה:
תהלים קמד אַשְׁרֵי הָעָם שֶׁכָּכָה לּוֹ, אַשְׁרֵי הָעָם שֶׁיהוה אֱלֹהָיו:
תהלים קמה תְּהִלָּה לְדָוִד

אֲרוֹמִמְךָ אֱלוֹהַי הַמֶּלֶךְ, וַאֲבָרְכָה שִׁמְךָ לְעוֹלָם וָעֶד:
בְּכָל־יוֹם אֲבָרְכֶךָּ, וַאֲהַלְלָה שִׁמְךָ לְעוֹלָם וָעֶד:
גָּדוֹל יהוה וּמְהֻלָּל מְאֹד, וְלִגְדֻלָּתוֹ אֵין חֵקֶר:
דּוֹר לְדוֹר יְשַׁבַּח מַעֲשֶׂיךָ, וּגְבוּרֹתֶיךָ יַגִּידוּ:
הֲדַר כְּבוֹד הוֹדֶךָ, וְדִבְרֵי נִפְלְאֹתֶיךָ אָשִׂיחָה:
וֶעֱזוּז נוֹרְאֹתֶיךָ יֹאמֵרוּ, וּגְדוּלָּתְךָ אֲסַפְּרֶנָּה:
זֵכֶר רַב־טוּבְךָ יַבִּיעוּ, וְצִדְקָתְךָ יְרַנֵּנוּ:
חַנּוּן וְרַחוּם יהוה, אֶרֶךְ אַפַּיִם וּגְדָל־חָסֶד:
טוֹב־יהוה לַכֹּל, וְרַחֲמָיו עַל־כָּל־מַעֲשָׂיו:
יוֹדוּךָ יהוה כָּל־מַעֲשֶׂיךָ, וַחֲסִידֶיךָ יְבָרְכוּכָה:
כְּבוֹד מַלְכוּתְךָ יֹאמֵרוּ, וּגְבוּרָתְךָ יְדַבֵּרוּ:
לְהוֹדִיעַ לִבְנֵי הָאָדָם גְּבוּרֹתָיו, וּכְבוֹד הֲדַר מַלְכוּתוֹ:
מַלְכוּתְךָ מַלְכוּת כָּל־עֹלָמִים, וּמֶמְשַׁלְתְּךָ בְּכָל־דּוֹר וָדֹר:
סוֹמֵךְ יהוה לְכָל־הַנֹּפְלִים, וְזוֹקֵף לְכָל־הַכְּפוּפִים:
עֵינֵי־כֹל אֵלֶיךָ יְשַׂבֵּרוּ, וְאַתָּה נוֹתֵן־לָהֶם אֶת־אָכְלָם בְּעִתּוֹ:
פּוֹתֵחַ אֶת־יָדֶךָ, וּמַשְׂבִּיעַ לְכָל־חַי רָצוֹן:
צַדִּיק יהוה בְּכָל־דְּרָכָיו, וְחָסִיד בְּכָל־מַעֲשָׂיו:
קָרוֹב יהוה לְכָל־קֹרְאָיו, לְכֹל אֲשֶׁר יִקְרָאֻהוּ בֶאֱמֶת:
רְצוֹן־יְרֵאָיו יַעֲשֶׂה, וְאֶת־שַׁוְעָתָם יִשְׁמַע, וְיוֹשִׁיעֵם:

שׁוֹמֵר יהוה אֶת־כָּל־אֹהֲבָיו, וְאֵת כָּל־הָרְשָׁעִים יַשְׁמִיד:
תְּהִלַּת יהוה יְדַבֶּר פִּי, וִיבָרֵךְ כָּל־בָּשָׂר שֵׁם קָדְשׁוֹ לְעוֹלָם וָעֶד:
וַאֲנַחְנוּ נְבָרֵךְ יָהּ מֵעַתָּה וְעַד־עוֹלָם, הַלְלוּיָהּ: תהלים קטו

וְעַתָּה יִגְדַּל־נָא כֹּחַ אֲדֹנָי כַּאֲשֶׁר דִּבַּרְתָּ לֵאמֹר: במדבר יד
זְכֹר־רַחֲמֶיךָ יהוה וַחֲסָדֶיךָ כִּי מֵעוֹלָם הֵמָּה: תהלים כה

חצי קדיש

ש״ץ: יִתְגַּדַּל וְיִתְקַדַּשׁ שְׁמֵהּ רַבָּא (קהל: אָמֵן)
בְּעָלְמָא דִּי בְרָא כִרְעוּתֵהּ
וְיַמְלִיךְ מַלְכוּתֵהּ [וְיַצְמַח פֻּרְקָנֵהּ וִיקָרֵב מְשִׁיחֵהּ (קהל: אָמֵן)]
בְּחַיֵּיכוֹן וּבְיוֹמֵיכוֹן וּבְחַיֵּי דְכָל בֵּית יִשְׂרָאֵל
בַּעֲגָלָא וּבִזְמַן קָרִיב, וְאִמְרוּ אָמֵן. (קהל: אָמֵן)

קהל וש״ץ: יְהֵא שְׁמֵהּ רַבָּא מְבָרַךְ לְעָלַם וּלְעָלְמֵי עָלְמַיָּא.

ש״ץ: יִתְבָּרַךְ וְיִשְׁתַּבַּח וְיִתְפָּאַר וְיִתְרוֹמַם וְיִתְנַשֵּׂא
וְיִתְהַדָּר וְיִתְעַלֶּה וְיִתְהַלָּל
שְׁמֵהּ דְּקֻדְשָׁא בְּרִיךְ הוּא (קהל: אָמֵן)
לְעֵלָּא מִן כָּל בִּרְכָתָא וְשִׁירָתָא, תֻּשְׁבְּחָתָא וְנֶחֱמָתָא
דַּאֲמִירָן בְּעָלְמָא, וְאִמְרוּ אָמֵן. (קהל: אָמֵן)

לְךָ אֲדֹנָי הַצְּדָקָה, וְלָנוּ בֹּשֶׁת הַפָּנִים: דניאל ט
מַה נִּתְאוֹנֵן וּמַה נֹּאמַר, מַה־נְּדַבֵּר וּמַה־נִּצְטַדָּק: בראשית מד
נַחְפְּשָׂה דְרָכֵינוּ וְנַחְקֹרָה וְנָשׁוּבָה אֵלֶיךָ, כִּי יְמִינְךָ פְשׁוּטָה לְקַבֵּל שָׁבִים.
לֹא בְחֶסֶד וְלֹא בְמַעֲשִׂים בָּאנוּ לְפָנֶיךָ, כְּדַלִּים וּכְרָשִׁים דָּפַקְנוּ דְלָתֶיךָ.
דְּלָתֶיךָ דָּפַקְנוּ רַחוּם וְחַנּוּן, נָא אַל תְּשִׁיבֵנוּ רֵיקָם מִלְּפָנֶיךָ.
מִלְּפָנֶיךָ מַלְכֵּנוּ רֵיקָם אַל תְּשִׁיבֵנוּ, כִּי אַתָּה שׁוֹמֵעַ תְּפִלָּה.

שֹׁמֵעַ תְּפִלָּה, עָדֶיךָ כָּל־בָּשָׂר יָבֹאוּ: תהלים סה
יָבוֹא כָל בָּשָׂר לְהִשְׁתַּחֲוֹת לְפָנֶיךָ יהוה.
יָבוֹאוּ וְיִשְׁתַּחֲווּ לְפָנֶיךָ אֲדֹנָי, וִיכַבְּדוּ לִשְׁמֶךָ: תהלים פו
בֹּאוּ נִשְׁתַּחֲוֶה וְנִכְרָעָה, נִבְרְכָה לִפְנֵי־יהוה עֹשֵׂנוּ: תהלים צה
נָבוֹאָה לְמִשְׁכְּנוֹתָיו, נִשְׁתַּחֲוֶה לַהֲדֹם רַגְלָיו: תהלים קלב
בֹּאוּ שְׁעָרָיו בְּתוֹדָה חֲצֵרֹתָיו בִּתְהִלָּה תהלים ק
הוֹדוּ לוֹ בָּרְכוּ שְׁמוֹ:
וַאֲנַחְנוּ בְּרֹב חַסְדְּךָ נָבוֹא בֵיתֶךָ
נִשְׁתַּחֲוֶה אֶל הֵיכַל קָדְשְׁךָ בְּיִרְאָתֶךָ.
הִנֵּה בָּרְכוּ אֶת־יהוה כָּל־עַבְדֵי יהוה תהלים קלד
הָעֹמְדִים בְּבֵית־יהוה בַּלֵּילוֹת:
שְׂאוּ־יְדֵכֶם קֹדֶשׁ, וּבָרְכוּ אֶת־יהוה:
רוֹמְמוּ יהוה אֱלֹהֵינוּ וְהִשְׁתַּחֲווּ לַהֲדֹם רַגְלָיו, קָדוֹשׁ הוּא: תהלים צט
רוֹמְמוּ יהוה אֱלֹהֵינוּ וְהִשְׁתַּחֲווּ לְהַר קָדְשׁוֹ
כִּי־קָדוֹשׁ יהוה אֱלֹהֵינוּ:
הִשְׁתַּחֲווּ לַיהוה בְּהַדְרַת־קֹדֶשׁ, חִילוּ מִפָּנָיו כָּל־הָאָרֶץ: תהלים צו
נִשְׁתַּחֲוֶה אֶל הֵיכַל קָדְשְׁךָ וְנוֹדֶה אֶת שְׁמֶךָ
עַל חַסְדְּךָ וְעַל אֲמִתֶּךָ
כִּי הִגְדַּלְתָּ עַל כָּל שִׁמְךָ אִמְרָתֶךָ.
יהוה אֱלֹהֵי צְבָאוֹת מִי־כָמוֹךָ חֲסִין יָהּ, וֶאֱמוּנָתְךָ סְבִיבוֹתֶיךָ: תהלים פט
כִּי מִי בַשַּׁחַק יַעֲרֹךְ לַיהוה, יִדְמֶה לַיהוה בִּבְנֵי אֵלִים:
כִּי־גָדוֹל אַתָּה וְעֹשֵׂה נִפְלָאוֹת, אַתָּה אֱלֹהִים לְבַדֶּךָ: תהלים פו
כִּי־גָדוֹל מֵעַל־שָׁמַיִם חַסְדֶּךָ, וְעַד־שְׁחָקִים אֲמִתֶּךָ: תהלים קח
גָּדוֹל יהוה וּמְהֻלָּל מְאֹד, וְלִגְדֻלָּתוֹ אֵין חֵקֶר: תהלים קמה
כִּי גָדוֹל יהוה וּמְהֻלָּל מְאֹד, נוֹרָא הוּא עַל־כָּל־אֱלֹהִים: תהלים צו
כִּי אֵל גָּדוֹל יהוה, וּמֶלֶךְ גָּדוֹל עַל־כָּל־אֱלֹהִים: תהלים צה
אֲשֶׁר מִי־אֵל בַּשָּׁמַיִם וּבָאָרֶץ אֲשֶׁר־יַעֲשֶׂה כְמַעֲשֶׂיךָ וְכִגְבוּרֹתֶךָ: דברים ג

מִי לֹא יִרָאֲךָ מֶלֶךְ הַגּוֹיִם כִּי לְךָ יָאָתָה ירמיה י
כִּי בְכָל־חַכְמֵי הַגּוֹיִם וּבְכָל־מַלְכוּתָם מֵאֵין כָּמוֹךָ:
מֵאֵין כָּמוֹךָ יהוה, גָּדוֹל אַתָּה וְגָדוֹל שִׁמְךָ בִּגְבוּרָה:
לְךָ זְרוֹעַ עִם־גְּבוּרָה, תָּעֹז יָדְךָ תָּרוּם יְמִינֶךָ: תהלים פט
לְךָ יוֹם אַף־לְךָ לָיְלָה, אַתָּה הֲכִינוֹתָ מָאוֹר וָשָׁמֶשׁ: תהלים עד
אֲשֶׁר בְּיָדוֹ מֶחְקְרֵי־אָרֶץ, וְתוֹעֲפוֹת הָרִים לוֹ: תהלים צה
מִי יְמַלֵּל גְּבוּרוֹת יהוה, יַשְׁמִיעַ כָּל־תְּהִלָּתוֹ: תהלים קו
לְךָ יהוה הַגְּדֻלָּה וְהַגְּבוּרָה וְהַתִּפְאֶרֶת וְהַנֵּצַח וְהַהוֹד דברי הימים א׳ כט
כִּי־כֹל בַּשָּׁמַיִם וּבָאָרֶץ
לְךָ יהוה הַמַּמְלָכָה וְהַמִּתְנַשֵּׂא לְכֹל לְרֹאשׁ:
לְךָ שָׁמַיִם אַף־לְךָ אָרֶץ, תֵּבֵל וּמְלֹאָהּ אַתָּה יְסַדְתָּם: תהלים פט
אַתָּה הִצַּבְתָּ כָּל־גְּבוּלוֹת אָרֶץ, קַיִץ וָחֹרֶף אַתָּה יְצַרְתָּם: תהלים עד
אַתָּה רִצַּצְתָּ רָאשֵׁי לִוְיָתָן, תִּתְּנֶנּוּ מַאֲכָל לְעָם לְצִיִּים:
אַתָּה בָקַעְתָּ מַעְיָן וָנָחַל, אַתָּה הוֹבַשְׁתָּ נַהֲרוֹת אֵיתָן:
אַתָּה פוֹרַרְתָּ בְעָזְּךָ יָם, שִׁבַּרְתָּ רָאשֵׁי תַנִּינִים עַל־הַמָּיִם:
אַתָּה מוֹשֵׁל בְּגֵאוּת הַיָּם, בְּשׂוֹא גַלָּיו אַתָּה תְשַׁבְּחֵם: תהלים פט
גָּדוֹל יהוה וּמְהֻלָּל מְאֹד, בְּעִיר אֱלֹהֵינוּ הַר־קָדְשׁוֹ: תהלים מח
יהוה צְבָאוֹת אֱלֹהֵי יִשְׂרָאֵל יֹשֵׁב הַכְּרֻבִים ישעיה לז
אַתָּה־הוּא הָאֱלֹהִים לְבַדֶּךָ:
אֵל נַעֲרָץ בְּסוֹד־קְדֹשִׁים רַבָּה, וְנוֹרָא עַל־כָּל־סְבִיבָיו: תהלים פט
וְיוֹדוּ שָׁמַיִם פִּלְאֲךָ יהוה, אַף־אֱמוּנָתְךָ בִּקְהַל קְדֹשִׁים:
לְכוּ נְרַנְּנָה לַיהוה, נָרִיעָה לְצוּר יִשְׁעֵנוּ: תהלים צה
נְקַדְּמָה פָנָיו בְּתוֹדָה, בִּזְמִרוֹת נָרִיעַ לוֹ:
צֶדֶק וּמִשְׁפָּט מְכוֹן כִּסְאֶךָ, חֶסֶד וֶאֱמֶת יְקַדְּמוּ פָנֶיךָ: תהלים פט
אֲשֶׁר יַחְדָּו נַמְתִּיק סוֹד, בְּבֵית אֱלֹהִים נְהַלֵּךְ בְּרָגֶשׁ: תהלים נה
אֲשֶׁר־לוֹ הַיָּם וְהוּא עָשָׂהוּ, וְיַבֶּשֶׁת יָדָיו יָצָרוּ: תהלים צה
אֲשֶׁר בְּיָדוֹ נֶפֶשׁ כָּל־חָי, וְרוּחַ כָּל־בְּשַׂר־אִישׁ: איוב יב

הַנְּשָׁמָה לָךְ וְהַגּוּף פָּעֳלָךְ, חוּסָה עַל עֲמָלָךְ.
הַנְּשָׁמָה לָךְ וְהַגּוּף שֶׁלָּךְ, יהוה עֲשֵׂה לְמַעַן שְׁמֶךָ.
אָתָאנוּ עַל שִׁמְךָ, יהוה עֲשֵׂה לְמַעַן שְׁמֶךָ
בַּעֲבוּר כְּבוֹד שִׁמְךָ, כִּי אֵל חַנּוּן וְרַחוּם שְׁמֶךָ.
לְמַעַן שִׁמְךָ יהוה, וְסָלַחְתָּ לַעֲוֹנֵנוּ כִּי רַב הוּא.

סְלַח לָנוּ, אָבִינוּ, כִּי בְּרֹב אִוַּלְתֵּנוּ שָׁגִינוּ.
מְחַל לָנוּ, מַלְכֵּנוּ, כִּי רַבּוּ עֲוֹנֵינוּ.

אֵל אֶרֶךְ אַפַּיִם אַתָּה, וּבַעַל הָרַחֲמִים נִקְרֵאתָ, וְדֶרֶךְ תְּשׁוּבָה הוֹרֵיתָ.
גְּדֻלַּת רַחֲמֶיךָ וַחֲסָדֶיךָ, תִּזְכֹּר הַיּוֹם וּבְכָל יוֹם לְזֶרַע יְדִידֶיךָ.
תֵּפֶן אֵלֵינוּ בְּרַחֲמִים, כִּי אַתָּה הוּא בַּעַל הָרַחֲמִים.
בְּתַחֲנוּן וּבִתְפִלָּה פָּנֶיךָ נְקַדֵּם, כְּהוֹדַעְתָּ לֶעָנָו מִקֶּדֶם.
מֵחֲרוֹן אַפְּךָ שׁוּב, כְּמוֹ בְּתוֹרָתְךָ כָּתוּב.
וּבְצֵל כְּנָפֶיךָ נֶחֱסֶה וְנִתְלוֹנָן, כְּיוֹם וַיֵּרֶד יהוה בֶּעָנָן.
תַּעֲבֹר עַל פֶּשַׁע וְתִמְחֶה אָשָׁם, כְּיוֹם וַיִּתְיַצֵּב עִמּוֹ שָׁם.
תַּאֲזִין שַׁוְעָתֵנוּ וְתַקְשִׁיב מֶנּוּ מַאֲמָר, כְּיוֹם וַיִּקְרָא בְשֵׁם יהוה
וְשָׁם נֶאֱמַר

קהל ואחריו שליח הציבור:

שמות לד וַיַּעֲבֹר יהוה עַל־פָּנָיו וַיִּקְרָא

יהוה, יהוה, אֵל רַחוּם וְחַנּוּן, אֶרֶךְ אַפַּיִם, וְרַב־חֶסֶד וֶאֱמֶת:
נֹצֵר חֶסֶד לָאֲלָפִים, נֹשֵׂא עָוֹן וָפֶשַׁע וְחַטָּאָה, וְנַקֵּה:

וְסָלַחְתָּ לַעֲוֹנֵנוּ וּלְחַטָּאתֵנוּ, וּנְחַלְתָּנוּ:
סְלַח לָנוּ אָבִינוּ כִּי חָטָאנוּ, מְחַל לָנוּ מַלְכֵּנוּ כִּי פָשָׁעְנוּ.
תהלים פו כִּי־אַתָּה אֲדֹנָי טוֹב וְסַלָּח, וְרַב־חֶסֶד לְכָל־קֹרְאֶיךָ:

אַתָּה יהוה לֹא תִכְלָא רַחֲמֶיךָ מִמֶּנּוּ, חַסְדְּךָ וַאֲמִתְּךָ תָּמִיד יִצְּרוּנוּ.
הושע יד שׁוּבָה יִשְׂרָאֵל עַד יהוה אֱלֹהֶיךָ, כִּי כָשַׁלְתָּ בַּעֲוֹנֶךָ:
תהלים סט כִּי־שֹׁמֵעַ אֶל־אֶבְיוֹנִים יהוה, וְאֶת־אֲסִירָיו לֹא בָזָה:

כְּרַחֵם אָב עַל בָּנִים, כֵּן תְּרַחֵם יהוה עָלֵינוּ.

לַיהוה הַיְשׁוּעָה, עַל־עַמְּךָ בִרְכָתֶךָ סֶּלָה: תהלים ג

יהוה צְבָאוֹת עִמָּנוּ, מִשְׂגָּב לָנוּ אֱלֹהֵי יַעֲקֹב סֶלָה: תהלים מו

יהוה צְבָאוֹת, אַשְׁרֵי אָדָם בֹּטֵחַ בָּךְ: תהלים פד

יהוה הוֹשִׁיעָה, הַמֶּלֶךְ יַעֲנֵנוּ בְיוֹם־קָרְאֵנוּ: תהלים כ

סְלַח־נָא לַעֲוֹן הָעָם הַזֶּה כְּגֹדֶל חַסְדֶּךָ במדבר יד
וְכַאֲשֶׁר נָשָׂאתָה לָעָם הַזֶּה מִמִּצְרַיִם וְעַד־הֵנָּה:
וְשָׁם נֶאֱמַר

קהל ואחריו שליח הציבור:

וַיֹּאמֶר יהוה, סָלַחְתִּי כִּדְבָרֶךָ:

הַטֵּה אֱלֹהַי אָזְנְךָ וּשְׁמָע דניאל ט
פְּקַח עֵינֶיךָ וּרְאֵה שֹׁמְמֹתֵינוּ וְהָעִיר אֲשֶׁר־נִקְרָא שִׁמְךָ עָלֶיהָ
כִּי לֹא עַל־צִדְקֹתֵינוּ אֲנַחְנוּ מַפִּילִים תַּחֲנוּנֵינוּ לְפָנֶיךָ
כִּי עַל־רַחֲמֶיךָ הָרַבִּים:
אֲדֹנָי שְׁמָעָה, אֲדֹנָי סְלָחָה, אֲדֹנָי הַקְשִׁיבָה וַעֲשֵׂה אַל־תְּאַחַר
לְמַעַנְךָ אֱלֹהַי, כִּי־שִׁמְךָ נִקְרָא עַל־עִירְךָ וְעַל־עַמֶּךָ:

בושנו מעוונותינו, מאלוהינו נתרחקנו. בצרה ובמחשך אנו שרויים. אנא, אל תדוננו כמעשינו, במידת הרחמים נהג עמנו, מחטאינו טהרנו ומצרותינו גאלנו.

כ.

אֱלֹהֵינוּ וֵאלֹהֵי אֲבוֹתֵינוּ

אֲנַחְנוּ הַחֹמֶר וְאַתָּה יוֹצְרֵנוּ
אֲמִתְּךָ וְחַסְדְּךָ תָּמִיד יִצְּרוּנוּ
בְּאַפְּךָ אַל תּוֹכִיחֵנוּ, צוּרֵנוּ
בְּשֶׁצֶף חֲמָתְךָ אַל תְּיַסְּרֵנוּ.

גִּשְׁתֵּנוּ אֵלֶיךָ בְּקִיחַת דְּבָרִים
גַּלְגֵּל רַחֲמֶיךָ מִשּׁוּב חֲפוּרִים
דָּרַשְׁנוּ שִׁכְנְךָ בִּלְבּוֹת נִשְׁבָּרִים
דָּלֵנוּ מֵרֶפֶשׁ וְרַפֵּא שְׁבָרִים.

הַעֲבֵר חֶרְפָּתֵנוּ אֲשֶׁר נָגֹר
הָאֵלֶם מְלַשְׁנִי וְהַגְּבֵר סַנֵּיגוֹר
וְשַׁעֲרֵי תְפִלָּתֵנוּ בַּל תִּסְגֹּר
וְעַל שׁוֹטְנֵנוּ חֵמוֹת תַּחְגֹּר.

זַכֵּנוּ מֵחֵטְא וְהַחֲסֵנוּ בְּצִלָּךְ
זְדוֹנֵנוּ תִּמְחֶה וְתַשְׁלִיךְ בִּמְצוּלָךְ
חַבְּאֵנוּ וְהַסְתִּירֵנוּ בְּסֵתֶר אָהֳלָךְ
חוּסָה עַל עַמָּךְ וּקְהָלָךְ.

טֻמְאָתֵנוּ טַהֵר וּלְבָבֵנוּ מוֹל
טוּב מִדָּתְךָ לָנוּ תִּגְמֹל
יַעַן וּבְיַעַן אוֹתָנוּ מִלִּגְמֹל
יֶהֱמוּ מֵעֶיךָ סְגֻלָּתְךָ תַחְמֹל.

כְּמוֹ הָרָה תָּחִיל וְתִזְעַק
כֵּן מִפָּנֶיךָ נָחִיל וְנִזְעַק
לֹא תִבְזֶה עֱנוּת זַעַק
לֹא תְשַׁקֵּץ עֶרֶךְ צַעַק.

מְשׁוּבָה יִשְׂרָאֵל הַבַּת הַשּׁוֹבֵבָה
מַלֵּא דְּבָרְךָ וּלְנָוֶה תְשׁוֹבְבָהּ
נָאוֹר, הֲשִׁיבֵנוּ אֵלֶיךָ וְנָשׁוּבָה
נְאֻם הַגֶּבֶר תְּסוֹבֵב נְקֵבָה.

שְׂרוּפָה בָאֵשׁ כְּסוּחָה מִגַּעֲרָתְךָ
סִלּוּהָ וְדָווּהָ מוֹאֲסֵי בְרִיתְךָ
עוֹלָלֶיהָ תְּעוֹלֵל וְתָחֹן שְׁאֵרִיתְךָ
עוֹד כְּקֶדֶם תִּכּוֹן עֲדָתְךָ.

פְּקֹד גֶּפֶן זֹאת הַבְּקוּקָה
פְּרַע בּוֹקְקֶיהָ כְּחֻקָּה הַחֲקוּקָה
צְרָרוּהָ צָרִים בְּבוּקָה וּמְבֻלָּקָה
צוֹרְרֶיהָ תָּצוּר לְהַבְהַב עֲלוּקָה.

קוֹמֵם נְפוּלָה כַּמָּה שָׁנִים
קְדוֹרַנִּית יוֹשֶׁבֶת בְּמַחְשַׁכֵּי אִישׁוֹנִים
רָם, תִּזְכֹּר בְּרִית רִאשׁוֹנִים
רוֹמֵם דְּבִירְךָ מֵחֳרָבוֹת יְשָׁנִים.

שְׁעֵה שַׁוְעָה וְקַבֵּל פְּגִיעָה
שְׁבֹר רִשְׁעָה חֲבֹשׁ צוֹלֵעָה
תָּקִים שְׁבוּעָה תָּחִישׁ יְשׁוּעָה
תַּמָּה הוֹשִׁיעָה כִּי גָעָה שָׁעָה.

אֵל מֶלֶךְ יוֹשֵׁב עַל כִּסֵּא רַחֲמִים, מִתְנַהֵג בַּחֲסִידוּת.
מוֹחֵל עֲוֹנוֹת עַמּוֹ, מַעֲבִיר רִאשׁוֹן רִאשׁוֹן.
מַרְבֶּה מְחִילָה לְחַטָּאִים, וּסְלִיחָה לְפוֹשְׁעִים.
עֹשֶׂה צְדָקוֹת עִם כָּל בָּשָׂר וָרוּחַ, לֹא כְרָעָתָם תִּגְמֹל.
אֵל, הוֹרֵיתָ לָּנוּ לוֹמַר שְׁלֹשׁ עֶשְׂרֵה
זְכָר לָנוּ הַיּוֹם בְּרִית שְׁלֹשׁ עֶשְׂרֵה
כְּהוֹדַעְתָּ לֶעָנָו מִקֶּדֶם, כְּמוֹ שֶׁכָּתוּב:
וַיֵּרֶד יהוה בֶּעָנָן, וַיִּתְיַצֵּב עִמּוֹ שָׁם, וַיִּקְרָא בְשֵׁם יהוה: שמות לד

קהל ואחריו שליח הציבור:

וַיַּעֲבֹר יהוה עַל־פָּנָיו וַיִּקְרָא

יהוה, יהוה, אֵל רַחוּם וְחַנּוּן, אֶרֶךְ אַפַּיִם, וְרַב־חֶסֶד וֶאֱמֶת:
נֹצֵר חֶסֶד לָאֲלָפִים, נֹשֵׂא עָוֹן וָפֶשַׁע וְחַטָּאָה, וְנַקֵּה:

וְסָלַחְתָּ לַעֲוֹנֵנוּ וּלְחַטָּאתֵנוּ וּנְחַלְתָּנוּ:
סְלַח לָנוּ אָבִינוּ כִּי חָטָאנוּ, מְחַל לָנוּ מַלְכֵּנוּ כִּי פָשָׁעְנוּ.
כִּי־אַתָּה אֲדֹנָי טוֹב וְסַלָּח, וְרַב־חֶסֶד לְכָל־קֹרְאֶיךָ: (תהלים פו)

נַפְשִׁי נִבְהֲלָה מְאֹד, וְאַתְּ יהוה עַד־מָתָי: (תהלים ו)
עַד־מָתַי רְשָׁעִים, יהוה, עַד־מָתַי רְשָׁעִים יַעֲלֹזוּ: (תהלים צד)
עַד־מָתַי אֱלֹהִים יְחָרֶף צָר, יְנָאֵץ אוֹיֵב שִׁמְךָ לָנֶצַח: (תהלים עד)
אֲדֹנָי שִׁמְעָה בְקוֹלֵנוּ, תִּהְיֶינָה אָזְנֶיךָ קַשֻּׁבוֹת לְקוֹל תַּחֲנוּנֵנוּ.

כְּרַחֵם אָב עַל בָּנִים, כֵּן תְּרַחֵם יהוה עָלֵינוּ.
לַיהוה הַיְשׁוּעָה, עַל־עַמְּךָ בִרְכָתֶךָ סֶּלָה: (תהלים ג)
יהוה צְבָאוֹת עִמָּנוּ, מִשְׂגָּב לָנוּ אֱלֹהֵי יַעֲקֹב סֶלָה: (תהלים מו)
יהוה צְבָאוֹת, אַשְׁרֵי אָדָם בֹּטֵחַ בָּךְ: (תהלים פד)
יהוה הוֹשִׁיעָה, הַמֶּלֶךְ יַעֲנֵנוּ בְיוֹם־קָרְאֵנוּ: (תהלים כ)

בדוחק ובצרה בתפארת עברנו אנו נזכרים, ובחסד ובאהבה ששרו עלינו.
מתי נזכה שוב לכפרה, לחסד, לגאולה ולקרבת אלוהים?

כא. מחבר: רבי אליה בר שמעיה

אֱלֹהֵינוּ וֵאלֹהֵי אֲבוֹתֵינוּ

אַרְיֵה בַּיַּעַר דָּמִיתִי וְנִמְשַׁלְתִּי בְּחוֹבַי
בְּטוּיֵי נוֹאַל מִלָּתִי לְשׁוֹן הֲבַאי
גֻּדַּעְתִּי מַקִּישׁ כְּבֶן קִישׁ וּמִסְפָּר בִּגְוַי
כָּל־רֹאשׁ לָחֳלִי וְכָל־לֵבָב דַּוָּי: (ישעיה א)

דַּוָּי גּוֹלֶה וְנִקְלֶה הָכְאַבְתִּי וְנֶעְכַּרְתִּי
הוּנַעְתִּי חַגּוֹתִי וְרָוִיתִי רוֹשׁ וְנִשְׁכַּרְתִּי
וּמִדְּחַק אֲדוֹנִים חִנָּם לָהֶם נִמְכַּרְתִּי
בְּהִתְעַטֵּף עָלַי נַפְשִׁי אֶת־יהוה זָכָרְתִּי: (יונה ב)

זָכַרְתִּי חַסְדְּךָ וְאַהֲבָתְךָ עָלַי כְּהִדְגִּילוּ
חוֹבוֹת הֶעֱבִירוּ וְאוֹתִי לְךָ הִסְגִּילוּ
טְלָאֶיךָ עַתָּה בְּתַחַן וָפֶלֶל יַרְגִּילוּ
אֶבְיוֹנֵי אָדָם בִּקְדוֹשׁ יִשְׂרָאֵל יָגִילוּ: (ישעיה כט)

יָגִילוּ יְרַנְּנוּ עֲבָדֶיךָ בְּפָקֵד חוֹמוֹתַי
כַּדְכֹּד וְאַבְנֵי חֵפֶץ תַּגְבִּילֵם אֵימָתַי
לְתֵל עוֹלָם עִירִי וְלַשֵּׁפֶל רָמוֹתַי
וְאַתָּה יהוה, עַד־מָתָי: תהלים ו

מָתַי תְּחַיֵּנוּ וּמִתְּהוֹמוֹת תַּעֲלֵנוּ
נִיר הָסֵר וְהָקֵל סִמְלוֹן עָלֵינוּ
שֹׂבַע מַלֵּא אֲסָמֵינוּ וְהַצְלִיחָה מִפְעָלֵנוּ
יְהִי־חַסְדְּךָ, יהוה, עָלֵינוּ: תהלים לג

עָלֵינוּ הִמָּלֵא רַחֲמִים בְּצָרָה דְּרַשְׁתִּיךָ
פֵּרַשְׂתִּי יָדַי אֵלֶיךָ בְּקִרְבִּי שִׁחַרְתִּיךָ
צָמְאָה לְךָ נַפְשִׁי בַּלַּיְלָה כִּי אִוִּיתִיךָ
יהוה, אַל־אֵבוֹשָׁה כִּי קְרָאתִיךָ: תהלים לא

קְרָאתִיךָ מֵעֹמֶק דַּלּוּ עֵינַי
רוֹם יָדַי נָשָׂאתִי הֱפִיצוֹתִי מַעְיָנַי
שׁוּר כִּשְׁרוֹן מְחֵה וְהַעֲבֵר זְדוֹנַי
יהוה, שְׁמַע תְּפִלָּתִי, הַאֲזִינָה אֶל־תַּחֲנוּנַי: תהלים קמג

תַּחֲנוּנַי אֱזֹן, אוֹמְנִי מְחוֹלְלִי וּפַדְגּוֹגִי
לְךָ גָּלוּי וְצָפוּי תַּאַב רִגּוּגִי
יְצַלַּל זָדוֹן וִיכַפֵּר חֵטְא שִׂגְגִי
אֲמָרַי הַאֲזִינָה, יהוה, בִּינָה הֲגִיגִי: תהלים ה

הֲגִיגִי בַּר יֵחָשֵׁב וְיִכּוֹן פִּלּוּלִי
שְׁמַע, יָהּ, סְלִיחָה דְּפִי גִּלּוּלִי
חַזֵּק מַאֲמָרְךָ וּלְרָצוֹן יְהִי מִלּוּלִי
הֶגְיוֹן לִבִּי לְפָנֶיךָ, יהוה צוּרִי וְגֹאֲלִי: תהלים יט

אֵל מֶלֶךְ יוֹשֵׁב עַל כִּסֵּא רַחֲמִים, מִתְנַהֵג בַּחֲסִידוּת.
מוֹחֵל עֲוֹנוֹת עַמּוֹ, מַעֲבִיר רִאשׁוֹן רִאשׁוֹן.
מַרְבֶּה מְחִילָה לְחַטָּאִים, וּסְלִיחָה לְפוֹשְׁעִים.
עֹשֶׂה צְדָקוֹת עִם כָּל בָּשָׂר וָרוּחַ, לֹא כְרָעָתָם תִּגְמֹל.
אֵל, הוֹרֵיתָ לָּנוּ לוֹמַר שְׁלֹשׁ עֶשְׂרֵה
זְכָר לָנוּ הַיּוֹם בְּרִית שְׁלֹשׁ עֶשְׂרֵה
כְּהוֹדַעְתָּ לֶעָנָו מִקֶּדֶם, כְּמוֹ שֶׁכָּתוּב:
וַיֵּרֶד יהוה בֶּעָנָן, וַיִּתְיַצֵּב עִמּוֹ שָׁם, וַיִּקְרָא בְשֵׁם יהוה: שמות לד

קהל ואחריו שליח הציבור:

וַיַּעֲבֹר יהוה עַל־פָּנָיו וַיִּקְרָא

יהוה, יהוה, אֵל רַחוּם וְחַנּוּן, אֶרֶךְ אַפַּיִם, וְרַב־חֶסֶד וֶאֱמֶת:
נֹצֵר חֶסֶד לָאֲלָפִים, נֹשֵׂא עָוֹן וָפֶשַׁע וְחַטָּאָה, וְנַקֵּה:

וְסָלַחְתָּ לַעֲוֹנֵנוּ וּלְחַטָּאתֵנוּ וּנְחַלְתָּנוּ:
סְלַח לָנוּ אָבִינוּ כִּי חָטָאנוּ, מְחַל לָנוּ מַלְכֵּנוּ כִּי פָשָׁעְנוּ.
כִּי־אַתָּה אֲדֹנָי טוֹב וְסַלָּח, וְרַב־חֶסֶד לְכָל־קֹרְאֶיךָ: תהלים פו

התמימים כלו, המקדש חרב, הקרבנות פסקו ואין לנו על מי להישען מלבדך, מגיננו. מתוך טַלְטָלַת סופה וסער באנו לפניך בתחינה לכפרה ולטהרה שיעניקו לנו חיים.

כב. פזמון | מחבר: מיוחס לרבי יצחק אבן גיאת

יֹשֵׁב בְּסֵתֶר עֶלְיוֹן, מָגִנִּי וְצִנָּתִי
צַעֲקָתִי הַקְשִׁיבָה וְהַאֲזִינָה רִנָּתִי
חֲטָא אֶת חַטָּאתִי, קָדוֹשׁ, תֵּן תִּקְוָתִי
נַפְשִׁי בִּשְׁאֵלָתִי וְעַמִּי בְּבַקָּשָׁתִי: אסתר ז

צְדָקָה עֲשֵׂה לְעַמְּךָ, קָדוֹשׁ, לְמַעַן שְׁמֶךָ
כִּי פַסּוּ תְמִימֶיךָ מַעֲבִירֵי זַעְמֶךָ
וּמַגִּישֵׁי לַחְמְךָ, לָכֵן עַתָּה בָּאתִי.
נַפְשִׁי בִּשְׁאֵלָתִי וְעַמִּי בְּבַקָּשָׁתִי:

חַטֹּאת נְעוּרַי תַּצְלִיל וְיָם יֵהָפְכוּ כְּצָלִיל
וְצֶדֶק זְקֵנִים תַּסְלִיל וְשַׁוְעַת נְכֵאִים תַּכְלִיל
וְעֵת תְּנַקֵּנִי כְּבַעֲלִיל מַסְטִינִי אָז יְיֵלִיל
כִּי לִבִּי לְךָ כָּלִיל עַתָּה הִנֵּה בָאתִי.

נַפְשִׁי בִּשְׁאֵלָתִי וְעַמִּי בְּבַקָּשָׁתִי:

חַנּוּן חַי, חָנֵּנִי לְקוֹל זַעֲקִי בִּגְרוֹנִי
בְּשָׁמְעֲךָ תַּעֲנֵנִי סְלִיחָתְךָ תַּרְבֵּנִי
לְחַיִּים תִּכְתְּבֵנִי וְעָנְתָה בִּי צִדְקָתִי.

נַפְשִׁי בִּשְׁאֵלָתִי וְעַמִּי בְּבַקָּשָׁתִי:

זֶה אֵלִי, הוֹשִׁיעָה וְזָכִיּוֹת הַכְרִיעָה
וּמִזְּבוּלְךָ הוֹפִיעָה חֹן סֹעֲרָה וְסֹעָה
וּמִלְּשׁוֹנִי הַבְלִיעָה צֹאנְךָ מִלְּהַפְשִׁיעָה
פֶּן אֶרְאֶה בְּרָעָה בְּאָבְדַן מוֹלַדְתִּי.

נַפְשִׁי בִּשְׁאֵלָתִי וְעַמִּי בְּבַקָּשָׁתִי:

קַדֵּשׁ שֵׁם קָדְשְׁךָ חִלְּלוּ בְּמִקְדָּשֶׁךָ
וְאַהֲרוֹנִים קְדוֹשֶׁיךָ מַגִּישֵׁי אִשֶּׁיךָ
וּמַה יַּעֲשׂוּ קְדוֹשֶׁיךָ כְּפִסּוּ קָדָשֶׁיךָ
שְׁעֵה נָא מַקְדִּישֶׁיךָ כְּפָרִים אִם שִׁלַּמְתִּי.

נַפְשִׁי בִּשְׁאֵלָתִי וְעַמִּי בְּבַקָּשָׁתִי:

יִרְצוּ עֲבָדֶיךָ לְמַעַן שֵׁם כְּבוֹדֶךָ
מְיַחֲדֶיךָ מְעִידֶיךָ כִּי אֵין בִּלְעָדֶיךָ
בַּקֵּשׁ נָא אוֹבְדֶיךָ הֵן בָּאוּ עָדֶיךָ
כִּי טוֹבִים דּוֹדֶיךָ, פָּנֶיךָ בִקַּשְׁתִּי.

נַפְשִׁי בִּשְׁאֵלָתִי וְעַמִּי בְּבַקָּשָׁתִי:

קוֹלִי יֶעֱרַב נָא כְּמֵחִים תּוֹךְ צִיּוֹנָה
לְטוֹבָה הִפָּנֶה נָא לְהַמְצִיאֵנִי חֲנִינָה
כִּי אֶל מִי אֶפְנֶה נָא בְּאֵין מַשְׁעֵן וּמַשְׁעֵנָה
לִמְיַחֲלֶיךָ סְלַח נָא הַשְׁמִיעֵם סָלַחְתִּי.

אסתר ז נַפְשִׁי בִּשְׁאֵלָתִי וְעַמִּי בְּבַקָּשָׁתִי:

אֵל מֶלֶךְ יוֹשֵׁב עַל כִּסֵּא רַחֲמִים, מִתְנַהֵג בַּחֲסִידוּת.
מוֹחֵל עֲוֹנוֹת עַמּוֹ, מַעֲבִיר רִאשׁוֹן רִאשׁוֹן.
מַרְבֶּה מְחִילָה לְחַטָּאִים, וּסְלִיחָה לְפוֹשְׁעִים.
עֹשֶׂה צְדָקוֹת עִם כָּל בָּשָׂר וָרוּחַ, לֹא כְרָעָתָם תִּגְמֹל.
אֵל, הוֹרֵיתָ לָּנוּ לוֹמַר שְׁלֹשׁ עֶשְׂרֵה
זְכָר לָנוּ הַיּוֹם בְּרִית שְׁלֹשׁ עֶשְׂרֵה
כְּהוֹדַעְתָּ לֶעָנָו מִקֶּדֶם, כְּמוֹ שֶׁכָּתוּב:
שמות לד וַיֵּרֶד יהוה בֶּעָנָן, וַיִּתְיַצֵּב עִמּוֹ שָׁם, וַיִּקְרָא בְשֵׁם יהוה:

קהל ואחריו שליח הציבור:

וַיַּעֲבֹר יהוה עַל־פָּנָיו וַיִּקְרָא

יהוה, יהוה, אֵל רַחוּם וְחַנּוּן, אֶרֶךְ אַפַּיִם, וְרַב־חֶסֶד וֶאֱמֶת:
נֹצֵר חֶסֶד לָאֲלָפִים, נֹשֵׂא עָוֹן וָפֶשַׁע וְחַטָּאָה, וְנַקֵּה:

וְסָלַחְתָּ לַעֲוֹנֵנוּ וּלְחַטָּאתֵנוּ וּנְחַלְתָּנוּ:
סְלַח לָנוּ אָבִינוּ כִּי חָטָאנוּ, מְחַל לָנוּ מַלְכֵּנוּ כִּי פָשָׁעְנוּ.
תהלים פו כִּי־אַתָּה אֲדֹנָי טוֹב וְסַלָּח, וְרַב־חֶסֶד לְכָל־קֹרְאֶיךָ:

תהלים כה זְכֹר־רַחֲמֶיךָ יהוה וַחֲסָדֶיךָ, כִּי מֵעוֹלָם הֵמָּה:
זָכְרֵנוּ יהוה בִּרְצוֹן עַמֶּךָ, פָּקְדֵנוּ בִּישׁוּעָתֶךָ.
תהלים עד זְכֹר עֲדָתְךָ קָנִיתָ קֶּדֶם, גָּאַלְתָּ שֵׁבֶט נַחֲלָתֶךָ
הַר־צִיּוֹן זֶה שָׁכַנְתָּ בּוֹ:

זְכֹר יהוה חִבַּת יְרוּשָׁלַיִם, אַהֲבַת צִיּוֹן אַל תִּשְׁכַּח לָנֶצַח.
אַתָּה תָקוּם תְּרַחֵם צִיּוֹן, כִּי־עֵת לְחֶנְנָהּ, כִּי־בָא מוֹעֵד: תהלים קב
זְכֹר יהוה לִבְנֵי אֱדוֹם אֵת יוֹם יְרוּשָׁלָיִם תהלים קלז
הָאֹמְרִים עָרוּ עָרוּ, עַד הַיְסוֹד בָּהּ:
זְכֹר לְאַבְרָהָם לְיִצְחָק וּלְיִשְׂרָאֵל עֲבָדֶיךָ, אֲשֶׁר נִשְׁבַּעְתָּ לָהֶם בָּךְ שמות לב
וַתְּדַבֵּר אֲלֵהֶם, אַרְבֶּה אֶת־זַרְעֲכֶם כְּכוֹכְבֵי הַשָּׁמָיִם
וְכָל־הָאָרֶץ הַזֹּאת אֲשֶׁר אָמַרְתִּי אֶתֵּן לְזַרְעֲכֶם, וְנָחֲלוּ לְעֹלָם:
זְכֹר לַעֲבָדֶיךָ לְאַבְרָהָם לְיִצְחָק וּלְיַעֲקֹב דברים ט
אַל־תֵּפֶן אֶל־קְשִׁי הָעָם הַזֶּה וְאֶל־רִשְׁעוֹ וְאֶל־חַטָּאתוֹ:

זְכָר לָנוּ בְּרִית אָבוֹת כַּאֲשֶׁר אָמַרְתָּ:
וְזָכַרְתִּי אֶת־בְּרִיתִי יַעֲקוֹב ויקרא כו
וְאַף אֶת־בְּרִיתִי יִצְחָק
וְאַף אֶת־בְּרִיתִי אַבְרָהָם אֶזְכֹּר
וְהָאָרֶץ אֶזְכֹּר:

זְכָר לָנוּ בְּרִית רִאשׁוֹנִים כַּאֲשֶׁר אָמַרְתָּ:
וְזָכַרְתִּי לָהֶם בְּרִית רִאשֹׁנִים ויקרא כו
אֲשֶׁר הוֹצֵאתִי־אֹתָם מֵאֶרֶץ מִצְרַיִם לְעֵינֵי הַגּוֹיִם
לִהְיוֹת לָהֶם לֵאלֹהִים, אֲנִי יהוה:

עֲשֵׂה עִמָּנוּ כְּמָה שֶׁהִבְטַחְתָּנוּ:
וְאַף גַּם־זֹאת בִּהְיוֹתָם בְּאֶרֶץ אֹיְבֵיהֶם ויקרא כו
לֹא־מְאַסְתִּים וְלֹא־גְעַלְתִּים לְכַלֹּתָם
לְהָפֵר בְּרִיתִי אִתָּם, כִּי אֲנִי יהוה אֱלֹהֵיהֶם:

הָשֵׁב שְׁבוּתֵנוּ וְרַחֲמֵנוּ כְּמָה שֶׁכָּתוּב:
וְשָׁב יהוה אֱלֹהֶיךָ אֶת־שְׁבוּתְךָ וְרִחֲמֶךָ דברים ל
וְשָׁב וְקִבֶּצְךָ מִכָּל־הָעַמִּים, אֲשֶׁר הֱפִיצְךָ יהוה אֱלֹהֶיךָ שָׁמָּה:

קַבֵּץ נִדָּחֵינוּ כְּמָה שֶׁכָּתוּב:
דברים ל אִם־יִהְיֶה נִדַּחֲךָ בִּקְצֵה הַשָּׁמָיִם
מִשָּׁם יְקַבֶּצְךָ יהוה אֱלֹהֶיךָ וּמִשָּׁם יִקָּחֶךָ:

מְחֵה פְשָׁעֵינוּ כָּעָב וְכֶעָנָן כְּמָה שֶׁכָּתוּב:
ישעיה מד מָחִיתִי כָעָב פְּשָׁעֶיךָ וְכֶעָנָן חַטֹּאותֶיךָ
שׁוּבָה אֵלַי כִּי גְאַלְתִּיךָ:
מְחֵה פְשָׁעֵינוּ לְמַעַנְךָ כַּאֲשֶׁר אָמַרְתָּ:
ישעיה מג אָנֹכִי אָנֹכִי הוּא מֹחֶה פְשָׁעֶיךָ לְמַעֲנִי
וְחַטֹּאתֶיךָ לֹא אֶזְכֹּר:

הַלְבֵּן חֲטָאֵינוּ כַּשֶּׁלֶג וְכַצֶּמֶר כְּמָה שֶׁכָּתוּב:
ישעיה א לְכוּ־נָא וְנִוָּכְחָה יֹאמַר יהוה
אִם־יִהְיוּ חֲטָאֵיכֶם כַּשָּׁנִים כַּשֶּׁלֶג יַלְבִּינוּ
אִם־יַאְדִּימוּ כַתּוֹלָע כַּצֶּמֶר יִהְיוּ:

זְרֹק עָלֵינוּ מַיִם טְהוֹרִים וְטַהֲרֵנוּ כְּמָה שֶׁכָּתוּב:
יחזקאל לו וְזָרַקְתִּי עֲלֵיכֶם מַיִם טְהוֹרִים וּטְהַרְתֶּם
מִכֹּל טֻמְאוֹתֵיכֶם וּמִכָּל־גִּלּוּלֵיכֶם אֲטַהֵר אֶתְכֶם:

רַחֵם עָלֵינוּ וְאַל תַּשְׁחִיתֵנוּ כְּמָה שֶׁכָּתוּב:
דברים ד כִּי אֵל רַחוּם יהוה אֱלֹהֶיךָ
לֹא יַרְפְּךָ וְלֹא יַשְׁחִיתֶךָ
וְלֹא יִשְׁכַּח אֶת־בְּרִית אֲבוֹתֶיךָ אֲשֶׁר נִשְׁבַּע לָהֶם:

מוֹל אֶת לְבָבֵנוּ לְאַהֲבָה אֶת שְׁמֶךָ כְּמָה שֶׁכָּתוּב:
דברים ל וּמָל יהוה אֱלֹהֶיךָ אֶת־לְבָבְךָ וְאֶת־לְבַב זַרְעֶךָ
לְאַהֲבָה אֶת־יהוה אֱלֹהֶיךָ בְּכָל־לְבָבְךָ וּבְכָל־נַפְשְׁךָ
לְמַעַן חַיֶּיךָ:

הִמָּצֵא לָנוּ בְּבַקָּשָׁתֵנוּ כְּמָה שֶּׁכָּתוּב:

וּבִקַּשְׁתֶּם מִשָּׁם אֶת־יהוה אֱלֹהֶיךָ וּמָצָאתָ דברים ד

כִּי תִדְרְשֶׁנּוּ בְּכָל־לְבָבְךָ וּבְכָל־נַפְשֶׁךָ:

תְּבִיאֵנוּ אֶל הַר קָדְשֶׁךָ וְשַׂמְּחֵנוּ בְּבֵית תְּפִלָּתֶךָ כְּמָה שֶּׁכָּתוּב:

וַהֲבִיאוֹתִים אֶל־הַר קָדְשִׁי וְשִׂמַּחְתִּים בְּבֵית תְּפִלָּתִי ישעיה נו

עוֹלֹתֵיהֶם וְזִבְחֵיהֶם לְרָצוֹן עַל־מִזְבְּחִי

כִּי בֵיתִי בֵּית־תְּפִלָּה יִקָּרֵא לְכָל־הָעַמִּים:

פותחים את ארון הקודש ואומרים פסוק עד ׳אַל תַּעַזְבֵנוּ׳.

יש קהילות האומרות את הפסוקים בסדר אחר:

׳שְׁמַע קוֹלֵנוּ׳, ׳הֲשִׁיבֵנוּ׳, ׳אַל תַּשְׁלִיכֵנוּ מִלְּפָנֶיךָ׳ ו׳אַל תַּשְׁלִיכֵנוּ לְעֵת זִקְנָה׳,

וממשיכים בלחש: ׳אַל תַּעַזְבֵנוּ׳, ׳עֲשֵׂה עִמָּנוּ אוֹת׳,

׳אֲמָרֵינוּ הַאֲזִינָה׳, ׳יִהְיוּ לְרָצוֹן׳ ו׳כִּי לְךָ ה׳ הוֹחָלְנוּ׳.

שליח הציבור אומר, והקהל חוזר אחריו בקול:

שְׁמַע קוֹלֵנוּ, יהוה אֱלֹהֵינוּ, חוּס וְרַחֵם עָלֵינוּ

וְקַבֵּל בְּרַחֲמִים וּבְרָצוֹן אֶת תְּפִלָּתֵנוּ.

הֲשִׁיבֵנוּ יהוה אֵלֶיךָ וְנָשׁוּבָה, חַדֵּשׁ יָמֵינוּ כְּקֶדֶם: איכה ה

אֲמָרֵינוּ הַאֲזִינָה יהוה, בִּינָה הֲגִיגֵנוּ.

בלחש: יִהְיוּ לְרָצוֹן אִמְרֵי פִינוּ וְהֶגְיוֹן לִבֵּנוּ לְפָנֶיךָ, יהוה צוּרֵנוּ וְגוֹאֲלֵנוּ.

אַל תַּשְׁלִיכֵנוּ מִלְּפָנֶיךָ, וְרוּחַ קָדְשְׁךָ אַל תִּקַּח מִמֶּנּוּ.

אַל תַּשְׁלִיכֵנוּ לְעֵת זִקְנָה, כִּכְלוֹת כֹּחֵנוּ אַל תַּעַזְבֵנוּ.

אַל תַּעַזְבֵנוּ יהוה, אֱלֹהֵינוּ אַל תִּרְחַק מִמֶּנּוּ.

עֲשֵׂה עִמָּנוּ אוֹת לְטוֹבָה, וְיִרְאוּ שׂוֹנְאֵינוּ וְיֵבֹשׁוּ

כִּי אַתָּה יהוה עֲזַרְתָּנוּ וְנִחַמְתָּנוּ.

כִּי לְךָ יהוה הוֹחָלְנוּ, אַתָּה תַעֲנֶה אֲדֹנָי אֱלֹהֵינוּ.

סוגרים את ארון הקודש.

וידוי

אֱלֹהֵינוּ וֵאלֹהֵי אֲבוֹתֵינוּ
תָּבֹא לְפָנֶיךָ תְּפִלָּתֵנוּ, וְאַל תִּתְעַלַּם מִתְּחִנָּתֵנוּ.
שֶׁאֵין אָנוּ עַזֵּי פָנִים וּקְשֵׁי עֹרֶף לוֹמַר לְפָנֶיךָ
יהוה אֱלֹהֵינוּ וֵאלֹהֵי אֲבוֹתֵינוּ
צַדִּיקִים אֲנַחְנוּ וְלֹא חָטָאנוּ.
אֲבָל אֲנַחְנוּ וַאֲבוֹתֵינוּ חָטָאנוּ.

כשמתוודה, מכה באגרופו על החזה כנגד הלב בכל חטא שמזכיר.

אָשַׁמְנוּ, בָּגַדְנוּ, גָּזַלְנוּ, דִּבַּרְנוּ דֹפִי
הֶעֱוִינוּ, וְהִרְשַׁעְנוּ, זַדְנוּ, חָמַסְנוּ, טָפַלְנוּ שֶׁקֶר
יָעַצְנוּ רָע, כִּזַּבְנוּ, לַצְנוּ, מָרַדְנוּ, נִאַצְנוּ
סָרַרְנוּ, עָוִינוּ, פָּשַׁעְנוּ, צָרַרְנוּ, קִשִּׁינוּ עֹרֶף
רָשַׁעְנוּ, שִׁחַתְנוּ, תִּעַבְנוּ, תָּעִינוּ, תִּעְתָּעְנוּ.

סַרְנוּ מִמִּצְוֹתֶיךָ וּמִמִּשְׁפָּטֶיךָ הַטּוֹבִים, וְלֹא שָׁוָה לָנוּ.
וְאַתָּה צַדִּיק עַל כָּל־הַבָּא עָלֵינוּ נחמיה ט
כִּי־אֱמֶת עָשִׂיתָ וַאֲנַחְנוּ הִרְשָׁעְנוּ:

אָשַׁמְנוּ מִכָּל עָם, בֹּשְׁנוּ מִכָּל דּוֹר
גָּלָה מִמֶּנּוּ מָשׂוֹשׂ, דָּוָה לִבֵּנוּ בַּחֲטָאֵינוּ
הָחְבַּל אִוּוּיֵנוּ, וְנִפְרַע פְּאֵרֵנוּ
זְבוּל בֵּית מִקְדָּשֵׁנוּ חָרַב בַּעֲוֹנֵינוּ
טִירָתֵנוּ הָיְתָה לְשַׁמָּה
יְפִי אַדְמָתֵנוּ לְזָרִים, כֹּחֵנוּ לְנָכְרִים.

על פי הגר"א (מעשה רב, אות רב) אומרים וידוי פעם אחת בלבד.

וַעֲדַיִן לֹא שַׁבְנוּ מִטָּעוּתֵנוּ, וְהֵיאַךְ נָעִיז פָּנֵינוּ וְנַקְשֶׁה עָרְפֵּנוּ, לוֹמַר לְפָנֶיךָ, יהוה אֱלֹהֵינוּ וֵאלֹהֵי אֲבוֹתֵינוּ, צַדִּיקִים אֲנַחְנוּ וְלֹא חָטָאנוּ, אֲבָל אֲנַחְנוּ וַאֲבוֹתֵינוּ חָטָאנוּ.

כשמתוודה, מכה באגרופו על החזה כנגד הלב בכל חטא שמזכיר.

אָשַׁמְנוּ, בָּגַדְנוּ, גָּזַלְנוּ, דִּבַּרְנוּ דֹפִי
הֶעֱוִינוּ, וְהִרְשַׁעְנוּ, זַדְנוּ, חָמַסְנוּ, טָפַלְנוּ שֶׁקֶר
יָעַצְנוּ רָע, כִּזַּבְנוּ, לַצְנוּ, מָרַדְנוּ, נִאַצְנוּ
סָרַרְנוּ, עָוִינוּ, פָּשַׁעְנוּ, צָרַרְנוּ, קִשִּׁינוּ עֹרֶף
רָשַׁעְנוּ, שִׁחַתְנוּ, תִּעַבְנוּ, תָּעִינוּ, תִּעְתָּעְנוּ.

סַרְנוּ מִמִּצְוֹתֶיךָ וּמִמִּשְׁפָּטֶיךָ הַטּוֹבִים, וְלֹא שָׁוָה לָנוּ.
וְאַתָּה צַדִּיק עַל כָּל־הַבָּא עָלֵינוּ, כִּי־אֱמֶת עָשִׂיתָ וַאֲנַחְנוּ הִרְשָׁעְנוּ: נחמיה ט

לְעֵינֵינוּ עָשְׁקוּ עֲמָלֵנוּ, מְמֻשָּׁךְ וּמְמֹרָט מִמֶּנּוּ
נָתְנוּ עֻלָּם עָלֵינוּ, סָבַלְנוּ עַל שִׁכְמֵנוּ
עֲבָדִים מָשְׁלוּ בָנוּ, פֹּרֵק אֵין מִיָּדָם: איכה ה
צָרוֹת רַבּוֹת סְבָבוּנוּ, קְרָאנוּךָ יהוה אֱלֹהֵינוּ
רָחַקְתָּ מִמֶּנּוּ בַּעֲוֹנֵינוּ, שַׁבְנוּ מֵאַחֲרֶיךָ, תָּעִינוּ וְאָבָדְנוּ.

וַעֲדַיִן לֹא שַׁבְנוּ מִטָּעוּתֵנוּ, וְהֵיאַךְ נָעִיז פָּנֵינוּ וְנַקְשֶׁה עָרְפֵּנוּ, לוֹמַר לְפָנֶיךָ, יהוה אֱלֹהֵינוּ וֵאלֹהֵי אֲבוֹתֵינוּ, צַדִּיקִים אֲנַחְנוּ וְלֹא חָטָאנוּ, אֲבָל אֲנַחְנוּ וַאֲבוֹתֵינוּ חָטָאנוּ.

כשמתוודה, מכה באגרופו על החזה כנגד הלב בכל חטא שמזכיר.

אָשַׁמְנוּ, בָּגַדְנוּ, גָּזַלְנוּ, דִּבַּרְנוּ דֹפִי
הֶעֱוִינוּ, וְהִרְשַׁעְנוּ, זַדְנוּ, חָמַסְנוּ, טָפַלְנוּ שֶׁקֶר
יָעַצְנוּ רָע, כִּזַּבְנוּ, לַצְנוּ, מָרַדְנוּ, נִאַצְנוּ
סָרַרְנוּ, עָוִינוּ, פָּשַׁעְנוּ, צָרַרְנוּ, קִשִּׁינוּ עֹרֶף
רָשַׁעְנוּ, שִׁחַתְנוּ, תִּעַבְנוּ, תָּעִינוּ, תִּעְתָּעְנוּ.

סַרְנוּ מִמִּצְוֹתֶיךָ וּמִמִּשְׁפָּטֶיךָ הַטּוֹבִים, וְלֹא שָׁוָה לָנוּ.
וְאַתָּה צַדִּיק עַל כָּל־הַבָּא עָלֵינוּ, כִּי־אֱמֶת עָשִׂיתָ וַאֲנַחְנוּ הִרְשָׁעְנוּ: נחמיה ט

הִרְשַׁעְנוּ וּפָשַׁעְנוּ לָכֵן לֹא נוֹשָׁעְנוּ.
וְתֵן בְּלִבֵּנוּ לַעֲזֹב דֶּרֶךְ רֶשַׁע, וְחִישׁ לָנוּ יֶשַׁע
כַּכָּתוּב עַל יַד נְבִיאֶךָ: יַעֲזֹב רָשָׁע דַּרְכּוֹ וְאִישׁ אָוֶן מַחְשְׁבֹתָיו ישעיה נה
וְיָשֹׁב אֶל־יהוה וִירַחֲמֵהוּ וְאֶל־אֱלֹהֵינוּ כִּי־יַרְבֶּה לִסְלוֹחַ:

תהלים יט מְשִׁיחַ צִדְקֶךָ אָמַר לְפָנֶיךָ: שְׁגִיאוֹת מִי־יָבִין, מִנִּסְתָּרוֹת נַקֵּנִי: נַקֵּנוּ יהוה אֱלֹהֵינוּ מִכָּל פְּשָׁעֵינוּ וְטַהֲרֵנוּ מִכָּל טֻמְאוֹתֵינוּ וּזְרֹק עָלֵינוּ מַיִם טְהוֹרִים וְטַהֲרֵנוּ, כַּכָּתוּב עַל יַד נְבִיאֶךָ: וְזָרַקְתִּי עֲלֵיכֶם מַיִם טְהוֹרִים וּטְהַרְתֶּם, יחזקאל לו מִכֹּל טֻמְאוֹתֵיכֶם וּמִכָּל־גִּלּוּלֵיכֶם אֲטַהֵר אֶתְכֶם: עַמְּךָ וְנַחֲלָתְךָ רְעֵבֵי טוּבְךָ, צְמֵאֵי חַסְדֶּךָ, תְּאֵבֵי יִשְׁעֶךָ. יַכִּירוּ וְיֵדְעוּ, כִּי לַיהוה אֱלֹהֵינוּ הָרַחֲמִים וְהַסְּלִיחוֹת.

אֵל רַחוּם שְׁמֶךָ. אֵל חַנּוּן שְׁמֶךָ. בָּנוּ נִקְרָא שְׁמֶךָ. יהוה עֲשֵׂה לְמַעַן שְׁמֶךָ. עֲשֵׂה לְמַעַן אֲמִתָּךְ. עֲשֵׂה לְמַעַן בְּרִיתָךְ. עֲשֵׂה לְמַעַן גָּדְלָךְ וְתִפְאַרְתָּךְ. עֲשֵׂה לְמַעַן דָּתָךְ. עֲשֵׂה לְמַעַן הוֹדָךְ. עֲשֵׂה לְמַעַן וִעוּדָךְ. עֲשֵׂה לְמַעַן זִכְרָךְ. עֲשֵׂה לְמַעַן חַסְדָּךְ. עֲשֵׂה לְמַעַן טוּבָךְ. עֲשֵׂה לְמַעַן יִחוּדָךְ. עֲשֵׂה לְמַעַן כְּבוֹדָךְ. עֲשֵׂה לְמַעַן לִמּוּדָךְ. עֲשֵׂה לְמַעַן מַלְכוּתָךְ. עֲשֵׂה לְמַעַן נִצְחָךְ. עֲשֵׂה לְמַעַן סוֹדָךְ. עֲשֵׂה לְמַעַן עֻזָּךְ. עֲשֵׂה לְמַעַן פְּאֵרָךְ. עֲשֵׂה לְמַעַן צִדְקָתָךְ. עֲשֵׂה לְמַעַן קְדֻשָּׁתָךְ. עֲשֵׂה לְמַעַן רַחֲמֶיךָ הָרַבִּים. עֲשֵׂה לְמַעַן שְׁכִינָתָךְ. עֲשֵׂה לְמַעַן תְּהִלָּתָךְ. עֲשֵׂה לְמַעַן אוֹהֲבֶיךָ שׁוֹכְנֵי עָפָר. עֲשֵׂה לְמַעַן אַבְרָהָם יִצְחָק וְיַעֲקֹב. עֲשֵׂה לְמַעַן מֹשֶׁה וְאַהֲרֹן. עֲשֵׂה לְמַעַן דָּוִד וּשְׁלֹמֹה. עֲשֵׂה לְמַעַן יְרוּשָׁלַיִם עִיר קָדְשֶׁךָ. עֲשֵׂה לְמַעַן צִיּוֹן מִשְׁכַּן כְּבוֹדֶךָ. עֲשֵׂה לְמַעַן שִׁמְמוֹת הֵיכָלֶךָ. עֲשֵׂה לְמַעַן הֲרִיסוּת מִזְבְּחֶךָ. עֲשֵׂה לְמַעַן הֲרוּגִים עַל שֵׁם קָדְשֶׁךָ. עֲשֵׂה לְמַעַן טְבוּחִים עַל יִחוּדֶךָ. עֲשֵׂה לְמַעַן בָּאֵי בָאֵשׁ וּבַמַּיִם עַל קִדּוּשׁ שְׁמֶךָ. עֲשֵׂה לְמַעַן יוֹנְקֵי שָׁדַיִם שֶׁלֹּא חָטְאוּ. עֲשֵׂה לְמַעַן גְּמוּלֵי חָלָב שֶׁלֹּא פָשְׁעוּ. עֲשֵׂה לְמַעַן תִּינוֹקוֹת שֶׁל בֵּית רַבָּן. עֲשֵׂה לְמַעַנְךָ אִם לֹא לְמַעֲנֵנוּ. עֲשֵׂה לְמַעַנְךָ וְהוֹשִׁיעֵנוּ.

עֲנֵנוּ יהוה עֲנֵנוּ. עֲנֵנוּ אֱלֹהֵינוּ עֲנֵנוּ. עֲנֵנוּ אָבִינוּ עֲנֵנוּ. עֲנֵנוּ בּוֹרְאֵנוּ עֲנֵנוּ. עֲנֵנוּ גּוֹאֲלֵנוּ עֲנֵנוּ. עֲנֵנוּ דּוֹרְשֵׁנוּ עֲנֵנוּ. עֲנֵנוּ הָאֵל הַנֶּאֱמָן עֲנֵנוּ. עֲנֵנוּ וָתִיק וְחָסִיד עֲנֵנוּ. עֲנֵנוּ זַךְ וְיָשָׁר עֲנֵנוּ. עֲנֵנוּ חַי וְקַיָּם עֲנֵנוּ. עֲנֵנוּ טוֹב וּמֵטִיב עֲנֵנוּ. עֲנֵנוּ יוֹדֵעַ יֵצֶר עֲנֵנוּ. עֲנֵנוּ כּוֹבֵשׁ כְּעָסִים עֲנֵנוּ. עֲנֵנוּ לוֹבֵשׁ צְדָקוֹת עֲנֵנוּ. עֲנֵנוּ מֶלֶךְ מַלְכֵי הַמְּלָכִים עֲנֵנוּ. עֲנֵנוּ נוֹרָא וְנִשְׂגָּב עֲנֵנוּ. עֲנֵנוּ סוֹלֵחַ

וּמוֹחֵל עֲנֵנוּ. עֲנֵנוּ עוֹנֶה בְּעֵת צָרָה עֲנֵנוּ. עֲנֵנוּ פּוֹדֶה וּמַצִּיל עֲנֵנוּ. עֲנֵנוּ צַדִּיק וְיָשָׁר עֲנֵנוּ. עֲנֵנוּ קָרוֹב לְקוֹרְאָיו עֲנֵנוּ. עֲנֵנוּ רַחוּם וְחַנּוּן עֲנֵנוּ. עֲנֵנוּ שׁוֹמֵעַ אֶל אֶבְיוֹנִים עֲנֵנוּ. עֲנֵנוּ תּוֹמֵךְ תְּמִימִים עֲנֵנוּ. עֲנֵנוּ אֱלֹהֵי אֲבוֹתֵינוּ עֲנֵנוּ. עֲנֵנוּ אֱלֹהֵי אַבְרָהָם עֲנֵנוּ. עֲנֵנוּ פַּחַד יִצְחָק עֲנֵנוּ. עֲנֵנוּ אֲבִיר יַעֲקֹב עֲנֵנוּ. עֲנֵנוּ עֶזְרַת הַשְּׁבָטִים עֲנֵנוּ. עֲנֵנוּ מִשְׂגַּב אִמָּהוֹת עֲנֵנוּ. עֲנֵנוּ קָשֶׁה לִכְעֹס עֲנֵנוּ. עֲנֵנוּ רַךְ לִרְצוֹת עֲנֵנוּ. עֲנֵנוּ עוֹנֶה בְּעֵת רָצוֹן עֲנֵנוּ. עֲנֵנוּ אֲבִי יְתוֹמִים עֲנֵנוּ. עֲנֵנוּ דַּיַּן אַלְמָנוֹת עֲנֵנוּ.

מִי שֶׁעָנָה לְאַבְרָהָם אָבִינוּ בְּהַר הַמּוֹרִיָּה, הוּא יַעֲנֵנוּ.
מִי שֶׁעָנָה לְיִצְחָק בְּנוֹ כְּשֶׁנֶּעֱקַד עַל גַּבֵּי הַמִּזְבֵּחַ, הוּא יַעֲנֵנוּ.
מִי שֶׁעָנָה לְיַעֲקֹב בְּבֵית אֵל, הוּא יַעֲנֵנוּ.
מִי שֶׁעָנָה לְיוֹסֵף בְּבֵית הָאֲסוּרִים, הוּא יַעֲנֵנוּ.
מִי שֶׁעָנָה לַאֲבוֹתֵינוּ עַל יַם סוּף, הוּא יַעֲנֵנוּ.
מִי שֶׁעָנָה לְמֹשֶׁה בְּחוֹרֵב, הוּא יַעֲנֵנוּ.
מִי שֶׁעָנָה לְאַהֲרֹן בַּמַּחְתָּה, הוּא יַעֲנֵנוּ.
מִי שֶׁעָנָה לְפִינְחָס בְּקוּמוֹ מִתּוֹךְ הָעֵדָה, הוּא יַעֲנֵנוּ.
מִי שֶׁעָנָה לִיהוֹשֻׁעַ בַּגִּלְגָּל, הוּא יַעֲנֵנוּ.
מִי שֶׁעָנָה לִשְׁמוּאֵל בַּמִּצְפָּה, הוּא יַעֲנֵנוּ.
מִי שֶׁעָנָה לְדָוִד וּשְׁלֹמֹה בְנוֹ בִּירוּשָׁלָיִם, הוּא יַעֲנֵנוּ.
מִי שֶׁעָנָה לְאֵלִיָּהוּ בְּהַר הַכַּרְמֶל, הוּא יַעֲנֵנוּ.
מִי שֶׁעָנָה לֶאֱלִישָׁע בִּירִיחוֹ, הוּא יַעֲנֵנוּ.
מִי שֶׁעָנָה לְיוֹנָה בִּמְעֵי הַדָּגָה, הוּא יַעֲנֵנוּ.
מִי שֶׁעָנָה לְחִזְקִיָּהוּ מֶלֶךְ יְהוּדָה בְּחָלְיוֹ, הוּא יַעֲנֵנוּ.
מִי שֶׁעָנָה לַחֲנַנְיָה מִישָׁאֵל וַעֲזַרְיָה בְּתוֹךְ כִּבְשַׁן הָאֵשׁ, הוּא יַעֲנֵנוּ.
מִי שֶׁעָנָה לְדָנִיֵּאל בְּגוֹב הָאֲרָיוֹת, הוּא יַעֲנֵנוּ.
מִי שֶׁעָנָה לְמָרְדְּכַי וְאֶסְתֵּר בְּשׁוּשַׁן הַבִּירָה, הוּא יַעֲנֵנוּ.
מִי שֶׁעָנָה לְעֶזְרָא בַּגּוֹלָה, הוּא יַעֲנֵנוּ.
מִי שֶׁעָנָה לְכָל הַצַּדִּיקִים וְהַחֲסִידִים וְהַתְּמִימִים וְהַיְשָׁרִים, הוּא יַעֲנֵנוּ.

רַחֲמָנָא דְּעָנֵי לַעֲנִיֵּי עֲנֵינָן.
רַחֲמָנָא דְּעָנֵי לִתְבִירֵי לִבָּא עֲנֵינָן.
רַחֲמָנָא דְּעָנֵי לְמַכִּיכֵי רוּחָא עֲנֵינָן.
רַחֲמָנָא עֲנֵינָן.
רַחֲמָנָא חוּס, רַחֲמָנָא פְּרֹק, רַחֲמָנָא שֵׁיזִב.
רַחֲמָנָא רַחֵם עֲלָן, הַשְׁתָּא בַּעֲגָלָא וּבִזְמַן קָרִיב.

נפילת אפיים

יושבים, ובמקום שיש בו ספר תורה, נופלים אפיים:
משעינים את הראש על היד שאין בה תפילין (ומי שאין לו תפילין, על יד שמאל), ומכסים את הפנים (ספר מהרי״ל, סב).

לפני נפילת אפיים נוהגים לומר את הפסוק ׳וַיֹּאמֶר דָּוִד אֶל־גָּד׳ (קיצור של״ה).

וַיֹּאמֶר דָּוִד אֶל־גָּד, צַר־לִי מְאֹד שמואל ב׳ כד
נִפְּלָה־נָּא בְיַד־יהוה, כִּי־רַבִּים רַחֲמָו, וּבְיַד־אָדָם אַל־אֶפֹּלָה:

רַחוּם וְחַנּוּן, חָטָאתִי לְפָנֶיךָ.
יהוה מָלֵא רַחֲמִים, רַחֵם עָלַי וְקַבֵּל תַּחֲנוּנָי.

נוהגים לומר את מזמור ו (מנהגי מהר״י טירנא):

יהוה, אַל־בְּאַפְּךָ תוֹכִיחֵנִי, וְאַל־בַּחֲמָתְךָ תְיַסְּרֵנִי: תהלים ו
חָנֵּנִי יהוה, כִּי אֻמְלַל אָנִי, רְפָאֵנִי יהוה, כִּי נִבְהֲלוּ עֲצָמָי:
וְנַפְשִׁי נִבְהֲלָה מְאֹד, וְאַתָּ יהוה, עַד־מָתָי:
שׁוּבָה יהוה, חַלְּצָה נַפְשִׁי, הוֹשִׁיעֵנִי לְמַעַן חַסְדֶּךָ:
כִּי אֵין בַּמָּוֶת זִכְרֶךָ, בִּשְׁאוֹל מִי יוֹדֶה־לָּךְ:
יָגַעְתִּי בְּאַנְחָתִי, אַשְׂחֶה בְכָל־לַיְלָה מִטָּתִי
בְּדִמְעָתִי עַרְשִׂי אַמְסֶה:
עָשְׁשָׁה מִכַּעַס עֵינִי, עָתְקָה בְּכָל־צוֹרְרָי:
סוּרוּ מִמֶּנִּי כָּל־פֹּעֲלֵי אָוֶן, כִּי שָׁמַע יהוה קוֹל בִּכְיִי:
שָׁמַע יהוה תְּחִנָּתִי, יהוה תְּפִלָּתִי יִקָּח:
יֵבֹשׁוּ וְיִבָּהֲלוּ מְאֹד כָּל־אֹיְבָי, יָשֻׁבוּ יֵבֹשׁוּ רָגַע: כאן מרימים את הראש.

מַחֵי וּמַסֵּי, מֵמִית וּמְחַיֶּה, מַסֵּיק מִן שְׁאוֹל לְחַיֵּי עָלְמָא.
בְּרָא כַּד חָטֵא, אֲבוּהִי לַקְיֵהּ, אֲבוּהִי דְחָיֵס מַסֵּא לִכְאֵבֵהּ.
עַבְדָּא דְמָרֵיד נָפֵיק בְּקוֹלָר, מָרֵהּ תָּאֵיב וְתָבַר קוֹלָרֵהּ.

בְּרָךְ בְּכוֹרָךְ אֲנַן וְחָטֵינַן קַמָּךְ, הָא רְוֵי נַפְשָׁן בְּגִידִין מְרָרִין.
עַבְדָּךְ אֲנַן וּמָרְדִינַן קַמָּךְ, הָא בְּבִזְתָא הָא בְּשִׁבְיְתָא הָא בְּמַלְקְיוּתָא.
בְּמָטוּ מִנָּךְ בְּרַחֲמָךְ דִּנְפִישִׁין, אַסֵּי לִכְאֵבָא דִּתְקוֹף עֲלַן
עַד דְּלָא נֶהֱוֵי גְמִירָא בְּשִׁבְיָא.

יש הנוהגים שלא לומר תחינה זו.

מַכְנִיסֵי רַחֲמִים, הַכְנִיסוּ רַחֲמֵינוּ לִפְנֵי בַּעַל הָרַחֲמִים. מַשְׁמִיעֵי תְפִלָּה, הַשְׁמִיעוּ תְּפִלָּתֵנוּ לִפְנֵי שׁוֹמֵעַ תְּפִלָּה. מַשְׁמִיעֵי צְעָקָה, הַשְׁמִיעוּ צַעֲקָתֵנוּ לִפְנֵי שׁוֹמֵעַ צְעָקָה. מַכְנִיסֵי דִמְעָה, הַכְנִיסוּ דִּמְעוֹתֵינוּ לִפְנֵי מֶלֶךְ מִתְרַצֶּה בִּדְמָעוֹת. הִשְׁתַּדְּלוּ וְהַרְבּוּ תְּחִנָּה וּבַקָּשָׁה לִפְנֵי מֶלֶךְ אֵל רָם וְנִשָּׂא. הַזְכִּירוּ לְפָנָיו הַשְׁמִיעוּ לְפָנָיו תּוֹרָה וּמַעֲשִׂים טוֹבִים שֶׁל שׁוֹכְנֵי עָפָר. יִזְכֹּר אַהֲבָתָם וִיחַיֶּה זַרְעָם, שֶׁלֹּא תֹאבַד שְׁאֵרִית יַעֲקֹב. כִּי צֹאן רוֹעֶה נֶאֱמָן הָיָה לְחֶרְפָּה, יִשְׂרָאֵל גּוֹי אֶחָד לְמָשָׁל וְלִשְׁנִינָה. מַהֵר עֲנֵנוּ אֱלֹהֵי יִשְׁעֵנוּ, וּפְדֵנוּ מִכָּל גְּזֵרוֹת קָשׁוֹת, וְהוֹשִׁיעָה בְּרַחֲמֶיךָ הָרַבִּים מְשִׁיחַ צִדְקָךְ וְעַמָּךְ.

מָרָן דְּבִשְׁמַיָּא לָךְ מִתְחַנְּנַן, כְּבַר שִׁבְיָא דְּמִתְחַנַּן לְשַׁבָּיֵהּ.
כֻּלְּהוֹן בְּנֵי שִׁבְיָא בְּכַסְפָּא מִתְפָּרְקִין
וְעַמָּךְ בֵּית יִשְׂרָאֵל בְּרַחֲמֵי וּבְתַחֲנוּנֵי.
הַב לַן שְׁאֵלְתִּין וּבָעוּתִין, דְּלָא נֶהְדַּר רֵיקָם מִן קֳדָמָךְ.

מָרַן דְּבִשְׁמַיָּא לָךְ מִתְחַנְּנַן, כְּעַבְדָּא דְּמִתְחַנַּן לְמָרֵהּ.
עֲשִׁיקֵי אֲנַן וּבַחֲשׁוֹכָא שָׁרֵינָן.
מָרִירָן נַפְשִׁין מֵעַקְתִין דִּנְפִישִׁין.
חֵילָא לֵית בַּן לְרַצּוּיָךְ, מָרַן.
עֲבֵד בְּדִיל קְיָמָא דִּגְזַרְתְּ עִם אֲבָהָתַנָא.

הפיוט 'שׁוֹמֵר יִשְׂרָאֵל' חותם את הסליחות בחודש אלול ובעשרת ימי תשובה.

שׁוֹמֵר יִשְׂרָאֵל, שְׁמֹר שְׁאֵרִית יִשְׂרָאֵל, וְאַל יֹאבַד יִשְׂרָאֵל
הָאוֹמְרִים שְׁמַע יִשְׂרָאֵל.
שׁוֹמֵר גּוֹי אֶחָד, שְׁמֹר שְׁאֵרִית עַם אֶחָד, וְאַל יֹאבַד גּוֹי אֶחָד
הַמְיַחֲדִים שִׁמְךָ, יהוה אֱלֹהֵינוּ יהוה אֶחָד.
שׁוֹמֵר גּוֹי קָדוֹשׁ, שְׁמֹר שְׁאֵרִית עַם קָדוֹשׁ, וְאַל יֹאבַד גּוֹי קָדוֹשׁ
הַמְשַׁלְּשִׁים בְּשָׁלֹשׁ קְדֻשּׁוֹת לְקָדוֹשׁ.
מִתְרַצֶּה בְּרַחֲמִים וּמִתְפַּיֵּס בְּתַחֲנוּנִים, הִתְרַצֵּה וְהִתְפַּיֵּס לְדוֹר עָנִי
כִּי אֵין עוֹזֵר.
אָבִינוּ מַלְכֵּנוּ, חָנֵּנוּ וַעֲנֵנוּ, כִּי אֵין בָּנוּ מַעֲשִׂים
עֲשֵׂה עִמָּנוּ צְדָקָה וָחֶסֶד וְהוֹשִׁיעֵנוּ.

לקט הפסוקים מסדר רב עמרם גאון מבטא את תחושתו של האדם,
שלאחר שהתפלל בכל אופן שהוא מכיר, מוסר את דינו לשמים (טור, קלא).

עומדים במקום המסומן ב▪ (מג״א קלא, ד בשם השל״ה).

וַאֲנַחְנוּ לֹא נֵדַע ▪מַה־נַּעֲשֶׂה, כִּי עָלֶיךָ עֵינֵינוּ: דברי הימים ב׳ כ
זְכֹר־רַחֲמֶיךָ יהוה וַחֲסָדֶיךָ, כִּי מֵעוֹלָם הֵמָּה: תהלים כה
יְהִי־חַסְדְּךָ יהוה עָלֵינוּ, כַּאֲשֶׁר יִחַלְנוּ לָךְ: תהלים לג
אַל־תִּזְכָּר־לָנוּ עֲוֹנֹת רִאשֹׁנִים תהלים עט
מַהֵר יְקַדְּמוּנוּ רַחֲמֶיךָ, כִּי דַלּוֹנוּ מְאֹד:
עֶזְרֵנוּ בְּשֵׁם יהוה, עֹשֵׂה שָׁמַיִם וָאָרֶץ: תהלים קכד
חָנֵּנוּ יהוה חָנֵּנוּ, כִּי־רַב שָׂבַעְנוּ בוּז: תהלים קכג
בְּרֹגֶז רַחֵם תִּזְכּוֹר: חבקוק ג
[בְּרֹגֶז עֲקֵדָה תִּזְכֹּר, בְּרֹגֶז תְּמִימוּת תִּזְכֹּר.
יהוה הוֹשִׁיעָה, הַמֶּלֶךְ יַעֲנֵנוּ בְיוֹם־קָרְאֵנוּ:] תהלים כ
כִּי־הוּא יָדַע יִצְרֵנוּ, זָכוּר כִּי־עָפָר אֲנָחְנוּ: תהלים קג
עָזְרֵנוּ אֱלֹהֵי יִשְׁעֵנוּ עַל־דְּבַר כְּבוֹד־שְׁמֶךָ תהלים עט
וְהַצִּילֵנוּ וְכַפֵּר עַל־חַטֹּאתֵינוּ לְמַעַן שְׁמֶךָ:

קדיש שלם

ש״ץ: יִתְגַּדַּל וְיִתְקַדַּשׁ שְׁמֵהּ רַבָּא (קהל: אָמֵן)
בְּעָלְמָא דִּי בְרָא כִרְעוּתֵהּ
וְיַמְלִיךְ מַלְכוּתֵהּ [וְיַצְמַח פֻּרְקָנֵהּ וִיקָרֵב מְשִׁיחֵהּ (קהל: אָמֵן)]
בְּחַיֵּיכוֹן וּבְיוֹמֵיכוֹן וּבְחַיֵּי דְכָל בֵּית יִשְׂרָאֵל
בַּעֲגָלָא וּבִזְמַן קָרִיב
וְאִמְרוּ אָמֵן. (קהל: אָמֵן)

קהל וש״ץ: יְהֵא שְׁמֵהּ רַבָּא מְבָרַךְ לְעָלַם וּלְעָלְמֵי עָלְמַיָּא.

ש״ץ: יִתְבָּרַךְ וְיִשְׁתַּבַּח וְיִתְפָּאַר וְיִתְרוֹמַם וְיִתְנַשֵּׂא
וְיִתְהַדָּר וְיִתְעַלֶּה וְיִתְהַלָּל
שְׁמֵהּ דְּקֻדְשָׁא בְּרִיךְ הוּא (קהל: אָמֵן)
לְעֵלָּא מִן כָּל בִּרְכָתָא וְשִׁירָתָא, תֻּשְׁבְּחָתָא וְנֶחֱמָתָא
דַּאֲמִירָן בְּעָלְמָא
וְאִמְרוּ אָמֵן. (קהל: אָמֵן)

תִּתְקַבַּל צְלוֹתְהוֹן וּבָעוּתְהוֹן דְּכָל בֵּית יִשְׂרָאֵל
קֳדָם אֲבוּהוֹן דִּי בִשְׁמַיָּא
וְאִמְרוּ אָמֵן. (קהל: אָמֵן)

יְהֵא שְׁלָמָא רַבָּא מִן שְׁמַיָּא
וְחַיִּים [טוֹבִים] עָלֵינוּ וְעַל כָּל יִשְׂרָאֵל
וְאִמְרוּ אָמֵן. (קהל: אָמֵן)

כורע ופוסע שלוש פסיעות לאחור. קד לשמאל, לימין ולפנים באמירת:

עֹשֶׂה שָׁלוֹם בִּמְרוֹמָיו
הוּא יַעֲשֶׂה שָׁלוֹם עָלֵינוּ וְעַל כָּל יִשְׂרָאֵל
וְאִמְרוּ אָמֵן. (קהל: אָמֵן)

סליחות לערב ראש השנה

תהלים פד אַשְׁרֵי יוֹשְׁבֵי בֵיתֶךָ, עוֹד יְהַלְלְוּךָ סֶּלָה:
תהלים קמד אַשְׁרֵי הָעָם שֶׁכָּכָה לּוֹ, אַשְׁרֵי הָעָם שֶׁיהוה אֱלֹהָיו:
תהלים קמה תְּהִלָּה לְדָוִד

אֲרוֹמִמְךָ אֱלוֹהַי הַמֶּלֶךְ, וַאֲבָרְכָה שִׁמְךָ לְעוֹלָם וָעֶד:
בְּכָל־יוֹם אֲבָרְכֶךָּ, וַאֲהַלְלָה שִׁמְךָ לְעוֹלָם וָעֶד:
גָּדוֹל יהוה וּמְהֻלָּל מְאֹד, וְלִגְדֻלָּתוֹ אֵין חֵקֶר:
דּוֹר לְדוֹר יְשַׁבַּח מַעֲשֶׂיךָ, וּגְבוּרֹתֶיךָ יַגִּידוּ:
הֲדַר כְּבוֹד הוֹדֶךָ, וְדִבְרֵי נִפְלְאֹתֶיךָ אָשִׂיחָה:
וֶעֱזוּז נוֹרְאֹתֶיךָ יֹאמֵרוּ, וּגְדוּלָּתְךָ אֲסַפְּרֶנָּה:
זֵכֶר רַב־טוּבְךָ יַבִּיעוּ, וְצִדְקָתְךָ יְרַנֵּנוּ:
חַנּוּן וְרַחוּם יהוה, אֶרֶךְ אַפַּיִם וּגְדָל־חָסֶד:
טוֹב־יהוה לַכֹּל, וְרַחֲמָיו עַל־כָּל־מַעֲשָׂיו:
יוֹדְוּךָ יהוה כָּל־מַעֲשֶׂיךָ, וַחֲסִידֶיךָ יְבָרְכוּכָה:
כְּבוֹד מַלְכוּתְךָ יֹאמֵרוּ, וּגְבוּרָתְךָ יְדַבֵּרוּ:
לְהוֹדִיעַ לִבְנֵי הָאָדָם גְּבוּרֹתָיו, וּכְבוֹד הֲדַר מַלְכוּתוֹ:
מַלְכוּתְךָ מַלְכוּת כָּל־עֹלָמִים, וּמֶמְשַׁלְתְּךָ בְּכָל־דּוֹר וָדֹר:
סוֹמֵךְ יהוה לְכָל־הַנֹּפְלִים, וְזוֹקֵף לְכָל־הַכְּפוּפִים:
עֵינֵי־כֹל אֵלֶיךָ יְשַׂבֵּרוּ, וְאַתָּה נוֹתֵן־לָהֶם אֶת־אָכְלָם בְּעִתּוֹ:
פּוֹתֵחַ אֶת־יָדֶךָ, וּמַשְׂבִּיעַ לְכָל־חַי רָצוֹן:
צַדִּיק יהוה בְּכָל־דְּרָכָיו, וְחָסִיד בְּכָל־מַעֲשָׂיו:
קָרוֹב יהוה לְכָל־קֹרְאָיו, לְכֹל אֲשֶׁר יִקְרָאֻהוּ בֶאֱמֶת:
רְצוֹן־יְרֵאָיו יַעֲשֶׂה, וְאֶת־שַׁוְעָתָם יִשְׁמַע, וְיוֹשִׁיעֵם:

שׁוֹמֵר יהוה אֶת־כָּל־אֹהֲבָיו, וְאֵת כָּל־הָרְשָׁעִים יַשְׁמִיד:
תְּהִלַּת יהוה יְדַבֶּר פִּי, וִיבָרֵךְ כָּל־בָּשָׂר שֵׁם קָדְשׁוֹ לְעוֹלָם וָעֶד:
וַאֲנַחְנוּ נְבָרֵךְ יָהּ מֵעַתָּה וְעַד־עוֹלָם, הַלְלוּיָהּ: תהלים קטו

וְעַתָּה יִגְדַּל־נָא כֹּחַ אֲדֹנָי כַּאֲשֶׁר דִּבַּרְתָּ לֵאמֹר: במדבר יד
זְכֹר־רַחֲמֶיךָ יהוה וַחֲסָדֶיךָ כִּי מֵעוֹלָם הֵמָּה: תהלים כה

חצי קדיש

ש״ץ: יִתְגַּדַּל וְיִתְקַדַּשׁ שְׁמֵהּ רַבָּא (קהל: אָמֵן)
בְּעָלְמָא דִּי בְרָא כִרְעוּתֵהּ
וְיַמְלִיךְ מַלְכוּתֵהּ [וְיַצְמַח פֻּרְקָנֵהּ וִיקָרֵב מְשִׁיחֵהּ (קהל: אָמֵן)]
בְּחַיֵּיכוֹן וּבְיוֹמֵיכוֹן וּבְחַיֵּי דְכָל בֵּית יִשְׂרָאֵל
בַּעֲגָלָא וּבִזְמַן קָרִיב, וְאִמְרוּ אָמֵן. (קהל: אָמֵן)

קהל וש״ץ: יְהֵא שְׁמֵהּ רַבָּא מְבָרַךְ לְעָלַם וּלְעָלְמֵי עָלְמַיָּא.

ש״ץ: יִתְבָּרַךְ וְיִשְׁתַּבַּח וְיִתְפָּאַר וְיִתְרוֹמַם וְיִתְנַשֵּׂא
וְיִתְהַדָּר וְיִתְעַלֶּה וְיִתְהַלָּל
שְׁמֵהּ דְּקֻדְשָׁא בְּרִיךְ הוּא (קהל: אָמֵן)
לְעֵלָּא מִן כָּל בִּרְכָתָא וְשִׁירָתָא, תֻּשְׁבְּחָתָא וְנֶחֱמָתָא
דַּאֲמִירָן בְּעָלְמָא, וְאִמְרוּ אָמֵן. (קהל: אָמֵן)

לְךָ אֲדֹנָי הַצְּדָקָה, וְלָנוּ בֹּשֶׁת הַפָּנִים: דניאל ט
מַה נִּתְאוֹנֵן וּמַה נֹּאמַר, מַה־נְּדַבֵּר וּמַה־נִּצְטַדָּק: בראשית מד
נַחְפְּשָׂה דְרָכֵינוּ וְנַחְקֹרָה וְנָשׁוּבָה אֵלֶיךָ, כִּי יְמִינְךָ פְשׁוּטָה לְקַבֵּל שָׁבִים.
לֹא בְחֶסֶד וְלֹא בְמַעֲשִׂים בָּאנוּ לְפָנֶיךָ, כְּדַלִּים וּכְרָשִׁים דָּפַקְנוּ דְלָתֶיךָ.
דְּלָתֶיךָ דָּפַקְנוּ רַחוּם וְחַנּוּן, נָא אַל תְּשִׁיבֵנוּ רֵיקָם מִלְּפָנֶיךָ.
מִלְּפָנֶיךָ מַלְכֵּנוּ רֵיקָם אַל תְּשִׁיבֵנוּ, כִּי אַתָּה שׁוֹמֵעַ תְּפִלָּה.

שֹׁמֵעַ תְּפִלָּה, עָדֶיךָ כָּל־בָּשָׂר יָבֹאוּ׃ תהלים סה
יָבוֹא כָל בָּשָׂר לְהִשְׁתַּחֲוֹת לְפָנֶיךָ יהוה.
יָבֹאוּ וְיִשְׁתַּחֲווּ לְפָנֶיךָ אֲדֹנָי, וִיכַבְּדוּ לִשְׁמֶךָ׃ תהלים פו
בֹּאוּ נִשְׁתַּחֲוֶה וְנִכְרָעָה, נִבְרְכָה לִפְנֵי־יהוה עֹשֵׂנוּ׃ תהלים צה
נָבוֹאָה לְמִשְׁכְּנוֹתָיו, נִשְׁתַּחֲוֶה לַהֲדֹם רַגְלָיו׃ תהלים קלב
בֹּאוּ שְׁעָרָיו בְּתוֹדָה חֲצֵרֹתָיו בִּתְהִלָּה, הוֹדוּ לוֹ בָּרְכוּ שְׁמוֹ׃ תהלים ק
וַאֲנַחְנוּ בְּרֹב חַסְדְּךָ נָבוֹא בֵיתֶךָ, נִשְׁתַּחֲוֶה אֶל הֵיכַל קָדְשְׁךָ בְּיִרְאָתֶךָ.
הִנֵּה בָּרְכוּ אֶת־יהוה כָּל־עַבְדֵי יהוה תהלים קלד
הָעֹמְדִים בְּבֵית־יהוה בַּלֵּילוֹת׃
שְׂאוּ־יְדֵכֶם קֹדֶשׁ, וּבָרְכוּ אֶת־יהוה׃
רוֹמְמוּ יהוה אֱלֹהֵינוּ וְהִשְׁתַּחֲווּ לַהֲדֹם רַגְלָיו, קָדוֹשׁ הוּא׃ תהלים צט
רוֹמְמוּ יהוה אֱלֹהֵינוּ וְהִשְׁתַּחֲווּ לְהַר קָדְשׁוֹ
כִּי־קָדוֹשׁ יהוה אֱלֹהֵינוּ׃
הִשְׁתַּחֲווּ לַיהוה בְּהַדְרַת־קֹדֶשׁ, חִילוּ מִפָּנָיו כָּל־הָאָרֶץ׃ תהלים צו
נִשְׁתַּחֲוֶה אֶל הֵיכַל קָדְשְׁךָ וְנוֹדֶה אֶת שְׁמֶךָ
עַל חַסְדְּךָ וְעַל אֲמִתֶּךָ
כִּי הִגְדַּלְתָּ עַל כָּל שִׁמְךָ אִמְרָתֶךָ.
יהוה אֱלֹהֵי צְבָאוֹת מִי־כָמוֹךָ חֲסִין יָהּ, וֶאֱמוּנָתְךָ סְבִיבוֹתֶיךָ׃ תהלים פט
כִּי מִי בַשַּׁחַק יַעֲרֹךְ לַיהוה, יִדְמֶה לַיהוה בִּבְנֵי אֵלִים׃
כִּי־גָדוֹל אַתָּה וְעֹשֵׂה נִפְלָאוֹת, אַתָּה אֱלֹהִים לְבַדֶּךָ׃ תהלים פו
כִּי־גָדוֹל מֵעַל־שָׁמַיִם חַסְדֶּךָ, וְעַד־שְׁחָקִים אֲמִתֶּךָ׃ תהלים קח
גָּדוֹל יהוה וּמְהֻלָּל מְאֹד, וְלִגְדֻלָּתוֹ אֵין חֵקֶר׃ תהלים קמה
כִּי גָדוֹל יהוה וּמְהֻלָּל מְאֹד, נוֹרָא הוּא עַל־כָּל־אֱלֹהִים׃ תהלים צו
כִּי אֵל גָּדוֹל יהוה, וּמֶלֶךְ גָּדוֹל עַל־כָּל־אֱלֹהִים׃ תהלים צה
אֲשֶׁר מִי־אֵל בַּשָּׁמַיִם וּבָאָרֶץ אֲשֶׁר־יַעֲשֶׂה כְמַעֲשֶׂיךָ וְכִגְבוּרֹתֶךָ׃ דברים ג
מִי לֹא יִרָאֲךָ מֶלֶךְ הַגּוֹיִם כִּי לְךָ יָאָתָה ירמיה י
כִּי בְכָל־חַכְמֵי הַגּוֹיִם וּבְכָל־מַלְכוּתָם מֵאֵין כָּמוֹךָ׃

מֵאֵין כָּמוֹךָ יהוה, גָּדוֹל אַתָּה וְגָדוֹל שִׁמְךָ בִּגְבוּרָה:

לְךָ זְרוֹעַ עִם־גְּבוּרָה, תָּעֹז יָדְךָ תָּרוּם יְמִינֶךָ: תהלים פט

לְךָ יוֹם אַף־לְךָ לָיְלָה, אַתָּה הֲכִינוֹתָ מָאוֹר וָשָׁמֶשׁ: תהלים עד

אֲשֶׁר בְּיָדוֹ מֶחְקְרֵי־אָרֶץ, וְתוֹעֲפוֹת הָרִים לוֹ: תהלים צה

מִי יְמַלֵּל גְּבוּרוֹת יהוה, יַשְׁמִיעַ כָּל־תְּהִלָּתוֹ: תהלים קו

לְךָ יהוה הַגְּדֻלָּה וְהַגְּבוּרָה וְהַתִּפְאֶרֶת וְהַנֵּצַח וְהַהוֹד דברי הימים א׳ כט
כִּי־כֹל בַּשָּׁמַיִם וּבָאָרֶץ
לְךָ יהוה הַמַּמְלָכָה וְהַמִּתְנַשֵּׂא לְכֹל לְרֹאשׁ:

לְךָ שָׁמַיִם אַף־לְךָ אָרֶץ, תֵּבֵל וּמְלֹאָהּ אַתָּה יְסַדְתָּם: תהלים פט

אַתָּה הִצַּבְתָּ כָּל־גְּבוּלוֹת אָרֶץ, קַיִץ וָחֹרֶף אַתָּה יְצַרְתָּם: תהלים עד

אַתָּה רִצַּצְתָּ רָאשֵׁי לִוְיָתָן, תִּתְּנֶנּוּ מַאֲכָל לְעָם לְצִיִּים:

אַתָּה בָקַעְתָּ מַעְיָן וָנָחַל, אַתָּה הוֹבַשְׁתָּ נַהֲרוֹת אֵיתָן:

אַתָּה פוֹרַרְתָּ בְעָזְּךָ יָם, שִׁבַּרְתָּ רָאשֵׁי תַנִּינִים עַל־הַמָּיִם:

אַתָּה מוֹשֵׁל בְּגֵאוּת הַיָּם, בְּשׂוֹא גַלָּיו אַתָּה תְשַׁבְּחֵם: תהלים פט

גָּדוֹל יהוה וּמְהֻלָּל מְאֹד, בְּעִיר אֱלֹהֵינוּ הַר־קָדְשׁוֹ: תהלים מח

יהוה צְבָאוֹת אֱלֹהֵי יִשְׂרָאֵל יֹשֵׁב הַכְּרֻבִים ישעיה לז
אַתָּה־הוּא הָאֱלֹהִים לְבַדֶּךָ:

אֵל נַעֲרָץ בְּסוֹד־קְדֹשִׁים רַבָּה, וְנוֹרָא עַל־כָּל־סְבִיבָיו: תהלים פט

וְיוֹדוּ שָׁמַיִם פִּלְאֲךָ יהוה, אַף־אֱמוּנָתְךָ בִּקְהַל קְדֹשִׁים:

לְכוּ נְרַנְּנָה לַיהוה, נָרִיעָה לְצוּר יִשְׁעֵנוּ: תהלים צה

נְקַדְּמָה פָנָיו בְּתוֹדָה, בִּזְמִרוֹת נָרִיעַ לוֹ:

אַשְׁרֵי הָעָם יוֹדְעֵי תְרוּעָה, יהוה בְּאוֹר־פָּנֶיךָ יְהַלֵּכוּן: תהלים פט

בַּחֲצֹצְרוֹת וְקוֹל שׁוֹפָר, הָרִיעוּ לִפְנֵי הַמֶּלֶךְ יהוה: תהלים צח

צֶדֶק וּמִשְׁפָּט מְכוֹן כִּסְאֶךָ, חֶסֶד וֶאֱמֶת יְקַדְּמוּ פָנֶיךָ: תהלים פט

אֲשֶׁר יַחְדָּו נַמְתִּיק סוֹד, בְּבֵית אֱלֹהִים נְהַלֵּךְ בְּרָגֶשׁ: תהלים נה

אֲשֶׁר־לוֹ הַיָּם וְהוּא עָשָׂהוּ, וְיַבֶּשֶׁת יָדָיו יָצָרוּ: תהלים צה

אֲשֶׁר בְּיָדוֹ נֶפֶשׁ כָּל־חָי, וְרוּחַ כָּל־בְּשַׂר־אִישׁ: איוב יב

הַנְּשָׁמָה לָךְ וְהַגּוּף פָּעֳלָךְ, חוּסָה עַל עֲמָלָךְ.
הַנְּשָׁמָה לָךְ וְהַגּוּף שֶׁלָּךְ, יהוה עֲשֵׂה לְמַעַן שְׁמֶךָ.
אָתָאנוּ עַל שִׁמְךָ, יהוה עֲשֵׂה לְמַעַן שְׁמֶךָ
בַּעֲבוּר כְּבוֹד שִׁמְךָ, כִּי אֵל חַנּוּן וְרַחוּם שְׁמֶךָ.
לְמַעַן שִׁמְךָ יהוה, וְסָלַחְתָּ לַעֲוֹנֵנוּ כִּי רַב הוּא.

סְלַח לָנוּ, אָבִינוּ, כִּי בְּרֹב אִוַּלְתֵּנוּ שָׁגִינוּ.
מְחַל לָנוּ, מַלְכֵּנוּ, כִּי רַבּוּ עֲוֹנֵינוּ.

פיוט זה פותח את פיוטי היום המתארים את אימת המשפט. יום הדין קרב, לבנו יראה מתמלא. חרדים אנו מזיכרון חטאינו וקשיות עורפנו, ומתחננים שהקב״ה יפתח שער לדופקים בתשובה.

כג. מחבר: רש״י

יהוה אֱלֹהֵי הַצְּבָאוֹת נוֹרָא בָּעֶלְיוֹנִים
אָמַרְתָּ שׁוּבוּ בָּנִים סָרְבָנִים
בֹּאוּ עָדֵי בְּתוֹדָה וּבִרְנָנִים
בַּקְּשׁוּ פָּנַי בִּבְכִי וּבְתַחֲנוּנִים.
גַּם כִּי נִסְתְּמָה תְּפִלַּת הֶגְיוֹנִים
גָּלֵי שָׁבִים פְּתוּחִים כַּוָּנִים
דְּבָרְךָ נִצָּב לְעוֹלְמֵי עִדָּנִים
דַּרְכֵי טוּבְךָ נֶצַח לֹא שׁוֹנִים.
הִנְנוּ אָתָאנוּ לְךָ כְּדַלִּים וְאֶבְיוֹנִים
הַצְּדָקוֹת לְךָ וְלָנוּ הָעֲוֹנִים
וְעָדֶיךָ שַׁבְנוּ בְּבֹשֶׁת הַפָּנִים
וְעַל דַּלְתוֹתֶיךָ הוֹגִים כַּיּוֹנִים.
זָכְרֵנוּ וּפָקְדֵנוּ לְחַיִּים מְתֻקָּנִים
זַכֵּה כְּתָמֵינוּ צַחִים מְלֻבָּנִים
חַטֹּאת נְעוּרֵינוּ מְחֵה כַּעֲנָנִים
חַדֵּשׁ יָמֵינוּ כְּיָמִים קַדְמוֹנִים
טֻמְאָה הַעֲבֵר וְהָתֵם הַזֵּדוֹנִים
טָהֳרָה תִּזְרֹק מַיִם נֶאֱמָנִים.

יְדַעְנוּ רִשְׁעֵנוּ סָרָבִים וְסַלּוֹנִים
יַקְשׁוּת עָרְפֵּנוּ חָסֹן כָּאַלּוֹנִים
כֶּרֶם נְטַעְנוּ סִגְסֵג נִצָּנִים
כָּסוּ פָנָיו חֲרֻלִּים קִמְּשׁוֹנִים
לְמוּדֵי הָרֵעַ צְמוּדֵי חַמָּנִים
לוֹקְחֵי שֹׁחַד רוֹדְפֵי שַׁלְמוֹנִים.
מַהֵר קִלְקַלְנוּ חֻפַּת חִתּוּנִים
מֵאָז הֻסַּגְנוּ לְאָחוֹר וְלֹא לְפָנִים
נָעוּ זִבְחֵי הַכָּרִים הַמִּשְׁנִים
נִיחוֹחֵי רֵיחַ קְטֹרֶת סַמְמָנִים
שַׂר חֲמִשִּׁים יוֹעֵץ וּנְשׂוּא פָנִים
סֶגֶן וּמָשׁוּחַ לְוִיִּם וְאַהֲרוֹנִים.
עֲמִידָתֵנוּ רְאֵה, דַּלִּים וְרֵיקָנִים
עֲצֵבֵי רוּחַ מְרוּרִים כְּלַעֲנִים
פְּקַדְנוּךָ בַּצַּר לַחַשׁ צְקוּנִים
פַּחַד דִּינְךָ דּוֹאֲגִים וּמִתְאוֹנְנִים.
צֶמַח צְדָקָה הַצְמַח לַנֶּאֱמָנִים
צַוֵּה לְהַעֲבִיר עֲוֹנוֹת רִאשׁוֹנִים
קוֹל הַקּוֹרֵא יַשְׁבִּית מְדָנִים
קַטֵּגוֹר יַהֵס וְיַשְׁתִּיק נִרְגָּנִים
רוּחַ נְכֵאָה דִּכְאוּת לֵב שְׁבוּרוֹנִים
רָצוֹן יַעֲלוּ כְּחֶלְבֵי קָרְבָּנִים.
שְׁבוּעַת אָבוֹת קַיֵּם לַבָּנִים
שַׁוְעַת קוֹרְאֶיךָ תִּשְׁמַע מִמְּעוֹנִים
תָּכִין לִבָּם לְיִרְאָתְךָ מוּכָנִים
תַּקְשִׁיב אָזְנְךָ שִׂיחַ חִנּוּנִים.
שׁוּב לְהַעֲלוֹת עַמְּךָ מִשְּׁאוֹנִים

מַהֵר יְקַדְּמוּנוּ רַחֲמֶיךָ קַדְמוֹנִים
בְּרִיבָם יֵצְאוּ חֲנוּנֶיךָ כֵּנִים
קוֹוִים חֲסָדֶיךָ וְעַל רַחֲמֶיךָ שְׁעוּנִים.

כִּי עַל רַחֲמֶיךָ הָרַבִּים אָנוּ בְטוּחִים, וְעַל צִדְקוֹתֶיךָ אָנוּ נִשְׁעָנִים
וְלִסְלִיחוֹתֶיךָ אָנוּ מְקַוִּים, וְלִישׁוּעָתְךָ אָנוּ מְצַפִּים.
אַתָּה הוּא מֶלֶךְ אוֹהֵב צְדָקוֹת מִקֶּדֶם
מַעֲבִיר עֲוֹנוֹת עַמּוֹ וּמֵסִיר חַטֹּאת יְרֵאָיו
כּוֹרֵת בְּרִית לָרִאשׁוֹנִים וּמְקַיֵּם שְׁבוּעָה לָאַחֲרוֹנִים.
אַתָּה הוּא שֶׁיָּרַדְתָּ בַּעֲנַן כְּבוֹדֶךָ עַל הַר סִינַי
וְהֶרְאֵיתָ דַּרְכֵי טוּבְךָ לְמֹשֶׁה עַבְדֶּךָ וְאָרְחוֹת חֲסָדֶיךָ גִּלִּיתָ לוֹ
וְהוֹדַעְתּוֹ כִּי אַתָּה אֵל רַחוּם וְחַנּוּן
אֶרֶךְ אַפַּיִם וְרַב חֶסֶד וּמַרְבֶּה לְהֵיטִיב
וּמַנְהִיג אֶת הָעוֹלָם כֻּלּוֹ בְּמִדַּת הָרַחֲמִים.
וְכֵן כָּתוּב:
וַיֹּאמֶר אֲנִי אַעֲבִיר כָּל־טוּבִי עַל־פָּנֶיךָ שמות לג
וְקָרָאתִי בְשֵׁם יהוה לְפָנֶיךָ
וְחַנֹּתִי אֶת־אֲשֶׁר אָחֹן, וְרִחַמְתִּי אֶת־אֲשֶׁר אֲרַחֵם:

אֵל אֶרֶךְ אַפַּיִם אַתָּה, וּבַעַל הָרַחֲמִים נִקְרֵאתָ, וְדֶרֶךְ תְּשׁוּבָה הוֹרֵיתָ.
גְּדֻלַּת רַחֲמֶיךָ וַחֲסָדֶיךָ, תִּזְכֹּר הַיּוֹם וּבְכָל יוֹם לְזֶרַע יְדִידֶיךָ.
תֵּפֶן אֵלֵינוּ בְּרַחֲמִים, כִּי אַתָּה הוּא בַּעַל הָרַחֲמִים.
בְּתַחֲנוּן וּבִתְפִלָּה פָּנֶיךָ נְקַדֵּם, כְּהוֹדַעְתָּ לֶעָנָו מִקֶּדֶם.
מֵחֲרוֹן אַפְּךָ שׁוּב, כְּמוֹ בְּתוֹרָתְךָ כָּתוּב.
וּבְצֵל כְּנָפֶיךָ נֶחֱסֶה וְנִתְלוֹנָן, כְּיוֹם וַיֵּרֶד יהוה בֶּעָנָן.
תַּעֲבֹר עַל פֶּשַׁע וְתִמְחֶה אָשָׁם, כְּיוֹם וַיִּתְיַצֵּב עִמּוֹ שָׁם.
תַּאֲזִין שַׁוְעָתֵנוּ וְתַקְשִׁיב מֶנּוּ מַאֲמָר, כְּיוֹם וַיִּקְרָא בְשֵׁם יהוה
וְשָׁם נֶאֱמַר

קהל ואחריו שליח הציבור:

וַיַּעֲבֹר יהוה עַל־פָּנָיו וַיִּקְרָא שמות לד

יהוה, יהוה, אֵל רַחוּם וְחַנּוּן, אֶרֶךְ אַפַּיִם, וְרַב־חֶסֶד וֶאֱמֶת:
נֹצֵר חֶסֶד לָאֲלָפִים, נֹשֵׂא עָוֹן וָפֶשַׁע וְחַטָּאָה, וְנַקֵּה:

וְסָלַחְתָּ לַעֲוֹנֵנוּ וּלְחַטָּאתֵנוּ, וּנְחַלְתָּנוּ:
סְלַח לָנוּ אָבִינוּ כִּי חָטָאנוּ, מְחַל לָנוּ מַלְכֵּנוּ כִּי פָשָׁעְנוּ.
כִּי־אַתָּה אֲדֹנָי טוֹב וְסַלָּח, וְרַב־חֶסֶד לְכָל־קֹרְאֶיךָ: תהלים פו

אֱלֹהֵינוּ, בֹּשְׁנוּ בְּמַעֲשֵׂינוּ וְנִכְלַמְנוּ בַּעֲוֹנֵנוּ.
אֱלֹהֵינוּ, בֹּשְׁנוּ וְנִכְלַמְנוּ לְהָרִים, אֱלֹהֵינוּ, פָּנֵינוּ אֵלֶיךָ.
אֵין לָנוּ פֶּה לְהָשִׁיב, וְלֹא מֵצַח לְהָרִים רֹאשׁ.
יָדַעְנוּ כִּי חָטָאנוּ וְאֵין מִי יַעֲמֹד בַּעֲדֵנוּ
שִׁמְךָ הַגָּדוֹל יַעֲמָד לָנוּ בְּעֵת צָרָה.

כְּרַחֵם אָב עַל בָּנִים, כֵּן תְּרַחֵם יהוה עָלֵינוּ.
לַיהוה הַיְשׁוּעָה, עַל־עַמְּךָ בִרְכָתֶךָ סֶּלָה: תהלים ג
יהוה צְבָאוֹת עִמָּנוּ, מִשְׂגָּב לָנוּ אֱלֹהֵי יַעֲקֹב סֶלָה: תהלים מו
יהוה צְבָאוֹת, אַשְׁרֵי אָדָם בֹּטֵחַ בָּךְ: תהלים פד
יהוה הוֹשִׁיעָה, הַמֶּלֶךְ יַעֲנֵנוּ בְיוֹם־קָרְאֵנוּ: תהלים כ

סְלַח־נָא לַעֲוֹן הָעָם הַזֶּה כְּגֹדֶל חַסְדֶּךָ במדבר יד
וְכַאֲשֶׁר נָשָׂאתָה לָעָם הַזֶּה מִמִּצְרַיִם וְעַד־הֵנָּה:
וְשָׁם נֶאֱמַר

קהל ואחריו שליח הציבור:

וַיֹּאמֶר יהוה, סָלַחְתִּי כִּדְבָרֶךָ:

הַטֵּה אֱלֹהַי אָזְנְךָ וּשְׁמָע דניאל ט
פְּקַח עֵינֶיךָ וּרְאֵה שֹׁמְמֹתֵינוּ וְהָעִיר אֲשֶׁר־נִקְרָא שִׁמְךָ עָלֶיהָ
כִּי לֹא עַל־צִדְקֹתֵינוּ אֲנַחְנוּ מַפִּילִים תַּחֲנוּנֵינוּ לְפָנֶיךָ
כִּי עַל־רַחֲמֶיךָ הָרַבִּים:
אֲדֹנָי שְׁמָעָה, אֲדֹנָי סְלָחָה, אֲדֹנָי הַקְשִׁיבָה וַעֲשֵׂה אַל־תְּאַחַר
לְמַעַנְךָ אֱלֹהַי, כִּי־שִׁמְךָ נִקְרָא עַל־עִירְךָ וְעַל־עַמֶּךָ:

עוונותיי רבים, ואיני ראוי לעמוד בתפילה. אף על פי כן אני מטהר עצמי, ועומד לפני הקב״ה בתחינה שימחה את פשעינו וירצה בנו.

כד. מחבר: רבי אליה בר שמעיה

אֱלֹהֵינוּ וֵאלֹהֵי אֲבוֹתֵינוּ

אֵיכָכָה אֶפְצֶה פֶּה וְאֵיךְ אֶשָּׂא עַיִן
כִּי אֵין מַעַשׂ וּבְיָדַי זְכוּת אַיִן
גָּעִיתִי הָיִיתִי כְּשִׁכּוֹר וּכְגֶבֶר עֲבָרוֹ יַיִן
דָּמִיתִי לְגִבּוֹר שֶׁאֵין בְּיָדוֹ כְּלֵי זַיִן.

הֶחָרֵד לֵב דַּל, וְחָדֵל הַהוּקַם סַרְסוּר
וּמַה יִּפְעַר נִבְעַר מִדַּעַת, וּבִין חָסוּר
זְדוֹנוֹ בְּחֻבּוֹ טָמוּן, וְאָוֶן בְּקִרְבּוֹ אָסוּר
חוֹטֵא וְרַב מֶרִי, בְּיַד מְנֻוָּל מָסוּר.

טוֹרֵד לֵב נִבְזֶה הֲלָזֶה הַבָּא לְבַקֵּשׁ
יָשָׁר הֶעֱוָה, תּוֹכָחוֹת קָץ, פְּתַלְתּוֹל וְעִקֵּשׁ
כָּשַׁל בִּרְכָּיו אַשְׁמָתוֹ, וְצַחֲנָתוֹ לוֹ לְמוֹקֵשׁ
לִבּוֹ אָוֶן חוֹרֵשׁ, בְּפֹעַל כַּפָּיו נוֹקֵשׁ.

מַעַן טַעַן בְּפִיצָה לְהָשִׁיב מָה אֶמְצָא
נִתְעַבְתִּי וְנֶאֱלַחְתִּי כִּי מְלֵאתִי דֹּפִי וְשִׁמְצָה
סֵפֶק מֵימַי לֹא נֶאֱמָנוּ, כְּאַכְזָב מוֹצָא
עַצְרוֹתַי אָוֶן וּמִרְמָה וְצוֹמוֹתַי לְרִיב וּמַצָּה.

פֶּשַׁע מְחֵה, וְעָוֹן שָׂא, וְאָשָׁם כַּפֵּר
צַעֲקָתִי מִכְּאֵב לֵב, נִכְלָם בּוֹשׁ וְחָפֵר
קֶצֶף שַׁכֵּךְ וְרֹגֶז הָנַח, וְכַעַס הָפֵר
רְצֵה מְרַצֶּה וּמְחַבֵּב, וְעַרְבֵב גּוֹמֶץ חוֹפֵר.

שִׁבְטֵי פְּלִיטֵי יִשְׂרָאֵל, הִכּוֹנוּ בְּלֵב נָבָר
תֹּם הַחֲזִיקוּ, תַּחַן הָפִיקוּ, נַשְּׁקוּ בַר
אֶת יהוה בְּהִמָּצְאוֹ, לְדָרְשׁוֹ חַיִל יְגַבֵּר
לֹא בָזָה וְלֹא שִׁקַּץ עֱנוּת עָנִי וְנִשְׁבָּר.

יוֹם יְשׁוּעָה וְעֵת רָצוֹן אֶמְצָא לְפָנֶיךָ
הָגוּן וְרָאוּי וְזָקֵן וְשָׁלֵם, אֵחָשֵׁב בְּעֵינֶיךָ
בְּעָמְדִי לְהִתְפַּלֵּל וּלְבַקֵּשׁ רַחֲמִים עַל בָּנֶיךָ
רָצִיתִי אֶתְכֶם, הַשְׁמִיעֵנוּ סָלַחְתִּי, נִתְבַּשֵּׂר מִמְּעוֹנֶךָ.

שִׁקְדוּ נָא פְּנֵי עֶלְיוֹן וְהִמּוֹלוּ קָשׁוֹת
מִכְשׁוֹל הָרִימוּ, פַּנּוּ דֶּרֶךְ, וְיַשְּׁרוּ מַעֲקַשּׁוֹת
עָוֹן עִזְבוּ, וְהִתְוַדּוּ, וְאַל תּוֹסִיפוּ לְהַקְשׁוֹת
יוֹדֵעַ יָשׁוּב וְנִחָם, וְיִקַּח דִּבְרֵי כְבוּשִׁים וּבַקָּשׁוֹת.

הַקְשִׁיבָה, אָדוֹן חַנּוּן, הַאֲזִינָה עֶרֶךְ שַׁוְעָתִי
זַעֲקִי רְצֵה, וְהִתְרַצֵּה וְהִתְפַּיֵּס, וְקַבֵּל שַׁוְעָתִי
קְרָאתִיךָ מִמֵּצַר, קְרַב אֵלַי וּלְכָה לִישׁוּעָתִי
תהלים לח חוּשָׁה לְעֶזְרָתִי, אֲדֹנָי תְּשׁוּעָתִי.

אֵל מֶלֶךְ יוֹשֵׁב עַל כִּסֵּא רַחֲמִים, מִתְנַהֵג בַּחֲסִידוּת.
מוֹחֵל עֲוֹנוֹת עַמּוֹ, מַעֲבִיר רִאשׁוֹן רִאשׁוֹן.
מַרְבֶּה מְחִילָה לְחַטָּאִים, וּסְלִיחָה לְפוֹשְׁעִים.
עֹשֶׂה צְדָקוֹת עִם כָּל בָּשָׂר וָרוּחַ, לֹא כְרָעָתָם תִּגְמֹל.
אֵל, הוֹרֵיתָ לָּנוּ לוֹמַר שְׁלֹשׁ עֶשְׂרֵה
זְכָר לָנוּ הַיּוֹם בְּרִית שְׁלֹשׁ עֶשְׂרֵה
כְּהוֹדַעְתָּ לֶעָנָו מִקֶּדֶם, כְּמוֹ שֶׁכָּתוּב:
שמות לד וַיֵּרֶד יהוה בֶּעָנָן, וַיִּתְיַצֵּב עִמּוֹ שָׁם
וַיִּקְרָא בְשֵׁם יהוה:

קהל ואחריו שליח הציבור:

וַיַּעֲבֹר יהוה עַל־פָּנָיו וַיִּקְרָא

יהוה, יהוה, אֵל רַחוּם וְחַנּוּן, אֶרֶךְ אַפַּיִם, וְרַב־חֶסֶד וֶאֱמֶת:
נֹצֵר חֶסֶד לָאֲלָפִים, נֹשֵׂא עָוֹן וָפֶשַׁע וְחַטָּאָה, וְנַקֵּה:

וְסָלַחְתָּ לַעֲוֹנֵנוּ וּלְחַטָּאתֵנוּ וּנְחַלְתָּנוּ:
סְלַח לָנוּ אָבִינוּ כִּי חָטָאנוּ, מְחַל לָנוּ מַלְכֵּנוּ כִּי פָשָׁעְנוּ.
כִּי־אַתָּה אֲדֹנָי טוֹב וְסַלָּח, וְרַב־חֶסֶד לְכָל־קֹרְאֶיךָ: תהלים פו

שׁוּבָה יהוה אֶת־שְׁבִיתֵנוּ כַּאֲפִיקִים בַּנֶּגֶב: תהלים קכו
שׁוּבָה יהוה חַלְּצָה נַפְשֵׁנוּ, הוֹשִׁיעֵנוּ לְמַעַן חַסְדֶּךָ.
דִּרְשׁוּ יהוה בְּהִמָּצְאוֹ קְרָאֻהוּ בִּהְיוֹתוֹ קָרוֹב: ישעיה נה
יַעֲזֹב רָשָׁע דַּרְכּוֹ, וְאִישׁ אָוֶן מַחְשְׁבֹתָיו
וְיָשֹׁב אֶל־יהוה וִירַחֲמֵהוּ, וְאֶל־אֱלֹהֵינוּ כִּי־יַרְבֶּה לִסְלוֹחַ:

כְּרַחֵם אָב עַל בָּנִים, כֵּן תְּרַחֵם יהוה עָלֵינוּ.
לַיהוה הַיְשׁוּעָה, עַל־עַמְּךָ בִרְכָתֶךָ סֶּלָה: תהלים ג
יהוה צְבָאוֹת עִמָּנוּ, מִשְׂגָּב לָנוּ אֱלֹהֵי יַעֲקֹב סֶלָה: תהלים מו
יהוה צְבָאוֹת, אַשְׁרֵי אָדָם בֹּטֵחַ בָּךְ: תהלים פד
יהוה הוֹשִׁיעָה, הַמֶּלֶךְ יַעֲנֵנוּ בְיוֹם־קָרְאֵנוּ: תהלים כ

אנא, עורר את אהבתך לישראל. עזה הייתה בימי קדם, ובה זכינו בתורה בארץ ישראל ובמקדש.
אנא, גאל את ישראל מצריו, וביום הדין חון אותו חיים וחסד.

כה. מחבר: מיוחס לרבי שלמה הבבלי

אֱלֹהֵינוּ וֵאלֹהֵי אֲבוֹתֵינוּ

אָנָּא עוֹרְרָה אַהֲבָתְךָ הַיְשָׁנָה
אֲשֶׁר אָהַבְתָּ לַעֲדַת מִי מָנָה
בְּכָל כִּנּוּי חִבָּה וְאַחְוָה וְרֵעוּת מְכֻנָּה
לְמַעַן אַחַי וְרֵעָי אֲדַבְּרָה־נָּא: תהלים קכב

גַּם בְּצַעְדְּךָ עַל הַר גַּבְנוּנִי
גִּיל לְשַׁעְשֵׁעַ חֶמֶד קַדְמוֹנִי
דִּמִּיתָ מַמְלֶכֶת כֹּהֲנִים וְגוֹי קָדוֹשׁ וּבְנִי
וְהִיא־גַם־הִוא אָמְרָה אָחִי הוּא, מַלְכִּי וַאדוֹנִי. בראשית כ

הוֹרַשְׁתָּ נַחֲלַת צְבִי חֶבֶל הַנְּעִים
הִסְתּוֹפֵף לִכְבוֹדְךָ בִּלְוִיּוֹת צַעֲצוּעִים

וְהֵן עַתָּה טִלְטְלוּהָ זָרִים זֵדִים מְרֵעִים
בְּאֶרֶץ לֹא לָהֶם, הֲלוֹא אַחֶיךָ רֹעִים: בראשית טו / בראשית לז

זְכֹר אַל תִּשְׁכַּח וְאַל תֶּחֱרַשׁ וְאַל תִּשְׁקֹט, אֵל
זָמְמוּ לְהַכְחִידִי אֱדוֹם וְיִשְׁמָעֵאל
חַנּוּן, אַתָּה יָדַעְתָּ אֵת כָּל הַתְּלָאוֹת הָאֵל
כֹּה אָמַר אָחִיךָ יִשְׂרָאֵל: במדבר כ

טָפְלוּ עָלַי וּבְקָקוּנִי בּוֹקְקִים
טָהֳרָה בְּטֻמְאָה לְהָמִיר לְחָצוֹנִי דּוֹחֲקִים
יוֹם יוֹם הִנֵּה עֲבָדֶיךָ מֻכִּים וְלוּקִים
קוֹל דְּמֵי אָחִיךָ צֹעֲקִים: בראשית ד

כָּרוּ לִי שִׁיחוֹת לְמוֹקֵשׁ
כָּלְתָה וְנִכְסְפָה נַפְשִׁי עֶזְרָתָהּ לְבַקֵּשׁ
לִישׁוּעָתָהּ לִי עַל פִּתְחֵי לְנַקֵּשׁ
אֶת־אַחַי אָנֹכִי מְבַקֵּשׁ: בראשית לז

מִיּוֹם כֻּסָּה בְּשִׁבְתְּךָ עַל כִּסֵּא כְבוֹדֶךָ
מַבִּיט לַסְקֹר יַחַד לֵב מוֹרְדֶיךָ וְעוֹבְדֶיךָ
נְגֹשׂ כָּל בַּעַל מַשָּׁאת בּוֹגְדֶיךָ
וַאֲשֶׁר יִהְיֶה לְךָ אֶת־אָחִיךָ תַּשְׁמֵט יָדֶךָ: דברים טו

סְפָרִים עֵת יִקָּרְאוּ לִבְרוּאֵי עוֹלָמֶךָ
שְׂאֵת חַיִּים וְחִלּוּף לְשׁוּעַ וָמָךְ
עֶלְיוֹן, תֵּן חַיִּים וָחֶסֶד בְּאוּלָמֶךָ
עֲרֹב עַבְדְּךָ לְטוֹב, וְחֵי אָחִיךָ עִמָּךְ: תהלים קיט / ויקרא כה

פְּנֵה אֵלַי וְחָנֵּנִי וּתְנֵנִי עֶלְיוֹן
פֶּגֶר מְנַאֲצֶיךָ בְּעֹנִי וְרִשְׁיוֹן
צָרְכֵי חֹק טֶרֶף בְּחֶלְקְךָ אַפִּסְנְיוֹן
לֹא תִקְפֹּץ אֶת־יָדְךָ מֵאָחִיךָ הָאֶבְיוֹן: דברים טו

קִדַּמְתִּי בַנֶּשֶׁף וָאֲשַׁוַּע לְךָ, מְחוֹלְלִי
קַדְּמָה חַסְדְּךָ וְשָׂא פִשְׁעִי וּמַעֲלִי
רַחֲמֶיךָ יִתְגּוֹלְלוּ עָלַי כִּמְנַחֵם אֶבְלִי
מִי יִתֶּנְךָ כְּאָח לִי: שיר השירים ח

שְׁעֵה שַׁוְעַת עֲנִיַּיִךְ וְצַעֲקָתָם
שָׁבְעָה בְרָעוֹת נַפְשָׁם וְחַיָּתָם
תַּשְׁלִיךְ בִּמְצוּלוֹת יָם כָּל חַטֹּאתָם
אָנָּא שָׂא נָא פֶּשַׁע אַחֶיךָ וְחַטָּאתָם: בראשית נ

שַׂשׂ אָנֹכִי עַל אִמְרַת מִבְטָחֶיךָ
לִבַּבְתָּנִי עַל יְדֵי צִירִים שְׁלוּחֶיךָ
מָתַי תַּחְשֹׂף זְרוֹעֲךָ בְּכֹחֶךָ
לֶךְ־נָא רְאֵה אֶת־שְׁלוֹם אַחֶיךָ: בראשית לז

הָיִיתָ מִקֶּדֶם מִקְוֵה יִשְׂרָאֵל וְחֶרֶב גַּאֲוָתָם
חַי, זְקֹף גַּם עַתָּה קוֹמָתָם
וְאַמֵּץ זְרוֹעָם וְתִשְׁכֹּן בֵּינוֹתָם
וְאֶת־אַחֶיךָ תִּפְקֹד לְשָׁלוֹם וְאֶת־עֲרֻבָּתָם: שמואל א׳ יז

אֵל מֶלֶךְ יוֹשֵׁב עַל כִּסֵּא רַחֲמִים, מִתְנַהֵג בַּחֲסִידוּת.
מוֹחֵל עֲוֹנוֹת עַמּוֹ, מַעֲבִיר רִאשׁוֹן רִאשׁוֹן.
מַרְבֶּה מְחִילָה לְחַטָּאִים, וּסְלִיחָה לְפוֹשְׁעִים.
עֹשֶׂה צְדָקוֹת עִם כָּל בָּשָׂר וָרוּחַ, לֹא כְרָעָתָם תִּגְמֹל.
אֵל, הוֹרֵיתָ לָּנוּ לוֹמַר שְׁלֹשׁ עֶשְׂרֵה
זְכָר לָנוּ הַיּוֹם בְּרִית שְׁלֹשׁ עֶשְׂרֵה
כְּהוֹדַעְתָּ לֶעָנָו מִקֶּדֶם, כְּמוֹ שֶׁכָּתוּב:
וַיֵּרֶד יהוה בֶּעָנָן, וַיִּתְיַצֵּב עִמּוֹ שָׁם, וַיִּקְרָא בְשֵׁם יהוה: שמות לד

קהל ואחריו שליח הציבור:

וַיַּעֲבֹר יהוה עַל־פָּנָיו וַיִּקְרָא

יהוה, יהוה, אֵל רַחוּם וְחַנּוּן, אֶרֶךְ אַפַּיִם, וְרַב־חֶסֶד וֶאֱמֶת:
נֹצֵר חֶסֶד לָאֲלָפִים, נֹשֵׂא עָוֹן וָפֶשַׁע וְחַטָּאָה, וְנַקֵּה:

וְסָלַחְתָּ לַעֲוֹנֵנוּ וּלְחַטָּאתֵנוּ וּנְחַלְתָּנוּ:
סְלַח לָנוּ אָבִינוּ כִּי חָטָאנוּ, מְחַל לָנוּ מַלְכֵּנוּ כִּי פָשָׁעְנוּ.
כִּי־אַתָּה אֲדֹנָי טוֹב וְסַלָּח, וְרַב־חֶסֶד לְכָל־קֹרְאֶיךָ: תהלים פו

לֹא כַחֲטָאֵינוּ תַּעֲשֶׂה לָנוּ וְלֹא כַעֲוֹנֹתֵינוּ תִּגְמֹל עָלֵינוּ.
כִּי־רַבּוּ מְשׁוּבֹתֵינוּ לְךָ חָטָאנוּ: ירמיה יד
תְּחַטְּאֵנוּ בְאֵזוֹב וְנִטְהָר, תְּכַבְּסֵנוּ וּמִשֶּׁלֶג נַלְבִּין.
אַל־תִּקְצֹף יהוה עַד־מְאֹד וְאַל־לָעַד תִּזְכֹּר עָוֹן, הֵן הַבֶּט־נָא עַמְּךָ כֻלָּנוּ: ישעיה סד

כְּרַחֵם אָב עַל בָּנִים, כֵּן תְּרַחֵם יהוה עָלֵינוּ.
לַיהוה הַיְשׁוּעָה, עַל־עַמְּךָ בִרְכָתֶךָ סֶּלָה: תהלים ג
יהוה צְבָאוֹת עִמָּנוּ, מִשְׂגָּב לָנוּ אֱלֹהֵי יַעֲקֹב סֶלָה: תהלים מו
יהוה צְבָאוֹת, אַשְׁרֵי אָדָם בֹּטֵחַ בָּךְ: תהלים פד
יהוה הוֹשִׁיעָה, הַמֶּלֶךְ יַעֲנֵנוּ בְיוֹם־קָרְאֵנוּ: תהלים כ

כל מעשינו הרעים גלויים לפני ה'. הדרך היחידה לכפר עליהם היא התשובה.
מאימת הדין אנו ממהרים לשוב קודם בוא יום המשפט ויום המיתה.

כו. מחבר: יואל בר יצחק הלוי

אֱלֹהֵינוּ וֵאלֹהֵי אֲבוֹתֵינוּ

אֵל אֱלוֹהַּ דָּלְפָה עֵינִי
אֲשַׁוֵּעַ וְיֹאמַר הִנֵּנִי
אֲמָרַי הַאֲזִינָה בְּהִתְחַנְּנִי
עֲנֵנִי, יהוה, עֲנֵנִי: מלכים א׳ יח

בְּמֹאזְנַיִם כִּי תְפַלֵּס דַּרְכִּי
בְּמִצְוֹתֶיךָ דַּלּוֹתִי חֶלְקִי וְחִשְׁקִי
וְאִם כְּפָעֳלִי תַּשְׁלִים חֻקִּי
וָאִירָא כִּי־עֵירֹם אָנֹכִי: בראשית ג

גָּרֵשׁ כָּלָה חֵטְא וּמֶרִי
גַּלֵּה נַרְתֵּק מַרְפֵּא וּצְרִי
וְעָנְתָה בִּי צִדְקָתִי לְיוֹצְרִי
בְּיוֹם מָחָר כִּי־תָבוֹא עַל־שְׂכָרִי: בראשית ל

דְּפִי כַּבֵּס וְלַבֵּן אֲדַמְדָּם
דְּרֹשׁ אֶת עֲפַר יְסוֹדָם
וְאַל תְּשַׁלֵּם כִּגְמוּל יָדָם
כִּי רַבָּה רָעַת הָאָדָם: בראשית ו

הַנֶּפֶשׁ הַחוֹטֵאת בַּמֶּה תִּתְכַּפֵּר
הוֹן לֹא יוֹעִיל וְרֹב כֹּפֶר
הֶעֱמַדְתָּ עֵד מְמַהֵר לְסַפֵּר
מִבַּיִת וּמִחוּץ בַּכֹּפֶר: בראשית ו

וּמַה יְּכַפֵּר וּבְיָדוֹ סְדוּרוֹת
וְעוֹד מַעֲשָׂיו וְכָל הַקּוֹרוֹת
וְאֵיךְ יֹאמַר מִי יוֹדֵעַ סְפוּרוֹת
וְהִנֵּה הַנֶּגַע בְּקִירֹת: ויקרא יד

זַכִּים הַמְלַוִּים עִמְּךָ בְּכָל פֶּלֶךְ
זְרִיזִים לְשָׁמְרְךָ בְּכָל אֲשֶׁר תֵּלֵךְ
וְשׁוֹכֶבֶת בְּחֵיק תָּעִיד בְּעָשִׁיר וָהֵלֶךְ
וְעָמְדָה לִפְנֵי הַמֶּלֶךְ: מלכים א׳ א

חֲלוֹתִי לֹא יְכַחֵד כֹּל מֶנְהוּ
חַוּוֹת לְאָדָם מַה שִּׂיחֵהוּ
וְאִם עַל הַמִּשְׁכָּב הוּא
וְחִשַּׁב עִם־קֹנֵהוּ: ויקרא כה

טֶרֶם יִתְנַגְּפוּ רַגְלֶיךָ בְּעֶרְבוֹן
טַהֵר עַצְמְךָ מִכָּל עָוֹן

לֹא יוּכַל לְהִמָּלֵט בְּכָל עִזָּבוֹן
יֹאמְרוּ הַמֹּשְׁלִים בֹּאוּ חֶשְׁבּוֹן: במדבר כא

יְעַד אַרְבָּעָה פְּרָקִים וְהָחֳרִית
יָדוּן בָּמוֹ נַחֲלַת שְׁאֵרִית
וְאִם מָעֲלוּ בְּךָ הַבֵּט לַבְּרִית
וְאַל־תַּעֲמֹד עַל־הַפֶּרֶק לְהַכְרִית: עובדיה א

כִּי בְּיוֹם כֶּסֶה יָבוֹא
כָּל מִקְרֶה אִישׁ לִפְנֵי חוֹצְבוֹ
אִם דַּל אִם עָשִׁיר בְּרִיבוֹ
עֹלִים וְיֹרְדִים בּוֹ: בראשית כח

לְעַמְּךָ מֵלִיץ יֹשֶׁר תְּמַנֶּה
לְעֵת יָבֹאוּ כָּל בְּנֵי
אָדָם, בְּשִׁבְטוֹ לְהִמָּנֶה
תַּעֲבֹרְנָה הַצֹּאן עַל־יְדֵי מוֹנֶה: ירמיה לג

מִשְׁפַּט עַמּוֹ תְּחִלָּה בִּקְרֹב
מַשְׁחַת תַּעַל חַיָּתָם לְטוֹב תַּעֲרֹב
וְיָדִין לְאֻמִּים לְבַדָּם מִלַּעֲרֹב
לְבִלְתִּי הֱיוֹת־שָׁם עָרֹב: שמות ח

נָאוֹר, אֵלֶיךָ מִי יְחֻבַּר
נְהַג שֶׁבָּעוֹלָם אֵין מִשְׁתַּמֵּשׁ בִּכְלִי מְשֻׁבָּר
וְלֹא תִבְזֶה לֵב נִדְכֶּה וְנִשְׁבָּר
הֲיִפָּלֵא מֵיהוה דָּבָר: בראשית יח

סַתְּתוּ אֶבֶן נֶגֶף לְעֵמֶק שָׁוֶה
סוּרוּ טָמֵא קִרְאוּ כְּסִיל הַמַּחְבֵּא
כִּי אֵין הַצָּר בְּנֶזֶק שֹׁוֶה
הָבָה נִתְחַכְּמָה לוֹ פֶּן־יִרְבֶּה: שמות א

עוֹבֵד שְׁנֵי אֲדוֹנִים כְּפִי שָׁנָיו
עֲשׂוֹת לְיוֹצְרוֹ וּלְיִצְרוֹ כִּרְצוֹנָיו
וְטוֹב הַדָּבֵק לְבוֹרְאוֹ כָּל זְמַנָּיו
וְעֶבֶד חָפְשִׁי מֵאֲדֹנָיו: איוב ג

פְּנוֹת הַיּוֹם סְעֻדָּתוֹ יִכּוֹן
פָּעֳלוֹ לָזֶה וְלַבָּא יְהִי נָכוֹן
וְעוֹשֵׂהוּ בְּשַׁבָּת מַה יִּסְכֹּן
מְעֻוָּת לֹא־יוּכַל לִתְקֹן: קהלת א

צְעָקָה לָכֵן קִדַּמְנוּ לְיוֹם דִּין וְתַקְשִׁיב
צוֹם וּתְשׁוּבָה שְׁלֵמָה חֲמָתְךָ יָשִׁיב
וְלֹא כְשָׁב לְקִיאוֹ בְּאֶחֱטָא וְאָשִׁיב
לֹא־מָצְאָה יָדוֹ דֵּי הָשִׁיב: ויקרא כה

קוּמוּ, יְשֵׁנֵי מַכְפֵּל, לְסַעֲדִי
קַלּוֹתִי וּמְעַט אֵין בְּיָדִי
וְזַעֲקוּ וְהִתְפַּלְלוּ לָאֵל עִמָּדִי
וּמְכֻחָכֶם שִׁחֲדוּ בַּעֲדִי: איוב ו

רַחֲמִים תְּעוֹרֵר לָתֵת עָצְמָה לְאֵין אוֹנִים
רָם, כִּי נִשְׁכְּחוּ זֶה כַּמָּה שָׁנִים
שַׁעֲרֵי דְמָעוֹת תִּפְתַּח לְנִטְעֵי נַעֲמָנִים
בִּבְכִי יָבֹאוּ וּבְתַחֲנוּנִים: ירמיה לא

שַׁדַּי, בְּמֶרְיֵנוּ הֲלֹא כְנָכְרִים נֶחְשַׁבְנוּ
שַׁבְנוּ אֵלֶיךָ וּכְאָב עַל בֵּן תְּרַחֲמֵנוּ
זְכֹר כִּי בָנִים קְרָאתָנוּ וְאָב אֶחָד לְכֻלָּנוּ
לָמָּה יִגָּרַע שֵׁם־אָבִינוּ: במדבר כז

תְּשׁוּרָה אֵין בְּיָדִי לְפָנַי
תְּמוּרָתָהּ תִּכּוֹן תְּפִלָּתִי וְתַחֲנוּנַי

קַח נָא הַמִּנְחָה הַהוֹלֶכֶת לְפָנַי
וְיֵדְעוּ הָעָם הַזֶּה כִּי־אַתָּה יהוה: מלכים א׳ יח

יָדַע וְהֵכִין מֵרֵאשִׁית תְּשׁוּבָה
אֱלֹהִים חֲשָׁבָהּ לְטוֹבָה
בְּכֵן רַצְנוּ עָדֶיךָ לְשׁוּבָה
הֲשִׁיבֵנוּ, יהוה, אֵלֶיךָ וְנָשׁוּבָ: איכה ה

יְדִידִים צָעֲקוּ חֲלוּ קִרוֹת בִּמְהוּמִים
הַקּוֹל לְמָכוֹן וְעוּדוֹ יִשָּׁמַע מִמְּרוֹמִים
יִכְמְרוּ רַחֲמָיו בִּזְכוּת שְׁלֹשֶׁת תְּמִימִים
אֵל שַׁדַּי יִתֵּן לָכֶם רַחֲמִים: בראשית מג

אֵל מֶלֶךְ יוֹשֵׁב עַל כִּסֵּא רַחֲמִים, מִתְנַהֵג בַּחֲסִידוּת.
מוֹחֵל עֲוֹנוֹת עַמּוֹ, מַעֲבִיר רִאשׁוֹן רִאשׁוֹן.
מַרְבֶּה מְחִילָה לְחַטָּאִים, וּסְלִיחָה לְפוֹשְׁעִים.
עֹשֶׂה צְדָקוֹת עִם כָּל בָּשָׂר וָרוּחַ, לֹא כְרָעָתָם תִּגְמֹל.
אֵל, הוֹרֵיתָ לָּנוּ לוֹמַר שְׁלֹשׁ עֶשְׂרֵה
זְכָר לָנוּ הַיּוֹם בְּרִית שְׁלֹשׁ עֶשְׂרֵה
כְּהוֹדַעְתָּ לֶעָנָו מִקֶּדֶם, כְּמוֹ שֶׁכָּתוּב:
וַיֵּרֶד יהוה בֶּעָנָן, וַיִּתְיַצֵּב עִמּוֹ שָׁם, וַיִּקְרָא בְשֵׁם יהוה: שמות לד

קהל ואחריו שליח הציבור:

וַיַּעֲבֹר יהוה עַל־פָּנָיו וַיִּקְרָא

יהוה, יהוה, אֵל רַחוּם וְחַנּוּן, אֶרֶךְ אַפַּיִם, וְרַב־חֶסֶד וֶאֱמֶת:
נֹצֵר חֶסֶד לָאֲלָפִים, נֹשֵׂא עָוֹן וָפֶשַׁע וְחַטָּאָה, וְנַקֵּה:

וְסָלַחְתָּ לַעֲוֹנֵנוּ וּלְחַטָּאתֵנוּ וּנְחַלְתָּנוּ:
סְלַח לָנוּ אָבִינוּ כִּי חָטָאנוּ, מְחַל לָנוּ מַלְכֵּנוּ כִּי פָשָׁעְנוּ.
כִּי־אַתָּה אֲדֹנָי טוֹב וְסַלָּח, וְרַב־חֶסֶד לְכָל־קֹרְאֶיךָ: תהלים פו

יהוה, בֹּקֶר תִּשְׁמַע קוֹלֵנוּ, בֹּקֶר נַעֲרָךְ לְךָ וּנְצַפֶּה.
וְאַתָּה יהוה מָגֵן בַּעֲדֵנוּ, כְּבוֹדֵנוּ וּמֵרִים רֹאשֵׁנוּ.
אַתָּה יהוה לְעוֹלָם תֵּשֵׁב, כִּסְאֲךָ לְדוֹר וָדוֹר: איכה ה
אֹהֵב צְדָקָה וּמִשְׁפָּט, חֶסֶד יהוה מָלְאָה הָאָרֶץ: תהלים לג
רַחֲמֶיךָ רַבִּים יהוה, כְּמִשְׁפָּטֶיךָ חַיֵּנוּ.
אַל תָּבוֹא בְמִשְׁפָּט עִמָּנוּ, כִּי לֹא יִצְדַּק לְפָנֶיךָ כָל חָי.

כְּרַחֵם אָב עַל בָּנִים, כֵּן תְּרַחֵם יהוה עָלֵינוּ.
לַיהוה הַיְשׁוּעָה, עַל־עַמְּךָ בִרְכָתֶךָ סֶּלָה: תהלים ג
יהוה צְבָאוֹת עִמָּנוּ, מִשְׂגָּב לָנוּ אֱלֹהֵי יַעֲקֹב סֶלָה: תהלים מו
יהוה צְבָאוֹת, אַשְׁרֵי אָדָם בֹּטֵחַ בָּךְ: תהלים פד
יהוה הוֹשִׁיעָה, הַמֶּלֶךְ יַעֲנֵנוּ בְיוֹם־קָרְאֵנוּ: תהלים כ

אימת הדין שורה עליי. מעשים טובים אין בידי.
ראה נא את לבי הנשבר והנדכא וקבל את תפילתי.

כז. מחבר: רבי יוסף בר יצחק מאורליינש

אֱלֹהֵינוּ וֵאלֹהֵי אֲבוֹתֵינוּ

אָדוֹן, מוֹעֵד כְּתִקַּח מֵישָׁרִים לִשְׁפֹּט בְּתַעֲצוּמֶיךָ
אֶתְיַצְּבָה בְּפֶלֶץ לְחַלּוֹת פָּנֶיךָ לְרוֹמְמֶךָ
בְּמַעֲשַׂי לֹא נִשְׁעַנְתִּי כִּי אִם בְּרַחֲמֶיךָ
יהוה, עֲשֵׂה לְמַעַן שְׁמֶךָ: ירמיה יד

גָּזוּ אֱמוּנִים, גִּבּוֹרֵי כֹחַ בְּמֶרֶץ
גַּם גּוֹדְרֵי גָדֵר וְעוֹמְדֵי בַּפֶּרֶץ
דּוֹרְשֵׁי חֶפְצָם בְּכֹחַ מִשּׁוֹכֵן שְׁמֵי עֶרֶץ
אָבַד חָסִיד מִן־הָאָרֶץ: מיכה ז

הֵן קַלּוֹתִי וּמָה אָשִׁיב בְּמוֹ פִי
הִנְנִי צָעִיר בְּאֵין מִפְעָלוֹת בְּכַפִּי
וְאֵיךְ אֲקַוֶּה וַאֲנִי רַב דֹּפִי
הֱיוֹת לְרָצוֹן אִמְרֵי פִי.

זָחַלְתִּי וָאִירָא מֵחַוּוֹת דֵּעִי
זְדוֹנִי יָגֹרְתִּי וּמֶרֶד רִשְׁעִי
חַנּוּן, רַחֲמֵנִי בְּהִתְוַדּוֹתִי וְעָזְבִי פִּשְׁעִי
שְׁמַע קוֹל תַּחֲנוּנַי אֵלֶיךָ בְּשַׁוְעִי.

טָעִיתִי וְהִנְנִי שָׁב וּמִתְוַדֶּה עֲשׂוֹת רְצוֹנֶךָ
טְהוֹר עֵינַיִם, חָשְׁבֵנִי כְּשָׁלֵם לְפָנֶיךָ
יָהּ, הַכְנֵס לִי לִפְנִים מִשּׁוּרַת דִּינֶךָ
שמות לג וְאֵדָעֲךָ לְמַעַן אֶמְצָא־חֵן בְּעֵינֶיךָ:

כֹּחֲךָ יִגְדַּל נָא וּבִתְפִלָּתִי הִתְנָאֵה
כִּתְפִלַּת זָקֵן וְרָגִיל וּפִרְקוֹ נָאֵה
לְבָבִי הַנִּשְׁבָּר הַנִּדְכֶּה וְהַנִּכְאֶה
ישעיה סג הַבֵּט מִשָּׁמַיִם וּרְאֵה:

אֵל מֶלֶךְ יוֹשֵׁב עַל כִּסֵּא רַחֲמִים, מִתְנַהֵג בַּחֲסִידוּת.
מוֹחֵל עֲוֹנוֹת עַמּוֹ, מַעֲבִיר רִאשׁוֹן רִאשׁוֹן.
מַרְבֶּה מְחִילָה לְחַטָּאִים, וּסְלִיחָה לְפוֹשְׁעִים.
עֹשֶׂה צְדָקוֹת עִם כָּל בָּשָׂר וָרוּחַ, לֹא כְרָעָתָם תִּגְמֹל.
אֵל, הוֹרֵיתָ לָּנוּ לוֹמַר שְׁלֹשׁ עֶשְׂרֵה
זְכֹר לָנוּ הַיּוֹם בְּרִית שְׁלֹשׁ עֶשְׂרֵה
כְּהוֹדַעְתָּ לֶעָנָו מִקֶּדֶם, כְּמוֹ שֶׁכָּתוּב:
שמות לד וַיֵּרֶד יהוה בֶּעָנָן, וַיִּתְיַצֵּב עִמּוֹ שָׁם
וַיִּקְרָא בְשֵׁם יהוה:

קהל ואחריו שליח הציבור:

וַיַּעֲבֹר יהוה עַל־פָּנָיו וַיִּקְרָא

יהוה, יהוה, אֵל רַחוּם וְחַנּוּן, אֶרֶךְ אַפַּיִם, וְרַב־חֶסֶד וֶאֱמֶת:
נֹצֵר חֶסֶד לָאֲלָפִים, נֹשֵׂא עָוֹן וָפֶשַׁע וְחַטָּאָה, וְנַקֵּה:

וְסָלַחְתָּ לַעֲוֹנֵנוּ וּלְחַטָּאתֵנוּ וּנְחַלְתָּנוּ:
סְלַח לָנוּ אָבִינוּ כִּי חָטָאנוּ
מְחַל לָנוּ מַלְכֵּנוּ כִּי פָשָׁעְנוּ.

תהלים פו כִּי־אַתָּה אֲדֹנָי טוֹב וְסַלָּח, וְרַב־חֶסֶד לְכָל־קֹרְאֶיךָ:

איוב ד הַאֱנוֹשׁ מֵאֱלוֹהַּ יִצְדָּק, אִם מֵעֹשֵׂהוּ יִטְהַר־גָּבֶר:
תהלים קמה טוֹב־יהוה לַכֹּל, וְרַחֲמָיו עַל־כָּל־מַעֲשָׂיו:
תהלים קטז חַנּוּן יהוה וְצַדִּיק, וֵאלֹהֵינוּ מְרַחֵם:
איוב ד הֵן בַּעֲבָדָיו לֹא יַאֲמִין, וּבְמַלְאָכָיו יָשִׂים תָּהֳלָה:

יָדַעְנוּ כִּי חָטָאנוּ וְאֵין מִי יַעֲמֹד בַּעֲדֵנוּ
שִׁמְךָ הַגָּדוֹל יַעֲמֹד לָנוּ בְּעֵת צָרָה.

כְּרַחֵם אָב עַל בָּנִים, כֵּן תְּרַחֵם יהוה עָלֵינוּ.
תהלים ג לַיהוה הַיְשׁוּעָה, עַל־עַמְּךָ בִרְכָתֶךָ סֶּלָה:
תהלים מו יהוה צְבָאוֹת עִמָּנוּ, מִשְׂגָּב לָנוּ אֱלֹהֵי יַעֲקֹב סֶלָה:
תהלים פד יהוה צְבָאוֹת, אַשְׁרֵי אָדָם בֹּטֵחַ בָּךְ:
תהלים כ יהוה הוֹשִׁיעָה, הַמֶּלֶךְ יַעֲנֵנוּ בְיוֹם־קָרְאֵנוּ:

על פי שורת הדין אין לנו תקווה לצאת זכאים, שכן אנו מלאי חסרונות, חטא ורשע. את תקוותנו אנו תולים ברחמיו של הקב״ה ובהבטחתו שי״ג מידות אינן חוזרות ריקם.

כח. מחבר: רבי זבדיה

אֱלֹהֵינוּ וֵאלֹהֵי אֲבוֹתֵינוּ

אָדוֹן, דִּין אִם יְדַקְדֵּק
בְּחֵקֶר פֹּעַל אִם יְבַדֵּק
גֶּבֶר לְפָנֶיךָ לֹא יִצְדַּק.

דֹּפִי תִּתֵּן בִּצְבָא מַעְלָה
הֵן בְּמַלְאָכֶיךָ תָּשִׂים תָּהֳלָה
וְאַף שׁוֹתֶה כַּמַּיִם עַוְלָה.

זְכוּת וּצְדָקָה אֵין בָּנוּ
חֵטְא וָרֶשַׁע כֻּלָּנוּ
טוֹב, אַל תָּבוֹא בְמִשְׁפָּט עִמָּנוּ.

יֶהֱמוּ מֵעֶיךָ עָלֵינוּ
כְּרֹב רַחֲמֶיךָ פְּנֵה אֵלֵינוּ
לְבִלְתִּי כְּרֹעַ מַעֲלָלֵינוּ.

מְשׁוּבוֹתֵינוּ רַבּוּ מִלְּמְנוֹת
נִיחוֹחִים אַיִן וְקָרְבָּנוֹת
סְלִיחָה מְצֹא לַעֲוֹנוֹת.

עַל צִדְקוֹתֵינוּ אֵין אָנוּ סְמוּכִים
פֶּשַׁע וְעָוֹן מְלֻכְלָכִים
צְדָקָה מְצֹא תְּחַן עוֹרְכִים.

קַו אַל תִּמְתַּח בְּאָרְחוֹתֵינוּ
רִמָּה וְתוֹלֵעָה אַחֲרִיתֵנוּ
שָׁוְא וְהֶבֶל שְׁנוֹתֵינוּ.

תָּשׁוּב עַל הָרָעָה תִּנָּחֵם
זֶה דַּרְכְּךָ חִנָּם מְרַחֵם
בְּרַחֲמֶיךָ הָרַבִּים עָלֵינוּ רַחֵם.

דְּרָכֶיךָ הוֹדַעְתָּ לֶעָנָו לְהוֹרוֹת
יִדַּעְתּוֹ שְׁלֹשׁ עֶשְׂרֵה סְדוּרוֹת
הִבְטַחְתּוֹ שֶׁאֵין רֵיקָם חוֹזְרוֹת.

חִנּוּן בָּם סִדַּרְנוּ לְפָנֶיךָ
זַעַק קָשׁוֹב מִמִּתְחַנְּנֶיךָ
וְאַל תְּשִׁיבֵנוּ רֵיקָם מִלְּפָנֶיךָ.

אֵל מֶלֶךְ יוֹשֵׁב עַל כִּסֵּא רַחֲמִים, מִתְנַהֵג בַּחֲסִידוּת.
מוֹחֵל עֲוֹנוֹת עַמּוֹ, מַעֲבִיר רִאשׁוֹן רִאשׁוֹן.
מַרְבֶּה מְחִילָה לְחַטָּאִים, וּסְלִיחָה לְפוֹשְׁעִים.
עֹשֶׂה צְדָקוֹת עִם כָּל בָּשָׂר וָרוּחַ, לֹא כְרָעָתָם תִּגְמֹל.
אֵל, הוֹרֵיתָ לָּנוּ לוֹמַר שְׁלֹשׁ עֶשְׂרֵה
זְכָר לָנוּ הַיּוֹם בְּרִית שְׁלֹשׁ עֶשְׂרֵה
כְּהוֹדַעְתָּ לֶעָנָו מִקֶּדֶם, כְּמוֹ שֶׁכָּתוּב:
שמות לד וַיֵּרֶד יהוה בֶּעָנָן, וַיִּתְיַצֵּב עִמּוֹ שָׁם, וַיִּקְרָא בְשֵׁם יהוה:

קהל ואחריו שליח הציבור:

וַיַּעֲבֹר יהוה עַל־פָּנָיו וַיִּקְרָא

יהוה, יהוה, אֵל רַחוּם וְחַנּוּן, אֶרֶךְ אַפַּיִם, וְרַב־חֶסֶד וֶאֱמֶת:
נֹצֵר חֶסֶד לָאֲלָפִים, נֹשֵׂא עָוֹן וָפֶשַׁע וְחַטָּאָה, וְנַקֵּה:

וְסָלַחְתָּ לַעֲוֹנֵנוּ וּלְחַטָּאתֵנוּ וּנְחַלְתָּנוּ:
סְלַח לָנוּ אָבִינוּ כִּי חָטָאנוּ
מְחַל לָנוּ מַלְכֵּנוּ כִּי פָשָׁעְנוּ.
תהלים פו כִּי־אַתָּה אֲדֹנָי טוֹב וְסַלָּח, וְרַב־חֶסֶד לְכָל־קֹרְאֶיךָ:

איוב כה מַה־יִּצְדַּק אֱנוֹשׁ עִם־אֵל, וּמַה־יִּזְכֶּה יְלוּד אִשָּׁה:
וַתִּפְקְדֶנּוּ לִבְקָרִים וְלִרְגָעִים תִּבְחָנֶנּוּ.
יהוה אַל בְּאַפְּךָ תוֹכִיחֵנוּ וְאַל בַּחֲמָתְךָ תְיַסְּרֵנוּ.
אַף־עַל־זֶה פָּקַחְתָּ עֵינֶךָ וְאֹתָנוּ תָבִיא בְמִשְׁפָּט עִמָּךְ.

כְּרַחֵם אָב עַל בָּנִים, כֵּן תְּרַחֵם יהוה עָלֵינוּ.
תהלים ג לַיהוה הַיְשׁוּעָה, עַל־עַמְּךָ בִרְכָתֶךָ סֶּלָה:
תהלים מו יהוה צְבָאוֹת עִמָּנוּ, מִשְׂגָּב לָנוּ אֱלֹהֵי יַעֲקֹב סֶלָה:
תהלים פד יהוה צְבָאוֹת, אַשְׁרֵי אָדָם בֹּטֵחַ בָּךְ:
תהלים כ יהוה הוֹשִׁיעָה, הַמֶּלֶךְ יַעֲנֵנוּ בְיוֹם־קָרְאֵנוּ:

אין כוח באדם לעמוד מול יצר הרע המלפף אותו מלידתו, וכל ימי חייו מלאי מכאוב. אולם הקב"ה רוצה בתשובת רשעים וכל שכן בתשובת ישראל הבוטחים בו. על כן אנו מבקשים מה' לדון אותנו ברחמים ולמנוע מהשטן לקטרג עלינו.

כט. מחבר: רבי יצחק הכהן

אֱלֹהֵינוּ וֵאלֹהֵי אֲבוֹתֵינוּ

אָדוֹן, בְּפָקְדְךָ אֱנוֹשׁ לַבְּקָרִים
בִּמְצוּי הַדִּין אַל תִּמְתַּח
גּוּף וּנְשָׁמָה אִם תְּרִיבֵם
דָּחוּ וְלֹא יוּכְלוּ קוּם
הֲיוּכַל גֶּבֶר לִזְכּוֹת בַּמִּשְׁפָּט
וְאִם יֵשׁ בְּיָדוֹ מַעַשׂ לְהִצְטַדֵּק
זֵרוּי יְחוּמוֹ מִלֵּחָה סְרוּחָה
חָבוּי אוֹרְבוֹ בְּקִרְבּוֹ מֵעֵת הִוָּלְדוֹ
טָמוּן בְּחֻבּוֹ כְּרֶשֶׁת לְרַגְלָיו
יְסִיתֵהוּ בְּכָל יוֹם לְשַׁחַת לְהַפִּילוֹ
כֹּחַ וּגְבוּרָה בַּגּוּף אַיִן
לְפָנָיו לַעֲמֹד וּלְהִתְיַצֵּב
מִיּוֹם עָמְדוֹ עַל דַּעְתּוֹ
נַפְשׁוֹ יָשִׂים בְּכַפּוֹ לְהָבִיא לַחְמוֹ
שָׂבֵעַ כָּל יָמָיו כַּעַס וּמַכְאוֹבוֹת
עַד שׁוּבוֹ לַעֲפָרוֹ לֹא יִשְׁקֹט.
פְּנֵה, אָדוֹן, בְּעִצְּבוֹן רוּחַ
צְפֵה בְּשִׁבְרוֹן לֵב
קָרוֹב אַתָּה לָרְחוֹקִים
רוֹצֶה בִּתְשׁוּבַת רְשָׁעִים
שַׁדַּי, הִמָּצֵא לְדוֹרְשֶׁיךָ
תֹּאמַר הִנְנִי לִמְבַקְשֶׁיךָ
יְבַשְּׂרוּ סְלַחְתִּי קוֹרְאֵי בִשְׁמֶךָ
צַדֵּק בַּמִּשְׁפָּט עַם מְיַחֲדֶיךָ

חֲסֹם מְנֻוֶּל מִלְּהַרְשִׁיעַ
קְצֹף בְּמַשְׂטִין מִלְּהַשְׂטִין
הָקֵם לָנוּ מֵלִיץ יֹשֶׁר
כֹּפֶר מְצָאתִי תַּשְׁמִיעַ לְשׁוֹבָבִים.
הִשְׁלַכְנוּ עָלֶיךָ יְהָבֵנוּ
נָא אַתָּה תְּכַלְכְּלֵנוּ
הֵעָתֵר לָנוּ בִּתְפִלָּתֵנוּ
חֶפְצֵנוּ וּבַקָּשָׁתֵנוּ מַלֵּא בְּרַחֲמִים
בְּךָ תָּלִינוּ בִּטְחוֹנֵנוּ
רַחֲמֶיךָ מַהֵר יְקַדְּמוּנוּ
חָזָק וְאַמִּיץ, שִׁמְךָ לֹא שָׁכַחְנוּ
אָנָּא לָנֶצַח אַל תִּשְׁכָּחֵנוּ.

אֵל מֶלֶךְ יוֹשֵׁב עַל כִּסֵּא רַחֲמִים, מִתְנַהֵג בַּחֲסִידוּת.
מוֹחֵל עֲוֹנוֹת עַמּוֹ, מַעֲבִיר רִאשׁוֹן רִאשׁוֹן.
מַרְבֶּה מְחִילָה לְחַטָּאִים, וּסְלִיחָה לְפוֹשְׁעִים.
עֹשֶׂה צְדָקוֹת עִם כָּל בָּשָׂר וָרוּחַ, לֹא כְרָעָתָם תִּגְמֹל.
אֵל, הוֹרֵיתָ לָּנוּ לוֹמַר שְׁלֹשׁ עֶשְׂרֵה
זְכָר לָנוּ הַיּוֹם בְּרִית שְׁלֹשׁ עֶשְׂרֵה
כְּהוֹדַעְתָּ לֶעָנָו מִקֶּדֶם, כְּמוֹ שֶׁכָּתוּב:
וַיֵּרֶד יהוה בֶּעָנָן, וַיִּתְיַצֵּב עִמּוֹ שָׁם שמות לד
וַיִּקְרָא בְשֵׁם יהוה:

קהל ואחריו שליח הציבור:

וַיַּעֲבֹר יהוה עַל־פָּנָיו וַיִּקְרָא

יהוה, יהוה, אֵל רַחוּם וְחַנּוּן, אֶרֶךְ אַפַּיִם, וְרַב־חֶסֶד וֶאֱמֶת:
נֹצֵר חֶסֶד לָאֲלָפִים, נֹשֵׂא עָוֹן וָפֶשַׁע וְחַטָּאָה, וְנַקֵּה:

וְסָלַחְתָּ לַעֲוֹנֵנוּ וּלְחַטָּאתֵנוּ וּנְחַלְתָּנוּ:
סְלַח לָנוּ אָבִינוּ כִּי חָטָאנוּ, מְחַל לָנוּ מַלְכֵּנוּ כִּי פָשָׁעְנוּ.
כִּי־אַתָּה אֲדֹנָי טוֹב וְסַלָּח, וְרַב־חֶסֶד לְכָל־קֹרְאֶיךָ: תהלים פו
אֲדֹנָי יֱהוִה, אַל־תַּשְׁחֵת עַמְּךָ וְנַחֲלָתְךָ אֲשֶׁר פָּדִיתָ בְּגָדְלֶךָ
אֲשֶׁר־הוֹצֵאתָ מִמִּצְרַיִם בְּיָד חֲזָקָה: דברים ט
מַה־יִּצְדַּק אֱנוֹשׁ עִם־אֵל, וּמַה־יִּזְכֶּה יְלוּד אִשָּׁה: איוב כה
הַאֱנוֹשׁ מֵאֱלוֹהַּ יִצְדָּק, אִם־מֵעֹשֵׂהוּ יִטְהַר־גָּבֶר: איוב ד

כְּרַחֵם אָב עַל בָּנִים, כֵּן תְּרַחֵם יהוה עָלֵינוּ.
לַיהוה הַיְשׁוּעָה, עַל־עַמְּךָ בִרְכָתֶךָ סֶּלָה: תהלים ג
יהוה צְבָאוֹת עִמָּנוּ, מִשְׂגָּב לָנוּ אֱלֹהֵי יַעֲקֹב סֶלָה: תהלים מו
יהוה צְבָאוֹת, אַשְׁרֵי אָדָם בֹּטֵחַ בָּךְ: תהלים פד
יהוה הוֹשִׁיעָה, הַמֶּלֶךְ יַעֲנֵנוּ בְיוֹם־קָרְאֵנוּ: תהלים כ

האדם אינו יכול לצאת זכאי בדינו, שכן מלא הוא בעבירות וחטאים. אף על פי כן, רחם עלינו, הלבן חטאינו כשלג ודון אותנו לשנה טובה.

ל. מחבר: רבי אליה בר שמעיה

אֱלֹהֵינוּ וֵאלֹהֵי אֲבוֹתֵינוּ

אָדוֹן, בְּשָׁפְטְךָ אֱנוֹשׁ רִמָּה
תִּזְכֹּר בְּרֹגֶז חֲנוֹת רַחֵם
בְּעָרְכְּךָ דִּין אֲשֵׁמִים לְהוֹכֵחַ
שׁוֹגֶה וּפֶתִי זַכֵּה וְהַצְדֵּק
גְּמֹל חֶסֶד וְטוֹבָה לְחַיָּבִים
רִיב אַל תִּמְתַּח לְמִצּוּי
דַּלֵּי מַעַשׂ וְרֵיקֵי כִשְׁרוֹן
קוֹרְאִים אֵלֶיךָ, לָמוֹ הִמָּצֵא
הִנְנוּ לְפָנֶיךָ בְּאַשְׁמָה רַבָּה
צִפְצוּף מַעַן בְּשָׁנוּ לְפוֹצֵץ
וְאִם מֵאֱלוֹהַּ אֱנוֹשׁ הֲיִצְדַּק
פְּנֵי עוֹשֵׂהוּ גֶּבֶר הֲיִטְהַר

זָדוֹן בְּחָבּוֹ אָוֶן בְּקִרְבּוֹ
עָוֹן מָלֵא וּפֶשַׁע רָב
חֶשְׁבּוֹן וְדִין לְמֶלֶךְ מַלְכֵי הַמְּלָכִים
סוֹפוֹ לִתֵּן בְּבוֹא חֲלִיפָתוֹ
טֶבַע חוֹתָם בְּכַפּוֹ נֶחֱרַת
נֶגֶד פָּנָיו רִשְׁעוֹ יַעֲנֶה
יוֹרֶה כָּפִיס מֵעֵץ וְיַגִּיד
מִקִּיר אֶבֶן תִּזְעַק וְתִקְרָא
כּוֹבֵשׁ פָּנָיו נִדּוֹן וְנִכְלָם
לְאַיִן נֶחֱשָׁב בְּעָמְדוֹ לְפָנֶיךָ
אָנָּא לְמַעֲשֵׂה יָדֶיךָ הֵרָצֵה
בְּשִׁבְרוֹן רְאֵה שְׁמֹר מִדְּחִי
עֲבָדֶיךָ יִמְצְאוּ הַיּוֹם חֲנִינָה
זַכֵּם קִרְבָתְךָ חֲפֹץ כְּבָרִאשׁוֹנָה
וְכַשֶּׁלֶג וְכַצֶּמֶר הַלְבֵּן חֲטָאֵי שׁוֹשַׁנָּה
מַלְּטֵם מִכָּל רָעוֹת בְּזֹאת הַשָּׁנָה.

אֵל מֶלֶךְ יוֹשֵׁב עַל כִּסֵּא רַחֲמִים, מִתְנַהֵג בַּחֲסִידוּת.
מוֹחֵל עֲוֹנוֹת עַמּוֹ, מַעֲבִיר רִאשׁוֹן רִאשׁוֹן.
מַרְבֶּה מְחִילָה לְחַטָּאִים, וּסְלִיחָה לְפוֹשְׁעִים.
עֹשֶׂה צְדָקוֹת עִם כָּל בָּשָׂר וָרוּחַ, לֹא כְרָעָתָם תִּגְמֹל.
אֵל, הוֹרֵיתָ לָּנוּ לוֹמַר שְׁלֹשׁ עֶשְׂרֵה
זְכָר לָנוּ הַיּוֹם בְּרִית שְׁלֹשׁ עֶשְׂרֵה
כְּהוֹדַעְתָּ לֶעָנָו מִקֶּדֶם, כְּמוֹ שֶׁכָּתוּב:
וַיֵּרֶד יהוה בֶּעָנָן, וַיִּתְיַצֵּב עִמּוֹ שָׁם, וַיִּקְרָא בְשֵׁם יהוה: שמות לד

קהל ואחריו שליח הציבור:

וַיַּעֲבֹר יהוה עַל־פָּנָיו וַיִּקְרָא

יהוה, יהוה, אֵל רַחוּם וְחַנּוּן, אֶרֶךְ אַפַּיִם, וְרַב־חֶסֶד וֶאֱמֶת:
נֹצֵר חֶסֶד לָאֲלָפִים, נֹשֵׂא עָוֹן וָפֶשַׁע וְחַטָּאָה, וְנַקֵּה:

וְסָלַחְתָּ לַעֲוֹנֵנוּ וּלְחַטָּאתֵנוּ וּנְחַלְתָּנוּ:
סְלַח לָנוּ אָבִינוּ כִּי חָטָאנוּ, מְחַל לָנוּ מַלְכֵּנוּ כִּי פָשָׁעְנוּ.
כִּי־אַתָּה אֲדֹנָי טוֹב וְסַלָּח, וְרַב־חֶסֶד לְכָל־קֹרְאֶיךָ: תהלים פו

זְכֹר נָא כִּי כַחֹמֶר עֲשִׂיתָנוּ, וְאַל עָפָר תְּשִׁיבֵנוּ.
יָדַעְנוּ כִּי אֵין בָּנוּ מַעֲשִׂים, צְדָקָה עֲשֵׂה עִמָּנוּ לְמַעַן שְׁמֶךָ.
קוּמָה עֶזְרָתָה לָּנוּ, וּפְדֵנוּ לְמַעַן חַסְדֶּךָ: תהלים מד

כְּרַחֵם אָב עַל בָּנִים, כֵּן תְּרַחֵם יהוה עָלֵינוּ.
לַיהוה הַיְשׁוּעָה, עַל־עַמְּךָ בִרְכָתֶךָ סֶּלָה: תהלים ג
יהוה צְבָאוֹת עִמָּנוּ, מִשְׂגָּב לָנוּ אֱלֹהֵי יַעֲקֹב סֶלָה: תהלים מו
יהוה צְבָאוֹת, אַשְׁרֵי אָדָם בֹּטֵחַ בָּךְ: תהלים פד
יהוה הוֹשִׁיעָה, הַמֶּלֶךְ יַעֲנֵנוּ בְיוֹם־קָרְאֵנוּ: תהלים כ

דרכך בעת דין להתעלם מן העבירות ולחפש את הזכויות, ועל כן באנו לחסות בצלך.
אנא, כוף את יצרנו להשתעבד לך, וטהר לבנו ללכת בדרכיך.

לא. אֱלֹהֵינוּ וֵאלֹהֵי אֲבוֹתֵינוּ

אַךְ בְּךָ לַדַּל מָעוֹז
בַּצַּר לוֹ מְצֹא סֵתֶר
גּוֹנֵז חֵטְא גּוֹעֵל רֶשַׁע
דָּן לִזְכוּת מְחַפֵּשׂ צֶדֶק
הַכֹּל לְךָ מְפֹרָשׁ שֶׂכֶל
וּבַל תַּחְפֹּץ הִתְבּוֹנֵן אָוֶן
זֹאת דַּעְתֵּנוּ כִּי כֵן דַּרְכָּךְ
חֲסוֹת בְּצִלְּךָ הִנֵּה בָאנוּ
טוֹב חִנָּם תּוֹשִׁיט לָנוּ
יְמִין סַעַד פְּרוּסַת פֶּתַח

כְּהַקִּישׁ רָשׁ שׁוֹאֵל חֶסֶד
לוֹ קַח טוֹב תְּעַן
מִדָּתְךָ כִּי כֵן הַשְׁבַּח
נָעוּר וָרֵק מַחֲזִיר מָלֵא
סְמֹךְ נוֹפֵל לֹא תִבְזֶה
עֲנוּת עָנִי קְרֵבוּת תְּרֶץ
פִּנְקַס חוֹב יְמָרְקוּ חֶסֶד
צַו סוֹפֵר כְּתֹב שׁוֹבֵר
קוֹל הַקַּל יַחֲלִיף קָשֶׁה
רְצוֹן יוֹצֵר תְּכַף יֵצֶר
שָׁוֶה לְכַף שִׂית הַקֶּרֶב
שְׁלֹךְ שֶׁרֶץ טְבִילָה תְּעַל
תְּבַעֵר רַע תַּעֲבִיר טָמֵא
תֵּת טָהוֹר לֶכֶת חֻקֶּיךָ.

אֵל מֶלֶךְ יוֹשֵׁב עַל כִּסֵּא רַחֲמִים, מִתְנַהֵג בַּחֲסִידוּת.
מוֹחֵל עֲוֹנוֹת עַמּוֹ, מַעֲבִיר רִאשׁוֹן רִאשׁוֹן.
מַרְבֶּה מְחִילָה לְחַטָּאִים, וּסְלִיחָה לְפוֹשְׁעִים.
עֹשֶׂה צְדָקוֹת עִם כָּל בָּשָׂר וָרוּחַ, לֹא כְרָעָתָם תִּגְמֹל.
אֵל, הוֹרֵיתָ לָּנוּ לוֹמַר שְׁלֹשׁ עֶשְׂרֵה
זְכָר לָנוּ הַיּוֹם בְּרִית שְׁלֹשׁ עֶשְׂרֵה
כְּהוֹדַעְתָּ לֶעָנָו מִקֶּדֶם, כְּמוֹ שֶׁכָּתוּב:
וַיֵּרֶד יהוה בֶּעָנָן, וַיִּתְיַצֵּב עִמּוֹ שָׁם, וַיִּקְרָא בְשֵׁם יהוה: שמות לד

קהל ואחריו שליח הציבור:

וַיַּעֲבֹר יהוה עַל־פָּנָיו וַיִּקְרָא

יהוה, יהוה, אֵל רַחוּם וְחַנּוּן, אֶרֶךְ אַפַּיִם, וְרַב־חֶסֶד וֶאֱמֶת:
נֹצֵר חֶסֶד לָאֲלָפִים, נֹשֵׂא עָוֹן וָפֶשַׁע וְחַטָּאָה, וְנַקֵּה:

וְסָלַחְתָּ לַעֲוֹנֵנוּ וּלְחַטָּאתֵנוּ וּנְחַלְתָּנוּ:
סְלַח לָנוּ אָבִינוּ כִּי חָטָאנוּ
מְחַל לָנוּ מַלְכֵּנוּ כִּי פָשָׁעְנוּ.
כִּי־אַתָּה אֲדֹנָי טוֹב וְסַלָּח, וְרַב־חֶסֶד לְכָל־קֹרְאֶיךָ: תהלים פו

כִּי אָדָם אֵין צַדִּיק בָּאָרֶץ אֲשֶׁר יַעֲשֶׂה־טּוֹב וְלֹא יֶחֱטָא: קהלת ז
אָדָם יְלוּד אִשָּׁה, קְצַר יָמִים וּשְׂבַע־רֹגֶז: איוב יד
אַף עַל זֶה פָּקַחְתָּ עֵינֶךָ וְאֹתָנוּ תָבִיא בְמִשְׁפָּט עִמָּךְ.

כְּרַחֵם אָב עַל בָּנִים, כֵּן תְּרַחֵם יהוה עָלֵינוּ.
לַיהוה הַיְשׁוּעָה, עַל־עַמְּךָ בִרְכָתֶךָ סֶּלָה: תהלים ג
יהוה צְבָאוֹת עִמָּנוּ, מִשְׂגָּב לָנוּ אֱלֹהֵי יַעֲקֹב סֶלָה: תהלים מו
יהוה צְבָאוֹת, אַשְׁרֵי אָדָם בֹּטֵחַ בָּךְ: תהלים פד
יהוה הוֹשִׁיעָה, הַמֶּלֶךְ יַעֲנֵנוּ בְיוֹם־קָרְאֵנוּ: תהלים כ

ימיו של האדם מלאי כעס ומכאוב, ובסופם הוא עתיד לתת דין על מעשיו.
מכאן תוכחה גלויה לתועים בהבלי הזמן, וקריאה להרבות
בתפילה ובצדקה כדי להינצל מייסורים ומדין קשה.

לב.

אֱלֹהֵינוּ וֵאלֹהֵי אֲבוֹתֵינוּ

אָדָם אֵיךְ יִזְכֶּה
בְּכָל יוֹם לַמָּוֶת מְחַכֶּה.

בָּשָׂר מַה יְּדַבֵּר
וְהוּא מוּבָל לַקֶּבֶר.

גְּוִיּוֹ לַבּוֹר נוֹפֵל
לִמְקוֹם חֹשֶׁךְ וְאֹפֶל.

דִּמְיוֹנוֹ לַהֶבֶל דָּמָה
וְגַם נִמְשַׁל כַּבְּהֵמוֹת נִדְמָה.

הֲלֹא כָל יָמָיו מְעַט וְרָעִים
וְכָל מַעֲשָׂיו עֲוֹנוֹת וּפְשָׁעִים.

וּבִלְבָבוֹ יָבִין וָשָׁב
וְרָפָא לוֹ לְקוֹלוֹ כְּיִקְשַׁב.

זְכוּת וּמִישׁוֹר אִם יַעֲשֶׂה
בָּהֶם יִמְצָא מָנוֹס וּמַחֲסֶה.

חַיָּיו כְּאַיִן חָשׁוּב
וְסוֹפוֹ לֶעָפָר יָשׁוּב.

טוֹב לוֹ שֶׁלֹּא נִבְרָא
מִשֶּׁנִּבְרָא לְיוֹם צָרָה וְעֶבְרָה.

יָמָיו כָּלִים בְּעֹנִי וְעֶלְבּוֹן.
וְאַחֲרִיתוֹ לִתֵּן דִּין וְחֶשְׁבּוֹן.

כְּעֶבֶד יִשְׁאַף צֵל
וּמִיַּד שְׁאוֹל לֹא יִנָּצֵל.

לָמָּה מֵרֶחֶם יָצָא
וְהוּא שָׁמוּר לְרִיב וּמַצָּה.

מַה יּוֹעִילֶנּוּ רֹב הוֹנוֹ
וּלְיוֹם עֶבְרָה מַכְהָה עֵינוֹ.

נִשְׁמָתוֹ מֶנּוּ תִּפְרֵד
בִּשְׁעַת מִיתָתוֹ לִמְאֹד יֶחֱרַד.

סוּפָה וּסְעָרָה יְבַעֲתוּהוּ
חֶבְלֵי מָוֶת יְסוֹבְבוּהוּ.

עָרֹם יָצָא מִבֶּטֶן אִמּוֹ
וְעָרֹם יָשׁוּב לְבֵית עוֹלָמוֹ.

פִּתְאֹם יִלָּכֵד בִּמְצוּדָה רָעָה
וְאֵין מִי אוֹתוֹ לִפְדָּעָה.

צָרָה וְצַלְמָוֶת יִירַשׁ
מִבֵּיתוֹ וּמֵהוֹנוֹ יִפְרַשׁ.

קָרַב קִצּוֹ וְנֶהְפַּךְ שִׁבְרוֹ
כָּבָה נֵרוֹ וְאָבַד זִכְרוֹ.

רִמָּה תּוֹרִישֶׁנּוּ
תּוֹלֵעָה תַּשְׁלִיטֶנּוּ.

שׁוֹמֵעַ זֹאת יִבְכֶּה וְיִדְאַג
בִּבְכִי וּבְתַחֲנוּנִים כְּלָבִיא יִשְׁאַג.

תְּפִלָּה וּצְדָקָה יַרְבֶּה
אוּלַי מִיִּסּוּרִין יֵחָבֵא.

אֵל מֶלֶךְ יוֹשֵׁב עַל כִּסֵּא רַחֲמִים, מִתְנַהֵג בַּחֲסִידוּת.
מוֹחֵל עֲוֹנוֹת עַמּוֹ, מַעֲבִיר רִאשׁוֹן רִאשׁוֹן.
מַרְבֶּה מְחִילָה לְחַטָּאִים, וּסְלִיחָה לְפוֹשְׁעִים.
עֹשֶׂה צְדָקוֹת עִם כָּל בָּשָׂר וָרוּחַ, לֹא כְרָעָתָם תִּגְמֹל.
אֵל, הוֹרֵיתָ לָּנוּ לוֹמַר שְׁלֹשׁ עֶשְׂרֵה
זְכָר לָנוּ הַיּוֹם בְּרִית שְׁלֹשׁ עֶשְׂרֵה
כְּהוֹדַעְתָּ לֶעָנָו מִקֶּדֶם, כְּמוֹ שֶׁכָּתוּב:
וַיֵּרֶד יהוה בֶּעָנָן, וַיִּתְיַצֵּב עִמּוֹ שָׁם שמות לד
וַיִּקְרָא בְשֵׁם יהוה:

קהל ואחריו שליח הציבור:

וַיַּעֲבֹר יהוה עַל־פָּנָיו וַיִּקְרָא

יהוה, יהוה, אֵל רַחוּם וְחַנּוּן, אֶרֶךְ אַפַּיִם, וְרַב־חֶסֶד וֶאֱמֶת:
נֹצֵר חֶסֶד לָאֲלָפִים, נֹשֵׂא עָוֹן וָפֶשַׁע וְחַטָּאָה, וְנַקֵּה:

וְסָלַחְתָּ לַעֲוֹנֵנוּ וּלְחַטָּאתֵנוּ וּנְחַלְתָּנוּ:
סְלַח לָנוּ אָבִינוּ כִּי חָטָאנוּ, מְחַל לָנוּ מַלְכֵּנוּ כִּי פָשָׁעְנוּ.
תהלים פו כִּי־אַתָּה אֲדֹנָי טוֹב וְסַלָּח, וְרַב־חֶסֶד לְכָל־קֹרְאֶיךָ:

מַה נֹּאמַר לְפָנֶיךָ יוֹשֵׁב מָרוֹם, וּמַה נְּסַפֵּר לְפָנֶיךָ שׁוֹכֵן שְׁחָקִים.
בראשית מד מַה נֹּאמַר, מַה נְּדַבֵּר וּמַה נִּצְטַדָּק.
איוב ד הֵן בַּעֲבָדָיו לֹא יַאֲמִין, וּבְמַלְאָכָיו יָשִׂים תָּהֳלָה:

כְּרַחֵם אָב עַל בָּנִים, כֵּן תְּרַחֵם יהוה עָלֵינוּ.
תהלים ג לַיהוה הַיְשׁוּעָה, עַל־עַמְּךָ בִרְכָתֶךָ סֶּלָה:
תהלים מו יהוה צְבָאוֹת עִמָּנוּ, מִשְׂגָּב לָנוּ אֱלֹהֵי יַעֲקֹב סֶלָה:
תהלים פד יהוה צְבָאוֹת, אַשְׁרֵי אָדָם בֹּטֵחַ בָּךְ:
תהלים כ יהוה הוֹשִׁיעָה, הַמֶּלֶךְ יַעֲנֵנוּ בְיוֹם־קָרְאֵנוּ:

אל תשפוט את ישראל לפי שורת הדין, אלא טהר את פשעיהם ונטוש את הדין נגדם.

לג.

אֱלֹהֵינוּ וֵאלֹהֵי אֲבוֹתֵינוּ

אַךְ בְּמֶתַח דִּין וּמֵרוּץ חֶבֶל
בְּנֵי אֱמוּנֶיךָ אַל נָא תְחַבֵּל.

גִּלּוּי הָרִיב לָהֶם נְטשׁ
דְּרשׁ עֶלְבּוֹנָם וְאַל תִּטּשׁ.

הוֹאַלְתָּ לַעֲשׂוֹתָם לְךָ לְעַם
וְאַל תְּשַׁלְּחֵם בְּיַד פִּשְׁעָם.

זְדוֹנוֹת חֲשֹׁב כִּשְׁגָגוֹת
חֲשֹׂךְ מִזֵּדִים נְפָשׁוֹת לְךָ עוֹרְגוֹת.

טֶנֶף טַהֵר וְתַדִּיחַ כְּתָמִים
יְצֻלַּל בְּצוּל כֹּבֶד אֲשָׁמִים.

כָּלָה אַל תַּעַשׂ וְנֶחֱרָצָה
לְקוֹחֶיךָ לְקַח מִכַּף הַנְּטוּיָה וְעֵצָה הַיְעוּצָה.

מוֹעֵד כְּתִקַּח לִשְׁפֹּט מֵישָׁרִים
נְזֹף בְּמַשְׂטִין מִלְּלַמֵּד קַטֵּגוֹרִים.

סֵפֶר זִכְרוֹנוֹת לְפָנֶיךָ בְּהִתְגּוֹלֵל
עֲוֹן עֲקֵבִים לֹא יְסוֹבֵב לְבָעַמִּים מִתְבּוֹלֵל.

פַּשֵּׁר הַדִּין וּתְבַצַּע הַשּׁוּרָה
צְרֹף כַּבּוּר סִיגִים וּמַהֵר בְּדִיל לְהָסִירָה.

קָפוּי וּמִתָּךְ וְכַדּוֹנַג נִמְסֶה
רֶגַע יְגֹעַשׁ אִם בְּמִשְׁפָּט עָלָיו תִּנָּשֵׂא.

שַׁלֵּם לוֹ כְּמַעֲשֵׂה הַחֶסֶד וְלֹא כִגְמוּלוֹ
תַּכְרִיעַ הַכַּף לְזַכּוֹתוֹ וְלֹא לְחַבְּלוֹ.

תִּפְשֹׁט יָד וּתְקַבְּלוֹ
תְּחָנְנוּ מֵרֶדֶת שַׁחַת וּבוֹר מִלְּהַטְבִּילוֹ.

אֵל מֶלֶךְ יוֹשֵׁב עַל כִּסֵּא רַחֲמִים, מִתְנַהֵג בַּחֲסִידוּת.
מוֹחֵל עֲוֹנוֹת עַמּוֹ, מַעֲבִיר רִאשׁוֹן רִאשׁוֹן.
מַרְבֶּה מְחִילָה לְחַטָּאִים, וּסְלִיחָה לְפוֹשְׁעִים.
עֹשֶׂה צְדָקוֹת עִם כָּל בָּשָׂר וָרוּחַ, לֹא כְרָעָתָם תִּגְמֹל.
אֵל, הוֹרֵיתָ לָּנוּ לוֹמַר שְׁלֹשׁ עֶשְׂרֵה
זְכָר לָנוּ הַיּוֹם בְּרִית שְׁלֹשׁ עֶשְׂרֵה
כְּהוֹדַעְתָּ לֶעָנָו מִקֶּדֶם, כְּמוֹ שֶׁכָּתוּב:
וַיֵּרֶד יהוה בֶּעָנָן, וַיִּתְיַצֵּב עִמּוֹ שָׁם, וַיִּקְרָא בְשֵׁם יהוה: שמות לד

קהל ואחריו שליח הציבור:

וַיַּעֲבֹר יהוה עַל־פָּנָיו וַיִּקְרָא

יהוה, יהוה, אֵל רַחוּם וְחַנּוּן, אֶרֶךְ אַפַּיִם, וְרַב־חֶסֶד וֶאֱמֶת:
נֹצֵר חֶסֶד לָאֲלָפִים, נֹשֵׂא עָוֹן וָפֶשַׁע וְחַטָּאָה, וְנַקֵּה:

וְסָלַחְתָּ לַעֲוֹנֵנוּ וּלְחַטֹּאתֵנוּ וּנְחַלְתָּנוּ:
סְלַח לָנוּ אָבִינוּ כִּי חָטָאנוּ, מְחַל לָנוּ מַלְכֵּנוּ כִּי פָשָׁעְנוּ.
כִּי־אַתָּה אֲדֹנָי טוֹב וְסַלָּח, וְרַב־חֶסֶד לְכָל־קֹרְאֶיךָ: תהלים פו

לְמִשְׁפָּטֶיךָ עָמְדוּ הַיּוֹם, כִּי הַכֹּל עֲבָדֶיךָ: תהלים קיט
וְהוּא יִשְׁפֹּט־תֵּבֵל בְּצֶדֶק, יָדִין לְאֻמִּים בְּמֵישָׁרִים: תהלים ט
מִלְּפָנֶיךָ מִשְׁפָּטֵנוּ יֵצֵא, עֵינֶיךָ תֶּחֱזֶינָה מֵישָׁרִים.

כְּרַחֵם אָב עַל בָּנִים, כֵּן תְּרַחֵם יהוה עָלֵינוּ.
לַיהוה הַיְשׁוּעָה, עַל־עַמְּךָ בִרְכָתֶךָ סֶּלָה: תהלים ג
יהוה צְבָאוֹת עִמָּנוּ, מִשְׂגָּב לָנוּ אֱלֹהֵי יַעֲקֹב סֶלָה: תהלים מו
יהוה צְבָאוֹת, אַשְׁרֵי אָדָם בֹּטֵחַ בָּךְ: תהלים פד
יהוה הוֹשִׁיעָה, הַמֶּלֶךְ יַעֲנֵנוּ בְיוֹם־קָרְאֵנוּ: תהלים כ

ה׳ מתגדל בעולם בזכות משפטו הצודק והישר, שבו הוא בוחן כליות ומגלה כל נעלם.
אף על פי כן, בעמדנו לפניך לדין, מחל לנו על חטאינו והוציאנו זכאים.

לד. מחבר: רבנו אפרים בן יצחק מרגנשבורג

אֵל אֱמוּנָה, עֶזְרָה הָבָה
לְעַמְּךָ כֻּלָּם הֵיטִיבָה
יַחַד לַמִּשְׁפָּט נִקְרָבָה.

בּוֹחֵן לְבוֹת כֻּלָּם
מֹשֵׁל בִּגְבוּרָתוֹ עוֹלָם
יָבִא בְמִשְׁפָּט עַל כָּל־נֶעְלָם: קהלת יב

גָּבוֹהַּ בַּמִּשְׁפָּט הָאֵל
נִקְדָּשׁ בְּצִדְקוֹתָיו כְּהַרְרֵי אֵל
וּמִשְׁפָּטָיו עִם־יִשְׂרָאֵל: דברים לג

דְּלֵה מֵעֹנֶשׁ נְשׂוּאֶיךָ
בְּחֶסֶד וֶאֱמֶת מְנַשְּׂאֶיךָ
צֶדֶק וּמִשְׁפָּט מְכוֹן כִּסְאֶךָ: תהלים פט

הַיְשַׁר לְפָנֶיךָ לֵב עָקֹב
דִּינְךָ הָהָר יִקֹּב
מִשְׁפָּט לֵאלֹהֵי יַעֲקֹב: תהלים פא

וְיֹשֶׁר מִדּוֹתֶיךָ נֶחֱמָדוּ
יוֹשְׁבֵי תֵבֵל צֶדֶק לָמֵדוּ
לְמִשְׁפָּטֶיךָ עָמְדוּ.

זְקוּקָה צְרוּפָה חוֹתֶמֶת
בְּפֹעַל אָדָם נֶחְתֶּמֶת
מִשְׁפְּטֵי־יהוה אֱמֶת: תהלים יט

חָרֵד כֹּל מִדִּין בּוֹדֵק
טוֹחֵן וְשׁוֹחֵק הָדֵק
מִשְׁפָּט וָצֶדֶק.

טוֹב לְמָעוֹז כְּנָאֳמוֹ
יוֹם זֶה יְשַׁכֵּךְ זַעְמוֹ
לַעֲשׂוֹת מִשְׁפַּט עַמּוֹ.

יְחַלּוּ בְּצָקוּן דְּבֵקֶיךָ
יְסַלְסְלוּ בְּשִׁלּוּם חֻקֶּיךָ
עַל מִשְׁפְּטֵי צִדְקֶךָ: תהלים קיט

כַּלֵּה פֶּשַׁע נִכְתָּם
וְאַל יֵבֹשׁוּ מְיַחֲלֶיךָ בְּמַבָּטָם
וְעָשִׂיתָ מִשְׁפָּטָם.

לְשִׁמְךָ וּלְזִכְרְךָ הוּקַמְנוּ
לִבְרִית עוֹלָם הוּשַׂמְנוּ
וְאַל תָּבוֹא בְמִשְׁפָּט עִמָּנוּ.

מֶלֶךְ בִּקְדוֹשֵׁי עֶרֶץ
בְּרַחֲמָיו יִגְדֹּר פֶּרֶץ
בְּמִשְׁפָּט יַעֲמִיד אָרֶץ: משלי כט

נְגִינוֹתַי כָּל הַיּוֹם יְאַשְּׁרְוּהוּ
שַׂגִּיא כֹחַ לֹא מְצָאנֻהוּ
כִּי הַמִּשְׁפָּט לֵאלֹהִים הוּא: דברים א

סַגֵּב חַסְדְּךָ לְעַמֶּךָ
לְשַׁוְעָתָם פְּתַח שָׁמֶיךָ
כְּמִשְׁפָּט לְאֹהֲבֵי שְׁמֶךָ: תהלים קיט

עָלֶיךָ נַשְׁלִיךְ כָּל יְהָבִים
כַּף צֶדֶק תַּכְרֶיעַ בַּאֲהָבִים
כִּי מִשְׁפָּטֶיךָ טוֹבִים: תהלים קיט

פָּנֶיךָ הָאֵר לִמְחִילָתִי
בְּבִצְעִי אַל תְּכַבֶּה גַּחַלְתִּי
כִּי לְמִשְׁפָּטֶךָ יִחָלְתִּי: תהלים קיט

צַדְּקֵנוּ כְּאַחַת חֲטִיבָה
חָשְׂכֵנוּ מִלַּהַט הַיּוֹם הַבָּא
מִשְׁפָּטֶיךָ תְּהוֹם רַבָּה: תהלים לו

קָרֵב יֶשַׁע שְׁבָטֶיךָ
אֲחוּזִים בְּחַבְלֵי שְׁפָטֶיךָ
וְיָשָׁר מִשְׁפָּטֶיךָ: תהלים קיט

רֶנֶן מִלֵּב וּבָשָׂר וּנְשָׁמָה
יַעֲלֶה לְךָ הַשָּׁמַיְמָה
מְקוֹם הַמִּשְׁפָּט שָׁמָּה: קהלת ג

שׁוֹפְטֵנוּ מְחוֹקְקֵנוּ בְּכַפֶּיךָ
לַמֵּד דְּרָכֶיךָ מְצַפֶּיךָ
וְכָל מִשְׁפְּטֵי פִּיךָ.

תַּשְׁפִּיעַ חַסְדְּךָ דַּיֵּנוּ
תִּגְבֹּרֶת רַחֲמֶיךָ לְמַאֲוַיֵּינוּ
כְּמִשְׁפָּטֶיךָ חַיֵּנוּ.

אַפִּרְיוֹן לְעִי הַשָּׂדֶה
מַהֵר לְשַׁכְלֵל יְסוֹדָהּ
צִיּוֹן בְּמִשְׁפָּט תִּפָּדֶה: ישעיה ה

מֵאוֹיְבַי אִנָּקְמָה פִּזְּרוּנִי
גַּדַּע קְרָנוֹת זֵרוּנִי
וּמִשְׁפָּטֶךָ יַעְזְרֻנִי: תהלים קיט

אֵל מֶלֶךְ יוֹשֵׁב עַל כִּסֵּא רַחֲמִים, מִתְנַהֵג בַּחֲסִידוּת.
מוֹחֵל עֲוֹנוֹת עַמּוֹ, מַעֲבִיר רִאשׁוֹן רִאשׁוֹן.
מַרְבֶּה מְחִילָה לְחַטָּאִים, וּסְלִיחָה לְפוֹשְׁעִים.
עֹשֶׂה צְדָקוֹת עִם כָּל בָּשָׂר וָרוּחַ, לֹא כְרָעָתָם תִּגְמֹל.
אֵל, הוֹרֵיתָ לָּנוּ לוֹמַר שְׁלֹשׁ עֶשְׂרֵה
זְכָר לָנוּ הַיּוֹם בְּרִית שְׁלֹשׁ עֶשְׂרֵה
כְּהוֹדַעְתָּ לֶעָנָו מִקֶּדֶם, כְּמוֹ שֶׁכָּתוּב:
וַיֵּרֶד יהוה בֶּעָנָן, וַיִּתְיַצֵּב עִמּוֹ שָׁם, וַיִּקְרָא בְשֵׁם יהוה: שמות לד

קהל ואחריו שליח הציבור:

וַיַּעֲבֹר יהוה עַל־פָּנָיו וַיִּקְרָא

יהוה, יהוה, אֵל רַחוּם וְחַנּוּן, אֶרֶךְ אַפַּיִם, וְרַב־חֶסֶד וֶאֱמֶת:
נֹצֵר חֶסֶד לָאֲלָפִים, נֹשֵׂא עָוֹן וָפֶשַׁע וְחַטָּאָה, וְנַקֵּה:

וְסָלַחְתָּ לַעֲוֹנֵנוּ וּלְחַטָּאתֵנוּ וּנְחַלְתָּנוּ:
סְלַח לָנוּ אָבִינוּ כִּי חָטָאנוּ, מְחַל לָנוּ מַלְכֵּנוּ כִּי פָשָׁעְנוּ.
כִּי־אַתָּה אֲדֹנָי טוֹב וְסַלָּח, וְרַב־חֶסֶד לְכָל־קֹרְאֶיךָ: תהלים פו

רַחֲמֶיךָ רַבִּים יהוה, כְּמִשְׁפָּטֶיךָ חַיֵּנוּ.
יְחַיֵּנוּ מִיֹּמָיִם, בַּיּוֹם הַשְּׁלִישִׁי יְקִמֵנוּ וְנִחְיֶה לְפָנָיו: הושע ו
כִּי שָׁם צִוָּה יהוה אֶת־הַבְּרָכָה, חַיִּים עַד־הָעוֹלָם: תהלים קלג

כְּרַחֵם אָב עַל בָּנִים, כֵּן תְּרַחֵם יהוה עָלֵינוּ.
לַיהוה הַיְשׁוּעָה, עַל־עַמְּךָ בִרְכָתֶךָ סֶּלָה: תהלים ג
יהוה צְבָאוֹת עִמָּנוּ, מִשְׂגָּב לָנוּ אֱלֹהֵי יַעֲקֹב סֶלָה: תהלים מו
יהוה צְבָאוֹת, אַשְׁרֵי אָדָם בֹּטֵחַ בָּךְ: תהלים פד
יהוה הוֹשִׁיעָה, הַמֶּלֶךְ יַעֲנֵנוּ בְיוֹם־קָרְאֵנוּ: תהלים כ

כל הבתים בפיוט זה נפתחים ונחתמים במילה "חיים". ה' הוא מקור החיים והתורה, והמתפלל מבקש לזכות בחיים ולדבוק בתורה, תורת חיים.

לה.

אֱלֹהֵינוּ וֵאלֹהֵי אֲבוֹתֵינוּ

חַיִּים אֲרֻכִּים תִּכְתְּבֵנוּ, נְטַע בְּלִי לַעֲקֹר
בְּשִׁבְתְּךָ עַל כִּסֵּא, מַעֲשִׂים לִסְקֹר
הַטּוֹב צְפֵה וְהָרַע אַל תַּחְקֹר
כִּי־עִמְּךָ מְקוֹר חַיִּים: תהלים לו

חַיִּים בִּרְצוֹנוֹ וְרֶגַע בְּאַפּוֹ נִרְאֵית
לֹא לָנֶצַח תָּרִיב נַחֲלַת הַנִּלְאֵית
הַשְׁמִיעֵנִי נָא סָלַחְתִּי, עָוֹן לָשֵׂאת
רְאֵה נָתַתִּי לְפָנֶיךָ הַיּוֹם אֶת־הַחַיִּים: דברים ל

חַיִּים גְּאַל מִשַּׁחַת, תְּעַטְּרֵנִי חֶסֶד אֶזְרָח
וֶאֱמֶת יַשְׁרֵשׁ יַעֲקֹב, יָצִיץ וּפָרַח
תַּרְחִיק פְּשָׁעֵינוּ כִּרְחֹק מַעֲרָב מִמִּזְרָח
תּוֹדִיעֵנוּ אֹרַח חַיִּים.

חַיִּים דְּרָכֶיךָ יָדַעְנוּ, אֵל גִּבּוֹר וְיוֹעֵץ
לְהִדָּבֵק בְּתוֹרָתְךָ אוֹתָנוּ בְּטוֹבָה לְהִוָּעֵץ
הַגְּבֵר טוֹב עַל צְפוּנֵי לְהַרְעֵץ
לִשְׁמֹר אֶת־דֶּרֶךְ עֵץ הַחַיִּים: בראשית ג

חַיִּים הִיא לַמַּחֲזִיקִים בָּהּ וּרְפָאוּת וּמְרוּחַ
תּוֹמְכֶיהָ מְאֻשָּׁרִים בְּאוֹר זָרוּעַ זָרוּחַ
וְכָל הַדָּבֵק בָּהּ יִהְיֶה סָרוּחַ
כָּל־בָּשָׂר אֲשֶׁר־בּוֹ רוּחַ חַיִּים: בראשית ו

חַיִּים וְשָׁלוֹם תַּסְמְכֵנוּ בְּיִרְאָה אוֹתְךָ לַעֲבֹד
וְגִילָה וְשִׂמְחָה בְּךָ רְשָׁעִים בַּאֲבֹד
שְׁלֹשׁ מֵאוֹת וַעֲשָׂרָה אוֹתָנוּ לִזְבֹּד
יִרְאַת יהוה עֹשֶׁר וְכָבוֹד וְחַיִּים: משלי כב

חַיִּים זְבָדָנוּ זֶבֶד טוֹב, גְּדוֹל הָעֵצָה
מַחֲסֶה לָנוּ עֶזְרָה בְּצָרוֹת נִמְצָא
שׁוּבוּ אֵלַי וְאָשׁוּבָה אָמַר בְּפִיצָה
כִּי מֹצְאִי מָצָא חַיִּים: משלי ח

חַיִּים חִנָּם חָנֵנִי, אֵל אֱלֹהֵי הָרוּחוֹת
עָוֹן תִּמְחֹל חָרוּת עַל הַלּוּחוֹת
וְשׂוֹנְאֶיךָ יִלְבְּשׁוּ בֹשֶׁת בְּיִסּוּר תּוֹכָחוֹת
לֹא יְשׁוּבוּן וְלֹא־יַשִּׂיגוּ אָרְחוֹת חַיִּים: משלי ב

חַיִּים טוֹבִים גְּמֹל לַעֲבָדֶיךָ נַפְשָׁם לִגְאֹל
מֵרְאוֹת שַׁחַת, כְּנָם נִשְׁאַל נִשְׁאֹל
לֹא כֵן הָרְשָׁעִים שֶׁפָּרְקוּ עֹל
יַשִּׁיא מָוֶת עָלֵימוֹ יֵרְדוּ שְׁאוֹל חַיִּים: תהלים נה

חַיִּים יוֹדוּךָ כָּמוֹנוּ וְלֹא קְרוּצֵי קֶרֶץ
אָב לְבָנִים יוֹדִיעַ שִׁבְחֲךָ בְּמֶרֶץ
וַאֲנַחְנוּ נְבָרֵךְ יָהּ שִׁבְחֲךָ לְהַעֲרֵץ
לִרְאוֹת בְּטוּב־יהוה בְּאֶרֶץ חַיִּים: תהלים כז

חַיִּים כֻּלְּכֶם הַיּוֹם תַּשְׁמִיעַ וְהַטְרֵף חָקָם
מֵחַטָּאתָם טַהֲרֵם וְאַל תְּשִׁיבֵם רֵיקָם
מִמְתִים יָדְךָ, יהוה, מַלֵּא סִפְקָם
מִמְתִים מֵחֶלֶד חֶלְקָם בַּחַיִּים: תהלים יז

חַיִּים לְמַעְלָה לְמַשְׂכִּיל לְמַעַן סוּר מֵחֶרֶךְ
אַךְ אֱלֹהִים יִפְדֶּה נַפְשִׁי מִפֶּרֶךְ
וִיחִי עוֹד לָנֶצַח לְיָמִים אֹרֶךְ
כִּי נֵר מִצְוָה וְתוֹרָה אוֹר וְדֶרֶךְ חַיִּים: משלי ו

חַיִּים מִסֵּפֶר יִמָּחוּ גְּבָל וּמוֹאָב הַגְּבוֹהִים
לְבוּל עֵץ סוֹגְדִים קוֹדִים וּמַאֲלִיהִים
בַּל יָחֹן רָשָׁע הַמַּדְכֶּה יָדוֹן בִּשְׁלוֹהִים
כִּי חֵרֵף מַעַרְכוֹת אֱלֹהִים חַיִּים: שמואל א׳ יז

חַיִּים נִשְׁבַּעְתָּ בְּךָ לִבְנְךָ יְחִידֶךָ
שַׁעַר אוֹיְבָיו לְהַנְחִילוֹ תִּתָּה בְּיָדֶךָ
אָנַפְתָּ וְתָשׁוּב עַל כֵּן אוֹדֶךָ
כִּי־טוֹב חַסְדְּךָ מֵחַיִּים: תהלים סג

חַיִּים שֹׂבַע שְׂמָחוֹת אֶת פָּנֶיךָ נוֹרָאוֹת
חַדֵּשׁ יָמֵינוּ חֵן חֵן תְּשׁוּאוֹת
יָשׁוּב יְרַחֲמֵנוּ יהוה אֱלֹהִים צְבָאוֹת
כִּי־מִמֶּנּוּ תּוֹצְאוֹת חַיִּים: משלי ד

חַיִּים עַל הָאֲדָמָה יְבַשֵּׂר עַמְּךָ מִמְּעוֹנוֹת
וְתַשְׁלִיךְ בִּמְצוּלוֹת יָם חֵטְא וַעֲוֹנוֹת
לֵב טָהוֹר בְּרָא לָנוּ וְהַמְצִיאֵנוּ חֲנִינוֹת
אֹרֶךְ יָמִים וּשְׁנוֹת חַיִּים: משלי ג

חַיִּים פִּי צַדִּיק וּפִי רְשָׁעִים מְחִתָּה
בְּקָצְבְּךָ מִלְחָמוֹת וְשָׁלוֹם וּפַלָּצוּת וּבְעָתָה
שֹׂבַע וָרָזוֹן וְחַיִל הַחַיִּים וְהַמָּוְתָה
הַבְּרָכָה וְהַקְּלָלָה, וּבָחַרְתָּ בַּחַיִּים: דברים ל

חַיִּים צְדָקָה וְכָבוֹד תַּגְדִּיל לְיָפָה כְּתִרְצָה
הַזּוֹרַעַת חֶסֶד וְקוֹצֶרֶת בְּלִי שִׁמְצָה
תְּכוֹנֵן צַדִּיק, יהוה, וְגֹדֵר פִּרְצָה
רֹדֵף צְדָקָה וָחֶסֶד יִמְצָא חַיִּים: משלי כא

חַיִּים קַיָּמִים תַּנְחִילֵנוּ וְחָכְמָה וָדַעַת בְּמוֹעֵצוֹת
שָׂשׂוֹן וְשִׂמְחָה תַּשְׁמִיעַ מֵעִיר חוּצוֹת
וְהַעֲבֵר מֵעָלַי עָוֹן וְהַלְבֵּשׁ מַחֲלָצוֹת
אֶתְהַלֵּךְ לִפְנֵי יהוה בְּאַרְצוֹת הַחַיִּים: תהלים קטז

חַיִּים רְאֵה עַם סְגֻלָּתְךָ כְּקֶדֶם לְמִתּוֹב
לֹא תַחְפֹּץ בְּמוֹת הַמֵּת עַד דִּיתוּב
נִשְׁבָּר וְנִדְכֶּה לְפָנֶיךָ חָשׁוּב הַטּוֹב
קָדוֹשׁ יֵאָמֶר לוֹ כָּל־הַכָּתוּב לַחַיִּים: ישעיה ד

חַיִּים שָׁאַל מִמְּךָ נָתַתָּה לוֹ חַיֵּהוּ מִיּוֹמַיִם
גָּדוֹל כְּבוֹדוֹ בִּישׁוּעָתֶךָ כִּיפַת פַּעֲמַיִם
הַשְׁקִיפָה מִמְּעוֹן קָדְשְׁךָ מִן־הַשָּׁמַיִם: דברים כו
בַּיּוֹם הַהוּא יֵצְאוּ מַיִם־חַיִּים: זכריה יד

חַיִּים תַּאֲוָה בָאָה סְלַח אֶל חַטֹּאתֵיכֶם
תַּשְׁמִיעַ וְאֶת רוּחִי אֶתֵּן בְּקִרְבְּכֶם
לֵאמֹר מָצָאתִי כֹפֶר רָצִיתִי אֶתְכֶם
וְאַתֶּם הַדְּבֵקִים בַּיהוה אֱלֹהֵיכֶם חַיִּים: דברים ד

חַיִּים מִמְּךָ הָאֵל סָמְכָה יוֹנָתְךָ הַמְשׁוּכָה אַחֲרֶיךָ
לְהִדָּבֵק בְּךָ כַּדָּת וְכַהֲלָכָה
תְּבִיאֵנוּ לְהַר צִיּוֹן וְתָשִׁיב הַמְּלוּכָה
כִּי שָׁם צִוָּה יהוה אֶת־הַבְּרָכָה חַיִּים: תהלים קלג

חַיִּים מִמֶּנּוּ נוֹחִיל וְלִישׁוּעָתוֹ קִוִּינוּ
עַתָּה יַרְחִיב יהוה לָנוּ וּפָרִינוּ
יְחַיֵּנוּ מִיֹּמָיִם בַּיּוֹם הַשְּׁלִישִׁי יְקִמֵנוּ: הושע ו
אֲנַחְנוּ אֵלֶּה פֹה הַיּוֹם כֻּלָּנוּ חַיִּים: דברים ה

אֵל מֶלֶךְ יוֹשֵׁב עַל כִּסֵּא רַחֲמִים, מִתְנַהֵג בַּחֲסִידוּת.
מוֹחֵל עֲוֹנוֹת עַמּוֹ, מַעֲבִיר רִאשׁוֹן רִאשׁוֹן.
מַרְבֶּה מְחִילָה לְחַטָּאִים, וּסְלִיחָה לְפוֹשְׁעִים.
עֹשֶׂה צְדָקוֹת עִם כָּל בָּשָׂר וָרוּחַ, לֹא כְרָעָתָם תִּגְמֹל.
אֵל, הוֹרֵיתָ לָנוּ לוֹמַר שְׁלֹשׁ עֶשְׂרֵה
זְכָר לָנוּ הַיּוֹם בְּרִית שְׁלֹשׁ עֶשְׂרֵה
כְּהוֹדַעְתָּ לֶעָנָו מִקֶּדֶם, כְּמוֹ שֶׁכָּתוּב:
וַיֵּרֶד יהוה בֶּעָנָן, וַיִּתְיַצֵּב עִמּוֹ שָׁם שמות לד
וַיִּקְרָא בְשֵׁם יהוה:

קהל ואחריו שליח הציבור:

וַיַּעֲבֹר יהוה עַל־פָּנָיו וַיִּקְרָא

יהוה, יהוה, אֵל רַחוּם וְחַנּוּן, אֶרֶךְ אַפַּיִם, וְרַב־חֶסֶד וֶאֱמֶת:
נֹצֵר חֶסֶד לָאֲלָפִים, נֹשֵׂא עָוֹן וָפֶשַׁע וְחַטָּאָה, וְנַקֵּה:

וְסָלַחְתָּ לַעֲוֹנֵנוּ וּלְחַטָּאתֵנוּ וּנְחַלְתָּנוּ:

סְלַח לָנוּ אָבִינוּ כִּי חָטָאנוּ, מְחַל לָנוּ מַלְכֵּנוּ כִּי פָשָׁעְנוּ.

כִּי־אַתָּה אֲדֹנָי טוֹב וְסַלָּח, וְרַב־חֶסֶד לְכָל־קֹרְאֶיךָ: תהלים פו

לָמָּה רָגְשׁוּ גוֹיִם וּלְאֻמִּים יֶהְגּוּ־רִיק: תהלים ב

לָמָה יהוה תַּעֲמֹד בְּרָחוֹק, תַּעְלִים לְעִתּוֹת בַּצָּרָה: תהלים י

לָמָּה לָנֶצַח תִּשְׁכָּחֵנוּ, תַּעַזְבֵנוּ לְאֹרֶךְ יָמִים: איכה ה

לָמָה יהוה תִּזְנַח מִשָּׁלוֹם נַפְשִׁי.

כְּרַחֵם אָב עַל בָּנִים, כֵּן תְּרַחֵם יהוה עָלֵינוּ.

לַיהוה הַיְשׁוּעָה, עַל־עַמְּךָ בִרְכָתֶךָ סֶּלָה: תהלים ג

יהוה צְבָאוֹת עִמָּנוּ, מִשְׂגָּב לָנוּ אֱלֹהֵי יַעֲקֹב סֶלָה: תהלים מו

יהוה צְבָאוֹת, אַשְׁרֵי אָדָם בֹּטֵחַ בָּךְ: תהלים פד

יהוה הוֹשִׁיעָה, הַמֶּלֶךְ יַעֲנֵנוּ בְיוֹם־קָרְאֵנוּ: תהלים כ

בכוח אמירתן של י״ג מידות שאינן חוזרות ריקם, אנו מבקשים שה׳ ישוב אלינו ויושיענו.
הקושי של המתפלל בשל הריחוק מה׳ מודגש בשאלה החותמת כל בית.

לו. מחבר: רבי שלמה בן מנחם

אֱלֹהֵינוּ וֵאלֹהֵי אֲבוֹתֵינוּ

שְׁלֹשׁ עֶשְׂרֵה מִדּוֹת הָאֲמוּרוֹת בַּחֲנִינָה
נָא כָּל מִדָּה נְכוֹנָה אֲחַלֶּה פְּנֵי מַלְכִּי בִּתְחִנָּה
לְחַפֵּשׂ זְכוּת קְנוּיִים קְרוּאִים שׁוֹשַׁנָּה
מַלְּטֵם מִכָּל רָעוֹת בְּזֹאת הַשָּׁנָה.

אִם אַשְׁמָתָם גָּדְלָה עַד שְׁמֵי רוּם וְכוֹכְבֵיהֶם
נָא כָּל מִדָּה נְכוֹנָה אֲבַקֵּשׁ רַחֲמִים עֲלֵיהֶם
לְבַטֵּל מֵהֶם כָּתוּב אָמַרְתִּי אַפְאֵיהֶם
לָמָּה יֹאמְרוּ הַגּוֹיִם אַיֵּה־נָא אֱלֹהֵיהֶם: תהלים קטו

אִם גָּבְרוּ עֲוֹנוֹת וְעָצְמוּ מִלְּסַפְּרָה
נָא כָּל מִדָּה נְכוֹנָה דְּחֵה אוֹתָם, יהוה, לְהַסְתִּירָה
דִּבּוּבֵי עֹז בְּתַחַן לְבַטֵּל מֵהֶם כָּתוּב אַסְתִּירָה
לָמָּה, יהוה, תַּעֲמֹד בְּרָחוֹק, תַּעְלִים לְעִתּוֹת בַּצָּרָה: תהלים י

אִם הֵעֵזּוּ פְּנֵי מַלְכָּם בְּעַזּוּת פָּנִים וּמֵצַח
נָא כָּל מִדָּה נְכוֹנָה וְאֶתְחַנֵּן לוֹ בְּפֶצַח
וְנַפְשִׁי שִׁפְכִי כַמַּיִם לִבֵּךְ נֹכַח אָדֹם וְצַח
לָמָה, אֱלֹהִים, זָנַחְתָּ לָנֶצַח: תהלים עד

אִם זְדוֹנוֹת הִשִּׁיאוּ לֵב טִפֵּשׁ וְנִשְׁחַץ
נָא כָּל מִדָּה נְכוֹנָה חַלֵּץ אוֹתָם, יהוה, מִמַּחַץ
חִישׁ וּבֹא וְשָׂא קוֹל נַחַץ
לָמָּה־קֹדֵר אֶתְהַלֵּךְ בְּלַחַץ: תהלים מג

אִם טָפְלוּ שֶׁקֶר בְּהֶגֶה וְהַוּוֹת לְעֻמָּךְ
נָא כָּל מִדָּה נְכוֹנָה יְדִידוּת תִּזְכֹּר מִמַּנְעִימֶיךָ
יִתְגּוֹלְלוּ רַחֲמֶיךָ עַל שְׁאֵרִית עַמֶּךָ
לָמָה, יהוה, יֶחֱרֶה אַפְּךָ בְּעַמֶּךָ: שמות לב

אִם כָּבְדוּ אֹזֶן לְסַלֵּף מִנִּי הַדֶּרֶךְ
נָא כָּל מִדָּה נְכוֹנָה אֲלַחֵשׁ עַל עַמִּי בְּעֵרֶךְ
וְנַפְשִׁי שִׁפְכִי לִבֵּךְ פְּנֵי קוֹנֵךְ וְצוּרֵךְ
לָמָּה פָּרַצְתָּ גְדֵרֶיהָ, וְאָרוּהָ כָּל־עֹבְרֵי דָרֶךְ: תהלים פ

אִם מָרְדוּ בְּרֹב פִּשְׁעָם לְצוּר מַלְכִּי וּקְדוֹשִׁי
נָא כָּל מִדָּה נְכוֹנָה נַפְשִׁי נֹעַם עֲלֵיהֶם תְּבַקְשִׁי
לְנוֹרָא מָרוֹם וְקָדוֹשׁ בְּעֶתֶר אֵלָיו תִּדְרְשִׁי
לָמָה, יהוה, תִּזְנַח מִשָּׁלוֹם נַפְשִׁי.

אִם סָרוּ כַּפָּרָה מֵרֹב עִתִּים וְיָמִים
נָא כָּל מִדָּה נְכוֹנָה עַיִן אֶשָּׂא לִמְרוֹמִים
עַל עַמִּי אֶפְצֶה פֶּה מְעוּטֵי עַמִּים
לָמָּה לָנֶצַח תִּשְׁכָּחֵנוּ תַּעַזְבֵנוּ לְאֹרֶךְ יָמִים: איכה ה

אִם פְּשָׁעִים עָצְמוּ וְגָבְרוּ מְאֹד בְּתֶלֶא
נָא כָּל מִדָּה נְכוֹנָה אֲצַפְצֵף קוֹל לְהַפְלֵא
צְרוּפָה אִמְרָתְךָ, לְחַלּוֹת עַל עַם אֵלֶּה
לָמָּה תָשִׁיב יָדְךָ וִימִינֶךָ, מִקֶּרֶב חֵיקְךָ כַלֵּה: תהלים עד

אִם קִלְקְלוּ מַעֲשִׂים לְהָזִיד וּלְהַרְשִׁיעַ
נָא כָּל מִדָּה נְכוֹנָה רָחַשׁ לִבִּי לְהוֹשִׁיעַ
קוּמִי רֹנִּי בַלַּיְלָה לָאֵל הַמּוֹשִׁיעַ
לָמָּה תִהְיֶה כְּאִישׁ נִדְהָם, כְּגִבּוֹר לֹא־יוּכַל לְהוֹשִׁיעַ: ירמיה יד

אִם אָמְנָם שָׁבוּ כֻּלָּם בְּלֵב וָנֶפֶשׁ לְחַלּוֹתֶךָ
נָא כָּל מִדָּה נְכוֹנָה תַּסְכִּים עִמָּם בִּמְחִילָתֶךָ
תַּעֲשֶׂה, אָדוֹן, לְמַעַנְךָ מְחַל וּסְלַח לַעֲדָתֶךָ
שׁוּב לְמַעַן עֲבָדֶיךָ שִׁבְטֵי נַחֲלָתֶךָ: ישעיה סג

אֵל מֶלֶךְ יוֹשֵׁב עַל כִּסֵּא רַחֲמִים, מִתְנַהֵג בַּחֲסִידוּת.
מוֹחֵל עֲוֹנוֹת עַמּוֹ, מַעֲבִיר רִאשׁוֹן רִאשׁוֹן.
מַרְבֶּה מְחִילָה לְחַטָּאִים, וּסְלִיחָה לְפוֹשְׁעִים.
עֹשֶׂה צְדָקוֹת עִם כָּל בָּשָׂר וָרוּחַ, לֹא כְרָעָתָם תִּגְמֹל.
אֵל, הוֹרֵיתָ לָּנוּ לוֹמַר שְׁלֹשׁ עֶשְׂרֵה
זְכָר לָנוּ הַיּוֹם בְּרִית שְׁלֹשׁ עֶשְׂרֵה
כְּהוֹדַעְתָּ לֶעָנָו מִקֶּדֶם, כְּמוֹ שֶׁכָּתוּב:
וַיֵּרֶד יהוה בֶּעָנָן, וַיִּתְיַצֵּב עִמּוֹ שָׁם, וַיִּקְרָא בְשֵׁם יהוה: שמות לד

קהל ואחריו שליח הציבור:

וַיַּעֲבֹר יהוה עַל־פָּנָיו וַיִּקְרָא

יהוה, יהוה, אֵל רַחוּם וְחַנּוּן, אֶרֶךְ אַפַּיִם, וְרַב־חֶסֶד וֶאֱמֶת:
נֹצֵר חֶסֶד לָאֲלָפִים, נֹשֵׂא עָוֹן וָפֶשַׁע וְחַטָּאָה, וְנַקֵּה:

וְסָלַחְתָּ לַעֲוֹנֵנוּ וּלְחַטָּאתֵנוּ וּנְחַלְתָּנוּ:
סְלַח לָנוּ אָבִינוּ כִּי חָטָאנוּ, מְחַל לָנוּ מַלְכֵּנוּ כִּי פָשָׁעְנוּ.
תהלים פו כִּי־אַתָּה אֲדֹנָי טוֹב וְסַלָּח, וְרַב־חֶסֶד לְכָל־קֹרְאֶיךָ:

לז. פותחים את ארון הקודש.

תהלים קמג אַל תָּבוֹא בְמִשְׁפָּט עִמָּנוּ, כִּי לֹא־יִצְדַּק לְפָנֶיךָ כָל־חָי:
תהלים פט צֶדֶק וּמִשְׁפָּט מְכוֹן כִּסְאֶךָ, חֶסֶד וֶאֱמֶת יְקַדְּמוּ פָנֶיךָ:
מִלְּפָנֶיךָ מִשְׁפָּטֵנוּ יֵצֵא, עֵינֶיךָ תֶּחֱזֶינָה מֵישָׁרִים.
תהלים ט וְהוּא יִשְׁפֹּט־תֵּבֵל בְּצֶדֶק, יָדִין לְאֻמִּים בְּמֵישָׁרִים:
רַחֲמֶיךָ רַבִּים, יהוה, כְּמִשְׁפָּטֶיךָ חַיֵּנוּ.
תהלים צד הִנָּשֵׂא שֹׁפֵט הָאָרֶץ הָשֵׁב גְּמוּל עַל־גֵּאִים:
ישעיה לג כִּי יהוה שֹׁפְטֵנוּ, יהוה מְחֹקְקֵנוּ, יהוה מַלְכֵּנוּ, הוּא יוֹשִׁיעֵנוּ:
בראשית יח חָלִלָה לְּךָ מֵעֲשֹׂת כַּדָּבָר הַזֶּה
לְהָמִית צַדִּיק עִם־רָשָׁע, וְהָיָה כַצַּדִּיק כָּרָשָׁע
חָלִלָה לָּךְ, הֲשֹׁפֵט כָּל־הָאָרֶץ לֹא יַעֲשֶׂה מִשְׁפָּט:

סוגרים את ארון הקודש.

בשכר התפילה, אשר שקולה כנגד קרבן התמיד, ובזכות זכרון האבות, שאינו פוסק, ישפטנו ה׳ לחיים ולתקומה נצחית של מלכות בית דוד.

לח. פזמון | מחבר: רבי שלמה בן אבון הנער

שׁוֹפֵט כָּל הָאָרֶץ   וְאוֹתָהּ בְּמִשְׁפָּט יַעֲמִיד
נָא חַיִּים וָחֶסֶד   עַל עַם עָנִי תַּצְמִיד
וְאֶת תְּפִלַּת הַשַּׁחַר   בִּמְקוֹם עוֹלָה תַּעֲמִיד
במדבר כח עֹלַת הַבֹּקֶר אֲשֶׁר לְעֹלַת הַתָּמִיד:

לוֹבֵשׁ צְדָקָה מַעֲטֶה   לְךָ לְבַד הַיִּתְרוֹן
וְאִם אֵין בָּנוּ מַעֲשִׂים   זָכְרָה יְשֵׁנֵי חֶבְרוֹן
וְהֵם יַעֲלוּ לְזִכָּרוֹן   לִפְנֵי יהוה תָּמִיד.
עֹלַת הַבֹּקֶר אֲשֶׁר לְעֹלַת הַתָּמִיד:

מַטֶּה כְלַפֵּי חֶסֶד לְהַטּוֹת אִישׁ לְתְחִיָּה
עַמְּךָ לְחֶסֶד הַטֵּה גְּמָל נָא עָלָיו, וְחָיָה
כְּתֹב תָּו חַיִּים, וְהָיָה עַל מִצְחוֹ תָּמִיד.
עֹלַת הַבֹּקֶר אֲשֶׁר לְעֹלַת הַתָּמִיד:

הֵיטִיבָה בִרְצוֹנְךָ אֶת צִיּוֹן עִיר קָדְשִׁי
וְנָתַתָּ יָד וָשֵׁם בְּבֵיתְךָ לְמִקְדָּשִׁי
וַעֲרִיכַת נֵר לְבֶן יִשַׁי לְהַעֲלוֹת נֵר תָּמִיד.
עֹלַת הַבֹּקֶר אֲשֶׁר לְעֹלַת הַתָּמִיד:

חִזְקוּ וְיַאֲמֵץ לְבַבְכֶם עַמִּי בְּאֵל מָעֻזּוֹ
עֵדוֹתָיו כִּי־תִנְצֹרוּ גַּם אֶת זוֹ לְעֻמַּת זוֹ
יְכַפֵּר בְּעַד חַטֹּאתֵיכֶם וְיִזְכֹּר רַחֵם בְּרָגְזוֹ
דִּרְשׁוּ יהוה וְעֻזּוֹ בַּקְּשׁוּ פָנָיו תָּמִיד: תהלים קה
עֹלַת הַבֹּקֶר אֲשֶׁר לְעֹלַת הַתָּמִיד:

אֵל מֶלֶךְ יוֹשֵׁב עַל כִּסֵּא רַחֲמִים, מִתְנַהֵג בַּחֲסִידוּת.
מוֹחֵל עֲוֹנוֹת עַמּוֹ, מַעֲבִיר רִאשׁוֹן רִאשׁוֹן.
מַרְבֶּה מְחִילָה לְחַטָּאִים, וּסְלִיחָה לְפוֹשְׁעִים.
עֹשֶׂה צְדָקוֹת עִם כָּל בָּשָׂר וָרוּחַ, לֹא כְרָעָתָם תִּגְמֹל.
אֵל, הוֹרֵיתָ לָּנוּ לוֹמַר שְׁלֹשׁ עֶשְׂרֵה
זְכָר לָנוּ הַיּוֹם בְּרִית שְׁלֹשׁ עֶשְׂרֵה
כְּהוֹדַעְתָּ לֶעָנָו מִקֶּדֶם, כְּמוֹ שֶׁכָּתוּב:
שמות לד וַיֵּרֶד יהוה בֶּעָנָן, וַיִּתְיַצֵּב עִמּוֹ שָׁם, וַיִּקְרָא בְשֵׁם יהוה:

קהל ואחריו שליח הציבור:

וַיַּעֲבֹר יהוה עַל־פָּנָיו וַיִּקְרָא

יהוה, יהוה, אֵל רַחוּם וְחַנּוּן, אֶרֶךְ אַפַּיִם, וְרַב־חֶסֶד וֶאֱמֶת:
נֹצֵר חֶסֶד לָאֲלָפִים, נֹשֵׂא עָוֹן וָפֶשַׁע וְחַטָּאָה, וְנַקֵּה:

וְסָלַחְתָּ לַעֲוֹנֵנוּ וּלְחַטָּאתֵנוּ וּנְחַלְתָּנוּ:
סְלַח לָנוּ אָבִינוּ כִּי חָטָאנוּ, מְחַל לָנוּ מַלְכֵּנוּ כִּי פָשָׁעְנוּ.
תהלים פו כִּי־אַתָּה אֲדֹנָי טוֹב וְסַלָּח, וְרַב־חֶסֶד לְכָל־קֹרְאֶיךָ:

יִזְכֹּר אֱלֹהִים אֶת בְּרִיתוֹ אֶת אַבְרָהָם אֶת יִצְחָק וְאֶת יַעֲקֹב.
תהלים קיא טֶרֶף נָתַן לִירֵאָיו יִזְכֹּר לְעוֹלָם בְּרִיתוֹ:
בראשית כב כִּי־בָרֵךְ אֲבָרֶכְךָ וְהַרְבָּה אַרְבֶּה אֶת־זַרְעֲךָ כְּכוֹכְבֵי הַשָּׁמַיִם
וְכַחוֹל אֲשֶׁר עַל־שְׂפַת הַיָּם, וְיִרַשׁ זַרְעֲךָ אֵת שַׁעַר אֹיְבָיו:

כְּרַחֵם אָב עַל בָּנִים, כֵּן תְּרַחֵם יהוה עָלֵינוּ.
תהלים ג לַיהוה הַיְשׁוּעָה, עַל־עַמְּךָ בִרְכָתֶךָ סֶּלָה:
תהלים מו יהוה צְבָאוֹת עִמָּנוּ, מִשְׂגָּב לָנוּ אֱלֹהֵי יַעֲקֹב סֶלָה:
תהלים פד יהוה צְבָאוֹת, אַשְׁרֵי אָדָם בֹּטֵחַ בָּךְ:
תהלים כ יהוה הוֹשִׁיעָה, הַמֶּלֶךְ יַעֲנֵנוּ בְיוֹם־קָרְאֵנוּ:

אנו נתלים בזכותה של העקדה, ומייחלים שאפרו הצבור של יצחק
ייראה תמיד לפני ה׳ לטהר אותנו מחטאינו.

לט. עקדה | מחבר: רבי מרדכי הארוך

אֱלֹהֵינוּ וֵאלֹהֵי אֲבוֹתֵינוּ

מְפַלְטִי אֵלִי צוּרִי סִתְרִי וּמָגִנִּי
וְקֶרֶן יִשְׁעִי, מִשְׂגַּבִּי בְּיוֹם צַר לִי, וְאוֹנִי
הִשְׁכַּמְתִּי לְחַלּוֹתְךָ מֶלֶךְ רַב.
וַאֲנִי אֵלֶיךָ יהוה שִׁוַּעְתִּי בַּבֹּקֶר.

בֹּקֶר רַחֵם תִּזְכֹּר, חֶסֶד אַבְרָהָם אַב אֵיתָנִי
אֲשֶׁר בְּחַרְתּוֹ וְהֶאֱמִין בְּךָ, רֹאשׁ לְמַאֲמִינַי
זְכֹר בְּרִיתוֹ וְהוֹשִׁיעֵנִי מִטֻּמְאָתִי.
יהוה בֹּקֶר תִּשְׁמַע קוֹלִי בֹּקֶר.

בֹּקֶר דִּבַּרְתָּ עִמּוֹ וְנִסִּיתוֹ, לְשַׁלֵּם לוֹ מַשְׂכֹּרֶת
וְכָרוֹת עִמּוֹ הַבְּרִית לִהְיוֹת לוֹ לְמִשְׁמֶרֶת
אֲהַבְתּוֹ וּרְצִיתוֹ, וְקִבַּלְתּוֹ
כִּקְטֹרֶת סַמִּים בַּבֹּקֶר בַּבֹּקֶר.

בְֹּקֶר כּוֹכְבוֹ הָאִיר, כְּחָפַצְתָּ לְהַרְאוֹת צִדְקָתוֹ הַגְּדוֹלָה
נִסִּיתוֹ בָּעֲשִׂירִי, וַתֹּאמֶר לוֹ, קַח נָא אֶת בִּנְךָ, וְלֹא תִכְלָא
עַל אַחַד הֶהָרִים, וְהַעֲלֵהוּ שָׁם לְעוֹלָה
אֶת הַכֶּבֶשׂ אֶחָד תַּעֲשֶׂה בַבְּקֶר.

בְֹּקֶר יִחֵד שִׁמְךָ וְשָׁמַע לְקוֹלְךָ וְהֶרְאָה אַהֲבָתוֹ
וְשָׂשׂ בְּכָל לֵב עַל דְּבָרְךָ לַעֲשׂוֹתוֹ
הָאַהֲבָה קִלְקְלָה הַשּׁוּרָה, וַיָּקָם בְּשִׂמְחָתוֹ
וַיַּשְׁכֵּם אַבְרָהָם בַּבְּקֶר.

בְֹּקֶר הֵכִינוּ לִבָּם שְׁנֵיהֶם לַעֲשׂוֹת רְצוֹנְךָ אָיֹם
הַבֵּן לָקַח עֵצִים וְהָאָב לָקַח מַאֲכֶלֶת לִשְׁחֹט בְּלִי פִּדְיוֹם
קְרוּאִים וְהוֹלְכִים לְתֻמָּם וְרָאוּ כְבוֹדְךָ
בַּיּוֹם הַשְּׁלִישִׁי בִּהְיֹת הַבְּקֶר: שמות יט

בְֹּקֶר אָזַר כְּגֶבֶר חֲלָצָיו וְלַעֲקֹד בְּנוֹ קָדַם
וַיִּקַּח מַאֲכֶלֶת לְשָׁחֲטוֹ וְלֹא חָשַׁב אָדָם
וַיֹּאמֶר הַיּוֹם אַקְרִיב עוֹלָתִי וְהַיּוֹם אֶזְרֹק
דַּם זִבְחִי, וְלֹא־יָלִין לַבְּקֶר: שמות לד

בְֹּקֶר רַחֲמֶיךָ נִכְמְרוּ עַל בֵּן יָחִיד וְעָלָיו זָרְחוּ
וַיִּקְרָא אֵלָיו מַלְאַךְ יהוה, אַל הַנַּעַר יָדַיִם אַל יִשְׁלָחוּ
כִּי בְיִצְחָק יִקָּרֵא לְךָ זֶרַע וְזִכְרוֹ לְדוֹרוֹת
הַנִּיחוּ לָכֶם לְמִשְׁמֶרֶת עַד־הַבְּקֶר: שמות טז

בְֹּקֶר כְּשֵׁרוּ וְיָשְׁרוּ וְצִדְקוּ יָלִיץ בְּעַד עַם אֵלֶיךָ קָרֵב
וְאֶפְרוֹ תָּמִיד יֵרָאֶה לְפָנֶיךָ לְכַבְּסָם הֶרֶב
תִּנָּתֵן נַפְשָׁם בִּשְׁאֵלָתָם כִּי לְךָ נִכְסָפָה
בָּעֶרֶב הִיא בָאָה וּבַבְּקֶר: אסתר ב

בֹּקֶר קוֹלָם שְׁמַע וּתְכַפֵּר עֲוֹנוֹתֵיהֶם
וְעֶרֶךְ תְּפִלָּתָם יֵחָשֵׁב כְּעֵרֶךְ קָרְבְּנוֹתֵיהֶם
וְלָקְחוּ וּבָאוּ זִכְרוֹן צִדְקַת אֲבוֹתֵיהֶם
וְהֵם הֵבִיאוּ אֵלָיו עוֹד נְדָבָה בַּבֹּקֶר בַּבֹּקֶר: שמות לו

בֹּקֶר תֵּפֶן אֵלֵינוּ וְרַחֲמֶיךָ עָלֵינוּ יִכָּמְרוּ
וְתַשְׁלִיךְ בִּמְצוּלוֹת יָם כָּל חַטֹּאתֵינוּ וְלֹא יִזָּכְרוּ
צוּר הַעֲבֵר עֲוֹנֵינוּ מִלְּפָנֶיךָ
וְלֹא־יַשְׁאִירוּ מִמֶּנּוּ עַד־בֹּקֶר:

אֵל מֶלֶךְ יוֹשֵׁב עַל כִּסֵּא רַחֲמִים, מִתְנַהֵג בַּחֲסִידוּת.
מוֹחֵל עֲוֹנוֹת עַמּוֹ, מַעֲבִיר רִאשׁוֹן רִאשׁוֹן.
מַרְבֶּה מְחִילָה לְחַטָּאִים, וּסְלִיחָה לְפוֹשְׁעִים.
עֹשֶׂה צְדָקוֹת עִם כָּל בָּשָׂר וָרוּחַ, לֹא כְרָעָתָם תִּגְמֹל.
אֵל, הוֹרֵיתָ לָּנוּ לוֹמַר שְׁלֹשׁ עֶשְׂרֵה
זְכָר לָנוּ הַיּוֹם בְּרִית שְׁלֹשׁ עֶשְׂרֵה
כְּהוֹדַעְתָּ לֶעָנָו מִקֶּדֶם, כְּמוֹ שֶׁכָּתוּב:
וַיֵּרֶד יהוה בֶּעָנָן, וַיִּתְיַצֵּב עִמּוֹ שָׁם שמות לד
וַיִּקְרָא בְשֵׁם יהוה:

קהל ואחריו שליח הציבור:

וַיַּעֲבֹר יהוה עַל־פָּנָיו וַיִּקְרָא

יהוה, יהוה, אֵל רַחוּם וְחַנּוּן, אֶרֶךְ אַפַּיִם, וְרַב־חֶסֶד וֶאֱמֶת:
נֹצֵר חֶסֶד לָאֲלָפִים, נֹשֵׂא עָוֹן וָפֶשַׁע וְחַטָּאָה, וְנַקֵּה:

וְסָלַחְתָּ לַעֲוֹנֵנוּ וּלְחַטָּאתֵנוּ וּנְחַלְתָּנוּ:
סְלַח לָנוּ אָבִינוּ כִּי חָטָאנוּ, מְחַל לָנוּ מַלְכֵּנוּ כִּי פָשָׁעְנוּ.
כִּי־אַתָּה אֲדֹנָי טוֹב וְסַלָּח, וְרַב־חֶסֶד לְכָל־קֹרְאֶיךָ: תהלים פו

זְכֹר־רַחֲמֶיךָ יהוה וַחֲסָדֶיךָ, כִּי מֵעוֹלָם הֵמָּה: תהלים כה
זָכְרֵנוּ יהוה בִּרְצוֹן עַמֶּךָ, פָּקְדֵנוּ בִּישׁוּעָתֶךָ.
זְכֹר עֲדָתְךָ קָנִיתָ קֶּדֶם, גָּאַלְתָּ שֵׁבֶט נַחֲלָתֶךָ, הַר־צִיּוֹן זֶה שָׁכַנְתָּ בּוֹ: תהלים עד
זְכֹר יהוה חִבַּת יְרוּשָׁלָיִם, אַהֲבַת צִיּוֹן אַל תִּשְׁכַּח לָנֶצַח.
אַתָּה תָקוּם תְּרַחֵם צִיּוֹן, כִּי־עֵת לְחֶנְנָהּ, כִּי־בָא מוֹעֵד: תהלים קב
זְכֹר יהוה לִבְנֵי אֱדוֹם אֵת יוֹם יְרוּשָׁלָיִם תהלים קלז
הָאֹמְרִים עָרוּ עָרוּ, עַד הַיְסוֹד בָּהּ:
זְכֹר לְאַבְרָהָם לְיִצְחָק וּלְיִשְׂרָאֵל עֲבָדֶיךָ, אֲשֶׁר נִשְׁבַּעְתָּ לָהֶם בָּךְ שמות לב
וַתְּדַבֵּר אֲלֵהֶם, אַרְבֶּה אֶת־זַרְעֲכֶם כְּכוֹכְבֵי הַשָּׁמָיִם
וְכָל־הָאָרֶץ הַזֹּאת אֲשֶׁר אָמַרְתִּי אֶתֵּן לְזַרְעֲכֶם, וְנָחֲלוּ לְעֹלָם:
זְכֹר לַעֲבָדֶיךָ לְאַבְרָהָם לְיִצְחָק וּלְיַעֲקֹב דברים ט
אַל־תֵּפֶן אֶל־קְשִׁי הָעָם הַזֶּה וְאֶל־רִשְׁעוֹ וְאֶל־חַטָּאתוֹ:

זְכָר לָנוּ בְּרִית אָבוֹת כַּאֲשֶׁר אָמַרְתָּ: וְזָכַרְתִּי אֶת־בְּרִיתִי יַעֲקוֹב
וְאַף אֶת־בְּרִיתִי יִצְחָק וְאַף אֶת־בְּרִיתִי אַבְרָהָם אֶזְכֹּר ויקרא כו
וְהָאָרֶץ אֶזְכֹּר:

הלכנו מדחי אל דחי, מגלות לגלות, ולא נותרה לנו אלא התורה.
גאולה אנו מבקשים. בקשה זו על זכות אבות נשענת, על רחמיו
של הקב"ה ועל מסירות נפשנו על קדושת שמו יתברך.

מ. פזמון | מחבר: רבנו גרשום

זְכֹר בְּרִית אַבְרָהָם וַעֲקֵדַת יִצְחָק
וְהָשֵׁב שְׁבוּת אָהֳלֵי יַעֲקֹב
וְהוֹשִׁיעֵנוּ לְמַעַן שְׁמֶךָ.

אָבַדְנוּ מֵאֶרֶץ טוֹבָה בְּחִפָּזוֹן
אָרְכוּ הַיָּמִים וּדְבַר כָּל חָזוֹן
בְּיִשְׂרָאֵל חָדְלוּ פְּרָזוֹן
בְּמִשְׁמַנֵּינוּ שְׁלַח רָזוֹן
וְשׁוּב בְּרַחֲמִים עַל שְׁאֵרִית יִשְׂרָאֵל, וְהוֹשִׁיעֵנוּ לְמַעַן שְׁמֶךָ.

גּוֹלָה אַחַר גּוֹלָה
גָּלְתָה יְהוּדָה כֻּלָּהּ
דָּוָה כָּל הַיּוֹם וְכָלָה
דּוֹרֵשׁ וּמְבַקֵּשׁ אֵין לָהּ.

וְהָשֵׁב שְׁבוּת אָהֳלֵי יַעֲקֹב וְהוֹשִׁיעֵנוּ לְמַעַן שְׁמֶךָ.

הָעִיר, הַקֹּדֶשׁ וְהַמְּחוֹזוֹת
הָיוּ לְחֶרְפָּה וּלְבִזּוֹת
וְכָל מַחֲמַדֶּיהָ טְבוּעוֹת וּגְנוּזוֹת
וְאֵין שִׁיּוּר רַק הַתּוֹרָה הַזֹּאת.

וְשׁוּב בְּרַחֲמִים עַל שְׁאֵרִית יִשְׂרָאֵל, וְהוֹשִׁיעֵנוּ לְמַעַן שְׁמֶךָ.

גּוֹאֵל חָזָק, לְמַעַנְךָ פְּדֵנוּ
רְאֵה כִּי אָזְלַת יָדֵנוּ
שׁוּר כִּי אָבְדוּ חֲסִידֵינוּ
מַפְגִּיעַ אֵין בַּעֲדֵנוּ.

וְהָשֵׁב שְׁבוּת אָהֳלֵי יַעֲקֹב וְהוֹשִׁיעֵנוּ לְמַעַן שְׁמֶךָ.

בְּרִית אָבוֹת וְאִמָּהוֹת וְהַשְּׁבָטִים
רַחֲמֶיךָ וַחֲסָדֶיךָ בְּרֻבּוֹת עִתִּים
יָהּ, זְכֹר לְמֻכִּים וְנִמְרָטִים
וְעָלֶיךָ כָּל הַיּוֹם נִשְׁחָטִים.

וְשׁוּב בְּרַחֲמִים עַל שְׁאֵרִית יִשְׂרָאֵל, וְהוֹשִׁיעֵנוּ לְמַעַן שְׁמֶךָ.

דֹּרֵשׁ דָּמִים, דּוּן דִּינֵנוּ
הָשֵׁב שִׁבְעָתַיִם אֶל חֵיק מְעַנֵּינוּ
חִנָּם נִמְכַּרְנוּ וְלֹא בְכֶסֶף פְּדֵנוּ
זְקֹף בֵּית מִקְדָּשְׁךָ הַשָּׁמֵם לְעֵינֵינוּ.

וְהָשֵׁב שְׁבוּת אָהֳלֵי יַעֲקֹב וְהוֹשִׁיעֵנוּ לְמַעַן שְׁמֶךָ.

זְכֹר לָנוּ בְּרִית רִאשׁוֹנִים כַּאֲשֶׁר אָמַרְתָּ:
וְזָכַרְתִּי לָהֶם בְּרִית רִאשֹׁנִים ויקרא כו
אֲשֶׁר הוֹצֵאתִי־אֹתָם מֵאֶרֶץ מִצְרַיִם לְעֵינֵי הַגּוֹיִם
לִהְיוֹת לָהֶם לֵאלֹהִים, אֲנִי יהוה:

עֲשֵׂה עִמָּנוּ כְּמָה שֶׁהִבְטַחְתָּנוּ:
וְאַף גַּם־זֹאת בִּהְיוֹתָם בְּאֶרֶץ אֹיְבֵיהֶם ויקרא כו
לֹא־מְאַסְתִּים וְלֹא־גְעַלְתִּים לְכַלֹּתָם
לְהָפֵר בְּרִיתִי אִתָּם
כִּי אֲנִי יהוה אֱלֹהֵיהֶם:

הָשֵׁב שְׁבוּתֵנוּ וְרַחֲמֵנוּ כְּמָה שֶׁכָּתוּב:
וְשָׁב יהוה אֱלֹהֶיךָ אֶת־שְׁבוּתְךָ וְרִחֲמֶךָ דברים ל
וְשָׁב וְקִבֶּצְךָ מִכָּל־הָעַמִּים
אֲשֶׁר הֱפִיצְךָ יהוה אֱלֹהֶיךָ שָׁמָּה:

קַבֵּץ נִדָּחֵינוּ כְּמָה שֶׁכָּתוּב:
אִם־יִהְיֶה נִדַּחֲךָ בִּקְצֵה הַשָּׁמָיִם דברים ל
מִשָּׁם יְקַבֶּצְךָ יהוה אֱלֹהֶיךָ וּמִשָּׁם יִקָּחֶךָ:

מְחֵה פְשָׁעֵינוּ כָּעָב וְכֶעָנָן כְּמָה שֶׁכָּתוּב:
מָחִיתִי כָעָב פְּשָׁעֶיךָ וְכֶעָנָן חַטֹּאותֶיךָ, שׁוּבָה אֵלַי כִּי גְאַלְתִּיךָ: ישעיה מד
מְחֵה פְשָׁעֵינוּ לְמַעַנְךָ כַּאֲשֶׁר אָמַרְתָּ:
אָנֹכִי אָנֹכִי הוּא מֹחֶה פְשָׁעֶיךָ לְמַעֲנִי, וְחַטֹּאתֶיךָ לֹא אֶזְכֹּר: ישעיה מג

הַלְבֵּן חֲטָאֵינוּ כַּשֶּׁלֶג וְכַצֶּמֶר כְּמָה שֶׁכָּתוּב:
לְכוּ־נָא וְנִוָּכְחָה יֹאמַר יהוה ישעיה א
אִם־יִהְיוּ חֲטָאֵיכֶם כַּשָּׁנִים כַּשֶּׁלֶג יַלְבִּינוּ
אִם־יַאְדִּימוּ כַתּוֹלָע כַּצֶּמֶר יִהְיוּ:

זְרֹק עָלֵינוּ מַיִם טְהוֹרִים וְטַהֲרֵנוּ כְּמָה שֶׁכָּתוּב:
יחזקאל לו וְזָרַקְתִּי עֲלֵיכֶם מַיִם טְהוֹרִים וּטְהַרְתֶּם
מִכֹּל טֻמְאוֹתֵיכֶם וּמִכָּל־גִּלּוּלֵיכֶם אֲטַהֵר אֶתְכֶם:

רַחֵם עָלֵינוּ וְאַל תַּשְׁחִיתֵנוּ כְּמָה שֶׁכָּתוּב:
דברים ד כִּי אֵל רַחוּם יהוה אֱלֹהֶיךָ
לֹא יַרְפְּךָ וְלֹא יַשְׁחִיתֶךָ
וְלֹא יִשְׁכַּח אֶת־בְּרִית אֲבֹתֶיךָ אֲשֶׁר נִשְׁבַּע לָהֶם:

מוֹל אֶת לְבָבֵנוּ לְאַהֲבָה אֶת שְׁמֶךָ כְּמָה שֶׁכָּתוּב:
דברים ל וּמָל יהוה אֱלֹהֶיךָ אֶת־לְבָבְךָ וְאֶת־לְבַב זַרְעֶךָ
לְאַהֲבָה אֶת־יהוה אֱלֹהֶיךָ בְּכָל־לְבָבְךָ וּבְכָל־נַפְשְׁךָ, לְמַעַן חַיֶּיךָ:

הִמָּצֵא לָנוּ בְּבַקָּשָׁתֵנוּ כְּמָה שֶׁכָּתוּב:
דברים ד וּבִקַּשְׁתֶּם מִשָּׁם אֶת־יהוה אֱלֹהֶיךָ וּמָצָאתָ
כִּי תִדְרְשֶׁנּוּ בְּכָל־לְבָבְךָ וּבְכָל־נַפְשֶׁךָ:

תְּבִיאֵנוּ אֶל הַר קָדְשֶׁךָ וְשַׂמְּחֵנוּ בְּבֵית תְּפִלָּתֶךָ כְּמָה שֶׁכָּתוּב:
ישעיה נו וַהֲבִיאוֹתִים אֶל־הַר קָדְשִׁי וְשִׂמַּחְתִּים בְּבֵית תְּפִלָּתִי
עוֹלֹתֵיהֶם וְזִבְחֵיהֶם לְרָצוֹן עַל־מִזְבְּחִי
כִּי בֵיתִי בֵּית־תְּפִלָּה יִקָּרֵא לְכָל־הָעַמִּים:

פותחים את ארון הקודש ואומרים פסוק פסוק עד ׳אַל תַּעַזְבֵנוּ׳.

יש קהילות האומרות את הפסוקים בסדר אחר: ׳שְׁמַע קוֹלֵנוּ׳, ׳הֲשִׁיבֵנוּ׳, ׳אַל תַּשְׁלִיכֵנוּ מִלְּפָנֶיךָ׳ ו׳אַל תַּשְׁלִיכֵנוּ לְעֵת זִקְנָה׳, וממשיכים בלחש: ׳אַל תַּעַזְבֵנוּ׳, ׳עֲשֵׂה עִמָּנוּ אוֹת׳, ׳אֲמָרֵינוּ הַאֲזִינָה׳, ׳יִהְיוּ לְרָצוֹן׳ ו׳כִּי לְךָ ה׳ הוֹחָלְנוּ׳.

שליח הציבור אומר, והקהל חוזר אחריו בקול:

שְׁמַע קוֹלֵנוּ, יהוה אֱלֹהֵינוּ, חוּס וְרַחֵם עָלֵינוּ
וְקַבֵּל בְּרַחֲמִים וּבְרָצוֹן אֶת תְּפִלָּתֵנוּ.
איכה ה הֲשִׁיבֵנוּ יהוה אֵלֶיךָ וְנָשׁוּבָה, חַדֵּשׁ יָמֵינוּ כְּקֶדֶם:
אֲמָרֵינוּ הַאֲזִינָה יהוה, בִּינָה הֲגִיגֵנוּ.

בלחש: יִהְיוּ לְרָצוֹן אִמְרֵי פִינוּ וְהֶגְיוֹן לִבֵּנוּ לְפָנֶיךָ, יהוה צוּרֵנוּ וְגוֹאֲלֵנוּ.
אַל תַּשְׁלִיכֵנוּ מִלְּפָנֶיךָ, וְרוּחַ קָדְשְׁךָ אַל תִּקַּח מִמֶּנּוּ.
אַל תַּשְׁלִיכֵנוּ לְעֵת זִקְנָה, כִּכְלוֹת כֹּחֵנוּ אַל תַּעַזְבֵנוּ.
אַל תַּעַזְבֵנוּ יהוה, אֱלֹהֵינוּ אַל תִּרְחַק מִמֶּנּוּ.
עֲשֵׂה עִמָּנוּ אוֹת לְטוֹבָה, וְיִרְאוּ שׂוֹנְאֵינוּ וְיֵבֹשׁוּ
כִּי אַתָּה יהוה עֲזַרְתָּנוּ וְנִחַמְתָּנוּ.
כִּי לְךָ יהוה הוֹחָלְנוּ, אַתָּה תַעֲנֶה אֲדֹנָי אֱלֹהֵינוּ.

סוגרים את ארון הקודש.

מתוך בקשה לרב סעדיה גאון:

יְהִי רָצוֹן מִלְּפָנֶיךָ יהוה אֱלֹהֵינוּ וֵאלֹהֵי אֲבוֹתֵינוּ, שֶׁתְּהֵא הַשָּׁנָה הַזֹּאת הַבָּאָה עָלֵינוּ וְעַל כָּל עַמְּךָ בֵּית יִשְׂרָאֵל קֵץ וְתַכְלִית לִשְׁבִי עַמְּךָ בֵּית יִשְׂרָאֵל וְעֵת סוֹף לְגָלוּתֵנוּ וּלְאֶבְלֵנוּ וְאַחֲרִית טוֹב לִימֵי עָנְיֵנוּ וּמְרוּדֵנוּ. כִּי מָשַׁךְ עָלֵינוּ הַשִּׁעְבּוּד וְאָרַךְ עָלֵינוּ עֹל גָּלֻיּוֹת, וְהִנְנוּ בְּכָל יוֹם הוֹלְכִים וְדַלִּים, בְּרִבּוֹת הַשָּׁנִים אָנוּ נִמְעָטִים, וּבִסְגֹּוֹת הַזְּמַנִּים אָנוּ נִצְעָרִים, וְאֵין
ירמיה טו לָנוּ לֹא מְנַהֵל וְלֹא מַחֲזִיק בְּיָדֵינוּ, כַּאֲשֶׁר אָמַרְתָּ: כִּי מִי־יַחְמֹל עָלַיִךְ
יְרוּשָׁלִַם וּמִי יָנוּד לָךְ, וּמִי יָסוּר לִשְׁאֹל לְשָׁלֹם לָךְ: אוֹ מִי יִגְדֹּר גָּדֵר אוֹ מִי יַעֲמֹד בַּפֶּרֶץ, וְאֵין עוֹד נָבִיא וְחוֹזֶה וְאֵין קוֹרֵא בְשִׁמְךָ בֶּאֱמֶת, מִתְעוֹרֵר לְהַחֲזִיק בָּךְ. כִּי כֻלָּנוּ כַּצֹּאן תָּעִינוּ, אִישׁ אִישׁ לְדַרְכּוֹ הָרָעָה פָּנִינוּ, כָּל גֶּבֶר אַחֲרֵי בִצְעוֹ וְכָל אִישׁ אַחֲרֵי שְׁרִירוּת לִבּוֹ הָרָע, וְלֹא דַי לָנוּ בַּעֲוֹנוֹת הָרִאשׁוֹנִים כִּי אִם הוֹסַפְנוּ עֲלֵיהֶם חֲדָשִׁים, וְלֹא נִזְהַרְנוּ בְּכָל הָאַזְהָרוֹת אֲשֶׁר הִזְהַרְתָּנוּ, וְלֹא הוּכַחְנוּ מִכָּל הַתּוֹכֵחוֹת אֲשֶׁר הוֹכַחְתָּנוּ, וּמַה יֵּשׁ לָנוּ עוֹד צְדָקָה וְלִזְעֹק עוֹד אֶל הַמֶּלֶךְ.

וְאַתָּה, יהוה, חָשַׁבְתָּ לִצְרֹף סִיגֵינוּ וּלְהָסִיר בְּדִילֵינוּ וְלִשְׁבֹּר אֶת לִבֵּנוּ הַזּוֹנֶה וּלְהָתֵם טֻמְאָתֵנוּ מִמֶּנּוּ.

עַל כֵּן הִגְלִיתָנוּ וּבַגּוֹיִם זֵרִיתָנוּ, הִנֵּה בִשְׁאוֹן הַמַּלְכֻיּוֹת הִצַּלְלְנוּ, וּכְהִתּוּךְ כֶּסֶף בְּתוֹךְ כּוּר נִתַּכְנוּ, וְלֹא מִקֹּצֶר יָדְךָ לֹא הוֹשַׁעְתָּנוּ, וְלֹא מִכֹּבֶד אָזְנְךָ

נחמיה ט לֹא שָׁמַעְתָּ תְּפִלָּתֵנוּ, כִּי הִבְדִּילוּ עֲוֹנֵינוּ בֵּינֵינוּ וּבֵין יְשׁוּעָתֶךָ. וְאַתָּה צַדִּיק
דניאל ט עַל כָּל־הַבָּא עָלֵינוּ, כִּי־אֱמֶת עָשִׂיתָ וַאֲנַחְנוּ הִרְשָׁעְנוּ: לְךָ אֲדֹנָי הַצְּדָקָה
וְלָנוּ בֹּשֶׁת הַפָּנִים: לַאדֹנָי אֱלֹהֵינוּ הָרַחֲמִים וְהַסְּלִיחוֹת כִּי מָרַדְנוּ בּוֹ,
וּלְךָ אֲדֹנָי חֶסֶד כִּי אַתָּה תְשַׁלֵּם לְאִישׁ כְּמַעֲשֵׂהוּ.

תהלים פה וְאַתָּה, יהוה אֱלֹהֵינוּ, גּוֹאֵל יִשְׂרָאֵל וּקְדוֹשׁוֹ, הַלְעוֹלָם תֶּאֱנַף־בָּנוּ, תִּמְשֹׁךְ אַפְּךָ לְדוֹר וָדוֹר, חָלִילָה, הַלְעוֹלָם תִּזְנַח וְלֹא תוֹסִיף לִרְצוֹת עוֹד, חָלִילָה. כִּי לֹא אָפְסוּ לָנֶצַח חֲסָדֶיךָ וְלֹא כָלוּ רַחֲמֶיךָ, כִּי הֵמָּה חֲדָשִׁים לַבְּקָרִים יָחִילוּ בְּכָל עֵת וּבְכָל רֶגַע.

וּלְמַעַן שִׁמְךָ יהוה עֲשֵׂה עִמָּנוּ כִּי הִיא תְהִלָּתֶךָ, כִּי שִׁמְךָ נִקְרָא עָלֵינוּ, יהוה אֱלֹהֵי יִשְׂרָאֵל. וּלְמַעַן בְּרִית אֲבוֹתֵינוּ אַבְרָהָם יִצְחָק וְיַעֲקֹב אֲשֶׁר כָּרַתָּ לָהֶם כִּי לֹא תִשָּׁכַח מִפִּי זַרְעָם, וּדְבָרֶיךָ אֲשֶׁר שַׂמְתָּ בְּפִיהֶם לֹא יָמוּשׁוּ. וּלְמַעַן עַמְּךָ וְנַחֲלָתְךָ אֲשֶׁר נִשְׁאֲרוּ מְעַט מֵהַרְבֵּה כַּתֹּרֶן בְּרֹאשׁ הָהָר וְכַנֵּס עַל הַגִּבְעָה. וּלְמַעַן יְרוּשָׁלַיִם עִיר קָדְשְׁךָ אֲשֶׁר הָיְתָה מִדְבַּר שְׁמָמָה וְיָצָא מִמֶּנָּה כָּל הֲדָרָהּ, וּבֵית קָדְשֵׁנוּ וְתִפְאַרְתֵּנוּ אֲשֶׁר הָיָה לִשְׂרֵפַת אֵשׁ. וּרְאֵה כִּי אָזְלַת יָד וְאֶפֶס עָצוּר וְעָזוּב.

וְהִנֵּה כָּל הַגּוֹיִם יוֹשְׁבִים שְׁלֵוִים וּשְׁקֵטִים, וְאֶבְיוֹנֵי עַמְּךָ דְּוּוּיִם סְחוּפִים וּמְדֻלְדָּלִים וּמְבַקְשִׁים פָּנֶיךָ וּמַפִּילִים תְּחִנָּתָם מוּל אֲרוֹן בְּרִיתֶךָ. יהוה אֱלֹהֵי צְבָאוֹת, עַד מָתַי לֹא תְרַחֵם אֶת עָרֵי יְהוּדָה וִירוּשָׁלַיִם אֲשֶׁר זָעַמְתָּ זֶה כַּמֶּה שָׁנִים. וּרְאֵה אֶת עַמְּךָ יִשְׂרָאֵל מְרוּדִים מְאֹד, פָּנֵינוּ לְיָמִין וְאֵין עוֹזֵר, לִשְׂמֹאל וְאֵין סוֹמֵךְ, וְהִנֵּה הָעֵת וְהָעוֹנָה אֲשֶׁר יָאֲתָה לְךָ לְהוֹשִׁיעֵנוּ.

אֱלֹהֵינוּ, בֹּשְׁנוּ בְּמַעֲשֵׂינוּ וְנִכְלַמְנוּ בַּעֲוֹנֵינוּ, כִּי הָשְׁחֲרוּ פָּנֵינוּ מִפְּנֵי חַטֹּאתֵינוּ, וְנִכְפְּפָה קוֹמָתֵנוּ מִפְּנֵי אַשְׁמָתֵנוּ, וְאֵין לָנוּ פֶּה לְהָשִׁיב וְלֹא מֵצַח לְהָרִים רֹאשׁ, וְאֵין לָנוּ עַל מִי לְהִשָּׁעֵן כִּי אִם עָלֶיךָ, אָבִינוּ שֶׁבַּשָּׁמַיִם.

וידוי

אֱלֹהֵינוּ וֵאלֹהֵי אֲבוֹתֵינוּ
תָּבֹא לְפָנֶיךָ תְּפִלָּתֵנוּ, וְאַל תִּתְעַלַּם מִתְּחִנָּתֵנוּ.
שֶׁאֵין אֲנוּ עַזֵּי פָנִים וּקְשֵׁי עֹרֶף לוֹמַר לְפָנֶיךָ
יהוה אֱלֹהֵינוּ וֵאלֹהֵי אֲבוֹתֵינוּ, צַדִּיקִים אֲנַחְנוּ וְלֹא חָטָאנוּ.
אֲבָל אֲנַחְנוּ וַאֲבוֹתֵינוּ חָטָאנוּ.

כשמתוודה, מכה באגרופו על החזה כנגד הלב בכל חטא שמזכיר.

אָשַׁמְנוּ, בָּגַדְנוּ, גָּזַלְנוּ, דִּבַּרְנוּ דֹפִי
הֶעֱוִינוּ, וְהִרְשַׁעְנוּ, זַדְנוּ, חָמַסְנוּ, טָפַלְנוּ שֶׁקֶר
יָעַצְנוּ רָע, כִּזַּבְנוּ, לַצְנוּ, מָרַדְנוּ, נִאַצְנוּ
סָרַרְנוּ, עָוִינוּ, פָּשַׁעְנוּ, צָרַרְנוּ, קִשִּׁינוּ עֹרֶף
רָשַׁעְנוּ, שִׁחַתְנוּ, תִּעַבְנוּ, תָּעִינוּ, תִּעְתָּעְנוּ.

סַרְנוּ מִמִּצְוֹתֶיךָ וּמִמִּשְׁפָּטֶיךָ הַטּוֹבִים, וְלֹא שָׁוָה לָנוּ.
וְאַתָּה צַדִּיק עַל כָּל־הַבָּא עָלֵינוּ, כִּי־אֱמֶת עָשִׂיתָ וַאֲנַחְנוּ הִרְשָׁעְנוּ: נחמיה ט

שָׁכַחְנוּ אֶת טוֹבוֹתֶיךָ, וְנָשִׁינוּ אֶת רֹב חֲסָדֶיךָ, וּמָרִינוּ אֶת פִּיךָ, וּמִמִּשְׁפָּטֶיךָ סַרְנוּ, וּבְהַבְלֵי הָעוֹלָם הַזֶּה נֶהְבָּלְנוּ, אֶל רְהָבִים וְשָׂטֵי כָזָב פָּנִינוּ וְהִסְכַּלְנוּ הַרְבֵּה מְאֹד, וְאָהַבְנוּ רָע מִטּוֹב וְשֶׁקֶר מִדַּבֵּר צֶדֶק סֶלָה, וְטֻמְאָה תַּחַת טָהֳרָה, וְשִׁקּוּץ תַּחַת זְכוּת, וְהֶחֱלַפְנוּ עוֹלָם עוֹמֵד בְּעוֹלָם עוֹבֵר. מִדֵּי יוֹם בְּיוֹמוֹ הַשְׁכֵּם וְחָטֹא עַד אֲשֶׁר עֲוֹנוֹתֵינוּ עָבְרוּ רֹאשֵׁנוּ וְרַבּוּ מִשַּׂעֲרוֹתֵינוּ וְעָצְמוּ מִדִּבְרֵי פִינוּ וְגָדְלוּ מִצַּעֲדֵי רַגְלֵינוּ וְגָבְהוּ מִנִּשְׁמַת רוּחַ אַפֵּינוּ. טָבַעְנוּ בִּיוֵן מְצוּלָה וְאֵין מָעֳמָד בָּאנוּ בְּמַעֲמַקֵּי מַיִם וְשִׁבֹּלֶת שְׁטָפָתְנוּ.

וְלֹא לְךָ, יהוה אֱלֹהֵינוּ, הֲרֵעֹנוּ כִּי אִם לְנַפְשֵׁנוּ, וְלֹא אוֹתְךָ הִכְעַסְנוּ כִּי אִם אוֹתָנוּ, כִּי אֱנוֹשׁ אִם חָטָא מַה יִּפְעַל לָךְ וְאִם רַבּוּ פְשָׁעָיו מַה יַּעֲשֶׂה לָּךְ. אֲבָל אוֹי לִבְנֵי אָדָם אֲשֶׁר חָטְאוּ לָךְ, וְאוֹי לְנַפְשָׁם כִּי גָמְלוּ לָהֶם

רָעָה. אֱלֹהֵינוּ, בֹּשְׁנוּ וְנִכְלַמְנוּ לְהָרִים אֱלֹהֵינוּ פָּנֵינוּ אֵלֶיךָ כִּי אָנוּ כִּכְלִי נִמְאָס, כֵּן נִבְזֵינוּ בְּעֵינֵי נַפְשֵׁנוּ, כְּגֶבֶר אֲשֶׁר הָטְבַּל בְּשַׁחַת וְתִעֲבוּהוּ שַׂלְמוֹתָיו, וּכְמוֹ בְּעָוֹן חוֹלַלְנוּ כֵּן בֹּשֶׁת פָּנֵינוּ כִּסָּתְנוּ.

אָשַׁמְנוּ מִכָּל עָם, בֹּשְׁנוּ מִכָּל דּוֹר, גָּלָה מִמֶּנּוּ מָשׂוֹשׂ, דָּוָה לִבֵּנוּ בַּחֲטָאֵינוּ, הָחְבַּל אִוּוּיֵנוּ, וְנִפְרַע פְּאֵרֵנוּ, זְבוּל בֵּית מִקְדָּשֵׁנוּ חָרַב בַּעֲוֹנֵינוּ, טִירָתֵנוּ הָיְתָה לְשַׁמָּה, יְפִי אַדְמָתֵנוּ לְזָרִים, כֹּחֵנוּ לְנָכְרִים.

על פי הגר״א (מעשה רב, אות רב), אומרים וידוי פעם אחת בלבד.

וַעֲדַיִן לֹא שַׁבְנוּ מִטָּעוּתֵנוּ, וְהֵיאַךְ נָעִיז פָּנֵינוּ וְנַקְשֶׁה עָרְפֵּנוּ, לוֹמַר לְפָנֶיךָ, יהוה אֱלֹהֵינוּ וֵאלֹהֵי אֲבוֹתֵינוּ, צַדִּיקִים אֲנַחְנוּ וְלֹא חָטָאנוּ, אֲבָל אֲנַחְנוּ וַאֲבוֹתֵינוּ חָטָאנוּ.

כשמתוודה, מכה באגרופו על החזה כנגד הלב בכל חטא שמזכיר.

אָשַׁמְנוּ, בָּגַדְנוּ, גָּזַלְנוּ, דִּבַּרְנוּ דֹפִי
הֶעֱוִינוּ, וְהִרְשַׁעְנוּ, זַדְנוּ, חָמַסְנוּ, טָפַלְנוּ שֶׁקֶר
יָעַצְנוּ רָע, כִּזַּבְנוּ, לַצְנוּ, מָרַדְנוּ, נִאַצְנוּ
סָרַרְנוּ, עָוִינוּ, פָּשַׁעְנוּ, צָרַרְנוּ, קִשִּׁינוּ עֹרֶף
רָשַׁעְנוּ, שִׁחַתְנוּ, תִּעַבְנוּ, תָּעִינוּ, תִּעְתָּעְנוּ.

סַרְנוּ מִמִּצְוֹתֶיךָ וּמִמִּשְׁפָּטֶיךָ הַטּוֹבִים, וְלֹא שָׁוָה לָנוּ.
וְאַתָּה צַדִּיק עַל כָּל־הַבָּא עָלֵינוּ, כִּי־אֱמֶת עָשִׂיתָ וַאֲנַחְנוּ הִרְשָׁעְנוּ: נחמיה ט

וְעַתָּה, יהוה אֱלֹהֵינוּ, אַחֲרֵי שׁוּבֵנוּ נִחַמְנוּ וְאַחֲרֵי הִוָּדְעֵנוּ סָפַקְנוּ עַל יָרֵךְ, בֹּשְׁנוּ וְגַם נִכְלַמְנוּ כִּי נָשָׂאנוּ חֶרְפַּת נְעוּרֵנוּ. עַל זֹאת נִשָּׂא בְּשָׂרֵנוּ בְּשִׁנֵּינוּ וְנַפְשֵׁנוּ נָשִׂים בְּכַפֵּנוּ. וּבַמֶּה נְקַדֵּמָה פָּנֶיךָ, יהוה אֱלֹהֵינוּ, וּבַמֶּה נִכַּף לְךָ אֱלֹהֵי מָרוֹם, וּבַמֶּה תִּתְרַצֶּה וּתְכַפֵּר לָנוּ עַל כָּל חַטֹּאתֵינוּ אֲשֶׁר חָלְפוּ וְעָבְרוּ כַּמַּיִם הַמֻּגָּרִים אַרְצָה אֲשֶׁר לֹא יֵאָסֵפוּ. אִם בִּתְשׁוּבָה וּוִדּוּי תִּתְרַצֶּה, הִנְנוּ שָׁבִים וּמִתְוַדִּים לְפָנֶיךָ, יהוה אֱלֹהֵינוּ, חָטָאנוּ וּפָשַׁעְנוּ וְיָשָׁר הֶעֱוִינוּ וְלֹא שָׁוָה לָנוּ. וְאִם בִּתְפִלָּה וּבְתַחֲנוּנִים תִּמְחַל, הִנְנוּ מַפִּילִים תַּחֲנוּנֵינוּ לְפָנֶיךָ, כְּעֵינֵי עֲבָדִים אֶל יַד אֲדוֹנֵיהֶם וּכְעֵינֵי שִׁפְחָה אֶל יַד גְּבִרְתָּהּ כֵּן עֵינֵינוּ נְשׂוּאוֹת אֵלֶיךָ. וְאִם בִּבְכִי וְזַעֲקָה תִּסְלַח, הִנֵּה

בְּמִסְתָּרִים תִּבְכֶּה נַפְשֵׁנוּ מִפְּנֵי חַטֹּאתֵינוּ וּבַחֲדָרִים תֶּאֱנַח רוּחֵנוּ עַל רֹב פְּשָׁעֵינוּ. וְאִם בְּשֶׁבֶר רְוּחַ תְּכַפֵּר, הִנֵּה נִשְׁבָּר לִבֵּנוּ בְּקִרְבֵּנוּ וְנִדְכְּאָה רוּחֵנוּ מִן הַצָּרוֹת וּמִן הַתְּלָאוֹת אֲשֶׁר עָבְרוּ עָלֵינוּ עַד אֲשֶׁר לֹא נוֹתַר מְתֹם בִּבְשָׂרֵנוּ, לוּלֵי רַחֲמֶיךָ וַחֲסָדֶיךָ אָז אָבַדְנוּ בַּעֲוֹנֵינוּ.

לְעֵינֵינוּ עָשְׁקוּ עֲמָלֵנוּ, מְמֻשָּׁךְ וּמְמֹרָט מִמֶּנּוּ, נָתְנוּ עֻלָּם עָלֵינוּ, סָבַלְנוּ עַל שִׁכְמֵנוּ, עֲבָדִים מָשְׁלוּ בָנוּ, פֹּרֵק אֵין מִיָּדָם: צָרוֹת רַבּוֹת סְבָבוּנוּ, קְרָאנוּךָ איכה ה
יהוה אֱלֹהֵינוּ, רָחַקְתָּ מִמֶּנּוּ בַּעֲוֹנֵינוּ, שַׁבְנוּ מֵאַחֲרֶיךָ, תָּעִינוּ וְאָבָדְנוּ.

וַעֲדַיִן לֹא שַׁבְנוּ מִטָּעוּתֵנוּ, וְהֵיאַךְ נָעִיז פָּנֵינוּ וְנַקְשֶׁה עָרְפֵּנוּ, לוֹמַר לְפָנֶיךָ, יהוה אֱלֹהֵינוּ וֵאלֹהֵי אֲבוֹתֵינוּ, צַדִּיקִים אֲנַחְנוּ וְלֹא חָטָאנוּ, אֲבָל אֲנַחְנוּ וַאֲבוֹתֵינוּ חָטָאנוּ.

כשמתוודה, מכה באגרופו על החזה כנגד הלב בכל חטא שמזכיר.

אָשַׁמְנוּ, בָּגַדְנוּ, גָּזַלְנוּ, דִּבַּרְנוּ דֹפִי
הֶעֱוִינוּ, וְהִרְשַׁעְנוּ, זַדְנוּ, חָמַסְנוּ, טָפַלְנוּ שֶׁקֶר
יָעַצְנוּ רָע, כִּזַּבְנוּ, לַצְנוּ, מָרַדְנוּ, נִאַצְנוּ
סָרַרְנוּ, עָוִינוּ, פָּשַׁעְנוּ, צָרַרְנוּ, קִשִּׁינוּ עֹרֶף
רָשַׁעְנוּ, שִׁחַתְנוּ, תִּעַבְנוּ, תָּעִינוּ, תִּעְתָּעְנוּ.

סַרְנוּ מִמִּצְוֹתֶיךָ וּמִמִּשְׁפָּטֶיךָ הַטּוֹבִים, וְלֹא שָׁוָה לָנוּ.
וְאַתָּה צַדִּיק עַל כָּל־הַבָּא עָלֵינוּ, כִּי־אֱמֶת עָשִׂיתָ וַאֲנַחְנוּ הִרְשָׁעְנוּ: נחמיה ט

אָנָּא יהוה, הָאֵל הַגָּדוֹל הַגִּבּוֹר וְהַנּוֹרָא, שׁוֹמֵר הַבְּרִית וְהַחֶסֶד, אַל יִמְעֲטוּ לְפָנֶיךָ כָּל הַצָּרוֹת וְכָל הַתְּלָאוֹת אֲשֶׁר מְצָאוּ אֶת עֲבָדֶיךָ מִיּוֹם הֱיוֹתָם עַל הָאֲדָמָה עַד הַיּוֹם הַזֶּה. הַבֵּט בַּעֲמָלֵנוּ וְאַל תַּבֵּט בְּמַעֲלָלֵינוּ, שׁוּר נָא בְּעָנְיֵנוּ וְאַל תָּשׁוּר אֶל עֲוֹנֵינוּ, וּפְנֵה אֶל עָשְׁקֵנוּ וְאַל תֵּפֶן אֶל קָשְׁיֵנוּ, וּמְצוּקוֹתֵינוּ תַּחַת אַשְׁמָתֵנוּ וְעֶלְבּוֹן נֶפֶשׁ תַּחַת עֲוֹן נֶפֶשׁ.

וְעַתָּה יהוה אֱלֹהֵינוּ, אִם עָשִׂינוּ כְּאִוַּלְתֵּנוּ, עֲשֵׂה אַתָּה כֶּאֱמוּנָתְךָ וּסְלַח, כִּי תְמִים דֵּעִים אַתָּה. אִם שִׁלַּמְנוּ רָעָה תַּחַת טוֹבָה, גְּמָלֵנוּ טוֹב וְלֹא רָע, כִּי יָתֵר מֵרֵעֵהוּ צַדִּיק וְכָל שֶׁכֵּן הַבּוֹרֵא. וְאִם הִרְבֵּינוּ לִפְשֹׁעַ, אַתָּה

רַב חֶסֶד וּמַרְבֶּה לִסְלֹחַ, אֲשֶׁר צִדְקוֹתֶיךָ רַבּוּ מֵהַרְרֵי אֵל וְעָמְקוּ מִתְּהוֹם
רַבָּה, כִּסָּה שָׁמַיִם הוֹדְךָ וּתְהִלָּתְךָ מָלְאָה הָאָרֶץ.

יהוה, שָׁמַעְנוּ שִׁמְעֲךָ כִּי בְּאַחַת הַמִּדּוֹת תִּסְלַח לַאֲשֶׁר חָטְאוּ לָךְ וְאַף
כִּי בְּכֻלָּם. סְלַח נָא לַעֲוֹנֵינוּ וּלְחַטֹּאתֵינוּ וּלְכָל חַטֹּאת וַעֲוֹנוֹת עַמְּךָ
יִשְׂרָאֵל, וְכַבְּסֵנוּ מֵעֲוֹנֵינוּ וּמֵחַטֹּאתֵינוּ טַהֲרֵנוּ. וְאַל תִּקְצֹף עָלֵינוּ עַד
מְאֹד וְאַל לָעַד תִּזְכֹּר עָוֹן כִּי מַה בֶּצַע בְּדָמֵנוּ אִם תַּשְׁחִיתֵנוּ, וּמַה
כִּשְׁרוֹן אִם תּוֹרִידֵנוּ לִבְאֵר שַׁחַת בַּחֲטָאֵינוּ, מַה יִּתְרוֹן אִם תִּפְקֹד עָלֵינוּ
כִּדְרָכֵינוּ. לֹא בְאֵלֶּה שִׁבְחֲךָ וְלֹא בְאֵלֶּה תְּהִלָּתְךָ, אֲבָל הַדָּבָר שֶׁהוּא לְךָ
לְשֵׁם וְלִתְהִלָּה לְהִתְנַהֵג עִם בָּנֶיךָ בְּמִדַּת רַחֲמִים וּלְגַלְגֵּל עֲלֵיהֶם מִדַּת
חֲסָדֶיךָ, כַּאֲשֶׁר אָמַרְתָּ, לְמַעַן שְׁמִי אַאֲרִיךְ אַפִּי וּתְהִלָּתִי אֶחֱטָם־לָךְ
לְבִלְתִּי הַכְרִיתֶךָ. וְגַם הַמִּדָּה אֲשֶׁר הִיא לְךָ לְשֵׁם וּלְתִפְאֶרֶת, הַסְּלִיחָה
וַעֲבֹר עַל פֶּשַׁע, כַּאֲשֶׁר אָמַרְתָּ עַל בְּרִיּוֹתֶיךָ, שֵׂכֶל אָדָם הֶאֱרִיךְ אַפּוֹ, משלי יט
וְתִפְאַרְתּוֹ עֲבֹר עַל־פָּשַׁע: וּלְמַעְלָה מִזֹּאת עֲשֵׂה עִמָּנוּ.

אָנָּא הַבֵּט בְּצִדְקַת עֲבָדֶיךָ חֲסִידֶיךָ, אֲשֶׁר הֶעֱרוּ נַפְשָׁם לָמוּת עָלֶיךָ,
וְלֹא חָסוּ עַל נַפְשָׁם וְעַל זַרְעָם, וְקָצוּ וּמָאֲסוּ בְּחַיֵּי הָעוֹלָם הַזֶּה, וּבִטְּלוּ
רְצוֹנָם מִפְּנֵי רְצוֹנֶךָ, וְקִדְּשׁוּ שִׁמְךָ הַגָּדוֹל וְלֹא חִלְּלוּהוּ, וְרָצוּ לַזֶּבַח וּפָשְׁטוּ
צַוָּארָם, וְעָמְדוּ בְּנִסָּיוֹן וְנֶאֶמְנוּ וְנִבְחֲנוּ בְּצֵרוּף וְנִמְצְאוּ תְּמִימִים, וְנָגְעוּ
דְּמֵי אָבוֹת וּבָנִים, וּדְמֵי רַחֲמָנִיּוֹת וְיַלְדֵיהֶן, וְנִתְעָרְבוּ דְּמֵי אַחִים וַאֲחָיוֹת,
וּדְמֵי חֲתָנִים וְכַלּוֹת, וּדְמֵי חֲכָמִים וַחֲכָמוֹת, וּדְמֵי הֲגוּנִים וַהֲגוּנוֹת, וּדְמֵי
חֲסִידִים וַחֲסִידוֹת, וּדְמֵי זְקֵנִים וּזְקֵנוֹת, וּדְמֵי בַחוּרִים וּבַחוּרוֹת, וּדְמֵי
פַּרְנָסִים וְחַזָּנֵיהֶם, וּדְמֵי דַּיָּנִים וְסוֹפְרֵיהֶם, וּדְמֵי מְלַמְּדִים וְתַלְמִידֵיהֶם,
וּדְמֵי אֲנָשִׁים וּנְשׁוֹתֵיהֶם, וְנֶהֶרְגוּ כֻלָּם יַחַד עַל קִדּוּשׁ שִׁמְךָ הַמְיֻחָד.
אֶרֶץ אַל תְּכַסִּי דָמָם וְאַל יְהִי מָקוֹם לְזַעֲקָתָם, עַד־יַשְׁקִיף וְיֵרֶא יהוה איכה ג
מִשָּׁמָיִם: וְיִנְקֹם נִקְמָתוֹ וְנִקְמַת עַמּוֹ וְנִקְמַת תּוֹרָתוֹ וְנִקְמַת דַּם עֲבָדָיו
אֲשֶׁר שָׁפְכוּ דָמָם כַּמַּיִם, כְּהִבְטַחְתָּנוּ בְּיַד אֲבִי חוֹזֶה. הַרְנִינוּ גוֹיִם עַמּוֹ, דברים לב
כִּי דַם־עֲבָדָיו יִקּוֹם, וְנָקָם יָשִׁיב לְצָרָיו, וְכִפֶּר אַדְמָתוֹ עַמּוֹ: אֶת אֵלֶּה
מִזְבְּחוֹת זְכֹר וְאֵלֶּה עֲקֵדוֹת תִּרְאֶה, וְהִנָּחֵם וְשַׁכֵּךְ אַף וְכַלֵּה חֵמָה,

וְתַשְׁבִּית שֹׁד וָשֶׁבֶר מֵעַמֶּךָ, חוּס וְרַחֵם אֶת יֶתֶר הַפְּלֵטָה וְתוֹצִיאֶנָּה מֵאֲפֵלָה לְאוֹרָה, וְחַדֵּשׁ עָלֵינוּ שָׁנָה טוֹבָה, שְׁנַת רָצוֹן וְעֵת גְּאֻלָּה.

שַׁדַּי, תִּזְכֹּר לָנוּ בְּרִית אֶזְרָח, וְתִפְקֹד לָנוּ זְכוּת הַנֶּעֱקָד, וּתְרַחֲמֵנוּ בְּצִדְקַת אִישׁ תָּם.

וּכְשֶׁחָטְאוּ יִשְׂרָאֵל בַּמִּדְבָּר עָמַד מֹשֶׁה רַבֵּנוּ בִּתְפִלָּה לְפָנֶיךָ וּבִקֵּשׁ רַחֲמִים עַל עַמְּךָ בֵּית יִשְׂרָאֵל, וְכָךְ אָמַר בִּתְפִלָּתוֹ: מַלְכִּי וֵאלֹהַי, סְלַח־ במדבר יד
נָא לַעֲוֹן הָעָם הַזֶּה כְּגֹדֶל חַסְדֶּךָ, וְכַאֲשֶׁר נָשָׂאתָה לָעָם הַזֶּה מִמִּצְרַיִם וְעַד־הֵנָּה:

אִישׁ עָנָו חִלָּה פָנֶיךָ בְּעַד עֲדָתֶךָ בְּרַחֲמִים, אָנָּא נְהַג בְּחֶמְלָתֶךָ.
גְּאַלְתָּם מִנֹּף בְּחֹזֶק יָד, דָּתְךָ הִנְחַלְתָּם תַּתָּה לָמוֹ שֵׁם וְיָד.
הֵם עַמְּךָ וְנַחֲלָתֶךָ, וַעֲלֵימוֹ חָפֹף בְּחֶמְלָתֶךָ.
זְכֹר לָנוּ בְּרִית אָבוֹת, חֵשֶׁק אַהֲבָתָם אֵין מַיִם לְכַבּוֹת.
טְעַנְתָּם נְשָׂאתָם עַל כַּנְפֵי נֶשֶׁר, יַשֵּׁר צְעָדֵיהֶם לֶכֶת יֹשֶׁר.
כִּי תָשׁוּב לָשׂוּשׂ עֲלֵיהֶם לְטוֹב, לָמוֹ חַקֹּתָ כְּדָת לֶקַח טוֹב.
מִצְרַיִם אִם יִשְׁמְעוּ כִּי הֶאֱבַדְתָּם
נוֹאֲמִים בְּרָעָה הוֹצֵאתָם מִמִּצְרַיִם לְכַלּוֹתָם.
סְלַח נָא לַעֲוֹן הָעָם הַזֶּה, עַוּוּת פִּשְׁעָם מְחַל נָא הַיּוֹם הַזֶּה.
פְּנֵה נָא לְצִדְקַת אָבוֹת, צַדְּקֵם וְאַל תִּשְׁכַּח חַנּוֹת.
קְרָאתָם בָּנִים וְאַתָּה לָמוֹ אָב, רַחֲמֵם כְּרַחֵם אָב.
שַׁדַּי עֲשֵׂה לְמַעַן שְׁמֶךָ, תִּמְחֹל וְתִסְלַח לְפִשְׁעֵי עַמֶּךָ.
אָנָּא סְלַח נָא לַעֲוֹן הָעָם הַזֶּה, וְאִם לֹא תִסְלַח מְחֵנִי.
וְאַף אַתָּה הֲשֵׁבוֹתָ לוֹ כְּדַרְכֵי טוּבְךָ.
בִּשַּׂרְתּוֹ וְאָמַרְתָּ לוֹ סָלַחְתִּי כִּדְבָרֶךָ.
וּסְלַח נָא לַעֲנִיֵּי עַמְּךָ וְדַלֵּי הַצֹּאן, כִּי תְמִים דֵּעִים אַתָּה.
אִם הִרְבִּינוּ לִפְשֹׁעַ אַתָּה מַרְבֶּה לִסְלֹחַ.
אֲדֹנָי שְׁמָעָה, אֲדֹנָי סְלָחָה, אֲדֹנָי הַקְשִׁיבָה וַעֲשֵׂה אַל־תְּאַחַר: דניאל ט

תהלים יט מְשִׁיחַ צִדְקֶךָ אָמַר לְפָנֶיךָ: שְׁגִיאוֹת מִי־יָבִין, מִנִּסְתָּרוֹת נַקֵּנִי: נַקֵּנוּ יהוה
אֱלֹהֵינוּ מִכָּל פְּשָׁעֵינוּ וְטַהֲרֵנוּ מִכָּל טֻמְאוֹתֵינוּ וּזְרֹק עָלֵינוּ מַיִם טְהוֹרִים
יחזקאל לו וְטַהֲרֵנוּ, כַּכָּתוּב עַל יַד נְבִיאֶךָ: וְזָרַקְתִּי עֲלֵיכֶם מַיִם טְהוֹרִים וּטְהַרְתֶּם,
מִכֹּל טֻמְאוֹתֵיכֶם וּמִכָּל־גִּלּוּלֵיכֶם אֲטַהֵר אֶתְכֶם:

מיכה ז מִיכָה עַבְדְּךָ אָמַר לְפָנֶיךָ, מִי־אֵל כָּמְוֹךָ נֹשֵׂא עָוֹן וְעֹבֵר עַל־פֶּשַׁע
לִשְׁאֵרִית נַחֲלָתוֹ, לֹא־הֶחֱזִיק לָעַד אַפּוֹ כִּי־חָפֵץ חֶסֶד הוּא: יָשׁוּב
יְרַחֲמֵנוּ יִכְבֹּשׁ עֲוֹנֹתֵינוּ, וְתַשְׁלִיךְ בִּמְצֻלוֹת יָם כָּל־חַטֹּאתָם: וְכָל חַטֹּאת
עַמְּךָ בֵּית יִשְׂרָאֵל תַּשְׁלִיךְ בִּמְקוֹם אֲשֶׁר לֹא יִזָּכְרוּ וְלֹא יִפָּקְדוּ וְלֹא
שם יַעֲלוּ עַל לֵב לְעוֹלָם. תִּתֵּן אֱמֶת לְיַעֲקֹב, חֶסֶד לְאַבְרָהָם, אֲשֶׁר־נִשְׁבַּעְתָּ
לַאֲבֹתֵינוּ מִימֵי קֶדֶם:

דניאל ט דָּנִיֵּאל אִישׁ חֲמוּדוֹת שִׁוַּע לְפָנֶיךָ, הַטֵּה אֱלֹהַי אָזְנְךָ וּשְׁמָע, פְּקַח עֵינֶיךָ
וּרְאֵה שֹׁמְמֹתֵינוּ, וְהָעִיר אֲשֶׁר־נִקְרָא שִׁמְךָ עָלֶיהָ, כִּי לֹא עַל־צִדְקֹתֵינוּ
אֲנַחְנוּ מַפִּילִים תַּחֲנוּנֵינוּ לְפָנֶיךָ, כִּי עַל־רַחֲמֶיךָ הָרַבִּים: אֲדֹנָי שְׁמָעָה,
אֲדֹנָי סְלָחָה, אֲדֹנָי הַקְשִׁיבָה וַעֲשֵׂה אַל־תְּאַחַר, לְמַעַנְךָ אֱלֹהַי כִּי־שִׁמְךָ
נִקְרָא עַל־עִירְךָ וְעַל־עַמֶּךָ:

עזרא ט עֶזְרָא הַסּוֹפֵר אָמַר לְפָנֶיךָ, אֱלֹהַי בֹּשְׁתִּי וְנִכְלַמְתִּי לְהָרִים אֱלֹהַי פָּנַי
אֵלֶיךָ, כִּי עֲוֹנֹתֵינוּ רָבוּ לְמַעְלָה רֹּאשׁ, וְאַשְׁמָתֵנוּ גָדְלָה עַד לַשָּׁמָיִם:
וְאַתָּה אֱלוֹהַּ סְלִיחוֹת, חַנּוּן וְרַחוּם, אֶרֶךְ אַפַּיִם וְרַב חֶסֶד וְלֹא עֲזַבְתָּנוּ.
אַל תַּעַזְבֵנוּ אָבִינוּ, וְאַל תִּטְּשֵׁנוּ בּוֹרְאֵנוּ, וְאַל תַּזְנִיחֵנוּ יוֹצְרֵנוּ, וְאַל תַּעַשׂ
עִמָּנוּ כָּלָה כְּחַטֹּאתֵינוּ.

וְקַיֶּם לָנוּ יהוה אֱלֹהֵינוּ אֶת הַדָּבָר שֶׁהִבְטַחְתָּנוּ בְּקַבָּלָה עַל יְדֵי יִרְמְיָהוּ
ירמיה נ חוֹזָךְ, כָּאָמוּר: בַּיָּמִים הָהֵם וּבָעֵת הַהִיא נְאֻם־יהוה יְבֻקַּשׁ אֶת־עֲוֹן
יִשְׂרָאֵל וְאֵינֶנּוּ, וְאֶת־חַטֹּאת יְהוּדָה וְלֹא תִמָּצֶאינָה, כִּי אֶסְלַח לַאֲשֶׁר
אַשְׁאִיר:

עַמְּךָ וְנַחֲלָתְךָ רְעֵבֵי טוּבְךָ, צְמֵאֵי חַסְדְּךָ, תְּאֵבֵי יִשְׁעֶךָ. יַכִּירוּ וְיֵדְעוּ, כִּי
לַיהוה אֱלֹהֵינוּ הָרַחֲמִים וְהַסְּלִיחוֹת.

אֵל רַחוּם שְׁמֶךָ. אֵל חַנּוּן שְׁמֶךָ. בָּנוּ נִקְרָא שְׁמֶךָ. יהוה עֲשֵׂה לְמַעַן שְׁמֶךָ. עֲשֵׂה לְמַעַן אֲמִתָּךְ. עֲשֵׂה לְמַעַן בְּרִיתָךְ. עֲשֵׂה לְמַעַן גָּדְלָךְ וְתִפְאַרְתָּךְ. עֲשֵׂה לְמַעַן דָּתָךְ. עֲשֵׂה לְמַעַן הוֹדָךְ. עֲשֵׂה לְמַעַן וִעוּדָךְ. עֲשֵׂה לְמַעַן זִכְרָךְ. עֲשֵׂה לְמַעַן חַסְדָּךְ. עֲשֵׂה לְמַעַן טוּבָךְ. עֲשֵׂה לְמַעַן יִחוּדָךְ. עֲשֵׂה לְמַעַן כְּבוֹדָךְ. עֲשֵׂה לְמַעַן לִמּוּדָךְ. עֲשֵׂה לְמַעַן מַלְכוּתָךְ. עֲשֵׂה לְמַעַן נִצְחָךְ. עֲשֵׂה לְמַעַן סוֹדָךְ. עֲשֵׂה לְמַעַן עֻזָּךְ. עֲשֵׂה לְמַעַן פְּאֵרָךְ. עֲשֵׂה לְמַעַן צִדְקָתָךְ. עֲשֵׂה לְמַעַן קְדֻשָּׁתָךְ. עֲשֵׂה לְמַעַן רַחֲמֶיךָ הָרַבִּים. עֲשֵׂה לְמַעַן שְׁכִינָתָךְ. עֲשֵׂה לְמַעַן תְּהִלָּתָךְ. עֲשֵׂה לְמַעַן אוֹהֲבֶיךָ שׁוֹכְנֵי עָפָר. עֲשֵׂה לְמַעַן אַבְרָהָם יִצְחָק וְיַעֲקֹב. עֲשֵׂה לְמַעַן מֹשֶׁה וְאַהֲרֹן. עֲשֵׂה לְמַעַן דָּוִד וּשְׁלֹמֹה. עֲשֵׂה לְמַעַן יְרוּשָׁלַיִם עִיר קָדְשֶׁךָ. עֲשֵׂה לְמַעַן צִיּוֹן מִשְׁכַּן כְּבוֹדֶךָ. עֲשֵׂה לְמַעַן שִׁמְמוֹת הֵיכָלֶךָ. עֲשֵׂה לְמַעַן הֲרִיסוּת מִזְבְּחֶךָ. עֲשֵׂה לְמַעַן הֲרוּגִים עַל שֵׁם קָדְשֶׁךָ. עֲשֵׂה לְמַעַן טְבוּחִים עַל יִחוּדֶךָ. עֲשֵׂה לְמַעַן בָּאֵי בָאֵשׁ וּבַמַּיִם עַל קִדּוּשׁ שְׁמֶךָ. עֲשֵׂה לְמַעַן יוֹנְקֵי שָׁדַיִם שֶׁלֹּא חָטְאוּ. עֲשֵׂה לְמַעַן גְּמוּלֵי חָלָב שֶׁלֹּא פָשְׁעוּ. עֲשֵׂה לְמַעַן תִּינוֹקוֹת שֶׁל בֵּית רַבָּן. עֲשֵׂה לְמַעַנְךָ אִם לֹא לְמַעֲנֵנוּ. עֲשֵׂה לְמַעַנְךָ וְהוֹשִׁיעֵנוּ.

עֲנֵנוּ יהוה עֲנֵנוּ. עֲנֵנוּ אֱלֹהֵינוּ עֲנֵנוּ. עֲנֵנוּ אָבִינוּ עֲנֵנוּ. עֲנֵנוּ בּוֹרְאֵנוּ עֲנֵנוּ. עֲנֵנוּ גּוֹאֲלֵנוּ עֲנֵנוּ. עֲנֵנוּ דּוֹרְשֵׁנוּ עֲנֵנוּ. עֲנֵנוּ הָאֵל הַנֶּאֱמָן עֲנֵנוּ. עֲנֵנוּ וָתִיק וְחָסִיד עֲנֵנוּ. עֲנֵנוּ זַךְ וְיָשָׁר עֲנֵנוּ. עֲנֵנוּ חַי וְקַיָּם עֲנֵנוּ. עֲנֵנוּ טוֹב וּמֵטִיב עֲנֵנוּ. עֲנֵנוּ יוֹדֵעַ יֵצֶר עֲנֵנוּ. עֲנֵנוּ כּוֹבֵשׁ כְּעָסִים עֲנֵנוּ. עֲנֵנוּ לוֹבֵשׁ צְדָקוֹת עֲנֵנוּ. עֲנֵנוּ מֶלֶךְ מַלְכֵי הַמְּלָכִים עֲנֵנוּ. עֲנֵנוּ נוֹרָא וְנִשְׂגָּב עֲנֵנוּ. עֲנֵנוּ סוֹלֵחַ וּמוֹחֵל עֲנֵנוּ. עֲנֵנוּ עוֹנֶה בְּעֵת צָרָה עֲנֵנוּ. עֲנֵנוּ פּוֹדֶה וּמַצִּיל עֲנֵנוּ. עֲנֵנוּ צַדִּיק וְיָשָׁר עֲנֵנוּ. עֲנֵנוּ קָרוֹב לְקוֹרְאָיו עֲנֵנוּ. עֲנֵנוּ רַחוּם וְחַנּוּן עֲנֵנוּ. עֲנֵנוּ שׁוֹמֵעַ אֶל אֶבְיוֹנִים עֲנֵנוּ. עֲנֵנוּ תּוֹמֵךְ תְּמִימִים עֲנֵנוּ. עֲנֵנוּ אֱלֹהֵי אֲבוֹתֵינוּ עֲנֵנוּ. עֲנֵנוּ אֱלֹהֵי אַבְרָהָם עֲנֵנוּ. עֲנֵנוּ פַּחַד יִצְחָק עֲנֵנוּ. עֲנֵנוּ אֲבִיר יַעֲקֹב עֲנֵנוּ. עֲנֵנוּ עֶזְרַת הַשְּׁבָטִים עֲנֵנוּ. עֲנֵנוּ מִשְׂגַּב אִמָּהוֹת עֲנֵנוּ. עֲנֵנוּ קָשֶׁה לִכְעֹס עֲנֵנוּ. עֲנֵנוּ רַךְ לִרְצוֹת עֲנֵנוּ. עֲנֵנוּ עוֹנֶה בְּעֵת רָצוֹן עֲנֵנוּ. עֲנֵנוּ אֲבִי יְתוֹמִים עֲנֵנוּ. עֲנֵנוּ דַּיַּן אַלְמָנוֹת עֲנֵנוּ.

מִי שֶׁעָנָה לְאַבְרָהָם אָבִינוּ בְּהַר הַמּוֹרִיָּה, הוּא יַעֲנֵנוּ.
מִי שֶׁעָנָה לְיִצְחָק בְּנוֹ כְּשֶׁנֶּעֱקַד עַל גַּבֵּי הַמִּזְבֵּחַ, הוּא יַעֲנֵנוּ.
מִי שֶׁעָנָה לְיַעֲקֹב בְּבֵית אֵל, הוּא יַעֲנֵנוּ.
מִי שֶׁעָנָה לְיוֹסֵף בְּבֵית הָאֲסוּרִים, הוּא יַעֲנֵנוּ.
מִי שֶׁעָנָה לַאֲבוֹתֵינוּ עַל יַם סוּף, הוּא יַעֲנֵנוּ.
מִי שֶׁעָנָה לְמֹשֶׁה בְּחוֹרֵב, הוּא יַעֲנֵנוּ.
מִי שֶׁעָנָה לְאַהֲרֹן בַּמַּחְתָּה, הוּא יַעֲנֵנוּ.
מִי שֶׁעָנָה לְפִינְחָס בְּקוּמוֹ מִתּוֹךְ הָעֵדָה, הוּא יַעֲנֵנוּ.
מִי שֶׁעָנָה לִיהוֹשֻׁעַ בַּגִּלְגָּל, הוּא יַעֲנֵנוּ.
מִי שֶׁעָנָה לִשְׁמוּאֵל בַּמִּצְפָּה, הוּא יַעֲנֵנוּ.
מִי שֶׁעָנָה לְדָוִד וּשְׁלֹמֹה בְנוֹ בִּירוּשָׁלָיִם, הוּא יַעֲנֵנוּ.
מִי שֶׁעָנָה לְאֵלִיָּהוּ בְּהַר הַכַּרְמֶל, הוּא יַעֲנֵנוּ.
מִי שֶׁעָנָה לֶאֱלִישָׁע בִּירִיחוֹ, הוּא יַעֲנֵנוּ.
מִי שֶׁעָנָה לְיוֹנָה בִּמְעֵי הַדָּגָה, הוּא יַעֲנֵנוּ.
מִי שֶׁעָנָה לְחִזְקִיָּהוּ מֶלֶךְ יְהוּדָה בְּחָלְיוֹ, הוּא יַעֲנֵנוּ.
מִי שֶׁעָנָה לַחֲנַנְיָה מִישָׁאֵל וַעֲזַרְיָה בְּתוֹךְ כִּבְשַׁן הָאֵשׁ, הוּא יַעֲנֵנוּ.
מִי שֶׁעָנָה לְדָנִיֵּאל בְּגוֹב הָאֲרָיוֹת, הוּא יַעֲנֵנוּ.
מִי שֶׁעָנָה לְמָרְדְּכַי וְאֶסְתֵּר בְּשׁוּשַׁן הַבִּירָה, הוּא יַעֲנֵנוּ.
מִי שֶׁעָנָה לְעֶזְרָא בַּגּוֹלָה, הוּא יַעֲנֵנוּ.
מִי שֶׁעָנָה לְכָל הַצַּדִּיקִים וְהַחֲסִידִים וְהַתְּמִימִים וְהַיְשָׁרִים, הוּא יַעֲנֵנוּ.

רַחֲמָנָא דְּעָנֵי לַעֲנִיֵּי עֲנֵינָן.
רַחֲמָנָא דְּעָנֵי לִתְבִירֵי לִבָּא עֲנֵינָן.
רַחֲמָנָא דְּעָנֵי לְמַכִּיכֵי רוּחָא עֲנֵינָן.
רַחֲמָנָא עֲנֵינָן.
רַחֲמָנָא חוּס, רַחֲמָנָא פְּרֹק, רַחֲמָנָא שֵׁיזִב.
רַחֲמָנָא רַחֵם עֲלָן, הַשְׁתָּא בַּעֲגָלָא וּבִזְמַן קָרִיב.

נפילת אפיים

יושבים, ובמקום שיש בו ספר תורה, נופלים אפיים:
משעינים את הראש על היד שאין בה תפילין (ומי שאין לו תפילין, על יד שמאל),
ומכסים את הפנים (ספר מהרי״ל, סב).

לפני נפילת אפיים נוהגים לומר את הפסוק 'וַיֹּאמֶר דָּוִד אֶל־גָּד' (קיצור של״ה).

שמואל ב׳ כד

וַיֹּאמֶר דָּוִד אֶל־גָּד
צַר־לִי מְאֹד
נִפְּלָה־נָּא בְיַד־יהוה, כִּי־רַבִּים רַחֲמָו
וּבְיַד־אָדָם אַל־אֶפֹּלָה:

רַחוּם וְחַנּוּן, חָטָאתִי לְפָנֶיךָ.
יהוה מָלֵא רַחֲמִים, רַחֵם עָלַי וְקַבֵּל תַּחֲנוּנָי.

נוהגים לומר את מזמור ו (מנהגי מהר״י טירנא):

תהלים ו

יהוה, אַל־בְּאַפְּךָ תוֹכִיחֵנִי, וְאַל־בַּחֲמָתְךָ תְיַסְּרֵנִי:
חָנֵּנִי יהוה, כִּי אֻמְלַל אָנִי, רְפָאֵנִי יהוה
כִּי נִבְהֲלוּ עֲצָמָי:
וְנַפְשִׁי נִבְהֲלָה מְאֹד, וְאַתָּ יהוה, עַד־מָתָי:
שׁוּבָה יהוה, חַלְּצָה נַפְשִׁי
הוֹשִׁיעֵנִי לְמַעַן חַסְדֶּךָ:
כִּי אֵין בַּמָּוֶת זִכְרֶךָ, בִּשְׁאוֹל מִי יוֹדֶה־לָּךְ:
יָגַעְתִּי בְּאַנְחָתִי, אַשְׂחֶה בְכָל־לַיְלָה מִטָּתִי
בְּדִמְעָתִי עַרְשִׂי אַמְסֶה:
עָשְׁשָׁה מִכַּעַס עֵינִי, עָתְקָה בְּכָל־צוֹרְרָי:
סוּרוּ מִמֶּנִּי כָּל־פֹּעֲלֵי אָוֶן
כִּי שָׁמַע יהוה קוֹל בִּכְיִי:
שָׁמַע יהוה תְּחִנָּתִי, יהוה תְּפִלָּתִי יִקָּח:
יֵבֹשׁוּ וְיִבָּהֲלוּ מְאֹד כָּל־אֹיְבָי, יָשֻׁבוּ יֵבֹשׁוּ רָגַע: כאן מרימים את הראש.

מַחֵי וּמַסֵּי, מֵמִית וּמְחַיֶּה, מַסֵּיק מִן שְׁאוֹל לְחַיֵּי עָלְמָא.
בְּרָא כַּד חָטֵא, אֲבוּהִי לַקְיֵהּ, אֲבוּהִי דְחָיֵס מַסֵּא לִכְאֵבֵהּ.
עַבְדָּא דְמָרֵיד נָפֵיק בְּקוֹלָר, מָרֵהּ תָּאֵיב וְתָבַר קוֹלָרֵהּ.

בְּרָךְ בְּכוֹרָךְ אֲנַן וְחָטֵינַן קַמָּךְ, הָא רְוֵי נַפְשַׁן בְּגִדִּין מְרָרִין.
עַבְדָּךְ אֲנַן וּמָרְדִנָּן קַמָּךְ, הָא בְּבִזְּתָא הָא בְּשִׁבְיְתָא הָא בְּמַלְקְיוּתָא.
בְּמָטוּ מִנָּךְ בְּרַחֲמָךְ דִּנְפִישִׁין, אַסֵּי לִכְאֵבָא דִּתְקֹף עֲלַן
עַד דְּלָא נֶהֱוֵי גְמִירָא בְּשִׁבְיָא.

מקדשנו חרב, עבודת התמיד חלפה, ריח הניחוח תם, ותפילותינו ובקשותינו הן לבדן נותרו לנו. מובטחים אנו ששיח שפתותינו ותיאור הקרבת התמיד יתקבלו חלף עבודת הקרבנות.

מא. מחבר: רבי מאיר ברבי יצחק

תְּפִלָּה תִּקַּח, תְּחִנָּה תִּבְחַר
תְּמוּר נִיחוֹחַ תָּמִיד הַשַּׁחַר.

שְׁקֹל לָעוֹמְדִים שִׁמְךָ לְשַׁבֵּחַ
כְּאִלּוּ זָכוּ תְּרוּם מִזְבֵּחַ.

רְצֵה עֲבוֹדָתָם בְּמִקְדַּשׁ שְׁבִיתָם
כְּבְבֵית עוֹלָמִים לְעוֹשֵׂי חֲבִתָּם.

קְשֹׁב מִקְרָאוֹת וְחִנּוּן סְדָרִים
כְּעֵין אֵבָרִים וְעִכּוּל פְּדָרִים.

צְרֹף שִׁטּוּחַ פְּנֵי טָפְוּחַ
כְּמַעֲלֶה אֵפֶר עַל גַּב תַּפּוּחַ.

פְּאַת קָדִימָה פְּנֵיהֶם יִזְרַח
כְּסוֹדְרֵי חָזִית כְּלַפֵּי מִזְרָח.

עֲרֹב מַחְבֶּרֶת לְמִדּוֹת עֲרוּכוֹת
כְּשָׁרֵת כְּשֵׁר שְׁתֵּי מַעֲרָכוֹת.

סְפֹר לִצְעָדִים לְעָבְדְּךָ גָּשִׁים
כְּמוֹ בָּעֲזָרָה לְפַיֵּס רוֹגְשִׁים.

נְכוֹן הַשַּׁחַר וְכוֹכָבִים בְּרֹן
בְּרַק הַשַּׁחַר זְכוּת שֶׁבְּחֶבְרוֹן.

מְמֻנֶּה מְזָרֵז לְהָבִיא טָלֶה
מִלִּשְׁכַּת טְלָאִים בְּבִקּוּר מֻפְלֶא.

לְכוֹס שֶׁל זָהָב יִשְׁלַח לְהַשְׁקוֹת
מְבַקְּרוֹ שֵׁנִית לְאוֹר הָאֲבוּקוֹת.

כְּזָכָה בַּתָּמִיד וְזִכָּה אֶחָיו
מְשָׁכוֹ וְהוֹלֵךְ לְבֵית מִטְבָּחָיו.

יְדֵי שְׁחִיטָתוֹ זְבַח יַחְדֹּל
עֲדֵי יִפָּתַח שַׁעַר הַגָּדוֹל.

טְרוֹד עַד שֶׁחִי פָּתֹחַ כֵּיוָן
שְׁתֵּי מַפְתְּחוֹת לְפָתְחוֹ כִּוֵּן.

חֲרָצָיו בְּגַלְגְּלוֹ וְצִירֵי צִרִיחוֹ
וְנִשְׁמַע קוֹלוֹ בְּבִקְעַת יְרִיחוֹ.

זְרִיזִים זְהִירִים עֲקֵדָה לִגְמֹר
בְּיָד וָרֶגֶל כְּיִצְחָק בְּהַר מוֹר.

וְזָכוּ שְׁנִיּוֹת שְׁחִיטָה לְשַׁמֵּשׁ
שַׁחַר וָאֶמֶשׁ לְמוּל הַשֶּׁמֶשׁ.

הֲרָמַת שְׁתַּיִם לְאַרְבַּע יִתְרֹם
לְמִזְרָח צָפוֹן לְמַעֲרָב דָּרוֹם.

דְּמֵי שִׁירַיִם יְסוֹד הַדָּרוֹם
וְטָעוּן הֶפְשֵׁט וְכָלִיל לַמָּרוֹם.

גְּלַל הַנְּתִיחָה מְרֻבָּה בְּדִבּוּר
שְׁתִיקָה יָפָה וְאֵימַת צִבּוּר.

בְּתִשְׁעָה קָרֵב בְּצֵרוּף זוֹכִים
חֲבִתִּים סֹלֶת וְיֵין הַנְּסָכִים.

אֲזַי יָם כֶּבֶשׁ מְלָחוּם וּבָאוּ
בְּלִשְׁכַּת גָּזִית שְׁמַע יִקְרָאוּ.

מְבָרְכִים בְּמִנּוּי בְּרָכָה אַחַת
עֲשֶׂרֶת הַדִּבְּרוֹת, וּמוֹסִיף בְּנַחַת.

אֱמֶת וַעֲבוֹדָה וּבִרְכַּת כֹּהֲנִים
יְבָרְכוּ הָעָם בְּרָכָה נֶהֱנִים.

יְבָרְרוּ חֲדָשִׁים לְפַיֵּס קְטֹרֶת
וְלֹא שָׁנוּ בָהּ וְהִיא מַעֲשֶׂרֶת.

רְבִיעִי פַּיִס בְּיַחַד נִקְבָּע
נְתָחִים לְהַעֲלוֹת לְגַב הַמְּרֻבָּע.

בְּקוֹל מַגְרֵפָה מַרְבִּים זְמָרִים
וְקוֹלָהּ נִשְׁמַע בְּעִיר הַתְּמָרִים.

רְגִילִים לְקוֹלָהּ לְוִיִּים וְכֹהֲנִים
לְשִׁיר וְהִשְׁתַּחֲוָיָה הֱיוֹת מְזֻמָּנִים.

בְּמַעֲלוֹת אוּלָם עֲלוֹת בִּמְרוּצָה
מְדַשֵּׁן פְּנִימִי, טֶנִי נָטַל וְיָצָא.

יְדַשֵּׁן מְנוֹרָה וְכָבָה יַעַרְכוּ
וְהַכּוּז נָטַל וְנָחַץ לְדַרְכּוֹ.

יְרַדֵּד זוֹכֶה בְּשׁוּלֵי מַחְתָּה
לְגַחֲלֵי הָאֵשׁ, וְשָׁחָה וְאָתָה.

צִבּוֹר הַקְּטֹרֶת פְּנִימָה חוּץ לוֹ
מְלַמְּדִין מַקְטִיר בְּלִי כְּווֹת אֲצִילוֹ.

חֲרֵדִים לִפְרֹשׂ בְּעֵת הַקְטָרָה
חֲשָׂאִי כַּפָּרָה לְחֵץ מַטָּרָה.

קְבוּעוֹת הָיוּ לְמוּל הַפְּרָצוֹת
בְּהִשְׁתַּחֲוָיוֹת לְאֵל חַי לְרַצּוֹת.

חֲגוּרֵי חֶרֶב כְּתָב וְלֹא בְכִנּוּי
מְבָרְכִים אַחַת וְעַל רֹאשׁ מִנּוּי.

זְמַן הַגָּדוֹל לְחֶלְקוֹ כּוֹבֵשׁ
סְגָן מִימִינוֹ עֲלוֹת בַּכֶּבֶשׁ.

קְרֵבִים אֶצְלוֹ וְלוֹ מַגִּישִׁים
נְתָחִים לִסְמֹךְ זְרֹק לָאִשִּׁים.

וְאָז בַּשִּׁיתִין נְסָכִים סִדֵּר
וּסְגָן עוֹמֵד וּמֵנִיף בְּסוּדָר.

מַחְצְרִים בָּאִים עֲמֹד לוֹ אֵצֶל
צְרָדָה מַקִּישׁ, לִשְׁמַע צִלְצֵל.

לְוִיִּם דִּבְּרוּ בְּשִׁיר הַהֲוָיָה
לְפֶרֶק תְּקִיעָה וְהִשְׁתַּחֲוָיָה.

וְזֶהוּ סֵדֶר עֲבוֹדַת תָּמִיד
בְּבֵית אֱלֹהֵינוּ מְהֵרָה לְהַעֲמִיד.

תָּמִיד הַבֹּקֶר יְשַׁלֵּם בְּסִפּוּר
לְעוֹלָם זֹאת עַל יְשֻׁרוּן כִּפּוּר.

כְּסִדְרוֹ בְּמִנְחָה וְנֶסֶךְ קָרֵב
עֵסֶק בַּשֵּׁנִי לְעִתּוֹת עָרֶב.

בְּאַחַד עָשָׂר זְכוּת בּוֹ מְחַזְּרִים
שְׁנַיִם בְּיָדָם שְׁנֵי גְּזִירִים.

כְּבָשִׂים כּוֹבְשִׁים עֲוֹנוֹת מְכַבְּסִים
כְּתִינוֹק בֶּן שְׁנָתוֹ סְגֻלָּה עוֹשִׂים.

פְּרַקְלִיט סַנֵּגוֹר בְּצֶדֶק לְלוֹנְנָהּ
בְּעִיר אֱלֹהֵינוּ אֱלֹהִים יְכוֹנְנָהּ.

דְּמִי אַל תִּתְּנוּ מְמֻנִּים שׁוֹמְרִים
וְאַתָּה תָקוּם תְּרַחֵם אוֹמְרִים.

יְרוּשָׁלַיִם בְּנוּיַת עֶרֶץ
יְכוֹנֵן וְיָשִׂים לְשֵׁם בָּאָרֶץ.

וְיַעֲמֹד הַמְּשֵׁל הַשַּׂר הַגָּדוֹל
בְּעַד בְּנֵי עַמּוֹ לְחַנֵּן מֵחֲדֹל.

תְּחִנַּת שַׁוְעָם לְהַכְתִּיר תֶּעֱרַב
לְמִזְבַּח מַעְלָה כְּכָלִיל יִקְרַב.

וְשַׂר הַפַּחַד אֲחוֹרֵי הַפַּרְגּוֹד
בְּיֹשֶׁר תַּמְלִיץ וּבִזְכוּת תֶּאֱגֹד.

כְּאָז לַחֲמוּדוֹת בְּלַמֶּדְךָ זְכוּת
וְזָכִיתָ לַחֲזוֹר לְמֶמְשָׁל וּנְסִיכוּת.

בְּעַד יִשְׂרָאֵל צֶדֶק לַמְּדוּ
פְּנֵי הָאָדוֹן יהוה עִמְדוּ.

צְדָקוֹת לְגַלְגֵּל כְּמֹר נִחוּמִים
לְפָנָיו תָּבוֹא מִדַּת הָרַחֲמִים.

יש הנוהגים שלא לומר תחינה זו.

מַכְנִיסֵי רַחֲמִים, הַכְנִיסוּ רַחֲמֵינוּ לִפְנֵי בַּעַל הָרַחֲמִים. מַשְׁמִיעֵי תְפִלָּה, הַשְׁמִיעוּ תְּפִלָּתֵנוּ לִפְנֵי שׁוֹמֵעַ תְּפִלָּה. מַשְׁמִיעֵי צְעָקָה, הַשְׁמִיעוּ צַעֲקָתֵנוּ לִפְנֵי שׁוֹמֵעַ צְעָקָה. מַכְנִיסֵי דִמְעָה, הַכְנִיסוּ דִּמְעוֹתֵינוּ לִפְנֵי מֶלֶךְ מִתְרַצֶּה בִּדְמָעוֹת.

הִשְׁתַּדְּלוּ וְהַרְבּוּ תְּחִנָּה וּבַקָּשָׁה לִפְנֵי מֶלֶךְ אֵל רָם וְנִשָּׂא. הַזְכִּירוּ לְפָנָיו הַשְׁמִיעוּ לְפָנָיו תּוֹרָה וּמַעֲשִׂים טוֹבִים שֶׁל שׁוֹכְנֵי עָפָר. יִזְכֹּר אַהֲבָתָם וִיחַיֶּה זַרְעָם, שֶׁלֹּא תֹאבַד שְׁאֵרִית יַעֲקֹב. כִּי צֹאן רוֹעֶה נֶאֱמָן הָיָה לְחֶרְפָּה, יִשְׂרָאֵל גּוֹי אֶחָד לְמָשָׁל וְלִשְׁנִינָה. מַהֵר עֲנֵנוּ אֱלֹהֵי יִשְׁעֵנוּ, וּפְדֵנוּ מִכָּל גְּזֵרוֹת קָשׁוֹת, וְהוֹשִׁיעָה בְּרַחֲמֶיךָ הָרַבִּים מְשִׁיחַ צִדְקֶךָ וְעַמֶּךָ.

מָרָן דְּבִשְׁמַיָּא לָךְ מִתְחַנַּנַן, כְּבַר שִׁבְיָא דְּמִתְחַנַּן לְשַׁבָּיֵהּ.
כָּלְּהוֹן בְּנֵי שִׁבְיָא בְּכַסְפָּא מִתְפָּרְקִין
וְעַמָּךְ בֵּית יִשְׂרָאֵל בְּרַחֲמֵי וּבְתַחֲנוּנֵי.
הַב לַן שְׁאֶלְתִּין וּבָעוּתִין, דְּלָא נֶהְדַּר רֵיקָם מִן קֳדָמָךְ.

מָרָן דְּבִשְׁמַיָּא לָךְ מִתְחַנַּנַן, כְּעַבְדָּא דְּמִתְחַנַּן לְמָרֵהּ.
עֲשִׁיקֵי אֲנַן וּבַחֲשׁוֹכָא שָׁרֵינָן.
מְרִירָן נַפְשִׁין מֵעַקְתִין דְּנְפִישִׁין.
חֵילָא לֵית בַּן לְרַצּוּיָךְ, מָרָן.
עֲבֵד בְּדִיל קְיָמָא דִּגְזַרְתְּ עִם אֲבָהָתַנָא.

הפיוט ׳שׁוֹמֵר יִשְׂרָאֵל׳ חותם את הסליחות בחודש אלול ובעשרת ימי תשובה.

שׁוֹמֵר יִשְׂרָאֵל, שְׁמֹר שְׁאֵרִית יִשְׂרָאֵל, וְאַל יֹאבַד יִשְׂרָאֵל
הָאוֹמְרִים שְׁמַע יִשְׂרָאֵל.

שׁוֹמֵר גּוֹי אֶחָד, שְׁמֹר שְׁאֵרִית עַם אֶחָד, וְאַל יֹאבַד גּוֹי אֶחָד
הַמְיַחֲדִים שִׁמְךָ, יהוה אֱלֹהֵינוּ יהוה אֶחָד.

שׁוֹמֵר גּוֹי קָדוֹשׁ, שְׁמֹר שְׁאֵרִית עַם קָדוֹשׁ, וְאַל יֹאבַד גּוֹי קָדוֹשׁ
הַמְשַׁלְּשִׁים בְּשָׁלֹשׁ קְדֻשּׁוֹת לְקָדוֹשׁ.

מִתְרַצֶּה בְּרַחֲמִים וּמִתְפַּיֵּס בְּתַחֲנוּנִים, הִתְרַצֵּה וְהִתְפַּיֵּס לְדוֹר עָנִי
כִּי אֵין עוֹזֵר.

אָבִינוּ מַלְכֵּנוּ, חָנֵּנוּ וַעֲנֵנוּ, כִּי אֵין בָּנוּ מַעֲשִׂים
עֲשֵׂה עִמָּנוּ צְדָקָה וָחֶסֶד וְהוֹשִׁיעֵנוּ.

לקט הפסוקים מסדר רב עמרם גאון מבטא את תחושתו של האדם,
שלאחר שהתפלל בכל אופן שהוא מכיר, מוסר את דינו לשמים (טור, קלא).

עומדים במקום המסומן ב־ (מג״א קלא, ד בשם השל״ה).

וַאֲנַחְנוּ לֹא נֵדַע ׳מַה־נַּעֲשֶׂה, כִּי עָלֶיךָ עֵינֵינוּ: זְכֹר־רַחֲמֶיךָ יהוה וַחֲסָדֶיךָ, דברי הימים ב׳ כ תהלים כה
כִּי מֵעוֹלָם הֵמָּה: יְהִי־חַסְדְּךָ יהוה עָלֵינוּ, כַּאֲשֶׁר יִחַלְנוּ לָךְ: אַל־תִּזְכָּר־לָנוּ תהלים לג תהלים עט
עֲוֹנֹת רִאשֹׁנִים, מַהֵר יְקַדְּמוּנוּ רַחֲמֶיךָ, כִּי דַלּוֹנוּ מְאֹד: עֶזְרֵנוּ בְּשֵׁם יהוה, תהלים קכד
עֹשֵׂה שָׁמַיִם וָאָרֶץ: חָנֵּנוּ יהוה חָנֵּנוּ, כִּי־רַב שָׂבַעְנוּ בוּז: בְּרֹגֶז רַחֵם תִּזְכּוֹר: חבקוק ג תהלים קכג
[בְּרֹגֶז עֲקֵדָה תִּזְכּוֹר, בְּרֹגֶז תְּמִימוּת תִּזְכּוֹר. יהוה הוֹשִׁיעָה, הַמֶּלֶךְ יַעֲנֵנוּ תהלים כ
בְיוֹם־קָרְאֵנוּ:] כִּי־הוּא יָדַע יִצְרֵנוּ, זָכוּר כִּי־עָפָר אֲנָחְנוּ: ◂ עָזְרֵנוּ אֱלֹהֵי תהלים קג תהלים עט
יִשְׁעֵנוּ עַל־דְּבַר כְּבוֹד־שְׁמֶךָ, וְהַצִּילֵנוּ וְכַפֵּר עַל־חַטֹּאתֵינוּ לְמַעַן שְׁמֶךָ:

קדיש שלם

ש״ץ: יִתְגַּדַּל וְיִתְקַדַּשׁ שְׁמֵהּ רַבָּא (קהל: אָמֵן)
בְּעָלְמָא דִּי בְרָא כִרְעוּתֵהּ
וְיַמְלִיךְ מַלְכוּתֵהּ [וְיַצְמַח פֻּרְקָנֵהּ וִיקָרֵב מְשִׁיחֵהּ (קהל: אָמֵן)]
בְּחַיֵּיכוֹן וּבְיוֹמֵיכוֹן וּבְחַיֵּי דְכָל בֵּית יִשְׂרָאֵל
בַּעֲגָלָא וּבִזְמַן קָרִיב, וְאִמְרוּ אָמֵן. (קהל: אָמֵן)

קהל וש״ץ: יְהֵא שְׁמֵהּ רַבָּא מְבָרַךְ לְעָלַם וּלְעָלְמֵי עָלְמַיָּא.

ש״ץ: יִתְבָּרַךְ וְיִשְׁתַּבַּח וְיִתְפָּאַר וְיִתְרוֹמַם וְיִתְנַשֵּׂא
וְיִתְהַדָּר וְיִתְעַלֶּה וְיִתְהַלָּל שְׁמֵהּ דְּקֻדְשָׁא בְּרִיךְ הוּא (קהל: אָמֵן)
לְעֵלָּא מִן כָּל בִּרְכָתָא וְשִׁירָתָא, תֻּשְׁבְּחָתָא וְנֶחֱמָתָא
דַּאֲמִירָן בְּעָלְמָא, וְאִמְרוּ אָמֵן. (קהל: אָמֵן)

תִּתְקַבַּל צְלוֹתְהוֹן וּבָעוּתְהוֹן דְּכָל בֵּית יִשְׂרָאֵל
קֳדָם אֲבוּהוֹן דִּי בִשְׁמַיָּא, וְאִמְרוּ אָמֵן. (קהל: אָמֵן)

יְהֵא שְׁלָמָא רַבָּא מִן שְׁמַיָּא
וְחַיִּים [טוֹבִים] עָלֵינוּ וְעַל כָּל יִשְׂרָאֵל, וְאִמְרוּ אָמֵן. (קהל: אָמֵן)

כורע ופוסע שלוש פסיעות לאחור. קד לשמאל, לימין ולפנים באמירת:
עֹשֶׂה שָׁלוֹם בִּמְרוֹמָיו
הוּא יַעֲשֶׂה שָׁלוֹם, עָלֵינוּ וְעַל כָּל יִשְׂרָאֵל, וְאִמְרוּ אָמֵן. (קהל: אָמֵן)

סליחות לצום גדליה

אַשְׁרֵי יוֹשְׁבֵי בֵיתֶךָ, עוֹד יְהַלְלוּךָ סֶּלָה: תהלים פד
אַשְׁרֵי הָעָם שֶׁכָּכָה לּוֹ, אַשְׁרֵי הָעָם שֶׁיהוה אֱלֹהָיו: תהלים קמד
תְּהִלָּה לְדָוִד תהלים קמה

אֲרוֹמִמְךָ אֱלוֹהַי הַמֶּלֶךְ, וַאֲבָרְכָה שִׁמְךָ לְעוֹלָם וָעֶד:
בְּכָל־יוֹם אֲבָרְכֶךָּ, וַאֲהַלְלָה שִׁמְךָ לְעוֹלָם וָעֶד:
גָּדוֹל יהוה וּמְהֻלָּל מְאֹד, וְלִגְדֻלָּתוֹ אֵין חֵקֶר:
דּוֹר לְדוֹר יְשַׁבַּח מַעֲשֶׂיךָ, וּגְבוּרֹתֶיךָ יַגִּידוּ:
הֲדַר כְּבוֹד הוֹדֶךָ, וְדִבְרֵי נִפְלְאֹתֶיךָ אָשִׂיחָה:
וֶעֱזוּז נוֹרְאֹתֶיךָ יֹאמֵרוּ, וּגְדוּלָּתְךָ אֲסַפְּרֶנָּה:
זֵכֶר רַב־טוּבְךָ יַבִּיעוּ, וְצִדְקָתְךָ יְרַנֵּנוּ:
חַנּוּן וְרַחוּם יהוה, אֶרֶךְ אַפַּיִם וּגְדָל־חָסֶד:
טוֹב־יהוה לַכֹּל, וְרַחֲמָיו עַל־כָּל־מַעֲשָׂיו:
יוֹדוּךָ יהוה כָּל־מַעֲשֶׂיךָ, וַחֲסִידֶיךָ יְבָרְכוּכָה:
כְּבוֹד מַלְכוּתְךָ יֹאמֵרוּ, וּגְבוּרָתְךָ יְדַבֵּרוּ:
לְהוֹדִיעַ לִבְנֵי הָאָדָם גְּבוּרֹתָיו, וּכְבוֹד הֲדַר מַלְכוּתוֹ:
מַלְכוּתְךָ מַלְכוּת כָּל־עֹלָמִים, וּמֶמְשַׁלְתְּךָ בְּכָל־דּוֹר וָדֹר:
סוֹמֵךְ יהוה לְכָל־הַנֹּפְלִים, וְזוֹקֵף לְכָל־הַכְּפוּפִים:
עֵינֵי־כֹל אֵלֶיךָ יְשַׂבֵּרוּ, וְאַתָּה נוֹתֵן־לָהֶם אֶת־אָכְלָם בְּעִתּוֹ:
פּוֹתֵחַ אֶת־יָדֶךָ, וּמַשְׂבִּיעַ לְכָל־חַי רָצוֹן:
צַדִּיק יהוה בְּכָל־דְּרָכָיו, וְחָסִיד בְּכָל־מַעֲשָׂיו:
קָרוֹב יהוה לְכָל־קֹרְאָיו, לְכֹל אֲשֶׁר יִקְרָאֻהוּ בֶאֱמֶת:
רְצוֹן־יְרֵאָיו יַעֲשֶׂה, וְאֶת־שַׁוְעָתָם יִשְׁמַע, וְיוֹשִׁיעֵם:
שׁוֹמֵר יהוה אֶת־כָּל־אֹהֲבָיו, וְאֵת כָּל־הָרְשָׁעִים יַשְׁמִיד:

תְּהִלַּת יהוה יְדַבֶּר פִּי, וִיבָרֵךְ כָּל־בָּשָׂר שֵׁם קָדְשׁוֹ לְעוֹלָם וָעֶד:

תהלים קטו וַאֲנַחְנוּ נְבָרֵךְ יָהּ מֵעַתָּה וְעַד־עוֹלָם, הַלְלוּיָהּ:

במדבר יד וְעַתָּה יִגְדַּל־נָא כֹּחַ אֲדֹנָי כַּאֲשֶׁר דִּבַּרְתָּ לֵאמֹר:

תהלים כה זְכֹר־רַחֲמֶיךָ יהוה וַחֲסָדֶיךָ כִּי מֵעוֹלָם הֵמָּה:

חצי קדיש

ש״ץ: יִתְגַּדַּל וְיִתְקַדַּשׁ שְׁמֵהּ רַבָּא (קהל: אָמֵן)

בְּעָלְמָא דִּי בְרָא כִרְעוּתֵהּ

וְיַמְלִיךְ מַלְכוּתֵהּ [וְיַצְמַח פֻּרְקָנֵהּ וִיקָרֵב מְשִׁיחֵהּ (קהל: אָמֵן)]

בְּחַיֵּיכוֹן וּבְיוֹמֵיכוֹן וּבְחַיֵּי דְכָל בֵּית יִשְׂרָאֵל

בַּעֲגָלָא וּבִזְמַן קָרִיב, וְאִמְרוּ אָמֵן. (קהל: אָמֵן)

קהל וש״ץ: יְהֵא שְׁמֵהּ רַבָּא מְבָרַךְ לְעָלַם וּלְעָלְמֵי עָלְמַיָּא.

ש״ץ: יִתְבָּרַךְ וְיִשְׁתַּבַּח וְיִתְפָּאַר וְיִתְרוֹמַם וְיִתְנַשֵּׂא

וְיִתְהַדָּר וְיִתְעַלֶּה וְיִתְהַלָּל

שְׁמֵהּ דְּקֻדְשָׁא בְּרִיךְ הוּא (קהל: אָמֵן)

לְעֵלָּא לְעֵלָּא מִכָּל בִּרְכָתָא וְשִׁירָתָא, תֻּשְׁבְּחָתָא וְנֶחֱמָתָא

דַּאֲמִירָן בְּעָלְמָא, וְאִמְרוּ אָמֵן. (קהל: אָמֵן)

דניאל ט לְךָ אֲדֹנָי הַצְּדָקָה, וְלָנוּ בֹּשֶׁת הַפָּנִים:

בראשית מד מַה נִּתְאוֹנֵן וּמַה נֹּאמַר, מַה־נְּדַבֵּר וּמַה־נִּצְטַדָּק:

נַחְפְּשָׂה דְרָכֵינוּ וְנַחְקֹרָה וְנָשׁוּבָה אֵלֶיךָ

כִּי יְמִינְךָ פְשׁוּטָה לְקַבֵּל שָׁבִים.

לֹא בְחֶסֶד וְלֹא בְמַעֲשִׂים בָּאנוּ לְפָנֶיךָ, כְּדַלִּים וּכְרָשִׁים דָּפַקְנוּ דְלָתֶיךָ.

דְּלָתֶיךָ דָּפַקְנוּ רַחוּם וְחַנּוּן, נָא אַל תְּשִׁיבֵנוּ רֵיקָם מִלְּפָנֶיךָ.

מִלְּפָנֶיךָ מַלְכֵּנוּ רֵיקָם אַל תְּשִׁיבֵנוּ, כִּי אַתָּה שׁוֹמֵעַ תְּפִלָּה.

שֹׁמֵעַ תְּפִלָּה, עָדֶיךָ כָּל־בָּשָׂר יָבֹאוּ׃ תהלים סה
יָבוֹא כָל בָּשָׂר לְהִשְׁתַּחֲוֹת לְפָנֶיךָ יהוה.
יָבֹאוּ וְיִשְׁתַּחֲווּ לְפָנֶיךָ אֲדֹנָי, וִיכַבְּדוּ לִשְׁמֶךָ׃ תהלים פו
בֹּאוּ נִשְׁתַּחֲוֶה וְנִכְרָעָה, נִבְרְכָה לִפְנֵי־יהוה עֹשֵׂנוּ׃ תהלים צה
נָבוֹאָה לְמִשְׁכְּנוֹתָיו, נִשְׁתַּחֲוֶה לַהֲדֹם רַגְלָיו׃ תהלים קלב
בֹּאוּ שְׁעָרָיו בְּתוֹדָה חֲצֵרֹתָיו בִּתְהִלָּה תהלים ק
הוֹדוּ לוֹ בָּרְכוּ שְׁמוֹ׃
וַאֲנַחְנוּ בְּרֹב חַסְדְּךָ נָבוֹא בֵיתֶךָ
נִשְׁתַּחֲוֶה אֶל הֵיכַל קָדְשְׁךָ בְּיִרְאָתֶךָ.
הִנֵּה בָּרְכוּ אֶת־יהוה כָּל־עַבְדֵי יהוה תהלים קלד
הָעֹמְדִים בְּבֵית־יהוה בַּלֵּילוֹת׃
שְׂאוּ־יְדֵכֶם קֹדֶשׁ, וּבָרְכוּ אֶת־יהוה׃
רוֹמְמוּ יהוה אֱלֹהֵינוּ וְהִשְׁתַּחֲווּ לַהֲדֹם רַגְלָיו, קָדוֹשׁ הוּא׃ תהלים צט
רוֹמְמוּ יהוה אֱלֹהֵינוּ וְהִשְׁתַּחֲווּ לְהַר קָדְשׁוֹ
כִּי־קָדוֹשׁ יהוה אֱלֹהֵינוּ׃
הִשְׁתַּחֲווּ לַיהוה בְּהַדְרַת־קֹדֶשׁ, חִילוּ מִפָּנָיו כָּל־הָאָרֶץ׃ תהלים צו
נִשְׁתַּחֲוֶה אֶל הֵיכַל קָדְשְׁךָ וְנוֹדֶה אֶת שְׁמֶךָ
עַל חַסְדְּךָ וְעַל אֲמִתֶּךָ, כִּי הִגְדַּלְתָּ עַל כָּל שִׁמְךָ אִמְרָתֶךָ.
יהוה אֱלֹהֵי צְבָאוֹת מִי־כָמוֹךָ חֲסִין יָהּ, וֶאֱמוּנָתְךָ סְבִיבוֹתֶיךָ׃ תהלים פט
כִּי מִי בַשַּׁחַק יַעֲרֹךְ לַיהוה, יִדְמֶה לַיהוה בִּבְנֵי אֵלִים׃
כִּי־גָדוֹל אַתָּה וְעֹשֵׂה נִפְלָאוֹת, אַתָּה אֱלֹהִים לְבַדֶּךָ׃ תהלים פו
כִּי־גָדוֹל מֵעַל־שָׁמַיִם חַסְדֶּךָ, וְעַד־שְׁחָקִים אֲמִתֶּךָ׃ תהלים קח
גָּדוֹל יהוה וּמְהֻלָּל מְאֹד, וְלִגְדֻלָּתוֹ אֵין חֵקֶר׃ תהלים קמה
כִּי גָדוֹל יהוה וּמְהֻלָּל מְאֹד, נוֹרָא הוּא עַל־כָּל־אֱלֹהִים׃ תהלים צו
כִּי אֵל גָּדוֹל יהוה, וּמֶלֶךְ גָּדוֹל עַל־כָּל־אֱלֹהִים׃ תהלים צה
אֲשֶׁר מִי־אֵל בַּשָּׁמַיִם וּבָאָרֶץ אֲשֶׁר־יַעֲשֶׂה כְמַעֲשֶׂיךָ וְכִגְבוּרֹתֶךָ׃ דברים ג

ירמיה י מִי לֹא יִרָאֲךָ מֶלֶךְ הַגּוֹיִם כִּי לְךָ יָאָתָה
כִּי בְכָל־חַכְמֵי הַגּוֹיִם וּבְכָל־מַלְכוּתָם מֵאֵין כָּמוֹךָ:
מֵאֵין כָּמוֹךָ יהוה, גָּדוֹל אַתָּה וְגָדוֹל שִׁמְךָ בִּגְבוּרָה:
תהלים פט לְךָ זְרוֹעַ עִם־גְּבוּרָה, תָּעֹז יָדְךָ תָּרוּם יְמִינֶךָ:
תהלים עד לְךָ יוֹם אַף־לְךָ לָיְלָה, אַתָּה הֲכִינוֹתָ מָאוֹר וָשָׁמֶשׁ:
תהלים צה אֲשֶׁר בְּיָדוֹ מֶחְקְרֵי־אָרֶץ, וְתוֹעֲפוֹת הָרִים לוֹ:
תהלים קו מִי יְמַלֵּל גְּבוּרוֹת יהוה, יַשְׁמִיעַ כָּל־תְּהִלָּתוֹ:
דברי הימים א׳ כט לְךָ יהוה הַגְּדֻלָּה וְהַגְּבוּרָה וְהַתִּפְאֶרֶת וְהַנֵּצַח וְהַהוֹד
כִּי־כֹל בַּשָּׁמַיִם וּבָאָרֶץ
לְךָ יהוה הַמַּמְלָכָה וְהַמִּתְנַשֵּׂא לְכֹל לְרֹאשׁ:
תהלים פט לְךָ שָׁמַיִם אַף־לְךָ אָרֶץ, תֵּבֵל וּמְלֹאָהּ אַתָּה יְסַדְתָּם:
תהלים עד אַתָּה הִצַּבְתָּ כָּל־גְּבוּלוֹת אָרֶץ, קַיִץ וָחֹרֶף אַתָּה יְצַרְתָּם:
אַתָּה רִצַּצְתָּ רָאשֵׁי לִוְיָתָן, תִּתְּנֶנּוּ מַאֲכָל לְעָם לְצִיִּים:
אַתָּה בָקַעְתָּ מַעְיָן וָנָחַל, אַתָּה הוֹבַשְׁתָּ נַהֲרוֹת אֵיתָן:
אַתָּה פוֹרַרְתָּ בְעָזְּךָ יָם, שִׁבַּרְתָּ רָאשֵׁי תַנִּינִים עַל־הַמָּיִם:
תהלים פט אַתָּה מוֹשֵׁל בְּגֵאוּת הַיָּם, בְּשׂוֹא גַלָּיו אַתָּה תְשַׁבְּחֵם:
תהלים מח גָּדוֹל יהוה וּמְהֻלָּל מְאֹד, בְּעִיר אֱלֹהֵינוּ הַר־קָדְשׁוֹ:
ישעיה לז יהוה צְבָאוֹת אֱלֹהֵי יִשְׂרָאֵל יֹשֵׁב הַכְּרֻבִים
אַתָּה־הוּא הָאֱלֹהִים לְבַדֶּךָ:
תהלים פט אֵל נַעֲרָץ בְּסוֹד־קְדֹשִׁים רַבָּה, וְנוֹרָא עַל־כָּל־סְבִיבָיו:
וְיוֹדוּ שָׁמַיִם פִּלְאֲךָ יהוה, אַף־אֱמוּנָתְךָ בִּקְהַל קְדֹשִׁים:
תהלים צה לְכוּ נְרַנְּנָה לַיהוה, נָרִיעָה לְצוּר יִשְׁעֵנוּ:
נְקַדְּמָה פָנָיו בְּתוֹדָה, בִּזְמִרוֹת נָרִיעַ לוֹ:
תהלים פט צֶדֶק וּמִשְׁפָּט מְכוֹן כִּסְאֶךָ, חֶסֶד וֶאֱמֶת יְקַדְּמוּ פָנֶיךָ:
תהלים נה אֲשֶׁר יַחְדָּו נַמְתִּיק סוֹד, בְּבֵית אֱלֹהִים נְהַלֵּךְ בְּרָגֶשׁ:
תהלים צה אֲשֶׁר־לוֹ הַיָּם וְהוּא עָשָׂהוּ, וְיַבֶּשֶׁת יָדָיו יָצָרוּ:
איוב יב אֲשֶׁר בְּיָדוֹ נֶפֶשׁ כָּל־חָי, וְרוּחַ כָּל־בְּשַׂר־אִישׁ:

הַנְּשָׁמָה לָךְ וְהַגּוּף פָּעֳלָךְ, חוּסָה עַל עֲמָלָךְ.
הַנְּשָׁמָה לָךְ וְהַגּוּף שֶׁלָּךְ, יהוה עֲשֵׂה לְמַעַן שְׁמֶךָ.
אָתָאנוּ עַל שִׁמְךָ, יהוה עֲשֵׂה לְמַעַן שְׁמֶךָ
בַּעֲבוּר כְּבוֹד שִׁמְךָ, כִּי אֵל חַנּוּן וְרַחוּם שְׁמֶךָ.
לְמַעַן שִׁמְךָ יהוה, וְסָלַחְתָּ לַעֲוֹנֵנוּ כִּי רַב הוּא.

סְלַח לָנוּ, אָבִינוּ, כִּי בְּרֹב אִוַּלְתֵּנוּ שָׁגִינוּ.
מְחַל לָנוּ, מַלְכֵּנוּ, כִּי רַבּוּ עֲוֹנֵינוּ.

תשובה קודם לעולם נבראה, מוכנה היא מקדם לטהר את בגדינו הצואים ולהלבישנו מחלצות טהורות. בתפילה אנו עומדים לפני ה'. אנא, טהרנו מחטא ומעוון.

מב. מחבר: רש"י

אָז טֶרֶם נִמְתְּחוּ נִבְלֵי שְׁחָקִים
בָּאָרֶץ עַד לֹא דָּבְקוּ רְגָבִים
גַּבָּךְ שִׁבְעָה דְּבָרִים הָיוּ מְגֻבָּבִים
דָּת וְכֵס וּרְטִיַּת בָּנִים שׁוֹבָבִים
הוֹד גַּן עֵדֶן וְעֵלֶק הַבְהָבִים
וּמְקוֹם כַּפָּרָה עַל יְדֵי מַקְרִיבִים
זְהַר שֵׁם יִנּוֹן מְחֻלָּל מֵחוֹבִים
חֻבְּרוּ אַלְפַּיִם קֶדֶם בְּרִיאַת יְשׁוּבִים.
טְכוּסִים עַל רָקִיעַ בּוֹטִים כִּשְׁבִיבִים
יְעוּרִים וּמְשֹׁרָשִׁים פְּנֵי יוֹשֵׁב הַכְּרוּבִים.
כִּסֵּא הָיָה מֻנָּח בְּרָקִיעַ בְּיִצּוּבִים
לְמוֹשַׁב מֶלֶךְ וְנוֹרָא עַל סְבִיבִים.
מִימִינוֹ אֵשׁ דָּת חֲקוּקָה בִּכְתוּבִים
נְתוּנָה עַל בִּרְכּוֹ בְּשַׁעֲשׁוּעַ אֲהָבִים.
סָדוּר עַל הַדָּרוֹם גַּן רְטוּבִים
עָרוּךְ עַל הַצָּפוֹן תָּפְתֶּת שַׁלְהָבִים.
פְּנֵי הַמִּזְרָח יְרוּשָׁלַיִם הַבְּנוּיָה בְּמַחֲצָבִים
צָפוּן בְּתוֹכָהּ מִקְדַּשׁ אֵל בְּיִשּׁוּבִים

קָבוּעַ בְּאֶמְצַע מִזְבֵּחַ כִּפּוּר חַיָּבִים
רְבוּצָה עָלָיו אֶבֶן שְׁתִיַּת חֲטוּבִים
שֵׁם יִנּוֹן עָלֶיהָ חָקוּק בְּמִכְתָּבִים
תְּאַר שֵׁם הַמְפֹרָשׁ בְּתָוֵי גִלּוּבִים.
שָׁמָּה בַּתָּוֶךְ לִפְנֵי מֵזִיב מַשְׁאַבִּים
לִוּוּי תְּשׁוּבָה אֶרֶךְ לְנִדְוִים וְכוֹאֲבִים
מְעֻתֶּדֶת לְכַבּוֹס צֹאִים וּלְהַלְבִּישׁ מוּטָבִים
הָרֵק שֶׁמֶן הַטּוֹב עַל רֹאשׁ שָׁבִים.
בְּכֵן אָתָאנוּ לְךָ עֲלָמִים וְשָׂבִים
רְחַץ מִצַּחַן וְהַשְׁלֵךְ טִמּוּי סְאָבִים
בִּתְפִלָּה יְקַדְּמוּךָ בָּנִים שׁוֹבָבִים
יוֹם יוֹם לְדָרְשְׁךָ בְּפִיץ נִיבִים
יֵחָשֵׁב אֲמָרֵינוּ כְּהֶקְטֵר דָּמִים וַחֲלָבִים
צִפְצוּפֵנוּ יְקֻבַּל כְּפִסּוּגֵי פָּרִים וּכְשָׂבִים
חֲטָאֵינוּ הַצְלֵל בְּקַרְקַע נִטְפֵי מַרְזְבִים
קָרְבֵנוּ אֵלֶיךָ בְּרִכְפַּת רַחֲמֶיךָ הָרַבִּים.

כִּי עַל רַחֲמֶיךָ הָרַבִּים אָנוּ בְטוּחִים, וְעַל צִדְקוֹתֶיךָ אָנוּ נִשְׁעָנִים
וְלִסְלִיחוֹתֶיךָ אָנוּ מְקַוִּים, וְלִישׁוּעָתְךָ אָנוּ מְצַפִּים.
אַתָּה הוּא מֶלֶךְ אוֹהֵב צְדָקוֹת מִקֶּדֶם
מַעֲבִיר עֲוֹנוֹת עַמּוֹ וּמֵסִיר חַטֹּאת יְרֵאָיו
כּוֹרֵת בְּרִית לָרִאשׁוֹנִים וּמְקַיֵּם שְׁבוּעָה לָאַחֲרוֹנִים.
אַתָּה הוּא שֶׁיָּרַדְתָּ בַּעֲנַן כְּבוֹדֶךָ עַל הַר סִינַי
וְהֶרְאִיתָ דַּרְכֵי טוּבְךָ לְמשֶׁה עַבְדֶּךָ וְאָרְחוֹת חֲסָדֶיךָ גִּלִּיתָ לוֹ
וְהוֹדַעְתּוֹ כִּי אַתָּה אֵל רַחוּם וְחַנּוּן
אֶרֶךְ אַפַּיִם וְרַב חֶסֶד וּמַרְבֶּה לְהֵיטִיב
וּמַנְהִיג אֶת הָעוֹלָם כֻּלּוֹ בְּמִדַּת הָרַחֲמִים.

וְכֵן כָּתוּב:

שמות לג
וַיֹּאמֶר אֲנִי אַעֲבִיר כָּל־טוּבִי עַל־פָּנֶיךָ
וְקָרָאתִי בְשֵׁם יהוה לְפָנֶיךָ
וְחַנֹּתִי אֶת־אֲשֶׁר אָחֹן, וְרִחַמְתִּי אֶת־אֲשֶׁר אֲרַחֵם:

אֵל אֶרֶךְ אַפַּיִם אַתָּה, וּבַעַל הָרַחֲמִים נִקְרֵאתָ, וְדֶרֶךְ תְּשׁוּבָה הוֹרֵיתָ.
גְּדֻלַּת רַחֲמֶיךָ וַחֲסָדֶיךָ, תִּזְכֹּר הַיּוֹם וּבְכָל יוֹם לְזֶרַע יְדִידֶיךָ.
תֵּפֶן אֵלֵינוּ בְּרַחֲמִים, כִּי אַתָּה הוּא בַּעַל הָרַחֲמִים.
בְּתַחֲנוּן וּבִתְפִלָּה פָּנֶיךָ נְקַדֵּם, כְּהוֹדַעְתָּ לֶעָנָו מִקֶּדֶם.
מֵחֲרוֹן אַפְּךָ שׁוּב, כְּמוֹ בְּתוֹרָתְךָ כָּתוּב.
וּבְצֵל כְּנָפֶיךָ נֶחֱסֶה וְנִתְלוֹנָן, כְּיוֹם וַיֵּרֶד יהוה בֶּעָנָן.
תַּעֲבֹר עַל פֶּשַׁע וְתִמְחֶה אָשָׁם, כְּיוֹם וַיִּתְיַצֵּב עִמּוֹ שָׁם.
תַּאֲזִין שַׁוְעָתֵנוּ וְתַקְשִׁיב מֶנּוּ מַאֲמָר, כְּיוֹם וַיִּקְרָא בְשֵׁם יהוה
וְשָׁם נֶאֱמַר

קהל ואחריו שליח הציבור:

שמות לד
וַיַּעֲבֹר יהוה עַל־פָּנָיו וַיִּקְרָא

יהוה, יהוה, אֵל רַחוּם וְחַנּוּן, אֶרֶךְ אַפַּיִם, וְרַב־חֶסֶד וֶאֱמֶת:
נֹצֵר חֶסֶד לָאֲלָפִים, נֹשֵׂא עָוֹן וָפֶשַׁע וְחַטָּאָה, וְנַקֵּה:

וְסָלַחְתָּ לַעֲוֹנֵנוּ וּלְחַטָּאתֵנוּ, וּנְחַלְתָּנוּ:
סְלַח לָנוּ אָבִינוּ כִּי חָטָאנוּ
מְחַל לָנוּ מַלְכֵּנוּ כִּי פָשָׁעְנוּ.
תהלים פו
כִּי־אַתָּה אֲדֹנָי טוֹב וְסַלָּח, וְרַב־חֶסֶד לְכָל־קֹרְאֶיךָ:
ישעיה נה
דִּרְשׁוּ יהוה בְּהִמָּצְאוֹ קְרָאֻהוּ בִּהְיוֹתוֹ קָרוֹב:
יַעֲזֹב רָשָׁע דַּרְכּוֹ וְאִישׁ אָוֶן מַחְשְׁבֹתָיו
וְיָשֹׁב אֶל־יהוה וִירַחֲמֵהוּ, וְאֶל־אֱלֹהֵינוּ כִּי־יַרְבֶּה לִסְלוֹחַ:
אֲדֹנָי שִׁמְעָה בְקוֹלֵנוּ, תִּהְיֶינָה אָזְנֶיךָ קַשֻּׁבוֹת לְקוֹל תַּחֲנוּנֵנוּ.
תִּכּוֹן תְּפִלָּתֵנוּ קְטֹרֶת לְפָנֶיךָ.

כְּרַחֵם אָב עַל בָּנִים, כֵּן תְּרַחֵם יהוה עָלֵינוּ.

תהלים ג לַיהוה הַיְשׁוּעָה, עַל־עַמְּךָ בִרְכָתֶךָ סֶּלָה:

תהלים מו יהוה צְבָאוֹת עִמָּנוּ, מִשְׂגָּב לָנוּ אֱלֹהֵי יַעֲקֹב סֶלָה:

תהלים פד יהוה צְבָאוֹת, אַשְׁרֵי אָדָם בֹּטֵחַ בָּךְ:

תהלים כ יהוה הוֹשִׁיעָה, הַמֶּלֶךְ יַעֲנֵנוּ בְיוֹם־קָרְאֵנוּ:

במדבר יד סְלַח־נָא לַעֲוֹן הָעָם הַזֶּה כְּגֹדֶל חַסְדֶּךָ
וְכַאֲשֶׁר נָשָׂאתָה לָעָם הַזֶּה מִמִּצְרַיִם וְעַד־הֵנָּה:
וְשָׁם נֶאֱמַר

קהל ואחריו שליח הציבור:

וַיֹּאמֶר יהוה, סָלַחְתִּי כִּדְבָרֶךָ:

דניאל ט הַטֵּה אֱלֹהַי אָזְנְךָ וּשְׁמָע
פְּקַח עֵינֶיךָ וּרְאֵה שֹׁמְמֹתֵינוּ, וְהָעִיר אֲשֶׁר־נִקְרָא שִׁמְךָ עָלֶיהָ
כִּי לֹא עַל־צִדְקֹתֵינוּ אֲנַחְנוּ מַפִּילִים תַּחֲנוּנֵינוּ לְפָנֶיךָ
כִּי עַל־רַחֲמֶיךָ הָרַבִּים:
אֲדֹנָי שְׁמָעָה, אֲדֹנָי סְלָחָה, אֲדֹנָי הַקְשִׁיבָה וַעֲשֵׂה אַל תְּאַחַר
לְמַעַנְךָ אֱלֹהַי כִּי־שִׁמְךָ נִקְרָא עַל־עִירְךָ וְעַל־עַמֶּךָ:

חטאינו ענו בנו. צרות רבות ורעות באו עלינו מחמתם. ה׳, אנא קבל את שיח שפתותינו כריח ניחוחות, וקיים במהרה את הבטחתך לגאלנו.

מג. מחבר: רבי אליה בר שמעיה

אֶת יהוה בְּהִמָּצְאוֹ לְדָרְשׁוֹ קִדַּמְתִּי
בְּעַד עֲוֹנוֹת לְכַפֵּר כִּי כַתּוֹלָע נֶאֱדַמְתִּי
גְּלְגַּל הַלֵּב וְטָמְטַם וּכְיָשֵׁן נִרְדַּמְתִּי
כִּמְעַט כִּסְדֹם הָיִיתִי וְלַעֲמֹרָה דָּמִיתִי.

דָּמִיתִי לְסוֹטָה פְּרוּעָה מְנָאֶפֶת וַחֲלָלָה
הָיִיתִי כְּבֶגֶד עִדִּים, וְהוּשַׁמְתִּי כְּשִׂמְלָה בְּדָמִים מְגֹלָלָה
וְחָסַרְתִּי מַפְגִּיעַ וְיוֹדֵעַ אֵין לְפַלְּלָה
איכה א רְאֵה, יהוה, וְהַבִּיטָה כִּי הָיִיתִי זוֹלֵלָה:

זוֹלְלָה כְּבוּדָּה נֶהֶפְכָה בְּיַד מְגָאֵל
חִנָּם נִמְכְּרָה לִצְמִיתוּת וְאֵין גּוֹאֵל
טְבַע נָכוֹן וְנִשָּׂא וְחָרַב אֲרִיאֵל
הִשְׁלִיךְ מִשָּׁמַיִם אֶרֶץ תִּפְאֶרֶת יִשְׂרָאֵל: איכה ב

יִשְׂרָאֵל לְבוֹזְזִים וְלִמְשִׁסָּה עַד מָתַי
כְּאַרְבֶּה רַבּוּ עוֹרְקַי וְעָצְמוּ מַצְמִיתַי
לַלֵּב בְּשׁוּמִי הֲרִיסוּתַי חָרְבוֹתַי וְשׁוֹמְמוֹתַי
וַתִּבְחַר מַחֲנָק נַפְשִׁי, מָוֶת מֵעַצְמוֹתָי: איוב ז

מֵעַצְמוֹתַי הַמְפֻצָּחוֹת וְהַמְפֻלָּחוֹת מִמַּכְעִיסֶיךָ וּמִמַּזְעִימֶיךָ
נָאֲמְתִּי נִלְאֵיתִי נְשֹׂא חֲרוֹנְךָ וְזַעֲמֶךָ
שִׂים לֵב לִגְאֹל חַיַּת נְעִימֶיךָ
כִּי־שִׁמְךָ נִקְרָא עַל־עִירְךָ וְעַל־עַמֶּךָ: דניאל ט

עַמְּךָ זְרוּיִים פְּזוּרִים בְּכָל מוֹשָׁבוֹת
פְּקָדוּךָ בַּצַּר, פְּחָדוּךָ בְּמַעַשׂ וּבְמַחֲשָׁבוֹת
צְלֹל זָדוֹן, הַעֲבֵר וְרַפֵּא מְשׁוּבוֹת
אֲדֹנָי שִׁמְעָה בְקוֹלֵנוּ תִּהְיֶינָה אָזְנֶיךָ קַשֻּׁבוֹת.

קַשֻּׁבוֹת תִּהְיֶינָה אָזְנֶיךָ לְשֶׁפֶךְ שִׂיחֵנוּ
רֹן שָׂפָה קַבֵּל כְּרֵיחַ נִיחוֹחֵנוּ
שִׁחַרְנוּךָ, מָגִנֵּנוּ, וּבְךָ שַׂמְנוּ מִבְטַחֵנוּ
וְשִׁמְךָ עָלֵינוּ נִקְרָא, אַל־תַּנִּחֵנוּ: ירמיה יד

תַּנִּיחֵנוּ אָדוֹן זֶה כַּמָּה שָׁנִים לָמָּה
לְשַׁמָּה לְמָשָׁל וְלִשְׁנִינָה, לְלַעַג לְבֹשֶׁת וְלִכְלִמָּה
יֵאָמֵן וְיוּחַשׁ הַמִּבְטָח שֶׁהִבְטַחְתָּ לַשּׁוֹמֵמָה
אֲנִי יהוה בָּנִיתִי הַנֶּהֱרָסוֹת, נָטַעְתִּי הַנְּשַׁמָּה: יחזקאל לו

הַנְּשָׁמָה בְּרַחֲמִים גְּדוֹלִים תְּקַבֵּץ וּתְכוֹנְנָהּ
שְׁמַע יָהּ חִנּוּנָהּ כִּי בָא עֵת לְחֶנְנָהּ
חַזֵּק מַאֲמִירֶיךָ בְּצֵל יָדְךָ לְגוֹנְנָהּ
ישעיה נא וּפְדוּיֵי יהוה יְשׁוּבוּן, וּבָאוּ צִיּוֹן בְּרִנָּה:

אֵל מֶלֶךְ יוֹשֵׁב עַל כִּסֵּא רַחֲמִים, מִתְנַהֵג בַּחֲסִידוּת.
מוֹחֵל עֲוֹנוֹת עַמּוֹ, מַעֲבִיר רִאשׁוֹן רִאשׁוֹן.
מַרְבֶּה מְחִילָה לְחַטָּאִים, וּסְלִיחָה לְפוֹשְׁעִים.
עֹשֶׂה צְדָקוֹת עִם כָּל בָּשָׂר וָרוּחַ, לֹא כְרָעָתָם תִּגְמֹל.
אֵל, הוֹרֵיתָ לָנוּ לוֹמַר שְׁלֹשׁ עֶשְׂרֵה
זְכֹר לָנוּ הַיּוֹם בְּרִית שְׁלֹשׁ עֶשְׂרֵה
כְּהוֹדַעְתָּ לֶעָנָו מִקֶּדֶם, כְּמוֹ שֶׁכָּתוּב:
שמות לד וַיֵּרֶד יהוה בֶּעָנָן, וַיִּתְיַצֵּב עִמּוֹ שָׁם, וַיִּקְרָא בְשֵׁם יהוה:

קהל ואחריו שליח הציבור:

וַיַּעֲבֹר יהוה עַל־פָּנָיו וַיִּקְרָא

יהוה, יהוה, אֵל רַחוּם וְחַנּוּן, אֶרֶךְ אַפַּיִם, וְרַב־חֶסֶד וֶאֱמֶת:
נֹצֵר חֶסֶד לָאֲלָפִים, נֹשֵׂא עָוֹן וָפֶשַׁע וְחַטָּאָה, וְנַקֵּה:

וְסָלַחְתָּ לַעֲוֹנֵנוּ וּלְחַטָּאתֵנוּ וּנְחַלְתָּנוּ:
סְלַח לָנוּ, אָבִינוּ, כִּי חָטָאנוּ
מְחַל לָנוּ, מַלְכֵּנוּ, כִּי פָשָׁעְנוּ.
תהלים פו כִּי־אַתָּה, יהוה, טוֹב וְסַלָּח וְרַב־חֶסֶד לְכָל־קֹרְאֶיךָ:

ישעיה סד בֵּית קָדְשֵׁנוּ וְתִפְאַרְתֵּנוּ אֲשֶׁר הִלְלוּךָ אֲבֹתֵינוּ הָיָה לִשְׂרֵפַת אֵשׁ
וְכָל־מַחֲמַדֵּינוּ הָיָה לְחָרְבָּה:
תהלים עד שִׁלְחוּ בָאֵשׁ מִקְדָּשֶׁךָ, לָאָרֶץ חִלְּלוּ מִשְׁכַּן־שְׁמֶךָ:
תהלים יב הוֹשִׁיעָה יהוה, כִּי־גָמַר חָסִיד, כִּי־פַסּוּ אֱמוּנִים מִבְּנֵי אָדָם:

כְּרַחֵם אָב עַל בָּנִים, כֵּן תְּרַחֵם יהוה עָלֵינוּ.
לַיהוה הַיְשׁוּעָה, עַל־עַמְּךָ בִרְכָתֶךָ סֶּלָה: תהלים ג
יהוה צְבָאוֹת עִמָּנוּ, מִשְׂגָּב לָנוּ אֱלֹהֵי יַעֲקֹב סֶלָה: תהלים מו
יהוה צְבָאוֹת, אַשְׁרֵי אָדָם בֹּטֵחַ בָּךְ: תהלים פד
יהוה הוֹשִׁיעָה, הַמֶּלֶךְ יַעֲנֵנוּ בְיוֹם־קָרְאֵנוּ: תהלים כ

על חורבן הבית אנו אבלים ועל רצח גדליה שהביא לפגיעה בשרידים שנותרו. מתחננים אנו לה׳, אנא, הפסק את הסתר הפנים, וגאל אותנו מצרותינו.

מד. מחבר: רב סעדיה גאון

אֱלֹהֵינוּ וֵאלֹהֵי אֲבוֹתֵינוּ

אָבְלָה נַפְשִׁי וְחָשַׁךְ תָּאֳרִי
בֵּית תִּפְאַרְתִּי כְּנִשְׂרַף בְּיַד הָאֲרִי
גַּם פְּלֵטָתִי אֲשֶׁר עָזְבוּ וּשְׁאֵרִי
דֹּעֲכוּ כְּהַיּוֹם בִּשְׁלֹשָׁה בְּתִשְׁרִי.

הַמַּיִם הַזֵּידוֹנִים שְׁטָפוּנוּ בְּדָלְקָם
וּבְסְסוּ מִקְדָּשׁ וּבָזְזוּ חֶלְקָם
זִקְנֵי שְׁאֵרִית אֲשֶׁר פָּלְטוּ מִיּוֹם נָקָם
חֻבְּלוּ עַתָּה בְּיוֹם צוֹם גְּדַלְיָה בֶן אֲחִיקָם.

טֹרְפוּ דַּלַּת עַם הָאָרֶץ
יֶתֶר הַגָּזָם אָכַל הָאַרְבֶּה בְּחָרֶץ
כּוֹרְמִים וְיוֹגְבִים פְּקֻדַּת מַרְגִּיז הָאָרֶץ
לְהֻטוּ וְלֹא הָיָה בָם גּוֹדֵר גָּדֵר וְעוֹמֵד בַּפָּרֶץ.

מָה אֲסַפֵּר וְאַנְחוֹתַי עֲצוּמוֹת
נָקְטָה נַפְשִׁי וּמַקְהֵלוֹתַי עֲגוּמוֹת
שְׂרִידַי אֲשֶׁר נִשְׁאֲרוּ מִיקוֹד אֵשׁ לְתַעֲצוּמוֹת
עוֹד הֵם לֹא נִתְקַיְּמוּ וְנִתְּשׁוּ בְּחֵמוֹת.

פָּנֶיךָ עַד מָתַי מִמֶּנּוּ תַּסְתִּיר
צַעֲקָתֵנוּ שְׁמַע וַאֲסוּרֵינוּ תַּתִּיר

קָדוֹשׁ, בִּיטָה כִּי אֵין בַּעֲדֵנוּ מַעְתִּיר
רְאֵה בְּדַלּוּתֵנוּ וְשַׁבְּחֶךָ בְּפֶה נַכְתִּיר.

שֻׁדַּדְנוּ מִדּוֹר לְדוֹר וּמִקֵּץ לְקֵץ
שֹׁרֶשׁ צֶפַע מְעוֹפֵף אוֹתָנוּ עוֹקֵץ
תַּקִּיף, לְמִשְׁפָּטֵנוּ הָעִיר וְהָקֵץ
תְּכַפֵּר חֲטָאֵינוּ וְתֹאמַר קֵץ.

אֵל מֶלֶךְ יוֹשֵׁב עַל כִּסֵּא רַחֲמִים, מִתְנַהֵג בַּחֲסִידוּת.
מוֹחֵל עֲוֹנוֹת עַמּוֹ, מַעֲבִיר רִאשׁוֹן רִאשׁוֹן.
מַרְבֶּה מְחִילָה לְחַטָּאִים, וּסְלִיחָה לְפוֹשְׁעִים.
עֹשֶׂה צְדָקוֹת עִם כָּל בָּשָׂר וָרוּחַ, לֹא כְרָעָתָם תִּגְמֹל.
אֵל, הוֹרֵיתָ לָּנוּ לוֹמַר שְׁלֹשׁ עֶשְׂרֵה
זְכָר לָנוּ הַיּוֹם בְּרִית שְׁלֹשׁ עֶשְׂרֵה
כְּהוֹדַעְתָּ לֶעָנָו מִקֶּדֶם, כְּמוֹ שֶׁכָּתוּב:
וַיֵּרֶד יהוה בֶּעָנָן, וַיִּתְיַצֵּב עִמּוֹ שָׁם, וַיִּקְרָא בְשֵׁם יהוה: שמות לד

קהל ואחריו שליח הציבור:

וַיַּעֲבֹר יהוה עַל־פָּנָיו וַיִּקְרָא

יהוה, יהוה, אֵל רַחוּם וְחַנּוּן, אֶרֶךְ אַפַּיִם, וְרַב־חֶסֶד וֶאֱמֶת:
נֹצֵר חֶסֶד לָאֲלָפִים, נֹשֵׂא עָוֹן וָפֶשַׁע וְחַטָּאָה, וְנַקֵּה:

וְסָלַחְתָּ לַעֲוֹנֵנוּ וּלְחַטָּאתֵנוּ וּנְחַלְתָּנוּ:
סְלַח לָנוּ, אָבִינוּ, כִּי חָטָאנוּ, מְחַל לָנוּ, מַלְכֵּנוּ, כִּי פָשָׁעְנוּ.
כִּי־אַתָּה, יהוה, טוֹב וְסַלָּח וְרַב־חֶסֶד לְכָל־קֹרְאֶיךָ: תהלים פו

שׁוּבָה יִשְׂרָאֵל עַד יהוה אֱלֹהֶיךָ, כִּי כָשַׁלְתָּ בַּעֲוֹנֶךָ: הושע יד
תָּשֵׁב אֱנוֹשׁ עַד־דַּכָּא, וַתֹּאמֶר שׁוּבוּ בְנֵי־אָדָם: תהלים צ
קָרוֹב יהוה לְכָל־קֹרְאָיו, לְכֹל אֲשֶׁר יִקְרָאֻהוּ בֶאֱמֶת: תהלים קמה

כְּרַחֵם אָב עַל בָּנִים, כֵּן תְּרַחֵם יהוה עָלֵינוּ.
לַיהוה הַיְשׁוּעָה, עַל־עַמְּךָ בִרְכָתֶךָ סֶּלָה: תהלים ג
יהוה צְבָאוֹת עִמָּנוּ, מִשְׂגָּב לָנוּ אֱלֹהֵי יַעֲקֹב סֶלָה: תהלים מו
יהוה צְבָאוֹת, אַשְׁרֵי אָדָם בֹּטֵחַ בָּךְ: תהלים פד
יהוה הוֹשִׁיעָה, הַמֶּלֶךְ יַעֲנֵנוּ בְיוֹם־קָרְאֵנוּ: תהלים כ

שניים נוצרו מקדם – שיח שפתיים הפותח פתח לתפילה ועשרת הימים שבין ראש השנה ליום הכיפורים הפותחים פתח לתשובה. בהם אנו נאחזים ובכוחם אנו משוועים לתיקון לבנו הפתלתול.

מה. מחבר: רבי בנימין בן זרח

אֱלֹהֵינוּ וֵאלֹהֵי אֲבוֹתֵינוּ

אִמַּנְתָּ מֵאָז אֲרֶשֶׁת נִיב שְׂפָתַיִם
בִּתְפִלָּה וּבְתַחֲנוּנִים דְּפֹק שַׁעֲרֵי דְלָתַיִם
גִּשְׁתֵּנוּ עָדֶיךָ בִּזְרִיזוּת וְלֹא בַעֲצַלְתַּיִם
דְּחוֹת רֹעַ פִּרְעָנִיּוֹת הַמִּתְרַגְּשׁוֹת לְעִתּוֹתַיִם.

הִנְנוּ אָתָאנוּ לְךָ בְּשִׁבְרוֹן רְוּחַ וְדִכְאוּת לֵב
וַדּוֹת לְפָנֶיךָ כָּל פִּתּוּל וְעִקְּשׁוּת לֵב
זֶה חוֹקֵר לְבָבוֹת הָרוֹפֵא לִשְׁבוּרֵי לֵב
חַדֵּשׁ רְוּחַ נָכוֹן בְּקִרְבֵּנוּ וּבְרָא לָנוּ טְהוֹר לֵב.

טִכַּסְתָּ מִקֶּדֶם אֵלּוּ יָמִים עֲשָׂרָה
יָחִיד בָּם לָשׁוּב וְלִמְצֹא כַּפָּרָה
כָּל הַשָּׁנָה כֻּלָּהּ לָרַבִּים מְסוּרָה
לְשַׁוֵּעַ וְלַעֲנוֹת בְּכָל עֵת צוּקָה וְצָרָה.

מַהֵר הַיָּחִיד וְשָׁב בִּנְתַיִם מוֹחֲלִין לוֹ
נוֹאַשׁ וְלֹא שָׁב אֵין תַּקָּנָה לְעִוּוּלוֹ
סַדֵּר וְעָרַךְ כָּל אֵילֵי נְבָיוֹת לְהוֹעִילוֹ
עוֹתֵר וְצוֹעֵק וְאֵין שׁוֹמֵעַ לוֹ.

פְּגִיעַת הָרַבִּים וְהַיָּחִיד לְךָ לְבַד עוֹלָה
צוּר, כִּי אַתָּה שׁוֹמֵעַ תְּפִלָּה

קַבְּלֵנוּ בְּרָצוֹן וְהַמְצִיאֵנוּ מְחִילָה
רְצֵנוּ כְּקָרְבָּן כָּלִיל וְעוֹלָה.

שָׁפֹט תִּשְׁפֹּט אוֹתָנוּ בְּרַחֲמִים וְחֶמְלָה
בָּנֶיךָ יְחוּסֶיךָ לְקוּחִים לְךָ לִסְגֻלָּה
יָקֵשׁ מְרִים יְצַלֵּל בִּמְצוּלָה
נֶצַח לְהַלֶּלְךָ בְּכָל מִינֵי תְהִלָּה.

אֵל מֶלֶךְ יוֹשֵׁב עַל כִּסֵּא רַחֲמִים, מִתְנַהֵג בַּחֲסִידוּת.
מוֹחֵל עֲוֹנוֹת עַמּוֹ, מַעֲבִיר רִאשׁוֹן רִאשׁוֹן.
מַרְבֶּה מְחִילָה לְחַטָּאִים, וּסְלִיחָה לְפוֹשְׁעִים.
עֹשֶׂה צְדָקוֹת עִם כָּל בָּשָׂר וָרוּחַ, לֹא כְרָעָתָם תִּגְמֹל.
אֵל, הוֹרֵיתָ לָּנוּ לוֹמַר שְׁלֹשׁ עֶשְׂרֵה
זְכָר לָנוּ הַיּוֹם בְּרִית שְׁלֹשׁ עֶשְׂרֵה
כְּהוֹדַעְתָּ לֶעָנָו מִקֶּדֶם, כְּמוֹ שֶׁכָּתוּב:
וַיֵּרֶד יהוה בֶּעָנָן, וַיִּתְיַצֵּב עִמּוֹ שָׁם, וַיִּקְרָא בְשֵׁם יהוה: שמות לד

קהל ואחריו שליח הציבור:

וַיַּעֲבֹר יהוה עַל־פָּנָיו וַיִּקְרָא

יהוה, יהוה, אֵל רַחוּם וְחַנּוּן, אֶרֶךְ אַפַּיִם, וְרַב־חֶסֶד וֶאֱמֶת:
נֹצֵר חֶסֶד לָאֲלָפִים, נֹשֵׂא עָוֹן וָפֶשַׁע וְחַטָּאָה, וְנַקֵּה:

וְסָלַחְתָּ לַעֲוֹנֵנוּ וּלְחַטָּאתֵנוּ וּנְחַלְתָּנוּ:
סְלַח לָנוּ, אָבִינוּ, כִּי חָטָאנוּ, מְחַל לָנוּ, מַלְכֵּנוּ, כִּי פָשָׁעְנוּ.
כִּי־אַתָּה, יהוה, טוֹב וְסַלָּח וְרַב־חֶסֶד לְכָל־קֹרְאֶיךָ: תהלים פו

הֵיטִיבָה בִרְצוֹנְךָ אֶת־צִיּוֹן, תִּבְנֶה חוֹמוֹת יְרוּשָׁלָםִ: תהלים נא
הוֹשִׁיעֵנוּ אֱלֹהִים כִּי בָאוּ מַיִם עַד נָפֶשׁ.
הַרְאֵנוּ יהוה חַסְדֶּךָ וְיֶשְׁעֲךָ תִּתֶּן־לָנוּ: תהלים פה

כְּרַחֵם אָב עַל בָּנִים, כֵּן תְּרַחֵם יהוה עָלֵינוּ.
לַיהוה הַיְשׁוּעָה, עַל־עַמְּךָ בִרְכָתֶךָ סֶּלָה: תהלים ג
יהוה צְבָאוֹת עִמָּנוּ, מִשְׂגָּב לָנוּ אֱלֹהֵי יַעֲקֹב סֶלָה: תהלים מו
יהוה צְבָאוֹת, אַשְׁרֵי אָדָם בֹּטֵחַ בָּךְ: תהלים פד
יהוה הוֹשִׁיעָה, הַמֶּלֶךְ יַעֲנֵנוּ בְיוֹם־קָרְאֵנוּ: תהלים כ

סערת הרגשות מונעת מאתנו לסדר את שיחנו. אנו מתפללים בדחיפות בפסוקים קצרים ובתחנונים נואשים, ותפילתנו מעורבבת מצרותינו ותחינותינו לרחמים.

מו. מחבר: רבי שמעון בן יצחק

אֱלֹהֵינוּ וֵאלֹהֵי אֲבוֹתֵינוּ

אוֹרְךָ וַאֲמִתְּךָ שְׁלַח
אֱמוּנֶיךָ בְּטוּב הַצְלַח
כִּי־אַתָּה אֲדֹנָי טוֹב וְסַלָּח: תהלים פו

בִּיטָה בְּעִנּוּי נֶפֶשׁ
בְּטוּבְךָ הוֹצִיאֵנוּ לַחֹפֶשׁ
כִּי בָאוּ מַיִם עַד־נָפֶשׁ: תהלים סט

גַּעֲוֹתֵינוּ יִהְיוּ נֶחְשָׁבִים
גָּלוּתֵנוּ הָשֵׁב לְיִשּׁוּבִים
כִּי גֵרִים אֲנַחְנוּ וְתוֹשָׁבִים.

דָּפַקְנוּ דְּלָתֶיךָ לְתָמֹד
דָּבַקְנוּ אֵלֶיךָ לִצְמֹד
כִּי דַלּוֹנוּ מְאֹד: תהלים עט

הֱלִיצוּנוּ זֵדִים בִּמְצָרֵינוּ
הַצִּילֵנוּ וְנוֹדֶךָ צוּרֵנוּ
כִּי הוֹשַׁעְתָּנוּ מִצָּרֵינוּ: תהלים מד

זְרוּיֶיךָ מְיַחֲלִים לְעוֹדְדָם
זַכֵּם בְּיִרְאָתְךָ לְסַעֲדָם
כִּי־זֶה כָּל־הָאָדָם: קהלת יב

חֻקּוֹת הָעַמִּים תֹּהוּ
חֲשׁוּקֶיךָ אַחֲרֶיךָ יִנְהוּ
יואל ב כִּי־חַנּוּן וְרַחוּם הוּא:

טִירָתְךָ הוּשְׁמָה לְעִיִּים
טֻיְּבָה בְּחוֹמוֹת בְּנוּיִים
תהלים סג כִּי־טוֹב חַסְדְּךָ מֵחַיִּים:

יָגַעְתִּי וְאָשִׂיחָה בְּמַעֲנִי
יֵבוֹשׁ וְיִכָּלֵם מְעַנִּי
תהלים קמ כִּי־יַעֲשֶׂה יהוה דִּין עָנִי:

כָּבְדוּ שִׂפְתֵי קָמַי
כָּל הַיּוֹם מְזַעֲמַי
תהלים קב כִּי־כָלוּ בְעָשָׁן יָמָי:

לָהֶם יָשִׁיב כְּפָעֳלָם
לְעַמּוֹ יְלַמֵּד לְהוֹעִילָם
איכה ג כִּי לֹא יִזְנַח לְעוֹלָם:

מְרַחֲמוֹ יִתֵּן מַאֲוַיּוֹ
מִמֶּנּוּ יָסִיר דְּפִיּוֹ
זכריה ט כִּי מַה־טּוּבוֹ וּמַה־יָּפְיוֹ:

נְשַׁמּוֹת הוּשְׁתוּ עָרַי
נָכְרִים בָּאוּ שְׁעָרַי
ירמיה לא כִּי נָשָׂאתִי חֶרְפַּת נְעוּרָי:

שׂוֹשׂ אָשִׂישׂ עָלֶיךָ
שִׂיחַ לַעֲנוֹת גְּאוּלֶיךָ
תהלים צב כִּי שִׂמַּחְתַּנִי, יהוה, בְּפָעֳלֶךָ:

עִזּוּז נוֹרָא וְאָיֹם
עַתָּה הַמְצִיאֵנוּ פִּדְיוֹם
כִּי־עָלֶיךָ הֹרַגְנוּ כָל־הַיּוֹם: תהלים מד

פַּנֵּה דֶּרֶךְ עָקֹב
פְּאֵר הִלּוּלָךְ לִנְקֹב
כִּי־פָדָה יהוה אֶת־יַעֲקֹב: ירמיה לא

צָרִים לְכַלּוֹת בְּחֶרֶץ
צְפֵה מִשְּׁמֵי עֶרֶץ
כִּי צֵל יָמֵינוּ עֲלֵי־אָרֶץ: איוב ח

קָרֵב קֵץ עִדָּנַי
קוֹל לְהַשְׁמִיעַ לְעוֹיְנַי
כִּי־קָרוֹב יוֹם־יהוה: עובדיה א

רָם, זְרוֹעֲךָ תַּרְאֶה
רַעְיָתְךָ פָּנִים הִתְרָאֶה
כִּי־רָם יהוה וְשָׁפָל יִרְאֶה: תהלים קלח

שְׁמַע קוֹל תַּחֲנוּנַי
שַׁוְעָתִי תַּעֲלֶה לִמְעוֹנַי
כִּי־שֹׁמֵעַ אֶל־אֶבְיוֹנִים יהוה: תהלים סט

תַּחַן כְּתוֹדָה תִּרְצֶה
תֹּאמַר לְעַמְּךָ אֶתְרַצֶּה
כִּי תוֹרָה מֵאִתִּי תֵצֵא: ישעיה נא

שֶׁקֶל מֹאזְנַיִם יִכְבָּשׁ
עֹז נֶצַח יַעֲטֶה וְיִלְבָּשׁ
כִּי הוּא יַכְאִיב וְיֶחְבָּשׁ: איוב ה

אֵל מֶלֶךְ יוֹשֵׁב עַל כִּסֵּא רַחֲמִים, מִתְנַהֵג בַּחֲסִידוּת.
מוֹחֵל עֲוֹנוֹת עַמּוֹ, מַעֲבִיר רִאשׁוֹן רִאשׁוֹן.
מַרְבֶּה מְחִילָה לְחַטָּאִים, וּסְלִיחָה לְפוֹשְׁעִים.
עֹשֶׂה צְדָקוֹת עִם כָּל בָּשָׂר וָרוּחַ, לֹא כְרָעָתָם תִּגְמֹל.
אֵל, הוֹרֵיתָ לָּנוּ לוֹמַר שְׁלֹשׁ עֶשְׂרֵה
זְכָר לָנוּ הַיּוֹם בְּרִית שְׁלֹשׁ עֶשְׂרֵה
כְּהוֹדַעְתָּ לֶעָנָו מִקֶּדֶם, כְּמוֹ שֶׁכָּתוּב:
שמות לד וַיֵּרֶד יהוה בֶּעָנָן, וַיִּתְיַצֵּב עִמּוֹ שָׁם, וַיִּקְרָא בְשֵׁם יהוה:

קהל ואחריו שליח הציבור:

וַיַּעֲבֹר יהוה עַל־פָּנָיו וַיִּקְרָא

יהוה, יהוה, אֵל רַחוּם וְחַנּוּן, אֶרֶךְ אַפַּיִם, וְרַב־חֶסֶד וֶאֱמֶת:
נֹצֵר חֶסֶד לָאֲלָפִים, נֹשֵׂא עָוֹן וָפֶשַׁע וְחַטָּאָה, וְנַקֵּה:

וְסָלַחְתָּ לַעֲוֹנֵנוּ וּלְחַטָּאתֵנוּ וּנְחַלְתָּנוּ:
סְלַח לָנוּ, אָבִינוּ, כִּי חָטָאנוּ, מְחַל לָנוּ, מַלְכֵּנוּ, כִּי פָשָׁעְנוּ.
תהלים פו כִּי־אַתָּה, יהוה, טוֹב וְסַלָּח וְרַב־חֶסֶד לְכָל־קֹרְאֶיךָ:

תָּשׁוּב תְּרַחֲמֵנוּ תִּכְבֹּשׁ עֲוֹנוֹתֵינוּ וְתַשְׁלִיךְ בִּמְצֻלוֹת יָם כָּל חַטֹּאתֵנוּ.
וְכָל חַטֹּאת עַמְּךָ בֵּית יִשְׂרָאֵל תַּשְׁלִיךְ בִּמְקוֹם
אֲשֶׁר לֹא יִזָּכְרוּ וְלֹא יִפָּקְדוּ וְלֹא יַעֲלוּ עַל לֵב לְעוֹלָם.
שמות לב שׁוּב מֵחֲרוֹן אַפֶּךָ, וְהִנָּחֵם עַל־הָרָעָה לְעַמֶּךָ:
תהלים צ תָּשֵׁב אֱנוֹשׁ עַד־דַּכָּא, וַתֹּאמֶר שׁוּבוּ בְנֵי אָדָם:

כְּרַחֵם אָב עַל בָּנִים, כֵּן תְּרַחֵם יהוה עָלֵינוּ.
תהלים ג לַיהוה הַיְשׁוּעָה, עַל־עַמְּךָ בִרְכָתֶךָ סֶּלָה:
תהלים מו יהוה צְבָאוֹת עִמָּנוּ, מִשְׂגָּב לָנוּ אֱלֹהֵי יַעֲקֹב סֶלָה:
תהלים פד יהוה צְבָאוֹת, אַשְׁרֵי אָדָם בֹּטֵחַ בָּךְ:
תהלים כ יהוה הוֹשִׁיעָה, הַמֶּלֶךְ יַעֲנֵנוּ בְיוֹם־קָרְאֵנוּ:

ימי קדם אשר בהם שָׁכַנּוּ בנחת ובשובה חלפו להם בשל חטאינו וחטאי אבותינו,
ועתה את כוס התרעלה אנו שותים. אנו מבקשים לשוב – לשוב אל נעימות העבר,
לשוב לארצנו, לשוב בתשובה ולשוב לחיים של סליחה, חסד ורחמים.

מז. מחבר: רבי שלמה הבבלי

אֱלֹהֵינוּ וֵאלֹהֵי אֲבוֹתֵינוּ

תָּשׁוּב תְּרַחֲמֵנוּ שׁוּב שְׁבִיתֵנוּ כִּנְאֻמֶךָ
שׁוּב כְּקֶדֶם חַדֵּשׁ חִבַּת לְאֻמֶּךָ
רַחֵק רֹגֶז וְקָרֵב שַׁךְ זַעְמֶךָ
שׁוּב מֵחֲרוֹן אַפֶּךָ, וְהִנָּחֵם עַל־הָרָעָה לְעַמֶּךָ: שמות לב

קַבֵּץ וּבַקֵּשׁ אוֹבְדוֹת וְחַזֵּק נַחֲלָתֶךָ
צֹאן הַהֲרֵגָה וְהַגְּזוּזָה בִּדְחִילָתֶךָ
פֶּשַׁע אִם רַב בִּבְנֵי מְחִילָתֶךָ
שׁוּב לְמַעַן עֲבָדֶיךָ שִׁבְטֵי נַחֲלָתֶךָ: ישעיה סג

עֲוֹן אֲבוֹתֵינוּ הִטְעִינָנוּ וּבֹסֶר הִטְעִימָנוּ
סַף רַעַל הִשְׁקָנוּ הִלְעִינָנוּ וְהִזְעִימָנוּ
נָא כְּאָז בְּשֶׁכֶן יַחַד הַנְעִימֵנוּ
שׁוּבֵנוּ, אֱלֹהֵי יִשְׁעֵנוּ, וְהָפֵר כַּעַסְךָ עִמָּנוּ: תהלים פה

מָאֹס לֹא מְאַסְתָּ חוֹסֶיךָ מְעִידֶיךָ
לוֹקִים כְּסוֹרֵחַ וּלְהִתְמָרֵחַ סְבָרָם עָדֶיךָ
כַּעַס לְרַצּוֹת כְּמִדַּת יֹשֶׁר מַעֲבָדֶיךָ
שׁוּבָה, יהוה, עַד־מָתָי, וְהִנָּחֵם עַל־עֲבָדֶיךָ: תהלים צ

יוֹם יוֹם נִצְפֶּה גִּלּוּי סוֹדֶךָ
טָמוּם וְעָמוּם וּבָלָה בְּשַׂר חֲסִידֶיךָ
חֶרְפָּה שְׁבָרָה לִבֵּנוּ מְקַוִּים חֲסָדֶיךָ
שׁוּבָה, יהוה, חַלְּצָה נַפְשֵׁנוּ וְהוֹשִׁיעֵנוּ לְמַעַן חַסְדֶּךָ.

זֻנַּחְנוּ וְנֶחְשַׁבְנוּ עִם יוֹרְדֵי רֶגֶב
וַיְהִי לְאֵבֶל כִּנּוֹר וְשִׁיר עֻגָב
הַקּוֹדְרִים בְּרִנָּה וְתוֹדָה הִתְהַלֵּךְ בְּשֶׂגֶב
שׁוּבָה, יהוה, אֶת־שְׁבִיתֵנוּ כַּאֲפִיקִים בַּנֶּגֶב: תהלים קכו

דִּמְעָה לֶחֶם חוּסֶיךָ, צוּרִי אֵל
גּוֹאֵל אַיֵּה בְּחֶרֶף צָרֵי אֵל
בְּחָזוֹן אָז כְּדִבַּרְתָּ לְיִשְׁרֵי אֵל
שׁוּבָה, יהוה, רִבְבוֹת אַלְפֵי יִשְׂרָאֵל: במדבר י

שִׁמְעָה, יהוה, הַטֵּה אָזְנְךָ וְהַקְשִׁיבָה
לִמְחַלֵּי סְלַח נָא סְלַחְתִּי הָשִׁיבָה
מְשׁוּבוֹתֵינוּ רַבּוּ וּפָתַחְתָּ יִשְׂרָאֵל שׁוּבָה
הֲשִׁיבֵנוּ, יהוה, אֵלֶיךָ וְנָשׁוּבָה: איכה ה

אֵל מֶלֶךְ יוֹשֵׁב עַל כִּסֵּא רַחֲמִים, מִתְנַהֵג בַּחֲסִידוּת.
מוֹחֵל עֲוֹנוֹת עַמּוֹ, מַעֲבִיר רִאשׁוֹן רִאשׁוֹן.
מַרְבֶּה מְחִילָה לְחַטָּאִים, וּסְלִיחָה לְפוֹשְׁעִים.
עֹשֶׂה צְדָקוֹת עִם כָּל בָּשָׂר וָרוּחַ, לֹא כְרָעָתָם תִּגְמֹל.
אֵל, הוֹרֵיתָ לָּנוּ לוֹמַר שְׁלֹשׁ עֶשְׂרֵה
זְכָר לָנוּ הַיּוֹם בְּרִית שְׁלֹשׁ עֶשְׂרֵה
כְּהוֹדַעְתָּ לֶעָנָו מִקֶּדֶם, כְּמוֹ שֶׁכָּתוּב:
וַיֵּרֶד יהוה בֶּעָנָן, וַיִּתְיַצֵּב עִמּוֹ שָׁם, וַיִּקְרָא בְשֵׁם יהוה: שמות לד

קהל ואחריו שליח הציבור:

וַיַּעֲבֹר יהוה עַל־פָּנָיו וַיִּקְרָא

יהוה, יהוה, אֵל רַחוּם וְחַנּוּן, אֶרֶךְ אַפַּיִם, וְרַב־חֶסֶד וֶאֱמֶת:
נֹצֵר חֶסֶד לָאֲלָפִים, נֹשֵׂא עָוֹן וָפֶשַׁע וְחַטָּאָה, וְנַקֵּה:

וְסָלַחְתָּ לַעֲוֹנֵנוּ וּלְחַטָּאתֵנוּ וּנְחַלְתָּנוּ:
סְלַח לָנוּ, אָבִינוּ, כִּי חָטָאנוּ
מְחַל לָנוּ, מַלְכֵּנוּ, כִּי פָשָׁעְנוּ.
כִּי־אַתָּה, יהוה, טוֹב וְסַלָּח וְרַב־חֶסֶד לְכָל־קֹרְאֶיךָ: תהלים פו

התשובה קדמה לעולם, וכבר הביאה גאולה לחוטאים רבים. על כן, אנו נאחזים בכוחה ומבקשים מה׳ לסייע בידנו לעשות תשובה ראויה.

מח. פזמון | מחבר: רבי בנימין בן זרח

הוֹרֵיתָ דֶּרֶךְ תְּשׁוּבָה לְבַת הַשּׁוֹבֵבָה
בֵּין כֵּסֶה לֶעָשׂוֹר עָדֶיךָ לָשׁוּבָה
הֲשִׁיבֵנוּ, יהוה, אֵלֶיךָ וְנָשׁוּבָ: איכה ה

אָז מֵאָז מִקֶּדֶם הִקְדַּמְתָּ תְּשׁוּבָה
בְּטֶרֶם הִמְתַּחְתָּ אֶרֶץ וִיסוֹדֵי רְגוּבָה
גַּם לְכָל הַשָּׁבִים צֳרִי וּמַרְפֵּא חֲשׁוּבָה
דּוֹפְקֵי דְלָתֶיךָ רֵיקָם מִלַּהֲשִׁיבָה. הורית

הֵן רֹאשׁ עַפְרוֹת תֵּבֵל אֲשֶׁר רִאשׁוֹן נוֹצַר
וְנִסִּיתוֹ בְּמִצְוָה קַלָּה וְאוֹתָהּ לֹא נָצַר
זָעַמְתָּ וְאָנַפְתָּ עָלָיו שְׁנוֹתָיו לְקַצַּר
חָזַר בִּתְשׁוּבָה וּכְאִישׁוֹן הֻנְצַר. הורית

טָעָה גִּזְעוֹ דְּמֵי אָחִיו בְּשָׁפְכוֹ
יִסַּרְתּוֹ בְּנָע וָנָד לֶכֶת כֹּה וָכֹה
כְּעֵת שָׁב אֵלֶיךָ וְעָזַב רֹעַ דַּרְכּוֹ
לְשִׁבְעָתַיִם הֶאֱרַכְתּוֹ כָּל מוֹצְאוֹ בְּלִי לְהַכּוֹ. הורית

מְחַלֵּל יְצוּעֵי יוֹלְדוֹ אֲשֶׁר פָּחַז כַּמַּיִם
נָטָיו רַגְלָיו כִּמְעַט לוּלֵי שָׁפַךְ לֵב כַּמַּיִם
סָרַח גּוּר אַרְיֵה בִּקְדֵשָׁה הִיא בָעֵינַיִם
עֲוֹנוֹ הוֹדָה וְהִכְרַעְתּוֹ לְצֶדֶק בְּכַף מֹאזְנַיִם. הורית

פָּרַץ גְּדְרוֹת עוֹלָם בֶּן עָמְרִי בְּרֶשַׁע
צַלְמֵי אֲשֵׁרִים חָשַׁק וְהוֹסִיף עַל חַטָּאתוֹ פֶּשַׁע
קָרַעְתָּ גְּזַר דִּינוֹ בְּשׁוּבוֹ מִלִּפְשֹׁעַ
רַחֵם כִּמְוֹדֶה וְעוֹזֵב וּבְךָ נוֹשַׁע. הורית

שָׁנְנוּ לְשׁוֹנָם כְּחֵץ, אַנְשֵׁי עִיר הַגְּדוֹלָה
שִׁגְיוֹנָם וּזְדוֹנָם רָבוּ עַד לְמַעְלָה
תִּתְּךָ חֲזוֹן הֲפִיכָתָם אֲחָזוּם רֶתֶת וְחַלְחָלָה
תְּשׁוּבָה עָשׂוּ כְּהֹגֶן וְלִפְנֵי כִּסֵּא כְבוֹדְךָ נִתְקַבְּלָה. הורית

בּוֹחֵן כְּלָיוֹת וָלֵב נֶאְזָר בִּגְבוּרָה
יְדַעְנוּ מַדּוּעַ לֶכֶת בְּאֹרַח יְשָׁרָה
מְשׁוּבוֹתֵינוּ אִם רַבּוּ בְּפֶשַׁע וְסָרָה
נָא לְמַעַנְךָ הֲשִׁיבֵנוּ עֲשׂוֹת תְּשׁוּבָה כְּשׁוּרָה. הורית

אֵל מֶלֶךְ יוֹשֵׁב עַל כִּסֵּא רַחֲמִים, מִתְנַהֵג בַּחֲסִידוּת.
מוֹחֵל עֲוֹנוֹת עַמּוֹ, מַעֲבִיר רִאשׁוֹן רִאשׁוֹן.
מַרְבֶּה מְחִילָה לְחַטָּאִים, וּסְלִיחָה לְפוֹשְׁעִים.
עֹשֶׂה צְדָקוֹת עִם כָּל בָּשָׂר וָרוּחַ, לֹא כְרָעָתָם תִּגְמֹל.
אֵל, הוֹרֵיתָ לָּנוּ לוֹמַר שְׁלֹשׁ עֶשְׂרֵה
זְכָר לָנוּ הַיּוֹם בְּרִית שְׁלֹשׁ עֶשְׂרֵה
כְּהוֹדַעְתָּ לֶעָנָו מִקֶּדֶם, כְּמוֹ שֶׁכָּתוּב:
וַיֵּרֶד יהוה בֶּעָנָן, וַיִּתְיַצֵּב עִמּוֹ שָׁם שמות לד
וַיִּקְרָא בְשֵׁם יהוה:

קהל ואחריו שליח הציבור:

וַיַּעֲבֹר יהוה עַל־פָּנָיו וַיִּקְרָא

יהוה, יהוה, אֵל רַחוּם וְחַנּוּן, אֶרֶךְ אַפַּיִם, וְרַב־חֶסֶד וֶאֱמֶת:
נֹצֵר חֶסֶד לָאֲלָפִים, נֹשֵׂא עָוֹן וָפֶשַׁע וְחַטָּאָה, וְנַקֵּה:

וְסָלַחְתָּ לַעֲוֹנֵנוּ וּלְחַטָּאתֵנוּ וּנְחַלְתָּנוּ:
סְלַח לָנוּ, אָבִינוּ, כִּי חָטָאנוּ, מְחַל לָנוּ, מַלְכֵּנוּ, כִּי פָשָׁעְנוּ.
כִּי־אַתָּה, יהוה, טוֹב וְסַלָּח וְרַב־חֶסֶד לְכָל־קֹרְאֶיךָ: תהלים פו

הֵיטִיבָה בִרְצוֹנְךָ אֶת־צִיּוֹן תִּבְנֶה חוֹמוֹת יְרוּשָׁלָםִ: תהלים נא
אָז תַּחְפֹּץ זִבְחֵי־צֶדֶק עוֹלָה וְכָלִיל, אָז יַעֲלוּ עַל־מִזְבַּחֲךָ פָרִים:
זִבְחֵי אֱלֹהִים רוּחַ נִשְׁבָּרָה, לֵב־נִשְׁבָּר וְנִדְכֶּה אֱלֹהִים לֹא תִבְזֶה: שם
וְהִתְבָּרְכוּ בְזַרְעֲךָ כֹּל גּוֹיֵי הָאָרֶץ, עֵקֶב אֲשֶׁר שָׁמַעְתָּ בְּקֹלִי: בראשית כב

כְּרַחֵם אָב עַל בָּנִים, כֵּן תְּרַחֵם יהוה עָלֵינוּ.
לַיהוה הַיְשׁוּעָה, עַל־עַמְּךָ בִרְכָתֶךָ סֶּלָה: תהלים ג
יהוה צְבָאוֹת עִמָּנוּ, מִשְׂגָּב לָנוּ אֱלֹהֵי יַעֲקֹב סֶלָה: תהלים מו
יהוה צְבָאוֹת, אַשְׁרֵי אָדָם בֹּטֵחַ בָּךְ: תהלים פד
יהוה הוֹשִׁיעָה, הַמֶּלֶךְ יַעֲנֵנוּ בְיוֹם־קָרְאֵנוּ: תהלים כ

מסירות נפשם של אבותינו בעקדה מתוארת. אנו מתפללים שהברית שנכרתה בעקבותיה תעמוד לזרעו של אברהם, והנותרים מישראל יזכו לגאולה.

מט. עקדה | מחבר: רבי שלמה אבן גבירול

אֱלֹהֵינוּ וֵאלֹהֵי אֲבוֹתֵינוּ

אָז בְּהַר מוֹר דָּץ יוֹנַת אֵלֶם
בְּקַחְתּוֹ אֵיתָן לְעוֹלָה וָשֶׁלֶם
גֵּאֶה בְּחָנוֹ קַח נָא זֶה הָעֶלֶם
תְּרוּמָה לַיהוה קֹדֶשׁ: יחזקאל מה

דַּת הַטֶּנֶא לְפָנַי לְהַנִּיחֵהוּ
הִנֵּה בִנְךָ לְאֶשְׁכָּר סְפָחֵהוּ
וַאֲנִי בְּחַרְתִּיו קוּם מְשָׁחֵהוּ
שֶׁמֶן מִשְׁחַת־קֹדֶשׁ: שמות ל

זַךְ בְּשָׁמְעוֹ לִבּוֹ לֹא דָאַב
חֵפֶץ צוּרוֹ חָשַׁק וְתָאַב
טָפְלוּ שְׁנֵיהֶם הַבֵּן וְהָאָב
וְהִשְׁתַּחֲווּ לַיהוה בְּהַדְרַת־קֹדֶשׁ: תהלים כט

יִעֵד עֵצִים וּלְשַׁפַּת עָרַךְ
כַּמָּה וְתָמַהּ יָחִיד וָרַךְ

לְהַג אַיֵּה הַשֶּׂה הַנֶּעֱרָךְ
לְהַקְדִּישׁוֹ בְּמִקְדַּשׁ קֹדֶשׁ.

מָרוֹם יִרְאֶה לוֹ הַשֶּׂה, וְיָשִׁיב
נֶפֶשׁ אֵם עֲקֶרֶת שְׂמֵחָה לְהָשִׁיב
סוֹקֵר סְפוּנוֹת, בְּנִי, שַׁוְעָךְ יַקְשִׁיב
יִשְׁלַח־עֶזְרְךָ מִקֹּדֶשׁ: תהלים כ

עֲמָד נָא, אָבִי, וּקְשֹׁר הַטֶּבַח
פֶּן אָגוּר מִפְּנֵי הָאֶבַח
צַמְּדֵנִי פֶּן אֲחַלֵּל הַזֶּבַח
וּלֲהַבְדִּיל בֵּין הַקֹּדֶשׁ: ויקרא י

קָפַץ לִבְכּוֹת כֹּפֶר אֶשְׁכּוֹל
רְאוֹתוֹ אָבִיו נִשְׁכַּל שָׁכוֹל
שֶׁלַח תָּפַשׂ לַעֲשׂוֹת אֶת־כָּל־ שמות לו
מְלֶאכֶת עֲבֹדַת הַקֹּדֶשׁ:

תַּרְשִׁישִׁים צָעֲקוּ בִּשְׁמֵי מְרוֹמִי
שְׁחֹט יוֹנַת אֵלֶם הֲיוּכַל יֶחֱזֶה מִי
לָז לְלָז הָגוּ אַל תִּתְּנוּ דָּמִי
שְׂאוּ־יְדֵכֶם קֹדֶשׁ: תהלים קלד

מָרוֹם כְּהִבִּיט עוֹקֵד וְנֶעֱקָד
הַשֶּׂה עָקוּד וְהָאֵשׁ תּוּקַד
בּוֹחֵן טְהָר לֵב זָכַר וּפָקַד
וְנִשְׁמַע קוֹלוֹ בְּבֹאוֹ אֶל־הַקֹּדֶשׁ: שמות כח

רָחַשׁ מֵלִיץ בְּקַחְתּוֹ מַשְׁלַחַת
יְחִידְךָ פְּדָעֵהוּ מֵרֶדֶת שַׁחַת
הִנֵּה כְתוּבָה לְפָנַי פַּתֵּחַ מְפֻתַּחַת
פִּתּוּחֵי חוֹתַם קֹדֶשׁ.

וַאֲנִי יָדַעְתִּי דַּרְכְּךָ בְּשֶׁפֶר
דּוֹץ וְקַח אַיִל תַּחַת עֹפֶר
הֲכִינוֹתִי כֹּפֶר לְאֶשְׁכֹּל הַכֹּפֶר
וְהָיָה־הוּא וּתְמוּרָתוֹ יִהְיֶה־קֹּדֶשׁ: ויקרא כז

גָּמוּל נִמְלַט מֵאֶבַח הַנִּשְׁחָז
בְּפָשְׁטוֹ צַוָּארוֹ דָּמוֹ לֹא נִפְחַז
יְמִינוֹ אָחַז בְּיוֹבֵל הַנֶּאֱחָז
לְהַקְדִּישׁוֹ לַיהוה קֹדֶשׁ.

רַחוּם, תִּתֵּן שָׁלוֹם לְאַחֲרִיתוֹ
וּזְכֹר הַיּוֹם לְגִזְעוֹ בְּרִיתוֹ
לְיֶתֶר הַפְּלֵיטָה וּשְׁאָר שְׁאֵרִיתוֹ
תִּהְיֶה פְלֵיטָה וְהָיָה קֹדֶשׁ: עובדיה א

אֵל מֶלֶךְ יוֹשֵׁב עַל כִּסֵּא רַחֲמִים, מִתְנַהֵג בַּחֲסִידוּת.
מוֹחֵל עֲוֹנוֹת עַמּוֹ, מַעֲבִיר רִאשׁוֹן רִאשׁוֹן.
מַרְבֶּה מְחִילָה לְחַטָּאִים, וּסְלִיחָה לְפוֹשְׁעִים.
עֹשֶׂה צְדָקוֹת עִם כָּל בָּשָׂר וָרוּחַ, לֹא כְרָעָתָם תִּגְמֹל.
אֵל, הוֹרֵיתָ לָּנוּ לוֹמַר שְׁלֹשׁ עֶשְׂרֵה
זְכָר לָנוּ הַיּוֹם בְּרִית שְׁלֹשׁ עֶשְׂרֵה
כְּהוֹדַעְתָּ לֶעָנָו מִקֶּדֶם, כְּמוֹ שֶׁכָּתוּב:
וַיֵּרֶד יהוה בֶּעָנָן, וַיִּתְיַצֵּב עִמּוֹ שָׁם, וַיִּקְרָא בְשֵׁם יהוה: שמות לד

קהל ואחריו שליח הציבור:

וַיַּעֲבֹר יהוה עַל־פָּנָיו וַיִּקְרָא

יהוה, יהוה, אֵל רַחוּם וְחַנּוּן, אֶרֶךְ אַפַּיִם, וְרַב־חֶסֶד וֶאֱמֶת:
נֹצֵר חֶסֶד לָאֲלָפִים, נֹשֵׂא עָוֹן וָפֶשַׁע וְחַטָּאָה, וְנַקֵּה:

וְסָלַחְתָּ לַעֲוֹנֵנוּ וּלְחַטָּאתֵנוּ וּנְחַלְתָּנוּ:

סְלַח לָנוּ, אָבִינוּ, כִּי חָטָאנוּ, מְחַל לָנוּ, מַלְכֵּנוּ, כִּי פָשָׁעְנוּ.

תהלים פו כִּי־אַתָּה, יהוה, טוֹב וְסַלָּח וְרַב־חֶסֶד לְכָל־קֹרְאֶיךָ:

תהלים כה זְכֹר־רַחֲמֶיךָ יהוה וַחֲסָדֶיךָ, כִּי מֵעוֹלָם הֵמָּה:

זָכְרֵנוּ יהוה בִּרְצוֹן עַמֶּךָ, פָּקְדֵנוּ בִּישׁוּעָתֶךָ.

תהלים עד זְכֹר עֲדָתְךָ קָנִיתָ קֶּדֶם, גָּאַלְתָּ שֵׁבֶט נַחֲלָתֶךָ, הַר־צִיּוֹן זֶה שָׁכַנְתָּ בּוֹ:

זְכֹר יהוה חִבַּת יְרוּשָׁלָםִ, אַהֲבַת צִיּוֹן אַל תִּשְׁכַּח לָנֶצַח.

תהלים קב אַתָּה תָקוּם תְּרַחֵם צִיּוֹן, כִּי־עֵת לְחֶנְנָהּ, כִּי־בָא מוֹעֵד:

תהלים קלז זְכֹר יהוה לִבְנֵי אֱדוֹם אֵת יוֹם יְרוּשָׁלָםִ

הָאֹמְרִים עָרוּ עָרוּ, עַד הַיְסוֹד בָּהּ:

שמות לב זְכֹר לְאַבְרָהָם לְיִצְחָק וּלְיִשְׂרָאֵל עֲבָדֶיךָ

אֲשֶׁר נִשְׁבַּעְתָּ לָהֶם בָּךְ וַתְּדַבֵּר אֲלֵהֶם

אַרְבֶּה אֶת־זַרְעֲכֶם כְּכוֹכְבֵי הַשָּׁמָיִם

וְכָל־הָאָרֶץ הַזֹּאת אֲשֶׁר אָמַרְתִּי אֶתֵּן לְזַרְעֲכֶם, וְנָחֲלוּ לְעֹלָם:

דברים ט זְכֹר לַעֲבָדֶיךָ לְאַבְרָהָם לְיִצְחָק וּלְיַעֲקֹב

אַל־תֵּפֶן אֶל־קְשִׁי הָעָם הַזֶּה וְאֶל־רִשְׁעוֹ וְאֶל־חַטָּאתוֹ:

זְכָר לָנוּ בְּרִית אָבוֹת כַּאֲשֶׁר אָמַרְתָּ:

ויקרא כו וְזָכַרְתִּי אֶת־בְּרִיתִי יַעֲקוֹב

וְאַף אֶת־בְּרִיתִי יִצְחָק וְאַף אֶת־בְּרִיתִי אַבְרָהָם אֶזְכֹּר

וְהָאָרֶץ אֶזְכֹּר:

שעבוד המלכויות תחת יד רומי, מלכות הרשעה, מעיק עלינו כבר זמן רב. גאולה אנו מבקשים. בקשה זו על זכות אבות נשענת, על רחמיו של הקב״ה ועל מסירות נפשנו על קדושת שמו יתברך.

נ. מחבר: רבנו גרשום

זְכֹר בְּרִית אַבְרָהָם וַעֲקֵדַת יִצְחָק

וְהָשֵׁב שְׁבוּת אָהֳלֵי יַעֲקֹב

וְהוֹשִׁיעֵנוּ לְמַעַן שְׁמֶךָ.

טָס כַּנֶּשֶׁר מְבַקֵּשׁ נַפְשָׁם
טָבַח בַּחוּרֵיהֶם בְּבֵית מִקְדָּשָׁם
יָסַפְתָּ לְיַסְּרָם וּלְעָנְשָׁם
יְלָדִים וְאֵם לַבָּנִים לְרַטְּשָׁם.
וְשׁוּב בְּרַחֲמִים עַל שְׁאֵרִית יִשְׂרָאֵל, וְהוֹשִׁיעֵנוּ לְמַעַן שְׁמֶךָ.

כְּבָשְׁנוּ לַעֲבָדִים וְנִתְיַגַּעְנוּ
כְּנֻסְנוּ מֵהָאֲרִי וְהַדֹּב פְּגָעָנוּ
לָחַץ נָמֵר עַד כִּי יָגַעְנוּ
לְבֵט נוֹבֵר וְלֹא הִרְגַּעְנוּ.
וְהָשֵׁב שְׁבוּת אָהֳלֵי יַעֲקֹב, וְהוֹשִׁיעֵנוּ לְמַעַן שְׁמֶךָ.

מִכָּל מְשַׁעְבְּדֵי שְׁלִישִׁיָּה
מָשְׁכָה וְאָרְכָה מַלְכוּת רְבִיעִיָּה
נָתְנָה עֹל בַּרְזֶל עַל עֲנִיָּה
נִהְיְתָה תַּאֲנִיָּה וַאֲנִיָּה.
וְשׁוּב בְּרַחֲמִים עַל שְׁאֵרִית יִשְׂרָאֵל, וְהוֹשִׁיעֵנוּ לְמַעַן שְׁמֶךָ.

גּוֹאֵל חָזָק, לְמַעַנְךָ פְּדֵנוּ
רְאֵה כִּי אָזְלַת יָדֵנוּ
שׁוּר כִּי אָבְדוּ חֲסִידֵינוּ
מַפְגִּיעַ אֵין בַּעֲדֵנוּ.
וְהָשֵׁב שְׁבוּת אָהֳלֵי יַעֲקֹב, וְהוֹשִׁיעֵנוּ לְמַעַן שְׁמֶךָ.

בְּרִית אָבוֹת וְאִמָּהוֹת וְהַשְּׁבָטִים
רַחֲמֶיךָ וַחֲסָדֶיךָ בִּרְבוֹת עִתִּים
יָהּ, זְכֹר לְמֻכִּים וְנִמְרָטִים
וְעָלֶיךָ כָּל הַיּוֹם נִשְׁחָטִים.
וְשׁוּב בְּרַחֲמִים עַל שְׁאֵרִית יִשְׂרָאֵל, וְהוֹשִׁיעֵנוּ לְמַעַן שְׁמֶךָ.

דּוֹרֵשׁ דָּמִים, דּוּן דִּינֵנוּ
הָשֵׁב שִׁבְעָתַיִם אֶל חֵיק מְעַנֵּינוּ
חִנָּם נִמְכַּרְנוּ וְלֹא בְכֶסֶף פְּדֵנוּ
זְקֹף בֵּית מִקְדָּשְׁךָ הַשָּׁמֵם לְעֵינֵינוּ.
וְהָשֵׁב שְׁבוּת אָהֳלֵי יַעֲקֹב, וְהוֹשִׁיעֵנוּ לְמַעַן שְׁמֶךָ.

זְכֹר לָנוּ בְּרִית רִאשׁוֹנִים כַּאֲשֶׁר אָמַרְתָּ:
ויקרא כו וְזָכַרְתִּי לָהֶם בְּרִית רִאשֹׁנִים
אֲשֶׁר הוֹצֵאתִי־אֹתָם מֵאֶרֶץ מִצְרַיִם לְעֵינֵי הַגּוֹיִם
לִהְיוֹת לָהֶם לֵאלֹהִים, אֲנִי יהוה:

עֲשֵׂה עִמָּנוּ כְּמָה שֶׁהִבְטַחְתָּנוּ:
ויקרא כו וְאַף גַּם־זֹאת בִּהְיוֹתָם בְּאֶרֶץ אֹיְבֵיהֶם
לֹא־מְאַסְתִּים וְלֹא־גְעַלְתִּים לְכַלֹּתָם
לְהָפֵר בְּרִיתִי אִתָּם, כִּי אֲנִי יהוה אֱלֹהֵיהֶם:

הָשֵׁב שְׁבוּתֵנוּ וְרַחֲמֵנוּ כְּמָה שֶׁכָּתוּב:
דברים ל וְשָׁב יהוה אֱלֹהֶיךָ אֶת־שְׁבוּתְךָ וְרִחֲמֶךָ
וְשָׁב וְקִבֶּצְךָ מִכָּל־הָעַמִּים
אֲשֶׁר הֱפִיצְךָ יהוה אֱלֹהֶיךָ שָׁמָּה:

קַבֵּץ נִדָּחֵינוּ כְּמָה שֶׁכָּתוּב:
דברים ל אִם־יִהְיֶה נִדַּחֲךָ בִּקְצֵה הַשָּׁמָיִם
מִשָּׁם יְקַבֶּצְךָ יהוה אֱלֹהֶיךָ וּמִשָּׁם יִקָּחֶךָ:

מְחֵה פְשָׁעֵינוּ כָּעָב וְכֶעָנָן כְּמָה שֶׁכָּתוּב:
ישעיה מד מָחִיתִי כָעָב פְּשָׁעֶיךָ וְכֶעָנָן חַטֹּאותֶיךָ, שׁוּבָה אֵלַי כִּי גְאַלְתִּיךָ:
מְחֵה פְשָׁעֵינוּ לְמַעַנְךָ כַּאֲשֶׁר אָמַרְתָּ:
ישעיה מג אָנֹכִי אָנֹכִי הוּא מֹחֶה פְשָׁעֶיךָ לְמַעֲנִי, וְחַטֹּאתֶיךָ לֹא אֶזְכֹּר:

הַלְבֵּן חֲטָאֵינוּ כַּשֶּׁלֶג וְכַצֶּמֶר כְּמָה שֶׁכָּתוּב:
לְכוּ־נָא וְנִוָּכְחָה יֹאמַר יהוה ישעיה א
אִם־יִהְיוּ חֲטָאֵיכֶם כַּשָּׁנִים כַּשֶּׁלֶג יַלְבִּינוּ
אִם־יַאְדִּימוּ כַתּוֹלָע כַּצֶּמֶר יִהְיוּ:

זְרֹק עָלֵינוּ מַיִם טְהוֹרִים וְטַהֲרֵנוּ כְּמָה שֶׁכָּתוּב:
וְזָרַקְתִּי עֲלֵיכֶם מַיִם טְהוֹרִים וּטְהַרְתֶּם יחזקאל לו
מִכֹּל טֻמְאוֹתֵיכֶם וּמִכָּל־גִּלּוּלֵיכֶם אֲטַהֵר אֶתְכֶם:

רַחֵם עָלֵינוּ וְאַל תַּשְׁחִיתֵנוּ כְּמָה שֶׁכָּתוּב:
כִּי אֵל רַחוּם יהוה אֱלֹהֶיךָ דברים ד
לֹא יַרְפְּךָ וְלֹא יַשְׁחִיתֶךָ
וְלֹא יִשְׁכַּח אֶת־בְּרִית אֲבוֹתֶיךָ אֲשֶׁר נִשְׁבַּע לָהֶם:

מוֹל אֶת לְבָבֵנוּ לְאַהֲבָה אֶת שְׁמֶךָ כְּמָה שֶׁכָּתוּב:
וּמָל יהוה אֱלֹהֶיךָ אֶת־לְבָבְךָ וְאֶת־לְבַב זַרְעֶךָ דברים ל
לְאַהֲבָה אֶת־יהוה אֱלֹהֶיךָ בְּכָל־לְבָבְךָ וּבְכָל־נַפְשְׁךָ
לְמַעַן חַיֶּיךָ:

הִמָּצֵא לָנוּ בְּבַקָּשָׁתֵנוּ כְּמָה שֶׁכָּתוּב:
וּבִקַּשְׁתֶּם מִשָּׁם אֶת־יהוה אֱלֹהֶיךָ וּמָצָאתָ דברים ד
כִּי תִדְרְשֶׁנּוּ בְּכָל־לְבָבְךָ וּבְכָל־נַפְשֶׁךָ:

תְּבִיאֵנוּ אֶל הַר קָדְשֶׁךָ וְשַׂמְּחֵנוּ בְּבֵית תְּפִלָּתֶךָ כְּמָה שֶׁכָּתוּב:
וַהֲבִיאוֹתִים אֶל־הַר קָדְשִׁי ישעיה נו
וְשִׂמַּחְתִּים בְּבֵית תְּפִלָּתִי
עוֹלֹתֵיהֶם וְזִבְחֵיהֶם לְרָצוֹן עַל־מִזְבְּחִי
כִּי בֵיתִי בֵּית־תְּפִלָּה יִקָּרֵא לְכָל־הָעַמִּים:

פותחים את ארון הקודש ואומרים פסוק פסוק עד 'אַל תַּעַזְבֵנוּ'.

יש קהילות האומרות את הפסוקים בסדר אחר: 'שְׁמַע קוֹלֵנוּ', 'הֲשִׁיבֵנוּ', 'אַל תַּשְׁלִיכֵנוּ מִלְּפָנֶיךָ' ו'אַל תַּשְׁלִיכֵנוּ לְעֵת זִקְנָה', וממשיכים בלחש: 'אַל תַּעַזְבֵנוּ', 'עֲשֵׂה עִמָּנוּ אוֹת', 'אֲמָרֵינוּ הַאֲזִינָה', 'יִהְיוּ לְרָצוֹן' ו'כִּי לְךָ ה' הוֹחָלְנוּ'.

שליח הציבור אומר, והקהל חוזר אחריו בקול:

שְׁמַע קוֹלֵנוּ, יהוה אֱלֹהֵינוּ, חוּס וְרַחֵם עָלֵינוּ
וְקַבֵּל בְּרַחֲמִים וּבְרָצוֹן אֶת תְּפִלָּתֵנוּ.
הֲשִׁיבֵנוּ יהוה אֵלֶיךָ וְנָשׁוּבָה, חַדֵּשׁ יָמֵינוּ כְּקֶדֶם: איכה ה
אֲמָרֵינוּ הַאֲזִינָה יהוה, בִּינָה הֲגִיגֵנוּ.

בלחש: **יִהְיוּ לְרָצוֹן אִמְרֵי פִינוּ וְהֶגְיוֹן לִבֵּנוּ לְפָנֶיךָ, יהוה צוּרֵנוּ וְגוֹאֲלֵנוּ.**
אַל תַּשְׁלִיכֵנוּ מִלְּפָנֶיךָ, וְרוּחַ קָדְשְׁךָ אַל תִּקַּח מִמֶּנּוּ.
אַל תַּשְׁלִיכֵנוּ לְעֵת זִקְנָה, כִּכְלוֹת כֹּחֵנוּ אַל תַּעַזְבֵנוּ.
אַל תַּעַזְבֵנוּ יהוה, אֱלֹהֵינוּ אַל תִּרְחַק מִמֶּנּוּ.
עֲשֵׂה עִמָּנוּ אוֹת לְטוֹבָה, וְיִרְאוּ שׂוֹנְאֵינוּ וְיֵבֹשׁוּ
כִּי אַתָּה יהוה עֲזַרְתָּנוּ וְנִחַמְתָּנוּ.
כִּי לְךָ יהוה הוֹחָלְנוּ, אַתָּה תַעֲנֶה אֲדֹנָי אֱלֹהֵינוּ.

סוגרים את ארון הקודש.

וידוי

אֱלֹהֵינוּ וֵאלֹהֵי אֲבוֹתֵינוּ, תָּבֹא לְפָנֶיךָ תְּפִלָּתֵנוּ, וְאַל תִּתְעַלַּם מִתְּחִנָּתֵנוּ.
שֶׁאֵין אֲנוּ עַזֵּי פָנִים וּקְשֵׁי עֹרֶף לוֹמַר לְפָנֶיךָ
יהוה אֱלֹהֵינוּ וֵאלֹהֵי אֲבוֹתֵינוּ, צַדִּיקִים אֲנַחְנוּ וְלֹא חָטָאנוּ.
אֲבָל אֲנַחְנוּ וַאֲבוֹתֵינוּ חָטָאנוּ.

כשמתוודה, מכה באגרופו על החזה כנגד הלב בכל חטא שמזכיר.

אָשַׁמְנוּ, בָּגַדְנוּ, גָּזַלְנוּ, דִּבַּרְנוּ דֹפִי
הֶעֱוִינוּ, וְהִרְשַׁעְנוּ, זַדְנוּ, חָמַסְנוּ, טָפַלְנוּ שֶׁקֶר
יָעַצְנוּ רָע, כִּזַּבְנוּ, לַצְנוּ, מָרַדְנוּ, נִאַצְנוּ
סָרַרְנוּ, עָוִינוּ, פָּשַׁעְנוּ, צָרַרְנוּ, קִשִּׁינוּ עֹרֶף
רָשַׁעְנוּ, שִׁחַתְנוּ, תִּעַבְנוּ, תָּעִינוּ, תִּעְתָּעְנוּ.

סַֽרְנוּ מִמִּצְוֹתֶֽיךָ וּמִמִּשְׁפָּטֶֽיךָ הַטּוֹבִים, וְלֹא שָֽׁוָה לָֽנוּ.
וְאַתָּה צַדִּיק עַל כָּל־הַבָּא עָלֵֽינוּ נחמיה ט
כִּי־אֱמֶת עָשִֽׂיתָ וַאֲנַֽחְנוּ הִרְשָֽׁעְנוּ:

אָשַֽׁמְנוּ מִכָּל עָם, בֹּֽשְׁנוּ מִכָּל דּוֹר
גָּלָה מִמֶּֽנּוּ מָשׂוֹשׂ, דָּוָה לִבֵּֽנוּ בַּחֲטָאֵֽינוּ
הָחְבַּל אִוּוּיֵֽנוּ, וְנִפְרַע פְּאֵרֵֽנוּ
זְבוּל בֵּית מִקְדָּשֵֽׁנוּ חָרַב בַּעֲוֹנֵֽינוּ
טִירָתֵֽנוּ הָיְתָה לְשַׁמָּה
יְפִי אַדְמָתֵֽנוּ לְזָרִים, כֹּחֵֽנוּ לְנָכְרִים.

על פי הגר״א (מעשה רב, אות רב) אומרים וידוי פעם אחת בלבד.

וַעֲדַֽיִן לֹא שַֽׁבְנוּ מִטָּעוּתֵֽנוּ, וְהֵיאַךְ נָעִיז פָּנֵֽינוּ וְנַקְשֶׁה עָרְפֵּֽנוּ, לוֹמַר לְפָנֶֽיךָ, יהוה אֱלֹהֵֽינוּ וֵאלֹהֵי אֲבוֹתֵֽינוּ, צַדִּיקִים אֲנַֽחְנוּ וְלֹא חָטָֽאנוּ, אֲבָל אֲנַֽחְנוּ וַאֲבוֹתֵֽינוּ חָטָֽאנוּ.

כשמתוודה, מכה באגרופו על החזה כנגד הלב בכל חטא שמזכיר.

אָשַֽׁמְנוּ, בָּגַֽדְנוּ, גָּזַֽלְנוּ, דִּבַּֽרְנוּ דֹֽפִי
הֶעֱוִֽינוּ, וְהִרְשַֽׁעְנוּ, זַֽדְנוּ, חָמַֽסְנוּ, טָפַֽלְנוּ שֶֽׁקֶר
יָעַֽצְנוּ רָע, כִּזַּֽבְנוּ, לַֽצְנוּ, מָרַֽדְנוּ, נִאַֽצְנוּ
סָרַֽרְנוּ, עָוִֽינוּ, פָּשַֽׁעְנוּ, צָרַֽרְנוּ, קִשִּֽׁינוּ עֹֽרֶף
רָשַֽׁעְנוּ, שִׁחַֽתְנוּ, תִּעַֽבְנוּ, תָּעִֽינוּ, תִּעְתָּֽעְנוּ.

סַֽרְנוּ מִמִּצְוֹתֶֽיךָ וּמִמִּשְׁפָּטֶֽיךָ הַטּוֹבִים, וְלֹא שָֽׁוָה לָֽנוּ.
וְאַתָּה צַדִּיק עַל כָּל־הַבָּא עָלֵֽינוּ, כִּי־אֱמֶת עָשִֽׂיתָ וַאֲנַֽחְנוּ הִרְשָֽׁעְנוּ: נחמיה ט

לְעֵינֵֽינוּ עָשְׁקוּ עֲמָלֵֽנוּ, מְמֻשָּׁךְ וּמְמֹרָט מִמֶּֽנּוּ
נָתְנוּ עֻלָּם עָלֵֽינוּ, סָבַֽלְנוּ עַל שִׁכְמֵֽנוּ
עֲבָדִים מָֽשְׁלוּ בָֽנוּ, פֹּרֵק אֵין מִיָּדָם: איכה ה
צָרוֹת רַבּוֹת סְבָבֽוּנוּ, קְרָאנֽוּךָ יהוה אֱלֹהֵֽינוּ
רָחַֽקְתָּ מִמֶּֽנּוּ בַּעֲוֹנֵֽינוּ, שַֽׁבְנוּ מֵאַחֲרֶֽיךָ, תָּעִֽינוּ וְאָבָֽדְנוּ.

וַעֲדַֽיִן לֹא שַֽׁבְנוּ מִטָּעוּתֵֽנוּ, וְהֵיאַךְ נָעִיז פָּנֵֽינוּ וְנַקְשֶׁה עָרְפֵּֽנוּ, לוֹמַר לְפָנֶֽיךָ, יהוה אֱלֹהֵֽינוּ וֵאלֹהֵי אֲבוֹתֵֽינוּ, צַדִּיקִים אֲנַֽחְנוּ וְלֹא חָטָֽאנוּ, אֲבָל אֲנַֽחְנוּ וַאֲבוֹתֵֽינוּ חָטָֽאנוּ.

כשמתוודה, מכה באגרופו על החזה כנגד הלב בכל חטא שמזכיר.

אָשַׁמְנוּ, בָּגַדְנוּ, גָּזַלְנוּ, דִּבַּרְנוּ דֹפִי
הֶעֱוִינוּ, וְהִרְשַׁעְנוּ, זַדְנוּ, חָמַסְנוּ, טָפַלְנוּ שֶׁקֶר
יָעַצְנוּ רָע, כִּזַּבְנוּ, לַצְנוּ, מָרַדְנוּ, נִאַצְנוּ
סָרַרְנוּ, עָוִינוּ, פָּשַׁעְנוּ, צָרַרְנוּ, קִשִּׁינוּ עֹרֶף
רָשַׁעְנוּ, שִׁחַתְנוּ, תִּעַבְנוּ, תָּעִינוּ, תִּעְתָּעְנוּ.

סַרְנוּ מִמִּצְוֹתֶיךָ וּמִמִּשְׁפָּטֶיךָ הַטּוֹבִים, וְלֹא שָׁוָה לָנוּ.
וְאַתָּה צַדִּיק עַל כָּל־הַבָּא עָלֵינוּ נחמיה ט
כִּי־אֱמֶת עָשִׂיתָ וַאֲנַחְנוּ הִרְשָׁעְנוּ:

הִרְשַׁעְנוּ וּפָשַׁעְנוּ לָכֵן לֹא נוֹשָׁעְנוּ.
וְתֵן בְּלִבֵּנוּ לַעֲזֹב דֶּרֶךְ רֶשַׁע, וְחִישׁ לָנוּ יֶשַׁע
כַּכָּתוּב עַל יַד נְבִיאֶךָ:
יַעֲזֹב רָשָׁע דַּרְכּוֹ וְאִישׁ אָוֶן מַחְשְׁבֹתָיו ישעיה נה
וְיָשֹׁב אֶל־יהוה וִירַחֲמֵהוּ וְאֶל־אֱלֹהֵינוּ כִּי־יַרְבֶּה לִסְלוֹחַ:

מְשִׁיחַ צִדְקֶךָ אָמַר לְפָנֶיךָ:
שְׁגִיאוֹת מִי־יָבִין, מִנִּסְתָּרוֹת נַקֵּנִי: תהלים יט
נַקֵּנוּ יהוה אֱלֹהֵינוּ מִכָּל פְּשָׁעֵינוּ וְטַהֲרֵנוּ מִכָּל טֻמְאוֹתֵינוּ
וּזְרֹק עָלֵינוּ מַיִם טְהוֹרִים וְטַהֲרֵנוּ
כַּכָּתוּב עַל יַד נְבִיאֶךָ:
וְזָרַקְתִּי עֲלֵיכֶם מַיִם טְהוֹרִים וּטְהַרְתֶּם יחזקאל לו
מִכֹּל טֻמְאוֹתֵיכֶם וּמִכָּל־גִּלּוּלֵיכֶם אֲטַהֵר אֶתְכֶם:
עַמְּךָ וְנַחֲלָתְךָ רְעֵבֵי טוּבְךָ, צְמֵאֵי חַסְדְּךָ, תְּאֵבֵי יִשְׁעֶךָ.
יַכִּירוּ וְיֵדְעוּ, כִּי לַיהוה אֱלֹהֵינוּ הָרַחֲמִים וְהַסְּלִיחוֹת.

אֵל רַחוּם שְׁמֶךָ. אֵל חַנּוּן שְׁמֶךָ. בָּנוּ נִקְרָא שְׁמֶךָ. יהוה עֲשֵׂה לְמַעַן שְׁמֶךָ.
עֲשֵׂה לְמַעַן אֲמִתָּךְ. עֲשֵׂה לְמַעַן בְּרִיתָךְ. עֲשֵׂה לְמַעַן גָּדְלָךְ וְתִפְאַרְתָּךְ.

עֲשֵׂה לְמַעַן דָּתָךְ. עֲשֵׂה לְמַעַן הוֹדָךְ. עֲשֵׂה לְמַעַן וִעוּדָךְ. עֲשֵׂה לְמַעַן זִכְרָךְ. עֲשֵׂה לְמַעַן חַסְדָּךְ. עֲשֵׂה לְמַעַן טוּבָךְ. עֲשֵׂה לְמַעַן יִחוּדָךְ. עֲשֵׂה לְמַעַן כְּבוֹדָךְ. עֲשֵׂה לְמַעַן לִמּוּדָךְ. עֲשֵׂה לְמַעַן מַלְכוּתָךְ. עֲשֵׂה לְמַעַן נִצְחָךְ. עֲשֵׂה לְמַעַן סוֹדָךְ. עֲשֵׂה לְמַעַן עֻזָּךְ. עֲשֵׂה לְמַעַן פְּאֵרָךְ. עֲשֵׂה לְמַעַן צִדְקָתָךְ. עֲשֵׂה לְמַעַן קְדֻשָּׁתָךְ. עֲשֵׂה לְמַעַן רַחֲמֶיךָ הָרַבִּים. עֲשֵׂה לְמַעַן שְׁכִינָתָךְ. עֲשֵׂה לְמַעַן תְּהִלָּתָךְ. עֲשֵׂה לְמַעַן אוֹהֲבֶיךָ שׁוֹכְנֵי עָפָר. עֲשֵׂה לְמַעַן אַבְרָהָם יִצְחָק וְיַעֲקֹב. עֲשֵׂה לְמַעַן מֹשֶׁה וְאַהֲרֹן. עֲשֵׂה לְמַעַן דָּוִד וּשְׁלֹמֹה. עֲשֵׂה לְמַעַן יְרוּשָׁלַיִם עִיר קָדְשֶׁךָ. עֲשֵׂה לְמַעַן צִיּוֹן מִשְׁכַּן כְּבוֹדֶךָ. עֲשֵׂה לְמַעַן שִׁמְמוֹת הֵיכָלֶךָ. עֲשֵׂה לְמַעַן הֲרִיסוּת מִזְבְּחֶךָ. עֲשֵׂה לְמַעַן הֲרוּגִים עַל שֵׁם קָדְשֶׁךָ. עֲשֵׂה לְמַעַן טְבוּחִים עַל יִחוּדֶךָ. עֲשֵׂה לְמַעַן בָּאֵי בָאֵשׁ וּבַמַּיִם עַל קִדּוּשׁ שְׁמֶךָ. עֲשֵׂה לְמַעַן יוֹנְקֵי שָׁדַיִם שֶׁלֹּא חָטְאוּ. עֲשֵׂה לְמַעַן גְּמוּלֵי חָלָב שֶׁלֹּא פָשְׁעוּ. עֲשֵׂה לְמַעַן תִּינוֹקוֹת שֶׁל בֵּית רַבָּן. עֲשֵׂה לְמַעַנְךָ אִם לֹא לְמַעֲנֵנוּ. עֲשֵׂה לְמַעַנְךָ וְהוֹשִׁיעֵנוּ.

עֲנֵנוּ יהוה עֲנֵנוּ. עֲנֵנוּ אֱלֹהֵינוּ עֲנֵנוּ. עֲנֵנוּ אָבִינוּ עֲנֵנוּ. עֲנֵנוּ בּוֹרְאֵנוּ עֲנֵנוּ. עֲנֵנוּ גּוֹאֲלֵנוּ עֲנֵנוּ. עֲנֵנוּ דּוֹרְשֵׁנוּ עֲנֵנוּ. עֲנֵנוּ הָאֵל הַנֶּאֱמָן עֲנֵנוּ. עֲנֵנוּ וָתִיק וְחָסִיד עֲנֵנוּ. עֲנֵנוּ זַךְ וְיָשָׁר עֲנֵנוּ. עֲנֵנוּ חַי וְקַיָּם עֲנֵנוּ. עֲנֵנוּ טוֹב וּמֵטִיב עֲנֵנוּ. עֲנֵנוּ יוֹדֵעַ יֵצֶר עֲנֵנוּ. עֲנֵנוּ כּוֹבֵשׁ כְּעָסִים עֲנֵנוּ. עֲנֵנוּ לוֹבֵשׁ צְדָקוֹת עֲנֵנוּ. עֲנֵנוּ מֶלֶךְ מַלְכֵי הַמְּלָכִים עֲנֵנוּ. עֲנֵנוּ נוֹרָא וְנִשְׂגָּב עֲנֵנוּ. עֲנֵנוּ סוֹלֵחַ וּמוֹחֵל עֲנֵנוּ. עֲנֵנוּ עוֹנֶה בְּעֵת צָרָה עֲנֵנוּ. עֲנֵנוּ פּוֹדֶה וּמַצִּיל עֲנֵנוּ. עֲנֵנוּ צַדִּיק וְיָשָׁר עֲנֵנוּ. עֲנֵנוּ קָרוֹב לְקוֹרְאָיו עֲנֵנוּ. עֲנֵנוּ רַחוּם וְחַנּוּן עֲנֵנוּ. עֲנֵנוּ שׁוֹמֵעַ אֶל אֶבְיוֹנִים עֲנֵנוּ. עֲנֵנוּ תּוֹמֵךְ תְּמִימִים עֲנֵנוּ. עֲנֵנוּ אֱלֹהֵי אֲבוֹתֵינוּ עֲנֵנוּ. עֲנֵנוּ אֱלֹהֵי אַבְרָהָם עֲנֵנוּ. עֲנֵנוּ פַּחַד יִצְחָק עֲנֵנוּ. עֲנֵנוּ אֲבִיר יַעֲקֹב עֲנֵנוּ. עֲנֵנוּ עֶזְרַת הַשְּׁבָטִים עֲנֵנוּ. עֲנֵנוּ מִשְׂגַּב אִמָּהוֹת עֲנֵנוּ. עֲנֵנוּ קָשֶׁה לִכְעֹס עֲנֵנוּ. עֲנֵנוּ רַךְ לִרְצוֹת עֲנֵנוּ. עֲנֵנוּ עוֹנֶה בְּעֵת רָצוֹן עֲנֵנוּ. עֲנֵנוּ אֲבִי יְתוֹמִים עֲנֵנוּ. עֲנֵנוּ דַּיַּן אַלְמָנוֹת עֲנֵנוּ.

מִי שֶׁעָנָה לְאַבְרָהָם אָבִינוּ בְּהַר הַמּוֹרִיָּה, הוּא יַעֲנֵנוּ.
מִי שֶׁעָנָה לְיִצְחָק בְּנוֹ כְּשֶׁנֶּעֱקַד עַל גַּבֵּי הַמִּזְבֵּחַ, הוּא יַעֲנֵנוּ.
מִי שֶׁעָנָה לְיַעֲקֹב בְּבֵית אֵל, הוּא יַעֲנֵנוּ.
מִי שֶׁעָנָה לְיוֹסֵף בְּבֵית הָאֲסוּרִים, הוּא יַעֲנֵנוּ.
מִי שֶׁעָנָה לַאֲבוֹתֵינוּ עַל יַם סוּף, הוּא יַעֲנֵנוּ.
מִי שֶׁעָנָה לְמֹשֶׁה בְּחוֹרֵב, הוּא יַעֲנֵנוּ.
מִי שֶׁעָנָה לְאַהֲרֹן בַּמַּחְתָּה, הוּא יַעֲנֵנוּ.
מִי שֶׁעָנָה לְפִינְחָס בְּקוּמוֹ מִתּוֹךְ הָעֵדָה, הוּא יַעֲנֵנוּ.
מִי שֶׁעָנָה לִיהוֹשֻׁעַ בַּגִּלְגָּל, הוּא יַעֲנֵנוּ.
מִי שֶׁעָנָה לִשְׁמוּאֵל בַּמִּצְפָּה, הוּא יַעֲנֵנוּ.
מִי שֶׁעָנָה לְדָוִד וּשְׁלֹמֹה בְנוֹ בִּירוּשָׁלָיִם, הוּא יַעֲנֵנוּ.
מִי שֶׁעָנָה לְאֵלִיָּהוּ בְּהַר הַכַּרְמֶל, הוּא יַעֲנֵנוּ.
מִי שֶׁעָנָה לֶאֱלִישָׁע בִּירִיחוֹ, הוּא יַעֲנֵנוּ.
מִי שֶׁעָנָה לְיוֹנָה בִּמְעֵי הַדָּגָה, הוּא יַעֲנֵנוּ.
מִי שֶׁעָנָה לְחִזְקִיָּהוּ מֶלֶךְ יְהוּדָה בְּחָלְיוֹ, הוּא יַעֲנֵנוּ.
מִי שֶׁעָנָה לַחֲנַנְיָה מִישָׁאֵל וַעֲזַרְיָה בְּתוֹךְ כִּבְשַׁן הָאֵשׁ, הוּא יַעֲנֵנוּ.
מִי שֶׁעָנָה לְדָנִיֵּאל בְּגוֹב הָאֲרָיוֹת, הוּא יַעֲנֵנוּ.
מִי שֶׁעָנָה לְמָרְדְּכַי וְאֶסְתֵּר בְּשׁוּשַׁן הַבִּירָה, הוּא יַעֲנֵנוּ.
מִי שֶׁעָנָה לְעֶזְרָא בַּגּוֹלָה, הוּא יַעֲנֵנוּ.
מִי שֶׁעָנָה לְכָל הַצַּדִּיקִים וְהַחֲסִידִים וְהַתְּמִימִים וְהַיְשָׁרִים, הוּא יַעֲנֵנוּ.

רַחֲמָנָא דְּעָנֵי לַעֲנִיֵּי עֲנֵינָן.
רַחֲמָנָא דְּעָנֵי לִתְבִירֵי לִבָּא עֲנֵינָן.
רַחֲמָנָא דְּעָנֵי לְמַכִּיכֵי רוּחָא עֲנֵינָן.
רַחֲמָנָא עֲנֵינָן.
רַחֲמָנָא חוּס, רַחֲמָנָא פְּרֹק, רַחֲמָנָא שֵׁיזִב.
רַחֲמָנָא רַחֵם עֲלָן, הַשְׁתָּא בַּעֲגָלָא וּבִזְמַן קָרִיב.

נפילת אפיים

יושבים, ובמקום שיש בו ספר תורה, נופלים אפיים:
משעינים את הראש על היד שאין בה תפילין (ומי שאין לו תפילין, על יד שמאל),
ומכסים את הפנים (ספר מהרי״ל, סב).

לפני נפילת אפיים נוהגים לומר את הפסוק ׳וַיֹּאמֶר דָּוִד אֶל־גָּד׳ (קיצור של״ה).

וַיֹּאמֶר דָּוִד אֶל־גָּד שמואל ב׳ כד
צַר־לִי מְאֹד
נִפְּלָה־נָּא בְיַד־יהוה, כִּי־רַבִּים רַחֲמָו
וּבְיַד־אָדָם אַל־אֶפֹּלָה:

רַחוּם וְחַנּוּן, חָטָאתִי לְפָנֶיךָ.
יהוה מָלֵא רַחֲמִים, רַחֵם עָלַי וְקַבֵּל תַּחֲנוּנָי.

נוהגים לומר את מזמור ו (מנהגי מהר״י טירנא):

יהוה, אַל־בְּאַפְּךָ תוֹכִיחֵנִי, וְאַל־בַּחֲמָתְךָ תְיַסְּרֵנִי: תהלים ו
חָנֵּנִי יהוה, כִּי אֻמְלַל אָנִי, רְפָאֵנִי יהוה
כִּי נִבְהֲלוּ עֲצָמָי:
וְנַפְשִׁי נִבְהֲלָה מְאֹד, וְאַתָּ יהוה, עַד־מָתָי:
שׁוּבָה יהוה, חַלְּצָה נַפְשִׁי
הוֹשִׁיעֵנִי לְמַעַן חַסְדֶּךָ:
כִּי אֵין בַּמָּוֶת זִכְרֶךָ, בִּשְׁאוֹל מִי יוֹדֶה־לָּךְ:
יָגַעְתִּי בְּאַנְחָתִי, אַשְׂחֶה בְכָל־לַיְלָה מִטָּתִי
בְּדִמְעָתִי עַרְשִׂי אַמְסֶה:
עָשְׁשָׁה מִכַּעַס עֵינִי, עָתְקָה בְּכָל־צוֹרְרָי:
סוּרוּ מִמֶּנִּי כָּל־פֹּעֲלֵי אָוֶן
כִּי שָׁמַע יהוה קוֹל בִּכְיִי:
שָׁמַע יהוה תְּחִנָּתִי, יהוה תְּפִלָּתִי יִקָּח:
יֵבֹשׁוּ וְיִבָּהֲלוּ מְאֹד כָּל־אֹיְבָי, יָשֻׁבוּ יֵבֹשׁוּ רָגַע: כאן מרימים את הראש.

מַחֵי וּמַסֵּי, מֵמִית וּמְחַיֶּה, מַסֵּיק מִן שְׁאוֹל לְחַיֵּי עָלְמָא.
בְּרָא כַּד חָטֵא, אֲבוּהִי לַקְיֵהּ, אֲבוּהִי דְחָיֵס מַסֵּא לִכְאֵבֵהּ.
עַבְדָּא דְמָרֵיד נָפֵיק בְּקוֹלָר, מָרֵהּ תָּאֵיב וְתָבַר קוֹלָרֵהּ.

בְּרָךְ בֻּכְרָךְ אֲנַן וְחָטֵינַן קַמָּךְ, הָא רְוֵי נַפְשַׁן בְּגִדִּין מְרָרִין.
עַבְדָּךְ אֲנַן וּמָרְדִנַן קַמָּךְ, הָא בְּבִזְתָא הָא בְּשִׁבְיְתָא הָא בְּמַלְקְיוּתָא.
בְּמָטוּ מִנָּךְ בְּרַחֲמָךְ דִּנְפִישִׁין, אַסֵּי לִכְאֵבָא דִּתְקֵף עֲלַן
עַד דְּלָא נֶהֱוֵי גְמִירָא בְּשִׁבְיָא.

התורה היא הבסיס לקיומו של העולם, וישראל הוא העם היחיד אשר הסכים לקבל על עצמו את התורה, והוא מתמיד לעסוק בה חרף הקשיים המרובים העוברים עליו. בשל כך אנו כביכול פונים לתורה ומפצירים בה להתחנן למען ההוגים בה.

נא. מחבר: רבי שמעון בר יצחק

תּוֹרָה הַקְּדוֹשָׁה
הִתְחַנְּנִי בְּבַקָּשָׁה
פְּנֵי הַצּוּר נַעֲרָץ בִּקְדֻשָּׁה.

שִׁפְכִי שִׂיחַ עָרֵב
וְזִכְרִי מַעֲשֵׂה חוֹרֵב
נַעֲשֶׂה וְנִשְׁמַע נָמוּ לְהִתְקָרֵב.

רָגְנוּ שֵׂעִיר וּפָארָן
דָּתוֹתֶיךָ לְשָׁמְרָן
עָמַד וּמְדַדָן רָאָה וְהִתִּירָן.

קָדוֹשׁ הִתִּיקָם
לְלֹא שָׁמְרוּ חֻקָּם
בְּאַף וּבְחֵמָה עֲשׂוֹת בָּהֶם נָקָם.

צָעַד מֵרְבָבוֹת
וְנִקְדַּשׁ בָּעֲרָבוֹת
מִימִינוֹ אֵשׁ דָּת וְלַהַב שַׁלְהָבוֹת.

פָּנִים מַסְבִּירוֹת
אֵלָיו מִתְחַבְּרוֹת
הֻנְשְׁקוּ מִפִּיו עֲשֶׂרֶת הַדִּבְּרוֹת.

עוֹלָם נִתְבַּסֵּס
אֲשֶׁר מִתְּנָאוֹ נִמְסַס
וּכְמוֹצֵא שָׁלָל רָב עַל אִמְרָתְךָ שָׂשׂ.

סוֹדֵי פִּקּוּדֶיךָ
נִמְסְרוּ לְדוֹדֶיךָ
מֵאָז וְעַד עַתָּה הֵמָּה מְכַבְּדֶיךָ.

נָדִים וְגַם נָעִים
וּבְרֹגֶז שְׂבֵעִים
בְּנֹפֶת צוּפֶיךָ תָּמִיד מִשְׁתַּעַשְׁעִים.

מָסֹרֶת לְיָפֶה
בִּכְתָב וּבְעַל פֶּה
יָקְרוּ אֲמָרֶיךָ מִשֹּׁהַם וְיָשְׁפֵה.

לִבִּי לְחוֹקְקֶיךָ
בַּעֲלִיל מְזוּקָּקֶיךָ
קוֹבְעֵי עִתּוֹתָם לְפַלֵּשׂ פְּקָקֶיךָ.

כְּלָלוֹת וּפְרָטוֹת
לִרְאוֹת וּלְהַטּוֹת
שְׁנָתָם נוֹדֶדֶת בַּחֲדַר הַמִּטּוֹת.

יוֹם יוֹם יִדְרוֹשׁוּן
בְּלִבָּם יַחֲרוֹשׁוּן
לֶאֱסֹר וּלְהַתִּיר בְּפִיהֶם יְפָרֵשׁוּן.

טְמֵאוֹת וּטְהוֹרוֹת
לְהַבְדִּיל וּלְהוֹרוֹת
מִלַּחַץ וְדוֹחֵק עֵינֵיהֶם מְנַהִירוֹת.

חֻקִּים וּמִשְׁפָּטִים
עַל פִּימוֹ שְׁפוּטִים
וְאוֹיְבֵיהֶם פְּלִילִים וּבָהֶם נִשְׁפָּטִים.

זִכְרִי זֹאת, תְּעוּדָה
הוֹגַיִךְ לְהִתְעוֹדְדָה
וּמְלִיצֵי הֶגְיוֹנַיִךְ לַעֲזוֹר וּלְסַעֲדָה.

וְחַנְּנִי פְּנֵי קוֹנֵךְ
בְּמַעַן חִנּוּנֵךְ
כִּי הוּא אֱלֹהַיִךְ יוֹצְרֵךְ וַאֲדוֹנֵךְ.

הֲלֹא אִם אֵין תַּמָּה
הוֹגָה בִּתְמִימָה
הֵן בְּקֶרֶן זָוִיּוֹת נְתוּנָה וּמִשְׁתּוֹמְמָה.

דֹּק וָחֶלֶד עֲבוּרָהּ
עוֹמְדִים בִּגְבוּרָה
בְּיִרְאָה הַטְּהוֹרָה וּבְמִצְוָה בָּרָה.

גַּבְּרִי רִנּוּנִים
וְשִׁפְכִי תַּחֲנוּנִים
עֲבֹר תְּפִלָּתֵנוּ בְּאֵין סִכּוּךְ עֲנָנִים.

בָּאֵי עָדָיו בְּתַחַן
לְנַקּוֹתָם מִצַּחַן
מַאֲוַיָּם יִתֵּן יִכְמֹר וְגַם יָחַן.

אֱסֹף עֲדַת מִי מָנָה
לְקִרְיָה נֶאֱמָנָה
וּכְעֵדֶר בְּתוֹךְ הַדָּבְרוֹ מֵאָדָם תְּהִימֶנָּה.

שְׁבוּיִים יְמַלֵּט
מֵאַשְׁמַנֵּי עָלֶט
עֲדֵי עַד יְסוֹבְבֵם עֹז רָנֵּי פַלֵּט.

וּבְשׁוּבָה וָנַחַת
נוֹשָׁעִים מִשַּׁחַת
בַּקֵּשׁ צֹאן אוֹבֶדֶת וְגַם הַנִּדַּחַת.

רַפְּאֹת הַנַּחְלָה
יָסִיר כָּל מַחֲלָה
צֹאן אָדָם לְמַלְאוֹת עִיר הַהֲלָלָה.

חֲבֹשׁ הַנִּשְׁבֶּרֶת
זַלְזֵל הַגְּבֶרֶת
קַנֵּא קִנְאָה גְדוֹלָה לָעִיר הַמְחֻבֶּרֶת.

יש הנוהגים שלא לומר תחינה זו.

מַכְנִיסֵי רַחֲמִים, הַכְנִיסוּ רַחֲמֵינוּ לִפְנֵי בַּעַל הָרַחֲמִים. מַשְׁמִיעֵי תְפִלָּה, הַשְׁמִיעוּ תְפִלָּתֵנוּ לִפְנֵי שׁוֹמֵעַ תְּפִלָּה. מַשְׁמִיעֵי צְעָקָה, הַשְׁמִיעוּ צַעֲקָתֵנוּ לִפְנֵי שׁוֹמֵעַ צְעָקָה. מַכְנִיסֵי דִמְעָה, הַכְנִיסוּ דִמְעוֹתֵינוּ לִפְנֵי מֶלֶךְ מִתְרַצֶּה בִּדְמָעוֹת. הִשְׁתַּדְּלוּ וְהַרְבּוּ תְחִנָּה וּבַקָּשָׁה לִפְנֵי מֶלֶךְ אֵל רָם וְנִשָּׂא. הַזְכִּירוּ לְפָנָיו הַשְׁמִיעוּ לְפָנָיו תּוֹרָה וּמַעֲשִׂים טוֹבִים שֶׁל שׁוֹכְנֵי עָפָר. יִזְכֹּר אַהֲבָתָם וִיחַיֶּה זַרְעָם, שֶׁלֹּא תֹאבַד שְׁאֵרִית יַעֲקֹב. כִּי צֹאן רוֹעֶה נֶאֱמָן הָיָה לְחֶרְפָּה, יִשְׂרָאֵל גּוֹי אֶחָד לְמָשָׁל וְלִשְׁנִינָה. מַהֵר עֲנֵנוּ אֱלֹהֵי יִשְׁעֵנוּ, וּפְדֵנוּ מִכָּל גְּזֵרוֹת קָשׁוֹת, וְהוֹשִׁיעָה בְּרַחֲמֶיךָ הָרַבִּים מְשִׁיחַ צִדְקֶךָ וְעַמֶּךָ.

מָרָן דְּבִשְׁמַיָּא לָךְ מִתְחַנְּנַן, כְּבַר שִׁבְיָא דְּמִתְחַנֵּן לְשַׁבְיֵהּ.
כֻּלְּהוֹן בְּנֵי שִׁבְיָא בְּכַסְפָּא מִתְפָּרְקִין
וְעַמָּךְ בֵּית יִשְׂרָאֵל בְּרַחֲמֵי וּבְתַחֲנוּנֵי.
הַב לַן שְׁאֶלְתִּין וּבָעוּתִין, דְּלָא נֶהְדַּר רֵיקָם מִן קֳדָמָךְ.

מָרָן דְּבִשְׁמַיָּא לָךְ מִתְחַנְּנַן, כְּעַבְדָּא דְּמִתְחַנֵּן לְמָרֵהּ.
עֲשִׁיקֵי אֲנַן וּבַחֲשׁוֹכָא שָׁרֵינַן.
מְרִירָן נַפְשִׁין מֵעַקְתִין דִּנְפִישִׁין.
חֵילָא לֵית בַּן לְרַצּוּיָךְ, מָרָן.
עֲבֵד בְּדִיל קְיָמָא דִּגְזַרְתְּ עִם אֲבָהָתָנָא.

הפיוט 'שׁוֹמֵר יִשְׂרָאֵל' חותם את הסליחות בחודש אלול ובעשרת ימי תשובה.

שׁוֹמֵר יִשְׂרָאֵל, שְׁמֹר שְׁאֵרִית יִשְׂרָאֵל, וְאַל יֹאבַד יִשְׂרָאֵל
הָאוֹמְרִים שְׁמַע יִשְׂרָאֵל.
שׁוֹמֵר גּוֹי אֶחָד, שְׁמֹר שְׁאֵרִית עַם אֶחָד, וְאַל יֹאבַד גּוֹי אֶחָד
הַמְיַחֲדִים שִׁמְךָ, יהוה אֱלֹהֵינוּ יהוה אֶחָד.
שׁוֹמֵר גּוֹי קָדוֹשׁ, שְׁמֹר שְׁאֵרִית עַם קָדוֹשׁ, וְאַל יֹאבַד גּוֹי קָדוֹשׁ
הַמְשַׁלְּשִׁים בְּשָׁלֹשׁ קְדֻשּׁוֹת לְקָדוֹשׁ.
מִתְרַצֶּה בְּרַחֲמִים וּמִתְפַּיֵּס בְּתַחֲנוּנִים, הִתְרַצֶּה וְהִתְפַּיֵּס לְדוֹר עָנִי
כִּי אֵין עוֹזֵר.
אָבִינוּ מַלְכֵּנוּ, חָנֵּנוּ וַעֲנֵנוּ, כִּי אֵין בָּנוּ מַעֲשִׂים
עֲשֵׂה עִמָּנוּ צְדָקָה וָחֶסֶד וְהוֹשִׁיעֵנוּ.

לקט הפסוקים מסדר רב עמרם גאון מבטא את תחושתו של האדם,
שלאחר שהתפלל בכל אופן שהוא מכיר, מוסר את דינו לשמים (טור, קלא).

עומדים במקום המסומן ב* (מג"א קלא, ד בשם השל"ה).

וַאֲנַחְנוּ לֹא נֵדַע *מַה־נַּעֲשֶׂה, כִּי עָלֶיךָ עֵינֵינוּ: זְכֹר־רַחֲמֶיךָ יהוה וַחֲסָדֶיךָ, דברי הימים ב׳ כ / תהלים כה
כִּי מֵעוֹלָם הֵמָּה: יְהִי־חַסְדְּךָ יהוה עָלֵינוּ, כַּאֲשֶׁר יִחַלְנוּ לָךְ: אַל־תִּזְכָּר־ תהלים לג / תהלים עט
לָנוּ עֲוֹנֹת רִאשֹׁנִים, מַהֵר יְקַדְּמוּנוּ רַחֲמֶיךָ, כִּי דַלּוֹנוּ מְאֹד: עֶזְרֵנוּ בְּשֵׁם תהלים קכד

יהוה, עֹשֵׂה שָׁמַיִם וָאָרֶץ: חָנֵּנוּ יהוה חָנֵּנוּ, כִּי־רַב שָׂבַעְנוּ בוּז: בְּרֹגֶז חבקוק ג תהלים קכג
רַחֵם תִּזְכּוֹר: [בְּרֹגֶז עֲקֵדָה תִּזְכּוֹר, בְּרֹגֶז תְּמִימוּת תִּזְכּוֹר. יהוה הוֹשִׁיעָה, תהלים כ
הַמֶּלֶךְ יַעֲנֵנוּ בְיוֹם־קָרְאֵנוּ:] כִּי־הוּא יָדַע יִצְרֵנוּ, זָכוּר כִּי־עָפָר אֲנָחְנוּ: תהלים קג
• עָזְרֵנוּ אֱלֹהֵי יִשְׁעֵנוּ עַל־דְּבַר כְּבוֹד־שְׁמֶךָ, וְהַצִּילֵנוּ וְכַפֵּר עַל־חַטֹּאתֵינוּ תהלים עט
לְמַעַן שְׁמֶךָ:

קדיש שלם

ש״ץ: יִתְגַּדַּל וְיִתְקַדַּשׁ שְׁמֵהּ רַבָּא (קהל: אָמֵן)
בְּעָלְמָא דִּי בְרָא כִרְעוּתֵהּ
וְיַמְלִיךְ מַלְכוּתֵהּ [וְיַצְמַח פֻּרְקָנֵהּ וִיקָרֵב מְשִׁיחֵהּ (קהל: אָמֵן)]
בְּחַיֵּיכוֹן וּבְיוֹמֵיכוֹן וּבְחַיֵּי דְכָל בֵּית יִשְׂרָאֵל
בַּעֲגָלָא וּבִזְמַן קָרִיב, וְאִמְרוּ אָמֵן. (קהל: אָמֵן)

קהל וש״ץ: יְהֵא שְׁמֵהּ רַבָּא מְבָרַךְ לְעָלַם וּלְעָלְמֵי עָלְמַיָּא.

ש״ץ: יִתְבָּרַךְ וְיִשְׁתַּבַּח וְיִתְפָּאַר וְיִתְרוֹמַם וְיִתְנַשֵּׂא
וְיִתְהַדָּר וְיִתְעַלֶּה וְיִתְהַלָּל
שְׁמֵהּ דְּקֻדְשָׁא בְּרִיךְ הוּא (קהל: אָמֵן)
לְעֵלָּא לְעֵלָּא מִכָּל בִּרְכָתָא וְשִׁירָתָא, תֻּשְׁבְּחָתָא וְנֶחֱמָתָא
דַּאֲמִירָן בְּעָלְמָא, וְאִמְרוּ אָמֵן. (קהל: אָמֵן)

תִּתְקַבַּל צְלוֹתְהוֹן וּבָעוּתְהוֹן דְּכָל בֵּית יִשְׂרָאֵל
קֳדָם אֲבוּהוֹן דִּי בִשְׁמַיָּא, וְאִמְרוּ אָמֵן. (קהל: אָמֵן)

יְהֵא שְׁלָמָא רַבָּא מִן שְׁמַיָּא
וְחַיִּים [טוֹבִים] עָלֵינוּ וְעַל כָּל יִשְׂרָאֵל, וְאִמְרוּ אָמֵן. (קהל: אָמֵן)

כורע ופוסע שלוש פסיעות לאחור. קד לשמאל, לימין ולפנים באמירת:

עֹשֶׂה הַשָּׁלוֹם בִּמְרוֹמָיו
הוּא יַעֲשֶׂה שָׁלוֹם
עָלֵינוּ וְעַל כָּל יִשְׂרָאֵל, וְאִמְרוּ אָמֵן. (קהל: אָמֵן)

סליחות ליום ב׳ של עשי״ת

תהלים פד אַשְׁרֵי יוֹשְׁבֵי בֵיתֶךָ, עוֹד יְהַלְלוּךָ סֶּלָה:
תהלים קמד אַשְׁרֵי הָעָם שֶׁכָּכָה לּוֹ, אַשְׁרֵי הָעָם שֶׁיהוה אֱלֹהָיו:
תהלים קמה תְּהִלָּה לְדָוִד

אֲרוֹמִמְךָ אֱלוֹהַי הַמֶּלֶךְ, וַאֲבָרְכָה שִׁמְךָ לְעוֹלָם וָעֶד:
בְּכָל־יוֹם אֲבָרְכֶךָּ, וַאֲהַלְלָה שִׁמְךָ לְעוֹלָם וָעֶד:
גָּדוֹל יהוה וּמְהֻלָּל מְאֹד, וְלִגְדֻלָּתוֹ אֵין חֵקֶר:
דּוֹר לְדוֹר יְשַׁבַּח מַעֲשֶׂיךָ, וּגְבוּרֹתֶיךָ יַגִּידוּ:
הֲדַר כְּבוֹד הוֹדֶךָ, וְדִבְרֵי נִפְלְאֹתֶיךָ אָשִׂיחָה:
וֶעֱזוּז נוֹרְאֹתֶיךָ יֹאמֵרוּ, וּגְדוּלָּתְךָ אֲסַפְּרֶנָּה:
זֵכֶר רַב־טוּבְךָ יַבִּיעוּ, וְצִדְקָתְךָ יְרַנֵּנוּ:
חַנּוּן וְרַחוּם יהוה, אֶרֶךְ אַפַּיִם וּגְדָל־חָסֶד:
טוֹב־יהוה לַכֹּל, וְרַחֲמָיו עַל־כָּל־מַעֲשָׂיו:
יוֹדוּךָ יהוה כָּל־מַעֲשֶׂיךָ, וַחֲסִידֶיךָ יְבָרְכוּכָה:
כְּבוֹד מַלְכוּתְךָ יֹאמֵרוּ, וּגְבוּרָתְךָ יְדַבֵּרוּ:
לְהוֹדִיעַ לִבְנֵי הָאָדָם גְּבוּרֹתָיו, וּכְבוֹד הֲדַר מַלְכוּתוֹ:
מַלְכוּתְךָ מַלְכוּת כָּל־עֹלָמִים, וּמֶמְשַׁלְתְּךָ בְּכָל־דּוֹר וָדֹר:
סוֹמֵךְ יהוה לְכָל־הַנֹּפְלִים, וְזוֹקֵף לְכָל־הַכְּפוּפִים:
עֵינֵי־כֹל אֵלֶיךָ יְשַׂבֵּרוּ, וְאַתָּה נוֹתֵן־לָהֶם אֶת־אָכְלָם בְּעִתּוֹ:
פּוֹתֵחַ אֶת־יָדֶךָ, וּמַשְׂבִּיעַ לְכָל־חַי רָצוֹן:
צַדִּיק יהוה בְּכָל־דְּרָכָיו, וְחָסִיד בְּכָל־מַעֲשָׂיו:
קָרוֹב יהוה לְכָל־קֹרְאָיו, לְכֹל אֲשֶׁר יִקְרָאֻהוּ בֶאֱמֶת:
רְצוֹן־יְרֵאָיו יַעֲשֶׂה, וְאֶת־שַׁוְעָתָם יִשְׁמַע, וְיוֹשִׁיעֵם:

שׁוֹמֵר יהוה אֶת־כָּל־אֹהֲבָיו, וְאֵת כָּל־הָרְשָׁעִים יַשְׁמִיד:
תְּהִלַּת יהוה יְדַבֶּר פִּי, וִיבָרֵךְ כָּל־בָּשָׂר שֵׁם קָדְשׁוֹ לְעוֹלָם וָעֶד:
וַאֲנַחְנוּ נְבָרֵךְ יָהּ מֵעַתָּה וְעַד־עוֹלָם, הַלְלוּיָהּ: תהלים קטו

וְעַתָּה יִגְדַּל־נָא כֹּחַ אֲדֹנָי כַּאֲשֶׁר דִּבַּרְתָּ לֵאמֹר: במדבר יד
זְכֹר־רַחֲמֶיךָ יהוה וַחֲסָדֶיךָ כִּי מֵעוֹלָם הֵמָּה: תהלים כה

חצי קדיש

ש״ץ: יִתְגַּדַּל וְיִתְקַדַּשׁ שְׁמֵהּ רַבָּא (קהל: אָמֵן)
בְּעָלְמָא דִּי בְרָא כִרְעוּתֵהּ
וְיַמְלִיךְ מַלְכוּתֵהּ [וְיַצְמַח פֻּרְקָנֵהּ וִיקָרֵב מְשִׁיחֵהּ (קהל: אָמֵן)]
בְּחַיֵּיכוֹן וּבְיוֹמֵיכוֹן וּבְחַיֵּי דְכָל בֵּית יִשְׂרָאֵל
בַּעֲגָלָא וּבִזְמַן קָרִיב, וְאִמְרוּ אָמֵן. (קהל: אָמֵן)

קהל וש״ץ: יְהֵא שְׁמֵהּ רַבָּא מְבָרַךְ לְעָלַם וּלְעָלְמֵי עָלְמַיָּא.

ש״ץ: יִתְבָּרַךְ וְיִשְׁתַּבַּח וְיִתְפָּאַר וְיִתְרוֹמַם וְיִתְנַשֵּׂא
וְיִתְהַדָּר וְיִתְעַלֶּה וְיִתְהַלָּל
שְׁמֵהּ דְּקֻדְשָׁא בְּרִיךְ הוּא (קהל: אָמֵן)
לְעֵלָּא לְעֵלָּא מִכָּל בִּרְכָתָא וְשִׁירָתָא, תֻּשְׁבְּחָתָא וְנֶחֱמָתָא
דַּאֲמִירָן בְּעָלְמָא, וְאִמְרוּ אָמֵן. (קהל: אָמֵן)

לְךָ אֲדֹנָי הַצְּדָקָה, וְלָנוּ בֹּשֶׁת הַפָּנִים: דניאל ט
מַה נִּתְאוֹנֵן וּמַה נֹּאמַר, מַה־נְּדַבֵּר וּמַה־נִּצְטַדָּק: בראשית מד
נַחְפְּשָׂה דְרָכֵינוּ וְנַחְקֹרָה וְנָשׁוּבָה אֵלֶיךָ, כִּי יְמִינְךָ פְשׁוּטָה לְקַבֵּל שָׁבִים.
לֹא בְחֶסֶד וְלֹא בְמַעֲשִׂים בָּאנוּ לְפָנֶיךָ, כְּדַלִּים וּכְרָשִׁים דָּפַקְנוּ דְלָתֶיךָ.
דְּלָתֶיךָ דָּפַקְנוּ רַחוּם וְחַנּוּן, נָא אַל תְּשִׁיבֵנוּ רֵיקָם מִלְּפָנֶיךָ.
מִלְּפָנֶיךָ מַלְכֵּנוּ רֵיקָם אַל תְּשִׁיבֵנוּ, כִּי אַתָּה שׁוֹמֵעַ תְּפִלָּה.

תהלים סה שֹׁמֵעַ תְּפִלָּה, עָדֶיךָ כָּל־בָּשָׂר יָבֹאוּ:
יָבוֹא כָל בָּשָׂר לְהִשְׁתַּחֲוֹת לְפָנֶיךָ יהוה.
תהלים פו יָבֹאוּ וְיִשְׁתַּחֲווּ לְפָנֶיךָ אֲדֹנָי, וִיכַבְּדוּ לִשְׁמֶךָ:
תהלים צה בֹּאוּ נִשְׁתַּחֲוֶה וְנִכְרָעָה, נִבְרְכָה לִפְנֵי־יהוה עֹשֵׂנוּ:
תהלים קלב נָבוֹאָה לְמִשְׁכְּנוֹתָיו, נִשְׁתַּחֲוֶה לַהֲדֹם רַגְלָיו:
תהלים ק בֹּאוּ שְׁעָרָיו בְּתוֹדָה חֲצֵרֹתָיו בִּתְהִלָּה
הוֹדוּ לוֹ בָּרְכוּ שְׁמוֹ:
וַאֲנַחְנוּ בְּרֹב חַסְדְּךָ נָבוֹא בֵיתֶךָ
נִשְׁתַּחֲוֶה אֶל הֵיכַל קָדְשְׁךָ בְּיִרְאָתֶךָ.
תהלים קלד הִנֵּה בָּרְכוּ אֶת־יהוה כָּל־עַבְדֵי יהוה
הָעֹמְדִים בְּבֵית־יהוה בַּלֵּילוֹת:
שְׂאוּ־יְדֵכֶם קֹדֶשׁ, וּבָרְכוּ אֶת־יהוה:
תהלים צט רוֹמְמוּ יהוה אֱלֹהֵינוּ וְהִשְׁתַּחֲווּ לַהֲדֹם רַגְלָיו, קָדוֹשׁ הוּא:
רוֹמְמוּ יהוה אֱלֹהֵינוּ וְהִשְׁתַּחֲווּ לְהַר קָדְשׁוֹ
כִּי־קָדוֹשׁ יהוה אֱלֹהֵינוּ:
תהלים צו הִשְׁתַּחֲווּ לַיהוה בְּהַדְרַת־קֹדֶשׁ, חִילוּ מִפָּנָיו כָּל־הָאָרֶץ:
נִשְׁתַּחֲוֶה אֶל הֵיכַל קָדְשְׁךָ וְנוֹדֶה אֶת שְׁמֶךָ
עַל חַסְדְּךָ וְעַל אֲמִתֶּךָ
כִּי הִגְדַּלְתָּ עַל כָּל שִׁמְךָ אִמְרָתֶךָ.
תהלים פט יהוה אֱלֹהֵי צְבָאוֹת מִי־כָמוֹךָ חֲסִין יָהּ, וֶאֱמוּנָתְךָ סְבִיבוֹתֶיךָ:
כִּי מִי בַשַּׁחַק יַעֲרֹךְ לַיהוה, יִדְמֶה לַיהוה בִּבְנֵי אֵלִים:
תהלים פו כִּי־גָדוֹל אַתָּה וְעֹשֵׂה נִפְלָאוֹת, אַתָּה אֱלֹהִים לְבַדֶּךָ:
תהלים קח כִּי־גָדוֹל מֵעַל־שָׁמַיִם חַסְדֶּךָ, וְעַד־שְׁחָקִים אֲמִתֶּךָ:
תהלים קמה גָּדוֹל יהוה וּמְהֻלָּל מְאֹד, וְלִגְדֻלָּתוֹ אֵין חֵקֶר:
תהלים צו כִּי גָדוֹל יהוה וּמְהֻלָּל מְאֹד, נוֹרָא הוּא עַל־כָּל־אֱלֹהִים:
תהלים צה כִּי אֵל גָּדוֹל יהוה, וּמֶלֶךְ גָּדוֹל עַל־כָּל־אֱלֹהִים:
דברים ג אֲשֶׁר מִי־אֵל בַּשָּׁמַיִם וּבָאָרֶץ אֲשֶׁר־יַעֲשֶׂה כְמַעֲשֶׂיךָ וְכִגְבוּרֹתֶךָ:

ירמיה י
מִי לֹא יִרָאֲךָ מֶלֶךְ הַגּוֹיִם כִּי לְךָ יָאָתָה
כִּי בְכָל־חַכְמֵי הַגּוֹיִם וּבְכָל־מַלְכוּתָם מֵאֵין כָּמוֹךָ:
מֵאֵין כָּמוֹךָ יהוה, גָּדוֹל אַתָּה וְגָדוֹל שִׁמְךָ בִּגְבוּרָה:

תהלים פט
לְךָ זְרוֹעַ עִם־גְּבוּרָה, תָּעֹז יָדְךָ תָּרוּם יְמִינֶךָ:

תהלים עד
לְךָ יוֹם אַף־לְךָ לָיְלָה, אַתָּה הֲכִינוֹתָ מָאוֹר וָשָׁמֶשׁ:

תהלים צה
אֲשֶׁר בְּיָדוֹ מֶחְקְרֵי־אָרֶץ, וְתוֹעֲפוֹת הָרִים לוֹ:

תהלים קו
מִי יְמַלֵּל גְּבוּרוֹת יהוה, יַשְׁמִיעַ כָּל־תְּהִלָּתוֹ:

דברי הימים א׳ כט
לְךָ יהוה הַגְּדֻלָּה וְהַגְּבוּרָה וְהַתִּפְאֶרֶת וְהַנֵּצַח וְהַהוֹד
כִּי־כֹל בַּשָּׁמַיִם וּבָאָרֶץ
לְךָ יהוה הַמַּמְלָכָה וְהַמִּתְנַשֵּׂא לְכֹל לְרֹאשׁ:

תהלים פט
לְךָ שָׁמַיִם אַף־לְךָ אָרֶץ, תֵּבֵל וּמְלֹאָהּ אַתָּה יְסַדְתָּם:

תהלים עד
אַתָּה הִצַּבְתָּ כָּל־גְּבוּלוֹת אָרֶץ, קַיִץ וָחֹרֶף אַתָּה יְצַרְתָּם:
אַתָּה רִצַּצְתָּ רָאשֵׁי לִוְיָתָן, תִּתְּנֶנּוּ מַאֲכָל לְעָם לְצִיִּים:
אַתָּה בָקַעְתָּ מַעְיָן וָנָחַל, אַתָּה הוֹבַשְׁתָּ נַהֲרוֹת אֵיתָן:
אַתָּה פוֹרַרְתָּ בְעָזְּךָ יָם, שִׁבַּרְתָּ רָאשֵׁי תַנִּינִים עַל־הַמָּיִם:

תהלים פט
אַתָּה מוֹשֵׁל בְּגֵאוּת הַיָּם, בְּשׂוֹא גַלָּיו אַתָּה תְשַׁבְּחֵם:

תהלים מח
גָּדוֹל יהוה וּמְהֻלָּל מְאֹד, בְּעִיר אֱלֹהֵינוּ הַר־קָדְשׁוֹ:

ישעיה לז
יהוה צְבָאוֹת אֱלֹהֵי יִשְׂרָאֵל יֹשֵׁב הַכְּרֻבִים
אַתָּה־הוּא הָאֱלֹהִים לְבַדֶּךָ:

תהלים פט
אֵל נַעֲרָץ בְּסוֹד־קְדֹשִׁים רַבָּה, וְנוֹרָא עַל־כָּל־סְבִיבָיו:
וְיוֹדוּ שָׁמַיִם פִּלְאֲךָ יהוה, אַף־אֱמוּנָתְךָ בִּקְהַל קְדֹשִׁים:

תהלים צה
לְכוּ נְרַנְּנָה לַיהוה, נָרִיעָה לְצוּר יִשְׁעֵנוּ:
נְקַדְּמָה פָנָיו בְּתוֹדָה, בִּזְמִרוֹת נָרִיעַ לוֹ:

תהלים פט
צֶדֶק וּמִשְׁפָּט מְכוֹן כִּסְאֶךָ, חֶסֶד וֶאֱמֶת יְקַדְּמוּ פָנֶיךָ:

תהלים נה
אֲשֶׁר יַחְדָּו נַמְתִּיק סוֹד, בְּבֵית אֱלֹהִים נְהַלֵּךְ בְּרָגֶשׁ:

תהלים צה
אֲשֶׁר־לוֹ הַיָּם וְהוּא עָשָׂהוּ, וְיַבֶּשֶׁת יָדָיו יָצָרוּ:

איוב יב
אֲשֶׁר בְּיָדוֹ נֶפֶשׁ כָּל־חָי, וְרוּחַ כָּל־בְּשַׂר־אִישׁ:

הַנְּשָׁמָה לָךְ וְהַגּוּף פָּעֳלָךְ, חוּסָה עַל עֲמָלָךְ.
הַנְּשָׁמָה לָךְ וְהַגּוּף שֶׁלָּךְ, יהוה עֲשֵׂה לְמַעַן שְׁמֶךָ.
אָתָאנוּ עַל שִׁמְךָ, יהוה עֲשֵׂה לְמַעַן שְׁמֶךָ
בַּעֲבוּר כְּבוֹד שִׁמְךָ, כִּי אֵל חַנּוּן וְרַחוּם שְׁמֶךָ.
לְמַעַן שִׁמְךָ יהוה, וְסָלַחְתָּ לַעֲוֹנֵנוּ כִּי רַב הוּא.

סְלַח לָנוּ, אָבִינוּ, כִּי בְרֹב אִוַּלְתֵּנוּ שָׁגִינוּ.
מְחַל לָנוּ, מַלְכֵּנוּ, כִּי רַבּוּ עֲוֹנֵינוּ.

אנו מורזים עצמנו לשוב בתשובה שכוחה רב, ומאת ה׳ אנו מבקשים: אנא עורר את היצר הטוב להילחם ביצר הרע. כך ישובו רבים אל ה׳ החפץ בתשובה, ולא ימאס ה׳ תפילת רבים.

נב. מחבר: רבי אליה בר שמעיה

אֵלֶיךָ לֵב וָנֶפֶשׁ נִשְׁפָּךְ כַּמַּיִם
כֻּלָּנוּ אֶל אֵל בַּשָּׁמָיִם.

אֵתָיו זְקֵנִים עִם עוֹלָלֵיכֶם
הִזַּכּוּ וְהָסִירוּ רֹעַ מַעַלְלֵיכֶם.

לְפָנָיו נַרְבֶּה תְּחִנָּה וּבַקָּשָׁה
עַל זֹאת מֵאֱלֹהֵינוּ נְבַקְשָׁה.

יִרְגַּז הַטּוֹב עַל הַמְנֻוָּל
דַּרְכּוֹ יַעֲזֹב פּוֹשֵׁעַ וְעַוָּל.

הָכִינוּ לֵב וְהֵיטִיבוּ מַחֲשָׁבָה
כִּי גָדוֹל כֹּחַ הַתְּשׁוּבָה.

בִּקְהַל עַם מִלִּין נַכְבִּיר
וְלֹא יִמְאַס אֵל כַּבִּיר.

רוֹצֶה תְּשׁוּבַת בּוֹגֵד וְנִשְׁחָת
לְהָשִׁיב נַפְשׁוֹ מִנִּי־שָׁחַת: איוב לג

שְׁמַע תַּחֲנוּן הֵעָתֵר לִמְבַקְשֶׁיךָ
בְּנָשְׂאֵנוּ יָדֵינוּ אֶל דְּבִיר קָדְשֶׁךָ.

יִהְיוּ נָא אִמְרֵי פִינוּ לְרָצוֹן
וְכַפֵּר עַל חַטֹּאתֵינוּ אֹנֶס וְרָצוֹן.

חֲשֹׁב זְכֹר קְרִיאַת נְעִימֶךָ
שמות לב וְהִנָּחֵם עַל־הָרָעָה לְעַמֶּךָ:

וַעֲשֵׂה חֵפֶץ עֲבָדֶיךָ וִישַׁעַשְׁעוּן תַּנְחוּמֶיךָ
סְמוּכִים בַּחֲסָדֶיךָ וּבְטוּחִים עַל רַחֲמֶיךָ.

כִּי עַל רַחֲמֶיךָ הָרַבִּים אָנוּ בְטוּחִים, וְעַל צִדְקוֹתֶיךָ אָנוּ נִשְׁעָנִים
וְלִסְלִיחוֹתֶיךָ אָנוּ מְקַוִּים, וְלִישׁוּעָתְךָ אָנוּ מְצַפִּים.
אַתָּה הוּא מֶלֶךְ אוֹהֵב צְדָקוֹת מִקֶּדֶם
מַעֲבִיר עֲוֹנוֹת עַמּוֹ וּמֵסִיר חַטֹּאת יְרֵאָיו
כּוֹרֵת בְּרִית לָרִאשׁוֹנִים וּמְקַיֵּם שְׁבוּעָה לָאַחֲרוֹנִים.
אַתָּה הוּא שֶׁיָּרַדְתָּ בַּעֲנַן כְּבוֹדֶךָ עַל הַר סִינַי
וְהֶרְאֵיתָ דַּרְכֵי טוּבְךָ לְמשֶׁה עַבְדֶּךָ וְאָרְחוֹת חֲסָדֶיךָ גִּלִּיתָ לוֹ
וְהוֹדַעְתּוֹ כִּי אַתָּה אֵל רַחוּם וְחַנּוּן
אֶרֶךְ אַפַּיִם וְרַב חֶסֶד וּמַרְבֶּה לְהֵיטִיב
וּמַנְהִיג אֶת הָעוֹלָם כֻּלּוֹ בְּמִדַּת הָרַחֲמִים.
וְכֵן כָּתוּב:
שמות לג וַיֹּאמֶר אֲנִי אַעֲבִיר כָּל־טוּבִי עַל־פָּנֶיךָ
וְקָרָאתִי בְשֵׁם יהוה לְפָנֶיךָ
וְחַנֹּתִי אֶת־אֲשֶׁר אָחֹן, וְרִחַמְתִּי אֶת־אֲשֶׁר אֲרַחֵם:

אֵל אֶרֶךְ אַפַּיִם אַתָּה, וּבַעַל הָרַחֲמִים נִקְרֵאתָ, וְדֶרֶךְ תְּשׁוּבָה הוֹרֵיתָ.
גְּדֻלַּת רַחֲמֶיךָ וַחֲסָדֶיךָ, תִּזְכֹּר הַיּוֹם וּבְכָל יוֹם לְזֶרַע יְדִידֶיךָ.
תֵּפֶן אֵלֵינוּ בְּרַחֲמִים, כִּי אַתָּה הוּא בַּעַל הָרַחֲמִים.
בְּתַחֲנוּן וּבִתְפִלָּה פָּנֶיךָ נְקַדֵּם, כְּהוֹדַעְתָּ לֶעָנָו מִקֶּדֶם.
מֵחֲרוֹן אַפְּךָ שׁוּב, כְּמוֹ בְּתוֹרָתְךָ כָּתוּב.

וּבְצֵל כְּנָפֶיךָ נֶחֱסֶה וְנִתְלוֹנָן, כְּיוֹם וַיֵּרֶד יהוה בֶּעָנָן.
תַּעֲבֹר עַל פֶּשַׁע וְתִמְחֶה אָשָׁם, כְּיוֹם וַיִּתְיַצֵּב עִמּוֹ שָׁם.
תַּאֲזִין שַׁוְעָתֵנוּ וְתַקְשִׁיב מֶנּוּ מַאֲמָר, כְּיוֹם וַיִּקְרָא בְשֵׁם יהוה
וְשָׁם נֶאֱמַר

קהל ואחריו שליח הציבור:

שמות לד וַיַּעֲבֹר יהוה עַל־פָּנָיו וַיִּקְרָא

יהוה, יהוה, אֵל רַחוּם וְחַנּוּן, אֶרֶךְ אַפַּיִם, וְרַב־חֶסֶד וֶאֱמֶת:
נֹצֵר חֶסֶד לָאֲלָפִים, נֹשֵׂא עָוֹן וָפֶשַׁע וְחַטָּאָה, וְנַקֵּה:

וְסָלַחְתָּ לַעֲוֹנֵנוּ וּלְחַטָּאתֵנוּ, וּנְחַלְתָּנוּ:
סְלַח לָנוּ אָבִינוּ כִּי חָטָאנוּ
מְחַל לָנוּ מַלְכֵּנוּ כִּי פָשָׁעְנוּ.
תהלים פו כִּי־אַתָּה אֲדֹנָי טוֹב וְסַלָּח, וְרַב־חֶסֶד לְכָל־קֹרְאֶיךָ:

תהלים ט כִּי־דֹרֵשׁ דָּמִים אוֹתָם זָכָר, לֹא־שָׁכַח צַעֲקַת עֲנָוִים:
שמות לב שׁוּב מֵחֲרוֹן אַפֶּךָ, וְהִנָּחֵם עַל־הָרָעָה לְעַמֶּךָ:
תָּבוֹא אֵלֶיךָ תְּפִלָּתֵנוּ אֶל הֵיכַל קָדְשֶׁךָ.

כְּרַחֵם אָב עַל בָּנִים, כֵּן תְּרַחֵם יהוה עָלֵינוּ.
תהלים ג לַיהוה הַיְשׁוּעָה, עַל־עַמְּךָ בִרְכָתֶךָ סֶּלָה:
תהלים מו יהוה צְבָאוֹת עִמָּנוּ, מִשְׂגָּב לָנוּ אֱלֹהֵי יַעֲקֹב סֶלָה:
תהלים פד יהוה צְבָאוֹת, אַשְׁרֵי אָדָם בֹּטֵחַ בָּךְ:
תהלים כ יהוה הוֹשִׁיעָה, הַמֶּלֶךְ יַעֲנֵנוּ בְיוֹם־קָרְאֵנוּ:

במדבר יד סְלַח־נָא לַעֲוֹן הָעָם הַזֶּה כְּגֹדֶל חַסְדֶּךָ
וְכַאֲשֶׁר נָשָׂאתָה לָעָם הַזֶּה מִמִּצְרַיִם וְעַד־הֵנָּה:
וְשָׁם נֶאֱמַר

קהל ואחריו שליח הציבור:

וַיֹּאמֶר יהוה, סָלַחְתִּי כִּדְבָרֶךָ:

הַטֵּה אֱלֹהַי אָזְנְךָ וּשְׁמָע, פְּקַח עֵינֶיךָ וּרְאֵה שֹׁמְמֹתֵינוּ דניאל ט
וְהָעִיר אֲשֶׁר־נִקְרָא שִׁמְךָ עָלֶיהָ
כִּי לֹא עַל־צִדְקֹתֵינוּ אֲנַחְנוּ מַפִּילִים תַּחֲנוּנֵינוּ לְפָנֶיךָ
כִּי עַל־רַחֲמֶיךָ הָרַבִּים:
אֲדֹנָי שְׁמָעָה, אֲדֹנָי סְלָחָה, אֲדֹנָי הַקְשִׁיבָה וַעֲשֵׂה אַל תְּאַחַר
לְמַעַנְךָ אֱלֹהַי כִּי־שִׁמְךָ נִקְרָא עַל־עִירְךָ וְעַל־עַמֶּךָ:

בקשתנו למחילה על שלוש רגליים נסמכת: על קרבתנו לה׳ מימי קדם,
על נאמנותנו לו על אף צרותינו ועל שאנו מגלים שמו בעולמנו.

נג. מחבר: רבי שמעון בר יצחק

אֱלֹהֵינוּ וֵאלֹהֵי אֲבוֹתֵינוּ

אֲנִי־קְרָאתִיךָ כִי־תַעֲנֵנִי, אֵל: תהלים יז
בְּקָשְׁתִּי רַחֲמִים כְּרָשׁ בַּפֶּתַח שׁוֹאֵל
גֹּדֶל נוֹרְאוֹתֶיךָ בְּצֶדֶק עֲנוֹת הוֹאֵל
דַּעַת הַכֹּל כִּי יֵשׁ אֱלֹהִים בְּיִשְׂרָאֵל.

הֲלֹא אַתָּה מִקֶּדֶם אֱלֹהַי קְדוֹשִׁי
וְלָמָּה נָמוּת נֶגְדְּךָ בְּלַחַץ וּבְקֹשִׁי
זְכֹר וְעוֹרֵר חֶסֶד כְּאָז לְחַדְּשִׁי
חֳרְבוֹתַי תָּשִׁיב וְכוֹנֵן מְקוֹם מִקְדָּשִׁי.

טוֹב אַתָּה לְקוֶֹיךָ לְנֶפֶשׁ תִּדְרְשֶׁךָּ
יְחַלְנוּ לָךְ בְּעֵת צָרָה לְדָרְשֶׁךָ
כָּל הַיּוֹם הֹרַגְנוּ עָלֶיךָ עַל שֵׁם קָדְשֶׁךָ
לֹא נָסוֹג לִבֵּנוּ מִלְּבָרֶכְךָ וּלְהַקְדִּישָׁךְ.

מִתִּגְרַת יָדְךָ כָּלִינוּ בְּאַף וּבְחֵמָה
נִדְמֵינוּ כִּכְלִי רֵיק וְכִסַּתְנוּ כְלִמָּה
סֻכַּרְנוּ בְּיַד אֲדוֹנִים קָשִׁים לַהוֹמְמָה
עַד יַשְׁקִיף וְיֵרֶא יהוה מִן הַשָּׁמָיִמָה.

פְּנֵנוּ וְהַצִּילֵנוּ מִיַּד בְּנֵי נֵכָר
צוֹמְתִים חַיֵּינוּ בְּשֶׁפֶךְ דָּמֵנוּ לְהַעֲבָר
קְרָא שִׁלּוּמַת זָרִים גְּמוּל וְשָׂכָר
וְאוֹת, כִּי־דֹרֵשׁ דָּמִים אוֹתָם זָכָר: תהלים ט

שׁוּבֵנוּ אֵלֶיךָ וַחֲרוֹן אַפְּךָ הָפֵר
תִּכְבֹּשׁ עֲוֹנוֹתֵינוּ וְחַטֹּאתֵינוּ תְּכַפֵּר
שֶׁפֶל מְרוּדֵנוּ עֲלֵה וְלֹא נֶחְפַּר
בְּרֶשֶׁם יְקָרְךָ צוֹפִים חָקְקֵנוּ לְחַיִּים בַּסֵּפֶר.

חַזֵּק וְאַמֵּץ יָדַיִם וּבִרְכַּיִם כּוֹשְׁלוֹת
פַּנֵּה דֶרֶךְ עַמְּךָ וְהָרֵם מִכְשׁוֹלוֹת
יֶעֱרַב לְפָנֶיךָ תַּחַן כְּשַׁי וְעוֹלוֹת
וְאַתָּה קָדוֹשׁ יוֹשֵׁב תְּהִלּוֹת: תהלים כב

אֵל מֶלֶךְ יוֹשֵׁב עַל כִּסֵּא רַחֲמִים, מִתְנַהֵג בַּחֲסִידוּת.
מוֹחֵל עֲוֹנוֹת עַמּוֹ, מַעֲבִיר רִאשׁוֹן רִאשׁוֹן.
מַרְבֶּה מְחִילָה לְחַטָּאִים, וּסְלִיחָה לְפוֹשְׁעִים.
עֹשֵׂה צְדָקוֹת עִם כָּל בָּשָׂר וָרוּחַ, לֹא כְרָעָתָם תִּגְמֹל.
אֵל, הוֹרֵיתָ לָּנוּ לוֹמַר שְׁלֹשׁ עֶשְׂרֵה
זְכָר לָנוּ הַיּוֹם בְּרִית שְׁלֹשׁ עֶשְׂרֵה
כְּהוֹדַעְתָּ לֶעָנָו מִקֶּדֶם, כְּמוֹ שֶׁכָּתוּב:
וַיֵּרֶד יהוה בֶּעָנָן, וַיִּתְיַצֵּב עִמּוֹ שָׁם שמות לד
וַיִּקְרָא בְשֵׁם יהוה:

קהל ואחריו שליח הציבור:

וַיַּעֲבֹר יהוה עַל־פָּנָיו וַיִּקְרָא

יהוה, יהוה, אֵל רַחוּם וְחַנּוּן, אֶרֶךְ אַפַּיִם, וְרַב־חֶסֶד וֶאֱמֶת:
נֹצֵר חֶסֶד לָאֲלָפִים, נֹשֵׂא עָוֹן וָפֶשַׁע וְחַטָּאָה, וְנַקֵּה:

וְסָלַחְתָּ לַעֲוֹנֵנוּ וּלְחַטָּאתֵנוּ וּנְחַלְתָּנוּ:
סְלַח לָנוּ, אָבִינוּ, כִּי חָטָאנוּ, מְחַל לָנוּ, מַלְכֵּנוּ, כִּי פָשָׁעְנוּ.
כִּי־אַתָּה, יהוה, טוֹב וְסַלָּח וְרַב־חֶסֶד לְכָל־קֹרְאֶיךָ: תהלים פו

קוֹלֵנוּ שָׁמַעְתָּ, אַל תַּעְלֵם אָזְנְךָ לְרַוְחָתֵנוּ לְשַׁוְעָתֵנוּ.
אַל־תִּנְאַץ לְמַעַן שִׁמְךָ אַל־תְּנַבֵּל כִּסֵּא כְבוֹדֶךָ ירמיה יד
זְכֹר אַל־תָּפֵר בְּרִיתְךָ אִתָּנוּ:
אַל תִּשְׁטְפֵנוּ שִׁבֹּלֶת מַיִם וְאַל תִּבְלָעֵנוּ מְצוּלָה
וְאַל תֶּאְטַר עָלֵינוּ בְּאֵר פִּיהָ.

כְּרַחֵם אָב עַל בָּנִים, כֵּן תְּרַחֵם יהוה עָלֵינוּ.
לַיהוה הַיְשׁוּעָה, עַל־עַמְּךָ בִרְכָתֶךָ סֶּלָה: תהלים ג
יהוה צְבָאוֹת עִמָּנוּ, מִשְׂגָּב לָנוּ אֱלֹהֵי יַעֲקֹב סֶלָה: תהלים מו
יהוה צְבָאוֹת, אַשְׁרֵי אָדָם בֹּטֵחַ בָּךְ: תהלים פד
יהוה הוֹשִׁיעָה, הַמֶּלֶךְ יַעֲנֵנוּ בְיוֹם־קָרְאֵנוּ: תהלים כ

נישואי כנסת ישראל וה׳ לוו במתנות רבות, בהן התורה והמשכן.
נישואים אלו חוללו בחטא העגל, ומאז נטש ה׳ את כנסת ישראל והיא
הפכה לאלמנה בחיי בעלה. אנא, עורר שוב אהבתך הישנה.

נד. מחבר: רבי יצחק

אֱלֹהֵינוּ וֵאלֹהֵי אֲבוֹתֵינוּ

אֵלְכָה וְאָשׁוּבָה אֶל־אִישִׁי הָרִאשׁוֹן: הושע ב
אֲשֶׁר מֵאָז נְצָרַנִי כְּאִישׁוֹן
בָּחוּר כָּאֲרָזִים תְּהִלָּתוֹ בְּכָל לָשׁוֹן
בְּזָכְרִי בּוֹ אֵינֶנּוּ מַנִּיחַ לִי לִישׁוֹן.

גְּאָלַנִי בִּזְרוֹעַ מִבֵּין קְדֵשִׁים
גַּם כְּלָלַנִי יֳפִי וְכֵלִים חֲדָשִׁים
דִּבֶּר בִּי עַל פִּי קְדוֹשִׁים
דִּבְּקַנִי אֶצְלוֹ בִּכְתֻבָּה וְקִדּוּשִׁים.

הִרְבָּה מֹהַר וּמִקְנֶה וְקִנְיָן
הִגְדִּיל הַשִּׂמְחָה בְּכָל עִנְיָן

וְסִיד וְכִיּר בֵּית חֲתֻנּוֹת בִּנְיָן
וּמָסַר לְשָׁרְתֵנִי עֲלָמוֹת אֵין מִנְיָן.

זֶבַח הֵכִין וְשִׁלֵּם נְדָרָיו
זְבָדַנִי זֶבֶד טוֹב בַּהֲדָרָיו
חֲצֵרוֹת קְטוּרוֹת תִּכֵּן סְדָרָיו
חֲתָנִי הַמֶּלֶךְ הֱבִיאַנִי חֲדָרָיו.

טֻבַּלְתִּי וּבָאתִי בַּעֲדִי עֲדָיִים
טַהֲרוֹתַי נָתְנוּ רֵיחַ דּוּדָאִים
יְצוּעִי עָלָה וְלָן בֵּין שָׁדַיִם
יְמִינוֹ חִבְּקָנִי חִבּוּק יָדַיִם.

כִּמְעַט רֶגַע אֶרַע דָּבָר
כָּבוֹד הֵמִיר וְחֹק שָׁבַר
לֶכְתִּי דֶּרֶךְ בְּרוּחַ וְלֹא לְהָבַר
לֵצְתִּי נִאַצְתִּי וְדוֹדִי חָמַק עָבַר.

מֵעַי הָמוּ לְדוֹדִי קָנָנִי
מַה לִּידִידִי בְּטֵל אֲשֶׁר הִתְנַנִי
נָסַע מֵעָלַי וְלֹא חֲנָנִי
נָס וְלֹא מְצָאתִיו קְרָאתִיו וְלֹא עָנָנִי.

סוֹרָה אֲדֹנִי סוּרָה חִנַּנְתִּיו כַּמָּה
סָב וְלֹא פָנָה, הוֹחַלְתִּי עַד מָה
עָלַי לִבִּי כַּכִּנּוֹר יֶהֱמֶה
עֵינִי נִגְּרָה וְלֹא תִדְמֶה: איכה ג

פִּקְפֵּק בְּכָבוֹד לְמוֹרַד עֲנִיּוּת
פִּתְחֵי נִדָּה שָׁם נְקִיּוּת
צָנוּף צְנָפַנִי כַּדּוּר דְּחִיּוּת
צְרוּרָה צְעוּרָה אַלְמְנוּת חַיּוּת.

קַוֹּה קִוִּיתִי יהוה יוֹם נֶחָמָה
קִרְבַת נְטוּשָׁה בְּאַף וּבְחֵמָה
רִשְׁפֵּי אֵשׁ הָיָה לָהּ לְחוֹמָה
רַחֵם תְּרַחֵם אֶת לֹא רֻחָמָה.

שׁוּבִי שׁוּבִי הַשּׁוּלַמִּית מִבֵּין שׂוֹסַיִךְ
שׁוּבִי וְנֶחֱזֶה בָּךְ יֹאמַר עוֹשַׂיִךְ
תָּבוֹאִי אִתִּי מִלְּבָנוֹן רָצִיתִי מַעֲשַׂיִךְ
תְּעוֹרֵר אַהֲבָה כִּי בֹעֲלַיִךְ עֹשַׂיִךְ.

יָדֹעַ תֵּדַע פְּנֵי צֹאנְךָ
צִיּוֹן מִכְלַל יֹפִי הֵיטִיבָה בִרְצוֹנְךָ
חֲסִידֶיךָ רַנֵּן יְרַנֵּנוּ צִדְקוֹת פִּרְזוֹנְךָ
איכה ג קוֹלִי שָׁמָעְתָּ אַל־תַּעְלֵם אָזְנְךָ:

אֵל מֶלֶךְ יוֹשֵׁב עַל כִּסֵּא רַחֲמִים, מִתְנַהֵג בַּחֲסִידוּת.
מוֹחֵל עֲוֹנוֹת עַמּוֹ, מַעֲבִיר רִאשׁוֹן רִאשׁוֹן.
מַרְבֶּה מְחִילָה לְחַטָּאִים, וּסְלִיחָה לְפוֹשְׁעִים.
עֹשֶׂה צְדָקוֹת עִם כָּל בָּשָׂר וָרוּחַ, לֹא כְרָעָתָם תִּגְמֹל.
אֵל, הוֹרֵיתָ לָּנוּ לוֹמַר שְׁלֹשׁ עֶשְׂרֵה
זְכָר לָנוּ הַיּוֹם בְּרִית שְׁלֹשׁ עֶשְׂרֵה
כְּהוֹדַעְתָּ לֶעָנָו מִקֶּדֶם, כְּמוֹ שֶׁכָּתוּב:
שמות לד וַיֵּרֶד יהוה בֶּעָנָן, וַיִּתְיַצֵּב עִמּוֹ שָׁם
וַיִּקְרָא בְשֵׁם יהוה:

קהל ואחריו שליח הציבור:

וַיַּעֲבֹר יהוה עַל־פָּנָיו וַיִּקְרָא

יהוה, יהוה, אֵל רַחוּם וְחַנּוּן, אֶרֶךְ אַפַּיִם, וְרַב־חֶסֶד וֶאֱמֶת:
נֹצֵר חֶסֶד לָאֲלָפִים, נֹשֵׂא עָוֹן וָפֶשַׁע וְחַטָּאָה, וְנַקֵּה:

וְסָלַחְתָּ לַעֲוֹנֵנוּ וּלְחַטָּאתֵנוּ וּנְחַלְתָּנוּ:
סְלַח לָנוּ, אָבִינוּ, כִּי חָטָאנוּ, מְחַל לָנוּ, מַלְכֵּנוּ, כִּי פָשָׁעְנוּ.
תהלים פו כִּי־אַתָּה, יהוה, טוֹב וְסַלָּח וְרַב־חֶסֶד לְכָל־קֹרְאֶיךָ:

יהוה בֹּקֶר תִּשְׁמַע קוֹלֵנוּ, בֹּקֶר נַעֲרָךְ לְךָ וּנְצַפֶּה.
ירמיה יד אַל־תִּנְאַץ לְמַעַן שִׁמְךָ, אַל־תְּנַבֵּל כִּסֵּא כְבוֹדֶךָ
זְכֹר אַל־תָּפֵר בְּרִיתְךָ אִתָּנוּ:
תהלים סט וַאֲנִי תְפִלָּתִי־לְךָ יהוה עֵת רָצוֹן
אֱלֹהִים בְּרָב־חַסְדֶּךָ, עֲנֵנִי בֶּאֱמֶת יִשְׁעֶךָ:

כְּרַחֵם אָב עַל בָּנִים, כֵּן תְּרַחֵם יהוה עָלֵינוּ.
תהלים ג לַיהוה הַיְשׁוּעָה, עַל־עַמְּךָ בִרְכָתֶךָ סֶּלָה:
תהלים מו יהוה צְבָאוֹת עִמָּנוּ, מִשְׂגָּב לָנוּ אֱלֹהֵי יַעֲקֹב סֶלָה:
תהלים פד יהוה צְבָאוֹת, אַשְׁרֵי אָדָם בֹּטֵחַ בָּךְ:
תהלים כ יהוה הוֹשִׁיעָה, הַמֶּלֶךְ יַעֲנֵנוּ בְיוֹם־קָרְאֵנוּ:

פשענו ומעלנו ומחמת כך נענשנו. אנו זועקים ומתחננים לגאולה ולרחמים, מפקידים את רוחנו בידי ה׳ ומצהירים על ביטחוננו בו.

נה. מחבר: מיוחס לרבי שלמה הבבלי

אֱלֹהֵינוּ וֵאלֹהֵי אֲבוֹתֵינוּ

אֶזְעַק אֶל אֱלֹהִים קוֹלִי
בֹּקֶר אֶעֱרָךְ לְךָ בְּעַד קְהָלִי
תהלים יט יהוה צוּרִי וְגוֹאֲלִי:

גַּשְׁנוּ בְּתַחֲנוּן וּבִתְפִלָּה
דְּלָתֶיךָ שָׁקַדְנוּ רַב עֲלִילָה
הָסֵר מֵעָלֵינוּ נֶגַע וּמַחֲלָה.

הַמְצִיא לָנוּ סְלִיחוֹת
וְהַעֲבֵר רָעָה מִנְּפָשׁוֹת הָאֲנוּחוֹת
במדבר טז אֵל אֱלֹהֵי הָרוּחֹת:

זָעַקְתִּי לְךָ בְּעִנּוּי וּתְלָאָה
חַיָּתִי פְּדֵה נָא מִשַּׁחַת וּשְׁאוֹלָה
קָרְבָה אֶל־נַפְשִׁי גְאָלָהּ: תהלים סט

טוּב מִבֶּטֶן גֹּחִי
יוֹצְרִי וְסִבְרִי וּמִבְטַחִי
בְּיָדְךָ אַפְקִיד רוּחִי: תהלים לא

כְּבֹשׁ כַּעַסְךָ מִידִידֶיךָ
לִרְאוֹת שַׁחַת אַל תִּתֵּן חֲסִידֶךָ
עֲנֵנִי, יהוה, כִּי־טוֹב חַסְדֶּךָ: תהלים סט

מַכָּה בְּלִי תְרוּפָה
נֶצַח לְחוֹרְפֶיךָ תְּשַׁלַּח בְּקֶצֶף
וּבְעַמְּךָ לֹא לְמַגֵּפָה: דברי הימים א׳ כא

סְגַפְנוּ בְּיוֹם זֶה
עֱנוּתֵנוּ לֹא תְשַׁקֵּץ וְלֹא תִבְזֶה
סְלַח־נָא לַעֲוֹן הָעָם הַזֶּה: במדבר יד

פְּשָׁעֵנוּ וּמְעָלֵנוּ
צוּר, לְךָ חָבֹל חָבַלְנוּ
לָכֵן כָּלִינוּ־בְאַפֶּךָ וּבַחֲמָתְךָ נִבְהָלְנוּ. תהלים צ

קָדוֹשׁ, דִּין אַל תִּמְתַּח
רְאֵה כִּי כַפַּי לְךָ אֶשְׁטַח
יוֹם אִירָא אֲנִי אֵלֶיךָ אֶבְטָח: תהלים נו

שְׁפֹךְ שִׂיחַ עַמְּךָ
תָּחֹן, וְתַעַן שְׁלֵמֶיךָ
אַל־תִּנְאַץ לְמַעַן שְׁמֶךָ. ירמיה יד

שְׁעֵה שַׁוְעַת אֲנוּנִים
לְקוֹרְאֶיךָ מִדֹּחַק הַסְכֵּת מִמְּעוֹנִים
שֹׁמֵעַ אֶל־אֶבְיוֹנִים: תהלים סט

הַחוֹסֶיךָ קוֶֹיךָ טְהוֹרֶיךָ נִמְנִים
נְדִיבֵי עַם מַטַּע נַעֲמָנִים
מַהֵר תְּרַחֵם, כְּרַחֵם אָב עַל־בָּנִים: תהלים קג

אֵל מֶלֶךְ יוֹשֵׁב עַל כִּסֵּא רַחֲמִים, מִתְנַהֵג בַּחֲסִידוּת.
מוֹחֵל עֲוֹנוֹת עַמּוֹ, מַעֲבִיר רִאשׁוֹן רִאשׁוֹן.
מַרְבֶּה מְחִילָה לְחַטָּאִים, וּסְלִיחָה לְפוֹשְׁעִים.
עֹשֶׂה צְדָקוֹת עִם כָּל בָּשָׂר וָרוּחַ, לֹא כְרָעָתָם תִּגְמֹל.
אֵל, הוֹרֵיתָ לָּנוּ לוֹמַר שְׁלֹשׁ עֶשְׂרֵה
זְכָר לָנוּ הַיּוֹם בְּרִית שְׁלֹשׁ עֶשְׂרֵה
כְּהוֹדַעְתָּ לֶעָנָו מִקֶּדֶם, כְּמוֹ שֶׁכָּתוּב:
וַיֵּרֶד יהוה בֶּעָנָן, וַיִּתְיַצֵּב עִמּוֹ שָׁם, וַיִּקְרָא בְשֵׁם יהוה: שמות לד

קהל ואחריו שליח הציבור:

וַיַּעֲבֹר יהוה עַל־פָּנָיו וַיִּקְרָא

יהוה, יהוה, אֵל רַחוּם וְחַנּוּן, אֶרֶךְ אַפַּיִם, וְרַב־חֶסֶד וֶאֱמֶת:
נֹצֵר חֶסֶד לָאֲלָפִים, נֹשֵׂא עָוֹן וָפֶשַׁע וְחַטָּאָה, וְנַקֵּה:

וְסָלַחְתָּ לַעֲוֹנֵנוּ וּלְחַטָּאתֵנוּ וּנְחַלְתָּנוּ:
סְלַח לָנוּ, אָבִינוּ, כִּי חָטָאנוּ, מְחַל לָנוּ, מַלְכֵּנוּ, כִּי פָשָׁעְנוּ.
כִּי־אַתָּה, יהוה, טוֹב וְסַלָּח וְרַב־חֶסֶד לְכָל־קֹרְאֶיךָ: תהלים פו

עַל גַּבֵּנוּ חָרְשׁוּ חוֹרְשִׁים, הֶאֱרִיכוּ לְמַעֲנִיתָם.
כִּי שָׁחָה לֶעָפָר נַפְשֵׁנוּ, דָּבְקָה לָאָרֶץ בִּטְנֵנוּ: תהלים מד
יהוה, מָה רַבּוּ צָרֵינוּ, רַבִּים קָמִים עָלֵינוּ.
קוּמָה עֶזְרָתָה לָּנוּ וּפְדֵנוּ לְמַעַן חַסְדֶּךָ: תהלים מד

כְּרַחֵם אָב עַל בָּנִים, כֵּן תְּרַחֵם יהוה עָלֵינוּ.
לַיהוה הַיְשׁוּעָה, עַל־עַמְּךָ בִרְכָתֶךָ סֶּלָה: תהלים ג
יהוה צְבָאוֹת עִמָּנוּ, מִשְׂגָּב לָנוּ אֱלֹהֵי יַעֲקֹב סֶלָה: תהלים מו
יהוה צְבָאוֹת, אַשְׁרֵי אָדָם בֹּטֵחַ בָּךְ: תהלים פד
יהוה הוֹשִׁיעָה, הַמֶּלֶךְ יַעֲנֵנוּ בְיוֹם־קָרְאֵנוּ: תהלים כ

הצרות הרבות (ובפרט שעבוד המלכויות) מביאות את ישראל לידי חשש שמא נגזרנו ונמכרנו לצמיתות. כנגד ייאוש זה, אנו מתחננים שהקב״ה יסייע בידינו לעשות תשובה, ותולים בו את מבטחנו.

נו. מחבר: רבי שלמה הבבלי

אֱלֹהֵינוּ וֵאלֹהֵי אֲבוֹתֵינוּ

אָמַרְנוּ נִגְזַרְנוּ לָנוּ וְאֵין דּוֹרֵשׁ
אֲבָל אֲשֵׁמִים אֲנַחְנוּ וְקָרוֹב פּוֹרֵשׁ
בְּעָוֹן בְּצִעֵנוּ צוּר לַצַּר יַחֲרֵשׁ
בּוֹלֵעַ וּמַדִּיק וָרָד וְרוֹפֵס הַחוֹרֵשׁ.

גַּל אַחַר גַּל וְאֵין דּוֹבֵר
גּוֹלֵל וְצָף עֲלֵי רֹאשׁ גּוֹבֵר
דָּבַק שֶׁבֶר עַל שֶׁבֶר חוֹבֵר
דַּאֲבוֹן הַבָּא קָשֶׁה יְשַׁכַּח הָעוֹבֵר.

הֵמַס יִמַּס הַלֵּב מֵרֹב הַמִּכְשׁוֹל
הוֹלֵךְ וְסוֹעֵר כִּי רַב הַנֶּחְשׁוֹל
וּמוֹשִׁיעַ וָרַב אֵין עוֹד לִמְשֹׁל
וְאָבַד הַמַּנְהִיג וְעָיֵף שׁל נָשֹׁל.

זָנַחְנוּ טוֹב וְעַל כָּכָה הִגִּיעַ
זוֹכְרֶיךָ זָעַמְתָּ בְּיַד עֲוֹנֵינוּ לְהַפְגִּיעַ
חַיִּים לִרְצוֹת וְסִתְּךָ אַף לְהַרְגִּיעַ
חוּשָׁה לַעֲזוֹר כִּי אֵין מַפְגִּיעַ.

טֹרַדְנוּ וַנְּהִי כַּטָּמֵא וּכְבֶגֶד עִדִּים
טֹרַפְנוּ וַנָּבֵל וְרוֹדְפִים קַלִּים חַדִּים
יוֹצְאִים חוּצוֹת מְלֵאִים גַּעַר כִּמְנֻדִּים
יוֹשְׁבֵי חֹשֶׁךְ צָגִים כְּרֵקִים כַּדִּים.

כְּלִמּוֹת וָרֹק פָּנֵינוּ מְצַפִּים צִפָּה
כִּי גָדַל הַכְּאֵב מִפֹּה וּמִפֹּה
לַיּוֹצֵא בְּעָתָּה וְלַבָּא אֵין רָפֹא
לָחֹן וּלְרַחֵם תִּקְוָה אַיֵּה אֵפוֹא.

מַה כֹּחִי לְיַחֵל וּמַתֶּשֶׁת גְּבִרְתָּנִית
מוֹסִיף מֶשֶׁךְ קֵץ מַעֲנִית גֵּוָתָנִית
נֵטֶל נַשְׁכָּנִית נַגְחָנִית עֹשֶׁר שַׁלְטָנִית
נָגְעָ יְיַגַּע רֹדְיָנִית חִנָּם וְחַלְטָנִית.

סִמְלוֹנֵי רֶשַׁע לְקַצֵּץ נָקָם תִּלְבֹּשׁ
סֶבֶר קוֶֹיךָ וְסִכּוּיָם תַּעֲמִיד מַלְבּוּשׁ
עֻגְלַת לְמוּדֶיךָ מַחַץ וְשֶׁבֶר תַּחְבֹּשׁ
עֲבֹד עֲבוֹדָתְךָ שְׁכֶם אֶחָד תִּכְבֹּשׁ.

פֻּקַּדְנוּ בְּאֵמוּן כְּבֵן הָפְכָן וְסַרְבָן
פִּדְיוֹן לְחִזּוּק יִסּוּרִים חֲלִיפַת קָרְבָּן
צָרוֹת רָעוֹת וְנָחָשׁ וְעַקְרָב וְרַבְרְבָן
צִמָּאוֹן וְחֹסֶר כֹּל מִשְׁנֶה הַדָּרְבָן.

קוֹבְלִים הֶסְתֵּר פָּנֶיךָ עִם טָרְחָן
קִנְיַן הֶרֶג רַב אָכוּל וּמָכוּר וּמְרֻחָן
רָגַלְנוּ כְּעֶבֶד רַב פֶּשַׁע וְסוֹרְחָן
רַבֵּה לְהֵיטִיב רַב חֶסֶד וְסוֹלְחָן.

שִׁקַּרְנוּ בְּךָ וְסַטְנוּ מִמְּךָ לָסוּר
שְׁכַחֲנוּךָ מֵרֹב כֹּל בְּלִי חָסוּר
תָּעִינוּ אַחַר יֵצֶר וְתוֹעַ רַע וְסוּר
תַּרְנוּ אַחַר הַזּוּג לַעֲבֵרָה סַרְסוּר.

שְׁרִירוּת לֵב יַשֵּׁר וּפְשֹׁט עַקְמוּמִית
לֹא יִרְגַּז עוֹד בְּהִרְהוּר שַׁעֲמוּמִית
מַהֵר מִלְּעַכֵּב טִמּוּי תְּפִישַׁת שְׂמָמִית
הֶרֶב כַּבֵּס כְּתָמֵינוּ וְלַבֵּן אַדְמוּמִית.

הֲגוּנִים לְךָ לְעַם אוֹתָנוּ נַוֵּה
קָטֹן וְגָדוֹל דַּעַת דְּרָכֶיךָ שַׁוֵּה
יְשׁוּעַת יִשְׂרָאֵל חֵלֶק יַעֲקֹב צַוֵּה
הֲלֹא אַתָּה אֱלֹהֵינוּ וּלְךָ נְקַוֶּה.

אֵל מֶלֶךְ יוֹשֵׁב עַל כִּסֵּא רַחֲמִים, מִתְנַהֵג בַּחֲסִידוּת.
מוֹחֵל עֲוֹנוֹת עַמּוֹ, מַעֲבִיר רִאשׁוֹן רִאשׁוֹן.
מַרְבֶּה מְחִילָה לְחַטָּאִים, וּסְלִיחָה לְפוֹשְׁעִים.
עֹשֶׂה צְדָקוֹת עִם כָּל בָּשָׂר וָרוּחַ, לֹא כְרָעָתָם תִּגְמֹל.
אֵל, הוֹרֵיתָ לָּנוּ לוֹמַר שְׁלֹשׁ עֶשְׂרֵה
זְכָר לָנוּ הַיּוֹם בְּרִית שְׁלֹשׁ עֶשְׂרֵה
כְּהוֹדַעְתָּ לֶעָנָו מִקֶּדֶם, כְּמוֹ שֶׁכָּתוּב:
וַיֵּרֶד יהוה בֶּעָנָן, וַיִּתְיַצֵּב עִמּוֹ שָׁם, וַיִּקְרָא בְשֵׁם יהוה: שמות לד

קהל ואחריו שליח הציבור:

וַיַּעֲבֹר יהוה עַל־פָּנָיו וַיִּקְרָא

יהוה, יהוה, אֵל רַחוּם וְחַנּוּן, אֶרֶךְ אַפַּיִם, וְרַב־חֶסֶד וֶאֱמֶת:
נֹצֵר חֶסֶד לָאֲלָפִים, נֹשֵׂא עָוֹן וָפֶשַׁע וְחַטָּאָה, וְנַקֵּה:

וְסָלַחְתָּ לַעֲוֹנֵנוּ וּלְחַטָּאתֵנוּ וּנְחַלְתָּנוּ:
סְלַח לָנוּ, אָבִינוּ, כִּי חָטָאנוּ, מְחַל לָנוּ, מַלְכֵּנוּ, כִּי פָשָׁעְנוּ.
תהלים פו כִּי־אַתָּה, יהוה, טוֹב וְסַלָּח וְרַב־חֶסֶד לְכָל־קֹרְאֶיךָ:

חתום לחיים טובים את ישראל הנאמנים לה׳ גם תחת יד המענים,
שבים אליו בעשרת ימי תשובה ומשכימים להתפלל מתוך שברון לב.

נו. פזמון | מחבר: רבי אליעזר בר שלמה

בֵּין כֵּסֶה לֶעָשׂוֹר הִשְׁלַכְנוּ רֹעַ שְׂאוֹר
צַדְּקֵנוּ בְּמִשְׁפָּט בְּאוֹר הַחַיִּים לֵאוֹר
הִנְנוּ אָתָאנוּ לָךְ, אַדִּיר וְנָאוֹר
תהלים לו כִּי־עִמְּךָ מְקוֹר חַיִּים בְּאוֹרְךָ נִרְאֶה־אוֹר:

אָדוֹן, עִמְּךָ סְלִיחָה סְלַח וּמְחַל לְשָׁבֶיךָ
לְעֵת חִתּוּם גְּזֹר דִּינְךָ לְטוֹבָה זָכְרָה אֲהוּבֶיךָ
יִוָּדַע כִּי אֱלֹהִים בִּישֻׁרוּן קְרוֹבֶיךָ
שיר השירים ח וְשִׂימֵנִי כַחוֹתָם עַל־לִבֶּךָ: בין כסה

עֲבָדֶיךָ לְטוֹב תַּעֲרֹב צַו כִּתְמָם לְמָחְקָה
זָכְרָה מְצוּקֵי תֵבֵל, פְּעֻלָּתָם אִם פָּסְקָה
רַחֵם בְּרֹגֶז תִּזְכֹּר, בָּנֶיךָ עֵת חֲקוּקָה
ישעיה ל כָּתְבָהּ עַל־לוּחַ אִתָּם וְעַל־סֵפֶר חֻקָּהּ: בין כסה

בְּתַחֲנוּנִים כְּרָשׁ וָדַל לְפָנֶיךָ קָרְבוּ
רְאֵה עָנְיָם מֹרָה מְאֹד בְּלַחַץ בַּשֵּׁפֶל יָשֵׁבוּ
בְּיוֹם חִפּוּשׂ תַּעֲלוּמוֹת, עֶלְיוֹן, בְּךָ יֵיטִיבוּ
תהלים קלט וְעַל־סִפְרְךָ כֻּלָּם יִכָּתֵבוּ: בין כסה

שׁוֹחֲרֶיךָ הִמָּצֵא לְחַנְּנָךְ עוֹמְדִים הַשְׁכֵּם
לְבַל יָעֹז קַטֵּגוֹר בְּעֵינֶיךָ בַּל יִתְחַכֵּם
מְלִיצִים וּפְרַקְלִיטִים בְּחַסְדְּךָ עִמָּם הַסְכֵּם
אסתר ח כִּתְבוּ עַל־הַיְּהוּדִים כַּטּוֹב בְּעֵינֵיכֶם: בין כסה

הֵן רוּחַ וָלֵב עַמְּךָ שָׁבוּר וְחוֹלֶה
הֵם חַטָּאת וְאָשָׁם וָנֶדֶר אֲשֶׁר יַפְלֶא
אֱמוּנִים וּבֵינוּנִים חֲתֹם חוֹתָם מָלֵא
אֵלֶּה לְחַיֵּי עוֹלָם וְאֵלֶּה: בין כסה דניאל יב

לֹא לְפִי רְאוּיִים תִּשְׁפֹּט הֲמוֹנַי
יְשֻׁרוּן מְיַחֲדֶיךָ אַף בְּלַחַץ מוֹנַי
גְּלִיפַת כְּתָב צִוָּה לְשַׁבְּחָ וְלֹא לְגַנַּאי
מִפְתַּח פִּתּוּחֵי חוֹתָם קֹדֶשׁ לַיהוה: בין כסה שמות לט

לְפַתּוּתְךָ בְּתַחַן עֲבָדֶיךָ מַשְׁכִּימִים
הִפָּתַח לָמוֹ וּזְכֹר נְחוּמִים
חַסְדְּךָ הַפְלֵא וְהַעֲבֵר כְּתָמִים
אֵל מֶלֶךְ יוֹשֵׁב עַל כִּסֵּא רַחֲמִים. בין כסה

אֵל מֶלֶךְ יוֹשֵׁב עַל כִּסֵּא רַחֲמִים, מִתְנַהֵג בַּחֲסִידוּת.
מוֹחֵל עֲוֹנוֹת עַמּוֹ, מַעֲבִיר רִאשׁוֹן רִאשׁוֹן.
מַרְבֶּה מְחִילָה לְחַטָּאִים, וּסְלִיחָה לְפוֹשְׁעִים.
עֹשֶׂה צְדָקוֹת עִם כָּל בָּשָׂר וָרוּחַ, לֹא כְרָעָתָם תִּגְמֹל.
אֵל, הוֹרֵיתָ לָּנוּ לוֹמַר שְׁלֹשׁ עֶשְׂרֵה
זְכָר לָנוּ הַיּוֹם בְּרִית שְׁלֹשׁ עֶשְׂרֵה
כְּהוֹדַעְתָּ לֶעָנָו מִקֶּדֶם, כְּמוֹ שֶׁכָּתוּב:
וַיֵּרֶד יהוה בֶּעָנָן, וַיִּתְיַצֵּב עִמּוֹ שָׁם שמות לד
וַיִּקְרָא בְשֵׁם יהוה:

קהל ואחריו שליח הציבור:

וַיַּעֲבֹר יהוה עַל־פָּנָיו וַיִּקְרָא

יהוה, יהוה, אֵל רַחוּם וְחַנּוּן, אֶרֶךְ אַפַּיִם, וְרַב־חֶסֶד וֶאֱמֶת:
נֹצֵר חֶסֶד לָאֲלָפִים, נֹשֵׂא עָוֹן וָפֶשַׁע וְחַטָּאָה, וְנַקֵּה:

וְסָלַחְתָּ לַעֲוֹנֵנוּ וּלְחַטָּאתֵנוּ וּנְחַלְתָּנוּ:
סְלַח לָנוּ, אָבִינוּ, כִּי חָטָאנוּ, מְחַל לָנוּ, מַלְכֵּנוּ, כִּי פָשָׁעְנוּ.
תהלים פו כִּי־אַתָּה, יהוה, טוֹב וְסַלָּח וְרַב־חֶסֶד לְכָל־קֹרְאֶיךָ:

כְּאַיָּל תַּעֲרֹג עַל אֲפִיקֵי מָיִם, כֵּן נַפְשֵׁנוּ תַעֲרֹג אֵלֶיךָ אֱלֹהִים.
תהלים מד כִּי שָׁחָה לֶעָפָר נַפְשֵׁנוּ, דָּבְקָה לָאָרֶץ בִּטְנֵנוּ:
בראשית כב וַיֹּאמֶר בִּי נִשְׁבַּעְתִּי נְאֻם־יהוה, כִּי יַעַן אֲשֶׁר עָשִׂיתָ אֶת־הַדָּבָר הַזֶּה וְלֹא חָשַׂכְתָּ אֶת־בִּנְךָ אֶת־יְחִידֶךָ:

כְּרַחֵם אָב עַל בָּנִים, כֵּן תְּרַחֵם יהוה עָלֵינוּ.
תהלים ג לַיהוה הַיְשׁוּעָה, עַל־עַמְּךָ בִרְכָתֶךָ סֶּלָה:
תהלים מו יהוה צְבָאוֹת עִמָּנוּ, מִשְׂגָּב לָנוּ אֱלֹהֵי יַעֲקֹב סֶלָה:
תהלים פד יהוה צְבָאוֹת, אַשְׁרֵי אָדָם בֹּטֵחַ בָּךְ:
תהלים כ יהוה הוֹשִׁיעָה, הַמֶּלֶךְ יַעֲנֵנוּ בְיוֹם־קָרְאֵנוּ:

דרכו של אברהם אל הקב״ה החלה בגילוי שיש מנהיג לבירה, בקריאת שם ה׳ בעולם ובניפוץ הפסלים, נמשכה במלחמת המלכים ובברית בין הבתרים, והגיעה לשיאה מלא ההוד במעשה העקדה. אנו מתחננים שכל פרטי מעשה העקדה יעמדו לנו לדורות ונזכה לשכר כנגדם.

נח. עקדה

אֱלֹהֵינוּ וֵאלֹהֵי אֲבוֹתֵינוּ

אֵיתָן לַמֵּד דַּעַת
טֶרֶם לַכֹּל מוּדַעַת.

בֵּאֵר שִׁמְךָ לְכָל בָּאֵי עוֹלָם
גִּלָּה כָּל סָתוּם וְנֶעְלָם.

גִּלּוּלִים מָאַס וְשִׁבֵּר
תּוֹעִים לְשִׁמְךָ חִבֵּר.

דֶּרֶךְ מֵישׁוֹר בָּחַר
תּוֹרָה וּמִצְוֹת שִׁחֵר.

הִצַּלְתּוֹ מֵאוּר כַּשְׂדִּים
גְּנַנְתּוֹ בְּעֵמֶק הַשִּׂדִּים.

וַעֲדְתּוֹ שְׂכָרְךָ הַרְבֵּה מְאֹד
וְתַקְתּוֹ רֹב עֹשֶׁר וְכָבוֹד.

זָעַק וְהֵשִׁיב מַה תִּתֶּן לִי
שֹׁרֶשׁ וְעָנָף אֵין לִי.

חִילִּתוֹ בִּרְאִיַּת מַחֲזֶה
בִּשַּׂרְתּוֹ לֹא יִירָשְׁךָ זֶה.

טֶנֶא בִּכּוּרִים לְמֵאָה חֲנַנְתּוֹ
לְקָרְבָּן נִיחוֹחַ חֲשַׁקְתּוֹ.

יְחָדוֹ בְּכָל לִבָּם דָּצוּ
לַעֲשׂוֹת רְצוֹנְךָ רָצוּ.

כָּבַשׁ רַחֲמָיו לַעֲשׂוֹת רְצוֹנְךָ
כֵּן יִכְבְּשׁוּ רַחֲמֶיךָ אֶת כַּעַסְךָ מֵעַל צֹאנְךָ.

לִבָּם וְנַפְשָׁם הָיָה נָכוֹן
לָכֵן תְּפִלָּתֵנוּ לְפָנֶיךָ כִּקְטֹרֶת תִּכּוֹן.

מִהֵר וְלָקַח מַאֲכֶלֶת
לָכֵן זַרְעָם תַּצִּיל מִמִּיתָה מְשֻׁכֶּלֶת.

נֶעֱקַד יָחִיד כְּשֶׂה לְטֶבַח
לָכֵן תְּפִלָּתֵנוּ תֵּרָצֶה כְּעוֹלָה וָזֶבַח.

סִדֵּר עֵצִים וְהִצִּית עֲלֵיהֶם אֵשׁ
לָכֵן בַּעֲמִידָתֵנוּ הַיּוֹם לֹא נִתְבַּיֵּשׁ.

עֲנִיתוֹ מִשְּׁמֵי שָׁמַיִם
וְנִשְׁבַּעְתָּ לוֹ בְּשִׁמְךָ פַּעֲמַיִם.

פָּדִיתָ אוֹתוֹ בְּאַיִל בַּסְּבַךְ אָחוּז
לָכֵן עֲמִידָתֵנוּ וְעִנּוּיֵנוּ לֹא תָבוּז.

צַעֲקָתֵנוּ שְׁמַע וְשַׁוְעָתֵנוּ סְכֹת
בִּזְכוּת אָב נָסַע סֻכּוֹת.

קוֹל מְבַשֵּׂר יַשְׁמַע בָּעוֹלָם
לִגְאֹל עַם גֶּזַע גִּבְעוֹת עוֹלָם.

רַחֵם קְהַל עֲדַת מְקֻשָּׁטִים
טִיעַת שְׁנֵים עָשָׂר שְׁבָטִים.

שְׁכִינָתְךָ תַּשְׁכֵּן בְּתוֹכֵנוּ
תְּנַהֲגֵנוּ לִגְבוּל אַדְמָתֵנוּ.

תֵּפֶן אֵלֵינוּ בְּרַחֲמִים
כִּי כֵן נִקְרֵאתָ מָלֵא רַחֲמִים.

אֵל מֶלֶךְ יוֹשֵׁב עַל כִּסֵּא רַחֲמִים, מִתְנַהֵג בַּחֲסִידוּת.
מוֹחֵל עֲוֹנוֹת עַמּוֹ, מַעֲבִיר רִאשׁוֹן רִאשׁוֹן.
מַרְבֶּה מְחִילָה לְחַטָּאִים, וּסְלִיחָה לְפוֹשְׁעִים.
עֹשֶׂה צְדָקוֹת עִם כָּל בָּשָׂר וָרוּחַ, לֹא כְרָעָתָם תִּגְמֹל.
אֵל, הוֹרֵיתָ לָּנוּ לוֹמַר שְׁלֹשׁ עֶשְׂרֵה
זְכָר לָנוּ הַיּוֹם בְּרִית שְׁלֹשׁ עֶשְׂרֵה
כְּהוֹדַעְתָּ לֶעָנָו מִקֶּדֶם, כְּמוֹ שֶׁכָּתוּב:
וַיֵּרֶד יהוה בֶּעָנָן, וַיִּתְיַצֵּב עִמּוֹ שָׁם שמות לד
וַיִּקְרָא בְשֵׁם יהוה:

קהל ואחריו שליח הציבור:

וַיַּעֲבֹר יהוה עַל־פָּנָיו וַיִּקְרָא

יהוה, יהוה, אֵל רַחוּם וְחַנּוּן, אֶרֶךְ אַפַּיִם, וְרַב־חֶסֶד וֶאֱמֶת:
נֹצֵר חֶסֶד לָאֲלָפִים, נֹשֵׂא עָוֹן וָפֶשַׁע וְחַטָּאָה, וְנַקֵּה:

וְסָלַחְתָּ לַעֲוֹנֵנוּ וּלְחַטָּאתֵנוּ וּנְחַלְתָּנוּ:
סְלַח לָנוּ, אָבִינוּ, כִּי חָטָאנוּ, מְחַל לָנוּ, מַלְכֵּנוּ, כִּי פָשָׁעְנוּ.
כִּי־אַתָּה, יהוה, טוֹב וְסַלָּח וְרַב־חֶסֶד לְכָל־קֹרְאֶיךָ: תהלים פו

זְכֹר־רַחֲמֶיךָ יהוה וַחֲסָדֶיךָ, כִּי מֵעוֹלָם הֵמָּה: תהלים כה
זָכְרֵנוּ יהוה בִּרְצוֹן עַמֶּךָ, פָּקְדֵנוּ בִּישׁוּעָתֶךָ.
זְכֹר עֲדָתְךָ קָנִיתָ קֶּדֶם, גָּאַלְתָּ שֵׁבֶט נַחֲלָתֶךָ תהלים עד
הַר־צִיּוֹן זֶה שָׁכַנְתָּ בּוֹ:
זְכֹר יהוה חִבַּת יְרוּשָׁלָיִם, אַהֲבַת צִיּוֹן אַל תִּשְׁכַּח לָנֶצַח.
אַתָּה תָקוּם תְּרַחֵם צִיּוֹן, כִּי־עֵת לְחֶנְנָהּ, כִּי־בָא מוֹעֵד: תהלים קב
זְכֹר יהוה לִבְנֵי אֱדוֹם אֵת יוֹם יְרוּשָׁלָיִם תהלים קלז
הָאוֹמְרִים עָרוּ עָרוּ, עַד הַיְסוֹד בָּהּ:
זְכֹר לְאַבְרָהָם לְיִצְחָק וּלְיִשְׂרָאֵל עֲבָדֶיךָ שמות לב
אֲשֶׁר נִשְׁבַּעְתָּ לָהֶם בָּךְ וַתְּדַבֵּר אֲלֵהֶם
אַרְבֶּה אֶת־זַרְעֲכֶם כְּכוֹכְבֵי הַשָּׁמָיִם
וְכָל־הָאָרֶץ הַזֹּאת אֲשֶׁר אָמַרְתִּי אֶתֵּן לְזַרְעֲכֶם, וְנָחֲלוּ לְעֹלָם:
זְכֹר לַעֲבָדֶיךָ לְאַבְרָהָם לְיִצְחָק וּלְיַעֲקֹב דברים ט
אַל־תֵּפֶן אֶל־קְשִׁי הָעָם הַזֶּה וְאֶל־רִשְׁעוֹ וְאֶל־חַטָּאתוֹ:

זְכָר לָנוּ בְּרִית אָבוֹת כַּאֲשֶׁר אָמַרְתָּ:
וְזָכַרְתִּי אֶת־בְּרִיתִי יַעֲקוֹב ויקרא כו
וְאַף אֶת־בְּרִיתִי יִצְחָק וְאַף אֶת־בְּרִיתִי אַבְרָהָם אֶזְכֹּר
וְהָאָרֶץ אֶזְכֹּר:

זְכָר לָנוּ בְּרִית רִאשׁוֹנִים כַּאֲשֶׁר אָמַרְתָּ:
וְזָכַרְתִּי לָהֶם בְּרִית רִאשֹׁנִים ויקרא כו
אֲשֶׁר הוֹצֵאתִי־אֹתָם מֵאֶרֶץ מִצְרַיִם לְעֵינֵי הַגּוֹיִם
לִהְיוֹת לָהֶם לֵאלֹהִים, אֲנִי יהוה:

עֲשֵׂה עִמָּנוּ כְּמָה שֶׁהִבְטַחְתָּנוּ:

ויקרא כו וְאַף גַּם־זֹאת בִּהְיוֹתָם בְּאֶרֶץ אֹיְבֵיהֶם
לֹא־מְאַסְתִּים וְלֹא־גְעַלְתִּים לְכַלֹּתָם
לְהָפֵר בְּרִיתִי אִתָּם, כִּי אֲנִי יהוה אֱלֹהֵיהֶם:

הָשֵׁב שְׁבוּתֵנוּ וְרַחֲמֵנוּ כְּמָה שֶׁכָּתוּב:

דברים ל וְשָׁב יהוה אֱלֹהֶיךָ אֶת־שְׁבוּתְךָ וְרִחֲמֶךָ
וְשָׁב וְקִבֶּצְךָ מִכָּל־הָעַמִּים
אֲשֶׁר הֱפִיצְךָ יהוה אֱלֹהֶיךָ שָׁמָּה:

קַבֵּץ נִדָּחֵינוּ כְּמָה שֶׁכָּתוּב:

דברים ל אִם־יִהְיֶה נִדַּחֲךָ בִּקְצֵה הַשָּׁמָיִם
מִשָּׁם יְקַבֶּצְךָ יהוה אֱלֹהֶיךָ וּמִשָּׁם יִקָּחֶךָ:

מְחֵה פְשָׁעֵינוּ כָּעָב וְכֶעָנָן כְּמָה שֶׁכָּתוּב:

ישעיה מד מָחִיתִי כָעָב פְּשָׁעֶיךָ וְכֶעָנָן חַטֹּאותֶיךָ, שׁוּבָה אֵלַי כִּי גְאַלְתִּיךָ:

מְחֵה פְשָׁעֵינוּ לְמַעַנְךָ כַּאֲשֶׁר אָמַרְתָּ:

ישעיה מג אָנֹכִי אָנֹכִי הוּא מֹחֶה פְשָׁעֶיךָ לְמַעֲנִי, וְחַטֹּאתֶיךָ לֹא אֶזְכֹּר:

הַלְבֵּן חֲטָאֵינוּ כַּשֶּׁלֶג וְכַצֶּמֶר כְּמָה שֶׁכָּתוּב:

ישעיה א לְכוּ־נָא וְנִוָּכְחָה יֹאמַר יהוה
אִם־יִהְיוּ חֲטָאֵיכֶם כַּשָּׁנִים כַּשֶּׁלֶג יַלְבִּינוּ
אִם־יַאְדִּימוּ כַתּוֹלָע כַּצֶּמֶר יִהְיוּ:

זְרֹק עָלֵינוּ מַיִם טְהוֹרִים וְטַהֲרֵנוּ כְּמָה שֶׁכָּתוּב:

יחזקאל לו וְזָרַקְתִּי עֲלֵיכֶם מַיִם טְהוֹרִים וּטְהַרְתֶּם
מִכֹּל טֻמְאוֹתֵיכֶם וּמִכָּל־גִּלּוּלֵיכֶם אֲטַהֵר אֶתְכֶם:

רַחֵם עָלֵינוּ וְאַל תַּשְׁחִיתֵנוּ כְּמָה שֶׁכָּתוּב:

דברים ד כִּי אֵל רַחוּם יהוה אֱלֹהֶיךָ
לֹא יַרְפְּךָ וְלֹא יַשְׁחִיתֶךָ
וְלֹא יִשְׁכַּח אֶת־בְּרִית אֲבֹתֶיךָ אֲשֶׁר נִשְׁבַּע לָהֶם:

מוֹל אֶת לְבָבֵנוּ לְאַהֲבָה אֶת שְׁמֶךָ כְּמָה שֶׁכָּתוּב:
וּמָל יהוה אֱלֹהֶיךָ אֶת־לְבָבְךָ וְאֶת־לְבַב זַרְעֶךָ דברים ל
לְאַהֲבָה אֶת־יהוה אֱלֹהֶיךָ בְּכָל־לְבָבְךָ וּבְכָל־נַפְשְׁךָ, לְמַעַן חַיֶּיךָ:

הִמָּצֵא לָנוּ בְּבַקָּשָׁתֵנוּ כְּמָה שֶׁכָּתוּב:
וּבִקַּשְׁתֶּם מִשָּׁם אֶת־יהוה אֱלֹהֶיךָ וּמָצָאתָ דברים ד
כִּי תִדְרְשֶׁנּוּ בְּכָל־לְבָבְךָ וּבְכָל־נַפְשֶׁךָ:

תְּבִיאֵנוּ אֶל הַר קָדְשֶׁךָ וְשַׂמְּחֵנוּ בְּבֵית תְּפִלָּתֶךָ כְּמָה שֶׁכָּתוּב:
וַהֲבִיאוֹתִים אֶל־הַר קָדְשִׁי וְשִׂמַּחְתִּים בְּבֵית תְּפִלָּתִי ישעיה נו
עוֹלֹתֵיהֶם וְזִבְחֵיהֶם לְרָצוֹן עַל־מִזְבְּחִי
כִּי בֵיתִי בֵּית־תְּפִלָּה יִקָּרֵא לְכָל־הָעַמִּים:

פותחים את ארון הקודש ואומרים פסוק פסוק עד ׳אַל תַּעַזְבֵנוּ׳.

יש קהילות האומרות את הפסוקים בסדר אחר: ׳שְׁמַע קוֹלֵנוּ׳, ׳הֲשִׁיבֵנוּ׳, ׳אַל תַּשְׁלִיכֵנוּ מִלְּפָנֶיךָ׳ ו׳אַל תַּשְׁלִיכֵנוּ לְעֵת זִקְנָה׳, וממשיכים בלחש: ׳אַל תַּעַזְבֵנוּ׳, ׳עֲשֵׂה עִמָּנוּ אוֹת׳, ׳אֲמָרֵינוּ הַאֲזִינָה׳, ׳יִהְיוּ לְרָצוֹן׳ ו׳כִּי לְךָ ה׳ הוֹחָלְנוּ׳.

שליח הציבור אומר, והקהל חוזר אחריו בקול:

שְׁמַע קוֹלֵנוּ, יהוה אֱלֹהֵינוּ, חוּס וְרַחֵם עָלֵינוּ
וְקַבֵּל בְּרַחֲמִים וּבְרָצוֹן אֶת תְּפִלָּתֵנוּ.
הֲשִׁיבֵנוּ יהוה אֵלֶיךָ וְנָשׁוּבָה, חַדֵּשׁ יָמֵינוּ כְּקֶדֶם: איכה ה
אֲמָרֵינוּ הַאֲזִינָה יהוה, בִּינָה הֲגִיגֵנוּ.

בלחש: יִהְיוּ לְרָצוֹן אִמְרֵי פִינוּ וְהֶגְיוֹן לִבֵּנוּ לְפָנֶיךָ, יהוה צוּרֵנוּ וְגוֹאֲלֵנוּ.
אַל תַּשְׁלִיכֵנוּ מִלְּפָנֶיךָ, וְרוּחַ קָדְשְׁךָ אַל תִּקַּח מִמֶּנּוּ.
אַל תַּשְׁלִיכֵנוּ לְעֵת זִקְנָה, כִּכְלוֹת כֹּחֵנוּ אַל תַּעַזְבֵנוּ.
אַל תַּעַזְבֵנוּ יהוה, אֱלֹהֵינוּ אַל תִּרְחַק מִמֶּנּוּ.
עֲשֵׂה עִמָּנוּ אוֹת לְטוֹבָה, וְיִרְאוּ שׂוֹנְאֵינוּ וְיֵבֹשׁוּ
כִּי אַתָּה יהוה עֲזַרְתָּנוּ וְנִחַמְתָּנוּ.
כִּי לְךָ יהוה הוֹחָלְנוּ, אַתָּה תַעֲנֶה אֲדֹנָי אֱלֹהֵינוּ.

סוגרים את ארון הקודש.

וידוי

אֱלֹהֵינוּ וֵאלֹהֵי אֲבוֹתֵינוּ

תָּבֹא לְפָנֶיךָ תְּפִלָּתֵנוּ, וְאַל תִּתְעַלַּם מִתְּחִנָּתֵנוּ.

שֶׁאֵין אֲנוּ עַזֵּי פָנִים וּקְשֵׁי עֹרֶף לוֹמַר לְפָנֶיךָ

יהוה אֱלֹהֵינוּ וֵאלֹהֵי אֲבוֹתֵינוּ

צַדִּיקִים אֲנַחְנוּ וְלֹא חָטָאנוּ.

אֲבָל אֲנַחְנוּ וַאֲבוֹתֵינוּ חָטָאנוּ.

כשמתוודה, מכה באגרופו על החזה כנגד הלב בכל חטא שמזכיר.

אָשַׁמְנוּ, בָּגַדְנוּ, גָּזַלְנוּ, דִּבַּרְנוּ דֹפִי

הֶעֱוִינוּ, וְהִרְשַׁעְנוּ, זַדְנוּ, חָמַסְנוּ, טָפַלְנוּ שֶׁקֶר

יָעַצְנוּ רָע, כִּזַּבְנוּ, לַצְנוּ, מָרַדְנוּ, נִאַצְנוּ

סָרַרְנוּ, עָוִינוּ, פָּשַׁעְנוּ, צָרַרְנוּ, קִשִּׁינוּ עֹרֶף

רָשַׁעְנוּ, שִׁחַתְנוּ, תִּעַבְנוּ, תָּעִינוּ, תִּעְתָּעְנוּ.

סַרְנוּ מִמִּצְוֹתֶיךָ וּמִמִּשְׁפָּטֶיךָ הַטּוֹבִים, וְלֹא שָׁוָה לָנוּ.

וְאַתָּה צַדִּיק עַל כָּל־הַבָּא עָלֵינוּ נחמיה ט

כִּי־אֱמֶת עָשִׂיתָ וַאֲנַחְנוּ הִרְשָׁעְנוּ:

אָשַׁמְנוּ מִכָּל עָם, בֹּשְׁנוּ מִכָּל דּוֹר

גָּלָה מִמֶּנּוּ מָשׂוֹשׂ, דָּוָה לִבֵּנוּ בַּחֲטָאֵינוּ

הָחְבַּל אִוּוּיֵנוּ, וְנִפְרַע פְּאֵרֵנוּ

זְבוּל בֵּית מִקְדָּשֵׁנוּ חָרַב בַּעֲוֹנֵינוּ

טִירָתֵנוּ הָיְתָה לְשַׁמָּה

יְפִי אַדְמָתֵנוּ לְזָרִים, כֹּחֵנוּ לְנָכְרִים.

על פי הגר״א (מעשה רב, אות רב) אומרים וידוי פעם אחת בלבד.

וַעֲדַיִן לֹא שַׁבְנוּ מִטָּעוּתֵנוּ, וְהֵיאַךְ נָעִיז פָּנֵינוּ וְנַקְשֶׁה עָרְפֵּנוּ, לוֹמַר לְפָנֶיךָ, יהוה אֱלֹהֵינוּ וֵאלֹהֵי אֲבוֹתֵינוּ, צַדִּיקִים אֲנַחְנוּ וְלֹא חָטָאנוּ, אֲבָל אֲנַחְנוּ וַאֲבוֹתֵינוּ חָטָאנוּ.

כשמתוודה, מכה באגרופו על החזה כנגד הלב בכל חטא שמזכיר.

אָשַׁמְנוּ, בָּגַדְנוּ, גָּזַלְנוּ, דִּבַּרְנוּ דֹפִי
הֶעֱוִינוּ, וְהִרְשַׁעְנוּ, זַדְנוּ, חָמַסְנוּ, טָפַלְנוּ שֶׁקֶר
יָעַצְנוּ רָע, כִּזַּבְנוּ, לַצְנוּ, מָרַדְנוּ, נִאַצְנוּ
סָרַרְנוּ, עָוִינוּ, פָּשַׁעְנוּ, צָרַרְנוּ, קִשִּׁינוּ עֹרֶף
רָשַׁעְנוּ, שִׁחַתְנוּ, תִּעַבְנוּ, תָּעִינוּ, תִּעְתָּעְנוּ.

סַרְנוּ מִמִּצְוֹתֶיךָ וּמִמִּשְׁפָּטֶיךָ הַטּוֹבִים, וְלֹא שָׁוָה לָנוּ.
וְאַתָּה צַדִּיק עַל כָּל־הַבָּא עָלֵינוּ, כִּי־אֱמֶת עָשִׂיתָ וַאֲנַחְנוּ הִרְשָׁעְנוּ: נחמיה ט

לְעֵינֵינוּ עָשְׁקוּ עֲמָלֵנוּ, מְמֻשָּׁךְ וּמְמֹרָט מִמֶּנּוּ
נָתְנוּ עֻלָּם עָלֵינוּ, סָבַלְנוּ עַל שִׁכְמֵנוּ
עֲבָדִים מָשְׁלוּ בָנוּ, פֹּרֵק אֵין מִיָּדָם: איכה ה
צָרוֹת רַבּוֹת סְבָבוּנוּ, קְרָאנוּךָ יהוה אֱלֹהֵינוּ
רִחַקְתָּ מִמֶּנּוּ בַּעֲוֹנֵינוּ, שַׁבְנוּ מֵאַחֲרֶיךָ, תָּעִינוּ וְאָבָדְנוּ.

וַעֲדַיִן לֹא שַׁבְנוּ מִטָּעוּתֵנוּ, וְהֵיאַךְ נָעִיז פָּנֵינוּ וְנַקְשֶׁה עָרְפֵּנוּ, לוֹמַר לְפָנֶיךָ, יהוה אֱלֹהֵינוּ וֵאלֹהֵי אֲבוֹתֵינוּ, צַדִּיקִים אֲנַחְנוּ וְלֹא חָטָאנוּ, אֲבָל אֲנַחְנוּ וַאֲבוֹתֵינוּ חָטָאנוּ.

כשמתוודה, מכה באגרופו על החזה כנגד הלב בכל חטא שמזכיר.

אָשַׁמְנוּ, בָּגַדְנוּ, גָּזַלְנוּ, דִּבַּרְנוּ דֹפִי
הֶעֱוִינוּ, וְהִרְשַׁעְנוּ, זַדְנוּ, חָמַסְנוּ, טָפַלְנוּ שֶׁקֶר
יָעַצְנוּ רָע, כִּזַּבְנוּ, לַצְנוּ, מָרַדְנוּ, נִאַצְנוּ
סָרַרְנוּ, עָוִינוּ, פָּשַׁעְנוּ, צָרַרְנוּ, קִשִּׁינוּ עֹרֶף
רָשַׁעְנוּ, שִׁחַתְנוּ, תִּעַבְנוּ, תָּעִינוּ, תִּעְתָּעְנוּ.

סַרְנוּ מִמִּצְוֹתֶיךָ וּמִמִּשְׁפָּטֶיךָ הַטּוֹבִים, וְלֹא שָׁוָה לָנוּ.
וְאַתָּה צַדִּיק עַל כָּל־הַבָּא עָלֵינוּ, כִּי־אֱמֶת עָשִׂיתָ וַאֲנַחְנוּ הִרְשָׁעְנוּ: נחמיה ט

הִרְשַׁעְנוּ וּפָשַׁעְנוּ לָכֵן לֹא נוֹשָׁעְנוּ.
וְתֵן בְּלִבֵּנוּ לַעֲזֹב דֶּרֶךְ רֶשַׁע, וְחִישׁ לָנוּ יֶשַׁע
כַּכָּתוּב עַל יַד נְבִיאֶךָ: יַעֲזֹב רָשָׁע דַּרְכּוֹ וְאִישׁ אָוֶן מַחְשְׁבֹתָיו ישעיה נה
וְיָשֹׁב אֶל־יהוה וִירַחֲמֵהוּ וְאֶל־אֱלֹהֵינוּ כִּי־יַרְבֶּה לִסְלוֹחַ:

תהלים יט מְשִׁיחַ צִדְקֶךָ אָמַר לְפָנֶיךָ: שְׁגִיאוֹת מִי־יָבִין, מִנִּסְתָּרוֹת נַקֵּנִי: נַקֵּנוּ יהוה
אֱלֹהֵינוּ מִכָּל פְּשָׁעֵינוּ וְטַהֲרֵנוּ מִכָּל טֻמְאוֹתֵינוּ וּזְרֹק עָלֵינוּ מַיִם טְהוֹרִים
יחזקאל לו וְטַהֲרֵנוּ, כַּכָּתוּב עַל יַד נְבִיאֶךָ: וְזָרַקְתִּי עֲלֵיכֶם מַיִם טְהוֹרִים וּטְהַרְתֶּם,
מִכֹּל טֻמְאוֹתֵיכֶם וּמִכָּל־גִּלּוּלֵיכֶם אֲטַהֵר אֶתְכֶם: עַמְּךָ וְנַחֲלָתְךָ רְעֵבֵי
טוּבְךָ, צְמֵאֵי חַסְדֶּךָ, תְּאֵבֵי יִשְׁעֶךָ. יַכִּירוּ וְיֵדְעוּ, כִּי לַיהוה אֱלֹהֵינוּ
הָרַחֲמִים וְהַסְּלִיחוֹת.

אֵל רַחוּם שְׁמֶךָ. אֵל חַנּוּן שְׁמֶךָ. בָּנוּ נִקְרָא שְׁמֶךָ. יהוה עֲשֵׂה לְמַעַן שְׁמֶךָ. עֲשֵׂה לְמַעַן אֲמִתָּךְ. עֲשֵׂה לְמַעַן בְּרִיתָךְ. עֲשֵׂה לְמַעַן גָּדְלָךְ וְתִפְאַרְתָּךְ. עֲשֵׂה לְמַעַן דָּתָךְ. עֲשֵׂה לְמַעַן הוֹדָךְ. עֲשֵׂה לְמַעַן וְעוּדָךְ. עֲשֵׂה לְמַעַן זִכְרָךְ. עֲשֵׂה לְמַעַן חַסְדָּךְ. עֲשֵׂה לְמַעַן טוּבָךְ. עֲשֵׂה לְמַעַן יִחוּדָךְ. עֲשֵׂה לְמַעַן כְּבוֹדָךְ. עֲשֵׂה לְמַעַן לִמּוּדָךְ. עֲשֵׂה לְמַעַן מַלְכוּתָךְ. עֲשֵׂה לְמַעַן נִצְחָךְ. עֲשֵׂה לְמַעַן סוֹדָךְ. עֲשֵׂה לְמַעַן עֻזָּךְ. עֲשֵׂה לְמַעַן פְּאֵרָךְ. עֲשֵׂה לְמַעַן צִדְקָתָךְ. עֲשֵׂה לְמַעַן קְדֻשָּׁתָךְ. עֲשֵׂה לְמַעַן רַחֲמֶיךָ הָרַבִּים. עֲשֵׂה לְמַעַן שְׁכִינָתָךְ. עֲשֵׂה לְמַעַן תְּהִלָּתָךְ. עֲשֵׂה לְמַעַן אוֹהֲבֶיךָ שׁוֹכְנֵי עָפָר. עֲשֵׂה לְמַעַן אַבְרָהָם יִצְחָק וְיַעֲקֹב. עֲשֵׂה לְמַעַן מֹשֶׁה וְאַהֲרֹן. עֲשֵׂה לְמַעַן דָּוִד וּשְׁלֹמֹה. עֲשֵׂה לְמַעַן יְרוּשָׁלַיִם עִיר קָדְשֶׁךָ. עֲשֵׂה לְמַעַן צִיּוֹן מִשְׁכַּן כְּבוֹדֶךָ. עֲשֵׂה לְמַעַן שִׁמְמוֹת הֵיכָלֶךָ. עֲשֵׂה לְמַעַן הֲרִיסוּת מִזְבְּחֶךָ. עֲשֵׂה לְמַעַן הֲרוּגִים עַל שֵׁם קָדְשֶׁךָ. עֲשֵׂה לְמַעַן טְבוּחִים עַל יִחוּדֶךָ. עֲשֵׂה לְמַעַן בָּאֵי בָאֵשׁ וּבַמַּיִם עַל קִדּוּשׁ שְׁמֶךָ. עֲשֵׂה לְמַעַן יוֹנְקֵי שָׁדַיִם שֶׁלֹּא חָטְאוּ. עֲשֵׂה לְמַעַן גְּמוּלֵי חָלָב שֶׁלֹּא פָשְׁעוּ. עֲשֵׂה לְמַעַן תִּינוֹקוֹת שֶׁל בֵּית רַבָּן. עֲשֵׂה לְמַעַנְךָ אִם לֹא לְמַעֲנֵנוּ. עֲשֵׂה לְמַעַנְךָ וְהוֹשִׁיעֵנוּ.

עֲנֵנוּ יהוה עֲנֵנוּ. עֲנֵנוּ אֱלֹהֵינוּ עֲנֵנוּ. עֲנֵנוּ אָבִינוּ עֲנֵנוּ. עֲנֵנוּ בּוֹרְאֵנוּ עֲנֵנוּ. עֲנֵנוּ גּוֹאֲלֵנוּ עֲנֵנוּ. עֲנֵנוּ דּוֹרְשֵׁנוּ עֲנֵנוּ. עֲנֵנוּ הָאֵל הַנֶּאֱמָן עֲנֵנוּ. עֲנֵנוּ וָתִיק וְחָסִיד עֲנֵנוּ. עֲנֵנוּ זַךְ וְיָשָׁר עֲנֵנוּ. עֲנֵנוּ חַי וְקַיָּם עֲנֵנוּ. עֲנֵנוּ טוֹב וּמֵטִיב עֲנֵנוּ. עֲנֵנוּ יוֹדֵעַ יֵצֶר עֲנֵנוּ. עֲנֵנוּ כּוֹבֵשׁ כְּעָסִים עֲנֵנוּ. עֲנֵנוּ לוֹבֵשׁ צְדָקוֹת עֲנֵנוּ. עֲנֵנוּ מֶלֶךְ מַלְכֵי הַמְּלָכִים עֲנֵנוּ. עֲנֵנוּ נוֹרָא וְנִשְׂגָּב עֲנֵנוּ. עֲנֵנוּ סוֹלֵחַ

וּמוֹחֵל עֲנֵנוּ. עֲנֵנוּ עוֹנֶה בְּעֵת צָרָה עֲנֵנוּ. עֲנֵנוּ פּוֹדֶה וּמַצִּיל עֲנֵנוּ. עֲנֵנוּ צַדִּיק וְיָשָׁר עֲנֵנוּ. עֲנֵנוּ קָרוֹב לְקוֹרְאָיו עֲנֵנוּ. עֲנֵנוּ רַחוּם וְחַנּוּן עֲנֵנוּ. עֲנֵנוּ שׁוֹמֵעַ אֶל אֶבְיוֹנִים עֲנֵנוּ. עֲנֵנוּ תּוֹמֵךְ תְּמִימִים עֲנֵנוּ. עֲנֵנוּ אֱלֹהֵי אֲבוֹתֵינוּ עֲנֵנוּ. עֲנֵנוּ אֱלֹהֵי אַבְרָהָם עֲנֵנוּ. עֲנֵנוּ פַּחַד יִצְחָק עֲנֵנוּ. עֲנֵנוּ אֲבִיר יַעֲקֹב עֲנֵנוּ. עֲנֵנוּ עֶזְרַת הַשְּׁבָטִים עֲנֵנוּ. עֲנֵנוּ מִשְׂגַּב אִמָּהוֹת עֲנֵנוּ. עֲנֵנוּ קָשֶׁה לִכְעֹס עֲנֵנוּ. עֲנֵנוּ רַךְ לִרְצוֹת עֲנֵנוּ. עֲנֵנוּ עוֹנֶה בְּעֵת רָצוֹן עֲנֵנוּ. עֲנֵנוּ אֲבִי יְתוֹמִים עֲנֵנוּ. עֲנֵנוּ דַּיַּן אַלְמָנוֹת עֲנֵנוּ.

מִי שֶׁעָנָה לְאַבְרָהָם אָבִינוּ בְּהַר הַמּוֹרִיָּה, הוּא יַעֲנֵנוּ.
מִי שֶׁעָנָה לְיִצְחָק בְּנוֹ כְּשֶׁנֶּעֱקַד עַל גַּבֵּי הַמִּזְבֵּחַ, הוּא יַעֲנֵנוּ.
מִי שֶׁעָנָה לְיַעֲקֹב בְּבֵית אֵל, הוּא יַעֲנֵנוּ.
מִי שֶׁעָנָה לְיוֹסֵף בְּבֵית הָאֲסוּרִים, הוּא יַעֲנֵנוּ.
מִי שֶׁעָנָה לַאֲבוֹתֵינוּ עַל יַם סוּף, הוּא יַעֲנֵנוּ.
מִי שֶׁעָנָה לְמֹשֶׁה בְּחוֹרֵב, הוּא יַעֲנֵנוּ.
מִי שֶׁעָנָה לְאַהֲרֹן בַּמַּחְתָּה, הוּא יַעֲנֵנוּ.
מִי שֶׁעָנָה לְפִינְחָס בְּקוּמוֹ מִתּוֹךְ הָעֵדָה, הוּא יַעֲנֵנוּ.
מִי שֶׁעָנָה לִיהוֹשֻׁעַ בַּגִּלְגָּל, הוּא יַעֲנֵנוּ.
מִי שֶׁעָנָה לִשְׁמוּאֵל בַּמִּצְפָּה, הוּא יַעֲנֵנוּ.
מִי שֶׁעָנָה לְדָוִד וּשְׁלֹמֹה בְנוֹ בִּירוּשָׁלַיִם, הוּא יַעֲנֵנוּ.
מִי שֶׁעָנָה לְאֵלִיָּהוּ בְּהַר הַכַּרְמֶל, הוּא יַעֲנֵנוּ.
מִי שֶׁעָנָה לֶאֱלִישָׁע בִּירִיחוֹ, הוּא יַעֲנֵנוּ.
מִי שֶׁעָנָה לְיוֹנָה בִּמְעֵי הַדָּגָה, הוּא יַעֲנֵנוּ.
מִי שֶׁעָנָה לְחִזְקִיָּהוּ מֶלֶךְ יְהוּדָה בְּחָלְיוֹ, הוּא יַעֲנֵנוּ.
מִי שֶׁעָנָה לַחֲנַנְיָה מִישָׁאֵל וַעֲזַרְיָה בְּתוֹךְ כִּבְשַׁן הָאֵשׁ, הוּא יַעֲנֵנוּ.
מִי שֶׁעָנָה לְדָנִיֵּאל בְּגוֹב הָאֲרָיוֹת, הוּא יַעֲנֵנוּ.
מִי שֶׁעָנָה לְמָרְדְּכַי וְאֶסְתֵּר בְּשׁוּשַׁן הַבִּירָה, הוּא יַעֲנֵנוּ.
מִי שֶׁעָנָה לְעֶזְרָא בַּגּוֹלָה, הוּא יַעֲנֵנוּ.
מִי שֶׁעָנָה לְכָל הַצַּדִּיקִים וְהַחֲסִידִים וְהַתְּמִימִים וְהַיְשָׁרִים, הוּא יַעֲנֵנוּ.

רַחֲמָנָא דְּעָנֵי לַעֲנִיֵּי עֲנֵינָן.
רַחֲמָנָא דְּעָנֵי לִתְבִירֵי לִבָּא עֲנֵינָן.
רַחֲמָנָא דְּעָנֵי לְמַכִּיכֵי רוּחָא עֲנֵינָן.
רַחֲמָנָא עֲנֵינָן.
רַחֲמָנָא חוּס, רַחֲמָנָא פְּרֻק, רַחֲמָנָא שֵׁיזִב.
רַחֲמָנָא רַחֵם עֲלָן, הַשְׁתָּא בַּעֲגָלָא וּבִזְמַן קָרִיב.

נפילת אפיים

יושבים, ובמקום שיש בו ספר תורה, נופלים אפיים:
משעינים את הראש על היד שאין בה תפילין (ומי שאין לו תפילין, על יד שמאל),
ומכסים את הפנים (ספר מהרי״ל, סב).

לפני נפילת אפיים נוהגים לומר את הפסוק ׳וַיֹּאמֶר דָּוִד אֶל־גָּד׳ (קיצור של״ה).

וַיֹּאמֶר דָּוִד אֶל־גָּד, צַר־לִי מְאֹד שמואל ב׳ כד
נִפְּלָה־נָּא בְיַד־יהוה, כִּי־רַבִּים רַחֲמָו, וּבְיַד־אָדָם אַל־אֶפֹּלָה:

רַחוּם וְחַנּוּן, חָטָאתִי לְפָנֶיךָ.
יהוה מָלֵא רַחֲמִים, רַחֵם עָלַי וְקַבֵּל תַּחֲנוּנָי.

נוהגים לומר את מזמור ו (מנהגי מהר״י טירנא):

יהוה, אַל־בְּאַפְּךָ תוֹכִיחֵנִי, וְאַל־בַּחֲמָתְךָ תְיַסְּרֵנִי: תהלים ו
חָנֵּנִי יהוה, כִּי אֻמְלַל אָנִי, רְפָאֵנִי יהוה, כִּי נִבְהֲלוּ עֲצָמָי:
וְנַפְשִׁי נִבְהֲלָה מְאֹד, וְאַתָּ יהוה, עַד־מָתָי:
שׁוּבָה יהוה, חַלְּצָה נַפְשִׁי, הוֹשִׁיעֵנִי לְמַעַן חַסְדֶּךָ:
כִּי אֵין בַּמָּוֶת זִכְרֶךָ, בִּשְׁאוֹל מִי יוֹדֶה־לָּךְ:
יָגַעְתִּי בְּאַנְחָתִי, אַשְׂחֶה בְכָל־לַיְלָה מִטָּתִי
בְּדִמְעָתִי עַרְשִׂי אַמְסֶה:
עָשְׁשָׁה מִכַּעַס עֵינִי, עָתְקָה בְּכָל־צוֹרְרָי:
סוּרוּ מִמֶּנִּי כָּל־פֹּעֲלֵי אָוֶן, כִּי שָׁמַע יהוה קוֹל בִּכְיִי:
שָׁמַע יהוה תְּחִנָּתִי, יהוה תְּפִלָּתִי יִקָּח:
יֵבֹשׁוּ וְיִבָּהֲלוּ מְאֹד כָּל־אֹיְבָי, יָשֻׁבוּ יֵבֹשׁוּ רָגַע: כאן מרימים את הראש.

מַחֵי וּמַסֵּי, מֵמִית וּמְחַיֶּה, מַסֵּיק מִן שְׁאוֹל לְחַיֵּי עָלְמָא.
בְּרָא כַּד חָטֵא, אֲבוּהִי לָקְיֵהּ, אֲבוּהִי דְּחָיֵס מַסֵּא לִכְאֵבֵהּ.
עַבְדָּא דְּמָרֵיד נָפֵיק בְּקוֹלָר, מָרֵהּ תָּאֵיב וְתָבַר קוֹלָרֵהּ.

בְּרָךְ בְּכָרָךְ אֲנַן וְחָטֵינַן קַמָּךְ, הָא רְוֵי נַפְשַׁן בְּגִדִין מְרָרִין.
עַבְדָּךְ אֲנַן וּמָרְדִנָן קַמָּךְ, הָא בְּבִזְתָא הָא בְּשִׁבְיָתָא הָא בְּמַלְקְיוּתָא.
בְּמָטוּ מִנָּךְ בְּרַחֲמָךְ דִּנְפִישִׁין, אַסֵּי לִכְאֵבָא דִּתְקוֹף עֲלָן
עַד דְּלָא נֶהֱוֵי גְמִירָא בְּשִׁבְיָא.

המתפלל פונה אל השמים ומבקש מהם לפתוח את שעריהם
כדי שתפילת ישראל תוכל לעלות אל ה׳ השוכן במרומים.
יש הנוהגים שלא לומר פיוט זה.

נט.
שַׁעֲרֵי שָׁמַיִם בְּלוּלֵי אֵשׁ וּמַיִם
שְׁלֹשׁ מֵאוֹת וְתִשְׁעִים כְּמִנְיַן שָׁמַיִם
הִפָּתְחוּ לְחִנּוּן יְפַת פַּעֲמַיִם
וְתַעַל תְּפִלָּתָם לְאֵל הַשָּׁמַיִם.

שַׁעֲרֵי וִילוֹן נִכְנָס וְיוֹצֵא בְּגִלָּלוֹן
וּמְחַדֵּשׁ בְּכָל יוֹם מִפְתְּחֵי חַלּוֹן
הִפָּתְחוּ לְחִנּוּן מַצַּבְתָּהּ כָּאַלּוֹן
וְתַעַל תְּפִלָּתָם פְּנֵי דָר וִילוֹן.

שַׁעֲרֵי רָקִיעַ בּוֹ מְאוֹרוֹת הִתְקִיעַ
וּמִמֶּנּוּ זוֹרְחִים בִּמְקוֹמָם לְהַשְׁקִיעַ
הִפָּתְחוּ לְחִנּוּן יָם לָמוֹ הִבְקִיעַ
וְתַעַל תְּפִלָּתָם פְּנֵי דָר רָקִיעַ.

שַׁעֲרֵי שְׁחָקִים שֶׁבּוֹ רֵיחַיִם שׁוֹחֲקִים
עוֹמְדוֹת וְטוֹחֲנוֹת מָן לַצַּדִּיקִים
הִפָּתְחוּ לְחִנּוּן זְרוּיִים בְּמֶרְחַקִּים
וְתַעַל תְּפִלָּתָם פְּנֵי שׁוֹכֵן שְׁחָקִים.

שַׁעֲרֵי זְבוּל שֶׁבּוֹ מִזְבֵּחַ סָבוּל
וְהַשַּׂר מַקְטִיר עָלָיו כִּמְכַהֵן בְּכַרְבּוּל
הִפָּתְחוּ לְחִנּוּן נִדְחָקִים בְּחִבּוּל
וְתַעַל תְּפִלָּתָם פְּנֵי יָשַׁב לַמַּבּוּל.

שַׁעֲרֵי מָעוֹן בּוֹ מְשׁוֹרְרִים יְשְׁעוֹן
וּבַיּוֹם הֵם חָשִׁים לְסֶגֶל יִשְׁמָעוּן
הִפָּתְחוּ לְחִנּוּן לִמְרָרִים לְלְעוֹן
וְתַעַל תְּפִלָּתָם פְּנֵי דָר מָעוֹן.

שַׁעֲרֵי מָכוֹן שֶׁבּוֹ שְׁלָגִים יִתְכַּן
וּמְעָרַת קִיטוֹר וְסַעַר בּוֹ יִשְׁכַּן
הִפָּתְחוּ לְחִנּוּן עַם לִבּוֹ יִכּוֹן
וְתַעַל תְּפִלָּתָם פְּנֵי דָר רוּם מָכוֹן.

שַׁעֲרֵי עֲרָבוֹת שֶׁבּוֹ בְּרָכוֹת רַבּוֹת
וְגִנְזֵי צְדָקָה וָחֶסֶד וְכָל טוֹבוֹת
הִפָּתְחוּ לְחִנּוּן בְּנֵי שְׁלֹשֶׁת אָבוֹת
וְתַעַל תְּפִלָּתָם פְּנֵי רוֹכֵב עֲרָבוֹת.

יש הנוהגים שלא לומר תחינה זו.

מַכְנִיסֵי רַחֲמִים, הַכְנִיסוּ רַחֲמֵינוּ לִפְנֵי בַּעַל הָרַחֲמִים. מַשְׁמִיעֵי תְפִלָּה, הַשְׁמִיעוּ תְפִלָּתֵנוּ לִפְנֵי שׁוֹמֵעַ תְּפִלָּה. מַשְׁמִיעֵי צְעָקָה, הַשְׁמִיעוּ צַעֲקָתֵנוּ לִפְנֵי שׁוֹמֵעַ צְעָקָה. מַכְנִיסֵי דִמְעָה, הַכְנִיסוּ דִמְעוֹתֵינוּ לִפְנֵי מֶלֶךְ מִתְרַצֶּה בִּדְמָעוֹת. הִשְׁתַּדְּלוּ וְהַרְבּוּ תְחִנָּה וּבַקָּשָׁה לִפְנֵי מֶלֶךְ אֵל רָם וְנִשָּׂא. הַזְכִּירוּ לְפָנָיו הַשְׁמִיעוּ לְפָנָיו תּוֹרָה וּמַעֲשִׂים טוֹבִים שֶׁל שׁוֹכְנֵי עָפָר. יִזְכֹּר אַהֲבָתָם וִיחַיֶּה זַרְעָם, שֶׁלֹּא תֹאבַד שְׁאֵרִית יַעֲקֹב. כִּי צֹאן רוֹעֶה נֶאֱמָן הָיָה לְחֶרְפָּה, יִשְׂרָאֵל גּוֹי אֶחָד לְמָשָׁל וְלִשְׁנִינָה. מַהֵר עֲנֵנוּ אֱלֹהֵי יִשְׁעֵנוּ, וּפְדֵנוּ מִכָּל גְּזֵרוֹת קָשׁוֹת, וְהוֹשִׁיעָה בְּרַחֲמֶיךָ הָרַבִּים מְשִׁיחַ צִדְקֶךָ וְעַמֶּךָ.

מָרָן דְּבִשְׁמַיָּא לָךְ מִתְחַנֵּנַן, כְּבַר שִׁבְיָא דְּמִתְחַנַּן לְשַׁבָּיֵהּ.
כֻּלְּהוֹן בְּנֵי שִׁבְיָא בְּכַסְפָּא מִתְפָּרְקִין
וְעַמָּךְ בֵּית יִשְׂרָאֵל בְּרַחֲמֵי וּבְתַחֲנוּנֵי.
הַב לַן שְׁאֶלְתִּין וּבָעוּתִין, דְּלָא נֶהְדַּר רֵיקָם מִן קֳדָמָךְ.

מָרָן דְּבִשְׁמַיָּא לָךְ מִתְחַנֵּנַן, כְּעַבְדָּא דְּמִתְחַנַּן לְמָרֵהּ.
עֲשִׁיקֵי אֲנַן וּבַחֲשׁוֹכָא שָׁרֵינָן.
מְרִירָן נַפְשִׁין מֵעַקְתִּין דִּנְפִישִׁין.
חֵילָא לֵית בַּן לְרַצּוּיָךְ, מָרָן.
עֲבֵד בְּדִיל קְיָמָא דִּגְזַרְתְּ עִם אֲבָהָתָנָא.

הפיוט ׳שׁוֹמֵר יִשְׂרָאֵל׳ חותם את הסליחות בחודש אלול ובעשרת ימי תשובה.

שׁוֹמֵר יִשְׂרָאֵל, שְׁמֹר שְׁאֵרִית יִשְׂרָאֵל, וְאַל יֹאבַד יִשְׂרָאֵל
הָאוֹמְרִים שְׁמַע יִשְׂרָאֵל.
שׁוֹמֵר גּוֹי אֶחָד, שְׁמֹר שְׁאֵרִית עַם אֶחָד, וְאַל יֹאבַד גּוֹי אֶחָד
הַמְיַחֲדִים שִׁמְךָ, יהוה אֱלֹהֵינוּ יהוה אֶחָד.
שׁוֹמֵר גּוֹי קָדוֹשׁ, שְׁמֹר שְׁאֵרִית עַם קָדוֹשׁ, וְאַל יֹאבַד גּוֹי קָדוֹשׁ
הַמְשַׁלְּשִׁים בְּשָׁלֹשׁ קְדֻשּׁוֹת לְקָדוֹשׁ.
מִתְרַצֶּה בְּרַחֲמִים וּמִתְפַּיֵּס בְּתַחֲנוּנִים, הִתְרַצֵּה וְהִתְפַּיֵּס לְדוֹר עָנִי
כִּי אֵין עוֹזֵר.
אָבִינוּ מַלְכֵּנוּ, חָנֵּנוּ וַעֲנֵנוּ, כִּי אֵין בָּנוּ מַעֲשִׂים
עֲשֵׂה עִמָּנוּ צְדָקָה וָחֶסֶד וְהוֹשִׁיעֵנוּ.

לקט הפסוקים מסדר רב עמרם גאון מבטא את תחושתו של האדם,
שלאחר שהתפלל בכל אופן שהוא מכיר, מוסר את דינו לשמים (טור, קלא).

עומדים במקום המסומן ב׳ (מג״א קלא, ד בשם השל״ה).

וַאֲנַחְנוּ לֹא נֵדַע ׳מַה־נַּעֲשֶׂה, כִּי עָלֶיךָ עֵינֵינוּ: זְכֹר־רַחֲמֶיךָ יהוה וַחֲסָדֶיךָ, דברי הימים ב׳ כ תהלים כה
כִּי מֵעוֹלָם הֵמָּה: יְהִי־חַסְדְּךָ יהוה עָלֵינוּ, כַּאֲשֶׁר יִחַלְנוּ לָךְ: אַל־תִּזְכָּר־ תהלים לג תהלים עט
לָנוּ עֲוֹנֹת רִאשֹׁנִים, מַהֵר יְקַדְּמוּנוּ רַחֲמֶיךָ, כִּי דַלּוֹנוּ מְאֹד: עֶזְרֵנוּ בְּשֵׁם תהלים קכד

חבקוק ג / תהלים קכג: יהוה, עֹשֵׂה שָׁמַיִם וָאָרֶץ: חָנֵּנוּ יהוה חָנֵּנוּ, כִּי־רַב שָׂבַעְנוּ בוּז: בְּרֹגֶז
תהלים כ: רַחֵם תִּזְכּוֹר: [בְּרֹגֶז עֲקֵדָה תִּזְכּוֹר, בְּרֹגֶז תְּמִימוּת תִּזְכֹּר. יהוה הוֹשִׁיעָה,
תהלים קג: הַמֶּלֶךְ יַעֲנֵנוּ בְיוֹם־קָרְאֵנוּ:] כִּי־הוּא יָדַע יִצְרֵנוּ, זָכוּר כִּי־עָפָר אֲנָחְנוּ:
תהלים עט: • עָזְרֵנוּ אֱלֹהֵי יִשְׁעֵנוּ עַל־דְּבַר כְּבוֹד־שְׁמֶךָ, וְהַצִּילֵנוּ וְכַפֵּר עַל־חַטֹּאתֵינוּ
לְמַעַן שְׁמֶךָ:

קדיש שלם

ש״ץ: יִתְגַּדַּל וְיִתְקַדַּשׁ שְׁמֵהּ רַבָּא (קהל: אָמֵן)
בְּעָלְמָא דִּי בְרָא כִרְעוּתֵהּ
וְיַמְלִיךְ מַלְכוּתֵהּ [וְיַצְמַח פֻּרְקָנֵהּ וִיקָרֵב מְשִׁיחֵהּ (קהל: אָמֵן)]
בְּחַיֵּיכוֹן וּבְיוֹמֵיכוֹן וּבְחַיֵּי דְכָל בֵּית יִשְׂרָאֵל
בַּעֲגָלָא וּבִזְמַן קָרִיב, וְאִמְרוּ אָמֵן. (קהל: אָמֵן)

קהל וש״ץ: יְהֵא שְׁמֵהּ רַבָּא מְבָרַךְ לְעָלַם וּלְעָלְמֵי עָלְמַיָּא.

ש״ץ: יִתְבָּרַךְ וְיִשְׁתַּבַּח וְיִתְפָּאַר וְיִתְרוֹמַם וְיִתְנַשֵּׂא
וְיִתְהַדָּר וְיִתְעַלֶּה וְיִתְהַלָּל
שְׁמֵהּ דְּקֻדְשָׁא בְּרִיךְ הוּא (קהל: אָמֵן)
לְעֵלָּא לְעֵלָּא מִכָּל בִּרְכָתָא וְשִׁירָתָא, תֻּשְׁבְּחָתָא וְנֶחֱמָתָא
דַּאֲמִירָן בְּעָלְמָא, וְאִמְרוּ אָמֵן. (קהל: אָמֵן)

תִּתְקַבַּל צְלוֹתְהוֹן וּבָעוּתְהוֹן דְּכָל בֵּית יִשְׂרָאֵל
קֳדָם אֲבוּהוֹן דִּי בִשְׁמַיָּא, וְאִמְרוּ אָמֵן. (קהל: אָמֵן)

יְהֵא שְׁלָמָא רַבָּא מִן שְׁמַיָּא
וְחַיִּים [טוֹבִים] עָלֵינוּ וְעַל כָּל יִשְׂרָאֵל, וְאִמְרוּ אָמֵן. (קהל: אָמֵן)

כורע ופוסע שלוש פסיעות לאחור. קד לשמאל, לימין ולפנים באמירת:
עֹשֶׂה הַשָּׁלוֹם בִּמְרוֹמָיו
הוּא יַעֲשֶׂה שָׁלוֹם
עָלֵינוּ וְעַל כָּל יִשְׂרָאֵל, וְאִמְרוּ אָמֵן. (קהל: אָמֵן)

סליחות ליום ג׳ של עשי״ת

אַשְׁרֵי יוֹשְׁבֵי בֵיתֶךָ, עוֹד יְהַלְלוּךָ סֶּלָה: תהלים פד
אַשְׁרֵי הָעָם שֶׁכָּכָה לּוֹ, אַשְׁרֵי הָעָם שֶׁיהוה אֱלֹהָיו: תהלים קמד
תְּהִלָּה לְדָוִד תהלים קמה

אֲרוֹמִמְךָ אֱלוֹהַי הַמֶּלֶךְ, וַאֲבָרְכָה שִׁמְךָ לְעוֹלָם וָעֶד:
בְּכָל־יוֹם אֲבָרְכֶךָּ, וַאֲהַלְלָה שִׁמְךָ לְעוֹלָם וָעֶד:
גָּדוֹל יהוה וּמְהֻלָּל מְאֹד, וְלִגְדֻלָּתוֹ אֵין חֵקֶר:
דּוֹר לְדוֹר יְשַׁבַּח מַעֲשֶׂיךָ, וּגְבוּרֹתֶיךָ יַגִּידוּ:
הֲדַר כְּבוֹד הוֹדֶךָ, וְדִבְרֵי נִפְלְאֹתֶיךָ אָשִֽׂיחָה:
וֶעֱזוּז נוֹרְאֹתֶיךָ יֹאמֵרוּ, וּגְדוּלָּתְךָ אֲסַפְּרֶנָּה:
זֵכֶר רַב־טוּבְךָ יַבִּיעוּ, וְצִדְקָתְךָ יְרַנֵּנוּ:
חַנּוּן וְרַחוּם יהוה, אֶרֶךְ אַפַּיִם וּגְדָל־חָֽסֶד:
טוֹב־יהוה לַכֹּל, וְרַחֲמָיו עַל־כָּל־מַעֲשָׂיו:
יוֹדוּךָ יהוה כָּל־מַעֲשֶׂיךָ, וַחֲסִידֶיךָ יְבָרְכוּכָה:
כְּבוֹד מַלְכוּתְךָ יֹאמֵרוּ, וּגְבוּרָתְךָ יְדַבֵּרוּ:
לְהוֹדִיעַ לִבְנֵי הָאָדָם גְּבוּרֹתָיו, וּכְבוֹד הֲדַר מַלְכוּתוֹ:
מַלְכוּתְךָ מַלְכוּת כָּל־עֹלָמִים, וּמֶמְשַׁלְתְּךָ בְּכָל־דּוֹר וָדֹר:
סוֹמֵךְ יהוה לְכָל־הַנֹּפְלִים, וְזוֹקֵף לְכָל־הַכְּפוּפִים:
עֵינֵי־כֹל אֵלֶיךָ יְשַׂבֵּרוּ, וְאַתָּה נוֹתֵן־לָהֶם אֶת־אָכְלָם בְּעִתּוֹ:
פּוֹתֵחַ אֶת־יָדֶךָ, וּמַשְׂבִּיעַ לְכָל־חַי רָצוֹן:
צַדִּיק יהוה בְּכָל־דְּרָכָיו, וְחָסִיד בְּכָל־מַעֲשָׂיו:
קָרוֹב יהוה לְכָל־קֹרְאָיו, לְכֹל אֲשֶׁר יִקְרָאֻהוּ בֶאֱמֶת:
רְצוֹן־יְרֵאָיו יַעֲשֶׂה, וְאֶת־שַׁוְעָתָם יִשְׁמַע, וְיוֹשִׁיעֵם:

שׁוֹמֵר יהוה אֶת־כׇּל־אֹהֲבָיו, וְאֵת כׇּל־הָרְשָׁעִים יַשְׁמִיד:
תְּהִלַּת יהוה יְדַבֶּר פִּי, וִיבָרֵךְ כׇּל־בָּשָׂר שֵׁם קׇדְשׁוֹ לְעוֹלָם וָעֶד:
תהלים קטו וַאֲנַחְנוּ נְבָרֵךְ יָהּ מֵעַתָּה וְעַד־עוֹלָם, הַלְלוּיָהּ:

במדבר יד וְעַתָּה יִגְדַּל־נָא כֹּחַ אֲדֹנָי כַּאֲשֶׁר דִּבַּרְתָּ לֵאמֹר:
תהלים כה זְכֹר־רַחֲמֶיךָ יהוה וַחֲסָדֶיךָ כִּי מֵעוֹלָם הֵמָּה:

חצי קדיש

ש״ץ: יִתְגַּדַּל וְיִתְקַדַּשׁ שְׁמֵהּ רַבָּא (קהל: אָמֵן)
בְּעָלְמָא דִּי בְרָא כִרְעוּתֵהּ
וְיַמְלִיךְ מַלְכוּתֵהּ [וְיַצְמַח פֻּרְקָנֵהּ וִיקָרֵב מְשִׁיחֵהּ (קהל: אָמֵן)]
בְּחַיֵּיכוֹן וּבְיוֹמֵיכוֹן וּבְחַיֵּי דְכׇל בֵּית יִשְׂרָאֵל
בַּעֲגָלָא וּבִזְמַן קָרִיב, וְאִמְרוּ אָמֵן. (קהל: אָמֵן)

קהל וש״ץ: יְהֵא שְׁמֵהּ רַבָּא מְבָרַךְ לְעָלַם וּלְעָלְמֵי עָלְמַיָּא.

ש״ץ: יִתְבָּרַךְ וְיִשְׁתַּבַּח וְיִתְפָּאַר וְיִתְרוֹמַם וְיִתְנַשֵּׂא
וְיִתְהַדָּר וְיִתְעַלֶּה וְיִתְהַלָּל
שְׁמֵהּ דְּקֻדְשָׁא בְּרִיךְ הוּא (קהל: אָמֵן)
לְעֵלָּא לְעֵלָּא מִכׇּל בִּרְכָתָא וְשִׁירָתָא, תֻּשְׁבְּחָתָא וְנֶחֱמָתָא
דַּאֲמִירָן בְּעָלְמָא, וְאִמְרוּ אָמֵן. (קהל: אָמֵן)

דניאל ט לְךָ אֲדֹנָי הַצְּדָקָה, וְלָנוּ בֹּשֶׁת הַפָּנִים:
בראשית מד מַה נִּתְאוֹנֵן וּמַה נֹּאמַר, מַה־נְּדַבֵּר וּמַה־נִּצְטַדָּק:
נַחְפְּשָׂה דְרָכֵינוּ וְנַחְקֹרָה וְנָשׁוּבָה אֵלֶיךָ, כִּי יְמִינְךָ פְשׁוּטָה לְקַבֵּל שָׁבִים.
לֹא בְחֶסֶד וְלֹא בְמַעֲשִׂים בָּאנוּ לְפָנֶיךָ, כְּדַלִּים וּכְרָשִׁים דָּפַקְנוּ דְלָתֶיךָ.
דְּלָתֶיךָ דָּפַקְנוּ רַחוּם וְחַנּוּן, נָא אַל תְּשִׁיבֵנוּ רֵיקָם מִלְּפָנֶיךָ.
מִלְּפָנֶיךָ מַלְכֵּנוּ רֵיקָם אַל תְּשִׁיבֵנוּ, כִּי אַתָּה שׁוֹמֵעַ תְּפִלָּה.

שֹׁמֵעַ תְּפִלָּה, עָדֶיךָ כָּל־בָּשָׂר יָבֹאוּ: תהלים סה
יָבוֹא כָל בָּשָׂר לְהִשְׁתַּחֲווֹת לְפָנֶיךָ יהוה.
יָבוֹאוּ וְיִשְׁתַּחֲווּ לְפָנֶיךָ אֲדֹנָי, וִיכַבְּדוּ לִשְׁמֶךָ: תהלים פו
בֹּאוּ נִשְׁתַּחֲוֶה וְנִכְרָעָה, נִבְרְכָה לִפְנֵי־יהוה עֹשֵׂנוּ: תהלים צה
נָבוֹאָה לְמִשְׁכְּנוֹתָיו, נִשְׁתַּחֲוֶה לַהֲדֹם רַגְלָיו: תהלים קלב
בֹּאוּ שְׁעָרָיו בְּתוֹדָה חֲצֵרֹתָיו בִּתְהִלָּה תהלים ק
הוֹדוּ לוֹ בָּרְכוּ שְׁמוֹ:
וַאֲנַחְנוּ בְּרֹב חַסְדְּךָ נָבוֹא בֵיתֶךָ
נִשְׁתַּחֲוֶה אֶל הֵיכַל קָדְשְׁךָ בְּיִרְאָתֶךָ.
הִנֵּה בָּרְכוּ אֶת־יהוה כָּל־עַבְדֵי יהוה תהלים קלד
הָעֹמְדִים בְּבֵית־יהוה בַּלֵּילוֹת:
שְׂאוּ־יְדֵכֶם קֹדֶשׁ, וּבָרְכוּ אֶת־יהוה:
רוֹמְמוּ יהוה אֱלֹהֵינוּ וְהִשְׁתַּחֲווּ לַהֲדֹם רַגְלָיו, קָדוֹשׁ הוּא: תהלים צט
רוֹמְמוּ יהוה אֱלֹהֵינוּ וְהִשְׁתַּחֲווּ לְהַר קָדְשׁוֹ
כִּי־קָדוֹשׁ יהוה אֱלֹהֵינוּ:
הִשְׁתַּחֲווּ לַיהוה בְּהַדְרַת־קֹדֶשׁ, חִילוּ מִפָּנָיו כָּל־הָאָרֶץ: תהלים צו
נִשְׁתַּחֲוֶה אֶל הֵיכַל קָדְשְׁךָ וְנוֹדֶה אֶת שְׁמֶךָ
עַל חַסְדְּךָ וְעַל אֲמִתֶּךָ, כִּי הִגְדַּלְתָּ עַל כָּל שִׁמְךָ אִמְרָתֶךָ.
יהוה אֱלֹהֵי צְבָאוֹת מִי־כָמוֹךָ חֲסִין יָהּ, וֶאֱמוּנָתְךָ סְבִיבוֹתֶיךָ: תהלים פט
כִּי מִי בַשַּׁחַק יַעֲרֹךְ לַיהוה, יִדְמֶה לַיהוה בִּבְנֵי אֵלִים:
כִּי־גָדוֹל אַתָּה וְעֹשֵׂה נִפְלָאוֹת, אַתָּה אֱלֹהִים לְבַדֶּךָ: תהלים פו
כִּי־גָדוֹל מֵעַל־שָׁמַיִם חַסְדֶּךָ, וְעַד־שְׁחָקִים אֲמִתֶּךָ: תהלים קח
גָּדוֹל יהוה וּמְהֻלָּל מְאֹד, וְלִגְדֻלָּתוֹ אֵין חֵקֶר: תהלים קמה
כִּי גָדוֹל יהוה וּמְהֻלָּל מְאֹד, נוֹרָא הוּא עַל־כָּל־אֱלֹהִים: תהלים צו
כִּי אֵל גָּדוֹל יהוה, וּמֶלֶךְ גָּדוֹל עַל־כָּל־אֱלֹהִים: תהלים צה
אֲשֶׁר מִי־אֵל בַּשָּׁמַיִם וּבָאָרֶץ אֲשֶׁר־יַעֲשֶׂה כְמַעֲשֶׂיךָ וְכִגְבוּרֹתֶךָ: דברים ג

מִי לֹא יִרָאֲךָ מֶלֶךְ הַגּוֹיִם כִּי לְךָ יָאָתָה ירמיה י
כִּי בְכָל־חַכְמֵי הַגּוֹיִם וּבְכָל־מַלְכוּתָם מֵאֵין כָּמוֹךָ:
מֵאֵין כָּמוֹךָ יהוה, גָּדוֹל אַתָּה וְגָדוֹל שִׁמְךָ בִּגְבוּרָה:
לְךָ זְרוֹעַ עִם־גְּבוּרָה, תָּעֹז יָדְךָ תָּרוּם יְמִינֶךָ: תהלים פט
לְךָ יוֹם אַף־לְךָ לָיְלָה, אַתָּה הֲכִינוֹתָ מָאוֹר וָשָׁמֶשׁ: תהלים עד
אֲשֶׁר בְּיָדוֹ מֶחְקְרֵי־אָרֶץ, וְתוֹעֲפוֹת הָרִים לוֹ: תהלים צה
מִי יְמַלֵּל גְּבוּרוֹת יהוה, יַשְׁמִיעַ כָּל־תְּהִלָּתוֹ: תהלים קו
לְךָ יהוה הַגְּדֻלָּה וְהַגְּבוּרָה וְהַתִּפְאֶרֶת וְהַנֵּצַח וְהַהוֹד דברי הימים א׳ כט
כִּי־כֹל בַּשָּׁמַיִם וּבָאָרֶץ
לְךָ יהוה הַמַּמְלָכָה וְהַמִּתְנַשֵּׂא לְכֹל לְרֹאשׁ:
לְךָ שָׁמַיִם אַף־לְךָ אָרֶץ, תֵּבֵל וּמְלֹאָהּ אַתָּה יְסַדְתָּם: תהלים פט
אַתָּה הִצַּבְתָּ כָּל־גְּבוּלוֹת אָרֶץ, קַיִץ וָחֹרֶף אַתָּה יְצַרְתָּם: תהלים עד
אַתָּה רִצַּצְתָּ רָאשֵׁי לִוְיָתָן, תִּתְּנֶנּוּ מַאֲכָל לְעָם לְצִיִּים:
אַתָּה בָקַעְתָּ מַעְיָן וָנָחַל, אַתָּה הוֹבַשְׁתָּ נַהֲרוֹת אֵיתָן:
אַתָּה פוֹרַרְתָּ בְעָזְּךָ יָם, שִׁבַּרְתָּ רָאשֵׁי תַנִּינִים עַל־הַמָּיִם:
אַתָּה מוֹשֵׁל בְּגֵאוּת הַיָּם, בְּשׂוֹא גַלָּיו אַתָּה תְשַׁבְּחֵם: תהלים פט
גָּדוֹל יהוה וּמְהֻלָּל מְאֹד, בְּעִיר אֱלֹהֵינוּ הַר־קָדְשׁוֹ: תהלים מח
יהוה צְבָאוֹת אֱלֹהֵי יִשְׂרָאֵל יֹשֵׁב הַכְּרֻבִים ישעיה לז
אַתָּה־הוּא הָאֱלֹהִים לְבַדֶּךָ:
אֵל נַעֲרָץ בְּסוֹד־קְדֹשִׁים רַבָּה, וְנוֹרָא עַל־כָּל־סְבִיבָיו: תהלים פט
וְיוֹדוּ שָׁמַיִם פִּלְאֲךָ יהוה, אַף־אֱמוּנָתְךָ בִּקְהַל קְדֹשִׁים:
לְכוּ נְרַנְּנָה לַיהוה, נָרִיעָה לְצוּר יִשְׁעֵנוּ: תהלים צה
נְקַדְּמָה פָנָיו בְּתוֹדָה, בִּזְמִרוֹת נָרִיעַ לוֹ:
צֶדֶק וּמִשְׁפָּט מְכוֹן כִּסְאֶךָ, חֶסֶד וֶאֱמֶת יְקַדְּמוּ פָנֶיךָ: תהלים פט
אֲשֶׁר יַחְדָּו נַמְתִּיק סוֹד, בְּבֵית אֱלֹהִים נְהַלֵּךְ בְּרָגֶשׁ: תהלים נה
אֲשֶׁר־לוֹ הַיָּם וְהוּא עָשָׂהוּ, וְיַבֶּשֶׁת יָדָיו יָצָרוּ: תהלים צה
אֲשֶׁר בְּיָדוֹ נֶפֶשׁ כָּל־חָי, וְרוּחַ כָּל־בְּשַׂר־אִישׁ: איוב יב

הַנְּשָׁמָה לָךְ וְהַגּוּף פָּעֳלָךְ, חוּסָה עַל עֲמָלָךְ.
הַנְּשָׁמָה לָךְ וְהַגּוּף שֶׁלָּךְ, יהוה עֲשֵׂה לְמַעַן שְׁמֶךָ.
אָתָאנוּ עַל שִׁמְךָ, יהוה עֲשֵׂה לְמַעַן שְׁמֶךָ
בַּעֲבוּר כְּבוֹד שִׁמְךָ, כִּי אֵל חַנּוּן וְרַחוּם שְׁמֶךָ.
לְמַעַן שִׁמְךָ יהוה, וְסָלַחְתָּ לַעֲוֹנֵנוּ כִּי רַב הוּא.

סְלַח לָנוּ, אָבִינוּ, כִּי בְּרֹב אִוַּלְתֵּנוּ שָׁגִינוּ.
מְחַל לָנוּ, מַלְכֵּנוּ, כִּי רַבּוּ עֲוֹנֵינוּ.

בושה אופפת אותנו ואנו אחוזי פחד וחלחלה בשל מעשינו המכוערים.
אנו פונים לה׳ בתפילה ובטוחים שהוא יקבל את תפילתנו.

ס. מחבר: רבי שמואל בר אברהם הלוי בונפנט

שִׁחַרְנוּךָ בְּקַשְׁנוּךָ, יוֹצֵר הָרִים
מַגִּיד לְאָדָם שִׂיחַ וּדְבָרִים.
וְחִלִּינוּךָ וּדְרַשְׁנוּךָ בּוֹשִׁים וַחֲפֵרִים
אֶת חַטֹּאתֵינוּ הַיּוֹם אָנוּ מְסַפְּרִים.
לְהַקְנוּ וְעֵדְנוּ זְקֵנִים וּנְעָרִים
בְּבֵית הַתְּפִלָּה מִקְדָּשׁ מְזֹעָרִים
רְפוּיֵי יָדַיִם מְעוּדֵי אֵבָרִים
בְּהוּלִים וּסְעוּרִים מִכָּל עֲבָרִים.
יָגֹרְנוּ וְדָאַגְנוּ מִשְּׁנֵי גְּלִיָּרִים
אַף וְחֵמָה שְׁנֵיהֶם קַטֵּגוֹרִים.
בְּפִשְׁפַּשְׁנוּ מַעֲשִׂים וְהִנָּם מְכֹעָרִים
רֶתֶת אֲחָזַתְנוּ חֲבָלִים וְצִירִים.
הָשְׁחֲרוּ פָּנֵינוּ וְהַלְּבָנוּ קוֹדְרִים
מוֹט הִתְמוֹטַטְנוּ וְנַעֲשֵׂינוּ פְּרוּרִים
חַלְחָלוּ מָתְנֵינוּ וְכַיּוֹלֵדָה מְצֵרִים
זָחַלְנוּ וַנִּירָא מֵעֲוֹנוֹתֵינוּ הַיְתֵרִים.
קָחְנוּ דְּבָרִים בְּשִׁלּוּם פָּרִים
תְּמוּכִים בְּטוּחִים וּלְרַחֲמֶיךָ מְסַבְּרִים.

כִּי עַל רַחֲמֶיךָ הָרַבִּים אָנוּ בְטוּחִים, וְעַל צִדְקוֹתֶיךָ אָנוּ נִשְׁעָנִים
וְלִסְלִיחוֹתֶיךָ אָנוּ מְקַוִּים, וְלִישׁוּעָתְךָ אָנוּ מְצַפִּים.
אַתָּה הוּא מֶלֶךְ אוֹהֵב צְדָקוֹת מִקֶּדֶם
מַעֲבִיר עֲוֹנוֹת עַמּוֹ וּמֵסִיר חַטֹּאת יְרֵאָיו
כּוֹרֵת בְּרִית לָרִאשׁוֹנִים וּמְקַיֵּם שְׁבוּעָה לָאַחֲרוֹנִים.
אַתָּה הוּא שֶׁיָּרַדְתָּ בַּעֲנַן כְּבוֹדֶךָ עַל הַר סִינַי
וְהֶרְאֵיתָ דַּרְכֵי טוּבְךָ לְמֹשֶׁה עַבְדֶּךָ וְאָרְחוֹת חֲסָדֶיךָ גִּלִּיתָ לּוֹ
וְהוֹדַעְתּוֹ כִּי אַתָּה אֵל רַחוּם וְחַנּוּן
אֶרֶךְ אַפַּיִם וְרַב חֶסֶד וּמַרְבֶּה לְהֵיטִיב
וּמַנְהִיג אֶת הָעוֹלָם כֻּלּוֹ בְּמִדַּת הָרַחֲמִים.
וְכֵן כָּתוּב:
וַיֹּאמֶר אֲנִי אַעֲבִיר כָּל־טוּבִי עַל־פָּנֶיךָ שמות לג
וְקָרָאתִי בְשֵׁם יהוה לְפָנֶיךָ
וְחַנֹּתִי אֶת־אֲשֶׁר אָחֹן, וְרִחַמְתִּי אֶת־אֲשֶׁר אֲרַחֵם:

אֵל אֶרֶךְ אַפַּיִם אַתָּה, וּבַעַל הָרַחֲמִים נִקְרֵאתָ, וְדֶרֶךְ תְּשׁוּבָה הוֹרֵיתָ.
גְּדֻלַּת רַחֲמֶיךָ וַחֲסָדֶיךָ, תִּזְכֹּר הַיּוֹם וּבְכָל יוֹם לְזֶרַע יְדִידֶיךָ.
תֵּפֶן אֵלֵינוּ בְּרַחֲמִים, כִּי אַתָּה הוּא בַּעַל הָרַחֲמִים.
בְּתַחֲנוּן וּבִתְפִלָּה פָּנֶיךָ נְקַדֵּם, כְּהוֹדַעְתָּ לֶעָנָו מִקֶּדֶם.
מֵחֲרוֹן אַפְּךָ שׁוּב, כְּמוֹ בְּתוֹרָתְךָ כָּתוּב.
וּבְצֵל כְּנָפֶיךָ נֶחֱסֶה וְנִתְלוֹנָן, כְּיוֹם וַיֵּרֶד יהוה בֶּעָנָן.
תַּעֲבֹר עַל פֶּשַׁע וְתִמְחֶה אָשָׁם, כְּיוֹם וַיִּתְיַצֵּב עִמּוֹ שָׁם.
תַּאֲזִין שַׁוְעָתֵנוּ וְתַקְשִׁיב מֶנּוּ מַאֲמָר, כְּיוֹם וַיִּקְרָא בְשֵׁם יהוה
וְשָׁם נֶאֱמַר

קהל ואחריו שליח הציבור:

וַיַּעֲבֹר יהוה עַל־פָּנָיו וַיִּקְרָא שמות לד

יהוה, יהוה, אֵל רַחוּם וְחַנּוּן, אֶרֶךְ אַפַּיִם, וְרַב־חֶסֶד וֶאֱמֶת:
נֹצֵר חֶסֶד לָאֲלָפִים, נֹשֵׂא עָוֺן וָפֶשַׁע וְחַטָּאָה, וְנַקֵּה:

וְסָלַחְתָּ לַעֲוֹנֵנוּ וּלְחַטָּאתֵנוּ, וּנְחַלְתָּנוּ:
סְלַח לָנוּ אָבִינוּ כִּי חָטָאנוּ
מְחַל לָנוּ מַלְכֵּנוּ כִּי פָשָׁעְנוּ.
כִּי־אַתָּה אֲדֹנָי טוֹב וְסַלָּח, וְרַב־חֶסֶד לְכָל־קֹרְאֶיךָ: תהלים פו

מִקְוֵה יִשְׂרָאֵל יהוה כָּל־עֹזְבֶיךָ יֵבֹשׁוּ: ירמיה יז
וְיֵשׁ־תִּקְוָה לְאַחֲרִיתֵךְ נְאֻם־יהוה, וְשָׁבוּ בָנִים לִגְבוּלָם: ירמיה לא
קַוֹּה קִוִּיתִי יהוה, וַיֵּט אֵלַי וַיִּשְׁמַע שַׁוְעָתִי: תהלים מ
לְךָ אֲדֹנָי הַצְּדָקָה, וְלָנוּ בֹּשֶׁת הַפָּנִים כַּיּוֹם הַזֶּה: דניאל ט

כְּרַחֵם אָב עַל בָּנִים, כֵּן תְּרַחֵם יהוה עָלֵינוּ.
לַיהוה הַיְשׁוּעָה, עַל־עַמְּךָ בִרְכָתֶךָ סֶּלָה: תהלים ג
יהוה צְבָאוֹת עִמָּנוּ, מִשְׂגָּב לָנוּ אֱלֹהֵי יַעֲקֹב סֶלָה: תהלים מו
יהוה צְבָאוֹת, אַשְׁרֵי אָדָם בֹּטֵחַ בָּךְ: תהלים פד
יהוה הוֹשִׁיעָה, הַמֶּלֶךְ יַעֲנֵנוּ בְיוֹם־קָרְאֵנוּ: תהלים כ

סְלַח־נָא לַעֲוֹן הָעָם הַזֶּה כְּגֹדֶל חַסְדֶּךָ במדבר יד
וְכַאֲשֶׁר נָשָׂאתָה לָעָם הַזֶּה מִמִּצְרַיִם וְעַד־הֵנָּה:
וְשָׁם נֶאֱמַר

קהל ואחריו שליח הציבור:

וַיֹּאמֶר יהוה, סָלַחְתִּי כִּדְבָרֶךָ:

הַטֵּה אֱלֹהַי אָזְנְךָ וּשְׁמָע, פְּקַח עֵינֶיךָ וּרְאֵה שֹׁמְמֹתֵינוּ דניאל ט
וְהָעִיר אֲשֶׁר־נִקְרָא שִׁמְךָ עָלֶיהָ
כִּי לֹא עַל־צִדְקֹתֵינוּ אֲנַחְנוּ מַפִּילִים תַּחֲנוּנֵינוּ לְפָנֶיךָ
כִּי עַל־רַחֲמֶיךָ הָרַבִּים:
אֲדֹנָי שְׁמָעָה, אֲדֹנָי סְלָחָה
אֲדֹנָי הַקְשִׁיבָה וַעֲשֵׂה אַל תְּאַחַר
לְמַעַנְךָ אֱלֹהַי כִּי־שִׁמְךָ נִקְרָא עַל־עִירְךָ וְעַל־עַמֶּךָ:

אנו משתוממים על התארכות גלות ישראל ושלוות הגויים,
יודעים אנו שכך בא לנו בשל חטאינו. עם זאת, אנו בוטחים בה׳,
מצפים שישיבנו בתשובה שלמה, ומייחלים לישועתו.

סא. מחבר: רבי שלמה הבבלי

אֱלֹהֵינוּ וֵאלֹהֵי אֲבוֹתֵינוּ

אַךְ בְּךָ מִקְוֵה יִשְׂרָאֵל, יהוה
אָחוֹר וָקֶדֶם עַם נוֹשַׁע בַּיהוה
וּמַדּוּעַ בּוֹשֵׁשׁ יוֹם זֶה כַּמָּה עִדָּנַי
לִישׁוּעָתְךָ קִוִּיתִי, יהוה: בראשית מט

גַּרְתִּי וְאַחַר מֶשֶׁךְ יְמֵי עִגּוּנַי
גֵּיא גּוֹי נָבָל וְעַם גְּנָאַי
וּמַדּוּעַ דַּל כָּכָה כָּבוֹד וְלִי דִּינַי
קַוֵּה אֶל־יהוה, חֲזַק וְיַאֲמֵץ לִבֶּךָ, וְקַוֵּה אֶל־יהוה: תהלים כז

הֲלֹא אַתָּה מִקֶּדֶם חֶרֶב גַּאֲוָתֵנוּ
הִקְוִינוּךָ אַף אֹרַח מִשְׁפָּטֶיךָ תַּאֲוָתֵנוּ
וּמַדּוּעַ וְאֵין אִישׁ מְכַפֵּר עַל חוֹבוֹתֵינוּ
וּמַדְאֲבוֹנֵנוּ אֹמְרִים, יָבְשׁוּ עַצְמוֹתֵינוּ אָבְדָה תִקְוָתֵנוּ. יחזקאל לז

זָכְרֵנוּ חֶשְׁבּוֹנוֹת מִקֶּדֶם וּמִדָּתָם קְצָרָה
זֶה פַּעֲמַיִם קָצִיר וְעוֹד עֲצָרָה
וּמַדּוּעַ נֶחְשַׁבְנוּ כַּבְּהֵמָה, וְנִטְמֵינוּ מִשְׁטַת הַשּׁוּרָה
מִקְוֵה יִשְׂרָאֵל יהוה, מוֹשִׁיעוֹ בְּעֵת צָרָה.

טוֹעֲנִים וּפוֹרְקִים בָּנִים הַכָּתוּב סִבְלָם
טְרוּדֵי חֶבְלָם וְחָרֵב בֵּית זְבוּלָם
וּמַדּוּעַ יַסְתִּיר הָאָב שְׁבִילָם הָאָמוּר בִּגְלָלָם
וְיֵשׁ־תִּקְוָה לְאַחֲרִיתֵךְ נְאֻם־יהוה, וְשָׁבוּ בָנִים לִגְבוּלָם: ירמיה לא

כִּמְעַט נָטָיוּ רַגְלַי וְשֻׁפְּכוּ אֲשׁוּרִים
כִּי קִנֵּאתִי בַּהוֹלְלִים מְעַרְבְּבֵי מֵישָׁרִים
וּמַדּוּעַ לֹא תִקְצַר וְתִשָּׁבֵר יַד רָמוּת הַקּוֹשְׁרִים
וְקוֵֹי יהוה יַחֲלִיפוּ כֹחַ, יַעֲלוּ אֵבֶר כַּנְּשָׁרִים: ישעיה מ

מָלֵא רְדַפְתִּי וְחָסְרָה שְׁנַת גְּאוּלַי
מְסוּרִים לְמַכִּים וּמוֹרְטִים וּלְתִקְוָה אוּלַי
וּמַדּוּעַ נִסְחֲפוּ אַבִּירַי וּמָתַי שִׁיר אַיָּלַי
קַוֹּה קִוִּיתִי אֶל יהוה וַיֵּט אֵלַי. תהלים מ

סוּגֶיךָ שְׂרִיגֶיךָ בְּקָקוּם בּוֹקְקִים וְהִבְאִישׁוּ
סִירִים סוּרֶיךָ גָּבְשׁוּ וְלֹא עָבְשׁוּ
וּמַדּוּעַ עָתְקוּ גָּבְרוּ וְכִמְדֻבָּר לֹא יֵבוֹשׁוּ
מִקְוֵה יִשְׂרָאֵל יהוה, כָּל־עֹזְבֶיךָ יֵבֹשׁוּ: ירמיה יז

פּוֹעֲלֵי שֶׁקֶר יִתְאַמְּרוּ אוֹיֵנוּ רָאֵינוּ
פָּשְׁטוּ אֱמֶת אוֹתוֹתֵינוּ שָׁמְנוּ הִתְוֵינוּ
וּמַדּוּעַ צָלְחָה דַּרְכָּם וַחֲסָדֶךָ דִּמִּינוּ נִדְוֵינוּ
יהוה, חָנֵּנוּ לְךָ קִוִּינוּ: ישעיה לג

קִימַת סֻכַּת שְׁלֹשׁ עֶשְׂרֵה פֶּרֶץ
קִצָּהּ רָחַק וְלַמִּקְרֶה עָלָה הַפּוֹרֵץ
וּמַדּוּעַ רְשָׁעִים יִחְיוּ וְלֹא יִדְּמוּ קֶרֶץ
וְקֹוֵי יהוה הֵמָּה יִירְשׁוּ־אָרֶץ: תהלים לז

שׁוּסֵי חֶבֶל נַחֲלָתְךָ מֵחֶלְקְךָ לְגָרְשֵׁנוּ
שׁוּבִי הַשּׁוּלַמִּית בְּפִיהֶם לְהַפְרִישֵׁנוּ
וּמַדּוּעַ תִּתְנַשְּׂאוּ וְזֶה לָזֶה תִּנְאֲמוּ נַפְרִישֶׁנּוּ
טוֹב יהוה לְקֹוָו, לְנֶפֶשׁ תִּדְרְשֶׁנּוּ: איכה ג

שַׁדַּי, תְּשׁוּבוֹת מַדּוּעֵינוּ פִּינוּ נְמַלֵּא
לַיהוה אֱלֹהֵינוּ חָטָאנוּ וַתִּקְרֶאנָה אוֹתָנוּ כָּאֵלֶּה
מִשְׁפָּטֶיךָ אֱמֶת וְאַתָּה מָרוֹם מִתְעַלֶּה
הַצְּדָקָה לְךָ, וְלָנוּ הַבֹּשֶׁת נִגְלֶה.

הֵעַדְתָּ רַבּוֹת וַנֹּאמֶר לֹא נַקְשִׁיב
קוֹל טִיף נְבִיאֶיךָ בָּזִינוּ לְהַקְשִׁיב
יִגְדַּל נָא כֹּחַ סֶלָה יְחִידִים מוֹשִׁיב
בִּתְשׁוּבָה שְׁלֵמָה אוֹתָנוּ לְהָשִׁיב.

מַדּוּעַ אָדֹם לִלְבוּשֶׁךָ תְּקָרֵב עוֹנָתוֹ
וְיֵז נִצְחָם עַל בִּגְדֵי עֲטִיָּתוֹ
נוֹדֶה סֶלָה יוֹם הַבָּא בְּשַׁעְתּוֹ
ישעיה כה זֶה יהוה קִוִּינוּ לוֹ, נָגִילָה וְנִשְׂמְחָה בִּישׁוּעָתוֹ:

אֵל מֶלֶךְ יוֹשֵׁב עַל כִּסֵּא רַחֲמִים, מִתְנַהֵג בַּחֲסִידוּת.
מוֹחֵל עֲוֹנוֹת עַמּוֹ, מַעֲבִיר רִאשׁוֹן רִאשׁוֹן.
מַרְבֶּה מְחִילָה לְחַטָּאִים, וּסְלִיחָה לְפוֹשְׁעִים.
עֹשֶׂה צְדָקוֹת עִם כָּל בָּשָׂר וָרוּחַ, לֹא כְרָעָתָם תִּגְמֹל.
אֵל, הוֹרֵיתָ לָּנוּ לוֹמַר שְׁלֹשׁ עֶשְׂרֵה
זְכֹר לָנוּ הַיּוֹם בְּרִית שְׁלֹשׁ עֶשְׂרֵה
כְּהוֹדַעְתָּ לֶעָנָו מִקֶּדֶם, כְּמוֹ שֶׁכָּתוּב:
שמות לד וַיֵּרֶד יהוה בֶּעָנָן, וַיִּתְיַצֵּב עִמּוֹ שָׁם, וַיִּקְרָא בְשֵׁם יהוה:

קהל ואחריו שליח הציבור:

וַיַּעֲבֹר יהוה עַל־פָּנָיו וַיִּקְרָא

יהוה, יהוה, אֵל רַחוּם וְחַנּוּן, אֶרֶךְ אַפַּיִם, וְרַב־חֶסֶד וֶאֱמֶת:
נֹצֵר חֶסֶד לָאֲלָפִים, נֹשֵׂא עָוֹן וָפֶשַׁע וְחַטָּאָה, וְנַקֵּה:

וְסָלַחְתָּ לַעֲוֹנֵנוּ וּלְחַטָּאתֵנוּ וּנְחַלְתָּנוּ:
סְלַח לָנוּ, אָבִינוּ, כִּי חָטָאנוּ, מְחַל לָנוּ, מַלְכֵּנוּ, כִּי פָשָׁעְנוּ.
תהלים פו כִּי־אַתָּה, יהוה, טוֹב וְסַלָּח וְרַב־חֶסֶד לְכָל־קֹרְאֶיךָ:

מַה בֶּצַע בְּדָמֵנוּ בְּרִדְתֵּנוּ אֶל שָׁחַת, הֲיוֹדְךָ עָפָר הֲיַגִּיד אֲמִתֶּךָ.
כִּי תְבַקֵּשׁ לַעֲוֹנֵנוּ וּלְחַטָּאתֵנוּ תִדְרוֹשׁ.
תהלים פו וְאַתָּה אֲדֹנָי אֵל־רַחוּם וְחַנּוּן, אֶרֶךְ אַפַּיִם וְרַב־חֶסֶד וֶאֱמֶת:

כְּרַחֵם אָב עַל בָּנִים, כֵּן תְּרַחֵם יהוה עָלֵינוּ.
תהלים ג לַיהוה הַיְשׁוּעָה, עַל־עַמְּךָ בִרְכָתֶךָ סֶּלָה:

יהוה צְבָאוֹת עִמָּנוּ, מִשְׂגָּב לָנוּ אֱלֹהֵי יַעֲקֹב סֶלָה: תהלים מו
יהוה צְבָאוֹת, אַשְׁרֵי אָדָם בֹּטֵחַ בָּךְ: תהלים פד
יהוה הוֹשִׁיעָה, הַמֶּלֶךְ יַעֲנֵנוּ בְיוֹם־קָרְאֵנוּ: תהלים כ

אנא ה׳, ברחמיך הגדולים תחינתנו שמע, עוונותינו כפר ודרך תשובה הורה לנו.

סב. מחבר: רבי זבדיה

אֱלֹהֵינוּ וֵאלֹהֵי אֲבוֹתֵינוּ

אֵלֶיךָ, יהוה, שִׁוַּעְתִּי
בְּתַחַן פָּנֶיךָ קִדַּמְתִּי
גֹּדֶל רַחֲמֶיךָ נִסְמַכְתִּי
אֱלֹהַי, בְּךָ בָטַחְתִּי: תהלים כה

דְּרָכֶיךָ, יהוה, הוֹדִיעֵנִי
הַדְרִיכֵנִי בַאֲמִתֶּךָ וְלַמְּדֵנִי
וּנְתִיב מִצְוֹתֶיךָ יַדְּעֵנִי
אֱלֹהַי, אַל־תִּרְחַק מִמֶּנִּי: תהלים לח

זְכֹר רַחֲמֶיךָ וַחֲסָדֶיךָ, יהוה
חַנּוּן, לְךָ נָשָׂאתִי עֵינַי
טוּבְךָ קִוִּיתִי, יהוה
הַאֲזִינָה, יהוה, קוֹל תַּחֲנוּנָי: תהלים קמ

יָהּ, שִׂיחִי לְפָנֶיךָ יֶעֱרַב
כְּכָלִיל אֲשֶׁר בְּמִזְבַּחֲךָ נִקְרַב
לְפָנֶיךָ תְּחִנָּתִי תִקְרַב
וְסָלַחְתָּ לַעֲוֹנִי כִּי רַב: תהלים כה

מַה נֹּאמַר לְפָנֶיךָ, אֲדוֹן נִשְׁמָתֵנוּ
נִכְלַמְנוּ מְאֹד בַּעֲוֹנֵינוּ
סְלַח נָא לְכָל אַשְׁמוֹתֵינוּ
תַּשְׁלִיךְ בִּמְצוּלוֹת יָם כָּל חַטֹּאתֵינוּ.

עֲצֹר חֲמָתְךָ וְאַל נָא תֶחֱרֶה
פּוֹעֵל הַכֹּל יוֹצֵר וּבוֹרֵא
צֶדֶק דֶּרֶךְ תְּשׁוּבָה לָנוּ תוֹרֶה
כִּי־עִמְּךָ הַסְּלִיחָה לְמַעַן תִּוָּרֵא: תהלים קל

קוֹלֵנוּ תִשְׁמַע, יוֹשֵׁב כְּרוּבִים
רַחֲמָן, גּוֹמֵל טוֹבָה לְחַיָּבִים
שֶׁלֹּא עַל צִדְקוֹתֵינוּ תָּחֹן מְרֻבִּים
כִּי עַל־רַחֲמֶיךָ הָרַבִּים: דניאל ט

תַּעֲבִיר חֵטְא וְתִמְחֶה פְשָׁעִים
זְדוֹנוֹת וּשְׁגָגוֹת סְתָרִים וִידוּעִים
בַּטֵּל מִמֶּנּוּ מַחְשְׁבוֹת שׂוֹנְאֵינוּ וְחֳלָיִם רָעִים
מַרְבֶּה מְחִילָה לְחַטָּאִים וּסְלִיחָה לְפוֹשְׁעִים.

דְּלֵנוּ מֵחֵטְא נַקֵּנוּ מֵאֲשָׁמִים
יוֹדֵעַ כָּל סִתְרֵי נֶעֱלָמִים
הֲגִיגֵינוּ שְׁעֵה כְּעוֹלוֹת וּשְׁלָמִים
אֵל מֶלֶךְ יוֹשֵׁב עַל כִּסֵּא רַחֲמִים.

אֵל מֶלֶךְ יוֹשֵׁב עַל כִּסֵּא רַחֲמִים, מִתְנַהֵג בַּחֲסִידוּת.
מוֹחֵל עֲוֹנוֹת עַמּוֹ, מַעֲבִיר רִאשׁוֹן רִאשׁוֹן.
מַרְבֶּה מְחִילָה לְחַטָּאִים, וּסְלִיחָה לְפוֹשְׁעִים.
עֹשֶׂה צְדָקוֹת עִם כָּל בָּשָׂר וָרוּחַ, לֹא כְרָעָתָם תִּגְמֹל.
אֵל, הוֹרֵיתָ לָּנוּ לוֹמַר שְׁלֹשׁ עֶשְׂרֵה
זְכֹר לָנוּ הַיּוֹם בְּרִית שְׁלֹשׁ עֶשְׂרֵה
כְּהוֹדַעְתָּ לֶעָנָו מִקֶּדֶם, כְּמוֹ שֶׁכָּתוּב:
וַיֵּרֶד יהוה בֶּעָנָן, וַיִּתְיַצֵּב עִמּוֹ שָׁם, וַיִּקְרָא בְשֵׁם יהוה: שמות לד

קהל ואחריו שליח הציבור:

וַיַּעֲבֹר יהוה עַל־פָּנָיו וַיִּקְרָא

יהוה, יהוה, אֵל רַחוּם וְחַנּוּן, אֶרֶךְ אַפַּיִם, וְרַב־חֶסֶד וֶאֱמֶת:
נֹצֵר חֶסֶד לָאֲלָפִים, נֹשֵׂא עָוֹן וָפֶשַׁע וְחַטָּאָה, וְנַקֵּה:

וְסָלַחְתָּ לַעֲוֹנֵנוּ וּלְחַטָּאתֵנוּ וּנְחַלְתָּנוּ:
סְלַח לָנוּ, אָבִינוּ, כִּי חָטָאנוּ
מְחַל לָנוּ, מַלְכֵּנוּ, כִּי פָשָׁעְנוּ.
כִּי־אַתָּה, יהוה, טוֹב וְסַלָּח וְרַב־חֶסֶד לְכָל־קֹרְאֶיךָ: תהלים פו

אֱלֹהִים לָנוּ מַחֲסֶה וָעֹז, עֶזְרָה בְצָרוֹת נִמְצָא מְאֹד: תהלים מו
אֱלֹהִים אַל־דֳּמִי־לָךְ, אַל־תֶּחֱרַשׁ וְאַל־תִּשְׁקֹט אֵל: תהלים פג
אַל תִּרְחַק מִמֶּנּוּ כִּי צָרָה קְרוֹבָה כִּי אֵין עוֹזֵר.
וַיֹּאמְרוּ לֹא יִרְאֶה־יָּהּ, וְלֹא־יָבִין אֱלֹהֵי יַעֲקֹב: תהלים צד
לָמָה אֱלֹהִים זָנַחְתָּ לָנֶצַח, יֶעְשַׁן אַפְּךָ בְּצֹאן מַרְעִיתֶךָ: תהלים עד

כְּרַחֵם אָב עַל בָּנִים, כֵּן תְּרַחֵם יהוה עָלֵינוּ.
לַיהוה הַיְשׁוּעָה, עַל־עַמְּךָ בִרְכָתֶךָ סֶּלָה: תהלים ג
יהוה צְבָאוֹת עִמָּנוּ, מִשְׂגָּב לָנוּ אֱלֹהֵי יַעֲקֹב סֶלָה: תהלים מו
יהוה צְבָאוֹת, אַשְׁרֵי אָדָם בֹּטֵחַ בָּךְ: תהלים פד
יהוה הוֹשִׁיעָה, הַמֶּלֶךְ יַעֲנֵנוּ בְיוֹם־קָרְאֵנוּ: תהלים כ

אין דבר המונע מה׳ מלעשות את רצונו, ואין לנו גואל זולתו.
על כן, אנו תולים את יהבנו בה׳, ומבקשים ממנו להיענות לזעקתנו.

סג. מחבר: רבי זבדיה

אֱלֹהֵינוּ וֵאלֹהֵי אֲבוֹתֵינוּ

אֱלֹהִים אֵין בִּלְתְּךָ
לְדוֹר דּוֹרִים מֶמְשַׁלְתְּךָ
וְלָעַד קִיּוּם בְּרִיתְךָ.

בִּימִינְךָ אֵין מַעֲצָר
יָדְךָ לֹא תִקְצַר
אֵל עוֹנֶה בַּצַּר.

גָּבְרוּ מְאֹד נִפְלְאוֹתֶיךָ
וְלָעַד שִׁלְטוֹן מַלְכוּתֶךָ
וְלֹא יִתַּמּוּ שְׁנוֹתֶיךָ.

דּוֹרֵשׁ דָּמִים
הִצַּלְתָּנוּ כַּמָּה פְּעָמִים
וְהִשְׁפַּלְתָּ מְלָכִים רָמִים.

הֵן אַתָּה לֹא שָׁנִיתָ
וְאַתָּה הוּא שֶׁהָיִיתָ
בְּנֵי יַעֲקֹב לֹא כִלִּיתָ.

וּמִבְּנֵי בְנֵיהֶם אֲנַחְנוּ
לָמָּה לָנֶצַח זְנַחְתָּנוּ
וּכְמֵת מִלֵּב נִשְׁכַּחְנוּ.

זְרוּיִים בְּכָל פִּנָּה
עֲבוּדִים בְּכָל מְדִינָה
וְאֵין לָנוּ חֲנִינָה.

חֲשׁוּכִים בֵּין כָּל אֻמָּה
נְתוּנִים לְבֹשֶׁת וְלִכְלִמָּה
לְכָל גּוֹיֵי אֲדָמָה.

טָבַעְנוּ בְּצוּל מַעֲמַקִּים
יָרַדְנוּ וְאֵין מֵקִים
לְךָ לְבַד נוֹאֲקִים.

יוֹשְׁבִים כְּעֵדֵי שְׁקָרִים
בְּלִי רֹאשׁ לְהָרִים
לַעֲנָה וָרֹאשׁ שְׁכוּרִים.

כָּשַׁלְנוּ בַּצָּהֳרַיִם כְּבַלַּיְלָה
כְּעִוְרִים נְגַשֵּׁשׁ בָּאֲפֵלָה
וְאֵין לֵידַע קֵץ הַגְּאֻלָּה.

לְקוֹחַי כֶּסֶף לְחֵרוּת יוֹצְאִים
וַאֲנַחְנוּ יוֹם וָלֵיל נִלְאִים
וּמָנוֹחַ לֹא מוֹצְאִים.

מַה כֹּחִי לִסְבֹּל טִיט רִפְשִׁי
וּמַה קִּצִּי כִּי אַאֲרִיךְ נַפְשִׁי
עַד זְמַן תּוֹצִיאֵנִי לַחָפְשִׁי.

נֹאמַר בְּבֹקֶר מִי יִתֵּן עֶרֶב
וּבָעֶרֶב מִי יִתֵּן בֹּקֶר יִקְרַב
מִפַּחַד לֵב וָקֶרֶב.

שֶׂה פְזוּרָה אָנוּ מְשׁוּלִים
כָּל מוֹצְאֵינוּ אוֹתָנוּ אוֹכְלִים
וְעַל נַפְשׁוֹתֵינוּ לֹא חוֹמְלִים.

עֵינַי סָבִיב הֲרִימוֹתִי
שְׂמֹאל וְיָמִין צִפִּיתִי
וּמַכִּיר לִי לֹא רָאִיתִי.

פָּנִיתִי לְכָל צַד וְאֵין עֶזְרָה
צָעַקְתִּי לְךָ וָאֶקְרָא
אֵל עוֹנֶה בְּעֵת צָרָה.

צוּר, יָדְךָ לֹא קָצְרָה
לְךָ הַכֹּחַ וְהַגְּבוּרָה
לָמָּה תִישַׁן עוּרָה.

קְשׁב תַּחַן שִׂיחֵנוּ
רְאֵה בְּתַשּׁוּת כֹּחֵנוּ
וְאַל בְּאַפְּךָ תוֹכִיחֵנוּ.

שׁוּר בְּשִׁפְלוּת דּוֹרֵנוּ
תַּבִּיט בְּכֹבֶד צַעֲרֵנוּ
וְאַל בַּחֲמָתְךָ תְיַסְּרֵנוּ.

זַעֲקָתֵנוּ שְׁעֵה מִמְּעוֹנֶךָ
בִּיטָה בְּאֶנְקַת בָּנֶיךָ
וְאַל תְּשִׁיבֵנוּ רֵיקָם מִלְּפָנֶיךָ.

דְּרַשְׁנוּךָ בְּחִין וְשַׁוְעָה
יָהּ, הֵרָצֵה לָנוּ בְּזוֹ הַשָּׁעָה
וְתַחֲנוּנֵינוּ, יהוה, שְׁמָעָה.

אֵל מֶלֶךְ יוֹשֵׁב עַל כִּסֵּא רַחֲמִים, מִתְנַהֵג בַּחֲסִידוּת.
מוֹחֵל עֲוֹנוֹת עַמּוֹ, מַעֲבִיר רִאשׁוֹן רִאשׁוֹן.
מַרְבֶּה מְחִילָה לְחַטָּאִים, וּסְלִיחָה לְפוֹשְׁעִים.
עֹשֶׂה צְדָקוֹת עִם כָּל בָּשָׂר וָרוּחַ, לֹא כְרָעָתָם תִּגְמֹל.
אֵל, הוֹרֵיתָ לָּנוּ לוֹמַר שְׁלֹשׁ עֶשְׂרֵה
זְכָר לָנוּ הַיּוֹם בְּרִית שְׁלֹשׁ עֶשְׂרֵה
כְּהוֹדַעְתָּ לֶעָנָו מִקֶּדֶם, כְּמוֹ שֶׁכָּתוּב:
וַיֵּרֶד יהוה בֶּעָנָן, וַיִּתְיַצֵּב עִמּוֹ שָׁם שמות לד
וַיִּקְרָא בְשֵׁם יהוה:

קהל ואחריו שליח הציבור:

וַיַּעֲבֹר יהוה עַל־פָּנָיו וַיִּקְרָא

יהוה, יהוה, אֵל רַחוּם וְחַנּוּן, אֶרֶךְ אַפַּיִם, וְרַב־חֶסֶד וֶאֱמֶת:
נֹצֵר חֶסֶד לָאֲלָפִים, נֹשֵׂא עָוֺן וָפֶשַׁע וְחַטָּאָה, וְנַקֵּה:

וְסָלַחְתָּ לַעֲוֺנֵנוּ וּלְחַטָּאתֵנוּ וּנְחַלְתָּנוּ:
סְלַח לָנוּ, אָבִינוּ, כִּי חָטָאנוּ, מְחַל לָנוּ, מַלְכֵּנוּ, כִּי פָשָׁעְנוּ.
כִּי־אַתָּה, יהוה, טוֹב וְסַלָּח וְרַב־חֶסֶד לְכָל־קֹרְאֶיךָ: תהלים פו

תָּבוֹא אֵלֶיךָ תְּפִלָּתֵנוּ אֶל הֵיכַל קָדְשֶׁךָ.
תָּבוֹא לְפָנֶיךָ אֶנְקַת אָסִיר, כְּגֹדֶל זְרוֹעֲךָ הוֹתֵר בְּנֵי תְמוּתָה: תהלים עט
לִפְקֹחַ עֵינַיִם עִוְרוֹת, לְהוֹצִיא מִמַּסְגֵּר אַסִּיר, מִבֵּית כֶּלֶא יֹשְׁבֵי חֹשֶׁךְ: ישעיה מב

כְּרַחֵם אָב עַל בָּנִים, כֵּן תְּרַחֵם יהוה עָלֵינוּ.
לַיהוה הַיְשׁוּעָה, עַל־עַמְּךָ בִרְכָתֶךָ סֶּלָה: תהלים ג
יהוה צְבָאוֹת עִמָּנוּ, מִשְׂגָּב לָנוּ אֱלֹהֵי יַעֲקֹב סֶלָה: תהלים מו
יהוה צְבָאוֹת, אַשְׁרֵי אָדָם בֹּטֵחַ בָּךְ: תהלים פד
יהוה הוֹשִׁיעָה, הַמֶּלֶךְ יַעֲנֵנוּ בְיוֹם־קָרְאֵנוּ: תהלים כ

אנו מקוננים על מצבם העגום של ישראל בגולה, הנמשך על אף דבקותם בה׳, בעוד הגויים, עובדי עבודה זרה, שרויים בשלווה.

סד. מחבר: רבי יצחק בר סעדיה

אֱלֹהֵינוּ וֵאלֹהֵי אֲבוֹתֵינוּ

אֵיךְ אוּכַל לָבֹא עָדֶיךָ
וְעוֹבְדֵי זוּלָתְךָ לֹא עֲזָבוּנִי לְעָבְדֶךָ
וְהֵמָּה בִקְשׁוּ לְהַפְרִידִי מִמְּךָ
וַאֲנִי לֹא־עָזַבְתִּי פִקֻּדֶיךָ: תהלים קיט

אֵיךְ גָּלִיתִי וָאֵלֵךְ בְּכָל הֵלֶךְ וָפֶלֶךְ
וּמָלְכוּ עָלַי מַמְלִיכִים לַמֹּלֶךְ
וְהֵמָּה דִּינָם עוֹמֵד וּמַלְכָּם מוֹלֵךְ
וַאֲנִי לֹא נִקְרֵאתִי לָבוֹא אֶל־הַמֶּלֶךְ: אסתר ד

אֵיךְ הָלְכוּ נְחָלִים מִדֶּלֶף דִּמְעֵי הַדָּלוּף
וְנִמְסַרְתִּי לְפוֹעֲלֵי אָוֶן וְסִלּוּף
וְהֵמָּה וּבְנֵיהֶם יוֹרוּנִי חֵץ שָׁלוּף
וַאֲנִי כְּכֶבֶשׂ אַלּוּף: ירמיה יא

אֵיךְ זְמַן קִצִּי נֶחְתַּם וְלֹא נוֹדָע
וְאוֹיְבִי קַרְנִי גָּדַע מִשַּׁחַת פְּדַע
וְהֵמָּה חוֹשְׁבִים חָכְמָתָם כְּהֵימָן וְדַרְדַּע
וַאֲנִי־בַעַר וְלֹא אֵדָע: תהלים עג

אֵיךְ טוֹרְפָה מַלְכוּת מַמְלֶכֶת עַם סְגֻלָּה
וַאֲרֻכָה מְלוּכָה לְמַלְכֵי בְּנֵי עַוְלָה
וְהֵמָּה יוֹשְׁבִים לָבֶטַח בְּשִׂמְחָה וְגִילָה
וַאֲנִי בְתוֹךְ־הַגּוֹלָה: יחזקאל א

אֵיךְ כּוֹס הַתַּרְעֵלָה שָׁתִיתִי וָאֶגְמַע
בָּכִיתִי וָאֶדְמַע מֵעֹל מַשָּׂא וּמִשְׁמָע
וְהֵמָּה לוֹעֲגִים עָלַי הַקְשִׁיבָה וּשְׁמַע
וַאֲנִי כְחֵרֵשׁ לֹא אֶשְׁמָע: תהלים לח

אֵיךְ מְחָצַנִי אֱלֹהַי וּמַכְאוֹבִי לֹא חֻבַּשׁ
וּמְעִיל תִּפְאַרְתִּי לִבְנֵי אֱדוֹם הֻלְבַּשׁ
וְהֵמָּה נֹפֶת אוֹכְלִים חָלָב וּדְבַשׁ
וַאֲנִי כָּעֵשֶׂב אִיבָשׁ: תהלים קב

אֵיךְ סְבָבוּנִי קֵדָר, כִּתְּרוּנִי דְּדָן וּשְׁבָא
הַקּוֹרְאִים נָבִיא לְאִישׁ מֵעוֹלָם לֹא נִבָּא
וְהֵמָּה עוֹשִׂים חַיִל גְּדוּד וְצָבָא
וַאֲנִי אָנָה אֲנִי־בָא: בראשית לז

אֵיךְ פָּקַדְתָּ עָלַי כַּאֲשֶׁר הֵרֵעוֹתִי וְהִסְכַּלְתִּי
בְּשִׁנֵּי אֲרָיוֹת וּלְבָאִים נֶאֱכַלְתִּי
וְהֵמָּה צָעִיר וָרַב אוֹמְרִים מָצָאתִי וְגַם יָכֹלְתִּי
וַאֲנִי כַּאֲשֶׁר שָׁכֹלְתִּי שָׁכָלְתִּי: בראשית מג

אֵיךְ קָדְרוּ כּוֹכָבַי וְחָזְרוּ גַּלְגַּלַּי
וְעוֹבְדֵי גִלּוּלִים גָּלְלוּ גְּלִילַי
וְהֵמָּה רִחֲקוּ רַגְלֵי מַעֲלוֹת רְגָלַי
וַאֲנִי כִּמְעַט נָטָיוּ רַגְלָי: תהלים עג

אֵיךְ שָׁמַרְתָּ מַעַי וּנְטַרְתַּנִי חוֹבִי
וּמְרִיבֵי נַפְשִׁי לֹא רַבְתָּ רִיבִי
וְהֵמָּה תָּקְפָם וְכֹחָם לְהַכְאִיבִי וּלְהַדְאִיבִי
וַאֲנִי בְּחַסְדְּךָ בָטַחְתִּי יָגֵל לִבִּי: תהלים יג

אֵיךְ יָשַׁבְתִּי בָדָד וָאֱהִי לְנִדָּה
מִכָּבוֹד יְרוּדָה בַּגּוֹיִם נְדוּדָה
וְהֵמָּה צָלְחוּ וּמָלְכוּ וּמֶמְשַׁלְתָּם עָמְדָה
וַאֲנִי שְׁכוּלָה וְגַלְמוּדָה: ישעיה מט

אֵיךְ חֵרְפוּנִי מְעוֹלָלַי וּמְהוֹלָלַי כֻּלְּהֶם
צִלָּם אֶצְלָם לֹא סָר מֵעֲלֵיהֶם
וְהֵמָּה קָרְאוּ הֶאָח הֶאָח בְּמִלֵּיהֶם
וַאֲנִי הָיִיתִי חֶרְפָּה לָהֶם: תהלים קט

אֵיךְ בֵּינֵיהֶם נִשְׁאַרְתִּי דּוֹאֵג וְדוֹאֵב
מִפַּלְגֵי יְגוֹנָם וּמִמְּקוֹרָם שׁוֹאֵב
וְהֵמָּה רוֹבְצִים וְשׁוֹכְבִים כְּעוֹרֵב וְכִזְאֵב
וַאֲנִי עָנִי וְכוֹאֵב: תהלים סט

אֵיךְ שׂוֹנְאֵי כָּל טָהֳרָה שָׁכְנוּ בְּצִיּוֹן
מִי הֶאֱמִין כָּזֶה, מִי עָלָה לוֹ בְּרָצוֹן
וְהֵמָּה עֲשִׁירִים נְשִׂיאִים נְתוּנִים עֶלְיוֹן
וַאֲנִי עָנִי וְאֶבְיוֹן: תהלים מ

אֵיךְ דָּרוּ בְּהֵיכָלוֹתַי וְשָׁכְנוּ בָּם שְׁכֹן
מֵעֶלְיוֹן לְתַחְתּוֹן וּמִתַּחְתּוֹן לְתִיכוֹן
וְהֵמָּה יָרְשׁוּ הוֹן זָהָב וַאֲדַרְכּוֹן
וַאֲנִי לְצֶלַע נָכוֹן. תהלים לח

אֵיךְ חֶשְׁבּוֹנוֹתַי נָפוֹצוּ וְהֵמָּה עָלוּ בְּמַחְשְׁבוֹתֶיךָ
זָכְרֵנוּ נָא וּפָקְדֵנוּ בִּישׁוּעָתְךָ מֵעוֹבְדֵי בִּלְתֶּךָ
וְהֵמָּה קַלְּעֵם וּבַלְּעֵם מִמְּכוֹן שִׁבְתֶּךָ
וַאֲנִי בְּרֹב חַסְדְּךָ אָבוֹא בֵיתֶךָ: תהלים ה

אֵל מֶלֶךְ יוֹשֵׁב עַל כִּסֵּא רַחֲמִים, מִתְנַהֵג בַּחֲסִידוּת.
מוֹחֵל עֲוֹנוֹת עַמּוֹ, מַעֲבִיר רִאשׁוֹן רִאשׁוֹן.
מַרְבֶּה מְחִילָה לְחַטָּאִים, וּסְלִיחָה לְפוֹשְׁעִים.
עֹשֶׂה צְדָקוֹת עִם כָּל בָּשָׂר וָרוּחַ, לֹא כְרָעָתָם תִּגְמֹל.
אֵל, הוֹרֵיתָ לָּנוּ לוֹמַר שְׁלֹשׁ עֶשְׂרֵה
זְכָר לָנוּ הַיּוֹם בְּרִית שְׁלֹשׁ עֶשְׂרֵה
כְּהוֹדַעְתָּ לֶעָנָו מִקֶּדֶם, כְּמוֹ שֶׁכָּתוּב:
וַיֵּרֶד יהוה בֶּעָנָן, וַיִּתְיַצֵּב עִמּוֹ שָׁם שמות לד
וַיִּקְרָא בְשֵׁם יהוה:

קהל ואחריו שליח הציבור:

וַיַּעֲבֹר יהוה עַל־פָּנָיו וַיִּקְרָא

יהוה, יהוה, אֵל רַחוּם וְחַנּוּן, אֶרֶךְ אַפַּיִם, וְרַב־חֶסֶד וֶאֱמֶת:
נֹצֵר חֶסֶד לָאֲלָפִים, נֹשֵׂא עָוֹן וָפֶשַׁע וְחַטָּאָה, וְנַקֵּה:

וְסָלַחְתָּ לַעֲוֹנֵנוּ וּלְחַטָּאתֵנוּ וּנְחַלְתָּנוּ:
סְלַח לָנוּ, אָבִינוּ, כִּי חָטָאנוּ, מְחַל לָנוּ, מַלְכֵּנוּ, כִּי פָשָׁעְנוּ.
כִּי־אַתָּה, יהוה, טוֹב וְסַלָּח וְרַב־חֶסֶד לְכָל־קֹרְאֶיךָ: תהלים פו

אנו חרדים מנוכחותו חובקת הכול של ה׳, אשר אינה מניחה מקום מסתור מפניה, ובה בשעה אנו מוצאים נחמה בנוכחות זו ומבקשים מה׳ להגן עלינו תחת כנפי השכינה.

סה. פזמון | מחבר: רבי יצחק בן שמואל

יַחְבִּיאֵנוּ צֵל יָדוֹ תַּחַת כַּנְפֵי הַשְּׁכִינָה
חֵן יָחֹן כִּי יִבְחֹן לֵב עָקֹב לְהָכִינָה
קוּמָה נָא, אֱלֹהֵינוּ, עֻזָּה עֻזִּי נָא
יהוה, לְשַׁוְעָתֵנוּ הַאֲזִינָה.

אָנָה אֵלֵךְ מֵרוּחֶךָ וְאָנָה מִפָּנֶיךָ אֶבְרָח
בִּינוֹתִי אֵין מָנוֹס פְּאַת מַעֲרָב וּמִזְרָח
גִּלְגַּלְתִּי אַחֲרֶיךָ לְשַׁחֶרְךָ יַחַד כַּגֵּר כָּאֶזְרָח
בְּהִשָּׁפְטִי לְצִדְקָתִי הַשְׂמְאִילָה וְהַיְמִינָה. יהוה, לְשַׁוְעָתֵנוּ הַאֲזִינָה.

דֹּק שָׁמֶיךָ בְּיַרְכְּתֵיהֶם גַּם שָׁם אִם אֶסַּק
הוֹדְךָ שָׁם לְשָׁפְטֵנִי עַל כָּל הַנֶּעֱשָׂק
וַהֲגִיגִי בְּרֹב שִׂגְגִי כְּכִיּוֹר אֵשׁ הַנִּסָּק
נִצְּרָה דַּל שְׂפָתֵינוּ, וְתֵן לָנוּ חֲנִינָה. יהוה, לְשַׁוְעָתֵנוּ הַאֲזִינָה.

זָוֵי שְׁאוֹל בְּמַחְתַּרְתּוֹ אַף כִּי אַצִּיעָה
חָזִיתִי וְהִנְּךָ שָׁם לְחַבְּרָה וּלְהַפְצִיעָה
טָפַשׁ לִבִּי וְהָחֳרַד בִּי לְבֵין הַמָּוֶת כִּפְסִיעָה
שְׁמֹר שְׁאֵרִית נִדָּחַי בְּכָל פִּנָּה וּפִנָּה. יהוה, לְשַׁוְעָתֵנוּ הַאֲזִינָה.

יָם גָּדוֹל בְּאַחֲרִיתוֹ אַף כִּי אֶשְׁכֹּנָה
כַּף יְמִינְךָ תֹּאחֲזֵנִי וּמַה לְנַפְשִׁי אֶשְׁכֹּנָה
לוּלֵא רֹב רַחֲמֶיךָ בְּמַחְשָׁךְ דְּרָכַי אֶסְכֹּנָה
מְשֹׁךְ חֶסֶד לְנִגָּשִׂים תַּחַת יַד עֲדִינָה. יהוה, לְשַׁוְעָתֵנוּ הַאֲזִינָה.

מִדַּת לַיְלָה תְּסוֹבְבֵנִי אָז יְשׁוּפֵנִי חֹשֶׁךְ
נְגוֹהוֹת לְךָ הָאֲפֵלוֹת כְּאוֹר יָהֵל וּמוֹשֵׁךְ
סָמַר בְּשָׂרִי מִפַּחְדְּךָ כְּשֹׁךְ נָחָשׁ נוֹשֵׁךְ
וְעַל הַדָּם כְּמוֹ נִרְדָּם בְּיַרְכְּתֵי הַסְּפִינָה. יהוה, לְשַׁוְעָתֵנוּ הַאֲזִינָה.

עָלַי שַׁת כַּפֵּכָה, אָחוֹר וָקֶדֶם צַרְתָּנִי
פָּנֹה אֶפְנֶה אָנֶה וָאָנָה, אָרְחִי וְרִבְעִי זֵרִיתָנִי
צְרַפְתַּנִי בַל תִּמְצָא, יהוה, חֲקַרְתָּנִי
אָח וְאָחוֹת וְצַחְצָחוֹת נִלְעַג לָשׁוֹן אֵין בִּינָה. יהוה, לְשַׁוְעָתֵנוּ הַאֲזִינָה.

קַדְּמָה נָא רַחֲמֶיךָ כִּי לְךָ טוֹב לְהוֹדוֹת
רְצֵה שַׁוְעַת גְּדָיֶיךָ וַעֲמַל צֹאן אוֹבְדוֹת
תְּפִלָּתֵנוּ הֱיֵה לָנוּ לְצוּר מָעוֹז לְבֵית מְצוּדוֹת
לְכָה לָנוּ לִישׁוּעָה כְּלִשְׁמְעוֹן וְלֵוִי אֲחֵי דִינָה. יהוה, לְשַׁוְעָתֵנוּ הַאֲזִינָה.

אֵל מֶלֶךְ יוֹשֵׁב עַל כִּסֵּא רַחֲמִים, מִתְנַהֵג בַּחֲסִידוּת.
מוֹחֵל עֲוֹנוֹת עַמּוֹ, מַעֲבִיר רִאשׁוֹן רִאשׁוֹן.
מַרְבֶּה מְחִילָה לְחַטָּאִים, וּסְלִיחָה לְפוֹשְׁעִים.
עֹשֶׂה צְדָקוֹת עִם כָּל בָּשָׂר וָרוּחַ, לֹא כְרָעָתָם תִּגְמֹל.
אֵל, הוֹרֵיתָ לָּנוּ לוֹמַר שְׁלֹשׁ עֶשְׂרֵה
זְכָר לָנוּ הַיּוֹם בְּרִית שְׁלֹשׁ עֶשְׂרֵה
כְּהוֹדַעְתָּ לֶעָנָו מִקֶּדֶם, כְּמוֹ שֶׁכָּתוּב:
וַיֵּרֶד יהוה בֶּעָנָן, וַיִּתְיַצֵּב עִמּוֹ שָׁם שמות לד
וַיִּקְרָא בְשֵׁם יהוה:

קהל ואחריו שליח הציבור:

וַיַּעֲבֹר יהוה עַל־פָּנָיו וַיִּקְרָא
יהוה, יהוה, אֵל רַחוּם וְחַנּוּן, אֶרֶךְ אַפַּיִם, וְרַב־חֶסֶד וֶאֱמֶת:
נֹצֵר חֶסֶד לָאֲלָפִים, נֹשֵׂא עָוֹן וָפֶשַׁע וְחַטָּאָה, וְנַקֵּה:

וְסָלַחְתָּ לַעֲוֹנֵנוּ וּלְחַטָּאתֵנוּ וּנְחַלְתָּנוּ:
סְלַח לָנוּ, אָבִינוּ, כִּי חָטָאנוּ, מְחַל לָנוּ, מַלְכֵּנוּ, כִּי פָשָׁעְנוּ.
כִּי־אַתָּה, יהוה, טוֹב וְסַלָּח וְרַב־חֶסֶד לְכָל־קֹרְאֶיךָ: תהלים פו

יִזְכֹּר אֱלֹהִים אֶת בְּרִיתוֹ
אֶת אַבְרָהָם אֶת יִצְחָק וְאֶת יַעֲקֹב.

וַיֹּאמֶר בִּי נִשְׁבַּעְתִּי נְאֻם־יהוה, כִּי יַעַן אֲשֶׁר עָשִׂיתָ אֶת־הַדָּבָר הַזֶּה בראשית כב
וְלֹא חָשַׂכְתָּ אֶת־בִּנְךָ אֶת־יְחִידֶךָ:
כִּי־בָרֵךְ אֲבָרֶכְךָ, וְהַרְבָּה אַרְבֶּה אֶת־זַרְעֲךָ
כְּכוֹכְבֵי הַשָּׁמַיִם וְכַחוֹל אֲשֶׁר עַל־שְׂפַת הַיָּם
וְיִרַשׁ זַרְעֲךָ אֵת שַׁעַר אֹיְבָיו:
וְהִתְבָּרְכוּ בְזַרְעֲךָ כֹּל גּוֹיֵי הָאָרֶץ
עֵקֶב אֲשֶׁר שָׁמַעְתָּ בְּקֹלִי:

כְּרַחֵם אָב עַל בָּנִים, כֵּן תְּרַחֵם יהוה עָלֵינוּ.
לַיהוה הַיְשׁוּעָה, עַל־עַמְּךָ בִרְכָתֶךָ סֶּלָה: תהלים ג
יהוה צְבָאוֹת עִמָּנוּ, מִשְׂגָּב לָנוּ אֱלֹהֵי יַעֲקֹב סֶלָה: תהלים מו
יהוה צְבָאוֹת, אַשְׁרֵי אָדָם בֹּטֵחַ בָּךְ: תהלים פד
יהוה הוֹשִׁיעָה, הַמֶּלֶךְ יַעֲנֵנוּ בְיוֹם־קָרְאֵנוּ: תהלים כ

אבינו אברהם דבק בך ועמד בכל הניסיונות ובכללם אף בניסיון העקדה.
בניו אנו, מחל לחטאינו, גאלנו מהגויים והשיבנו לארצנו.

סו. עקדה

אֱלֹהֵינוּ וֵאלֹהֵי אֲבוֹתֵינוּ

אֶזְרָחִי מֵעֵבֶר הַנָּהָר
אֵלֶיךָ רָץ וְלֹא אֵחַר.

בְּחַנְתּוֹ בְּנִסְיוֹנוֹת עֶשֶׂר
וְנִמְצָא שָׁלֵם בְּלִי חֹסֶר.

גֹּרַשׁ מֵאֶרֶץ מוֹלַדְתּוֹ
גֵּר בָּעוֹלָם שַׂמְתּוֹ.

דְּבָרְךָ הֵקִים וְלֹא הֵפֵר
וְנָם אָנֹכִי עָפָר וָאֵפֶר.

הִקְרִיב חָלָב וְחֶמְאָה
וְנֶחֱנַט פְּרִי לְמֵאָה.

וְנָאֱמַתָּ לוֹ הַעֲלֵהוּ לְעוֹלָה
בִּקַּע עֵצִים וְעָרַךְ וְהֶעֱלָה.

זְכָר לָנוּ הַיּוֹם עֲקֵדָתוֹ
וְהַשְׁלָמַת יְחִידָתוֹ.

חֹן הַיּוֹם שִׁבְטֵי תָם
וְתִשְׁכֹּן בְּמַקְהֲלוֹתָם.

טִיעַת מַטּוֹת שְׁנֵים עָשָׂר
מֶזֶג מֵהֶם אַל יֶחְסַר.

יְדִידוּת מִשְׁכְּנוֹתֶיךָ תְּבִיאֵם
בְּהַר נַחֲלָתְךָ תִּטָּעֵם.

כַּנֵּס כָּל פְּזוּרֵי נִדָּחֵיהֶם
נַהֲלֵם לְבֵית מַאֲוַיֵּיהֶם.

לְקוּחִים מִמָּוֶת תַּחְשֹׂךְ
פֶּה מַשְׂטִין סְתֹם וַחֲשֹׂךְ.

נַשְּׂאֵנוּ וְנַטְּלֵנוּ כִּימֵי עוֹלָם
וְכַפֵּר לָנוּ כָּל זָדוֹן וְנֶעְלָם.

סְלַח וַעֲבֹר עַל פֶּשַׁע
וּמְחַל אַשְׁמָה וָרֶשַׁע.

עֲנֵה הַיּוֹם כָּל מְיַחֲלֶיךָ
כִּי עֵינֵינוּ נְשׂוּאוֹת אֵלֶיךָ.

פְּדֵנוּ מִצָּרָה וְצוּקָה
וְתַעֲלֵנוּ מִשּׁוּחָה עֲמֻקָּה.

צַעֲקָתֵנוּ הַיּוֹם תְּקַבֵּל
וְתַצִּילֵנוּ מִידֵי מְחַבֵּל.

קוֹמֵם בֵּית שְׁכִינַת הוֹדֶךָ
וְאַל תְּנַבֵּל כִּסֵּא כְבוֹדֶךָ.

רְפָא עַמְּךָ מִכָּל שֶׁבֶר
כִּי בָאוּ בָנִים עַד מַשְׁבֵּר,

שֶׁבָץ אֲחָזַתְנוּ כַּיּוֹלֵדָה
וְכֹחַ אַיִן לְלֵדָה.

תִּגְאַל עַמְּךָ מֵהַבְהַב
כִּי עָלֶיךָ מַשְׁלִיכִים יְהָב.

תַּנְחֵם לְעִיר הַבְּנוּיָה
תְּמַהֵר תִּשְׁבִּי מְנַחֵם וּנְחֶמְיָה.

אֵל מֶלֶךְ יוֹשֵׁב עַל כִּסֵּא רַחֲמִים, מִתְנַהֵג בַּחֲסִידוּת.
מוֹחֵל עֲוֹנוֹת עַמּוֹ, מַעֲבִיר רִאשׁוֹן רִאשׁוֹן.
מַרְבֶּה מְחִילָה לְחַטָּאִים, וּסְלִיחָה לְפוֹשְׁעִים.
עֹשֶׂה צְדָקוֹת עִם כָּל בָּשָׂר וָרוּחַ, לֹא כְרָעָתָם תִּגְמֹל.
אֵל, הוֹרֵיתָ לָּנוּ לוֹמַר שְׁלֹשׁ עֶשְׂרֵה
זְכָר לָנוּ הַיּוֹם בְּרִית שְׁלֹשׁ עֶשְׂרֵה
כְּהוֹדַעְתָּ לֶעָנָו מִקֶּדֶם, כְּמוֹ שֶׁכָּתוּב:
וַיֵּרֶד יהוה בֶּעָנָן, וַיִּתְיַצֵּב עִמּוֹ שָׁם, וַיִּקְרָא בְשֵׁם יהוה: שמות לד

קהל ואחריו שליח הציבור:

וַיַּעֲבֹר יהוה עַל־פָּנָיו וַיִּקְרָא

יהוה, יהוה, אֵל רַחוּם וְחַנּוּן, אֶרֶךְ אַפַּיִם, וְרַב־חֶסֶד וֶאֱמֶת:
נֹצֵר חֶסֶד לָאֲלָפִים, נֹשֵׂא עָוֹן וָפֶשַׁע וְחַטָּאָה, וְנַקֵּה:

וְסָלַחְתָּ לַעֲוֹנֵנוּ וּלְחַטָּאתֵנוּ וּנְחַלְתָּנוּ:
סְלַח לָנוּ, אָבִינוּ, כִּי חָטָאנוּ
מְחַל לָנוּ, מַלְכֵּנוּ, כִּי פָשָׁעְנוּ.
תהלים פו כִּי־אַתָּה, יהוה, טוֹב וְסַלָּח וְרַב־חֶסֶד לְכָל־קֹרְאֶיךָ:

תהלים כה זְכֹר־רַחֲמֶיךָ יהוה וַחֲסָדֶיךָ, כִּי מֵעוֹלָם הֵמָּה:
זָכְרֵנוּ יהוה בִּרְצוֹן עַמֶּךָ, פָּקְדֵנוּ בִּישׁוּעָתֶךָ.
תהלים עד זְכֹר עֲדָתְךָ קָנִיתָ קֶּדֶם, גָּאַלְתָּ שֵׁבֶט נַחֲלָתֶךָ
הַר־צִיּוֹן זֶה שָׁכַנְתָּ בּוֹ:
זְכֹר יהוה חִבַּת יְרוּשָׁלָיִם, אַהֲבַת צִיּוֹן אַל תִּשְׁכַּח לָנֶצַח.
תהלים קב אַתָּה תָקוּם תְּרַחֵם צִיּוֹן, כִּי־עֵת לְחֶנְנָהּ, כִּי־בָא מוֹעֵד:
תהלים קלז זְכֹר יהוה לִבְנֵי אֱדוֹם אֵת יוֹם יְרוּשָׁלָיִם
הָאוֹמְרִים עָרוּ עָרוּ, עַד הַיְסוֹד בָּהּ:
שמות לב זְכֹר לְאַבְרָהָם לְיִצְחָק וּלְיִשְׂרָאֵל עֲבָדֶיךָ
אֲשֶׁר נִשְׁבַּעְתָּ לָהֶם בָּךְ וַתְּדַבֵּר אֲלֵהֶם
אַרְבֶּה אֶת־זַרְעֲכֶם כְּכוֹכְבֵי הַשָּׁמָיִם
וְכָל־הָאָרֶץ הַזֹּאת אֲשֶׁר אָמַרְתִּי אֶתֵּן לְזַרְעֲכֶם, וְנָחֲלוּ לְעֹלָם:
דברים ט זְכֹר לַעֲבָדֶיךָ לְאַבְרָהָם לְיִצְחָק וּלְיַעֲקֹב
אַל־תֵּפֶן אֶל־קְשִׁי הָעָם הַזֶּה וְאֶל־רִשְׁעוֹ וְאֶל־חַטָּאתוֹ:

זְכָר לָנוּ בְּרִית אָבוֹת כַּאֲשֶׁר אָמַרְתָּ:
ויקרא כו וְזָכַרְתִּי אֶת־בְּרִיתִי יַעֲקוֹב
וְאַף אֶת־בְּרִיתִי יִצְחָק וְאַף אֶת־בְּרִיתִי אַבְרָהָם אֶזְכֹּר
וְהָאָרֶץ אֶזְכֹּר:

זְכָר לָנוּ בְּרִית רִאשׁוֹנִים כַּאֲשֶׁר אָמַרְתָּ:
ויקרא כו וְזָכַרְתִּי לָהֶם בְּרִית רִאשֹׁנִים
אֲשֶׁר הוֹצֵאתִי־אֹתָם מֵאֶרֶץ מִצְרַיִם לְעֵינֵי הַגּוֹיִם
לִהְיוֹת לָהֶם לֵאלֹהִים, אֲנִי יהוה:

עֲשֵׂה עִמָּנוּ כְּמָה שֶׁהִבְטַחְתָּנוּ:
וְאַף גַּם־זֹאת בִּהְיוֹתָם בְּאֶרֶץ אֹיְבֵיהֶם ויקרא כו
לֹא־מְאַסְתִּים וְלֹא־גְעַלְתִּים לְכַלֹּתָם
לְהָפֵר בְּרִיתִי אִתָּם, כִּי אֲנִי יהוה אֱלֹהֵיהֶם:

הָשֵׁב שְׁבוּתֵנוּ וְרַחֲמֵנוּ כְּמָה שֶׁכָּתוּב:
וְשָׁב יהוה אֱלֹהֶיךָ אֶת־שְׁבוּתְךָ וְרִחֲמֶךָ דברים ל
וְשָׁב וְקִבֶּצְךָ מִכָּל־הָעַמִּים
אֲשֶׁר הֱפִיצְךָ יהוה אֱלֹהֶיךָ שָׁמָּה:

קַבֵּץ נִדָּחֵינוּ כְּמָה שֶׁכָּתוּב:
אִם־יִהְיֶה נִדַּחֲךָ בִּקְצֵה הַשָּׁמָיִם דברים ל
מִשָּׁם יְקַבֶּצְךָ יהוה אֱלֹהֶיךָ וּמִשָּׁם יִקָּחֶךָ:

מְחֵה פְשָׁעֵינוּ כָּעָב וְכֶעָנָן כְּמָה שֶׁכָּתוּב:
מָחִיתִי כָעָב פְּשָׁעֶיךָ וְכֶעָנָן חַטֹּאותֶיךָ, שׁוּבָה אֵלַי כִּי גְאַלְתִּיךָ: ישעיה מד
מְחֵה פְשָׁעֵינוּ לְמַעַנְךָ כַּאֲשֶׁר אָמַרְתָּ:
אָנֹכִי אָנֹכִי הוּא מֹחֶה פְשָׁעֶיךָ לְמַעֲנִי, וְחַטֹּאתֶיךָ לֹא אֶזְכֹּר: ישעיה מג

הַלְבֵּן חֲטָאֵינוּ כַּשֶּׁלֶג וְכַצֶּמֶר כְּמָה שֶׁכָּתוּב:
לְכוּ־נָא וְנִוָּכְחָה יֹאמַר יהוה ישעיה א
אִם־יִהְיוּ חֲטָאֵיכֶם כַּשָּׁנִים כַּשֶּׁלֶג יַלְבִּינוּ
אִם־יַאְדִּימוּ כַתּוֹלָע כַּצֶּמֶר יִהְיוּ:

זְרֹק עָלֵינוּ מַיִם טְהוֹרִים וְטַהֲרֵנוּ כְּמָה שֶׁכָּתוּב:
וְזָרַקְתִּי עֲלֵיכֶם מַיִם טְהוֹרִים וּטְהַרְתֶּם יחזקאל לו
מִכֹּל טֻמְאוֹתֵיכֶם וּמִכָּל־גִּלּוּלֵיכֶם אֲטַהֵר אֶתְכֶם:

רַחֵם עָלֵינוּ וְאַל תַּשְׁחִיתֵנוּ כְּמָה שֶׁכָּתוּב:
כִּי אֵל רַחוּם יהוה אֱלֹהֶיךָ דברים ד
לֹא יַרְפְּךָ וְלֹא יַשְׁחִיתֶךָ
וְלֹא יִשְׁכַּח אֶת־בְּרִית אֲבֹתֶיךָ אֲשֶׁר נִשְׁבַּע לָהֶם:

מוֹל אֶת לְבָבֵנוּ לְאַהֲבָה אֶת שְׁמֶךָ כְּמָה שֶׁכָּתוּב:

דברים ל וּמָל יהוה אֱלֹהֶיךָ אֶת־לְבָבְךָ וְאֶת־לְבַב זַרְעֶךָ
לְאַהֲבָה אֶת־יהוה אֱלֹהֶיךָ בְּכָל־לְבָבְךָ וּבְכָל־נַפְשְׁךָ, לְמַעַן חַיֶּיךָ:

הִמָּצֵא לָנוּ בְּבַקָּשָׁתֵנוּ כְּמָה שֶׁכָּתוּב:

דברים ד וּבִקַּשְׁתֶּם מִשָּׁם אֶת־יהוה אֱלֹהֶיךָ וּמָצָאתָ
כִּי תִדְרְשֶׁנּוּ בְּכָל־לְבָבְךָ וּבְכָל־נַפְשֶׁךָ:

תְּבִיאֵנוּ אֶל הַר קָדְשֶׁךָ וְשַׂמְּחֵנוּ בְּבֵית תְּפִלָּתֶךָ כְּמָה שֶׁכָּתוּב:

ישעיה נו וַהֲבִיאוֹתִים אֶל־הַר קָדְשִׁי וְשִׂמַּחְתִּים בְּבֵית תְּפִלָּתִי
עוֹלֹתֵיהֶם וְזִבְחֵיהֶם לְרָצוֹן עַל־מִזְבְּחִי
כִּי בֵיתִי בֵּית־תְּפִלָּה יִקָּרֵא לְכָל־הָעַמִּים:

פותחים את ארון הקודש ואומרים פסוק פסוק עד ׳אַל תַּעַזְבֵנוּ׳.

יש קהילות האומרות את הפסוקים בסדר אחר: ׳שְׁמַע קוֹלֵנוּ׳, ׳הֲשִׁיבֵנוּ׳, ׳אַל תַּשְׁלִיכֵנוּ מִלְּפָנֶיךָ׳
ו׳אַל תַּשְׁלִיכֵנוּ לְעֵת זִקְנָה׳, וממשיכים בלחש: ׳אַל תַּעַזְבֵנוּ׳, ׳עֲשֵׂה עִמָּנוּ אוֹת׳,
׳אֲמָרֵינוּ הַאֲזִינָה׳, ׳יִהְיוּ לְרָצוֹן׳ ו׳כִּי לְךָ ה׳ הוֹחָלְנוּ׳.

שליח הציבור אומר, והקהל חוזר אחריו בקול:

שְׁמַע קוֹלֵנוּ, יהוה אֱלֹהֵינוּ, חוּס וְרַחֵם עָלֵינוּ
וְקַבֵּל בְּרַחֲמִים וּבְרָצוֹן אֶת תְּפִלָּתֵנוּ.

איכה ה הֲשִׁיבֵנוּ יהוה אֵלֶיךָ וְנָשׁוּבָה, חַדֵּשׁ יָמֵינוּ כְּקֶדֶם:

אֲמָרֵינוּ הַאֲזִינָה יהוה, בִּינָה הֲגִיגֵנוּ.

בלחש: יִהְיוּ לְרָצוֹן אִמְרֵי פִינוּ וְהֶגְיוֹן לִבֵּנוּ לְפָנֶיךָ, יהוה צוּרֵנוּ וְגוֹאֲלֵנוּ.
אַל תַּשְׁלִיכֵנוּ מִלְּפָנֶיךָ, וְרוּחַ קָדְשְׁךָ אַל תִּקַּח מִמֶּנּוּ.
אַל תַּשְׁלִיכֵנוּ לְעֵת זִקְנָה, כִּכְלוֹת כֹּחֵנוּ אַל תַּעַזְבֵנוּ.
אַל תַּעַזְבֵנוּ יהוה, אֱלֹהֵינוּ אַל תִּרְחַק מִמֶּנּוּ.
עֲשֵׂה עִמָּנוּ אוֹת לְטוֹבָה, וְיִרְאוּ שׂוֹנְאֵינוּ וְיֵבֹשׁוּ
כִּי אַתָּה יהוה עֲזַרְתָּנוּ וְנִחַמְתָּנוּ.
כִּי לְךָ יהוה הוֹחָלְנוּ, אַתָּה תַעֲנֶה אֲדֹנָי אֱלֹהֵינוּ.

סוגרים את ארון הקודש.

וידוי

אֱלֹהֵינוּ וֵאלֹהֵי אֲבוֹתֵינוּ
תָּבֹא לְפָנֶיךָ תְּפִלָּתֵנוּ, וְאַל תִּתְעַלַּם מִתְּחִנָּתֵנוּ.
שֶׁאֵין אָנוּ עַזֵּי פָנִים וּקְשֵׁי עֹרֶף לוֹמַר לְפָנֶיךָ
יהוה אֱלֹהֵינוּ וֵאלֹהֵי אֲבוֹתֵינוּ
צַדִּיקִים אֲנַחְנוּ וְלֹא חָטָאנוּ.
אֲבָל אֲנַחְנוּ וַאֲבוֹתֵינוּ חָטָאנוּ.

כשמתוודה, מכה באגרופו על החזה כנגד הלב בכל חטא שמזכיר.

אָשַׁמְנוּ, בָּגַדְנוּ, גָּזַלְנוּ, דִּבַּרְנוּ דֹפִי
הֶעֱוִינוּ, וְהִרְשַׁעְנוּ, זַדְנוּ, חָמַסְנוּ, טָפַלְנוּ שֶׁקֶר
יָעַצְנוּ רָע, כִּזַּבְנוּ, לַצְנוּ, מָרַדְנוּ, נִאַצְנוּ
סָרַרְנוּ, עָוִינוּ, פָּשַׁעְנוּ, צָרַרְנוּ, קִשִּׁינוּ עֹרֶף
רָשַׁעְנוּ, שִׁחַתְנוּ, תִּעַבְנוּ, תָּעִינוּ, תִּעְתָּעְנוּ.

סַרְנוּ מִמִּצְוֹתֶיךָ וּמִמִּשְׁפָּטֶיךָ הַטּוֹבִים, וְלֹא שָׁוָה לָנוּ.
וְאַתָּה צַדִּיק עַל כָּל־הַבָּא עָלֵינוּ נחמיה ט
כִּי־אֱמֶת עָשִׂיתָ וַאֲנַחְנוּ הִרְשָׁעְנוּ:

אָשַׁמְנוּ מִכָּל עָם, בֹּשְׁנוּ מִכָּל דּוֹר
גָּלָה מִמֶּנּוּ מָשׂוֹשׂ, דָּוָה לִבֵּנוּ בַּחֲטָאֵינוּ
הָחְבַּל אִוּוּיֵנוּ, וְנִפְרַע פְּאֵרֵנוּ
זְבוּל בֵּית מִקְדָּשֵׁנוּ חָרֵב בַּעֲוֹנֵינוּ
טִירָתֵנוּ הָיְתָה לְשַׁמָּה
יְפִי אַדְמָתֵנוּ לְזָרִים, כֹּחֵנוּ לְנָכְרִים.

על פי הגר״א (מעשה רב, אות רב) אומרים וידוי פעם אחת בלבד.

וַעֲדַיִן לֹא שַׁבְנוּ מִטָּעוּתֵנוּ, וְהֵיאַךְ נָעִיז פָּנֵינוּ וְנַקְשֶׁה עָרְפֵּנוּ, לוֹמַר לְפָנֶיךָ, יהוה אֱלֹהֵינוּ וֵאלֹהֵי אֲבוֹתֵינוּ, צַדִּיקִים אֲנַחְנוּ וְלֹא חָטָאנוּ, אֲבָל אֲנַחְנוּ וַאֲבוֹתֵינוּ חָטָאנוּ.

כשמתוודה, מכה באגרופו על החזה כנגד הלב בכל חטא שמזכיר.

אָשַׁמְנוּ, בָּגַדְנוּ, גָּזַלְנוּ, דִּבַּרְנוּ דֹפִי
הֶעֱוִינוּ, וְהִרְשַׁעְנוּ, זַדְנוּ, חָמַסְנוּ, טָפַלְנוּ שֶׁקֶר
יָעַצְנוּ רָע, כִּזַּבְנוּ, לַצְנוּ, מָרַדְנוּ, נִאַצְנוּ
סָרַרְנוּ, עָוִינוּ, פָּשַׁעְנוּ, צָרַרְנוּ, קִשִּׁינוּ עֹרֶף
רָשַׁעְנוּ, שִׁחַתְנוּ, תִּעַבְנוּ, תָּעִינוּ, תִּעְתָּעְנוּ.

סַרְנוּ מִמִּצְוֹתֶיךָ וּמִמִּשְׁפָּטֶיךָ הַטּוֹבִים, וְלֹא שָׁוָה לָנוּ.
נחמיה ט וְאַתָּה צַדִּיק עַל כָּל־הַבָּא עָלֵינוּ, כִּי־אֱמֶת עָשִׂיתָ וַאֲנַחְנוּ הִרְשָׁעְנוּ:

לְעֵינֵינוּ עָשְׁקוּ עֲמָלֵנוּ, מְמֻשָּׁךְ וּמְמֹרָט מִמֶּנּוּ
נָתְנוּ עֻלָּם עָלֵינוּ, סָבַלְנוּ עַל שִׁכְמֵנוּ
איכה ה עֲבָדִים מָשְׁלוּ בָנוּ, פֹּרֵק אֵין מִיָּדָם:
צָרוֹת רַבּוֹת סְבָבוּנוּ, קְרָאנוּךָ יהוה אֱלֹהֵינוּ
רָחַקְתָּ מִמֶּנּוּ בַּעֲוֹנֵינוּ, שַׁבְנוּ מֵאַחֲרֶיךָ, תָּעִינוּ וְאָבָדְנוּ.

וַעֲדַיִן לֹא שַׁבְנוּ מִטָּעוּתֵנוּ, וְהֵיאַךְ נָעִיז פָּנֵינוּ וְנַקְשֶׁה עָרְפֵּנוּ, לוֹמַר לְפָנֶיךָ, יהוה אֱלֹהֵינוּ וֵאלֹהֵי אֲבוֹתֵינוּ, צַדִּיקִים אֲנַחְנוּ וְלֹא חָטָאנוּ, אֲבָל אֲנַחְנוּ וַאֲבוֹתֵינוּ חָטָאנוּ.

כשמתוודה, מכה באגרופו על החזה כנגד הלב בכל חטא שמזכיר.

אָשַׁמְנוּ, בָּגַדְנוּ, גָּזַלְנוּ, דִּבַּרְנוּ דֹפִי
הֶעֱוִינוּ, וְהִרְשַׁעְנוּ, זַדְנוּ, חָמַסְנוּ, טָפַלְנוּ שֶׁקֶר
יָעַצְנוּ רָע, כִּזַּבְנוּ, לַצְנוּ, מָרַדְנוּ, נִאַצְנוּ
סָרַרְנוּ, עָוִינוּ, פָּשַׁעְנוּ, צָרַרְנוּ, קִשִּׁינוּ עֹרֶף
רָשַׁעְנוּ, שִׁחַתְנוּ, תִּעַבְנוּ, תָּעִינוּ, תִּעְתָּעְנוּ.

סַרְנוּ מִמִּצְוֹתֶיךָ וּמִמִּשְׁפָּטֶיךָ הַטּוֹבִים, וְלֹא שָׁוָה לָנוּ.
נחמיה ט וְאַתָּה צַדִּיק עַל כָּל־הַבָּא עָלֵינוּ, כִּי־אֱמֶת עָשִׂיתָ וַאֲנַחְנוּ הִרְשָׁעְנוּ:

הִרְשַׁעְנוּ וּפָשַׁעְנוּ לָכֵן לֹא נוֹשָׁעְנוּ.
וְתֵן בְּלִבֵּנוּ לַעֲזֹב דֶּרֶךְ רֶשַׁע, וְחִישׁ לָנוּ יֶשַׁע
ישעיה נה כַּכָּתוּב עַל יַד נְבִיאֶךָ: יַעֲזֹב רָשָׁע דַּרְכּוֹ וְאִישׁ אָוֶן מַחְשְׁבֹתָיו
וְיָשֹׁב אֶל־יהוה וִירַחֲמֵהוּ וְאֶל־אֱלֹהֵינוּ כִּי־יַרְבֶּה לִסְלוֹחַ:

מְשִׁיחַ צִדְקֶךָ אָמַר לְפָנֶיךָ: שְׁגִיאוֹת מִי־יָבִין, מִנִּסְתָּרוֹת נַקֵּנִי: נַקֵּנוּ יהוה תהלים יט
אֱלֹהֵינוּ מִכָּל פְּשָׁעֵינוּ וְטַהֲרֵנוּ מִכָּל טֻמְאוֹתֵינוּ וּזְרֹק עָלֵינוּ מַיִם טְהוֹרִים
וְטַהֲרֵנוּ, כַּכָּתוּב עַל יַד נְבִיאֶךָ: וְזָרַקְתִּי עֲלֵיכֶם מַיִם טְהוֹרִים וּטְהַרְתֶּם, יחזקאל לו
מִכֹּל טֻמְאוֹתֵיכֶם וּמִכָּל־גִּלּוּלֵיכֶם אֲטַהֵר אֶתְכֶם: עַמְּךָ וְנַחֲלָתְךָ רְעֵבֵי
טוּבְךָ, צְמֵאֵי חַסְדֶּךָ, תְּאֵבֵי יִשְׁעֶךָ. יַכִּירוּ וְיֵדְעוּ, כִּי לַיהוה אֱלֹהֵינוּ
הָרַחֲמִים וְהַסְּלִיחוֹת.

אֵל רַחוּם שְׁמֶךָ. אֵל חַנּוּן שְׁמֶךָ. בָּנוּ נִקְרָא שְׁמֶךָ. יהוה עֲשֵׂה לְמַעַן שְׁמֶךָ. עֲשֵׂה לְמַעַן אֲמִתָּךְ. עֲשֵׂה לְמַעַן בְּרִיתָךְ. עֲשֵׂה לְמַעַן גָּדְלָךְ וְתִפְאַרְתָּךְ. עֲשֵׂה לְמַעַן דָּתָךְ. עֲשֵׂה לְמַעַן הוֹדָךְ. עֲשֵׂה לְמַעַן וִעוּדָךְ. עֲשֵׂה לְמַעַן זִכְרָךְ. עֲשֵׂה לְמַעַן חַסְדָּךְ. עֲשֵׂה לְמַעַן טוּבָךְ. עֲשֵׂה לְמַעַן יִחוּדָךְ. עֲשֵׂה לְמַעַן כְּבוֹדָךְ. עֲשֵׂה לְמַעַן לִמּוּדָךְ. עֲשֵׂה לְמַעַן מַלְכוּתָךְ. עֲשֵׂה לְמַעַן נִצְחָךְ. עֲשֵׂה לְמַעַן סוֹדָךְ. עֲשֵׂה לְמַעַן עֻזָּךְ. עֲשֵׂה לְמַעַן פְּאֵרָךְ. עֲשֵׂה לְמַעַן צִדְקָתָךְ. עֲשֵׂה לְמַעַן קְדֻשָּׁתָךְ. עֲשֵׂה לְמַעַן רַחֲמֶיךָ הָרַבִּים. עֲשֵׂה לְמַעַן שְׁכִינָתָךְ. עֲשֵׂה לְמַעַן תְּהִלָּתָךְ. עֲשֵׂה לְמַעַן אוֹהֲבֶיךָ שׁוֹכְנֵי עָפָר. עֲשֵׂה לְמַעַן אַבְרָהָם יִצְחָק וְיַעֲקֹב. עֲשֵׂה לְמַעַן מֹשֶׁה וְאַהֲרֹן. עֲשֵׂה לְמַעַן דָּוִד וּשְׁלֹמֹה. עֲשֵׂה לְמַעַן יְרוּשָׁלַיִם עִיר קָדְשֶׁךָ. עֲשֵׂה לְמַעַן צִיּוֹן מִשְׁכַּן כְּבוֹדֶךָ. עֲשֵׂה לְמַעַן שִׁמְמוֹת הֵיכָלֶךָ. עֲשֵׂה לְמַעַן הֲרִיסוּת מִזְבְּחֶךָ. עֲשֵׂה לְמַעַן הֲרוּגִים עַל שֵׁם קָדְשֶׁךָ. עֲשֵׂה לְמַעַן טְבוּחִים עַל יִחוּדֶךָ. עֲשֵׂה לְמַעַן בָּאֵי בָאֵשׁ וּבַמַּיִם עַל קִדּוּשׁ שְׁמֶךָ. עֲשֵׂה לְמַעַן יוֹנְקֵי שָׁדַיִם שֶׁלֹּא חָטְאוּ. עֲשֵׂה לְמַעַן גְּמוּלֵי חָלָב שֶׁלֹּא פָשְׁעוּ. עֲשֵׂה לְמַעַן תִּינוֹקוֹת שֶׁל בֵּית רַבָּן. עֲשֵׂה לְמַעַנְךָ אִם לֹא לְמַעֲנֵנוּ. עֲשֵׂה לְמַעַנְךָ וְהוֹשִׁיעֵנוּ.

עֲנֵנוּ יהוה עֲנֵנוּ. עֲנֵנוּ אֱלֹהֵינוּ עֲנֵנוּ. עֲנֵנוּ אָבִינוּ עֲנֵנוּ. עֲנֵנוּ בּוֹרְאֵנוּ עֲנֵנוּ. עֲנֵנוּ גּוֹאֲלֵנוּ עֲנֵנוּ. עֲנֵנוּ דּוֹרְשֵׁנוּ עֲנֵנוּ. עֲנֵנוּ הָאֵל הַנֶּאֱמָן עֲנֵנוּ. עֲנֵנוּ וָתִיק וְחָסִיד עֲנֵנוּ. עֲנֵנוּ זַךְ וְיָשָׁר עֲנֵנוּ. עֲנֵנוּ חַי וְקַיָּם עֲנֵנוּ. עֲנֵנוּ טוֹב וּמֵטִיב עֲנֵנוּ. עֲנֵנוּ יוֹדֵעַ יֵצֶר עֲנֵנוּ. עֲנֵנוּ כּוֹבֵשׁ כְּעָסִים עֲנֵנוּ. עֲנֵנוּ לוֹבֵשׁ צְדָקוֹת עֲנֵנוּ. עֲנֵנוּ מֶלֶךְ מַלְכֵי הַמְּלָכִים עֲנֵנוּ. עֲנֵנוּ נוֹרָא וְנִשְׂגָּב עֲנֵנוּ. עֲנֵנוּ סוֹלֵחַ

וּמוֹחֵל עֲנֵנוּ. עֲנֵנוּ עוֹנֶה בְּעֵת צָרָה עֲנֵנוּ. עֲנֵנוּ פּוֹדֶה וּמַצִּיל עֲנֵנוּ. עֲנֵנוּ צַדִּיק וְיָשָׁר עֲנֵנוּ. עֲנֵנוּ קָרוֹב לְקוֹרְאָיו עֲנֵנוּ. עֲנֵנוּ רַחוּם וְחַנּוּן עֲנֵנוּ. עֲנֵנוּ שׁוֹמֵעַ אֶל אֶבְיוֹנִים עֲנֵנוּ. עֲנֵנוּ תּוֹמֵךְ תְּמִימִים עֲנֵנוּ. עֲנֵנוּ אֱלֹהֵי אֲבוֹתֵינוּ עֲנֵנוּ. עֲנֵנוּ אֱלֹהֵי אַבְרָהָם עֲנֵנוּ. עֲנֵנוּ פַּחַד יִצְחָק עֲנֵנוּ. עֲנֵנוּ אֲבִיר יַעֲקֹב עֲנֵנוּ. עֲנֵנוּ עֶזְרַת הַשְּׁבָטִים עֲנֵנוּ. עֲנֵנוּ מִשְׂגַּב אִמָּהוֹת עֲנֵנוּ. עֲנֵנוּ קָשֶׁה לִכְעֹס עֲנֵנוּ. עֲנֵנוּ רַךְ לִרְצוֹת עֲנֵנוּ. עֲנֵנוּ עוֹנֶה בְּעֵת רָצוֹן עֲנֵנוּ. עֲנֵנוּ אֲבִי יְתוֹמִים עֲנֵנוּ. עֲנֵנוּ דַּיַּן אַלְמָנוֹת עֲנֵנוּ.

מִי שֶׁעָנָה לְאַבְרָהָם אָבִינוּ בְּהַר הַמּוֹרִיָּה, הוּא יַעֲנֵנוּ.
מִי שֶׁעָנָה לְיִצְחָק בְּנוֹ כְּשֶׁנֶּעֱקַד עַל גַּבֵּי הַמִּזְבֵּחַ, הוּא יַעֲנֵנוּ.
מִי שֶׁעָנָה לְיַעֲקֹב בְּבֵית אֵל, הוּא יַעֲנֵנוּ.
מִי שֶׁעָנָה לְיוֹסֵף בְּבֵית הָאֲסוּרִים, הוּא יַעֲנֵנוּ.
מִי שֶׁעָנָה לַאֲבוֹתֵינוּ עַל יַם סוּף, הוּא יַעֲנֵנוּ.
מִי שֶׁעָנָה לְמֹשֶׁה בְּחוֹרֵב, הוּא יַעֲנֵנוּ.
מִי שֶׁעָנָה לְאַהֲרֹן בַּמַּחְתָּה, הוּא יַעֲנֵנוּ.
מִי שֶׁעָנָה לְפִינְחָס בְּקוּמוֹ מִתּוֹךְ הָעֵדָה, הוּא יַעֲנֵנוּ.
מִי שֶׁעָנָה לִיהוֹשֻׁעַ בַּגִּלְגָּל, הוּא יַעֲנֵנוּ.
מִי שֶׁעָנָה לִשְׁמוּאֵל בַּמִּצְפָּה, הוּא יַעֲנֵנוּ.
מִי שֶׁעָנָה לְדָוִד וּשְׁלֹמֹה בְנוֹ בִּירוּשָׁלָיִם, הוּא יַעֲנֵנוּ.
מִי שֶׁעָנָה לְאֵלִיָּהוּ בְּהַר הַכַּרְמֶל, הוּא יַעֲנֵנוּ.
מִי שֶׁעָנָה לֶאֱלִישָׁע בִּירִיחוֹ, הוּא יַעֲנֵנוּ.
מִי שֶׁעָנָה לְיוֹנָה בִּמְעֵי הַדָּגָה, הוּא יַעֲנֵנוּ.
מִי שֶׁעָנָה לְחִזְקִיָּהוּ מֶלֶךְ יְהוּדָה בְּחָלְיוֹ, הוּא יַעֲנֵנוּ.
מִי שֶׁעָנָה לַחֲנַנְיָה מִישָׁאֵל וַעֲזַרְיָה בְּתוֹךְ כִּבְשַׁן הָאֵשׁ, הוּא יַעֲנֵנוּ.
מִי שֶׁעָנָה לְדָנִיֵּאל בְּגוֹב הָאֲרָיוֹת, הוּא יַעֲנֵנוּ.
מִי שֶׁעָנָה לְמָרְדְּכַי וְאֶסְתֵּר בְּשׁוּשַׁן הַבִּירָה, הוּא יַעֲנֵנוּ.
מִי שֶׁעָנָה לְעֶזְרָא בַּגּוֹלָה, הוּא יַעֲנֵנוּ.
מִי שֶׁעָנָה לְכָל הַצַּדִּיקִים וְהַחֲסִידִים וְהַתְּמִימִים וְהַיְשָׁרִים, הוּא יַעֲנֵנוּ.

רַחֲמָנָא דְּעָנֵי לַעֲנִיֵּי עֲנֵינָן.
רַחֲמָנָא דְּעָנֵי לִתְבִירֵי לִבָּא עֲנֵינָן.
רַחֲמָנָא דְּעָנֵי לְמַכִּיכֵי רוּחָא עֲנֵינָן.
רַחֲמָנָא עֲנֵינָן.
רַחֲמָנָא חוּס, רַחֲמָנָא פְּרֹק, רַחֲמָנָא שֵׁיזִב.
רַחֲמָנָא רַחֵם עֲלָן, הַשְׁתָּא בַּעֲגָלָא וּבִזְמַן קָרִיב.

נפילת אפיים

יושבים, ובמקום שיש בו ספר תורה, נופלים אפיים:
משעינים את הראש על היד שאין בה תפילין (ומי שאין לו תפילין, על יד שמאל),
ומכסים את הפנים (ספר מהרי״ל, סב).

לפני נפילת אפיים נוהגים לומר את הפסוק ׳וַיֹּאמֶר דָּוִד אֶל־גָּד׳ (קיצור של״ה).

וַיֹּאמֶר דָּוִד אֶל־גָּד, צַר־לִי מְאֹד שמואל ב׳ כד
נִפְּלָה־נָּא בְיַד־יהוה, כִּי־רַבִּים רַחֲמָו, וּבְיַד־אָדָם אַל־אֶפֹּלָה:

רַחוּם וְחַנּוּן, חָטָאתִי לְפָנֶיךָ.
יהוה מָלֵא רַחֲמִים, רַחֵם עָלַי וְקַבֵּל תַּחֲנוּנָי.

נוהגים לומר את מזמור ו (מנהגי מהר״י טירנא):

יהוה, אַל־בְּאַפְּךָ תוֹכִיחֵנִי, וְאַל־בַּחֲמָתְךָ תְיַסְּרֵנִי: תהלים ו
חָנֵּנִי יהוה, כִּי אֻמְלַל אָנִי, רְפָאֵנִי יהוה, כִּי נִבְהֲלוּ עֲצָמָי:
וְנַפְשִׁי נִבְהֲלָה מְאֹד, וְאַתָּ יהוה, עַד־מָתָי:
שׁוּבָה יהוה, חַלְּצָה נַפְשִׁי, הוֹשִׁיעֵנִי לְמַעַן חַסְדֶּךָ:
כִּי אֵין בַּמָּוֶת זִכְרֶךָ, בִּשְׁאוֹל מִי יוֹדֶה־לָּךְ:
יָגַעְתִּי בְּאַנְחָתִי, אַשְׂחֶה בְכָל־לַיְלָה מִטָּתִי
בְּדִמְעָתִי עַרְשִׂי אַמְסֶה:
עָשְׁשָׁה מִכַּעַס עֵינִי, עָתְקָה בְּכָל־צוֹרְרָי:
סוּרוּ מִמֶּנִּי כָּל־פֹּעֲלֵי אָוֶן, כִּי שָׁמַע יהוה קוֹל בִּכְיִי:
שָׁמַע יהוה תְּחִנָּתִי, יהוה תְּפִלָּתִי יִקָּח:
יֵבֹשׁוּ וְיִבָּהֲלוּ מְאֹד כָּל־אֹיְבָי, יָשֻׁבוּ יֵבֹשׁוּ רָגַע: כאן מרימים את הראש.

מַחֵי וּמַסֵּי, מֵמִית וּמְחַיֶּה, מַסֵּיק מִן שְׁאוֹל לְחַיֵּי עָלְמָא.
בְּרָא כַּד חָטֵא, אֲבוּהִי לַקְיֵהּ, אֲבוּהִי דְחָיֵס מַסֵּא לִכְאֵבֵהּ.
עַבְדָּא דְמָרֵיד נָפֵיק בְּקוֹלָר, מָרֵהּ תָּאֵיב וְתָבַר קוֹלָרֵהּ.

בְּרָךְ בְּכֹרָךְ אֲנַן וְחָטֵינַן קַמָּךְ, הָא רְוֵי נַפְשַׁן בְּגִדִין מְרָרִין.
עַבְדָּךְ אֲנַן וּמָרְדִנַן קַמָּךְ, הָא בְּבִזְּתָא הָא בְּשִׁבְיְתָא הָא בְּמַלְקְיוּתָא.
בְּמָטוּ מִנָּךְ בְּרַחֲמָךְ דִּנְפִישִׁין, אַסֵּי לִכְאֵבָא דִּתְקֵף עֲלַן
עַד דְּלָא נֶהֱוֵי גְמִירָא בְּשִׁבְיָא.

אנו פונים אל משרתי כיסא הכבוד, ומבקשים מהם להעביר את תפילתנו אל ה׳, אשר יחזיר לנו את המלוכה וישפיע לנו ברכה.

סז. מחבר: רבי שמעון בר יצחק

שֶׁבֶת הַכִּסֵּא אֲשֶׁר לְמַעְלָה מְנֻשָּׂא
יְחַלֶּה בַּעֲדֵנוּ לְצוּר הַמִּתְנַשֵּׂא
מֶלֶךְ עַל כִּסֵּא לְעַמּוֹ יְהִי מַחְסֶה
וְיַבִּיט בְּצוּרַת תָּם חֲקוּקָה בַּכִּסֵּא.

עַל הַיָּמִין אַרְיֵה יְחַלֶּה פְּנֵי אֶהְיֶה
יָחֹן וְיָחוּס לְזֶרַע כֹּה יִהְיֶה
וְיִשְׁעֵנוּ יִהְיֶה וְאוֹתָנוּ יְחַיֶּה
וְיָשִׁיב הַמְּלוּכָה לְזֶרַע גּוּר אַרְיֵה.

נָא מֵהַשְּׂמֹאל שׁוֹר פְּגִיעָתֵנוּ יִתְשֹׁר
לְלַמְּדֵנוּ הֵיטֵב חִמּוּצֵנוּ לְאַשֵּׁר
בְּרָכוֹת יָחֵשׁ וּמְרוּדֵנוּ יַעֲשֹׁר
וְיָשִׁיב לְבִצָּרוֹן הַדְרַת הוֹד בְּכוֹר שׁוֹר.

רְאִיַּת פְּנֵי אָדָם תְּחִנָּתֵנוּ יְקַדֵּם
לִפְנֵי צוּר מָעוֹז יוֹצֵר הָאָדָם
יַלְבִּין הַמְאָדָּם וִיעוֹרֵר הַנִּרְדָּם
וְיִרְבֶּה הַמִּשְׂרָה לִקְרוּאֵי צֹאן אָדָם.

צִפְצוּף הַנֶּשֶׁר בִּכְנָפָיו יְחַשֵּׁר
וְיָלִיץ צִדְקֵנוּ פְּנֵי אוֹהֵב יֹשֶׁר
חֶלְקֵנוּ יַכְשֵׁר וְעַפְעַפֵּינוּ יְיַשֵּׁר
וִידַבֵּר בִּצְדָקָה לְעַם נְשׂוּאֵי נֶשֶׁר.

קְדִישֵׁי עֶלְיוֹנִים שְׂרָפִים וְאוֹפַנִּים
הַשְׁמִיעוּ תְּפִלּוֹתֵינוּ פְּנֵי אֲדֹנֵי הָאֲדוֹנִים
וְיִזְכֹּר רִאשׁוֹנִים וְאַהֲבַת אֵיתָנִים
וִיקַיֵּם שְׁבוּעָה לְדוֹרוֹת אַחֲרוֹנִים.

יש הנוהגים שלא לומר תחינה זו.

מַכְנִיסֵי רַחֲמִים, הַכְנִיסוּ רַחֲמֵינוּ לִפְנֵי בַּעַל הָרַחֲמִים. מַשְׁמִיעֵי תְפִלָּה, הַשְׁמִיעוּ תְפִלָּתֵנוּ לִפְנֵי שׁוֹמֵעַ תְּפִלָּה. מַשְׁמִיעֵי צְעָקָה, הַשְׁמִיעוּ צַעֲקָתֵנוּ לִפְנֵי שׁוֹמֵעַ צְעָקָה. מַכְנִיסֵי דִמְעָה, הַכְנִיסוּ דִּמְעוֹתֵינוּ לִפְנֵי מֶלֶךְ מִתְרַצֶּה בִּדְמָעוֹת. הִשְׁתַּדְּלוּ וְהַרְבּוּ תְחִנָּה וּבַקָּשָׁה לִפְנֵי מֶלֶךְ אֵל רָם וְנִשָּׂא. הַזְכִּירוּ לְפָנָיו הַשְׁמִיעוּ לְפָנָיו תּוֹרָה וּמַעֲשִׂים טוֹבִים שֶׁל שׁוֹכְנֵי עָפָר. יִזְכֹּר אַהֲבָתָם וִיחַיֶּה זַרְעָם, שֶׁלֹּא תֹאבַד שְׁאֵרִית יַעֲקֹב. כִּי צֹאן רוֹעֶה נֶאֱמָן הָיָה לְחֶרְפָּה, יִשְׂרָאֵל גּוֹי אֶחָד לְמָשָׁל וְלִשְׁנִינָה. מַהֵר עֲנֵנוּ אֱלֹהֵי יִשְׁעֵנוּ, וּפְדֵנוּ מִכָּל גְּזֵרוֹת קָשׁוֹת, וְהוֹשִׁיעָה בְּרַחֲמֶיךָ הָרַבִּים מְשִׁיחַ צִדְקֶךָ וְעַמֶּךָ.

מָרָן דְּבִשְׁמַיָּא לָךְ מִתְחַנַּנַן, כְּבַר שִׁבְיָא דְּמִתְחַנַּן לְשַׁבָּיֵהּ.
כֻּלְּהוֹן בְּנֵי שִׁבְיָא בְּכַסְפָּא מִתְפָּרְקִין
וְעַמָּךְ בֵּית יִשְׂרָאֵל בְּרַחֲמֵי וּבְתַחֲנוּנֵי.
הַב לַן שְׁאֶלְתִּין וּבָעוּתִין, דְּלָא נֶהְדַּר רֵיקָם מִן קֳדָמָךְ.

מָרָן דְּבִשְׁמַיָּא לָךְ מִתְחַנַּנַן, כְּעַבְדָּא דְּמִתְחַנַּן לְמָרֵהּ.
עֲשִׁיקֵי אֲנַן וּבַחֲשׁוֹכָא שָׁרֵינָן.
מְרִירָן נַפְשִׁין מֵעַקְתִין דִּנְפִישִׁין.
חֵילָא לֵית בַּן לְרַצּוּיָךְ, מָרָן.
עֲבֵד בְּדִיל קְיָמָא דִּגְזַרְתְּ עִם אֲבָהָתָנָא.

הפיוט ׳שׁוֹמֵר יִשְׂרָאֵל׳ חותם את הסליחות בחודש אלול ובעשרת ימי תשובה.

שׁוֹמֵר יִשְׂרָאֵל, שְׁמֹר שְׁאֵרִית יִשְׂרָאֵל, וְאַל יֹאבַד יִשְׂרָאֵל
הָאוֹמְרִים שְׁמַע יִשְׂרָאֵל.

שׁוֹמֵר גּוֹי אֶחָד, שְׁמֹר שְׁאֵרִית עַם אֶחָד, וְאַל יֹאבַד גּוֹי אֶחָד
הַמְיַחֲדִים שִׁמְךָ, יהוה אֱלֹהֵינוּ יהוה אֶחָד.

שׁוֹמֵר גּוֹי קָדוֹשׁ, שְׁמֹר שְׁאֵרִית עַם קָדוֹשׁ, וְאַל יֹאבַד גּוֹי קָדוֹשׁ
הַמְשַׁלְּשִׁים בְּשָׁלֹשׁ קְדֻשּׁוֹת לְקָדוֹשׁ.

מִתְרַצֶּה בְּרַחֲמִים וּמִתְפַּיֵּס בְּתַחֲנוּנִים, הִתְרַצֶּה וְהִתְפַּיֵּס לְדוֹר עָנִי
כִּי אֵין עוֹזֵר.

אָבִינוּ מַלְכֵּנוּ, חָנֵּנוּ וַעֲנֵנוּ, כִּי אֵין בָּנוּ מַעֲשִׂים
עֲשֵׂה עִמָּנוּ צְדָקָה וָחֶסֶד וְהוֹשִׁיעֵנוּ.

לקט הפסוקים מסדר רב עמרם גאון מבטא את תחושתו של האדם,
שלאחר שהתפלל בכל אופן שהוא מכיר, מוסר את דינו לשמים (טור, קלא).

עומדים במקום המסומן ב׳ (מג״א קלא, ד בשם השל״ה).

וַאֲנַחְנוּ לֹא נֵדַע ׳מַה־נַּעֲשֶׂה, כִּי עָלֶיךָ עֵינֵינוּ: — דברי הימים ב׳ כ

זְכֹר־רַחֲמֶיךָ יהוה וַחֲסָדֶיךָ, כִּי מֵעוֹלָם הֵמָּה: — תהלים כה

יְהִי־חַסְדְּךָ יהוה עָלֵינוּ, כַּאֲשֶׁר יִחַלְנוּ לָךְ: — תהלים לג

אַל־תִּזְכָּר־לָנוּ עֲוֹנֹת רִאשֹׁנִים — תהלים עט
מַהֵר יְקַדְּמוּנוּ רַחֲמֶיךָ, כִּי דַלּוֹנוּ מְאֹד:

עֶזְרֵנוּ בְּשֵׁם יהוה, עֹשֵׂה שָׁמַיִם וָאָרֶץ: — תהלים קכד

חָנֵּנוּ יהוה חָנֵּנוּ, כִּי־רַב שָׂבַעְנוּ בוּז: — תהלים קכג

בְּרֹגֶז רַחֵם תִּזְכּוֹר: — חבקוק ג

[בְּרֹגֶז עֲקֵדָה תִּזְכֹּר, בְּרֹגֶז תְּמִימוּת תִּזְכֹּר.
יהוה הוֹשִׁיעָה, הַמֶּלֶךְ יַעֲנֵנוּ בְיוֹם־קָרְאֵנוּ:] — תהלים כ

כִּי־הוּא יָדַע יִצְרֵנוּ, זָכוּר כִּי־עָפָר אֲנָחְנוּ: — תהלים קג

עָזְרֵנוּ אֱלֹהֵי יִשְׁעֵנוּ עַל־דְּבַר כְּבוֹד־שְׁמֶךָ — תהלים עט
וְהַצִּילֵנוּ וְכַפֵּר עַל־חַטֹּאתֵינוּ לְמַעַן שְׁמֶךָ:

קדיש שלם

ש״ץ: יִתְגַּדַּל וְיִתְקַדַּשׁ שְׁמֵהּ רַבָּא (קהל: אָמֵן)
בְּעָלְמָא דִּי בְרָא כִרְעוּתֵהּ
וְיַמְלִיךְ מַלְכוּתֵהּ [וְיַצְמַח פֻּרְקָנֵהּ וִיקָרֵב מְשִׁיחֵהּ (קהל: אָמֵן)]
בְּחַיֵּיכוֹן וּבְיוֹמֵיכוֹן וּבְחַיֵּי דְכָל בֵּית יִשְׂרָאֵל
בַּעֲגָלָא וּבִזְמַן קָרִיב
וְאִמְרוּ אָמֵן. (קהל: אָמֵן)

קהל וש״ץ: יְהֵא שְׁמֵהּ רַבָּא מְבָרַךְ לְעָלַם וּלְעָלְמֵי עָלְמַיָּא.

ש״ץ: יִתְבָּרַךְ וְיִשְׁתַּבַּח וְיִתְפָּאַר וְיִתְרוֹמַם וְיִתְנַשֵּׂא
וְיִתְהַדָּר וְיִתְעַלֶּה וְיִתְהַלָּל
שְׁמֵהּ דְּקֻדְשָׁא בְּרִיךְ הוּא (קהל: אָמֵן)
לְעֵלָּא לְעֵלָּא מִכָּל בִּרְכָתָא וְשִׁירָתָא, תֻּשְׁבְּחָתָא וְנֶחֱמָתָא
דַּאֲמִירָן בְּעָלְמָא
וְאִמְרוּ אָמֵן. (קהל: אָמֵן)

תִּתְקַבַּל צְלוֹתְהוֹן וּבָעוּתְהוֹן דְּכָל בֵּית יִשְׂרָאֵל
קֳדָם אֲבוּהוֹן דִּי בִשְׁמַיָּא
וְאִמְרוּ אָמֵן. (קהל: אָמֵן)

יְהֵא שְׁלָמָא רַבָּא מִן שְׁמַיָּא
וְחַיִּים [טוֹבִים] עָלֵינוּ וְעַל כָּל יִשְׂרָאֵל
וְאִמְרוּ אָמֵן. (קהל: אָמֵן)

כורע ופוסע שלוש פסיעות לאחור. קד לשמאל, לימין ולפנים באמירת:
עֹשֶׂה הַשָּׁלוֹם בִּמְרוֹמָיו
הוּא יַעֲשֶׂה שָׁלוֹם עָלֵינוּ וְעַל כָּל יִשְׂרָאֵל
וְאִמְרוּ אָמֵן. (קהל: אָמֵן)

סליחות ליום ד׳ של עשי״ת

אַשְׁרֵי יוֹשְׁבֵי בֵיתֶךָ, עוֹד יְהַלְלְוּךָ סֶּלָה: תהלים פד

אַשְׁרֵי הָעָם שֶׁכָּכָה לּוֹ, אַשְׁרֵי הָעָם שֶׁיהוה אֱלֹהָיו: תהלים קמד

תְּהִלָּה לְדָוִד תהלים קמה

אֲרוֹמִמְךָ אֱלוֹהַי הַמֶּלֶךְ, וַאֲבָרְכָה שִׁמְךָ לְעוֹלָם וָעֶד:
בְּכָל־יוֹם אֲבָרְכֶךָּ, וַאֲהַלְלָה שִׁמְךָ לְעוֹלָם וָעֶד:
גָּדוֹל יהוה וּמְהֻלָּל מְאֹד, וְלִגְדֻלָּתוֹ אֵין חֵקֶר:
דּוֹר לְדוֹר יְשַׁבַּח מַעֲשֶׂיךָ, וּגְבוּרֹתֶיךָ יַגִּידוּ:
הֲדַר כְּבוֹד הוֹדֶךָ, וְדִבְרֵי נִפְלְאֹתֶיךָ אָשִׂיחָה:
וֶעֱזוּז נוֹרְאֹתֶיךָ יֹאמֵרוּ, וּגְדוּלָּתְךָ אֲסַפְּרֶנָּה:
זֵכֶר רַב־טוּבְךָ יַבִּיעוּ, וְצִדְקָתְךָ יְרַנֵּנוּ:
חַנּוּן וְרַחוּם יהוה, אֶרֶךְ אַפַּיִם וּגְדָל־חָסֶד:
טוֹב־יהוה לַכֹּל, וְרַחֲמָיו עַל־כָּל־מַעֲשָׂיו:
יוֹדְוּךָ יהוה כָּל־מַעֲשֶׂיךָ, וַחֲסִידֶיךָ יְבָרְכְוּכָה:
כְּבוֹד מַלְכוּתְךָ יֹאמֵרוּ, וּגְבוּרָתְךָ יְדַבֵּרוּ:
לְהוֹדִיעַ לִבְנֵי הָאָדָם גְּבוּרֹתָיו, וּכְבוֹד הֲדַר מַלְכוּתוֹ:
מַלְכוּתְךָ מַלְכוּת כָּל־עֹלָמִים, וּמֶמְשַׁלְתְּךָ בְּכָל־דּוֹר וָדֹר:
סוֹמֵךְ יהוה לְכָל־הַנֹּפְלִים, וְזוֹקֵף לְכָל־הַכְּפוּפִים:
עֵינֵי־כֹל אֵלֶיךָ יְשַׂבֵּרוּ, וְאַתָּה נוֹתֵן־לָהֶם אֶת־אָכְלָם בְּעִתּוֹ:
פּוֹתֵחַ אֶת־יָדֶךָ, וּמַשְׂבִּיעַ לְכָל־חַי רָצוֹן:
צַדִּיק יהוה בְּכָל־דְּרָכָיו, וְחָסִיד בְּכָל־מַעֲשָׂיו:
קָרוֹב יהוה לְכָל־קֹרְאָיו, לְכֹל אֲשֶׁר יִקְרָאֻהוּ בֶאֱמֶת:
רְצוֹן־יְרֵאָיו יַעֲשֶׂה, וְאֶת־שַׁוְעָתָם יִשְׁמַע, וְיוֹשִׁיעֵם:

שׁוֹמֵר יהוה אֶת־כָּל־אֹהֲבָיו, וְאֵת כָּל־הָרְשָׁעִים יַשְׁמִיד:
תְּהִלַּת יהוה יְדַבֶּר פִּי, וִיבָרֵךְ כָּל־בָּשָׂר שֵׁם קָדְשׁוֹ לְעוֹלָם וָעֶד:
וַאֲנַחְנוּ נְבָרֵךְ יָהּ מֵעַתָּה וְעַד־עוֹלָם, הַלְלוּיָהּ: תהלים קטו

וְעַתָּה יִגְדַּל־נָא כֹּחַ אֲדֹנָי כַּאֲשֶׁר דִּבַּרְתָּ לֵאמֹר: במדבר יד
זְכֹר־רַחֲמֶיךָ יהוה וַחֲסָדֶיךָ כִּי מֵעוֹלָם הֵמָּה: תהלים כה

חצי קדיש

ש״ץ: יִתְגַּדַּל וְיִתְקַדַּשׁ שְׁמֵהּ רַבָּא (קהל: אָמֵן)
בְּעָלְמָא דִּי בְרָא כִרְעוּתֵהּ
וְיַמְלִיךְ מַלְכוּתֵהּ [וְיַצְמַח פֻּרְקָנֵהּ וִיקָרֵב מְשִׁיחֵהּ (קהל: אָמֵן)]
בְּחַיֵּיכוֹן וּבְיוֹמֵיכוֹן וּבְחַיֵּי דְכָל בֵּית יִשְׂרָאֵל
בַּעֲגָלָא וּבִזְמַן קָרִיב, וְאִמְרוּ אָמֵן. (קהל: אָמֵן)

קהל וש״ץ: יְהֵא שְׁמֵהּ רַבָּא מְבָרַךְ לְעָלַם וּלְעָלְמֵי עָלְמַיָּא.

ש״ץ: יִתְבָּרַךְ וְיִשְׁתַּבַּח וְיִתְפָּאַר וְיִתְרוֹמַם וְיִתְנַשֵּׂא
וְיִתְהַדָּר וְיִתְעַלֶּה וְיִתְהַלָּל
שְׁמֵהּ דְּקֻדְשָׁא בְּרִיךְ הוּא (קהל: אָמֵן)
לְעֵלָּא לְעֵלָּא מִכָּל בִּרְכָתָא וְשִׁירָתָא, תֻּשְׁבְּחָתָא וְנֶחֱמָתָא
דַּאֲמִירָן בְּעָלְמָא, וְאִמְרוּ אָמֵן. (קהל: אָמֵן)

לְךָ אֲדֹנָי הַצְּדָקָה, וְלָנוּ בֹּשֶׁת הַפָּנִים: דניאל ט
מַה נִּתְאוֹנֵן וּמַה נֹּאמַר, מַה־נְּדַבֵּר וּמַה־נִּצְטַדָּק: בראשית מד
נַחְפְּשָׂה דְרָכֵינוּ וְנַחְקֹרָה וְנָשׁוּבָה אֵלֶיךָ, כִּי יְמִינְךָ פְשׁוּטָה לְקַבֵּל שָׁבִים.
לֹא בְחֶסֶד וְלֹא בְמַעֲשִׂים בָּאנוּ לְפָנֶיךָ, כְּדַלִּים וּכְרָשִׁים דָּפַקְנוּ דְלָתֶיךָ.
דְּלָתֶיךָ דָּפַקְנוּ רַחוּם וְחַנּוּן, נָא אַל תְּשִׁיבֵנוּ רֵיקָם מִלְּפָנֶיךָ.
מִלְּפָנֶיךָ מַלְכֵּנוּ רֵיקָם אַל תְּשִׁיבֵנוּ, כִּי אַתָּה שׁוֹמֵעַ תְּפִלָּה.

תהלים סה שְׁמֵעַ תְּפִלָּה, עָדֶיךָ כָּל־בָּשָׂר יָבֹאוּ:
יָבוֹא כָל בָּשָׂר לְהִשְׁתַּחֲוֹת לְפָנֶיךָ יהוה.
תהלים פו יָבֹאוּ וְיִשְׁתַּחֲווּ לְפָנֶיךָ אֲדֹנָי, וִיכַבְּדוּ לִשְׁמֶךָ:
תהלים צה בֹּאוּ נִשְׁתַּחֲוֶה וְנִכְרָעָה, נִבְרְכָה לִפְנֵי־יהוה עֹשֵׂנוּ:
תהלים קלב נָבוֹאָה לְמִשְׁכְּנוֹתָיו, נִשְׁתַּחֲוֶה לַהֲדֹם רַגְלָיו:
תהלים ק בֹּאוּ שְׁעָרָיו בְּתוֹדָה חֲצֵרֹתָיו בִּתְהִלָּה
הוֹדוּ לוֹ בָּרְכוּ שְׁמוֹ:
וַאֲנַחְנוּ בְּרֹב חַסְדְּךָ נָבוֹא בֵיתֶךָ
נִשְׁתַּחֲוֶה אֶל הֵיכַל קָדְשְׁךָ בְּיִרְאָתֶךָ.
תהלים קלד הִנֵּה בָּרְכוּ אֶת־יהוה כָּל־עַבְדֵי יהוה
הָעֹמְדִים בְּבֵית־יהוה בַּלֵּילוֹת:
שְׂאוּ־יְדֵכֶם קֹדֶשׁ, וּבָרְכוּ אֶת־יהוה:
תהלים צט רוֹמְמוּ יהוה אֱלֹהֵינוּ וְהִשְׁתַּחֲווּ לַהֲדֹם רַגְלָיו, קָדוֹשׁ הוּא:
רוֹמְמוּ יהוה אֱלֹהֵינוּ וְהִשְׁתַּחֲווּ לְהַר קָדְשׁוֹ
כִּי־קָדוֹשׁ יהוה אֱלֹהֵינוּ:
תהלים צו הִשְׁתַּחֲווּ לַיהוה בְּהַדְרַת־קֹדֶשׁ, חִילוּ מִפָּנָיו כָּל־הָאָרֶץ:
נִשְׁתַּחֲוֶה אֶל הֵיכַל קָדְשְׁךָ וְנוֹדֶה אֶת שְׁמֶךָ
עַל חַסְדְּךָ וְעַל אֲמִתֶּךָ
כִּי הִגְדַּלְתָּ עַל כָּל שִׁמְךָ אִמְרָתֶךָ.
תהלים פט יהוה אֱלֹהֵי צְבָאוֹת מִי־כָמוֹךָ חֲסִין יָהּ, וֶאֱמוּנָתְךָ סְבִיבוֹתֶיךָ:
כִּי מִי בַשַּׁחַק יַעֲרֹךְ לַיהוה, יִדְמֶה לַיהוה בִּבְנֵי אֵלִים:
תהלים פו כִּי־גָדוֹל אַתָּה וְעֹשֵׂה נִפְלָאוֹת, אַתָּה אֱלֹהִים לְבַדֶּךָ:
תהלים קח כִּי־גָדוֹל מֵעַל־שָׁמַיִם חַסְדֶּךָ, וְעַד־שְׁחָקִים אֲמִתֶּךָ:
תהלים קמה גָּדוֹל יהוה וּמְהֻלָּל מְאֹד, וְלִגְדֻלָּתוֹ אֵין חֵקֶר:
תהלים צו כִּי גָדוֹל יהוה וּמְהֻלָּל מְאֹד, נוֹרָא הוּא עַל־כָּל־אֱלֹהִים:
תהלים צה כִּי אֵל גָּדוֹל יהוה, וּמֶלֶךְ גָּדוֹל עַל־כָּל־אֱלֹהִים:
דברים ג אֲשֶׁר מִי־אֵל בַּשָּׁמַיִם וּבָאָרֶץ אֲשֶׁר־יַעֲשֶׂה כְמַעֲשֶׂיךָ וְכִגְבוּרֹתֶךָ:

מִי לֹא יִרָאֲךָ מֶלֶךְ הַגּוֹיִם כִּי לְךָ יָאָתָה ירמיה י
כִּי בְכָל־חַכְמֵי הַגּוֹיִם וּבְכָל־מַלְכוּתָם מֵאֵין כָּמְוֹךָ:
מֵאֵין כָּמְוֹךָ יהוה, גָּדוֹל אַתָּה וְגָדוֹל שִׁמְךָ בִּגְבוּרָה:
לְךָ זְרוֹעַ עִם־גְּבוּרָה, תָּעֹז יָדְךָ תָּרוּם יְמִינֶךָ: תהלים פט
לְךָ יוֹם אַף־לְךָ לָיְלָה, אַתָּה הֲכִינְוֹתָ מָאוֹר וָשָׁמֶשׁ: תהלים עד
אֲשֶׁר בְּיָדוֹ מֶחְקְרֵי־אָרֶץ, וְתוֹעֲפוֹת הָרִים לוֹ: תהלים צה
מִי יְמַלֵּל גְּבוּרוֹת יהוה, יַשְׁמִיעַ כָּל־תְּהִלָּתוֹ: תהלים קו
לְךָ יהוה הַגְּדֻלָּה וְהַגְּבוּרָה וְהַתִּפְאֶרֶת וְהַנֵּצַח וְהַהוֹד דברי הימים א׳ כט
כִּי־כֹל בַּשָּׁמַיִם וּבָאָרֶץ
לְךָ יהוה הַמַּמְלָכָה וְהַמִּתְנַשֵּׂא לְכֹל לְרֹאשׁ:
לְךָ שָׁמַיִם אַף־לְךָ אָרֶץ, תֵּבֵל וּמְלֹאָהּ אַתָּה יְסַדְתָּם: תהלים פט
אַתָּה הִצַּבְתָּ כָּל־גְּבוּלוֹת אָרֶץ, קַיִץ וָחֹרֶף אַתָּה יְצַרְתָּם: תהלים עד
אַתָּה רִצַּצְתָּ רָאשֵׁי לִוְיָתָן, תִּתְּנֶנּוּ מַאֲכָל לְעָם לְצִיִּים:
אַתָּה בָקַעְתָּ מַעְיָן וָנָחַל, אַתָּה הוֹבַשְׁתָּ נַהֲרוֹת אֵיתָן:
אַתָּה פוֹרַרְתָּ בְעָזְּךָ יָם, שִׁבַּרְתָּ רָאשֵׁי תַנִּינִים עַל־הַמָּיִם:
אַתָּה מוֹשֵׁל בְּגֵאוּת הַיָּם, בְּשׂוֹא גַלָּיו אַתָּה תְשַׁבְּחֵם: תהלים פט
גָּדוֹל יהוה וּמְהֻלָּל מְאֹד, בְּעִיר אֱלֹהֵינוּ הַר־קָדְשׁוֹ: תהלים מח
יהוה צְבָאוֹת אֱלֹהֵי יִשְׂרָאֵל יֹשֵׁב הַכְּרֻבִים ישעיה לז
אַתָּה־הוּא הָאֱלֹהִים לְבַדֶּךָ:
אֵל נַעֲרָץ בְּסוֹד־קְדֹשִׁים רַבָּה, וְנוֹרָא עַל־כָּל־סְבִיבָיו: תהלים פט
וְיוֹדוּ שָׁמַיִם פִּלְאֲךָ יהוה, אַף־אֱמוּנָתְךָ בִּקְהַל קְדֹשִׁים:
לְכוּ נְרַנְּנָה לַיהוה, נָרִיעָה לְצוּר יִשְׁעֵנוּ: תהלים צה
נְקַדְּמָה פָנָיו בְּתוֹדָה, בִּזְמִרוֹת נָרִיעַ לוֹ:
צֶדֶק וּמִשְׁפָּט מְכוֹן כִּסְאֶךָ, חֶסֶד וֶאֱמֶת יְקַדְּמוּ פָנֶיךָ: תהלים פט
אֲשֶׁר יַחְדָּו נַמְתִּיק סוֹד, בְּבֵית אֱלֹהִים נְהַלֵּךְ בְּרָגֶשׁ: תהלים נה
אֲשֶׁר־לוֹ הַיָּם וְהוּא עָשָׂהוּ, וְיַבֶּשֶׁת יָדָיו יָצָרוּ: תהלים צה
אֲשֶׁר בְּיָדוֹ נֶפֶשׁ כָּל־חָי, וְרוּחַ כָּל־בְּשַׂר־אִישׁ: איוב יב

הַנְּשָׁמָה לָךְ וְהַגּוּף פָּעֳלָךְ, חוּסָה עַל עֲמָלָךְ.
הַנְּשָׁמָה לָךְ וְהַגּוּף שֶׁלָּךְ, יהוה עֲשֵׂה לְמַעַן שְׁמֶךָ.
אָתָאנוּ עַל שִׁמְךָ, יהוה עֲשֵׂה לְמַעַן שְׁמֶךָ
בַּעֲבוּר כְּבוֹד שִׁמְךָ, כִּי אֵל חַנּוּן וְרַחוּם שְׁמֶךָ.
לְמַעַן שִׁמְךָ יהוה, וְסָלַחְתָּ לַעֲוֹנֵנוּ כִּי רַב הוּא.

סְלַח לָנוּ, אָבִינוּ, כִּי בְּרֹב אִוַּלְתֵּנוּ שָׁגִינוּ.
מְחַל לָנוּ, מַלְכֵּנוּ, כִּי רַבּוּ עֲוֹנֵינוּ.

בעבר היו ישראל ברום המעלה, אך כיום הם שפלים מאוד. למרות מצבם המייאש ישראל לא הסירו את מבטחם מעם ה׳, ובשכר זאת הם מבקשים להיגאל.

סח. מחבר: מיוחס לרבי שמואל הכהן

שׁוֹשַׁנַּת וֶרֶד בֵּין חוֹחִים גְּדוֹלֶיהָ
אֲשֶׁר כְּמִגְדְּלוֹת שָׁדֶיהָ וּפַעֲמֵי נְעָלֶיהָ
וְלָמָּה הֻבְקְעוּ חוֹמוֹתֶיהָ וְהָלְכוּ שְׁבִי עוֹלָלֶיהָ
עַל הֶהָרִים נִגְּפוּ רַגְלֶיהָ.

מוֹשֶׁלֶת אַפְסֵי אֶרֶץ שַׁלְטָנִית וּגְבִירָה
אֲשֶׁר שִׁכְנְךָ אָז בְּתוֹכָהּ שָׂרָה
וְלָמָּה כְּסֻכָּה בְּכֶרֶם וְכִמְלוּנָה נוֹתְרָה
מַלְכָּהּ וְשָׂרֶיהָ בַגּוֹיִם אֵין תּוֹרָה: איכה ב

וְעוּדָה בְּנָשִׁים מֵעַמִּים מְהֻלָּלָה
אֲשֶׁר עַל כָּל עַם וְלָשׁוֹן מְגֻדָּלָה
וְלָמָּה כְּאִשָּׁה זוֹנָה וַחֲלָלָה
פֵּרְשָׂה צִיּוֹן בְּיָדֶיהָ וְאֵין מְנַחֵם לָהּ. איכה א

אֵצֶל בַּיִת יוֹשֶׁבֶת בְּלִמּוּד תּוֹרוֹתֶיהָ
אֲשֶׁר בְּמַיִם רַבִּים שָׁלְחוּ פֹּארוֹתֶיהָ
וְלָמָּה נָשִׁים מְאִירוֹת בָּאוֹת מִשְׁכְּנוֹתֶיהָ
רָאוּהָ צָרִים שָׂחֲקוּ עַל־מִשְׁבַּתֶּהָ: איכה א

לְמוּדָה לְקַחֵךְ הַיּוֹשֶׁבֶת בַּגַּנִּים כַּמִּדְבָּר
אֲשֶׁר לְצִדְּךָ כְּאֵזוֹר מְדֻבֶּקֶת לְהִתְחַבֵּר
וְלָמָּה פְזוּרָה בְּכָל זָוִית וּמַעֲבָר
בַּת־עַמִּי לְאַכְזָר כַּיְעֵנִים בַּמִּדְבָּר: איכה ד

חֲסִין יָהּ גּוֹמֵל חֶסֶד לְחַיָּבִים
זְקֹף קַרְנָהּ וְהוֹצִיאָהּ מִיַּד מַלְעִיבִים
תְּמוּר כִּי לֹא בְּאַחֵר הִשְׁלִיכָה יְהָבִים
כִּי עַל־רַחֲמֶיךָ הָרַבִּים: דניאל ט

כִּי עַל רַחֲמֶיךָ הָרַבִּים אָנוּ בְטוּחִים, וְעַל צִדְקוֹתֶיךָ אָנוּ נִשְׁעָנִים
וְלִסְלִיחוֹתֶיךָ אָנוּ מְקַוִּים, וְלִישׁוּעָתְךָ אָנוּ מְצַפִּים.
אַתָּה הוּא מֶלֶךְ אוֹהֵב צְדָקוֹת מִקֶּדֶם
מַעֲבִיר עֲוֹנוֹת עַמּוֹ וּמֵסִיר חַטֹּאת יְרֵאָיו
כּוֹרֵת בְּרִית לָרִאשׁוֹנִים וּמְקַיֵּם שְׁבוּעָה לָאַחֲרוֹנִים.
אַתָּה הוּא שֶׁיָּרַדְתָּ בַּעֲנַן כְּבוֹדֶךָ עַל הַר סִינַי
וְהֶרְאֵיתָ דַּרְכֵי טוּבְךָ לְמשֶׁה עַבְדֶּךָ וְאָרְחוֹת חֲסָדֶיךָ גִּלִּיתָ לוֹ
וְהוֹדַעְתּוֹ כִּי אַתָּה אֵל רַחוּם וְחַנּוּן
אֶרֶךְ אַפַּיִם וְרַב חֶסֶד וּמַרְבֶּה לְהֵיטִיב
וּמַנְהִיג אֶת הָעוֹלָם כֻּלּוֹ בְּמִדַּת הָרַחֲמִים.
וְכֵן כָּתוּב:
וַיֹּאמֶר אֲנִי אַעֲבִיר כָּל־טוּבִי עַל־פָּנֶיךָ שמות לג
וְקָרָאתִי בְשֵׁם יהוה לְפָנֶיךָ
וְחַנֹּתִי אֶת־אֲשֶׁר אָחֹן, וְרִחַמְתִּי אֶת־אֲשֶׁר אֲרַחֵם:

אֵל אֶרֶךְ אַפַּיִם אַתָּה, וּבַעַל הָרַחֲמִים נִקְרֵאתָ, וְדֶרֶךְ תְּשׁוּבָה הוֹרֵיתָ.
גְּדֻלַּת רַחֲמֶיךָ וַחֲסָדֶיךָ, תִּזְכֹּר הַיּוֹם וּבְכָל יוֹם לְזֶרַע יְדִידֶיךָ.
תֵּפֶן אֵלֵינוּ בְּרַחֲמִים, כִּי אַתָּה הוּא בַּעַל הָרַחֲמִים.

בְּתַחֲנוּן וּבִתְפִלָּה פָּנֶיךָ נְקַדֵּם, כְּהוֹדַעְתָּ לֶעָנָו מִקֶּדֶם.
מֵחֲרוֹן אַפְּךָ שׁוּב, כְּמוֹ בְּתוֹרָתְךָ כָּתוּב.
וּבְצֵל כְּנָפֶיךָ נֶחֱסֶה וְנִתְלוֹנָן, כְּיוֹם וַיֵּרֶד יהוה בֶּעָנָן.
תַּעֲבֹר עַל פֶּשַׁע וְתִמְחֶה אָשָׁם, כְּיוֹם וַיִּתְיַצֵּב עִמּוֹ שָׁם.
תַּאֲזִין שַׁוְעָתֵנוּ וְתַקְשִׁיב מֶנּוּ מַאֲמָר, כְּיוֹם וַיִּקְרָא בְשֵׁם יהוה
וְשָׁם נֶאֱמַר

קהל ואחריו שליח הציבור:

וַיַּעֲבֹר יהוה עַל־פָּנָיו וַיִּקְרָא — שמות לד

יהוה, יהוה, אֵל רַחוּם וְחַנּוּן, אֶרֶךְ אַפַּיִם, וְרַב־חֶסֶד וֶאֱמֶת:
נֹצֵר חֶסֶד לָאֲלָפִים, נֹשֵׂא עָוֹן וָפֶשַׁע וְחַטָּאָה, וְנַקֵּה:

וְסָלַחְתָּ לַעֲוֹנֵנוּ וּלְחַטָּאתֵנוּ, וּנְחַלְתָּנוּ:
סְלַח לָנוּ אָבִינוּ כִּי חָטָאנוּ, מְחַל לָנוּ מַלְכֵּנוּ כִּי פָשָׁעְנוּ.
תהלים פו — כִּי־אַתָּה אֲדֹנָי טוֹב וְסַלָּח, וְרַב־חֶסֶד לְכָל־קֹרְאֶיךָ:

תהלים פח — וַאֲנִי אֵלֶיךָ יהוה שִׁוַּעְתִּי וּבַבֹּקֶר תְּפִלָּתִי תְקַדְּמֶךָּ:
מַה נֹּאמַר לְפָנֶיךָ יוֹשֵׁב מָרוֹם, וּמַה נְּסַפֵּר לְפָנֶיךָ שׁוֹכֵן שְׁחָקִים.

כְּרַחֵם אָב עַל בָּנִים, כֵּן תְּרַחֵם יהוה עָלֵינוּ.
תהלים ג — לַיהוה הַיְשׁוּעָה, עַל־עַמְּךָ בִרְכָתֶךָ סֶּלָה:
תהלים מו — יהוה צְבָאוֹת עִמָּנוּ, מִשְׂגָּב לָנוּ אֱלֹהֵי יַעֲקֹב סֶלָה:
תהלים פד — יהוה צְבָאוֹת, אַשְׁרֵי אָדָם בֹּטֵחַ בָּךְ:
תהלים כ — יהוה הוֹשִׁיעָה, הַמֶּלֶךְ יַעֲנֵנוּ בְיוֹם־קָרְאֵנוּ:

במדבר יד — סְלַח־נָא לַעֲוֹן הָעָם הַזֶּה כְּגֹדֶל חַסְדֶּךָ
וְכַאֲשֶׁר נָשָׂאתָה לָעָם הַזֶּה מִמִּצְרַיִם וְעַד־הֵנָּה:
וְשָׁם נֶאֱמַר

קהל ואחריו שליח הציבור:

וַיֹּאמֶר יהוה, סָלַחְתִּי כִּדְבָרֶךָ:

דניאל ט

הַטֵּה אֱלֹהַי אָזְנְךָ וּשְׁמָע
פְּקַח עֵינֶיךָ וּרְאֵה שֹׁמְמֹתֵינוּ
וְהָעִיר אֲשֶׁר־נִקְרָא שִׁמְךָ עָלֶיהָ
כִּי לֹא עַל־צִדְקֹתֵינוּ אֲנַחְנוּ מַפִּילִים תַּחֲנוּנֵינוּ לְפָנֶיךָ
כִּי עַל־רַחֲמֶיךָ הָרַבִּים:
אֲדֹנָי שְׁמָעָה, אֲדֹנָי סְלָחָה, אֲדֹנָי הַקְשִׁיבָה וַעֲשֵׂה אַל תְּאַחַר
לְמַעַנְךָ אֱלֹהַי כִּי־שִׁמְךָ נִקְרָא עַל־עִירְךָ וְעַל־עַמֶּךָ:

ישראל אינם נשמעים לגויים המנסים לגרום להם לעזוב את ה׳, ובשל כך הם סובלים צרות רבות ורעות בגלותם. אנא הושיענו, נשבחך, ושמך יתגדל בכל העולם.

סט. מחבר: רבנו גרשום

אֵלֶיךָ, יהוה, אֶקְרָא, אָיֹם וְנוֹרָא
אַל תַּסְתִּיר פָּנֶיךָ בְּיוֹם צָרָה
בְּקוּם עָלֵינוּ בַּעֲלֵי מְאֵרָה
בְּהוֹסְדָם יַחַד עֵצָה נִבְעָרָה.

גּוֹזְרִים עָלֵינוּ אָדוֹן מִלִּקְרֹאת
גּוֹאֲלֵנוּ שְׁמוֹ יהוה צְבָאוֹת
דּוֹדִי צַח וְאָדוֹם דָּגוּל מֵרְבָבוֹת
דְּבָרוֹ לְהַבְזוֹת וְאוֹתוֹ לְהַלְאוֹת.

הָעֶצֶב נִבְזֶה לְקַבֵּל לֶאֱלוֹהַּ
הִשְׁתַּחֲווֹת לַסֶּמֶל לְפָנָיו לִפְלֹחַ
וּלְבִלְתִּי הַקָּדִישׁ הַמַּרְבֶּה לִסְלֹחַ
וְגַם לֹא לִירָא אָיֹם אֱלוֹהַּ.

זֹאת בְּשָׁמְעִי יֶחֱרַד לִבִּי
זֹאת אָשִׁיב תְּשׁוּבָה לִמְרִיבִי
חָלִילָה לִי לְשַׁכְּחָה וּלְעָזְבִי
חֲטִיבַת אֵל אֱלֹהֵי אָבִי.

טָמֵא וּמֵת חָדָשׁ הַבָּא מִקָּרוֹב
טִיבוֹ מָה אֶצְלִי עֲרֵבָתוֹ לַעֲרֹב
יוֹצֵר הַכֹּל אֵיחֵד לְקוֹרְאָיו בֶּאֱמֶת קָרוֹב
יָתוֹם וְאַלְמָנָה יְעוֹדֵד וְאוֹיְבָיו יְזָרֵב.

כְּשָׁמְעָם אֲמָרַי כִּי נָעֵמוּ
כֻּלָּם יַחַד חוֹרְקִים שִׁנֵּימוֹ
לִשְׁלֹל וְלָבוֹז עֲמַל יָדֵימוֹ
לְהַשְׁמִיד וּלְאַבֵּד מִפְתַּח שְׂפָתֵימוֹ.

מִבֵּית תַּעֲנוּגֶיהָ סֻכָּתָהּ וּמְלוֹנָהּ
מְגֹרֶשֶׁת עֲדָתְךָ בְּכָל רוּחַ וּפִנָּה
נַחֲלָתְךָ נִלְאָה עֲלוּבָה וַעֲגוּנָה
נוֹשֵׂאת עֵינֶיהָ לְעֶזְרָתָהּ הַיְשָׁנָה.

שָׁמָּה פָּנֶיהָ לִתְשׁוּבָה וְלִתְפִלָּה
סֵדֶר אֲבוֹתֶיהָ כְּמִקֶּדֶם תְּחִלָּה
עֹרֶךְ שָׂפָה בַּצַּר לָהּ בַּגּוֹלָה
עָלֶיךָ מַשְׁלֶכֶת יַהַב לְכַלְכְּלָהּ.

פְּנֵה נָא לִתְפִלַּת עֲבָדֶיךָ
פְּצֵם וְהַצִּילֵם בְּרֹב רַחֲמֶיךָ
צַוֵּה יְשׁוּעוֹת זֶרַע חֲסִידֶיךָ
צֵאת לִרְוָיָה מִשְׁאוֹן מוֹרְדֶיךָ.

קַנֵּא לִכְבוֹד שִׁמְךָ אִם לֹא לְמַעֲנֵמוֹ
קֶצֶף גָּדוֹל קְצֹף עַל מְעַנֵּימוֹ
רְשָׁעִים פֶּן יֹאמְרוּ אַיֵּה אֲדוֹנֵימוֹ
רִיבָם יָרִיב יָקוּם לְגוֹנְנֵמוֹ.

שָׁפְטָה מִשְׁפָּטֵי מִיִּשְׁמָעֵאל אִישׁ חָמָס
שְׁאֵרָם הָמֵק וּלְשׁוֹנָם תִּמַּס
תַּשְׁפִּיל גְּאוֹנָם וּתְנֵם לְמִרְמָס
תִּפַּח רוּחָם וְיִהְיוּ לָמַס.

גָּאַלְתָּ בִּזְרוֹעַ בְּנֵי יוֹסֵף
גְּאֹל שְׁאָר עַמְּךָ שֵׁנִית יָד תּוֹסֵף
רִיבָה רִיבָם וְגָאֳלֵם מִיַּד מְשַׁסֵּף
רְאֵה כִּי אָזְלַת יָד וּמִכִּיס תַּם הַכֶּסֶף.

שׁוּר כִּי אֵין אִישׁ, הִשְׁתּוֹמֵם כִּי אֵין מַפְגִּיעַ
שְׂאֵת בַּעֲדָם רִנָּה וּתְפִלָּה לְהַפְגִּיעַ
מִדַּת דִּין לְהַרְחִיק וּמִדַּת הָרַחֲמִים לְהַגִּיעַ
מֵעֶצֶב וּמֵרֹגֶז לְהַרְגִּיעַ.

בְּצִדְקָתְךָ הַצֵּל פַּלֵּט וְהוֹשִׁיעַ
בִּצְדָקָה מְדַבֵּר וְרַב לְהוֹשִׁיעַ
רַחֵם תִּזְכֹּר וְאַל נָא תַּרְשִׁיעַ
רְצֵה וְהַצֵּל וְחוּשָׁה, מוֹשִׁיעַ.

יַכִּירוּ וְיֵדְעוּ כָּל בָּאֵי עוֹלָם
יַחְדָּו יַעֲנוּ וְיֹאמְרוּ כֻלָּם
הֲלֹא אֵין אֱלֹהִים בְּכָל הָעוֹלָם
כִּי אִם בְּיִשְׂרָאֵל חָזָק גֹּאֲלָם.

וְעַתָּה נוֹדֶה לְּךָ וּנְסַפֵּר תְּהִלָּתֶךָ
דִּין עָלֵינוּ לְהַלֵּלְךָ עֲלֵי תְשׁוּעָתֶךָ
דָּבָר הַזֶּה כָּתוּב בְּסֵפֶר תְּהִלָּתֶךָ
לַיהוה הַיְשׁוּעָה עַל־עַמְּךָ בִרְכָתֶךָ: תהלים ג

אֵל מֶלֶךְ יוֹשֵׁב עַל כִּסֵּא רַחֲמִים, מִתְנַהֵג בַּחֲסִידוּת.
מוֹחֵל עֲוֹנוֹת עַמּוֹ, מַעֲבִיר רִאשׁוֹן רִאשׁוֹן.
מַרְבֶּה מְחִילָה לְחַטָּאִים, וּסְלִיחָה לְפוֹשְׁעִים.
עֹשֶׂה צְדָקוֹת עִם כָּל בָּשָׂר וָרוּחַ, לֹא כְרָעָתָם תִּגְמֹל.
אֵל, הוֹרֵיתָ לָּנוּ לוֹמַר שְׁלֹשׁ עֶשְׂרֵה
זְכָר לָנוּ הַיּוֹם בְּרִית שְׁלֹשׁ עֶשְׂרֵה
כְּהוֹדַעְתָּ לֶעָנָו מִקֶּדֶם, כְּמוֹ שֶׁכָּתוּב:
שמות לד וַיֵּרֶד יהוה בֶּעָנָן, וַיִּתְיַצֵּב עִמּוֹ שָׁם, וַיִּקְרָא בְשֵׁם יהוה:

קהל ואחריו שליח הציבור:

וַיַּעֲבֹר יהוה עַל־פָּנָיו וַיִּקְרָא

יהוה, יהוה, אֵל רַחוּם וְחַנּוּן, אֶרֶךְ אַפַּיִם, וְרַב־חֶסֶד וֶאֱמֶת:
נֹצֵר חֶסֶד לָאֲלָפִים, נֹשֵׂא עָוֹן וָפֶשַׁע וְחַטָּאָה, וְנַקֵּה:

וְסָלַחְתָּ לַעֲוֹנֵנוּ וּלְחַטָּאתֵנוּ וּנְחַלְתָּנוּ:
סְלַח לָנוּ, אָבִינוּ, כִּי חָטָאנוּ
מְחַל לָנוּ, מַלְכֵּנוּ, כִּי פָשָׁעְנוּ.
תהלים פו כִּי־אַתָּה, יהוה, טוֹב וְסַלָּח וְרַב־חֶסֶד לְכָל־קֹרְאֶיךָ:

אַתָּה הוּא מַלְכִּי מִקֶּדֶם, פֹּעֵל יְשׁוּעוֹת בְּקֶרֶב הָאָרֶץ.
אַתָּה הוּא מַלְכֵּנוּ אֱלֹהִים, צַוֵּה יְשׁוּעוֹת יַעֲקֹב.
הַאֲזִינָה יהוה תְּפִלָּתֵנוּ וְהַקְשִׁיבָה בְּקוֹל תַּחֲנוּנוֹתֵינוּ.
ישעיה סג שׁוּב לְמַעַן עֲבָדֶיךָ שִׁבְטֵי נַחֲלָתֶךָ:

כְּרַחֵם אָב עַל בָּנִים, כֵּן תְּרַחֵם יהוה עָלֵינוּ.
תהלים ג לַיהוה הַיְשׁוּעָה, עַל־עַמְּךָ בִרְכָתֶךָ סֶּלָה:
תהלים מו יהוה צְבָאוֹת עִמָּנוּ, מִשְׂגָּב לָנוּ אֱלֹהֵי יַעֲקֹב סֶלָה:
תהלים פד יהוה צְבָאוֹת, אַשְׁרֵי אָדָם בֹּטֵחַ בָּךְ:
תהלים כ יהוה הוֹשִׁיעָה, הַמֶּלֶךְ יַעֲנֵנוּ בְיוֹם־קָרְאֵנוּ:

מקדם גאלת את אבותינו, וסייעת בידם להישאר נאמנים לעבודתך גם מול ניסיונות הגויים להדיחם לעבודת גילולים. אנא, נהג היום כפי שנהגת בעבר, והצילנו מרשתם הפרושה.

ע. מחבר: רבנו גרשום

אֱלֹהֵינוּ וֵאלֹהֵי אֲבוֹתֵינוּ

אַתָּה הוּא מִקֶּדֶם אֱלֹהֵינוּ אֲדוֹנֵנוּ
וַאֲנוּ עֵדֶיךָ כִּי אֵין בִּלְתְּךָ גְּאוֹנֵנוּ
בְּךָ בָּטְחוּ אֲבֹתֵינוּ וַתְּפַלְּטֵמוֹ, פַּלְּטֵנוּ
אֵלֶיךָ זָעֲקוּ וְנִמְלְטוּ, בְּזַעֲקֵנוּ מַלְּטֵנוּ.

גֵּר צֶדֶק הָרִאשׁוֹן לְכָל הַנְּדִיבִים
בֶּן שָׁלֹשׁ הִכִּירְךָ, יוֹשֵׁב הַכְּרוּבִים
דִּמּוּ לְהַפְרִידוֹ מִיִּרְאָתְךָ אוֹיְבִים חַיָּבִים
בְּעַצְמְךָ יָרַדְתָּ וְהוֹצֵאתוֹ מֵאוּר שְׁבִיבִים.

הַנֶּשֶׁר הַגָּדוֹל אֶרֶךְ הָאֶבְרָה
צֶלֶם בַּהֲקִימוֹ בְּבִקְעַת דּוּרָא
וַחֲנַנְיָה וַחֲבֵרָיו פִּיךָ אֲצוּ לְשָׁמְרָה
וְשַׁר אֵשׁ צִוִּיתָ לְהָקֵר אַתּוּן נוֹרָא.

זָמְמוּ רְשָׁעִים מְצֹא עֲלִילָה
לְהָמִית אִישׁ חֲמוּדוֹת עַל עֵסֶק הַתְּפִלָּה
חַיָּיו צָמְתוּ בְּבוֹר אֲרָיוֹת וַיַּדּוּ אֶבֶן מִלְמַעְלָה
מַלְאָךְ שָׁלַחְתָּ וְסָגַר פִּיהֶם מִלְּחַבְּלָה.

טָפַשׁ יְוָנִי הוּא וּמְשָׁרְתָיו רְשָׁעִים
לְהַשְׁכִּיחַ מֵעַמְּךָ שִׁמְךָ הַנָּעִים
יָעַץ לְהַדִּיחַ מִמְּךָ יְלִידֵי שַׁעֲשׁוּעִים
נָפַל וְנִשְׁבַּר וּמֵת בְּתַחֲלוּאִים רָעִים.

כַּמָּה וְכַמָּה רָעוֹת רַבּוֹת צְרָרוּנוּ מִנְּעוּרֵינוּ
עֶזְרָתֵנוּ הָיִיתָ וְלֹא יָכְלוּ לָנוּ
לְשִׁמְךָ תֵּן כָּבוֹד לֹא לָנוּ, יהוה, לֹא לָנוּ
בְּקוּם עָלֵינוּ אָדָם הָיוּ תִהְיֶה עִמָּנוּ.

מוֹשֵׁל רְשָׁעִים הִמְשַׁלְתָּ עַל עַם דַּלִּים
טוּבָתְךָ כָּפָה וְהֶחֱזִיק טוֹבָה לָאֱלִילִים
נְשָׂאוֹ לִבּוֹ לְהַרְבּוֹת כָּבוֹד לַפְּסִילִים
חֲבֵל נַחֲלָתְךָ לְהַעֲבִיר לַגִּלּוּלִים.

סוֹד עֲצָתָם שָׁמַעְנוּ וַתִּרְגַּז בִּטְנֵנוּ
בְּיָדֵינוּ תָּפַשְׂנוּ אֻמָּנוּת אֲבוֹתֵינוּ
עָדֶיךָ לָשׁוּב בַּצַּר לָנוּ בְּגָלוּתֵנוּ
רַחוּם, שְׁמַע צַעֲקָתֵנוּ וְאַל תַּשְׁחִיתֵנוּ.

פַּלְגֵי מַיִם בְּיָדְךָ לֵב מְלָכִים וְשָׂרִים
הַטֵּה לִבָּם לְצֶדֶק וּמֵישָׁרִים
צְפֵה כִּי עַמְּךָ רַכִּים וּנְעָרִים
וְאֵין יְכוֹלִים לִסְבֹּל פֻּרְעָנוּת וְיִסּוּרִים.

קִיּוּם בְּרִית אָבוֹת זְכֹר לִבְנֵיהֶם
כְּמוֹ שֶׁכָּתוּב בְּסֵפֶר תּוֹכְחוֹתֵיהֶם
רְצוּיִים בִּהְיוֹתָם בְּאֶרֶץ אוֹיְבֵיהֶם
לֹא גְעַלְתִּים לְכַלּוֹתָם לְהָפֵר בְּרִיתִי עִמָּהֶם.

שַׁדַּי, בְּשִׁמְךָ נִשְׁבַּעְתָּ לָרִאשׁוֹנִים
כְּשִׁמְךָ קַיָּם כֵּן שְׁבוּעָתְךָ קַיֵּם לָאַחֲרוֹנִים
תִּתֵּן אֱמֶת וְחֶסֶד לַבָּנִים
אֲשֶׁר נִשְׁבַּעְתָּ לַאֲבוֹתָם מִימֵי קַדְמוֹנִים.

גַּן נָעוּל מַעְיָן חָתוּם וְאֵין מִזְדַּקֵּק
אַל תִּתֵּן לְמִשְׁלַח מִרְמָס וְהֶפְקֵר
רֵאשִׁית תְּבוּאָתְךָ וְכַרְמְךָ שֶׁבָּם אַתָּה מִתְיַקֵּר
אַל תִּמְסְרֵם לְכִרְסוּם נוֹחֵר וּמְעַקֵּר.

שְׁאֵרִית עַמְּךָ וּפְלֵיטָה הַנִּשְׁאֶרֶת
שְׁמֹר וּבְצֵל יָדְךָ תְּהִי לְמִשְׁמֶרֶת
מַעֲמָדָהּ חַזֵּק לְבַל תִּפֹּל בְּמִכְמֹרֶת
תֵּן אוֹתָהּ לִתְהִלָּה וּלְתִפְאֶרֶת.

בִּנְךָ בְּכוֹרְךָ אֲשֶׁר בְּךָ נוֹשַׁע
תְּשׁוּעַת עוֹלָמִים בְּקָרוֹב יִוָּשַׁע
רָעֵי גוֹיִם חוֹשְׁבִים מַחְשְׁבוֹת רֶשַׁע
עֲצָתָם קַלְקֵל וְעֵינֵיהֶם הָשַׁע.

יִהְיוּ לְרָצוֹן אִמְרֵי פִי לְפָנֶיךָ
הַיּוֹם הַזֶּה בְּהִתְפַּלְלִי בְּעַד בָּנֶיךָ
וְאַל תְּשַׁקֵּץ עֱנוּת עֲנָיֶיךָ
לִשְׁמֹעַ שַׁוְעָתָם תְּהִי נָא קַשֶּׁבֶת אָזְנֶךָ.

דִּבְרֵי עֲוֹנוֹתֵינוּ וּפְשָׁעֵינוּ הַנִּכְתָּמִים
תִּשָּׂא וְתִכְבֹּשׁ וְתַשְׁלִיךְ בִּמְצֻלוֹת יַמִּים
הַסְּלִיחָה עִמְּךָ סְלַח נָא לַעֲוֹן אֲשֵׁמִים
אֵל מֶלֶךְ יוֹשֵׁב עַל כִּסֵּא רַחֲמִים.

אֵל מֶלֶךְ יוֹשֵׁב עַל כִּסֵּא רַחֲמִים, מִתְנַהֵג בַּחֲסִידוּת.
מוֹחֵל עֲוֹנוֹת עַמּוֹ, מַעֲבִיר רִאשׁוֹן רִאשׁוֹן.
מַרְבֶּה מְחִילָה לְחַטָּאִים, וּסְלִיחָה לְפוֹשְׁעִים.
עֹשֶׂה צְדָקוֹת עִם כָּל בָּשָׂר וָרוּחַ, לֹא כְרָעָתָם תִּגְמֹל.
אֵל, הוֹרֵיתָ לָּנוּ לוֹמַר שְׁלֹשׁ עֶשְׂרֵה
זְכָר לָנוּ הַיּוֹם בְּרִית שְׁלֹשׁ עֶשְׂרֵה
כְּהוֹדַעְתָּ לֶעָנָו מִקֶּדֶם, כְּמוֹ שֶׁכָּתוּב:
וַיֵּרֶד יהוה בֶּעָנָן, וַיִּתְיַצֵּב עִמּוֹ שָׁם, שמות לד
וַיִּקְרָא בְשֵׁם יהוה:

קהל ואחריו שליח הציבור:

וַיַּעֲבֹר יהוה עַל־פָּנָיו וַיִּקְרָא

יהוה, יהוה, אֵל רַחוּם וְחַנּוּן, אֶרֶךְ אַפַּיִם, וְרַב־חֶסֶד וֶאֱמֶת:
נֹצֵר חֶסֶד לָאֲלָפִים, נֹשֵׂא עָוֹן וָפֶשַׁע וְחַטָּאָה, וְנַקֵּה:

וְסָלַחְתָּ לַעֲוֹנֵנוּ וּלְחַטָּאתֵנוּ וּנְחַלְתָּנוּ:
סְלַח לָנוּ, אָבִינוּ, כִּי חָטָאנוּ, מְחַל לָנוּ, מַלְכֵּנוּ, כִּי פָשָׁעְנוּ.
תהלים פו כִּי־אַתָּה, יהוה, טוֹב וְסַלָּח וְרַב־חֶסֶד לְכָל־קֹרְאֶיךָ:

ירמיה יד אִם־עֲוֹנֵינוּ עָנוּ בָנוּ יהוה עֲשֵׂה לְמַעַן שְׁמֶךָ:
תהלים קל אִם־עֲוֹנוֹת תִּשְׁמָר־יָהּ, אֲדֹנָי מִי יַעֲמֹד:
כִּי־עִמְּךָ הַסְּלִיחָה, לְמַעַן תִּוָּרֵא:
כִּי־עִם־יהוה הַחֶסֶד וְהַרְבֵּה עִמּוֹ פְדוּת:
רְאֵה עָנְיֵנוּ וַעֲמָלֵנוּ, וְשָׂא לְכָל חַטֹּאותֵינוּ.

כְּרַחֵם אָב עַל בָּנִים, כֵּן תְּרַחֵם יהוה עָלֵינוּ.
תהלים ג לַיהוה הַיְשׁוּעָה, עַל־עַמְּךָ בִרְכָתֶךָ סֶּלָה:
תהלים מו יהוה צְבָאוֹת עִמָּנוּ, מִשְׂגָּב לָנוּ אֱלֹהֵי יַעֲקֹב סֶלָה:
תהלים פד יהוה צְבָאוֹת, אַשְׁרֵי אָדָם בֹּטֵחַ בָּךְ:
תהלים כ יהוה הוֹשִׁיעָה, הַמֶּלֶךְ יַעֲנֵנוּ בְיוֹם־קָרְאֵנוּ:

ירא אני מיום הדין ואפוף בושה וכלימה בשל חטאיי הרבים. מתוך תחושות קשות אלו אני מפיל עצמי בידיו של הקב״ה ובוטח ברחמיו.

עא. מחבר: רבי שלמה אבן גבירול

אֱלֹהֵינוּ וֵאלֹהֵי אֲבוֹתֵינוּ

שׁוֹמַמְתִּי בְּרֹב יְגוֹנִי
לְיוֹם יִפָּקֵד זְדוֹנִי
מָה אֹמַר לַאדוֹנִי.

אֻמְלַלְתִּי וְנֶאֱלַמְתִּי
בְּזָכְרִי אֲשֶׁר אָשַׁמְתִּי
ירמיה לא בֹּשְׁתִּי וְגַם־נִכְלַמְתִּי:

בְּהֶבֶל כָּלוּ יָמַי
מִפְּנֵי בֹשֶׁת עֲלוּמַי
תהלים לח אֵין־שָׁלוֹם בַּעֲצָמַי:

גַּחַלְתִּי בִּי קוֹדַחַת
כִּי מְגִלָּה נִמְתַּחַת
וְהַנֹּשֶׁה בָּא לָקַחַת: מלכים ב׳ ד

דָּבַקְתִּי בְּמַחְשַׁבִּי
וְנַפְשִׁי לֹא יָדְעָה, כִּי
גֵּר־וְתוֹשָׁב אָנֹכִי: בראשית כג

הוֹי כִּי יָבֹא יוֹמִי
אֲזַי אִיקַץ מֵחֲלוֹמִי
וְאָשׁוּבָה אֶל מְקוֹמִי.

וְעַל חֲטָאַי אֲשֶׁר עָבַר
וְעַל פְּשָׁעַי אֲשֶׁר גָּבַר
מָה־אָשִׁיב שֹׁלְחִי דָּבָר: שמואל ב׳ כד

זְדוֹן לִבִּי הִשִּׁיאַנִי
וְעַל עָוֹן אֲשֶׁר הֶלְאַנִי
מִבֶּטֶן קְרָאָנִי: ישעיה מט

חוֹשֵׁב בְּנַפְשׁוֹ נָבָל
כְּעֵץ שָׁתוּל עַל יוּבַל
וְהוּא לִקְבָרוֹת יוּבָל: איוב כא

טָפַל שֶׁקֶר בְּתוֹכוֹ
וְנָמֵס מִמַּהֲלָכוֹ
וַיִּפֶן כֹּה וָכֹה: שמות ב

יְשֻׁלַּךְ כְּאֶבֶן דּוּמָה
וְלֹא יִשָּׂא לְבֵית מְהוּמָה
מִכָּל־אֲשֶׁר־לוֹ מְאוּמָה: שמואל א׳ כה

כֹּחוֹ לֹא סְמָכַתְהוּ
עֵת נַפְשׁוֹ נְשָׂאַתְהוּ
אַף כִּי־אֵשׁ אֲכָלַתְהוּ: יחזקאל טו

לְכָדַתְנִי אַשְׁמָתִי
הֲלֹא זֶה דְּבָר נִשְׁמָתִי
עַד־הֱיוֹתִי עַל־אַדְמָתִי: יונה ד

לְזֹאת נַפְשִׁי נְשַׁמָּה
כְּאִישׁ שׁוֹכֵב בִּכְלִמָּה
עָרֹם אָשׁוּב שָׁמָּה.

מְשׁוּגָתִי נָשָׂאתִי
וּבִלְבָבִי קָרָאתִי
אָנֹכִי חָטָאתִי: יהושע ז

נְכוֹחָה לֹא חָשַׁקְתִּי
וּבִשְׁרִירוּת לִבִּי דָּבַקְתִּי
מַה לְּךָ כִּי נִזְעַקְתִּי.

שְׂאִי, נַפְשִׁי, אַשְׁמָתֵךְ
רְאִי חַטָּאתֵךְ לְעֻמָּתֵךְ
גַּם־אַתְּ שְׂאִי כְלִמָּתֵךְ: יחזקאל טז

עֵת אֶדְאַג לַעֲוֹנִי
הֱשִׁיבוּנִי רַעְיוֹנַי
נִפְּלָה־נָּא בְיַד־יהוה: שמואל ב׳ כד

פְּנֵה מִמְּכוֹן שִׁבְתֶּךָ
וּפְתַח לִי דְּלָתֶיךָ
כִּי־אֵין בִּלְתֶּךָ: שמואל א׳ ב

צוּר, הָגֵן בַּעֲדֵנִי
וּמֵעֲוֹנִי פְּדֵנִי
אֹרְחוֹתֶיךָ לַמְּדֵנִי: תהלים כה

קוֹלִי שְׁמַע כְּחַסְדֶּךָ
בְּיוֹם אֶעֱמֹד נֶגְדֶּךָ
אַל תַּט־בְּאַף עַבְדֶּךָ. תהלים כז

רְאֵה עָנְיִי וַעֲנֵנִי
אֲנִי בְּיָדְךָ הִנְנִי
וְאַתָּה, יהוה, חָנֵּנִי: תהלים מא

שְׁלַח אֲמִתְּךָ וְחַסְדֶּךָ
לְעַם צוֹעֲקִים נֶגְדֶּךָ
וְלִי אֲנִי־עַבְדֶּךָ. מלכים א׳ א

תִּסְלַח אַשְׁמָתֵנוּ
וְאַל תִּפְקֹד עֲלוּמֵינוּ
כִּי כְצֵל יָמֵינוּ.

אֵל מֶלֶךְ יוֹשֵׁב עַל כִּסֵּא רַחֲמִים, מִתְנַהֵג בַּחֲסִידוּת.
מוֹחֵל עֲוֹנוֹת עַמּוֹ, מַעֲבִיר רִאשׁוֹן רִאשׁוֹן.
מַרְבֶּה מְחִילָה לְחַטָּאִים, וּסְלִיחָה לְפוֹשְׁעִים.
עֹשֶׂה צְדָקוֹת עִם כָּל בָּשָׂר וָרוּחַ, לֹא כְרָעָתָם תִּגְמֹל.
אֵל, הוֹרֵיתָ לָּנוּ לוֹמַר שְׁלֹשׁ עֶשְׂרֵה
זְכָר לָנוּ הַיּוֹם בְּרִית שְׁלֹשׁ עֶשְׂרֵה
כְּהוֹדַעְתָּ לֶעָנָו מִקֶּדֶם, כְּמוֹ שֶׁכָּתוּב:
וַיֵּרֶד יהוה בֶּעָנָן, וַיִּתְיַצֵּב עִמּוֹ שָׁם שמות לד
וַיִּקְרָא בְשֵׁם יהוה:

קהל ואחריו שליח הציבור:

וַיַּעֲבֹר יהוה עַל־פָּנָיו וַיִּקְרָא

יהוה, יהוה, אֵל רַחוּם וְחַנּוּן, אֶרֶךְ אַפַּיִם, וְרַב־חֶסֶד וֶאֱמֶת:
נֹצֵר חֶסֶד לָאֲלָפִים, נֹשֵׂא עָוֹן וָפֶשַׁע וְחַטָּאָה, וְנַקֵּה:

וְסָלַחְתָּ לַעֲוֹנֵנוּ וּלְחַטָּאתֵנוּ וּנְחַלְתָּנוּ:
סְלַח לָנוּ, אָבִינוּ, כִּי חָטָאנוּ, מְחַל לָנוּ, מַלְכֵּנוּ, כִּי פָשָׁעְנוּ.
תהלים פו כִּי־אַתָּה, יהוה, טוֹב וְסַלָּח וְרַב־חֶסֶד לְכָל־קֹרְאֶיךָ:

תהלים קכו שׁוּבָה יהוה אֶת־שְׁבִיתֵנוּ כַּאֲפִיקִים בַּנֶּגֶב:
שׁוּבָה יהוה חַלְּצָה נַפְשֵׁנוּ, הוֹשִׁיעֵנוּ לְמַעַן חַסְדֶּךָ.
תהלים עט וְהָשֵׁב לִשְׁכֵנֵינוּ שִׁבְעָתַיִם אֶל־חֵיקָם, חֶרְפָּתָם אֲשֶׁר חֵרְפוּךָ אֲדֹנָי:

כְּרַחֵם אָב עַל בָּנִים, כֵּן תְּרַחֵם יהוה עָלֵינוּ.
תהלים ג לַיהוה הַיְשׁוּעָה, עַל־עַמְּךָ בִרְכָתֶךָ סֶּלָה:
תהלים מו יהוה צְבָאוֹת עִמָּנוּ, מִשְׂגָּב לָנוּ אֱלֹהֵי יַעֲקֹב סֶלָה:
תהלים פד יהוה צְבָאוֹת, אַשְׁרֵי אָדָם בֹּטֵחַ בָּךְ:
תהלים כ יהוה הוֹשִׁיעָה, הַמֶּלֶךְ יַעֲנֵנוּ בְיוֹם־קָרְאֵנוּ:

גם מתוך עוני, לחץ ושעבוד ישראל ממשיכים לעבוד את ה׳ ולתלות בו את תקוותם.
אנא גאל אותם ונקום באויביהם, כפי שעשית בימי קדם.

עב. מחבר: רבי אליה בר שמעיה

אֱלֹהֵינוּ וֵאלֹהֵי אֲבוֹתֵינוּ

תַּחֲרוּת רֹגֶז הָנִיחַ וְתִזְכֹּר רַחֵם
תְּמִימֶיךָ חֲנוֹת וְאַל תִּשְׁכַּח בְּיַד לוֹחֵם
שְׁאֵרִיתָם חֲמוֹל פְּלֵיטָתָם תְּרַחֵם
שְׁבִיתָם כַּאֲפִיקִים שׁוֹבֵב וְכַדֶּשֶׁא תַּפְרִיחֵם.

רָפוּ יְדֵי עַם עֲנִיֵּי הַצֹּאן
רָדוּ בָהֶם שׂוֹנְאֵיהֶם בְּעֹנִי וְלַחַצוֹן
קוּם כִּי עָלֶיךָ לִגְדֹּר פִּרְצוֹן
קוֹחָם פְּקַח וּקְרָא שְׁנַת רָצוֹן.

צְבִי יִשְׂרָאֵל קֹדֶשׁ חֻלָּל עַל בָּמוֹת
צָרָיו עָלָיו יִשָּׁאוּן יַמִּים כַּהֲמוֹת
פֶּלֶא אַיֵּה שׁוֹאֵל וּזְכֹר עוֹלָם יָמוֹת
פְּקֻדַּת מִשְׁנֶה כְּהוֹפַעְתָּ אֵל נְקָמוֹת.

עוּרִי לִבְשִׁי עֹז זְרוֹעַ מְחוֹלֶלֶת קָמִים
עוּרִי כִּימֵי קֶדֶם דּוֹרוֹת עוֹלָמִים
סַפֵּח כּוֹס חֲמָתְךָ וְאַף שַׁכֵּר לְאֻמִּים
סַף רַעַל פְּקֹד בְּשִׁלּוּם נִחוּמִים.

נֵצַח יִשְׂרָאֵל, קוֶֹיךָ חוּשָׁה לְעֶזְרָתָם
נִגָּשִׂים וְנַעֲנִים וּבְךָ תִּקְוָתָם
מְיַחֲדִים שִׁמְךָ וְזִכְרְךָ תַּאֲוָתָם
מְשֹׁל בָּם אַתָּה וַעֲצֹר בְּמַקְהֲלוֹתָם.

לְךָ יְיַחֲלוּ הֵן אִם תִּקְטְלֵם
לְרַוְחָתָם וּלְשַׁוְעָתָם אֹזֶן בַּל תַּעְלֵם
כָּשַׁל בַּעֲוֹנָם כֹּחָם מְהֵרָה הַצִּילֵם
כָּלוּ עֵינֵיהֶם מִתְּהוֹמוֹת מָתַי תַּעֲלֵם.

יֶלֶד שַׁעֲשׁוּעַ בְּיַד צָרָיו לָמָּה לְאָכְלָה
יַחַרְקוּ שֵׁן גְּזָרוּהוּ כַּצֹּאן מִמִּכְלָה
טָבְעוּ כֹּה מִבְטָם וּלְעֶזְרָה נָסוּ לְבֵית הַתְּפִלָּה
טוּבְךָ וְרַחֲמֶיךָ מֵהֶם לֹא תִכְלָא.

חִנָּם פֹּעַל חֶסֶד גֹּמֵל טוֹבָה לְחַיָּבִים
חִלּוּךְ בְּקִדּוּשׁ צוֹם וּבַעֲצָרָה נִצָּבִים
זֵרוּם כְּלוּם זֵדִים טוֹרְפִים כִּזְאֵבִים
זוֹ לַעֲגָם וְרַב בּוּזָם בְּאַדְמַת שׁוֹבִים.

וּבַמֶּה יִוָּדַע אֵפוֹא כִּי אַתָּה גוֹאֲלָם
וְצָר הַצּוֹרֵר הִקְשָׁה וְהִכְבִּיד עֻלָּם
הִקְדִּישָׁם לְיוֹם הֲרֵגָה וּלְטִבְחָה הִתִּיקָם כֻּלָּם
הוֹרֵג שִׁבְעָתַיִם יֻקַּם וְשִׁבְעִים וְשִׁבְעָה יְשֻׁלַּם.

דְּלֵה וְהַצֵּל לְקוּחֵי מָוֶת וְלַהֶרֶג מָטִים
דְּחוּפֵי לַעַג בְּיַד שׁוֹאֲלֵי תֶרֶף וְדוֹרְשֵׁי אִטִּים
גְּבוּרָתָם בְּצוֹם נָשְׁתָה וְדָמָם לְפָנֶיךָ מְמַעֲטִים
גִּלּוּ רִיבָם אֵלֶיךָ גֹּאֲלָם מֵחֶרֶב לְהָטִים.

בִּלְתְּךָ לָמוֹ אַיִן, זוּלָתְךָ לֹא בָחָרוּ
בֶּעָשָׁן כָּלוּ עֵינֵיהֶם וְעַצְמוֹתָם כְּמוֹקֵד נִחָרוּ
אוֹר חָשַׁךְ בַּעֲדָם, כֹּחַ נֶעֱזַב וְהַלְּבָבוֹת סְחַרְחָרוּ
אִוּוּךָ פְּקָדוּךָ בַּצַּר וּבְעֵת צָרָה לְךָ יְשַׁחֵרוּ.

אָנָּא לְעֶזְרַת יְדִידֶיךָ הַוְּעֻדָה חוּשָׁה מְהֵרָה
הַקָּטֹן לְאֶלֶף וְהַצָּעִיר לְהַעֲצִים וּלְהַגְבִּירָה
יוֹדוּךָ חִכֵּי יִשְׁעֶךָ וִיהַלְלוּךָ עַם נִבְרָא
מִקְוֵה יִשְׂרָאֵל מוֹשִׁיעוֹ בְּעֵת צָרָה.

אֵל מֶלֶךְ יוֹשֵׁב עַל כִּסֵּא רַחֲמִים, מִתְנַהֵג בַּחֲסִידוּת.
מוֹחֵל עֲוֹנוֹת עַמּוֹ, מַעֲבִיר רִאשׁוֹן רִאשׁוֹן.
מַרְבֶּה מְחִילָה לְחַטָּאִים, וּסְלִיחָה לְפוֹשְׁעִים.
עֹשֶׂה צְדָקוֹת עִם כָּל בָּשָׂר וָרוּחַ, לֹא כְרָעָתָם תִּגְמֹל.
אֵל, הוֹרֵיתָ לָּנוּ לוֹמַר שְׁלֹשׁ עֶשְׂרֵה
זְכָר לָנוּ הַיּוֹם בְּרִית שְׁלֹשׁ עֶשְׂרֵה
כְּהוֹדַעְתָּ לֶעָנָו מִקֶּדֶם, כְּמוֹ שֶׁכָּתוּב:
וַיֵּרֶד יהוה בֶּעָנָן, וַיִּתְיַצֵּב עִמּוֹ שָׁם, וַיִּקְרָא בְשֵׁם יהוה: שמות לד

קהל ואחריו שליח הציבור:

וַיַּעֲבֹר יהוה עַל־פָּנָיו וַיִּקְרָא

יהוה, יהוה, אֵל רַחוּם וְחַנּוּן, אֶרֶךְ אַפַּיִם, וְרַב־חֶסֶד וֶאֱמֶת:
נֹצֵר חֶסֶד לָאֲלָפִים, נֹשֵׂא עָוֹן וָפֶשַׁע וְחַטָּאָה, וְנַקֵּה:

וְסָלַחְתָּ לַעֲוֹנֵנוּ וּלְחַטָּאתֵנוּ וּנְחַלְתָּנוּ:
סְלַח לָנוּ, אָבִינוּ, כִּי חָטָאנוּ, מְחַל לָנוּ, מַלְכֵּנוּ, כִּי פָשָׁעְנוּ.
כִּי־אַתָּה, יהוה, טוֹב וְסַלָּח וְרַב־חֶסֶד לְכָל־קֹרְאֶיךָ: תהלים פו

למרות חומת הברזל המפסיקה בינינו, שמע את תפילתנו המעט את יצרנו הרע וסלח לחטאינו.
אנו נאחזים בכל תוקף בי״ג מידות של רחמים שאינן חוזרות ריקם.

עג. פזמון | מחבר: רבי שלמה בר שמואל

יַשְׁמִיעֵנוּ סָלַחְתִּי, יֹשֵׁב בְּסֵתֶר עֶלְיוֹן
בִּימִין יֶשַׁע לְהוֹשַׁע עַם עָנִי וְאֶבְיוֹן
בְּשַׁוְעֵנוּ אֵלֶיךָ נוֹרָאוֹת בְּצֶדֶק תַּעֲנֵנוּ
יהוה, הֱיֵה עוֹזֵר לָנוּ.

שִׁוִּיתִי עֶזְרָתִי עַל גִּבּוֹר וְנִשָּׂא
לִפְנֵי גוֹחִי אֶשְׁפֹּךְ שִׂיחִי, אוּלַי פָּנַי יִשָּׂא
מִדּוֹתַי כּוֹנַנְתִּי כַּסֵּדֶר אֲשֶׁר עָשָׂה
הֲלֹא יַקִּיר מְקַרְקַר קִיר עוֹד זָכֹר תִּזְכְּרֶנּוּ. יהוה, הֱיֵה עוֹזֵר לָנוּ.

בְּבֹא כְּגַל הַגַּלְגַּל, לְהַחֲלִיף הַשִּׁטָּה
רַעְיָתְךָ יוֹנָתְךָ לְךָ פּוֹנָה הַבַּיְתָה
בְּאַוַּת נַפְשָׁהּ הֻגָּשָׁה לִפְתֹּחַ בַּחֲרָטָה
יָמִין פְּשׁוּטָה מִלְּמַטָּה בְּצִפִּיָּתֵנוּ צַפֵּנוּ. יהוה, הֱיֵה עוֹזֵר לָנוּ.

שׁוֹאֵל חֶסֶד בְּהִוָּסֵד הִנְנִי תֹּאמַר
מָרוּת יֵצֶר הַבָּצֵר קָבוּעַ כְּבְמַסְמֵר
וּלְצַוָּאר כְּמוֹ סַוָּאר הַטֵּל לְמִשְׁמָר
אֵזוֹר אֱזַר זֵר לְזָר וּמִי אַכְזָר כִּי יְעוּרֶנּוּ. יהוה, הֱיֵה עוֹזֵר לָנוּ.

לַחֲבַצֶּלֶת פְּתַח דֶּלֶת, אֱלוֹהַּ מִמַּעַל
בִּינָה הֲגִיגִי לְהַצִּיגִי בְּתוֹךְ שַׁעַר הַנִּנְעָל
רַחֲמֶנוּ קַדְּמֵנוּ צֳרִי וּמָזוֹר תַּעַל
בָּרֵר חֵיקִי לְהַצְדִּיקִי יְבֻקַּשׁ עָוֹן וְאֵינֶנּוּ. יהוה, הֱיֵה עוֹזֵר לָנוּ.

יוֹנַת אֵלֶם מְשֻׁלָּם חֵלֶק יָפֶה הִגִּיעָה
אוֹת צֶדֶק בְּהִצְטַדֵּק בְּיִרְאָתְךָ לְהוֹשִׁיעָה
לְךָ תִקְרָא לְשַׁחְרָרָהּ, אָדוֹן, בְּזוֹ הַשָּׁעָה
יְתַק תִּיק וְנִרְתֵּק, כָּאוֹר תּוֹצִיא דִּינֵנוּ. יהוה, הֱיֵה עוֹזֵר לָנוּ.

הַצְלִיחִי בְּמִשְׁלָחִי, אָשִׁיב שׁוֹלְחִי דָּבָר
חִזַּקְתָּ חֹק חֻקְּתָ, עֶשֶׂר וְשָׁלֹשׁ כַּמְדֻבָּר
מַחֲזִיקָם וְלֹא רֵיקָם שְׁלַחְתִּי לְהִתְגַּבֵּר
וְכֹה תַעֲשֶׂה עָוֹן נוֹשֵׂא, עַתָּה תָּשׁוּב תְּרַחֲמֵנוּ. יהוה, הֱיֵה עוֹזֵר לָנוּ.

אֵל מֶלֶךְ יוֹשֵׁב עַל כִּסֵּא רַחֲמִים, מִתְנַהֵג בַּחֲסִידוּת.
מוֹחֵל עֲוֹנוֹת עַמּוֹ, מַעֲבִיר רִאשׁוֹן רִאשׁוֹן.
מַרְבֶּה מְחִילָה לְחַטָּאִים, וּסְלִיחָה לְפוֹשְׁעִים.
עֹשֶׂה צְדָקוֹת עִם כָּל בָּשָׂר וָרוּחַ, לֹא כְרָעָתָם תִּגְמֹל.
אֵל, הוֹרֵיתָ לָּנוּ לוֹמַר שְׁלֹשׁ עֶשְׂרֵה
זְכָר לָנוּ הַיּוֹם בְּרִית שְׁלֹשׁ עֶשְׂרֵה
כְּהוֹדַעְתָּ לֶעָנָו מִקֶּדֶם, כְּמוֹ שֶׁכָּתוּב:
וַיֵּרֶד יהוה בֶּעָנָן, וַיִּתְיַצֵּב עִמּוֹ שָׁם, וַיִּקְרָא בְשֵׁם יהוה: שמות לד

קהל ואחריו שליח הציבור:

וַיַּעֲבֹר יהוה עַל־פָּנָיו וַיִּקְרָא

יהוה, יהוה, אֵל רַחוּם וְחַנּוּן, אֶרֶךְ אַפַּיִם, וְרַב־חֶסֶד וֶאֱמֶת:
נֹצֵר חֶסֶד לָאֲלָפִים, נֹשֵׂא עָוֹן וָפֶשַׁע וְחַטָּאָה, וְנַקֵּה:

וְסָלַחְתָּ לַעֲוֹנֵנוּ וּלְחַטָּאתֵנוּ וּנְחַלְתָּנוּ:
סְלַח לָנוּ, אָבִינוּ, כִּי חָטָאנוּ
מְחַל לָנוּ, מַלְכֵּנוּ, כִּי פָשָׁעְנוּ.
כִּי־אַתָּה, יהוה, טוֹב וְסַלָּח וְרַב־חֶסֶד לְכָל־קֹרְאֶיךָ: תהלים פו

הֵיטִיבָה בִרְצוֹנְךָ אֶת־צִיּוֹן, תִּבְנֶה חוֹמוֹת יְרוּשָׁלָֽםִ׃ תהלים נא
אָז תַּחְפֹּץ זִבְחֵי־צֶדֶק עוֹלָה וְכָלִיל, אָז יַעֲלוּ עַל־מִזְבַּחֲךָ פָרִים׃
כִּי־בָרֵךְ אֲבָרֶכְךָ וְהַרְבָּה אַרְבֶּה אֶת־זַרְעֲךָ בראשית כב
כְּכוֹכְבֵי הַשָּׁמַיִם וְכַחוֹל אֲשֶׁר עַל־שְׂפַת הַיָּם
וְיִרַשׁ זַרְעֲךָ אֵת שַׁעַר אֹיְבָיו׃

כְּרַחֵם אָב עַל בָּנִים, כֵּן תְּרַחֵם יהוה עָלֵינוּ.
לַיהוה הַיְשׁוּעָה, עַל־עַמְּךָ בִרְכָתֶךָ סֶּלָה׃ תהלים ג
יהוה צְבָאוֹת עִמָּנוּ, מִשְׂגָּב לָנוּ אֱלֹהֵי יַעֲקֹב סֶלָה׃ תהלים מו
יהוה צְבָאוֹת, אַשְׁרֵי אָדָם בֹּטֵחַ בָּךְ׃ תהלים פד
יהוה הוֹשִׁיעָה, הַמֶּלֶךְ יַעֲנֵנוּ בְיוֹם־קָרְאֵנוּ׃ תהלים כ

אנו מבקשים שזכות עקדת יצחק, ועמה מסירות נפשנו על קידוש השם בכל דור ודור, תעמוד לישראל לנצח, ובזכותה תישמע תפילתנו גם היום.

עד. עקדה | מחבר: רבנו אפרים בן יצחק מרגנשבורג

אֱלֹהֵינוּ וֵאלֹהֵי אֲבוֹתֵינוּ

אִם אֶפֶס רִבַּע הַקֵּן
אֹהֶל שִׁכֵּן אִם רִקֵּן
אַל נָא נֹאבְדָה עַל כֵּן
יֶשׁ־לָנוּ אָב זָקֵן׃ בראשית מד

פָּנִים לוֹ תַכִּיר
וְצִדְקוֹ לְפָנֶיךָ נַזְכִּיר
קַח נָא אֶת בֵּן יַקִּיר
וְנִמְצָה דָמוֹ עַל קִיר׃ ויקרא א

רָץ אֶל הַנַּעַר לְהַקְדִּישׁוֹ
וְנַפְשׁוֹ קְשׁוּרָה בְנַפְשׁוֹ
עִטְּרוֹ בְעֵצִים וְאִשּׁוֹ
וְנֵזֶר אֱלֹהָיו עַל רֹאשׁוֹ.

יָחִיד הוּקַל כַּצְּבִי
עָנָה וְאָמַר אָבִי
הִנֵּה הָאֵשׁ וְהָעֵצִים נָבִיא
וּתְשׁוּרָה אֵין־לְהָבִיא: שמואל א׳ ט

מִלִּים הֱשִׁיבוּ מִלְּהַבְהִילוֹ
עָנָה אָבִיו וְאָמַר לוֹ
אֱלֹהִים הַשֶּׂה יִרְאֶה לוֹ
וְיֹדַע יהוה אֶת־אֲשֶׁר־לוֹ: במדבר טז

בְּמִצְוָתְךָ שְׁנֵיהֶם נִזְהָרִים
וְאַחֲרֶיךָ לֹא מְהַרְהֲרִים
חָשׁוּ מְאֹד נִמְהָרִים
עַל אַחַד הֶהָרִים: בראשית כב

רָאוּ אֵשׁ תְּלוּלָה
מִהֲרוּ עֲצֵי עוֹלָה
יַחַד בְּאַהֲבָה כְּלוּלָה
יַשְּׁרוּ בָעֲרָבָה מְסִלָּה.

רָאָה יָחִיד כִּי הוּא הַשֶּׂה
נָם לְהוֹרוֹ הַמְנֻסֶּה
אָבִי אוֹתִי כְּכֶבֶשׂ תַּעֲשֶׂה
לֹא־תַחְמֹל וְלֹא־תְכַסֶּה: דברים יג

כִּי חָפֵץ וְנִכְסָף
לְבָבִי לוֹ אֶחְשָׂף
הַאִם תִּמְנָעֵנִי סוּף
רוּחִי וְנִשְׁמָתִי אֵלָיו יֵאָסֵף.

יָדָיו וְרַגְלָיו עָקַד
וְחַרְבּוֹ עָלָיו פָּקַד
לְשׁוּמוֹ עַל הָעֵצִים שָׁקַד
וְהָאֵשׁ עַל־הַמִּזְבֵּחַ תּוּקַד: ויקרא ו

צַוָּאר פָּשַׁט מֵאֵלָיו
וְאָבִיו נִגַּשׁ אֵלָיו
לְשָׁחֲטוֹ לְשֵׁם בְּעָלָיו
וְהִנֵּה יהוה נִצָּב עָלָיו: בראשית כח

חָקַר אֵת אֲשֶׁר נַעֲשָׂה
הָאָב עַל בְּנוֹ לֹא חָסָה
לִבּוֹ אֶל כַּפַּיִם נָשָׂא
וַיַּרְא אֱלֹהִים אֶת־כָּל־אֲשֶׁר עָשָׂה: בראשית א

קָרָא לַמְרַחֵם מִשְׁחָר
תְּמוּר בִּנְךָ תִּבְחַר
וְהִנֵּה אַיִל אַחַר
וַעֲשֵׂה אַל־תְּאַחַר: דניאל ט

חֲלִיפֵי אַזְכָּרָתוֹ
תִּכּוֹן הַקְטָרָתוֹ
וְתַעֲלֶה לְךָ תְּמוּרָתוֹ
וְהָיָה־הוּא וּתְמוּרָתוֹ: ויקרא כז

זִכָּרוֹן לְפָנֶיךָ בַּשַּׁחַק
לָעַד בַּסֵּפֶר יוּחַק
בְּרִית עוֹלָם לֹא יִמָּחֵק
אֶת אַבְרָהָם וְאֶת יִצְחָק.

קוֹרְאֶיךָ בָּאִים לָקֹד
בְּצֶדֶק עֲקֵדָה תִּשְׁקֹד
צֹאנְךָ בְּרַחֲמִים תִּפְקֹד
פְּנֵי הַצֹּאן אֶל־עָקֹד: בראשית ל

אֵל מֶלֶךְ יוֹשֵׁב עַל כִּסֵּא רַחֲמִים, מִתְנַהֵג בַּחֲסִידוּת.
מוֹחֵל עֲוֹנוֹת עַמּוֹ, מַעֲבִיר רִאשׁוֹן רִאשׁוֹן.
מַרְבֶּה מְחִילָה לְחַטָּאִים, וּסְלִיחָה לְפוֹשְׁעִים.
עֹשֶׂה צְדָקוֹת עִם כָּל בָּשָׂר וָרוּחַ, לֹא כְרָעָתָם תִּגְמֹל.
אֵל, הוֹרֵיתָ לָּנוּ לוֹמַר שְׁלֹשׁ עֶשְׂרֵה
זְכָר לָנוּ הַיּוֹם בְּרִית שְׁלֹשׁ עֶשְׂרֵה
כְּהוֹדַעְתָּ לֶעָנָו מִקֶּדֶם, כְּמוֹ שֶׁכָּתוּב:
וַיֵּרֶד יהוה בֶּעָנָן שמות לד
וַיִּתְיַצֵּב עִמּוֹ שָׁם
וַיִּקְרָא בְשֵׁם יהוה:

קהל ואחריו שליח הציבור:

וַיַּעֲבֹר יהוה עַל־פָּנָיו וַיִּקְרָא

יהוה, יהוה, אֵל רַחוּם וְחַנּוּן, אֶרֶךְ אַפַּיִם, וְרַב־חֶסֶד וֶאֱמֶת:
נֹצֵר חֶסֶד לָאֲלָפִים, נֹשֵׂא עָוֹן וָפֶשַׁע וְחַטָּאָה, וְנַקֵּה:

וְסָלַחְתָּ לַעֲוֹנֵנוּ וּלְחַטָּאתֵנוּ וּנְחַלְתָּנוּ:
סְלַח לָנוּ, אָבִינוּ, כִּי חָטָאנוּ
מְחַל לָנוּ, מַלְכֵּנוּ, כִּי פָשָׁעְנוּ.
כִּי־אַתָּה, יהוה, טוֹב וְסַלָּח וְרַב־חֶסֶד לְכָל־קֹרְאֶיךָ: תהלים פו

זְכֹר־רַחֲמֶיךָ יהוה וַחֲסָדֶיךָ, כִּי מֵעוֹלָם הֵמָּה: תהלים כה
זָכְרֵנוּ יהוה בִּרְצוֹן עַמֶּךָ, פָּקְדֵנוּ בִּישׁוּעָתֶךָ.

זְכֹר עֲדָתְךָ קָנִיתָ קֶּדֶם, גָּאַלְתָּ שֵׁבֶט נַחֲלָתֶךָ תהלים עד
הַר־צִיּוֹן זֶה שָׁכַנְתָּ בּוֹ:

זְכֹר יהוה חִבַּת יְרוּשָׁלָיִם, אַהֲבַת צִיּוֹן אַל תִּשְׁכַּח לָנֶצַח.
אַתָּה תָקוּם תְּרַחֵם צִיּוֹן, כִּי־עֵת לְחֶנְנָהּ, כִּי־בָא מוֹעֵד: תהלים קב

זְכֹר יהוה לִבְנֵי אֱדוֹם אֵת יוֹם יְרוּשָׁלָיִם תהלים קלז
הָאוֹמְרִים עָרוּ עָרוּ, עַד הַיְסוֹד בָּהּ:

זְכֹר לְאַבְרָהָם לְיִצְחָק וּלְיִשְׂרָאֵל עֲבָדֶיךָ שמות לב
אֲשֶׁר נִשְׁבַּעְתָּ לָהֶם בָּךְ וַתְּדַבֵּר אֲלֵהֶם
אַרְבֶּה אֶת־זַרְעֲכֶם כְּכוֹכְבֵי הַשָּׁמָיִם
וְכָל־הָאָרֶץ הַזֹּאת אֲשֶׁר אָמַרְתִּי אֶתֵּן לְזַרְעֲכֶם, וְנָחֲלוּ לְעֹלָם:

זְכֹר לַעֲבָדֶיךָ לְאַבְרָהָם לְיִצְחָק וּלְיַעֲקֹב דברים ט
אַל־תֵּפֶן אֶל־קְשִׁי הָעָם הַזֶּה וְאֶל־רִשְׁעוֹ וְאֶל־חַטָּאתוֹ:

זְכָר לָנוּ בְּרִית אָבוֹת כַּאֲשֶׁר אָמַרְתָּ: וְזָכַרְתִּי אֶת־בְּרִיתִי יַעֲקוֹב ויקרא כו
וְאַף אֶת־בְּרִיתִי יִצְחָק וְאַף אֶת־בְּרִיתִי אַבְרָהָם אֶזְכֹּר
וְהָאָרֶץ אֶזְכֹּר:

זְכָר לָנוּ בְּרִית רִאשׁוֹנִים כַּאֲשֶׁר אָמַרְתָּ: וְזָכַרְתִּי לָהֶם בְּרִית רִאשֹׁנִים ויקרא כו
אֲשֶׁר הוֹצֵאתִי־אֹתָם מֵאֶרֶץ מִצְרַיִם לְעֵינֵי הַגּוֹיִם
לִהְיוֹת לָהֶם לֵאלֹהִים, אֲנִי יהוה:

עֲשֵׂה עִמָּנוּ כְּמָה שֶׁהִבְטַחְתָּנוּ:
וְאַף גַּם־זֹאת בִּהְיוֹתָם בְּאֶרֶץ אֹיְבֵיהֶם ויקרא כו
לֹא־מְאַסְתִּים וְלֹא־גְעַלְתִּים לְכַלֹּתָם
לְהָפֵר בְּרִיתִי אִתָּם, כִּי אֲנִי יהוה אֱלֹהֵיהֶם:

הָשֵׁב שְׁבוּתֵנוּ וְרַחֲמֵנוּ כְּמָה שֶׁכָּתוּב:
דברים ל וְשָׁב יהוה אֱלֹהֶיךָ אֶת־שְׁבוּתְךָ וְרִחֲמֶךָ
וְשָׁב וְקִבֶּצְךָ מִכָּל־הָעַמִּים
אֲשֶׁר הֱפִיצְךָ יהוה אֱלֹהֶיךָ שָׁמָּה:

קַבֵּץ נִדָּחֵינוּ כְּמָה שֶׁכָּתוּב:
דברים ל אִם־יִהְיֶה נִדַּחֲךָ בִּקְצֵה הַשָּׁמָיִם
מִשָּׁם יְקַבֶּצְךָ יהוה אֱלֹהֶיךָ וּמִשָּׁם יִקָּחֶךָ:

מְחֵה פְשָׁעֵינוּ כָּעָב וְכֶעָנָן כְּמָה שֶׁכָּתוּב:
ישעיה מד מָחִיתִי כָעָב פְּשָׁעֶיךָ וְכֶעָנָן חַטֹּאותֶיךָ, שׁוּבָה אֵלַי כִּי גְאַלְתִּיךָ:
מְחֵה פְשָׁעֵינוּ לְמַעַנְךָ כַּאֲשֶׁר אָמַרְתָּ:
ישעיה מג אָנֹכִי אָנֹכִי הוּא מֹחֶה פְשָׁעֶיךָ לְמַעֲנִי, וְחַטֹּאתֶיךָ לֹא אֶזְכֹּר:

הַלְבֵּן חֲטָאֵינוּ כַּשֶּׁלֶג וְכַצֶּמֶר כְּמָה שֶׁכָּתוּב:
ישעיה א לְכוּ־נָא וְנִוָּכְחָה יֹאמַר יהוה
אִם־יִהְיוּ חֲטָאֵיכֶם כַּשָּׁנִים כַּשֶּׁלֶג יַלְבִּינוּ
אִם־יַאְדִּימוּ כַתּוֹלָע כַּצֶּמֶר יִהְיוּ:

זְרֹק עָלֵינוּ מַיִם טְהוֹרִים וְטַהֲרֵנוּ כְּמָה שֶׁכָּתוּב:
יחזקאל לו וְזָרַקְתִּי עֲלֵיכֶם מַיִם טְהוֹרִים וּטְהַרְתֶּם
מִכֹּל טֻמְאוֹתֵיכֶם וּמִכָּל־גִּלּוּלֵיכֶם אֲטַהֵר אֶתְכֶם:

רַחֵם עָלֵינוּ וְאַל תַּשְׁחִיתֵנוּ כְּמָה שֶׁכָּתוּב:
דברים ד כִּי אֵל רַחוּם יהוה אֱלֹהֶיךָ
לֹא יַרְפְּךָ וְלֹא יַשְׁחִיתֶךָ
וְלֹא יִשְׁכַּח אֶת־בְּרִית אֲבוֹתֶיךָ אֲשֶׁר נִשְׁבַּע לָהֶם:

מוֹל אֶת לְבָבֵנוּ לְאַהֲבָה אֶת שְׁמֶךָ כְּמָה שֶׁכָּתוּב:
דברים ל וּמָל יהוה אֱלֹהֶיךָ אֶת־לְבָבְךָ וְאֶת־לְבַב זַרְעֶךָ
לְאַהֲבָה אֶת־יהוה אֱלֹהֶיךָ בְּכָל־לְבָבְךָ וּבְכָל־נַפְשְׁךָ, לְמַעַן חַיֶּיךָ:

הִמָּצֵא לָנוּ בְּבַקָּשָׁתֵנוּ כְּמָה שֶׁכָּתוּב:
דברים ד וּבִקַּשְׁתֶּם מִשָּׁם אֶת־יהוה אֱלֹהֶיךָ וּמָצָאתָ
כִּי תִדְרְשֶׁנּוּ בְּכָל־לְבָבְךָ וּבְכָל־נַפְשֶׁךָ:

תְּבִיאֵנוּ אֶל הַר קָדְשֶׁךָ וְשַׂמְּחֵנוּ בְּבֵית תְּפִלָּתֶךָ כְּמָה שֶׁכָּתוּב:
ישעיה נו וַהֲבִיאוֹתִים אֶל־הַר קָדְשִׁי וְשִׂמַּחְתִּים בְּבֵית תְּפִלָּתִי
עוֹלֹתֵיהֶם וְזִבְחֵיהֶם לְרָצוֹן עַל־מִזְבְּחִי
כִּי בֵיתִי בֵּית־תְּפִלָּה יִקָּרֵא לְכָל־הָעַמִּים:

פותחים את ארון הקודש ואומרים פסוק עד ׳אַל תַּעַזְבֵנוּ׳.

יש קהילות האומרות את הפסוקים בסדר אחר:
׳שְׁמַע קוֹלֵנוּ׳, ׳הֲשִׁיבֵנוּ׳, ׳אַל תַּשְׁלִיכֵנוּ מִלְּפָנֶיךָ׳ ו׳אַל תַּשְׁלִיכֵנוּ לְעֵת זִקְנָה׳,
וממשיכים בלחש: ׳אַל תַּעַזְבֵנוּ׳, ׳עֲשֵׂה עִמָּנוּ אוֹת׳,
׳אֲמָרֵינוּ הַאֲזִינָה׳, ׳יִהְיוּ לְרָצוֹן׳ ו׳כִּי לְךָ ה׳ הוֹחָלְנוּ׳.

שליח הציבור אומר, והקהל חוזר אחריו בקול:

שְׁמַע קוֹלֵנוּ, יהוה אֱלֹהֵינוּ, חוּס וְרַחֵם עָלֵינוּ
וְקַבֵּל בְּרַחֲמִים וּבְרָצוֹן אֶת תְּפִלָּתֵנוּ.
איכה ה הֲשִׁיבֵנוּ יהוה אֵלֶיךָ וְנָשׁוּבָה, חַדֵּשׁ יָמֵינוּ כְּקֶדֶם:
אֲמָרֵינוּ הַאֲזִינָה יהוה, בִּינָה הֲגִיגֵנוּ.

בלחש: יִהְיוּ לְרָצוֹן אִמְרֵי פִינוּ וְהֶגְיוֹן לִבֵּנוּ לְפָנֶיךָ, יהוה צוּרֵנוּ וְגוֹאֲלֵנוּ.
אַל תַּשְׁלִיכֵנוּ מִלְּפָנֶיךָ, וְרוּחַ קָדְשְׁךָ אַל תִּקַּח מִמֶּנּוּ.
אַל תַּשְׁלִיכֵנוּ לְעֵת זִקְנָה, כִּכְלוֹת כֹּחֵנוּ אַל תַּעַזְבֵנוּ.
אַל תַּעַזְבֵנוּ יהוה, אֱלֹהֵינוּ אַל תִּרְחַק מִמֶּנּוּ.
עֲשֵׂה עִמָּנוּ אוֹת לְטוֹבָה, וְיִרְאוּ שׂוֹנְאֵינוּ וְיֵבֹשׁוּ
כִּי אַתָּה יהוה עֲזַרְתָּנוּ וְנִחַמְתָּנוּ.
כִּי לְךָ יהוה הוֹחָלְנוּ, אַתָּה תַעֲנֶה אֲדֹנָי אֱלֹהֵינוּ.

סוגרים את ארון הקודש.

וידוי

אֱלֹהֵֽינוּ וֵאלֹהֵי אֲבוֹתֵֽינוּ
תָּבֹא לְפָנֶֽיךָ תְּפִלָּתֵֽנוּ, וְאַל תִּתְעַלַּם מִתְּחִנָּתֵֽנוּ.
שֶׁאֵין אֲנוּ עַזֵּי פָנִים וּקְשֵׁי עֹֽרֶף לוֹמַר לְפָנֶֽיךָ
יהוה אֱלֹהֵֽינוּ וֵאלֹהֵי אֲבוֹתֵֽינוּ
צַדִּיקִים אֲנַֽחְנוּ וְלֹא חָטָֽאנוּ.
אֲבָל אֲנַֽחְנוּ וַאֲבוֹתֵֽינוּ חָטָֽאנוּ.

כשמתוודה, מכה באגרופו על החזה כנגד הלב בכל חטא שמזכיר.

אָשַֽׁמְנוּ, בָּגַֽדְנוּ, גָּזַֽלְנוּ, דִּבַּֽרְנוּ דֹֽפִי
הֶעֱוִֽינוּ, וְהִרְשַֽׁעְנוּ, זַֽדְנוּ, חָמַֽסְנוּ, טָפַֽלְנוּ שֶֽׁקֶר
יָעַֽצְנוּ רָע, כִּזַּֽבְנוּ, לַֽצְנוּ, מָרַֽדְנוּ, נִאַֽצְנוּ
סָרַֽרְנוּ, עָוִֽינוּ, פָּשַֽׁעְנוּ, צָרַֽרְנוּ, קִשִּֽׁינוּ עֹֽרֶף
רָשַֽׁעְנוּ, שִׁחַֽתְנוּ, תִּעַֽבְנוּ, תָּעִֽינוּ, תִּעְתָּֽעְנוּ.

סַֽרְנוּ מִמִּצְוֹתֶֽיךָ וּמִמִּשְׁפָּטֶֽיךָ הַטּוֹבִים, וְלֹא שָֽׁוָה לָֽנוּ.
וְאַתָּה צַדִּיק עַל כָּל־הַבָּא עָלֵֽינוּ נחמיה ט
כִּי־אֱמֶת עָשִֽׂיתָ וַאֲנַֽחְנוּ הִרְשָֽׁעְנוּ:

אָשַֽׁמְנוּ מִכָּל עָם, בֹּֽשְׁנוּ מִכָּל דּוֹר
גָּלָה מִמֶּֽנּוּ מָשׂוֹשׂ, דָּוָה לִבֵּֽנוּ בַּחֲטָאֵֽינוּ
הָחְבַּל אִוּוּיֵֽנוּ, וְנִפְרַע פְּאֵרֵֽנוּ
זְבוּל בֵּית מִקְדָּשֵֽׁנוּ חָרַב בַּעֲוֹנֵֽינוּ
טִירָתֵֽנוּ הָיְתָה לְשַׁמָּה
יְפִי אַדְמָתֵֽנוּ לְזָרִים, כֹּחֵֽנוּ לְנָכְרִים.

על פי הגר״א (מעשה רב, אות רב) אומרים וידוי פעם אחת בלבד.

וַעֲדַֽיִן לֹא שַֽׁבְנוּ מִטָּעוּתֵֽנוּ, וְהֵיאַךְ נָעִיז פָּנֵֽינוּ וְנַקְשֶׁה עָרְפֵּֽנוּ, לוֹמַר לְפָנֶֽיךָ, יהוה אֱלֹהֵֽינוּ וֵאלֹהֵי אֲבוֹתֵֽינוּ, צַדִּיקִים אֲנַֽחְנוּ וְלֹא חָטָֽאנוּ, אֲבָל אֲנַֽחְנוּ וַאֲבוֹתֵֽינוּ חָטָֽאנוּ.

כשמתוודה, מכה באגרופו על החזה כנגד הלב בכל חטא שמזכיר.

אָשַֽׁמְנוּ, בָּגַֽדְנוּ, גָּזַֽלְנוּ, דִּבַּֽרְנוּ דֹֽפִי

הֶעֱוִֽינוּ, וְהִרְשַֽׁעְנוּ, זַֽדְנוּ, חָמַֽסְנוּ, טָפַֽלְנוּ שֶֽׁקֶר

יָעַֽצְנוּ רָע, כִּזַּֽבְנוּ, לַֽצְנוּ, מָרַֽדְנוּ, נִאַֽצְנוּ

סָרַֽרְנוּ, עָוִֽינוּ, פָּשַֽׁעְנוּ, צָרַֽרְנוּ, קִשִּֽׁינוּ עֹֽרֶף

רָשַֽׁעְנוּ, שִׁחַֽתְנוּ, תִּעַֽבְנוּ, תָּעִֽינוּ, תִּעְתָּֽעְנוּ.

סַֽרְנוּ מִמִּצְוֹתֶֽיךָ וּמִמִּשְׁפָּטֶֽיךָ הַטּוֹבִים, וְלֹא שָֽׁוָה לָֽנוּ.

וְאַתָּה צַדִּיק עַל כָּל־הַבָּא עָלֵֽינוּ, כִּי־אֱמֶת עָשִֽׂיתָ וַאֲנַֽחְנוּ הִרְשָֽׁעְנוּ: נחמיה ט

לְעֵינֵֽינוּ עָשְׁקוּ עֲמָלֵֽנוּ, מְמֻשָּׁךְ וּמְמֹרָט מִמֶּֽנּוּ

נָתְנוּ עֻלָּם עָלֵֽינוּ, סָבַֽלְנוּ עַל שִׁכְמֵֽנוּ

עֲבָדִים מָֽשְׁלוּ בָֽנוּ, פֹּרֵק אֵין מִיָּדָם: איכה ה

צָרוֹת רַבּוֹת סְבָבֽוּנוּ, קְרָאנֽוּךָ יהוה אֱלֹהֵֽינוּ

רִחַֽקְתָּ מִמֶּֽנּוּ בַּעֲוֹנֵֽינוּ, שַֽׁבְנוּ מֵאַחֲרֶֽיךָ, תָּעִֽינוּ וְאָבָֽדְנוּ.

וַעֲדַֽיִן לֹא שַֽׁבְנוּ מִטָּעוּתֵֽנוּ, וְהֵיאַךְ נָעִיז פָּנֵֽינוּ וְנַקְשֶׁה עָרְפֵּֽנוּ, לוֹמַר לְפָנֶֽיךָ, יהוה אֱלֹהֵֽינוּ וֵאלֹהֵי אֲבוֹתֵֽינוּ, צַדִּיקִים אֲנַֽחְנוּ וְלֹא חָטָֽאנוּ, אֲבָל אֲנַֽחְנוּ וַאֲבוֹתֵֽינוּ חָטָֽאנוּ.

כשמתוודה, מכה באגרופו על החזה כנגד הלב בכל חטא שמזכיר.

אָשַֽׁמְנוּ, בָּגַֽדְנוּ, גָּזַֽלְנוּ, דִּבַּֽרְנוּ דֹֽפִי

הֶעֱוִֽינוּ, וְהִרְשַֽׁעְנוּ, זַֽדְנוּ, חָמַֽסְנוּ, טָפַֽלְנוּ שֶֽׁקֶר

יָעַֽצְנוּ רָע, כִּזַּֽבְנוּ, לַֽצְנוּ, מָרַֽדְנוּ, נִאַֽצְנוּ

סָרַֽרְנוּ, עָוִֽינוּ, פָּשַֽׁעְנוּ, צָרַֽרְנוּ, קִשִּֽׁינוּ עֹֽרֶף

רָשַֽׁעְנוּ, שִׁחַֽתְנוּ, תִּעַֽבְנוּ, תָּעִֽינוּ, תִּעְתָּֽעְנוּ.

סַֽרְנוּ מִמִּצְוֹתֶֽיךָ וּמִמִּשְׁפָּטֶֽיךָ הַטּוֹבִים, וְלֹא שָֽׁוָה לָֽנוּ.

וְאַתָּה צַדִּיק עַל כָּל־הַבָּא עָלֵֽינוּ, כִּי־אֱמֶת עָשִֽׂיתָ וַאֲנַֽחְנוּ הִרְשָֽׁעְנוּ: נחמיה ט

הִרְשַֽׁעְנוּ וּפָשַֽׁעְנוּ, לָכֵן לֹא נוֹשָֽׁעְנוּ.

וְתֵן בְּלִבֵּֽנוּ לַעֲזֹב דֶּֽרֶךְ רֶֽשַׁע, וְחִישׁ לָֽנוּ יֶֽשַׁע

כַּכָּתוּב עַל יַד נְבִיאֶֽךָ: יַעֲזֹב רָשָׁע דַּרְכּוֹ וְאִישׁ אָֽוֶן מַחְשְׁבֹתָיו ישעיה נה

וְיָשֹׁב אֶל־יהוה וִירַחֲמֵֽהוּ וְאֶל־אֱלֹהֵֽינוּ כִּי־יַרְבֶּה לִסְלֽוֹחַ:

תהלים יט מְשִׁיחַ צִדְקֶךָ אָמַר לְפָנֶיךָ: שְׁגִיאוֹת מִי־יָבִין, מִנִּסְתָּרוֹת נַקֵּנִי: נַקֵּנוּ יהוה
אֱלֹהֵינוּ מִכָּל פְּשָׁעֵינוּ וְטַהֲרֵנוּ מִכָּל טֻמְאוֹתֵינוּ וּזְרֹק עָלֵינוּ מַיִם טְהוֹרִים
יחזקאל לו וְטַהֲרֵנוּ, כַּכָּתוּב עַל יַד נְבִיאֶךָ: וְזָרַקְתִּי עֲלֵיכֶם מַיִם טְהוֹרִים וּטְהַרְתֶּם,
מִכֹּל טֻמְאוֹתֵיכֶם וּמִכָּל־גִּלּוּלֵיכֶם אֲטַהֵר אֶתְכֶם: עַמְּךָ וְנַחֲלָתְךָ רְעֵבֵי
טוּבְךָ, צְמֵאֵי חַסְדֶּךָ, תְּאֵבֵי יִשְׁעֶךָ. יַכִּירוּ וְיֵדְעוּ, כִּי לַיהוה אֱלֹהֵינוּ
הָרַחֲמִים וְהַסְּלִיחוֹת.

אֵל רַחוּם שְׁמֶךָ. אֵל חַנּוּן שְׁמֶךָ. בָּנוּ נִקְרָא שְׁמֶךָ. יהוה עֲשֵׂה לְמַעַן שְׁמֶךָ. עֲשֵׂה לְמַעַן אֲמִתָּךְ. עֲשֵׂה לְמַעַן בְּרִיתָךְ. עֲשֵׂה לְמַעַן גָּדְלָךְ וְתִפְאַרְתָּךְ. עֲשֵׂה לְמַעַן דָּתָךְ. עֲשֵׂה לְמַעַן הוֹדָךְ. עֲשֵׂה לְמַעַן וִעוּדָךְ. עֲשֵׂה לְמַעַן זִכְרָךְ. עֲשֵׂה לְמַעַן חַסְדָּךְ. עֲשֵׂה לְמַעַן טוּבָךְ. עֲשֵׂה לְמַעַן יִחוּדָךְ. עֲשֵׂה לְמַעַן כְּבוֹדָךְ. עֲשֵׂה לְמַעַן לִמּוּדָךְ. עֲשֵׂה לְמַעַן מַלְכוּתָךְ. עֲשֵׂה לְמַעַן נִצְחָךְ. עֲשֵׂה לְמַעַן סוֹדָךְ. עֲשֵׂה לְמַעַן עֻזָּךְ. עֲשֵׂה לְמַעַן פְּאֵרָךְ. עֲשֵׂה לְמַעַן צִדְקָתָךְ. עֲשֵׂה לְמַעַן קְדֻשָּׁתָךְ. עֲשֵׂה לְמַעַן רַחֲמֶיךָ הָרַבִּים. עֲשֵׂה לְמַעַן שְׁכִינָתָךְ. עֲשֵׂה לְמַעַן תְּהִלָּתָךְ. עֲשֵׂה לְמַעַן אוֹהֲבֶיךָ שׁוֹכְנֵי עָפָר. עֲשֵׂה לְמַעַן אַבְרָהָם יִצְחָק וְיַעֲקֹב. עֲשֵׂה לְמַעַן מֹשֶׁה וְאַהֲרֹן. עֲשֵׂה לְמַעַן דָּוִד וּשְׁלֹמֹה. עֲשֵׂה לְמַעַן יְרוּשָׁלַיִם עִיר קָדְשֶׁךָ. עֲשֵׂה לְמַעַן צִיּוֹן מִשְׁכַּן כְּבוֹדֶךָ. עֲשֵׂה לְמַעַן שִׁמְמוֹת הֵיכָלֶךָ. עֲשֵׂה לְמַעַן הֲרִיסוּת מִזְבְּחֶךָ. עֲשֵׂה לְמַעַן הֲרוּגִים עַל שֵׁם קָדְשֶׁךָ. עֲשֵׂה לְמַעַן טְבוּחִים עַל יִחוּדֶךָ. עֲשֵׂה לְמַעַן בָּאֵי בָאֵשׁ וּבַמַּיִם עַל קִדּוּשׁ שְׁמֶךָ. עֲשֵׂה לְמַעַן יוֹנְקֵי שָׁדַיִם שֶׁלֹּא חָטְאוּ. עֲשֵׂה לְמַעַן גְּמוּלֵי חָלָב שֶׁלֹּא פָשְׁעוּ. עֲשֵׂה לְמַעַן תִּינוֹקוֹת שֶׁל בֵּית רַבָּן. עֲשֵׂה לְמַעַנְךָ אִם לֹא לְמַעֲנֵנוּ. עֲשֵׂה לְמַעַנְךָ וְהוֹשִׁיעֵנוּ.

עֲנֵנוּ יהוה עֲנֵנוּ. עֲנֵנוּ אֱלֹהֵינוּ עֲנֵנוּ. עֲנֵנוּ אָבִינוּ עֲנֵנוּ. עֲנֵנוּ בּוֹרְאֵנוּ עֲנֵנוּ. עֲנֵנוּ גּוֹאֲלֵנוּ עֲנֵנוּ. עֲנֵנוּ דּוֹרְשֵׁנוּ עֲנֵנוּ. עֲנֵנוּ הָאֵל הַנֶּאֱמָן עֲנֵנוּ. עֲנֵנוּ וָתִיק וְחָסִיד עֲנֵנוּ. עֲנֵנוּ זַךְ וְיָשָׁר עֲנֵנוּ. עֲנֵנוּ חַי וְקַיָּם עֲנֵנוּ. עֲנֵנוּ טוֹב וּמֵטִיב עֲנֵנוּ. עֲנֵנוּ יוֹדֵעַ יֵצֶר עֲנֵנוּ. עֲנֵנוּ כּוֹבֵשׁ כְּעָסִים עֲנֵנוּ. עֲנֵנוּ לוֹבֵשׁ צְדָקוֹת עֲנֵנוּ. עֲנֵנוּ מֶלֶךְ מַלְכֵי הַמְּלָכִים עֲנֵנוּ. עֲנֵנוּ נוֹרָא וְנִשְׂגָּב עֲנֵנוּ. עֲנֵנוּ סוֹלֵחַ

ומוחֵל עֲנֵנוּ. עֲנֵנוּ עוֹנֶה בְּעֵת צָרָה עֲנֵנוּ. עֲנֵנוּ פּוֹדֶה וּמַצִּיל עֲנֵנוּ. עֲנֵנוּ צַדִּיק וְיָשָׁר עֲנֵנוּ. עֲנֵנוּ קָרוֹב לְקוֹרְאָיו עֲנֵנוּ. עֲנֵנוּ רַחוּם וְחַנּוּן עֲנֵנוּ. עֲנֵנוּ שׁוֹמֵעַ אֶל אֶבְיוֹנִים עֲנֵנוּ. עֲנֵנוּ תּוֹמֵךְ תְּמִימִים עֲנֵנוּ. עֲנֵנוּ אֱלֹהֵי אֲבוֹתֵינוּ עֲנֵנוּ. עֲנֵנוּ אֱלֹהֵי אַבְרָהָם עֲנֵנוּ. עֲנֵנוּ פַּחַד יִצְחָק עֲנֵנוּ. עֲנֵנוּ אֲבִיר יַעֲקֹב עֲנֵנוּ. עֲנֵנוּ עֶזְרַת הַשְּׁבָטִים עֲנֵנוּ. עֲנֵנוּ מִשְׂגַּב אִמָּהוֹת עֲנֵנוּ. עֲנֵנוּ קָשֶׁה לִכְעֹס עֲנֵנוּ. עֲנֵנוּ רַךְ לִרְצוֹת עֲנֵנוּ. עֲנֵנוּ עוֹנֶה בְּעֵת רָצוֹן עֲנֵנוּ. עֲנֵנוּ אֲבִי יְתוֹמִים עֲנֵנוּ. עֲנֵנוּ דַּיַּן אַלְמָנוֹת עֲנֵנוּ.

מִי שֶׁעָנָה לְאַבְרָהָם אָבִינוּ בְּהַר הַמּוֹרִיָּה, הוּא יַעֲנֵנוּ.
מִי שֶׁעָנָה לְיִצְחָק בְּנוֹ כְּשֶׁנֶּעֱקַד עַל גַּבֵּי הַמִּזְבֵּחַ, הוּא יַעֲנֵנוּ.
מִי שֶׁעָנָה לְיַעֲקֹב בְּבֵית אֵל, הוּא יַעֲנֵנוּ.
מִי שֶׁעָנָה לְיוֹסֵף בְּבֵית הָאֲסוּרִים, הוּא יַעֲנֵנוּ.
מִי שֶׁעָנָה לַאֲבוֹתֵינוּ עַל יַם סוּף, הוּא יַעֲנֵנוּ.
מִי שֶׁעָנָה לְמֹשֶׁה בְּחוֹרֵב, הוּא יַעֲנֵנוּ.
מִי שֶׁעָנָה לְאַהֲרֹן בַּמַּחְתָּה, הוּא יַעֲנֵנוּ.
מִי שֶׁעָנָה לְפִינְחָס בְּקוּמוֹ מִתּוֹךְ הָעֵדָה, הוּא יַעֲנֵנוּ.
מִי שֶׁעָנָה לִיהוֹשֻׁעַ בַּגִּלְגָּל, הוּא יַעֲנֵנוּ.
מִי שֶׁעָנָה לִשְׁמוּאֵל בַּמִּצְפָּה, הוּא יַעֲנֵנוּ.
מִי שֶׁעָנָה לְדָוִד וּשְׁלֹמֹה בְנוֹ בִּירוּשָׁלָיִם, הוּא יַעֲנֵנוּ.
מִי שֶׁעָנָה לְאֵלִיָּהוּ בְּהַר הַכַּרְמֶל, הוּא יַעֲנֵנוּ.
מִי שֶׁעָנָה לֶאֱלִישָׁע בִּירִיחוֹ, הוּא יַעֲנֵנוּ.
מִי שֶׁעָנָה לְיוֹנָה בִּמְעֵי הַדָּגָה, הוּא יַעֲנֵנוּ.
מִי שֶׁעָנָה לְחִזְקִיָּהוּ מֶלֶךְ יְהוּדָה בְּחָלְיוֹ, הוּא יַעֲנֵנוּ.
מִי שֶׁעָנָה לַחֲנַנְיָה מִישָׁאֵל וַעֲזַרְיָה בְּתוֹךְ כִּבְשַׁן הָאֵשׁ, הוּא יַעֲנֵנוּ.
מִי שֶׁעָנָה לְדָנִיֵּאל בְּגוֹב הָאֲרָיוֹת, הוּא יַעֲנֵנוּ.
מִי שֶׁעָנָה לְמָרְדְּכַי וְאֶסְתֵּר בְּשׁוּשַׁן הַבִּירָה, הוּא יַעֲנֵנוּ.
מִי שֶׁעָנָה לְעֶזְרָא בַּגּוֹלָה, הוּא יַעֲנֵנוּ.
מִי שֶׁעָנָה לְכָל הַצַּדִּיקִים וְהַחֲסִידִים וְהַתְּמִימִים וְהַיְשָׁרִים, הוּא יַעֲנֵנוּ.

רַחֲמָנָא דְּעָנֵי לַעֲנִיֵּי עֲנֵינָן.
רַחֲמָנָא דְּעָנֵי לִתְבִירֵי לִבָּא עֲנֵינָן.
רַחֲמָנָא דְּעָנֵי לְמַכִּיכֵי רוּחָא עֲנֵינָן.
רַחֲמָנָא עֲנֵינָן.
רַחֲמָנָא חוּס, רַחֲמָנָא פְּרֻק, רַחֲמָנָא שֵׁיזִיב.
רַחֲמָנָא רַחֵם עֲלָן, הַשְׁתָּא בַּעֲגָלָא וּבִזְמַן קָרִיב.

נפילת אפיים

יושבים, ובמקום שיש בו ספר תורה, נופלים אפיים:
משעינים את הראש על היד שאין בה תפילין (ומי שאין לו תפילין, על יד שמאל), ומכסים את הפנים (ספר מהרי״ל, סב).

לפני נפילת אפיים נוהגים לומר את הפסוק ׳וַיֹּאמֶר דָּוִד אֶל־גָּד׳ (קיצור של״ה).

שמואל ב׳ כד
וַיֹּאמֶר דָּוִד אֶל־גָּד, צַר־לִי מְאֹד
נִפְּלָה־נָּא בְיַד־יהוה, כִּי־רַבִּים רַחֲמָו, וּבְיַד־אָדָם אַל־אֶפֹּלָה:

רַחוּם וְחַנּוּן, חָטָאתִי לְפָנֶיךָ.
יהוה מָלֵא רַחֲמִים, רַחֵם עָלַי וְקַבֵּל תַּחֲנוּנָי.

נוהגים לומר את מזמור ו (מנהגי מהר״י טירנא):

תהלים ו
יהוה, אַל־בְּאַפְּךָ תוֹכִיחֵנִי, וְאַל־בַּחֲמָתְךָ תְיַסְּרֵנִי:
חָנֵּנִי יהוה, כִּי אֻמְלַל אָנִי, רְפָאֵנִי יהוה, כִּי נִבְהֲלוּ עֲצָמָי:
וְנַפְשִׁי נִבְהֲלָה מְאֹד, וְאַתָּ יהוה, עַד־מָתָי:
שׁוּבָה יהוה, חַלְּצָה נַפְשִׁי, הוֹשִׁיעֵנִי לְמַעַן חַסְדֶּךָ:
כִּי אֵין בַּמָּוֶת זִכְרֶךָ, בִּשְׁאוֹל מִי יוֹדֶה־לָּךְ:
יָגַעְתִּי בְּאַנְחָתִי, אַשְׂחֶה בְכָל־לַיְלָה מִטָּתִי
בְּדִמְעָתִי עַרְשִׂי אַמְסֶה:
עָשְׁשָׁה מִכַּעַס עֵינִי, עָתְקָה בְּכָל־צוֹרְרָי:
סוּרוּ מִמֶּנִּי כָּל־פֹּעֲלֵי אָוֶן, כִּי שָׁמַע יהוה קוֹל בִּכְיִי:
שָׁמַע יהוה תְּחִנָּתִי, יהוה תְּפִלָּתִי יִקָּח:
יֵבֹשׁוּ וְיִבָּהֲלוּ מְאֹד כָּל־אֹיְבָי, יָשֻׁבוּ יֵבֹשׁוּ רָגַע: כאן מרימים את הראש.

מַחֵי וּמַסֵּי, מֵמִית וּמְחַיֶּה, מַסֵּיק מִן שְׁאוֹל לְחַיֵּי עָלְמָא.
בְּרָא כַּד חָטֵא, אֲבוּהִי לַקְיֵהּ, אֲבוּהִי דְחָיֵס מַסֵּא לִכְאֵבֵהּ.
עַבְדָּא דְמָרֵיד נָפֵיק בְּקוֹלָר, מָרֵהּ תָּאֵיב וְתָבַר קוֹלָרֵהּ.

בְּרָךְ בְּכָרָךְ אֲנַן וְחָטֵינַן קַמָּךְ, הָא רְוֵי נַפְשַׁן בְּגִדִין מְרָרִין.
עַבְדָּךְ אֲנַן וּמָרְדִנָן קַמָּךְ, הָא בְּבִזְּתָא הָא בְּשִׁבְיְתָא הָא בְּמַלְקְיוּתָא.
בְּמָטוּ מִנָּךְ בְּרַחֲמָךְ דִּנְפִישִׁין, אַסֵּי לִכְאֵבָא דִתְקֵף עֲלַן
עַד דְּלָא נֶהֱוֵי גְמִירָא בְּשִׁבְיָא.

עוונותינו הובילו לסבלנו הרב. למרות זאת, אנו מבקשים שה׳ יראה בשפלות מצבנו, יימלא עלינו רחמים ויגאל אותנו.

עה. מחבר: רבי משה בר שמואל

מֶלֶךְ מְלָכִים רָם עַל רָמִים
שׁוֹכֵן שְׁחָקִים וְיוֹשֵׁב בַּמְּרוֹמִים
הַמְהֻלָּל וְהַמְשֻׁבָּח לְעוֹלְמֵי עוֹלָמִים
בָּרוּךְ וּמְבֹרָךְ בְּפִי כָּל יְקוּמִים.
רְאֵה בְּעִנּוּי אֲנוּנִים וַעֲגוּמִים
שׁוּר נָא בְּשִׁפְלוּת מְעוּטֵי עַמִּים
מְפֻזָּרִים וּמְפֹרָדִים בֵּין כָּל הָאֻמִּים
וּבְבֹשֶׁת וּכְלִמָּה נֶחְפָּרִים וְנִכְלָמִים
אֲבֵלִים וּבְדוּדִים נְזוּפִים וְנִזְעָמִים
לְמַכִּים נְתוּנִים גֵּוִים לְמַהֲלֻמִּים
בַּבֹּקֶר מִי יִתֵּן עֶרֶב נוֹאֲמִים
רֶמֶשׁ אוֹמְרִים מִי יְקָרֵב אוֹר יָמִים
אֵין לָהֶם מְנוּחָה וְשֶׁקֶט וּשְׁלוֹמִים
בַּמֶּה לְהִתְנַחֵם וְלִמְצֹא תַנְחוּמִים
שָׁלוֹם מְצַפִּים וְהִנָּם נִלְחָמִים
לְטוֹבָה מְקַוִּים וְהִנֵּה רֹעַ תַּשְׁלוּמִים
וַתִּבְחַר נַפְשָׁם מִיתַת רְדוּמִים.

מַה נִּתְאוֹנֵן וּמַה נֹּאמַר וַעֲוֹנוֹתֵינוּ גּוֹרְמִים
חָטָאנוּ רָשַׁעְנוּ סַרְנוּ מֵחֻקֶּיךָ הַנְּעִימִים.
זְכֹר רַחֲמֶיךָ, יהוה, וַחֲסָדֶיךָ הָעֲצוּמִים
קוּמָה וְהִמָּלֵא עָלֵינוּ רַחֲמִים
וְקַבֵּץ פְּזוּרֵינוּ מֵאֲרָצוֹת וְיַמִּים
אֲשֶׁר מְכַרְתָּ חִנָּם לָאֱדוֹמִים
מַהֵר לְגָאֳלָם בְּלֹא כֶסֶף וְדָמִים
צַוֵּה יְשׁוּעוֹת יַעֲקֹב, הַצּוּר תָּמִים
כִּי לְךָ, אֲדֹנָי, הַסְּלִיחוֹת וְהָרַחֲמִים.

יש הנוהגים שלא לומר תחינה זו.

מַכְנִיסֵי רַחֲמִים, הַכְנִיסוּ רַחֲמֵינוּ לִפְנֵי בַּעַל הָרַחֲמִים. מַשְׁמִיעֵי תְפִלָּה, הַשְׁמִיעוּ תְפִלָּתֵנוּ לִפְנֵי שׁוֹמֵעַ תְּפִלָּה. מַשְׁמִיעֵי צְעָקָה, הַשְׁמִיעוּ צַעֲקָתֵנוּ לִפְנֵי שׁוֹמֵעַ צְעָקָה. מַכְנִיסֵי דִמְעָה, הַכְנִיסוּ דִּמְעוֹתֵינוּ לִפְנֵי מֶלֶךְ מִתְרַצֶּה בִּדְמָעוֹת. הִשְׁתַּדְּלוּ וְהַרְבּוּ תְּחִנָּה וּבַקָּשָׁה לִפְנֵי מֶלֶךְ אֵל רָם וְנִשָּׂא. הַזְכִּירוּ לְפָנָיו הַשְׁמִיעוּ לְפָנָיו תּוֹרָה וּמַעֲשִׂים טוֹבִים שֶׁל שׁוֹכְנֵי עָפָר. יִזְכֹּר אַהֲבָתָם וִיחַיֶּה זַרְעָם, שֶׁלֹּא תֹאבַד שְׁאֵרִית יַעֲקֹב. כִּי צֹאן רוֹעֶה נֶאֱמָן הָיָה לְחֶרְפָּה, יִשְׂרָאֵל גּוֹי אֶחָד לְמָשָׁל וְלִשְׁנִינָה. מַהֵר עֲנֵנוּ אֱלֹהֵי יִשְׁעֵנוּ, וּפְדֵנוּ מִכָּל גְּזֵרוֹת קָשׁוֹת, וְהוֹשִׁיעָה בְּרַחֲמֶיךָ הָרַבִּים מְשִׁיחַ צִדְקָךְ וְעַמָּךְ.

מָרַן דְּבִשְׁמַיָּא לָךְ מִתְחַנְּנַן, כְּבַר שִׁבְיָא דְּמִתְחַנַּן לְשַׁבָּיֵהּ.
כֻּלְּהוֹן בְּנֵי שִׁבְיָא בְּכַסְפָּא מִתְפָּרְקִין
וְעַמָּךְ בֵּית יִשְׂרָאֵל בְּרַחֲמֵי וּבְתַחֲנוּנֵי.
הַב לַן שְׁאֶלְתִּין וּבָעוּתִין, דְּלָא נֶהְדַּר רֵיקָם מִן קֳדָמָךְ.

מָרַן דְּבִשְׁמַיָּא לָךְ מִתְחַנְּנַן, כְּעַבְדָּא דְּמִתְחַנַּן לְמָרֵהּ.
עֲשִׁיקֵי אֲנַן וּבַחֲשׁוֹכָא שָׁרֵינָן.
מְרִירָן נַפְשִׁין מֵעַקְתִין דִּנְפִישִׁין.
חֵילָא לֵית בַּן לְרַצּוּיָךְ, מָרַן.
עֲבֵד בְּדִיל קְיָמָא דִּגְזַרְתְּ עִם אֲבָהָתָנָא.

הפיוט ׳שׁוֹמֵר יִשְׂרָאֵל׳ חותם את הסליחות בחודש אלול ובעשרת ימי תשובה.

שׁוֹמֵר יִשְׂרָאֵל, שְׁמֹר שְׁאֵרִית יִשְׂרָאֵל, וְאַל יֹאבַד יִשְׂרָאֵל
הָאוֹמְרִים שְׁמַע יִשְׂרָאֵל.
שׁוֹמֵר גּוֹי אֶחָד, שְׁמֹר שְׁאֵרִית עַם אֶחָד, וְאַל יֹאבַד גּוֹי אֶחָד
הַמְיַחֲדִים שִׁמְךָ, יהוה אֱלֹהֵינוּ יהוה אֶחָד.
שׁוֹמֵר גּוֹי קָדוֹשׁ, שְׁמֹר שְׁאֵרִית עַם קָדוֹשׁ, וְאַל יֹאבַד גּוֹי קָדוֹשׁ
הַמְשַׁלְּשִׁים בְּשָׁלֹשׁ קְדֻשּׁוֹת לְקָדוֹשׁ.
מִתְרַצֶּה בְּרַחֲמִים וּמִתְפַּיֵּס בְּתַחֲנוּנִים, הִתְרַצֵּה וְהִתְפַּיֵּס לְדוֹר עָנִי
כִּי אֵין עוֹזֵר.

אָבִינוּ מַלְכֵּנוּ, חָנֵּנוּ וַעֲנֵנוּ, כִּי אֵין בָּנוּ מַעֲשִׂים
עֲשֵׂה עִמָּנוּ צְדָקָה וָחֶסֶד וְהוֹשִׁיעֵנוּ.

לקט הפסוקים מסדר רב עמרם גאון מבטא את תחושתו של האדם, שלאחר שהתפלל בכל אופן שהוא מכיר, מוסר את דינו לשמים (טור, קלא).

עומדים במקום המסומן ב־* (מג״א קלא, ד בשם השל״ה).

וַאֲנַחְנוּ לֹא נֵדַע *מַה־נַּעֲשֶׂה, כִּי עָלֶיךָ עֵינֵינוּ: דברי הימים ב׳ כ
זְכֹר־רַחֲמֶיךָ יהוה וַחֲסָדֶיךָ, כִּי מֵעוֹלָם הֵמָּה: תהלים כה
יְהִי־חַסְדְּךָ יהוה עָלֵינוּ, כַּאֲשֶׁר יִחַלְנוּ לָךְ: תהלים לג
אַל־תִּזְכָּר־לָנוּ עֲוֹנֹת רִאשֹׁנִים תהלים עט
מַהֵר יְקַדְּמוּנוּ רַחֲמֶיךָ, כִּי דַלּוֹנוּ מְאֹד:
עֶזְרֵנוּ בְּשֵׁם יהוה, עֹשֵׂה שָׁמַיִם וָאָרֶץ: תהלים קכד
חָנֵּנוּ יהוה חָנֵּנוּ, כִּי־רַב שָׂבַעְנוּ בוּז: תהלים קכג
בְּרֹגֶז רַחֵם תִּזְכּוֹר: חבקוק ג
[בְּרֹגֶז עֲקֵדָה תִּזְכֹּר, בְּרֹגֶז תְּמִימוּת תִּזְכֹּר.
יהוה הוֹשִׁיעָה, הַמֶּלֶךְ יַעֲנֵנוּ בְיוֹם־קָרְאֵנוּ:] תהלים כ
כִּי־הוּא יָדַע יִצְרֵנוּ, זָכוּר כִּי־עָפָר אֲנָחְנוּ: תהלים קג
עָזְרֵנוּ אֱלֹהֵי יִשְׁעֵנוּ עַל־דְּבַר כְּבוֹד־שְׁמֶךָ תהלים עט
וְהַצִּילֵנוּ וְכַפֵּר עַל־חַטֹּאתֵינוּ לְמַעַן שְׁמֶךָ:

קדיש שלם

ש״ץ: יִתְגַּדַּל וְיִתְקַדַּשׁ שְׁמֵהּ רַבָּא (קהל: אָמֵן)
בְּעָלְמָא דִּי בְרָא כִרְעוּתֵהּ
וְיַמְלִיךְ מַלְכוּתֵהּ [וְיַצְמַח פֻּרְקָנֵהּ וִיקָרֵב מְשִׁיחֵהּ (קהל: אָמֵן)]
בְּחַיֵּיכוֹן וּבְיוֹמֵיכוֹן וּבְחַיֵּי דְכָל בֵּית יִשְׂרָאֵל
בַּעֲגָלָא וּבִזְמַן קָרִיב
וְאִמְרוּ אָמֵן. (קהל: אָמֵן)

קהל וש״ץ: יְהֵא שְׁמֵהּ רַבָּא מְבָרַךְ לְעָלַם וּלְעָלְמֵי עָלְמַיָּא.

ש״ץ: יִתְבָּרַךְ וְיִשְׁתַּבַּח וְיִתְפָּאַר וְיִתְרוֹמַם וְיִתְנַשֵּׂא
וְיִתְהַדָּר וְיִתְעַלֶּה וְיִתְהַלָּל
שְׁמֵהּ דְּקֻדְשָׁא בְּרִיךְ הוּא (קהל: אָמֵן)
לְעֵלָּא לְעֵלָּא מִכָּל בִּרְכָתָא וְשִׁירָתָא, תֻּשְׁבְּחָתָא וְנֶחֱמָתָא
דַּאֲמִירָן בְּעָלְמָא
וְאִמְרוּ אָמֵן. (קהל: אָמֵן)

תִּתְקַבַּל צְלוֹתְהוֹן וּבָעוּתְהוֹן דְּכָל בֵּית יִשְׂרָאֵל
קֳדָם אֲבוּהוֹן דִּי בִשְׁמַיָּא
וְאִמְרוּ אָמֵן. (קהל: אָמֵן)

יְהֵא שְׁלָמָא רַבָּא מִן שְׁמַיָּא
וְחַיִּים [טוֹבִים] עָלֵינוּ וְעַל כָּל יִשְׂרָאֵל
וְאִמְרוּ אָמֵן. (קהל: אָמֵן)

כורע ופוסע שלוש פסיעות לאחור. קד לשמאל, לימין ולפנים באמירת:

עֹשֶׂה הַשָּׁלוֹם בִּמְרוֹמָיו
הוּא יַעֲשֶׂה שָׁלוֹם עָלֵינוּ וְעַל כָּל יִשְׂרָאֵל
וְאִמְרוּ אָמֵן. (קהל: אָמֵן)

סליחות ליום ה׳ של עשי״ת

אַשְׁרֵי יוֹשְׁבֵי בֵיתֶךָ, עוֹד יְהַלְלוּךָ סֶּלָה: תהלים פד

אַשְׁרֵי הָעָם שֶׁכָּכָה לּוֹ, אַשְׁרֵי הָעָם שֶׁיהוה אֱלֹהָיו: תהלים קמד

תְּהִלָּה לְדָוִד תהלים קמה

אֲרוֹמִמְךָ אֱלוֹהַי הַמֶּלֶךְ, וַאֲבָרְכָה שִׁמְךָ לְעוֹלָם וָעֶד:
בְּכָל־יוֹם אֲבָרְכֶךָּ, וַאֲהַלְלָה שִׁמְךָ לְעוֹלָם וָעֶד:
גָּדוֹל יהוה וּמְהֻלָּל מְאֹד, וְלִגְדֻלָּתוֹ אֵין חֵקֶר:
דּוֹר לְדוֹר יְשַׁבַּח מַעֲשֶׂיךָ, וּגְבוּרֹתֶיךָ יַגִּידוּ:
הֲדַר כְּבוֹד הוֹדֶךָ, וְדִבְרֵי נִפְלְאוֹתֶיךָ אָשִׂיחָה:
וֶעֱזוּז נוֹרְאוֹתֶיךָ יֹאמֵרוּ, וּגְדוּלָּתְךָ אֲסַפְּרֶנָּה:
זֵכֶר רַב־טוּבְךָ יַבִּיעוּ, וְצִדְקָתְךָ יְרַנֵּנוּ:
חַנּוּן וְרַחוּם יהוה, אֶרֶךְ אַפַּיִם וּגְדָל־חָסֶד:
טוֹב־יהוה לַכֹּל, וְרַחֲמָיו עַל־כָּל־מַעֲשָׂיו:
יוֹדוּךָ יהוה כָּל־מַעֲשֶׂיךָ, וַחֲסִידֶיךָ יְבָרְכוּכָה:
כְּבוֹד מַלְכוּתְךָ יֹאמֵרוּ, וּגְבוּרָתְךָ יְדַבֵּרוּ:
לְהוֹדִיעַ לִבְנֵי הָאָדָם גְּבוּרֹתָיו, וּכְבוֹד הֲדַר מַלְכוּתוֹ:
מַלְכוּתְךָ מַלְכוּת כָּל־עֹלָמִים, וּמֶמְשַׁלְתְּךָ בְּכָל־דּוֹר וָדֹר:
סוֹמֵךְ יהוה לְכָל־הַנֹּפְלִים, וְזוֹקֵף לְכָל־הַכְּפוּפִים:
עֵינֵי־כֹל אֵלֶיךָ יְשַׂבֵּרוּ, וְאַתָּה נוֹתֵן־לָהֶם אֶת־אָכְלָם בְּעִתּוֹ:
פּוֹתֵחַ אֶת־יָדֶךָ, וּמַשְׂבִּיעַ לְכָל־חַי רָצוֹן:
צַדִּיק יהוה בְּכָל־דְּרָכָיו, וְחָסִיד בְּכָל־מַעֲשָׂיו:
קָרוֹב יהוה לְכָל־קֹרְאָיו, לְכֹל אֲשֶׁר יִקְרָאֻהוּ בֶאֱמֶת:
רְצוֹן־יְרֵאָיו יַעֲשֶׂה, וְאֶת־שַׁוְעָתָם יִשְׁמַע, וְיוֹשִׁיעֵם:

שׁוֹמֵר יהוה אֶת־כָּל־אֹהֲבָיו, וְאֵת כָּל־הָרְשָׁעִים יַשְׁמִיד:
תְּהִלַּת יהוה יְדַבֶּר פִּי, וִיבָרֵךְ כָּל־בָּשָׂר שֵׁם קָדְשׁוֹ לְעוֹלָם וָעֶד:
תהלים קטו וַאֲנַחְנוּ נְבָרֵךְ יָהּ מֵעַתָּה וְעַד־עוֹלָם, הַלְלוּיָהּ:

במדבר יד וְעַתָּה יִגְדַּל־נָא כֹּחַ אֲדֹנָי כַּאֲשֶׁר דִּבַּרְתָּ לֵאמֹר:
תהלים כה זְכֹר־רַחֲמֶיךָ יהוה וַחֲסָדֶיךָ כִּי מֵעוֹלָם הֵמָּה:

חצי קדיש

ש״ץ: יִתְגַּדַּל וְיִתְקַדַּשׁ שְׁמֵהּ רַבָּא (קהל: אָמֵן)
בְּעָלְמָא דִּי בְרָא כִרְעוּתֵהּ
וְיַמְלִיךְ מַלְכוּתֵהּ [וְיַצְמַח פֻּרְקָנֵהּ וִיקָרֵב מְשִׁיחֵהּ (קהל: אָמֵן)]
בְּחַיֵּיכוֹן וּבְיוֹמֵיכוֹן וּבְחַיֵּי דְכָל בֵּית יִשְׂרָאֵל
בַּעֲגָלָא וּבִזְמַן קָרִיב, וְאִמְרוּ אָמֵן. (קהל: אָמֵן)

קהל וש״ץ: יְהֵא שְׁמֵהּ רַבָּא מְבָרַךְ לְעָלַם וּלְעָלְמֵי עָלְמַיָּא.

ש״ץ: יִתְבָּרַךְ וְיִשְׁתַּבַּח וְיִתְפָּאַר וְיִתְרוֹמַם וְיִתְנַשֵּׂא
וְיִתְהַדָּר וְיִתְעַלֶּה וְיִתְהַלָּל
שְׁמֵהּ דְּקֻדְשָׁא בְּרִיךְ הוּא (קהל: אָמֵן)
לְעֵלָּא לְעֵלָּא מִכָּל בִּרְכָתָא וְשִׁירָתָא, תֻּשְׁבְּחָתָא וְנֶחֱמָתָא
דַּאֲמִירָן בְּעָלְמָא, וְאִמְרוּ אָמֵן. (קהל: אָמֵן)

דניאל ט לְךָ אֲדֹנָי הַצְּדָקָה, וְלָנוּ בֹּשֶׁת הַפָּנִים:
בראשית מד מַה נִּתְאוֹנֵן וּמַה נֹּאמַר, מַה־נְּדַבֵּר וּמַה־נִּצְטַדָּק:
נַחְפְּשָׂה דְרָכֵינוּ וְנַחְקֹרָה וְנָשׁוּבָה אֵלֶיךָ, כִּי יְמִינְךָ פְשׁוּטָה לְקַבֵּל שָׁבִים.
לֹא בְחֶסֶד וְלֹא בְמַעֲשִׂים בָּאנוּ לְפָנֶיךָ, כְּדַלִּים וּכְרָשִׁים דָּפַקְנוּ דְלָתֶיךָ.
דְּלָתֶיךָ דָּפַקְנוּ רַחוּם וְחַנּוּן, נָא אַל תְּשִׁיבֵנוּ רֵיקָם מִלְּפָנֶיךָ.
מִלְּפָנֶיךָ מַלְכֵּנוּ רֵיקָם אַל תְּשִׁיבֵנוּ, כִּי אַתָּה שׁוֹמֵעַ תְּפִלָּה.

שֹׁמֵעַ תְּפִלָּה, עָדֶיךָ כָּל־בָּשָׂר יָבֹאוּ: תהלים סה
יָבוֹא כָל בָּשָׂר לְהִשְׁתַּחֲוֹת לְפָנֶיךָ יהוה.
יָבוֹאוּ וְיִשְׁתַּחֲווּ לְפָנֶיךָ אֲדֹנָי, וִיכַבְּדוּ לִשְׁמֶךָ: תהלים פו
בֹּאוּ נִשְׁתַּחֲוֶה וְנִכְרָעָה, נִבְרְכָה לִפְנֵי־יהוה עֹשֵׂנוּ: תהלים צה
נָבוֹאָה לְמִשְׁכְּנוֹתָיו, נִשְׁתַּחֲוֶה לַהֲדֹם רַגְלָיו: תהלים קלב
בֹּאוּ שְׁעָרָיו בְּתוֹדָה חֲצֵרֹתָיו בִּתְהִלָּה תהלים ק
הוֹדוּ לוֹ בָּרְכוּ שְׁמוֹ:
וַאֲנַחְנוּ בְּרֹב חַסְדְּךָ נָבוֹא בֵיתֶךָ
נִשְׁתַּחֲוֶה אֶל הֵיכַל קָדְשְׁךָ בְּיִרְאָתֶךָ.
הִנֵּה בָּרְכוּ אֶת־יהוה כָּל־עַבְדֵי יהוה תהלים קלד
הָעֹמְדִים בְּבֵית־יהוה בַּלֵּילוֹת:
שְׂאוּ־יְדֵכֶם קֹדֶשׁ, וּבָרְכוּ אֶת־יהוה:
רוֹמְמוּ יהוה אֱלֹהֵינוּ וְהִשְׁתַּחֲווּ לַהֲדֹם רַגְלָיו, קָדוֹשׁ הוּא: תהלים צט
רוֹמְמוּ יהוה אֱלֹהֵינוּ וְהִשְׁתַּחֲווּ לְהַר קָדְשׁוֹ
כִּי־קָדוֹשׁ יהוה אֱלֹהֵינוּ:
הִשְׁתַּחֲווּ לַיהוה בְּהַדְרַת־קֹדֶשׁ, חִילוּ מִפָּנָיו כָּל־הָאָרֶץ: תהלים צו
נִשְׁתַּחֲוֶה אֶל הֵיכַל קָדְשְׁךָ וְנוֹדֶה אֶת שְׁמֶךָ
עַל חַסְדְּךָ וְעַל אֲמִתֶּךָ, כִּי הִגְדַּלְתָּ עַל כָּל שִׁמְךָ אִמְרָתֶךָ.
יהוה אֱלֹהֵי צְבָאוֹת מִי־כָמוֹךָ חֲסִין יָהּ, וֶאֱמוּנָתְךָ סְבִיבוֹתֶיךָ: תהלים פט
כִּי מִי בַשַּׁחַק יַעֲרֹךְ לַיהוה, יִדְמֶה לַיהוה בִּבְנֵי אֵלִים:
כִּי־גָדוֹל אַתָּה וְעֹשֵׂה נִפְלָאוֹת, אַתָּה אֱלֹהִים לְבַדֶּךָ: תהלים פו
כִּי־גָדֹל מֵעַל־שָׁמַיִם חַסְדֶּךָ, וְעַד־שְׁחָקִים אֲמִתֶּךָ: תהלים קח
גָּדוֹל יהוה וּמְהֻלָּל מְאֹד, וְלִגְדֻלָּתוֹ אֵין חֵקֶר: תהלים קמה
כִּי גָדוֹל יהוה וּמְהֻלָּל מְאֹד, נוֹרָא הוּא עַל־כָּל־אֱלֹהִים: תהלים צו
כִּי אֵל גָּדוֹל יהוה, וּמֶלֶךְ גָּדוֹל עַל־כָּל־אֱלֹהִים: תהלים צה
אֲשֶׁר מִי־אֵל בַּשָּׁמַיִם וּבָאָרֶץ אֲשֶׁר־יַעֲשֶׂה כְמַעֲשֶׂיךָ וְכִגְבוּרֹתֶךָ: דברים ג

ירמיה י מִי לֹא יִרָאֲךָ מֶלֶךְ הַגּוֹיִם כִּי לְךָ יָאָתָה
כִּי בְכָל־חַכְמֵי הַגּוֹיִם וּבְכָל־מַלְכוּתָם מֵאֵין כָּמוֹךָ:
מֵאֵין כָּמוֹךָ יהוה, גָּדוֹל אַתָּה וְגָדוֹל שִׁמְךָ בִּגְבוּרָה:
תהלים פט לְךָ זְרוֹעַ עִם־גְּבוּרָה, תָּעֹז יָדְךָ תָּרוּם יְמִינֶךָ:
תהלים עד לְךָ יוֹם אַף־לְךָ לָיְלָה, אַתָּה הֲכִינוֹתָ מָאוֹר וָשָׁמֶשׁ:
תהלים צה אֲשֶׁר בְּיָדוֹ מֶחְקְרֵי־אָרֶץ, וְתוֹעֲפוֹת הָרִים לוֹ:
תהלים קו מִי יְמַלֵּל גְּבוּרוֹת יהוה, יַשְׁמִיעַ כָּל־תְּהִלָּתוֹ:
דברי הימים א׳ כט לְךָ יהוה הַגְּדֻלָּה וְהַגְּבוּרָה וְהַתִּפְאֶרֶת וְהַנֵּצַח וְהַהוֹד
כִּי־כֹל בַּשָּׁמַיִם וּבָאָרֶץ
לְךָ יהוה הַמַּמְלָכָה וְהַמִּתְנַשֵּׂא לְכֹל לְרֹאשׁ:
תהלים פט לְךָ שָׁמַיִם אַף־לְךָ אָרֶץ, תֵּבֵל וּמְלֹאָהּ אַתָּה יְסַדְתָּם:
תהלים עד אַתָּה הִצַּבְתָּ כָּל־גְּבוּלוֹת אָרֶץ, קַיִץ וָחֹרֶף אַתָּה יְצַרְתָּם:
אַתָּה רִצַּצְתָּ רָאשֵׁי לִוְיָתָן, תִּתְּנֶנּוּ מַאֲכָל לְעָם לְצִיִּים:
אַתָּה בָקַעְתָּ מַעְיָן וָנָחַל, אַתָּה הוֹבַשְׁתָּ נַהֲרוֹת אֵיתָן:
אַתָּה פוֹרַרְתָּ בְעָזְּךָ יָם, שִׁבַּרְתָּ רָאשֵׁי תַנִּינִים עַל־הַמָּיִם:
תהלים פט אַתָּה מוֹשֵׁל בְּגֵאוּת הַיָּם, בְּשׂוֹא גַלָּיו אַתָּה תְשַׁבְּחֵם:
תהלים מח גָּדוֹל יהוה וּמְהֻלָּל מְאֹד, בְּעִיר אֱלֹהֵינוּ הַר־קָדְשׁוֹ:
ישעיה לז יהוה צְבָאוֹת אֱלֹהֵי יִשְׂרָאֵל יֹשֵׁב הַכְּרֻבִים
אַתָּה־הוּא הָאֱלֹהִים לְבַדֶּךָ:
תהלים פט אֵל נַעֲרָץ בְּסוֹד־קְדֹשִׁים רַבָּה, וְנוֹרָא עַל־כָּל־סְבִיבָיו:
וְיוֹדוּ שָׁמַיִם פִּלְאֲךָ יהוה, אַף־אֱמוּנָתְךָ בִּקְהַל קְדֹשִׁים:
תהלים צה לְכוּ נְרַנְּנָה לַיהוה, נָרִיעָה לְצוּר יִשְׁעֵנוּ:
נְקַדְּמָה פָנָיו בְּתוֹדָה, בִּזְמִרוֹת נָרִיעַ לוֹ:
תהלים פט צֶדֶק וּמִשְׁפָּט מְכוֹן כִּסְאֶךָ, חֶסֶד וֶאֱמֶת יְקַדְּמוּ פָנֶיךָ:
תהלים נה אֲשֶׁר יַחְדָּו נַמְתִּיק סוֹד, בְּבֵית אֱלֹהִים נְהַלֵּךְ בְּרָגֶשׁ:
תהלים צה אֲשֶׁר־לוֹ הַיָּם וְהוּא עָשָׂהוּ, וְיַבֶּשֶׁת יָדָיו יָצָרוּ:
איוב יב אֲשֶׁר בְּיָדוֹ נֶפֶשׁ כָּל־חָי, וְרוּחַ כָּל־בְּשַׂר־אִישׁ:

הַנְּשָׁמָה לָךְ וְהַגּוּף פָּעֳלָךְ, חוּסָה עַל עֲמָלָךְ.
הַנְּשָׁמָה לָךְ וְהַגּוּף שֶׁלָּךְ, יהוה עֲשֵׂה לְמַעַן שְׁמֶךָ.
אָתָאנוּ עַל שִׁמְךָ, יהוה עֲשֵׂה לְמַעַן שְׁמֶךָ
בַּעֲבוּר כְּבוֹד שִׁמְךָ, כִּי אֵל חַנּוּן וְרַחוּם שְׁמֶךָ.
לְמַעַן שִׁמְךָ יהוה, וְסָלַחְתָּ לַעֲוֹנֵנוּ כִּי רַב הוּא.

סְלַח לָנוּ, אָבִינוּ, כִּי בְּרֹב אִוַּלְתֵּנוּ שָׁגִינוּ.
מְחַל לָנוּ, מַלְכֵּנוּ, כִּי רַבּוּ עֲוֹנֵינוּ.

עם ה׳! הזדרזו לשוב בתשובה שלמה והתפללו אל ה׳ בכל כוחכם ובכל מאודכם.
עו. מחבר: רבי אליה בר שמעיה

עַם יהוה, חִזְקוּ וְנִתְחַזְּקָה
וְקִרְאוּ אֶל־אֱלֹהִים בְּחָזְקָה. יונה ג

אִישׁ אָוֶן יִתְוַדֶּה אֲשָׁמָיו
וְיָשֹׁב אֶל־יהוה וִירַחֲמֵהוּ: ישעיה נה

לִקְרֹא לְלֹא יָנוּם וְלֹא יִישָׁן
שׁוֹמֵר יִשְׂרָאֵל, עוּרָה לָמָּה תִישַׁן: תהלים מד

יֹשֶׁר זְכֹר וְכִשְׁרוֹן מַעֲשֶׂה
וַיהוה הַטּוֹב בְּעֵינָיו יַעֲשֶׂה: דברי הימים א׳ יט

הִבְטִיחָנוּ אֱלֹהִים אֱמֶת
כִּי לֹא אֶחְפֹּץ בְּמוֹת הַמֵּת: יחזקאל יח

בְּהִמָּצְאוֹ דִּרְשׁוּהוּ בְּתַחַן לִקְרֹב
קְרָאֻהוּ בִּהְיוֹתוֹ קָרוֹב: ישעיה נה

רַצּוּהוּ חַלּוּהוּ בְּאֵימָה עִבְדוּהוּ
כָּל־זֶרַע יַעֲקֹב, כַּבְּדוּהוּ: תהלים כב

שְׁקֹד דַּלְתוֹת אֶרֶךְ אַפַּיִם
נִשָּׂא לְבָבֵנוּ אֶל־כַּפָּיִם: איכה ג

מִי יוֹדֵעַ רַצּוֹת וַיּוֹאֵל
הִכּוֹן לִקְרַאת־אֱלֹהֶיךָ יִשְׂרָאֵל: עמוס ד

עִרְכוּ שֶׁוַע וּתְפִלָּה לְצָרָה
קַדְּשׁוּ־צוֹם קִרְאוּ עֲצָרָה: יואל א

יְבַקֵּשׁ יְפַלֵּל אֱלֹהִים עוֹבֵד
וְשָׁב מֵחֲרוֹן אַפּוֹ וְלֹא נֹאבֵד: יונה ג

הֲיִרְצֶה שַׁי וְתֶשֶׁר מֵהַשְּׁמֵן
בְּרִבְבוֹת נַחֲלֵי־שָׁמֶן: מיכה ו

חָפֵץ שְׁמֹעַ מִתִּקְרֹבֶת עוֹלִים
לְהַקְשִׁיב מֵחֵלֶב אֵילִים: שמואל א׳ טו

זַכּוּת וָיֹשֶׁר עָקֹב
זְכָר־אֵלֶּה, יַעֲקֹב: ישעיה מד

קְחוּ עִמָּכֶם דְּבָרִים
וְשָׂפָה בְּשִׁלּוּם פָּרִים.

כִּי עַל רַחֲמֶיךָ הָרַבִּים אָנוּ בְטוּחִים, וְעַל צִדְקוֹתֶיךָ אָנוּ נִשְׁעָנִים
וְלִסְלִיחוֹתֶיךָ אָנוּ מְקַוִּים, וְלִישׁוּעָתְךָ אָנוּ מְצַפִּים.
אַתָּה הוּא מֶלֶךְ אוֹהֵב צְדָקוֹת מִקֶּדֶם
מַעֲבִיר עֲוֹנוֹת עַמּוֹ וּמֵסִיר חַטֹּאת יְרֵאָיו
כּוֹרֵת בְּרִית לָרִאשׁוֹנִים וּמְקַיֵּם שְׁבוּעָה לָאַחֲרוֹנִים.
אַתָּה הוּא שֶׁיָּרַדְתָּ בַּעֲנַן כְּבוֹדֶךָ עַל הַר סִינַי
וְהֶרְאֵיתָ דַּרְכֵי טוּבְךָ לְמֹשֶׁה עַבְדֶּךָ וְאָרְחוֹת חֲסָדֶיךָ גִּלִּיתָ לוֹ
וְהוֹדַעְתּוֹ כִּי אַתָּה אֵל רַחוּם וְחַנּוּן
אֶרֶךְ אַפַּיִם וְרַב חֶסֶד וּמַרְבֶּה לְהֵיטִיב
וּמַנְהִיג אֶת הָעוֹלָם כֻּלּוֹ בְּמִדַּת הָרַחֲמִים.

וְכֵן כָּתוּב:

וַיֹּאמֶר אֲנִי אַעֲבִיר כָּל־טוּבִי עַל־פָּנֶיךָ שמות לג
וְקָרָאתִי בְשֵׁם יהוה לְפָנֶיךָ
וְחַנֹּתִי אֶת־אֲשֶׁר אָחֹן, וְרִחַמְתִּי אֶת־אֲשֶׁר אֲרַחֵם:

אֵל אֶרֶךְ אַפַּיִם אַתָּה, וּבַעַל הָרַחֲמִים נִקְרֵאתָ, וְדֶרֶךְ תְּשׁוּבָה הוֹרֵיתָ.
גְּדֻלַּת רַחֲמֶיךָ וַחֲסָדֶיךָ, תִּזְכֹּר הַיּוֹם וּבְכָל יוֹם לְזֶרַע יְדִידֶיךָ.
תֵּפֶן אֵלֵינוּ בְּרַחֲמִים, כִּי אַתָּה הוּא בַּעַל הָרַחֲמִים.
בְּתַחֲנוּן וּבִתְפִלָּה פָּנֶיךָ נְקַדֵּם, כְּהוֹדַעְתָּ לֶעָנָו מִקֶּדֶם.
מֵחֲרוֹן אַפְּךָ שׁוּב, כְּמוֹ בְּתוֹרָתְךָ כָּתוּב.
וּבְצֵל כְּנָפֶיךָ נֶחֱסֶה וְנִתְלוֹנָן, כְּיוֹם וַיֵּרֶד יהוה בֶּעָנָן.
תַּעֲבֹר עַל פֶּשַׁע וְתִמְחֶה אָשָׁם, כְּיוֹם וַיִּתְיַצֵּב עִמּוֹ שָׁם.
תַּאֲזִין שַׁוְעָתֵנוּ וְתַקְשִׁיב מֶנּוּ מַאֲמָר, כְּיוֹם וַיִּקְרָא בְשֵׁם יהוה
וְשָׁם נֶאֱמַר

קהל ואחריו שליח הציבור:

וַיַּעֲבֹר יהוה עַל־פָּנָיו וַיִּקְרָא שמות לד

יהוה, יהוה, אֵל רַחוּם וְחַנּוּן, אֶרֶךְ אַפַּיִם, וְרַב־חֶסֶד וֶאֱמֶת:
נֹצֵר חֶסֶד לָאֲלָפִים, נֹשֵׂא עָוֹן וָפֶשַׁע וְחַטָּאָה, וְנַקֵּה:

וְסָלַחְתָּ לַעֲוֹנֵנוּ וּלְחַטָּאתֵנוּ, וּנְחַלְתָּנוּ:
סְלַח לָנוּ אָבִינוּ כִּי חָטָאנוּ, מְחַל לָנוּ מַלְכֵּנוּ כִּי פָשָׁעְנוּ.
כִּי־אַתָּה אֲדֹנָי טוֹב וְסַלָּח, וְרַב־חֶסֶד לְכָל־קֹרְאֶיךָ: תהלים פו

וַאֲנַחְנוּ בְּרֹב חַסְדְּךָ נָבוֹא בֵיתֶךָ
נִשְׁתַּחֲוֶה אֶל הֵיכַל קָדְשְׁךָ בְּיִרְאָתֶךָ.
וַאֲנִי תְפִלָּתִי־לְךָ יהוה עֵת רָצוֹן, אֱלֹהִים בְּרָב־חַסְדֶּךָ תהלים סט
עֲנֵנִי בֶּאֱמֶת יִשְׁעֶךָ:
הַאֲזִינָה יהוה תְּפִלָּתֵנוּ וְהַקְשִׁיבָה בְּקוֹל תַּחֲנוּנוֹתֵינוּ.

כְּרַחֵם אָב עַל בָּנִים, כֵּן תְּרַחֵם יהוה עָלֵינוּ.

תהלים ג לַיהוה הַיְשׁוּעָה, עַל־עַמְּךָ בִרְכָתֶךָ סֶּלָה:

תהלים מו יהוה צְבָאוֹת עִמָּנוּ, מִשְׂגָּב לָנוּ אֱלֹהֵי יַעֲקֹב סֶלָה:

תהלים פד יהוה צְבָאוֹת, אַשְׁרֵי אָדָם בֹּטֵחַ בָּךְ:

תהלים כ יהוה הוֹשִׁיעָה, הַמֶּלֶךְ יַעֲנֵנוּ בְיוֹם־קָרְאֵנוּ:

במדבר יד סְלַח־נָא לַעֲוֹן הָעָם הַזֶּה כְּגֹדֶל חַסְדֶּךָ
וְכַאֲשֶׁר נָשָׂאתָה לָעָם הַזֶּה מִמִּצְרַיִם וְעַד־הֵנָּה:
וְשָׁם נֶאֱמַר

קהל ואחריו שליח הציבור:

וַיֹּאמֶר יהוה, סָלַחְתִּי כִּדְבָרֶךָ:

דניאל ט הַטֵּה אֱלֹהַי אָזְנְךָ וּשְׁמָע
פְּקַח עֵינֶיךָ וּרְאֵה שֹׁמְמֹתֵינוּ
וְהָעִיר אֲשֶׁר־נִקְרָא שִׁמְךָ עָלֶיהָ
כִּי לֹא עַל־צִדְקֹתֵינוּ אֲנַחְנוּ מַפִּילִים תַּחֲנוּנֵינוּ לְפָנֶיךָ
כִּי עַל־רַחֲמֶיךָ הָרַבִּים:
אֲדֹנָי שְׁמָעָה, אֲדֹנָי סְלָחָה, אֲדֹנָי הַקְשִׁיבָה וַעֲשֵׂה אַל תְּאַחַר
לְמַעַנְךָ אֱלֹהַי כִּי־שִׁמְךָ נִקְרָא עַל־עִירְךָ וְעַל־עַמֶּךָ:

אני שופך את לבי נוכח פני ה׳, המאזין תחנון ועובר על פשע, ובכך תפארתו.
אנא, זכור לנו ברית אבות, שמע את זעקתנו, הגבר את מידת רחמיך ומחל לנו.

עז. אֱלֹהֵינוּ וֵאלֹהֵי אֲבוֹתֵינוּ

אֲנִי בְּרֹב חַסְדְּךָ אָבוֹא בֵיתֶךָ
אֶשְׁתַּחֲוֶה אֶל הֵיכַל קָדְשְׁךָ בְּיִרְאָתֶךָ
בְּהַשְׁכִּימִי בְּתַחַן לִפְנֵי מְכוֹן שִׁבְתֶּךָ
בְּעֵת רָצוֹן עֲנֵנִי בֶּאֱמֶת יִשְׁעֶךָ.
גָּדוֹל וְגִבּוֹר עַל כָּל שִׁמְךָ אִמְרָתֶךָ
גְּבוּרַת רַחֲמֶיךָ מֵאָז וְאֵלֵינוּ מַחְשְׁבוֹתֶיךָ
דְּבָרְךָ רֹאשׁ אֱמֶת לָנוּ בְּמוֹעֲצוֹתֶיךָ

דְּרָכֶיךָ בְּעָמְדָם לְפָנֶיךָ, לְהַקְדִּים לָמוֹ חֲנִינוּתֶיךָ
הַמְּחִילָה וְהַסְּלִיחָה שֶׁלְּךָ, וְעֹבֵר עַל פֶּשַׁע תִּפְאַרְתֶּךָ
הֲדַר כְּבוֹד הוֹדֶךָ וְדִבְרֵי נִפְלְאוֹתֶיךָ
וְהִנְנוּ אָתָאנוּ לָךְ בְּעֹצֶם חֶמְלָתֶךָ
וּלְךָ לְבַד הוֹחָלְנוּ וְאַתָּה תַּעֲנֶה מְחִילָתֶךָ.
זְכֹר קְנוּיַת קֶדֶם שִׁבְטֵי נַחֲלָתֶךָ
זְכוּת אָב לַבָּנִים יוֹדִיעַ אֶל אֲמִתֶּךָ
חֶסֶד נְעוּרִים וְאַהֲבַת כְּלוּלוֹתֶיךָ
חֲדָשִׁים לַבְּקָרִים רַבָּה אֱמוּנָתֶךָ
טוּבְךָ אֲשֶׁר נוֹדַע לְנֶאֱמַן בֵּית מְשָׁרְתֶךָ
טֶכֶס שֵׁם רַחוּם בְּאַרְבַּע אוֹתִיּוֹתֶיךָ
יָתֵד תְּקוּעָה בִּשְׁלֹשׁ עֶשְׂרֵה תֵּבוֹתֶיךָ
יִגֹּלּוּ רַחֲמֶיךָ עַל מִדּוֹתֶיךָ.
כִּי אֲנַחְנוּ עַמְּךָ וְצֹאן מַרְעִיתֶךָ
כְּדַלִּים וּכְרָשִׁים שׁוֹקְדִים עַל דַּלְתוֹתֶיךָ
לֹא לְמַעֲנֵנוּ כִּי אִם בְּרֹב צִדְקָתֶךָ
לָרָעִים וְלַטּוֹבִים וְהִיא תְהִלָּתֶךָ.
מַטֶּה כְלַפֵּי חֶסֶד זוֹ הִיא אֻמָּנוּתֶךָ
מִדָּה וּמִדָּה הִיא לְשֶׁבַח צְפִירָתֶךָ
נוֹהֵג חִנָּם חֶסֶד עִם כָּל בְּרִיּוֹתֶיךָ
נְתִיבוֹת חֵן וְרַחֲמִים לְנוֹצְרֵי עֵדוֹתֶיךָ.
סְלִיחָה מְבַקְשִׁים תָּכִין לָבָם לִקְרָאתֶךָ
שִׂימָה דִמְעָתָם בְּנֹאדֶךָ הֲלֹא בְּסִפְרָתֶךָ
עֳנִי וְעִנּוּי וְעֶלְבּוֹן בְּנֵי בְרִיתֶךָ
עֵינֶיךָ תֶּחֱזֶינָה, יהוה, כְּכָל צִדְקוֹתֶיךָ.
פּוֹקְדֶיךָ בַּצַּר צָקוּן לַחַשׁ תּוֹכְחוֹתֶיךָ
פַּלְטֵם מִשַּׁחַת מֵחֲמֵשֶׁת מִינֵי עֶבְרָתֶךָ

צוֹפֶה לְקַטְרֵג וּלְחַבֵּל אֹם רַעְיָתֶךָ
צַוֵּה לִנְעֹל דֶּלֶת פֶּן יִכָּנֵס בִּמְחִיצָתֶךָ.
קוֹל יַעֲקֹב בְּעֵת יַעַל מִתְּהוֹמוֹתֶיךָ
קַבֵּל בְּרַחֲמִים מִתַּחַת כֵּס יְשִׁיבָתֶךָ
רַחֵשׁ מְשַׁלְּמִים מְקוֹם זְבָחֶיךָ וְעוֹלוֹתֶיךָ
רְצֵה נִדְבָתָם וַחֲתֹר לָמוֹ חֲתִירָתֶךָ.
שׁוּב לְמַעַן עֲבָדֶיךָ שִׁבְטֵי נַחֲלָתֶךָ
שִׁמְךָ יַעֲמֹד לָנוּ וְיָשׁוּב אַפְּךָ וַחֲמָתֶךָ
תִּתְאַזֵּר בַּחֲסִידוּתְךָ וְתִתְעַטֵּף בַּחֲנִינוּתֶיךָ
וְתָבוֹא לְפָנֶיךָ מִדַּת טוּבְךָ וְעַנְוְתָנוּתֶךָ.

אֵל מֶלֶךְ יוֹשֵׁב עַל כִּסֵּא רַחֲמִים, מִתְנַהֵג בַּחֲסִידוּת.
מוֹחֵל עֲוֹנוֹת עַמּוֹ, מַעֲבִיר רִאשׁוֹן רִאשׁוֹן.
מַרְבֶּה מְחִילָה לְחַטָּאִים, וּסְלִיחָה לְפוֹשְׁעִים.
עֹשֶׂה צְדָקוֹת עִם כָּל בָּשָׂר וָרוּחַ, לֹא כְרָעָתָם תִּגְמֹל.
אֵל, הוֹרֵיתָ לָּנוּ לוֹמַר שְׁלֹשׁ עֶשְׂרֵה
זְכָר לָנוּ הַיּוֹם בְּרִית שְׁלֹשׁ עֶשְׂרֵה
כְּהוֹדַעְתָּ לֶעָנָו מִקֶּדֶם, כְּמוֹ שֶׁכָּתוּב:
וַיֵּרֶד יהוה בֶּעָנָן, וַיִּתְיַצֵּב עִמּוֹ שָׁם, וַיִּקְרָא בְשֵׁם יהוה: שמות לד

קהל ואחריו שליח הציבור:

וַיַּעֲבֹר יהוה עַל־פָּנָיו וַיִּקְרָא

יהוה, יהוה, אֵל רַחוּם וְחַנּוּן, אֶרֶךְ אַפַּיִם, וְרַב־חֶסֶד וֶאֱמֶת:
נֹצֵר חֶסֶד לָאֲלָפִים, נֹשֵׂא עָוֹן וָפֶשַׁע וְחַטָּאָה, וְנַקֵּה:

וְסָלַחְתָּ לַעֲוֹנֵנוּ וּלְחַטָּאתֵנוּ וּנְחַלְתָּנוּ:
סְלַח לָנוּ, אָבִינוּ, כִּי חָטָאנוּ, מְחַל לָנוּ, מַלְכֵּנוּ, כִּי פָשָׁעְנוּ.
כִּי־אַתָּה, יהוה, טוֹב וְסַלָּח וְרַב־חֶסֶד לְכָל־קֹרְאֶיךָ: תהלים פו

נִשָּׂא לְבָבֵנוּ אֶל־כַּפָּיִם אֶל־אֵל בַּשָּׁמָיִם: איכה ג

תָּבוֹא לְפָנֶיךָ אֶנְקַת אָסִיר תהלים עט

כְּגֹדֶל זְרוֹעֲךָ הוֹתֵר בְּנֵי תְמוּתָה:

לַאדֹנָי אֱלֹהֵינוּ הָרַחֲמִים וְהַסְּלִיחוֹת כִּי מָרַדְנוּ בּוֹ: דניאל ט

כְּרַחֵם אָב עַל בָּנִים, כֵּן תְּרַחֵם יהוה עָלֵינוּ.

לַיהוה הַיְשׁוּעָה, עַל־עַמְּךָ בִרְכָתֶךָ סֶּלָה: תהלים ג

יהוה צְבָאוֹת עִמָּנוּ, מִשְׂגָּב לָנוּ אֱלֹהֵי יַעֲקֹב סֶלָה: תהלים מו

יהוה צְבָאוֹת, אַשְׁרֵי אָדָם בֹּטֵחַ בָּךְ: תהלים פד

יהוה הוֹשִׁיעָה, הַמֶּלֶךְ יַעֲנֵנוּ בְיוֹם־קָרְאֵנוּ: תהלים כ

כוחנו כלה מחמת חטאינו וחרון אפך. אנא, הטה את דיננו לחסד, קרב אותנו אליך וגמול לנו טובות.

עת.

אֱלֹהִים בְּיִשְׂרָאֵל גָּדוֹל נוֹדַעְתָּ.

אַתָּה יהוה אָבִינוּ אָתָּה.

בְּכָל קָרְאֵנוּ אֵלֶיךָ קָרַבְנוּ.

רָם וְנִשָּׂא אַתָּה בְּקִרְבֵּנוּ.

גְּמַלְתָּנוּ הַטּוֹבוֹת גַּם בְּחוֹבֵנוּ.

לֹא בְצִדְקוֹתֵינוּ וּבְיֹשֶׁר לְבָבֵנוּ.

דּוֹדֵנוּ, גַּם כִּי זְנַחְתָּנוּ.

גְּאָלֵנוּ כִּי עֲבָדִים אֲנָחְנוּ.

הִנְנוּ בַּעֲוֹנֵינוּ עַד דַּכָּא.

וַתִּקְצַר נֶפֶשׁ לְךָ מְחַכָּה.

וְאַיֵּה חֲסָדֶיךָ הָרִאשׁוֹנִים עִמָּנוּ.

מֵעוֹלָם וְעַד עוֹלָם נֶאֱמָנוּ.

זַעַף נִשָּׂא וְתַשׁ כֹּחֵנוּ.

יהוה, אַל בְּאַפְּךָ תוֹכִיחֵנוּ.

חַלְחָלוֹת רַבּוֹת בִּלּוּ בְשָׂרֵנוּ.

נָא אַל בַּחֲמָתְךָ תְיַסְּרֵנוּ.

טֹרַח הַצָּרוֹת אֵין לְהִסָּפֵר.
אַיֵּה שׁוֹקֵל וְאַיֵּה סוֹפֵר.
יָדַעְנוּ רִשְׁעֵנוּ כִּי פָשָׁעְנוּ.
כִּי אֱמֶת עָשִׂיתָ וַאֲנַחְנוּ הִרְשָׁעְנוּ.
כַּעַס וְחָרוֹן מֶנּוּ יֶחְדָּל.
כִּי קָטֹן יַעֲקֹב וְדָל.
לַחַץ יוּסַר וְעֹל מֶנּוּ יְחֻבָּל.
כִּי כָשַׁל כֹּחַ הַסַּבָּל.
מְנָת מְדָתֵנוּ לֹא תִגְבֶּה.
כִּי נִשְׁאַרְנוּ מְעַט מֵהַרְבֵּה.
נִחָם עַל הָרָעָה לְאֻמָּתֶךָ.
מַטֵּה כְּלַפֵּי חֶסֶד אֱמוּנָתֶךָ.
סְלִחָה אִם עֲוֹנֵינוּ עָנוּ בָנוּ.
עָזְרֵנוּ כִּי עָלֶיךָ נִשְׁעָנּוּ.
עָרְפֵּנוּ כֹּף לְךָ לְהִשְׁתַּעְבֵּד.
לְאַהֲבָה וּלְיִרְאָה אוֹתְךָ, וּלְכַבֵּד.
פּוֹקְדֶיךָ קִדְּשׁוּ צוֹמוֹת לִקְבֹּעַ.
דַּעְתָּם קְצָרָה צָרְכָּם לִתְבֹּעַ.
צָקוּן לַחֲשָׁם אֵלֶיךָ יָבוֹא.
חַתֵּל לְאִישׁ אִישׁ נִגְעוֹ וּמַכְאוֹבוֹ.
קוֹל יַעֲקֹב נוֹהֵם מִתְּהוֹמוֹתֶיךָ.
תִּשְׁמַע הַשָּׁמַיִם מְכוֹן שִׁבְתֶּךָ.
רוֹדֶה רוֹדֵף בְּאַף תְּכַלֶּה.
שְׁנַת שִׁלּוּמִים לְרִיב צִיּוֹן תְּגַלֶּה.
שֵׁרַתָּ וְרָדַתָּ מִנֹּעַר קְנוֹתֵנוּ.
וְאַל תַּשְׁלִיכֵנוּ לְעֵת זִקְנָתֵנוּ.
תָּעִינוּ לִשְׂמֹאל וִימִינְךָ תְקָרְבֵנוּ.
כִּכְלוֹת כֹּחֵנוּ אַל תַּעַזְבֵנוּ.

תַּבִּיט וְתָצִיץ וְתַשְׁגִּיחַ לְרַחוּמֶיךָ.
תִּתְאַזֵּר בַּחֲנִינוּתֶךָ, תִּתְלַבֵּשׁ בְּצִדְקוֹתֶיךָ.
תִּתְכַּסֶּה בְּרַחֲמֶיךָ וְתִתְעַטֵּף בַּחֲסִידוּתֶךָ.
וְתָבוֹא לְפָנֶיךָ מִדַּת טוּבְךָ וְעַנְוְתָנוּתֶךָ.

אֵל מֶלֶךְ יוֹשֵׁב עַל כִּסֵּא רַחֲמִים, מִתְנַהֵג בַּחֲסִידוּת.
מוֹחֵל עֲוֹנוֹת עַמּוֹ, מַעֲבִיר רִאשׁוֹן רִאשׁוֹן.
מַרְבֶּה מְחִילָה לְחַטָּאִים, וּסְלִיחָה לְפוֹשְׁעִים.
עֹשֶׂה צְדָקוֹת עִם כָּל בָּשָׂר וָרוּחַ, לֹא כְרָעָתָם תִּגְמֹל.
אֵל, הוֹרֵיתָ לָּנוּ לוֹמַר שְׁלֹשׁ עֶשְׂרֵה
זְכָר לָנוּ הַיּוֹם בְּרִית שְׁלֹשׁ עֶשְׂרֵה
כְּהוֹדַעְתָּ לֶעָנָו מִקֶּדֶם, כְּמוֹ שֶׁכָּתוּב:
וַיֵּרֶד יהוה בֶּעָנָן, וַיִּתְיַצֵּב עִמּוֹ שָׁם שמות לד
וַיִּקְרָא בְשֵׁם יהוה:

קהל ואחריו שליח הציבור:

וַיַּעֲבֹר יהוה עַל־פָּנָיו וַיִּקְרָא
יהוה, יהוה, אֵל רַחוּם וְחַנּוּן, אֶרֶךְ אַפַּיִם, וְרַב־חֶסֶד וֶאֱמֶת:
נֹצֵר חֶסֶד לָאֲלָפִים, נֹשֵׂא עָוֹן וָפֶשַׁע וְחַטָּאָה, וְנַקֵּה:

וְסָלַחְתָּ לַעֲוֹנֵנוּ וּלְחַטָּאתֵנוּ וּנְחַלְתָּנוּ:
סְלַח לָנוּ, אָבִינוּ, כִּי חָטָאנוּ
מְחַל לָנוּ, מַלְכֵּנוּ, כִּי פָשָׁעְנוּ.
כִּי־אַתָּה, יהוה, טוֹב וְסַלָּח וְרַב־חֶסֶד לְכָל־קֹרְאֶיךָ: תהלים פו

תָּבוֹא לְפָנֶיךָ תְּפִלָּתֵנוּ, וְאַל תִּתְעַלַּם מִתְּחִנָּתֵנוּ.
תָּבוֹא לְפָנֶיךָ אֶנְקַת אָסִיר, כְּגֹדֶל זְרוֹעֲךָ הוֹתֵר בְּנֵי תְמוּתָה: תהלים עט
אַתָּה תָקוּם תְּרַחֵם צִיּוֹן, כִּי־עֵת לְחֶנְנָהּ, כִּי־בָא מוֹעֵד: תהלים קב

כְּרַחֵם אָב עַל בָּנִים, כֵּן תְּרַחֵם יהוה עָלֵינוּ.

תהלים ג לַיהוה הַיְשׁוּעָה, עַל־עַמְּךָ בִרְכָתֶךָ סֶּלָה:

תהלים מו יהוה צְבָאוֹת עִמָּנוּ, מִשְׂגָּב לָנוּ אֱלֹהֵי יַעֲקֹב סֶלָה:

תהלים פד יהוה צְבָאוֹת, אַשְׁרֵי אָדָם בֹּטֵחַ בָּךְ:

תהלים כ יהוה הוֹשִׁיעָה, הַמֶּלֶךְ יַעֲנֵנוּ בְיוֹם־קָרְאֵנוּ:

בחטאינו למרמס נמסרנו, ואויבינו הרשעים מושלים בנו בשלווה ובנחת.
אנו תולים את תקוותנו בה׳ ובהבטחתו לקבל שבים, ומתחננים שיושיענו מאנשי חמס.

עט. מחבר: רבי אליה בר שמעיה

אֱלֹהֵינוּ וֵאלֹהֵי אֲבוֹתֵינוּ

אַתָּה חֶלְקִי וְצוּר לְבָבִי
אִוִּיתִיךָ בַּלֵּילָה עַל מִשְׁכָּבִי
אֵלֶיךָ, יהוה, אֶקְרָא בַּעֲטֹף לִבִּי.

בָּגַדְנוּ וְהִרְבֵּינוּ חֵמוֹת וּכְעָסִים
לְמִרְמָס כָּאֵפֶר אָנוּ מְעֻשִּׂים
כִּי אֵין בָּנוּ מַעֲשִׂים.

גָּבְרוּ עַד מְאֹד מְצוּקוֹתֵינוּ
בְּרוֹאֶה שָׁגִינוּ פְּלִילוֹת פּוּקוֹתֵינוּ
ישעיה סד וּכְבֶגֶד עִדִּים כָּל־צִדְקֹתֵינוּ:

דַּעַת חָסַרְנוּ פְּתָאִים מֵעָרְמָה
תְּהִלָּה תָּשִׂים בְּמַלְאָכֵי רוּמָה
איוב כה אַף כִּי־אֱנוֹשׁ רִמָּה:

הֵן אִיִּים תִּטֹּל כַּדַּק
וְאִם עַוְלָתָה תְּחַפֵּשׂ וְתִבְדַּק
בראשית מד מַה־נְּדַבֵּר וּמַה־נִּצְטַדָּק:

וָאֲבַקֵּשׁ גּוֹדֵר גָּדֵר וְעֹמֵד בַּפֶּרֶץ
וְיָשָׁר אַיִן פָּנִים לְהָרֵץ
מיכה ז אָבַד חָסִיד מִן־הָאָרֶץ:

זְמַן קִצִּי סָתוּם מִלֵּדַע
עֲוֹנוֹתַי הִטּוּ קַרְנִי לְהִגָּדַע
כִּי־פְשָׁעַי אֲנִי אֵדָע: תהלים נא

חָמָס אֶזְעַק וְאֵין מוֹשִׁיעַ
לָמָּה צַדִּיק מַכְתִּיר מַרְשִׁיעַ
וְלֹא קָצְרָה יָדְךָ מֵהוֹשִׁיעַ.

טְלָאֶיךָ דּוֹפְקִים כַּיָּם הוֹמִים
אֲנוּסִים חֲמוּסִים בְּיַד אֻמִּים
תִּשְׁכָּחֵנוּ תַּעַזְבֵנוּ לְאֹרֶךְ יָמִים: איכה ה

יַעֲקֹב לִמְשִׁסָּה וְיִשְׂרָאֵל לְבוֹזְזִים
כְּבוּדָּה שִׁבְעַת חִפּוּת חֲזִיזִים
כְּרָחֵל נֶאֱלָמָה לִפְנֵי גוֹזְזִים.

כִּילַי וְנָבָל כְּמֶלֶךְ בִּמְסִבּוֹ
נָדִיב וְשׁוֹעַ נִטְרַד מֵחִבּוֹ
כִּכְלִי אֵין־חֵפֶץ בּוֹ: הושע ח

לֹא לְעוֹלָם תִּטֹּר לְהַחֲרִיבֵנוּ
שְׂמֹאלְךָ דְּחָתַנוּ יְמִינְךָ תְּקָרְבֵנוּ
אֲדֹנָי, עָשְׁקָה לָנוּ עָרְבֵנוּ.

מֵאָז תָּמִיד לָנוּ הַדִּבָּה
הִקְוִיתָ שָׁבִים בְּרוּחַ נְדִיבָה
אֶרְפָּא מְשׁוּבָתָם אֹהֲבֵם נְדָבָה: הושע יד

נוֹבְעוֹת עֵינַי כְּנַחַל אֲגָלַי
הוֹלֵל שָׁקֵט וְשָׁבְתוּ גִילַי
וַאֲנִי כִּמְעַט נָטָיוּ רַגְלָי: תהלים עג

שֶׂה אֹבֵד בַּקֵּשׁ עַם נוֹשַׁע
אָוֶן מָצָא, מִבֶּטֶן פֶּשַׁע
צַדִּיק מָט לִפְנֵי־רָשָׁע: משלי כה

עֵדוּת בְּיַעֲקֹב בִּתְעוּדָה נֶחְתַּם
בְּאֶרֶץ אוֹיֵב הִבְטַחְתָּ לְהַחֲיוֹתָם
וְאַף גַּם־זֹאת בִּהְיוֹתָם: ויקרא כו

פְּשָׁעִים תַּעֲבִיר וְחוֹבוֹת תִּמְחֹק
הִרְחִיבָה שְׁאוֹל נַפְשָׁהּ לִדְחֹק
וּפָעֲרָה פִיהָ לִבְלִי־חֹק: ישעיה ה

צְפֵה נַחְשׁוֹל קְרַב לְחַפְּשֵׂנוּ
דַּלֵּנוּ וְהַעֲלֵנוּ מִטִּיט רִפְשֵׁנוּ
שׁוּבָה, יהוה, חַלְּצָה נַפְשֵׁנוּ.

קִדַּשְׁנוּ צוֹם בִּתְפִלָּה לְקַדֵּם
חוֹבֵשׁ וּצְרִי לְמַכָּתֵנוּ הַקְדֵּם
זְכֹר עֲדָתְךָ קָנִיתָ קֶּדֶם: תהלים עד

רֹגֶז הַנַּח כַּעַס הָשֵׁךְ
אֲסוּרִים בַּעֲבוֹתוֹת אַהֲבָה הַמְשֵׁךְ
מִבֵּית כֶּלֶא יֹשְׁבֵי חֹשֶׁךְ: ישעיה מב

שִׁלּוּחַ לִשְׁבוּיָה קְרָא וּשְׁמִטָּה
בְּרִיחַ גְּדַע שְׁבֹר מוֹטָה
רְפָה שְׁבָרֶיהָ כִי־מָטָה: תהלים ס

תְּשׁוּבָה הֱשַׁבְתִּי לְתַנִּין וְזוֹחֵל
תִּקְוָתִי הוּא סוֹלֵחַ וּמוֹחֵל
הֵן יִקְטְלֵנִי לוֹ אֲיַחֵל: איוב יג

אֱלֵינוּ הַטֵּה, בּוֹרֵא, אָזְנֶךָ
שְׁמַע, יָהּ, דּוֹרְשֶׁיךָ הַקְשִׁיבָה מְחַנְּנֶיךָ
תִּכּוֹן תְּפִלָּתִי קְטֹרֶת לְפָנֶיךָ: תהלים קמא

חֲזֵק כּוֹשֵׁל וְאַמֵּץ רִפְיוֹן
מִקְדָּשׁ יַסֵּד יֹשֵׁב אַפִּרְיוֹן
הֵיטִיבָה בִרְצוֹנְךָ אֶת־צִיּוֹן: תהלים נא

אֵל מֶלֶךְ יוֹשֵׁב עַל כִּסֵּא רַחֲמִים, מִתְנַהֵג בַּחֲסִידוּת.
מוֹחֵל עֲוֹנוֹת עַמּוֹ, מַעֲבִיר רִאשׁוֹן רִאשׁוֹן.
מַרְבֶּה מְחִילָה לְחַטָּאִים, וּסְלִיחָה לְפוֹשְׁעִים.
עֹשֶׂה צְדָקוֹת עִם כָּל בָּשָׂר וָרוּחַ, לֹא כְרָעָתָם תִּגְמֹל.
אֵל, הוֹרֵיתָ לָּנוּ לוֹמַר שְׁלֹשׁ עֶשְׂרֵה
זְכָר לָנוּ הַיּוֹם בְּרִית שְׁלֹשׁ עֶשְׂרֵה
כְּהוֹדַעְתָּ לֶעָנָו מִקֶּדֶם, כְּמוֹ שֶׁכָּתוּב:
וַיֵּרֶד יהוה בֶּעָנָן, וַיִּתְיַצֵּב עִמּוֹ שָׁם שמות לד
וַיִּקְרָא בְשֵׁם יהוה:

קהל ואחריו שליח הציבור:

וַיַּעֲבֹר יהוה עַל־פָּנָיו וַיִּקְרָא

יהוה, יהוה, אֵל רַחוּם וְחַנּוּן, אֶרֶךְ אַפַּיִם, וְרַב־חֶסֶד וֶאֱמֶת:
נֹצֵר חֶסֶד לָאֲלָפִים, נֹשֵׂא עָוֹן וָפֶשַׁע וְחַטָּאָה, וְנַקֵּה:

וְסָלַחְתָּ לַעֲוֹנֵנוּ וּלְחַטָּאתֵנוּ וּנְחַלְתָּנוּ:
סְלַח לָנוּ, אָבִינוּ, כִּי חָטָאנוּ
מְחַל לָנוּ, מַלְכֵּנוּ, כִּי פָשָׁעְנוּ.
כִּי־אַתָּה, יהוה, טוֹב וְסַלָּח וְרַב־חֶסֶד לְכָל־קֹרְאֶיךָ: תהלים פו

תהלים קל כִּי־עִמְּךָ הַסְּלִיחָה לְמַעַן תִּוָּרֵא:

זֹאת נָשִׁיב אֶל לִבֵּנוּ עַל כֵּן נוֹחִיל.

תהלים קל כִּי־עִם־יהוה הַחֶסֶד וְהַרְבֵּה עִמּוֹ פְדוּת:

איכה ג טוֹב יהוה לְקֹוָו לְנֶפֶשׁ תִּדְרְשֶׁנּוּ:

כְּרַחֵם אָב עַל בָּנִים, כֵּן תְּרַחֵם יהוה עָלֵינוּ.

תהלים ג לַיהוה הַיְשׁוּעָה, עַל־עַמְּךָ בִרְכָתֶךָ סֶּלָה:

תהלים מו יהוה צְבָאוֹת עִמָּנוּ, מִשְׂגָּב לָנוּ אֱלֹהֵי יַעֲקֹב סֶלָה:

תהלים פד יהוה צְבָאוֹת, אַשְׁרֵי אָדָם בֹּטֵחַ בָּךְ:

תהלים כ יהוה הוֹשִׁיעָה, הַמֶּלֶךְ יַעֲנֵנוּ בְיוֹם־קָרְאֵנוּ:

כרם ישראל אשר טופח בידי ה׳, נפרץ ונשדד בידי עריצים וחיות, ולמראית עין נראה שזמן הישועה לא יגיע לעולם. אף על פי כן, ישראל אינם מפירים את בריתם עם ה׳, וממשיכים להתפלל ולהאמין שהגאולה בוא תבוא.

פ. מחבר: רבי שלמה הבבלי

אֱלֹהֵינוּ וֵאלֹהֵי אֲבוֹתֵינוּ

תּוֹחֶלֶת יִשְׂרָאֵל חֶסֶד לֹא נֶעֱזָב

תִּקְוָתָם נֶצַח אֵמוּן לֹא אַכְזָב

שׁוֹמְרֵי חֲזוֹן הַמּוֹעֵד רוֹאוֹת כְּמַרְזָב

שַׁחוּ כָלוּ וְעֵמֶק הַבָּכָא זָב.

רוּם רַעֲנָן מַטָּה מַטָּה שָׁפֵל

רֹאשׁ לְזָנָב וְעִקָּר לַעֲרַאי וְטָפֵל

קֵץ חֹשֶׁךְ תַּכְלִית לְיוֹשְׁבֵי מַאֲפֵל

קַוֵּה לָאוֹר וְשִׁית עָנָן וַעֲרָפֶל.

צְבִי קֹדֶשׁ הִלֻּלְתָּ רֵאשִׁית לְהַרְשִׁים

צָץ הַמַּטֶּה פָּרַח הַזָּדוֹן לְיוֹרְשִׁים

פִּנַּת סְלָעִים וּטְרָשִׁים לְהַשְׁבִּיחַ שָׁרָשִׁים

פָּרַצְתָּ מְשׂוֹשׂ פְּרָאִים וַחֲזִירֵי חוֹרְשִׁים.

עָרִיץ וְכָל הַבָּא בּוֹזֵז וְשׁוֹלֵל

עוֹבֵר וָשָׁב וְזִיז שָׂדַי יְעוֹלֵל

סְבָאִים שְׂבֵעִים שְׂאָר דָּשִׁים לְמוֹלֵל
סוֹכַת יֶתֶר הַבָּז לְזַלְזֵל הִתְעוֹלֵל.

נֶטַע כַּנָּתְךָ לְמִגְזַר בַּרְזֶל וַחֲרִיצִים
נָטַשְׁתָּ וְעָזַבְתָּ וּבָאוּ בָהּ פָּרִיצִים
מְצִיֶּנֶת חִפּוּי כֶּסֶף וִירַקְרַק חֲרוּצִים
מִדְרַס גֵּז וְנֵץ אֶפְרוֹחֶיהָ קְרוּצִים.

לְכָל הַבָּא עָלֵינוּ מְעַט קָצַפְתָּ
לְרָעָה עָזְרוּ גּוֹי עַז חִצַּפְתָּ
כַּף עַיִן בְּעַיִן מִפְּרַע אָסַפְתָּ
כְּלַפֵּי חֶסֶד זְרוֹעַ גִּבּוֹי חָשַׂפְתָּ.

יָד לְקַבֵּל פָּשַׁטְתָּ וְנָתַנּוּ סוֹרֶרֶת
יָד אָזְלַת מִקּוֹל כְּקוֹל הַנִּסֶּרֶת
טוֹ״ר חֶסֶד וּבְרִית לְאָבוֹת מָסוֹרֶת
טוּב טַעַם פְּתַח לְהַתִּיר אֲסוּרֶת.

חֶשְׁבּוֹן אַחַר חֶשְׁבּוֹן עִמְּךָ יִפְתּוֹר
חוֹכֶה וְסוֹכֶה וְדָוֶה וְחוֹזֵר לִכְתּוֹר
זָח אוֹר מַשְׂכִּיל יְכַלֶּה לַחְתּוֹר
זְמַן קוֹל הַתּוֹר מָתַי לִפְתּוֹר.

וּבְכָל זֹאת חָלִילָה בָּאֱמוּנָה לְשַׁקֵּר
וְזָר לֹא יוֹעִיל קְלוֹנוֹ לְיַקֵּר
הֶעָקֹב רַב וְהַסָּתַת תַּשׁ לְעַקֵּר
הַדָּבָר עָלֶיךָ, כְּלָיוֹת חוֹקֵר וּמְבַקֵּר.

דְּרשׁ וּפְקֹד דַּלַּת שִׁפְלוּת שְׁחוּחַ
דַּל כֶּרֶם וּמְעֻרְבָּב צְחִי צִחְוּחַ
גְּדֹר עֵזֶק עֲדוֹר מִקִּמּוֹשׁ וָחוֹחַ
גֶּפֶן מַטָּע לְהַכְשִׁיר עִנְּבֵי נִיחוֹחַ.

בָּנוּ שִׁמְךָ, עֶלְיוֹן לְכָל תְּהִלָּה
בֹּא בְּמִדַּת חֶסֶד וְלֹא בְכָלָה
אַשְׁמָתֵנוּ גָדְלָה עַד תֵּימָן וְעַכְלָא
אַתָּה, יהוה, רַחֲמֶיךָ לֹא תִכְלָא.

שֶׁבַח הִלּוּל מִדּוֹתֶיךָ אֵין לְשַׁנּוֹת
לְבֵית יִשְׂרָאֵל רַב טוּב חֲנוֹת
מְקוֹם מָנוֹחַ שִׂים בְּרֹאשׁ פִּנּוֹת
הָכֵן בְּלִי רֹגֶז וְתוֹסֶפֶת עֲנוֹת.

הִמָּצֵא חִישׁ לָנוּ כִּי נוֹחַלְנוּ
קָרְבֵנוּ הַט שְׂשׂוֹן יִשְׁעֲךָ לְנַהֲלֵנוּ
טוֹב וְסַלָּח לְךָ לְבַד הוֹחָלְנוּ
נַחֲמֵנוּ, נָא יְהִי חַסְדְּךָ עָלֵינוּ.

אֵל מֶלֶךְ יוֹשֵׁב עַל כִּסֵּא רַחֲמִים, מִתְנַהֵג בַּחֲסִידוּת.
מוֹחֵל עֲוֹנוֹת עַמּוֹ, מַעֲבִיר רִאשׁוֹן רִאשׁוֹן.
מַרְבֶּה מְחִילָה לְחַטָּאִים, וּסְלִיחָה לְפוֹשְׁעִים.
עֹשֶׂה צְדָקוֹת עִם כָּל בָּשָׂר וָרוּחַ, לֹא כְרָעָתָם תִּגְמֹל.
אֵל, הוֹרֵיתָ לָּנוּ לוֹמַר שְׁלֹשׁ עֶשְׂרֵה
זְכָר לָנוּ הַיּוֹם בְּרִית שְׁלֹשׁ עֶשְׂרֵה
כְּהוֹדַעְתָּ לֶעָנָו מִקֶּדֶם, כְּמוֹ שֶׁכָּתוּב:
וַיֵּרֶד יהוה בֶּעָנָן, וַיִּתְיַצֵּב עִמּוֹ שָׁם (שמות לד)
וַיִּקְרָא בְשֵׁם יהוה:

קהל ואחריו שליח הציבור:

וַיַּעֲבֹר יהוה עַל־פָּנָיו וַיִּקְרָא

יהוה, יהוה, אֵל רַחוּם וְחַנּוּן, אֶרֶךְ אַפַּיִם, וְרַב־חֶסֶד וֶאֱמֶת:
נֹצֵר חֶסֶד לָאֲלָפִים, נֹשֵׂא עָוֹן וָפֶשַׁע וְחַטָּאָה, וְנַקֵּה:

וְסָלַחְתָּ לַעֲוֹנֵנוּ וּלְחַטָּאתֵנוּ וּנְחַלְתָּנוּ:
סְלַח לָנוּ, אָבִינוּ, כִּי חָטָאנוּ
מְחַל לָנוּ, מַלְכֵּנוּ, כִּי פָשָׁעְנוּ.
כִּי־אַתָּה, יהוה, טוֹב וְסַלָּח וְרַב־חֶסֶד לְכָל־קֹרְאֶיךָ: תהלים פו

הַאֲזִינָה, יהוה, תְּפִלָּתֵנוּ וְהַקְשִׁיבָה בְּקוֹל תַּחֲנוּנוֹתֵינוּ.
שְׁמַע, יהוה, קוֹלֵנוּ נִקְרָא וְחָנֵּנוּ וַעֲנֵנוּ.
שִׁמְעָה, יהוה, צֶדֶק הַקְשִׁיבָה רִנָּתֵנוּ, הַאֲזִינָה תְּפִלָּתֵנוּ.
שְׁמַע, יהוה, וְחָנֵּנוּ. יהוה, הֱיֵה עוֹזֵר לָנוּ.

כְּרַחֵם אָב עַל בָּנִים, כֵּן תְּרַחֵם יהוה עָלֵינוּ.
לַיהוה הַיְשׁוּעָה, עַל־עַמְּךָ בִרְכָתֶךָ סֶּלָה: תהלים ג
יהוה צְבָאוֹת עִמָּנוּ, מִשְׂגָּב לָנוּ אֱלֹהֵי יַעֲקֹב סֶלָה: תהלים מו
יהוה צְבָאוֹת, אַשְׁרֵי אָדָם בֹּטֵחַ בָּךְ: תהלים פד
יהוה הוֹשִׁיעָה, הַמֶּלֶךְ יַעֲנֵנוּ בְיוֹם־קָרְאֵנוּ: תהלים כ

כבד עול הגלות וישראל ממנו סובלים, בעוד אויביהם בשלווה ובמנוחה שרויים.
אף על פי כן ישראל אינם ממירים את דתם, אלא ממשיכים
לתלות את תפילתם ואמונתם בקב״ה.

אֱלֹהֵינוּ וֵאלֹהֵי אֲבוֹתֵינוּ פא.

אֹזֶן תַּחַן וְהַסְכֵּת עֲתִירָה, אַף הָפֵר וְשַׁכֵּךְ עֶבְרָה.
בָּאֵי לְחַלּוֹתְךָ בְּנֶפֶשׁ מָרָה, בְּשִׁמְךָ הַגָּדוֹל יִמְצְאוּ עֶזְרָה.
גַּעְיַת נֶאֱנָחִים וְעֶנוּתָם חֲזֵה, גְּחִינַת קוֹמָתָם נָא לֹא תִבְזֶה.
דְּרֹשׁ עֶלְבּוֹנָם מִצַּר בּוֹזֶה, דְּרֹךְ פּוּרָה וְנִצְחָם יֵזֶה.
הֲלֹא אַתָּה הָיִיתָ וְהִנְּךָ, הָיָה תִהְיֶה בַּהֲדַר גְּאוֹנֶךָ.
וְנַמְתָּ יִכּוֹן זֶרַע אֱמוּנֶיךָ, וְהִנָּם כָּלִים מִתִּגְרַת חֲרוֹנֶךָ.
זָעֲמוּ בְּעִוּוּיִם וּמִמַּאֲוַיָּם נִסָּחוּ, זֹרוּ בְאַפָסִים וְלֹא נָחוּ.
חֻבְּלָה רוּחָם וְלֶעָפָר שָׁחוּ, חָרְשׁוּ חוֹרְשִׁים וּמַעֲנִית הִמְתִּיחוּ.
טָבְעוּ בַבֹּץ וְאֵין פּוֹצֶה, טוֹרְפֵיהֶם שָׁלוּ מִקָּצֶה אֶל קָצֶה.
יוֹם יוֹם לוֹחֲמָם מְנַצֶּה, יַד פּוֹרְשִׂים מִלַּחַץ לֵיצֵא.

כָּלוּ חַיֵּיהֶם בְּיָגוֹן וַאֲנָחָה, כּוֹשֵׁל רָבָּה וְעָרְבָה שִׂמְחָה.
לְיֶשַׁע חוֹכִים וְהִנֵּה צְוָחָה, לִבְטוֹם קָמִים וְכָרוּ שׁוּחָה.
מַעֲרִימִים סוֹד מִמְּךָ לְהַדִּיחָם, מַכְבִּידִים עֹל לְהַכְשִׁיל כֹּחָם.
נוֹאֲקִים אֵלֶיךָ בְּהִתְעַטֵּף רוּחָם, נַחַת מְצוֹא מִכֹּבֶד טָרְחָם.
שִׂיחַ צָקִים בְּמַעֲמָד צָפוּף, סְלִיחָה מְבַקְשִׁים בְּקָדְקֹד כָּפוּף.
עוֹשְׁקֵיהֶם יַקְנִיאוּם בְּיֵצֶר נַאֲפוּף, עוֹעִים יְמַסְכוּ וְיִהְיוּ לִסְפּוּף.
פְּדֵה דְבֵקֶיךָ מֵחֶרֶץ וְכִלּוּי, פַּלְּטֵם מִצּוֹרֵר וּתְנֵם לְעִלּוּי.
צַוֵּה יְשׁוּעוֹת מְשַׁחֲרֶיךָ בְּחִלּוּי, צוּר עוֹלָמִים הוֹשִׁיעֵנוּ בְּגִלּוּי.
קַנּוֹא וְנוֹקֵם קַנֵּא לִשְׁמֶךָ, קַצֵּץ סִמְלוֹנִים מִצַּוַּאר עַמֶּךָ.
רְאֵה עֲמָלֵנוּ וְשׁוּב מִזַּעְמֶךָ, רִיבָה רִיבֵנוּ מֵעַם חֶרְמֶךָ.
שִׁבְעָתַיִם הָשֵׁב לְחֵיק מַאֲנִינָי, שַׁכֵּר חִצֶּיךָ מִדַּם מְעַנָּי.
תַּטֶּה אָזְנְךָ לְקוֹל תַּחֲנוּנָי, תִּרְצֵנִי בְּקָרְאִי יהוה יהוה.

אֵל מֶלֶךְ יוֹשֵׁב עַל כִּסֵּא רַחֲמִים, מִתְנַהֵג בַּחֲסִידוּת.
מוֹחֵל עֲוֹנוֹת עַמּוֹ, מַעֲבִיר רִאשׁוֹן רִאשׁוֹן.
מַרְבֶּה מְחִילָה לְחַטָּאִים, וּסְלִיחָה לְפוֹשְׁעִים.
עֹשֶׂה צְדָקוֹת עִם כָּל בָּשָׂר וָרוּחַ, לֹא כְרָעָתָם תִּגְמֹל.
אֵל, הוֹרֵיתָ לָּנוּ לוֹמַר שְׁלֹשׁ עֶשְׂרֵה
זְכָר לָנוּ הַיּוֹם בְּרִית שְׁלֹשׁ עֶשְׂרֵה
כְּהוֹדַעְתָּ לֶעָנָו מִקֶּדֶם, כְּמוֹ שֶׁכָּתוּב:
וַיֵּרֶד יהוה בֶּעָנָן, וַיִּתְיַצֵּב עִמּוֹ שָׁם שמות לד
וַיִּקְרָא בְשֵׁם יהוה:

קהל ואחריו שליח הציבור:

וַיַּעֲבֹר יהוה עַל־פָּנָיו וַיִּקְרָא

יהוה, יהוה, אֵל רַחוּם וְחַנּוּן, אֶרֶךְ אַפַּיִם, וְרַב־חֶסֶד וֶאֱמֶת:
נֹצֵר חֶסֶד לָאֲלָפִים, נֹשֵׂא עָוֹן וָפֶשַׁע וְחַטָּאָה, וְנַקֵּה:

וְסָלַחְתָּ לַעֲוֹנֵנוּ וּלְחַטָּאתֵנוּ וּנְחַלְתָּנוּ:
סְלַח לָנוּ, אָבִינוּ, כִּי חָטָאנוּ, מְחַל לָנוּ, מַלְכֵּנוּ, כִּי פָשָׁעְנוּ.
כִּי־אַתָּה, יהוה, טוֹב וְסַלָּח וְרַב־חֶסֶד לְכָל־קֹרְאֶיךָ: תהלים פו

אנו נאחזים בי״ג מידות של רחמים ובזכות אבות. בכוחן אנו שופכים את דמעותינו לפני ה׳, ומייחלים לקבלת תפילתנו.

פב. פזמון | מחבר: רבי אמתי

הקהל אומר פיוט זה בית בית, ושליח הציבור חוזר אחריו בקול:

יהוה, יהוה, אֵל רַחוּם וְחַנּוּן שמות לד
אֶרֶךְ אַפַּיִם, וְרַב־חֶסֶד וֶאֱמֶת:
נֹצֵר חֶסֶד לָאֲלָפִים
נֹשֵׂא עָוֹן וָפֶשַׁע וְחַטָּאָה, וְנַקֵּה:
וְסָלַחְתָּ לַעֲוֹנֵנוּ וּלְחַטָּאתֵנוּ וּנְחַלְתָּנוּ:

אֶזְכְּרָה אֱלֹהִים וְאֶהֱמָיָה
בִּרְאוֹתִי כָּל עִיר עַל תִּלָּהּ בְּנוּיָה
וְעִיר הָאֱלֹהִים מֻשְׁפֶּלֶת עַד שְׁאוֹל תַּחְתִּיָּה
וּבְכָל זֹאת אָנוּ לְיָהּ וְעֵינֵינוּ לְיָהּ.

מִדַּת הָרַחֲמִים עָלֵינוּ הִתְגַּלְגְּלִי
וְלִפְנֵי קוֹנֵךְ תְּחִנָּתֵנוּ הַפִּילִי
וּבְעַד עַמֵּךְ רַחֲמִים שַׁאֲלִי
כִּי כָל לֵבָב דַּוָּי וְכָל רֹאשׁ לָחֳלִי.

תָּמַכְתִּי יְתֵדוֹתַי בִּשְׁלֹשׁ עֶשְׂרֵה תֵבוֹת
וּבְשַׁעֲרֵי דְמָעוֹת כִּי לֹא נִשְׁלָבוֹת
לָכֵן שָׁפַכְתִּי שִׂיחַ פְּנֵי בּוֹחֵן לִבּוֹת
בָּטוּחַ אֲנִי בְּאֵלֶּה וּבִזְכוּת שְׁלֹשֶׁת אָבוֹת.

יְהִי רָצוֹן מִלְּפָנֶיךָ, שׁוֹמֵעַ קוֹל בְּכִיּוֹת
שֶׁתָּשִׂים דִּמְעוֹתֵינוּ בְּנֹאדְךָ לִהְיוֹת
וְתַצִּילֵנוּ מִכָּל גְּזֵרוֹת אַכְזָרִיּוֹת
כִּי לְךָ לְבַד עֵינֵינוּ תְלוּיוֹת.

אֵל מֶלֶךְ יוֹשֵׁב עַל כִּסֵּא רַחֲמִים, מִתְנַהֵג בַּחֲסִידוּת.
מוֹחֵל עֲוֹנוֹת עַמּוֹ, מַעֲבִיר רִאשׁוֹן רִאשׁוֹן.
מַרְבֶּה מְחִילָה לְחַטָּאִים, וּסְלִיחָה לְפוֹשְׁעִים.
עֹשֶׂה צְדָקוֹת עִם כָּל בָּשָׂר וָרוּחַ, לֹא כְרָעָתָם תִּגְמֹל.
אֵל, הוֹרֵיתָ לָּנוּ לוֹמַר שְׁלֹשׁ עֶשְׂרֵה
זְכָר לָנוּ הַיּוֹם בְּרִית שְׁלֹשׁ עֶשְׂרֵה
כְּהוֹדַעְתָּ לֶעָנָו מִקֶּדֶם, כְּמוֹ שֶׁכָּתוּב:
שמות לד וַיֵּרֶד יהוה בֶּעָנָן, וַיִּתְיַצֵּב עִמּוֹ שָׁם, וַיִּקְרָא בְשֵׁם יהוה:

קהל ואחריו שליח הציבור:

וַיַּעֲבֹר יהוה עַל־פָּנָיו וַיִּקְרָא

יהוה, יהוה, אֵל רַחוּם וְחַנּוּן, אֶרֶךְ אַפַּיִם, וְרַב־חֶסֶד וֶאֱמֶת:
נֹצֵר חֶסֶד לָאֲלָפִים, נֹשֵׂא עָוֹן וָפֶשַׁע וְחַטָּאָה, וְנַקֵּה:

וְסָלַחְתָּ לַעֲוֹנֵנוּ וּלְחַטָּאתֵנוּ וּנְחַלְתָּנוּ:
סְלַח לָנוּ, אָבִינוּ, כִּי חָטָאנוּ, מְחַל לָנוּ, מַלְכֵּנוּ, כִּי פָשָׁעְנוּ.
תהלים פו כִּי־אַתָּה, יהוה, טוֹב וְסַלָּח וְרַב־חֶסֶד לְכָל־קֹרְאֶיךָ:

חָנֵּנוּ אֱלֹהִים כְּחַסְדֶּךָ, כְּרֹב רַחֲמֶיךָ מְחֵה פְשָׁעֵינוּ.
הֶרֶב כַּבְּסֵנוּ מֵעֲוֹנֵנוּ, וּמֵחַטָּאתֵנוּ טַהֲרֵנוּ.
תהלים נא זִבְחֵי אֱלֹהִים רוּחַ נִשְׁבָּרָה, לֵב־נִשְׁבָּר וְנִדְכֶּה אֱלֹהִים לֹא תִבְזֶה:
אָז תַּחְפֹּץ זִבְחֵי־צֶדֶק עוֹלָה וְכָלִיל
אָז יַעֲלוּ עַל־מִזְבַּחֲךָ פָרִים:
מיכה ז תִּתֵּן אֱמֶת לְיַעֲקֹב, חֶסֶד לְאַבְרָהָם
אֲשֶׁר־נִשְׁבַּעְתָּ לַאֲבֹתֵינוּ מִימֵי קֶדֶם:

כְּרַחֵם אָב עַל בָּנִים, כֵּן תְּרַחֵם יהוה עָלֵינוּ.
תהלים ג לַיהוה הַיְשׁוּעָה, עַל־עַמְּךָ בִרְכָתֶךָ סֶּלָה:

יהוה צְבָאוֹת עִמָּנוּ, מִשְׂגָּב לָנוּ אֱלֹהֵי יַעֲקֹב סֶלָה: תהלים מו

יהוה צְבָאוֹת, אַשְׁרֵי אָדָם בֹּטֵחַ בָּךְ: תהלים פד

יהוה הוֹשִׁיעָה, הַמֶּלֶךְ יַעֲנֵנוּ בְיוֹם־קָרְאֵנוּ: תהלים כ

אברהם ויצחק השתדלו בכל כוחם לקיים את רצונך, והלכו לעקדה בזריזות ומתוך מסירות נפש. אנא, זכור את הבטחתך לשמור לנו את זכות העקדה, לשמוע את תפילתנו בעת צרה ולחתום אותנו לחיים.

פג. עקדה | מחבר: רבי מאיר בר יצחק ש״ץ

אֱלֹהֵינוּ וֵאלֹהֵי אֲבוֹתֵינוּ

אֶל הַר הַמֹּר גִּבְעַת הוֹרִיָּה
בֵּית עֵקֶד הָרוֹעִים וְתֶשֶׁר הָעֲלִיָּה
גָּדוֹל בָּעֲנָקִים כְּהִשְׁכִּים לִזְבֹּחַ וְהִשְׁתַּחֲוָיָה
דִּבְקָתוֹ חִבְּקָתוֹ וַתּוֹצִיאוֹ לָרְוָיָה.

הֵן בָּעֲשִׂירִית כְּנִסִּיתוֹ בְּפִיּוּסִים
וְזֵרַזְתּוֹ כְּגִבּוֹר מְלֻמָּד בְּמִלְחֶמֶת אוֹנְסִים
זָרַח מִמִּזְרָח וְהוֹדִיעַ בְּכָל אֲפָסִים
חַיַּת בְּנוֹ לִיקֹד כִּקְדֹחַ אֵשׁ הֲמָסִים.

טוֹב כְּהִקְרִין וְהֵאִיר הַשַּׁחַר
יַחַד בִּשְׁנֵי נְעָרָיו בַּעֲצַלְתַּיִם לֹא אֵחַר
כְּהוֹלֵךְ בֶּחָלִיל וְסוֹפוֹ לַחֲזוֹר מָחָר
לָקַח בְּנוֹ בִּדְבָרִים וַעֲצֵי הַמַּעֲרָכָה בָּחַר.

מַאֲכֶלֶת שְׁנוּנָה מְרוּטָה לַטֶּבַח
נְדָנָהּ נָתַן מִלַּהֲבִיעִיתוֹ בְּאֶבַח
סָב וּבָחוּר לִשְׁנֵיהֶם הַשֶּׁבַח
עָרְכוּ עֵצִים לְשֵׁם הַזֶּבַח.

פְּרִי צַדִּיק כְּהֶאֱזִין בְּמִלָּה
צוּר יִרְאֶה לוֹ הַשֶּׂה וְאִם לֹא בְּנִי לְעוֹלָה

קְרֹץ עַצְמוֹ הִזְמִין וְתָלָה עַיִן לְמַעְלָה
רָחַשׁ לְעָקְדוֹ הֵיטֵב מִלְּהִפָּסֵל בִּמְעִילָה.

שָׁאַג זָקֵן וּבִשְׁנוּנָה אָחַז
תָּקְפוּ אֶרְאֶלִּים וְצָעֲקוּ מִמַּחַז
מָרוֹם כְּהִסְכִּית צִמְצֵם שְׁכִינָתוֹ, כְּחָז
אַיִל הֶרְאָהוּ אַחַר נֶאֱחָז בַּסְּבַךְ.

יָחִיד הַנֶּאֱהָב כְּשָׁלַף הַתַּעַר
רָחַף מָגִנּוֹ וְעָמַד בַּשַּׁעַר
בִּנְךָ יְחִידְךָ אָהוּב מִנֹּעַר
רַב לָךְ, אַל תִּשְׁלַח יָדְךָ אֶל הַנַּעַר.

כִּי נִשְׁבַּעְתִּי בְּקִיּוּם רָזֶה
יַעַן אֲשֶׁר עָשִׂיתָ אֶת הַדָּבָר הַזֶּה
צָקוּן חֲנִיטֶיךָ בַּצַּר לָמוֹ אֶחֱזֶה
חַקּוֹתָם לְחַיִּים כִּי אֶסְלַח לַעֲוֹן הָעָם הַזֶּה.

אָנָּא, הַשֵּׁם הַנִּכְבָּד וְהַנּוֹרָא
לְעֵת צָרָה פְּקַדְנוּךָ וְשִׁחַרְנוּךָ בְּמוֹרָא
זְנַחְתָּנוּ רִחַקְתָּנוּ קָרְבֵנוּ וְהָכֵן עֲתִירָה
לֹא־נָסוֹג מִמֶּךָּ תְּחַיֵּנוּ וּבְשִׁמְךָ נִקְרָא: תהלים פ

חַזְּקֵנוּ וְאַמְּצֵנוּ לְמַעַן כִּסֵּא כְבוֹדֶךָ
קוֹמְמֵנוּ וְהַחֲיֵנוּ בְּטַל אוֹרוֹת הוֹדֶךָ
וְכַלֵּה דֶּבֶר וְחֶרֶב וְרָעָב מִנַּחֲלַת שְׂרִידֶיךָ
וְתֹאמַר לַמַּלְאָךְ, הֶרֶף יָדֶךָ.

קִדַּמְנוּ פָּנֶיךָ, אַדִּיר וְנָאוֹר
בִּתְפִלָּה וּבַקָּשָׁה וּבְהַכְנָעַת שְׂאוֹר
הֲקִימֵנוּ בְּאוֹר פָּנֶיךָ אִמְרָתְךָ לְבָאֹר
כִּי־עִמְּךָ מְקוֹר חַיִּים, בְּאוֹרְךָ נִרְאֶה־אוֹר: תהלים לו

אֵל מֶלֶךְ יוֹשֵׁב עַל כִּסֵּא רַחֲמִים, מִתְנַהֵג בַּחֲסִידוּת.
מוֹחֵל עֲוֹנוֹת עַמּוֹ, מַעֲבִיר רִאשׁוֹן רִאשׁוֹן.
מַרְבֶּה מְחִילָה לְחַטָּאִים, וּסְלִיחָה לְפוֹשְׁעִים.
עֹשֶׂה צְדָקוֹת עִם כָּל בָּשָׂר וָרוּחַ, לֹא כְרָעָתָם תִּגְמֹל.
אֵל, הוֹרֵיתָ לָּנוּ לוֹמַר שְׁלֹשׁ עֶשְׂרֵה
זְכֹר לָנוּ הַיּוֹם בְּרִית שְׁלֹשׁ עֶשְׂרֵה
כְּהוֹדַעְתָּ לֶעָנָו מִקֶּדֶם, כְּמוֹ שֶׁכָּתוּב:
וַיֵּרֶד יהוה בֶּעָנָן, וַיִּתְיַצֵּב עִמּוֹ שָׁם שמות לד
וַיִּקְרָא בְשֵׁם יהוה:

קהל ואחריו שליח הציבור:

וַיַּעֲבֹר יהוה עַל־פָּנָיו וַיִּקְרָא

יהוה, יהוה, אֵל רַחוּם וְחַנּוּן, אֶרֶךְ אַפַּיִם, וְרַב־חֶסֶד וֶאֱמֶת:
נֹצֵר חֶסֶד לָאֲלָפִים, נֹשֵׂא עָוֹן וָפֶשַׁע וְחַטָּאָה, וְנַקֵּה:

וְסָלַחְתָּ לַעֲוֹנֵנוּ וּלְחַטָּאתֵנוּ וּנְחַלְתָּנוּ:
סְלַח לָנוּ, אָבִינוּ, כִּי חָטָאנוּ
מְחַל לָנוּ, מַלְכֵּנוּ, כִּי פָשָׁעְנוּ.
כִּי־אַתָּה, יהוה, טוֹב וְסַלָּח וְרַב־חֶסֶד לְכָל־קֹרְאֶיךָ: תהלים פו

זְכֹר־רַחֲמֶיךָ יהוה וַחֲסָדֶיךָ, כִּי מֵעוֹלָם הֵמָּה: תהלים כה
זָכְרֵנוּ יהוה בִּרְצוֹן עַמֶּךָ, פָּקְדֵנוּ בִּישׁוּעָתֶךָ.
זְכֹר עֲדָתְךָ קָנִיתָ קֶּדֶם, גָּאַלְתָּ שֵׁבֶט נַחֲלָתֶךָ תהלים עד
הַר־צִיּוֹן זֶה שָׁכַנְתָּ בּוֹ:
זְכֹר יהוה חִבַּת יְרוּשָׁלָיִם, אַהֲבַת צִיּוֹן אַל תִּשְׁכַּח לָנֶצַח.
אַתָּה תָקוּם תְּרַחֵם צִיּוֹן, כִּי־עֵת לְחֶנְנָהּ, כִּי־בָא מוֹעֵד: תהלים קב
זְכֹר יהוה לִבְנֵי אֱדוֹם אֵת יוֹם יְרוּשָׁלָיִם תהלים קלז
הָאֹמְרִים עָרוּ עָרוּ, עַד הַיְסוֹד בָּהּ:

שמות לב זְכֹר לְאַבְרָהָם לְיִצְחָק וּלְיִשְׂרָאֵל עֲבָדֶיךָ
אֲשֶׁר נִשְׁבַּעְתָּ לָהֶם בָּךְ וַתְּדַבֵּר אֲלֵהֶם
אַרְבֶּה אֶת־זַרְעֲכֶם כְּכוֹכְבֵי הַשָּׁמָיִם
וְכָל־הָאָרֶץ הַזֹּאת אֲשֶׁר אָמַרְתִּי אֶתֵּן לְזַרְעֲכֶם, וְנָחֲלוּ לְעֹלָם:
דברים ט זְכֹר לַעֲבָדֶיךָ לְאַבְרָהָם לְיִצְחָק וּלְיַעֲקֹב
אַל־תֵּפֶן אֶל־קְשִׁי הָעָם הַזֶּה וְאֶל־רִשְׁעוֹ וְאֶל־חַטָּאתוֹ:

זְכָר לָנוּ בְּרִית אָבוֹת כַּאֲשֶׁר אָמַרְתָּ:
ויקרא כו וְזָכַרְתִּי אֶת־בְּרִיתִי יַעֲקוֹב
וְאַף אֶת־בְּרִיתִי יִצְחָק
וְאַף אֶת־בְּרִיתִי אַבְרָהָם אֶזְכֹּר
וְהָאָרֶץ אֶזְכֹּר:

זְכָר לָנוּ בְּרִית רִאשׁוֹנִים כַּאֲשֶׁר אָמַרְתָּ:
ויקרא כו וְזָכַרְתִּי לָהֶם בְּרִית רִאשֹׁנִים
אֲשֶׁר הוֹצֵאתִי־אֹתָם מֵאֶרֶץ מִצְרַיִם לְעֵינֵי הַגּוֹיִם
לִהְיוֹת לָהֶם לֵאלֹהִים, אֲנִי יהוה:

עֲשֵׂה עִמָּנוּ כְּמָה שֶּׁהִבְטַחְתָּנוּ:
ויקרא כו וְאַף גַּם־זֹאת בִּהְיוֹתָם בְּאֶרֶץ אֹיְבֵיהֶם
לֹא־מְאַסְתִּים וְלֹא־גְעַלְתִּים לְכַלֹּתָם
לְהָפֵר בְּרִיתִי אִתָּם, כִּי אֲנִי יהוה אֱלֹהֵיהֶם:

הָשֵׁב שְׁבוּתֵנוּ וְרַחֲמֵנוּ כְּמָה שֶּׁכָּתוּב:
דברים ל וְשָׁב יהוה אֱלֹהֶיךָ אֶת־שְׁבוּתְךָ וְרִחֲמֶךָ
וְשָׁב וְקִבֶּצְךָ מִכָּל־הָעַמִּים, אֲשֶׁר הֱפִיצְךָ יהוה אֱלֹהֶיךָ שָׁמָּה:

קַבֵּץ נִדָּחֵינוּ כְּמָה שֶּׁכָּתוּב:
דברים ל אִם־יִהְיֶה נִדַּחֲךָ בִּקְצֵה הַשָּׁמָיִם
מִשָּׁם יְקַבֶּצְךָ יהוה אֱלֹהֶיךָ וּמִשָּׁם יִקָּחֶךָ:

מְחֵה פְשָׁעֵינוּ כָּעָב וְכֶעָנָן כְּמָה שֶׁכָּתוּב:

ישעיה מד מָחִיתִי כָעָב פְּשָׁעֶיךָ וְכֶעָנָן חַטֹּאותֶיךָ, שׁוּבָה אֵלַי כִּי גְאַלְתִּיךָ:

מְחֵה פְשָׁעֵינוּ לְמַעַנְךָ כַּאֲשֶׁר אָמַרְתָּ:

ישעיה מג אָנֹכִי אָנֹכִי הוּא מֹחֶה פְשָׁעֶיךָ לְמַעֲנִי, וְחַטֹּאתֶיךָ לֹא אֶזְכֹּר:

הַלְבֵּן חֲטָאֵינוּ כַּשֶּׁלֶג וְכַצֶּמֶר כְּמָה שֶׁכָּתוּב:

ישעיה א לְכוּ־נָא וְנִוָּכְחָה יֹאמַר יהוה
אִם־יִהְיוּ חֲטָאֵיכֶם כַּשָּׁנִים כַּשֶּׁלֶג יַלְבִּינוּ
אִם־יַאְדִּימוּ כַתּוֹלָע כַּצֶּמֶר יִהְיוּ:

זְרֹק עָלֵינוּ מַיִם טְהוֹרִים וְטַהֲרֵנוּ כְּמָה שֶׁכָּתוּב:

יחזקאל לו וְזָרַקְתִּי עֲלֵיכֶם מַיִם טְהוֹרִים וּטְהַרְתֶּם
מִכֹּל טֻמְאוֹתֵיכֶם וּמִכָּל־גִּלּוּלֵיכֶם אֲטַהֵר אֶתְכֶם:

רַחֵם עָלֵינוּ וְאַל תַּשְׁחִיתֵנוּ כְּמָה שֶׁכָּתוּב:

דברים ד כִּי אֵל רַחוּם יהוה אֱלֹהֶיךָ
לֹא יַרְפְּךָ וְלֹא יַשְׁחִיתֶךָ
וְלֹא יִשְׁכַּח אֶת־בְּרִית אֲבוֹתֶיךָ אֲשֶׁר נִשְׁבַּע לָהֶם:

מוֹל אֶת לְבָבֵנוּ לְאַהֲבָה אֶת שְׁמֶךָ כְּמָה שֶׁכָּתוּב:

דברים ל וּמָל יהוה אֱלֹהֶיךָ אֶת־לְבָבְךָ וְאֶת־לְבַב זַרְעֶךָ
לְאַהֲבָה אֶת־יהוה אֱלֹהֶיךָ בְּכָל־לְבָבְךָ וּבְכָל־נַפְשְׁךָ, לְמַעַן חַיֶּיךָ:

הִמָּצֵא לָנוּ בְּבַקָּשָׁתֵנוּ כְּמָה שֶׁכָּתוּב:

דברים ד וּבִקַּשְׁתֶּם מִשָּׁם אֶת־יהוה אֱלֹהֶיךָ וּמָצָאתָ
כִּי תִדְרְשֶׁנּוּ בְּכָל־לְבָבְךָ וּבְכָל־נַפְשֶׁךָ:

תְּבִיאֵנוּ אֶל הַר קָדְשֶׁךָ וְשַׂמְּחֵנוּ בְּבֵית תְּפִלָּתֶךָ כְּמָה שֶׁכָּתוּב:

ישעיה נו וַהֲבִיאוֹתִים אֶל־הַר קָדְשִׁי וְשִׂמַּחְתִּים בְּבֵית תְּפִלָּתִי
עוֹלֹתֵיהֶם וְזִבְחֵיהֶם לְרָצוֹן עַל־מִזְבְּחִי
כִּי בֵיתִי בֵּית־תְּפִלָּה יִקָּרֵא לְכָל־הָעַמִּים:

פותחים את ארון הקודש ואומרים פסוק פסוק עד ׳אַל תַּעַזְבֵנוּ׳.

יש קהילות האומרות את הפסוקים בסדר אחר: ׳שְׁמַע קוֹלֵנוּ׳, ׳הֲשִׁיבֵנוּ׳, ׳אַל תַּשְׁלִיכֵנוּ מִלְּפָנֶיךָ׳ ו׳אַל תַּשְׁלִיכֵנוּ לְעֵת זִקְנָה׳, וממשיכים בלחש: ׳אַל תַּעַזְבֵנוּ׳, ׳עֲשֵׂה עִמָּנוּ אוֹת׳, ׳אֲמָרֵינוּ הַאֲזִינָה׳, ׳יִהְיוּ לְרָצוֹן׳ ו׳כִּי לְךָ ה׳ הוֹחָלְנוּ׳.

שליח הציבור אומר, והקהל חוזר אחריו בקול:

שְׁמַע קוֹלֵנוּ, יהוה אֱלֹהֵינוּ, חוּס וְרַחֵם עָלֵינוּ
וְקַבֵּל בְּרַחֲמִים וּבְרָצוֹן אֶת תְּפִלָּתֵנוּ.
הֲשִׁיבֵנוּ יהוה אֵלֶיךָ וְנָשׁוּבָה, חַדֵּשׁ יָמֵינוּ כְּקֶדֶם: איכה ה
אֲמָרֵינוּ הַאֲזִינָה יהוה, בִּינָה הֲגִיגֵנוּ.

בלחש: יִהְיוּ לְרָצוֹן אִמְרֵי פִינוּ וְהֶגְיוֹן לִבֵּנוּ לְפָנֶיךָ, יהוה צוּרֵנוּ וְגוֹאֲלֵנוּ.
אַל תַּשְׁלִיכֵנוּ מִלְּפָנֶיךָ, וְרוּחַ קָדְשְׁךָ אַל תִּקַּח מִמֶּנּוּ.
אַל תַּשְׁלִיכֵנוּ לְעֵת זִקְנָה, כִּכְלוֹת כֹּחֵנוּ אַל תַּעַזְבֵנוּ.
אַל תַּעַזְבֵנוּ יהוה, אֱלֹהֵינוּ אַל תִּרְחַק מִמֶּנּוּ.
עֲשֵׂה עִמָּנוּ אוֹת לְטוֹבָה, וְיִרְאוּ שׂוֹנְאֵינוּ וְיֵבֹשׁוּ
כִּי אַתָּה יהוה עֲזַרְתָּנוּ וְנִחַמְתָּנוּ.
כִּי לְךָ יהוה הוֹחָלְנוּ, אַתָּה תַעֲנֶה אֲדֹנָי אֱלֹהֵינוּ.

סוגרים את ארון הקודש.

וידוי

אֱלֹהֵינוּ וֵאלֹהֵי אֲבוֹתֵינוּ, תָּבֹא לְפָנֶיךָ תְּפִלָּתֵנוּ, וְאַל תִּתְעַלַּם מִתְּחִנָּתֵנוּ.
שֶׁאֵין אָנוּ עַזֵּי פָנִים וּקְשֵׁי עֹרֶף לוֹמַר לְפָנֶיךָ
יהוה אֱלֹהֵינוּ וֵאלֹהֵי אֲבוֹתֵינוּ, צַדִּיקִים אֲנַחְנוּ וְלֹא חָטָאנוּ.
אֲבָל אֲנַחְנוּ וַאֲבוֹתֵינוּ חָטָאנוּ.

כשמתוודה, מכה באגרופו על החזה כנגד הלב בכל חטא שמזכיר.

אָשַׁמְנוּ, בָּגַדְנוּ, גָּזַלְנוּ, דִּבַּרְנוּ דֹפִי
הֶעֱוִינוּ, וְהִרְשַׁעְנוּ, זַדְנוּ, חָמַסְנוּ, טָפַלְנוּ שֶׁקֶר
יָעַצְנוּ רָע, כִּזַּבְנוּ, לַצְנוּ, מָרַדְנוּ, נִאַצְנוּ
סָרַרְנוּ, עָוִינוּ, פָּשַׁעְנוּ, צָרַרְנוּ, קִשִּׁינוּ עֹרֶף
רָשַׁעְנוּ, שִׁחַתְנוּ, תִּעַבְנוּ, תָּעִינוּ, תִּעְתָּעְנוּ.

סַרְנוּ מִמִּצְוֹתֶיךָ וּמִמִּשְׁפָּטֶיךָ הַטּוֹבִים, וְלֹא שָׁוָה לָנוּ.
וְאַתָּה צַדִּיק עַל כָּל־הַבָּא עָלֵינוּ נחמיה ט
כִּי־אֱמֶת עָשִׂיתָ וַאֲנַחְנוּ הִרְשָׁעְנוּ:

אָשַׁמְנוּ מִכָּל עָם, בֹּשְׁנוּ מִכָּל דּוֹר
גָּלָה מִמֶּנּוּ מָשׂוֹשׂ, דָּוָה לִבֵּנוּ בַּחֲטָאֵינוּ
הָחְבַּל אִוּוּיֵנוּ, וְנִפְרַע פְּאֵרֵנוּ
זְבוּל בֵּית מִקְדָּשֵׁנוּ חָרַב בַּעֲוֹנֵינוּ, טִירָתֵנוּ הָיְתָה לְשַׁמָּה
יְפִי אַדְמָתֵנוּ לְזָרִים, כֹּחֵנוּ לְנָכְרִים.

על פי הגר״א (מעשה רב, אות רב) אומרים וידוי פעם אחת בלבד.

וַעֲדַיִן לֹא שַׁבְנוּ מִטָּעוּתֵנוּ, וְהֵיאַךְ נָעִיז פָּנֵינוּ וְנַקְשֶׁה עָרְפֵּנוּ, לוֹמַר לְפָנֶיךָ, יהוה אֱלֹהֵינוּ וֵאלֹהֵי אֲבוֹתֵינוּ, צַדִּיקִים אֲנַחְנוּ וְלֹא חָטָאנוּ, אֲבָל אֲנַחְנוּ וַאֲבוֹתֵינוּ חָטָאנוּ.

כשמתוודה, מכה באגרופו על החזה כנגד הלב בכל חטא שמזכיר.

אָשַׁמְנוּ, בָּגַדְנוּ, גָּזַלְנוּ, דִּבַּרְנוּ דֹפִי
הֶעֱוִינוּ, וְהִרְשַׁעְנוּ, זַדְנוּ, חָמַסְנוּ, טָפַלְנוּ שֶׁקֶר
יָעַצְנוּ רָע, כִּזַּבְנוּ, לַצְנוּ, מָרַדְנוּ, נִאַצְנוּ
סָרַרְנוּ, עָוִינוּ, פָּשַׁעְנוּ, צָרַרְנוּ, קִשִּׁינוּ עֹרֶף
רָשַׁעְנוּ, שִׁחַתְנוּ, תִּעַבְנוּ, תָּעִינוּ, תִּעְתָּעְנוּ.

סַרְנוּ מִמִּצְוֹתֶיךָ וּמִמִּשְׁפָּטֶיךָ הַטּוֹבִים, וְלֹא שָׁוָה לָנוּ.
וְאַתָּה צַדִּיק עַל כָּל־הַבָּא עָלֵינוּ, כִּי־אֱמֶת עָשִׂיתָ וַאֲנַחְנוּ הִרְשָׁעְנוּ: נחמיה ט

לְעֵינֵינוּ עָשְׁקוּ עֲמָלֵנוּ, מְמֻשָּׁךְ וּמְמֹרָט מִמֶּנּוּ
נָתְנוּ עֻלָּם עָלֵינוּ, סָבַלְנוּ עַל שִׁכְמֵנוּ
עֲבָדִים מָשְׁלוּ בָנוּ, פֹּרֵק אֵין מִיָּדָם: איכה ה
צָרוֹת רַבּוֹת סְבָבוּנוּ, קְרָאנוּךָ יהוה אֱלֹהֵינוּ
רָחַקְתָּ מִמֶּנּוּ בַּעֲוֹנֵינוּ, שַׁבְנוּ מֵאַחֲרֶיךָ, תָּעִינוּ וְאָבָדְנוּ.

וַעֲדַיִן לֹא שַׁבְנוּ מִטָּעוּתֵנוּ, וְהֵיאַךְ נָעִיז פָּנֵינוּ וְנַקְשֶׁה עָרְפֵּנוּ, לוֹמַר לְפָנֶיךָ, יהוה אֱלֹהֵינוּ וֵאלֹהֵי אֲבוֹתֵינוּ, צַדִּיקִים אֲנַחְנוּ וְלֹא חָטָאנוּ, אֲבָל אֲנַחְנוּ וַאֲבוֹתֵינוּ חָטָאנוּ.

כשמתוודה, מכה באגרופו על החזה כנגד הלב בכל חטא שמזכיר.

אָשַֽׁמְנוּ, בָּגַֽדְנוּ, גָּזַֽלְנוּ, דִּבַּֽרְנוּ דֹפִי
הֶעֱוִֽינוּ, וְהִרְשַֽׁעְנוּ, זַֽדְנוּ, חָמַֽסְנוּ, טָפַֽלְנוּ שֶֽׁקֶר
יָעַֽצְנוּ רָע, כִּזַּֽבְנוּ, לַֽצְנוּ, מָרַֽדְנוּ, נִאַֽצְנוּ
סָרַֽרְנוּ, עָוִֽינוּ, פָּשַֽׁעְנוּ, צָרַֽרְנוּ, קִשִּֽׁינוּ עֹֽרֶף
רָשַֽׁעְנוּ, שִׁחַֽתְנוּ, תִּעַֽבְנוּ, תָּעִֽינוּ, תִּעְתָּֽעְנוּ.

סַֽרְנוּ מִמִּצְוֹתֶֽיךָ וּמִמִּשְׁפָּטֶֽיךָ הַטּוֹבִים, וְלֹא שָֽׁוָה לָֽנוּ.
נחמיה ט וְאַתָּה צַדִּיק עַל כָּל־הַבָּא עָלֵֽינוּ
כִּי־אֱמֶת עָשִֽׂיתָ וַאֲנַֽחְנוּ הִרְשָֽׁעְנוּ:

הִרְשַֽׁעְנוּ וּפָשַֽׁעְנוּ לָכֵן לֹא נוֹשָֽׁעְנוּ.
וְתֵן בְּלִבֵּֽנוּ לַעֲזֹב דֶּֽרֶךְ רֶֽשַׁע, וְחִישׁ לָֽנוּ יֶֽשַׁע
כַּכָּתוּב עַל יַד נְבִיאֶֽךָ:
ישעיה נה יַעֲזֹב רָשָׁע דַּרְכּוֹ וְאִישׁ אָֽוֶן מַחְשְׁבֹתָיו
וְיָשֹׁב אֶל־יהוה וִירַחֲמֵֽהוּ וְאֶל־אֱלֹהֵֽינוּ כִּי־יַרְבֶּה לִסְלֽוֹחַ:

מְשִֽׁיחַ צִדְקֶֽךָ אָמַר לְפָנֶֽיךָ:
תהלים יט שְׁגִיאוֹת מִי־יָבִין, מִנִּסְתָּרוֹת נַקֵּֽנִי:
נַקֵּֽנוּ יהוה אֱלֹהֵֽינוּ מִכָּל פְּשָׁעֵֽינוּ וְטַהֲרֵֽנוּ מִכָּל טֻמְאוֹתֵֽינוּ
וּזְרֹק עָלֵֽינוּ מַֽיִם טְהוֹרִים וְטַהֲרֵֽנוּ
כַּכָּתוּב עַל יַד נְבִיאֶֽךָ:
יחזקאל לו וְזָרַקְתִּי עֲלֵיכֶם מַֽיִם טְהוֹרִים וּטְהַרְתֶּם
מִכֹּל טֻמְאוֹתֵיכֶם וּמִכָּל־גִּלּוּלֵיכֶם אֲטַהֵר אֶתְכֶם:
עַמְּךָ וְנַחֲלָתְךָ רְעֵבֵי טוּבְךָ, צְמֵאֵי חַסְדְּךָ, תְּאֵבֵי יִשְׁעֶֽךָ.
יַכִּֽירוּ וְיֵדְעוּ, כִּי לַיהוה אֱלֹהֵֽינוּ הָרַחֲמִים וְהַסְּלִיחוֹת.

אֵל רַחוּם שְׁמֶֽךָ. אֵל חַנּוּן שְׁמֶֽךָ. בָּֽנוּ נִקְרָא שְׁמֶֽךָ. יהוה עֲשֵׂה לְמַֽעַן שְׁמֶֽךָ.
עֲשֵׂה לְמַֽעַן אֲמִתָּךְ. עֲשֵׂה לְמַֽעַן בְּרִיתָךְ. עֲשֵׂה לְמַֽעַן גָּדְלָךְ וְתִפְאַרְתָּךְ.

עֲשֵׂה לְמַעַן דָּתָךְ. עֲשֵׂה לְמַעַן הוֹדָךְ. עֲשֵׂה לְמַעַן וִעוּדָךְ. עֲשֵׂה לְמַעַן זִכְרָךְ. עֲשֵׂה לְמַעַן חַסְדָּךְ. עֲשֵׂה לְמַעַן טוּבָךְ. עֲשֵׂה לְמַעַן יִחוּדָךְ. עֲשֵׂה לְמַעַן כְּבוֹדָךְ. עֲשֵׂה לְמַעַן לִמּוּדָךְ. עֲשֵׂה לְמַעַן מַלְכוּתָךְ. עֲשֵׂה לְמַעַן נִצְחָךְ. עֲשֵׂה לְמַעַן סוֹדָךְ. עֲשֵׂה לְמַעַן עֻזָּךְ. עֲשֵׂה לְמַעַן פְּאֵרָךְ. עֲשֵׂה לְמַעַן צִדְקָתָךְ. עֲשֵׂה לְמַעַן קְדֻשָּׁתָךְ. עֲשֵׂה לְמַעַן רַחֲמֶיךָ הָרַבִּים. עֲשֵׂה לְמַעַן שְׁכִינָתָךְ. עֲשֵׂה לְמַעַן תְּהִלָּתָךְ. עֲשֵׂה לְמַעַן אוֹהֲבֶיךָ שׁוֹכְנֵי עָפָר. עֲשֵׂה לְמַעַן אַבְרָהָם יִצְחָק וְיַעֲקֹב. עֲשֵׂה לְמַעַן מֹשֶׁה וְאַהֲרֹן. עֲשֵׂה לְמַעַן דָּוִד וּשְׁלֹמֹה. עֲשֵׂה לְמַעַן יְרוּשָׁלַיִם עִיר קָדְשֶׁךָ. עֲשֵׂה לְמַעַן צִיּוֹן מִשְׁכַּן כְּבוֹדֶךָ. עֲשֵׂה לְמַעַן שִׁמְמוֹת הֵיכָלֶךָ. עֲשֵׂה לְמַעַן הֲרִיסוּת מִזְבְּחֶךָ. עֲשֵׂה לְמַעַן הֲרוּגִים עַל שֵׁם קָדְשֶׁךָ. עֲשֵׂה לְמַעַן טְבוּחִים עַל יִחוּדֶךָ. עֲשֵׂה לְמַעַן בָּאֵי בָאֵשׁ וּבַמַּיִם עַל קִדּוּשׁ שְׁמֶךָ. עֲשֵׂה לְמַעַן יוֹנְקֵי שָׁדַיִם שֶׁלֹּא חָטְאוּ. עֲשֵׂה לְמַעַן גְּמוּלֵי חָלָב שֶׁלֹּא פָשְׁעוּ. עֲשֵׂה לְמַעַן תִּינוֹקוֹת שֶׁל בֵּית רַבָּן. עֲשֵׂה לְמַעַנְךָ אִם לֹא לְמַעֲנֵנוּ. עֲשֵׂה לְמַעַנְךָ וְהוֹשִׁיעֵנוּ.

עֲנֵנוּ יהוה עֲנֵנוּ. עֲנֵנוּ אֱלֹהֵינוּ עֲנֵנוּ. עֲנֵנוּ אָבִינוּ עֲנֵנוּ. עֲנֵנוּ בּוֹרְאֵנוּ עֲנֵנוּ. עֲנֵנוּ גּוֹאֲלֵנוּ עֲנֵנוּ. עֲנֵנוּ דּוֹרְשֵׁנוּ עֲנֵנוּ. עֲנֵנוּ הָאֵל הַנֶּאֱמָן עֲנֵנוּ. עֲנֵנוּ וָתִיק וְחָסִיד עֲנֵנוּ. עֲנֵנוּ זַךְ וְיָשָׁר עֲנֵנוּ. עֲנֵנוּ חַי וְקַיָּם עֲנֵנוּ. עֲנֵנוּ טוֹב וּמֵטִיב עֲנֵנוּ. עֲנֵנוּ יוֹדֵעַ יֵצֶר עֲנֵנוּ. עֲנֵנוּ כּוֹבֵשׁ כְּעָסִים עֲנֵנוּ. עֲנֵנוּ לוֹבֵשׁ צְדָקוֹת עֲנֵנוּ. עֲנֵנוּ מֶלֶךְ מַלְכֵי הַמְּלָכִים עֲנֵנוּ. עֲנֵנוּ נוֹרָא וְנִשְׂגָּב עֲנֵנוּ. עֲנֵנוּ סוֹלֵחַ וּמוֹחֵל עֲנֵנוּ. עֲנֵנוּ עוֹנֶה בְּעֵת צָרָה עֲנֵנוּ. עֲנֵנוּ פּוֹדֶה וּמַצִּיל עֲנֵנוּ. עֲנֵנוּ צַדִּיק וְיָשָׁר עֲנֵנוּ. עֲנֵנוּ קָרוֹב לְקוֹרְאָיו עֲנֵנוּ. עֲנֵנוּ רַחוּם וְחַנּוּן עֲנֵנוּ. עֲנֵנוּ שׁוֹמֵעַ אֶל אֶבְיוֹנִים עֲנֵנוּ. עֲנֵנוּ תּוֹמֵךְ תְּמִימִים עֲנֵנוּ. עֲנֵנוּ אֱלֹהֵי אֲבוֹתֵינוּ עֲנֵנוּ. עֲנֵנוּ אֱלֹהֵי אַבְרָהָם עֲנֵנוּ. עֲנֵנוּ פַּחַד יִצְחָק עֲנֵנוּ. עֲנֵנוּ אֲבִיר יַעֲקֹב עֲנֵנוּ. עֲנֵנוּ עֶזְרַת הַשְּׁבָטִים עֲנֵנוּ. עֲנֵנוּ מִשְׂגַּב אִמָּהוֹת עֲנֵנוּ. עֲנֵנוּ קָשֶׁה לִכְעֹס עֲנֵנוּ. עֲנֵנוּ רַךְ לִרְצוֹת עֲנֵנוּ. עֲנֵנוּ עוֹנֶה בְּעֵת רָצוֹן עֲנֵנוּ. עֲנֵנוּ אֲבִי יְתוֹמִים עֲנֵנוּ. עֲנֵנוּ דַּיַּן אַלְמָנוֹת עֲנֵנוּ.

מִי שֶׁעָנָה לְאַבְרָהָם אָבִינוּ בְּהַר הַמּוֹרִיָּה, הוּא יַעֲנֵנוּ.
מִי שֶׁעָנָה לְיִצְחָק בְּנוֹ כְּשֶׁנֶּעֱקַד עַל גַּבֵּי הַמִּזְבֵּחַ, הוּא יַעֲנֵנוּ.
מִי שֶׁעָנָה לְיַעֲקֹב בְּבֵית אֵל, הוּא יַעֲנֵנוּ.
מִי שֶׁעָנָה לְיוֹסֵף בְּבֵית הָאֲסוּרִים, הוּא יַעֲנֵנוּ.
מִי שֶׁעָנָה לַאֲבוֹתֵינוּ עַל יַם סוּף, הוּא יַעֲנֵנוּ.
מִי שֶׁעָנָה לְמֹשֶׁה בְּחוֹרֵב, הוּא יַעֲנֵנוּ.
מִי שֶׁעָנָה לְאַהֲרֹן בַּמַּחְתָּה, הוּא יַעֲנֵנוּ.
מִי שֶׁעָנָה לְפִינְחָס בְּקוּמוֹ מִתּוֹךְ הָעֵדָה, הוּא יַעֲנֵנוּ.
מִי שֶׁעָנָה לִיהוֹשֻׁעַ בַּגִּלְגָּל, הוּא יַעֲנֵנוּ.
מִי שֶׁעָנָה לִשְׁמוּאֵל בַּמִּצְפָּה, הוּא יַעֲנֵנוּ.
מִי שֶׁעָנָה לְדָוִד וּשְׁלֹמֹה בְנוֹ בִּירוּשָׁלָיִם, הוּא יַעֲנֵנוּ.
מִי שֶׁעָנָה לְאֵלִיָּהוּ בְּהַר הַכַּרְמֶל, הוּא יַעֲנֵנוּ.
מִי שֶׁעָנָה לֶאֱלִישָׁע בִּירִיחוֹ, הוּא יַעֲנֵנוּ.
מִי שֶׁעָנָה לְיוֹנָה בִּמְעֵי הַדָּגָה, הוּא יַעֲנֵנוּ.
מִי שֶׁעָנָה לְחִזְקִיָּהוּ מֶלֶךְ יְהוּדָה בְּחָלְיוֹ, הוּא יַעֲנֵנוּ.
מִי שֶׁעָנָה לַחֲנַנְיָה מִישָׁאֵל וַעֲזַרְיָה בְּתוֹךְ כִּבְשַׁן הָאֵשׁ, הוּא יַעֲנֵנוּ.
מִי שֶׁעָנָה לְדָנִיֵּאל בְּגוֹב הָאֲרָיוֹת, הוּא יַעֲנֵנוּ.
מִי שֶׁעָנָה לְמָרְדְּכַי וְאֶסְתֵּר בְּשׁוּשַׁן הַבִּירָה, הוּא יַעֲנֵנוּ.
מִי שֶׁעָנָה לְעֶזְרָא בַּגּוֹלָה, הוּא יַעֲנֵנוּ.
מִי שֶׁעָנָה לְכָל הַצַּדִּיקִים וְהַחֲסִידִים וְהַתְּמִימִים וְהַיְשָׁרִים, הוּא יַעֲנֵנוּ.

רַחֲמָנָא דְּעָנֵי לַעֲנִיֵּי עֲנֵינָן.
רַחֲמָנָא דְּעָנֵי לִתְבִירֵי לִבָּא עֲנֵינָן.
רַחֲמָנָא דְּעָנֵי לְמַכִּיכֵי רוּחָא עֲנֵינָן.
רַחֲמָנָא עֲנֵינָן.
רַחֲמָנָא חוּס, רַחֲמָנָא פְּרֻק, רַחֲמָנָא שֵׁיזִב.
רַחֲמָנָא רַחֵם עֲלָן, הַשְׁתָּא בַּעֲגָלָא וּבִזְמַן קָרִיב.

נפילת אפיים

יושבים, ובמקום שיש בו ספר תורה, נופלים אפיים:
משעינים את הראש על היד שאין בה תפילין (ומי שאין לו תפילין, על יד שמאל),
ומכסים את הפנים (ספר מהרי״ל, סב).

לפני נפילת אפיים נוהגים לומר את הפסוק ׳וַיֹּאמֶר דָּוִד אֶל־גָּד׳ (קיצור של״ה).

וַיֹּאמֶר דָּוִד אֶל־גָּד שמואל ב׳ כד
צַר־לִי מְאֹד
נִפְּלָה־נָּא בְיַד־יהוה, כִּי־רַבִּים רַחֲמָו
וּבְיַד־אָדָם אַל־אֶפֹּלָה:

רַחוּם וְחַנּוּן, חָטָאתִי לְפָנֶיךָ.
יהוה מָלֵא רַחֲמִים, רַחֵם עָלַי וְקַבֵּל תַּחֲנוּנָי.

נוהגים לומר את מזמור ו (מנהגי מהר״י טירנא):

יהוה, אַל־בְּאַפְּךָ תוֹכִיחֵנִי, וְאַל־בַּחֲמָתְךָ תְיַסְּרֵנִי: תהלים ו
חָנֵּנִי יהוה, כִּי אֻמְלַל אָנִי, רְפָאֵנִי יהוה
כִּי נִבְהֲלוּ עֲצָמָי:
וְנַפְשִׁי נִבְהֲלָה מְאֹד, וְאַתָּ יהוה, עַד־מָתָי:
שׁוּבָה יהוה, חַלְּצָה נַפְשִׁי
הוֹשִׁיעֵנִי לְמַעַן חַסְדֶּךָ:
כִּי אֵין בַּמָּוֶת זִכְרֶךָ, בִּשְׁאוֹל מִי יוֹדֶה־לָּךְ:
יָגַעְתִּי בְּאַנְחָתִי, אַשְׂחֶה בְכָל־לַיְלָה מִטָּתִי
בְּדִמְעָתִי עַרְשִׂי אַמְסֶה:
עָשְׁשָׁה מִכַּעַס עֵינִי, עָתְקָה בְּכָל־צוֹרְרָי:
סוּרוּ מִמֶּנִּי כָּל־פֹּעֲלֵי אָוֶן
כִּי שָׁמַע יהוה קוֹל בִּכְיִי:
שָׁמַע יהוה תְּחִנָּתִי, יהוה תְּפִלָּתִי יִקָּח:
יֵבֹשׁוּ וְיִבָּהֲלוּ מְאֹד כָּל־אֹיְבָי, יָשֻׁבוּ יֵבֹשׁוּ רָגַע: כאן מרימים את הראש.

מַחֵי וּמַסֵּי, מֵמִית וּמְחַיֶּה, מַסֵּיק מִן שְׁאוֹל לְחַיֵּי עָלְמָא.
בְּרָא כַּד חָטֵא, אֲבוּהִי לָקְיֵהּ, אֲבוּהִי דְּחָיֵס מַסֵּא לִכְאֵבֵהּ.
עַבְדָּא דְּמָרֵיד נָפֵיק בְּקוֹלָר, מָרֵהּ תָּאֵיב וְתָבַר קוֹלָרֵהּ.

בְּרָךְ בְּכוֹרָךְ אֲנַן וְחָטֵינַן קַמָּךְ, הָא רְוֵי נַפְשַׁן בְּגִדִין מְרָרִין.
עַבְדָּךְ אֲנַן וּמָרְדִנַן קַמָּךְ, הָא בְּבִזְתָא הָא בְּשִׁבְיָתָא הָא בְּמַלְקְיוּתָא.
בְּמָטוּ מִנָּךְ בְּרַחֲמָךְ דִּנְפִישִׁין, אַסֵּי לִכְאֵבָא דִּתְקֵף עֲלַן
עַד דְּלָא נֶהֱוֵי גְמִירָא בְּשִׁבְיָא.

רמוסים אנו בידי אויבינו, דרוסים ושבורים. אויבים אלו החריבו את בית המקדש וחירפו וגידפו את שמך הגדול. אנא, אל תשכח אותנו לנצח, נחם אותנו ונקום את נקמתנו ואת נקמת המקדש החרב.

פד. מחבר: רבי משה בר שמואל

מִקְוֵה יִשְׂרָאֵל מוֹשִׁיעוֹ בְּעֵת צָרָה
שׁוֹמְרוֹ וְצִלּוֹ וּמַצִּילוֹ בְּיוֹם עֶבְרָה
הִמָּלֵא רַחֲמִים עַל עֲנִיָּה סֹעֲרָה
בְּדוּדָה וּשְׁדוּדָה כְּאוּבָה וּצְעוּרָה
רְמוּסָה בְּיַד צַר וּבֶעָפָר מְעֻפָּרָה
שְׁכוּלָה וְגַלְמוּדָה גּוֹלָה וְסוּרָה
מֵאֲרָיוֹת וְדֻבִּים דְּרוּסָה וּשְׁבוּרָה
וּכְצֹאן בְּלִי רוֹעֶה תּוֹעָה וּפְזוּרָה.
אָדוֹן, עַד מָתַי לֹא תַבִּיט בַּצָּרָה
לָמָּה לָנֶצַח תֵּעָזֵבְנָה בְּיַד עוֹכְרָהּ
בְּרַחֲמֶיךָ הוֹצִיאָהּ מֵאֲפֵלָה לְאוֹרָה
אַל תְּנָאֵץ לְמַעַן שִׁמְךָ כַּחַמָּה בָּרָה.
בָּחַרְתָּ מִכָּל עַם לְאֹם בְּחוּרָה
שׁוּר נָא בְּעָנְיָהּ וְנַעֲרָהּ מֵעֲפָרָהּ
לְחַם לוֹחֲמָהּ וּצְרֹר צוֹרְרָהּ
וּנְקֹם נִקְמָתָהּ וְנִקְמַת בֵּית הַבְּחִירָה.
מִגְּרוּ וּפִגְּרוּ וְהִסִּיקוּ בוֹ הַבְעָרָה

חִלְּלוּ וְנִאֲצוּ שֵׁם הַנִּכְבָּד וְהַנּוֹרָא
זְכֹר חֶרְפַּת נָבָל חֵרֵף בַּאֲמִירָה
קוּמָה, יהוה, בְּאַפֶּךָ וְהִנָּשֵׂא לְהִתְגַּבְּרָה.
וְאַל תִּשְׁכַּח קוֹל צֹרְרֶיךָ עוֹלֶה בִּתְדִירָה
אַבֵּד וְגַדַּע מַלְכוּת אֲרוּרָה
מְבַשֵּׂר שָׁלוֹם לְעַמְּךָ תִּשְׁלַח מְהֵרָה
צִיּוֹן לְנַחֵם וּפִרְצוֹתֶיהָ לִגְדֹּרָה
כִּי לְךָ, יהוה, הַגְּדֻלָּה וְהַגְּבוּרָה.

יש הנוהגים שלא לומר תחינה זו.

מַכְנִיסֵי רַחֲמִים, הַכְנִיסוּ רַחֲמֵינוּ לִפְנֵי בַּעַל הָרַחֲמִים. מַשְׁמִיעֵי תְפִלָּה, הַשְׁמִיעוּ תְפִלָּתֵנוּ לִפְנֵי שׁוֹמֵעַ תְּפִלָּה. מַשְׁמִיעֵי צְעָקָה, הַשְׁמִיעוּ צַעֲקָתֵנוּ לִפְנֵי שׁוֹמֵעַ צְעָקָה. מַכְנִיסֵי דִמְעָה, הַכְנִיסוּ דִמְעוֹתֵינוּ לִפְנֵי מֶלֶךְ מִתְרַצֶּה בִּדְמָעוֹת. הִשְׁתַּדְּלוּ וְהַרְבּוּ תְחִנָּה וּבַקָּשָׁה לִפְנֵי מֶלֶךְ אֵל רָם וְנִשָּׂא. הַזְכִּירוּ לְפָנָיו הַשְׁמִיעוּ לְפָנָיו תּוֹרָה וּמַעֲשִׂים טוֹבִים שֶׁל שׁוֹכְנֵי עָפָר. יִזְכֹּר אַהֲבָתָם וִיחַיֶּה זַרְעָם, שֶׁלֹּא תֹאבַד שְׁאֵרִית יַעֲקֹב. כִּי צֹאן רוֹעֶה נֶאֱמָן הָיָה לְחֶרְפָּה, יִשְׂרָאֵל גּוֹי אֶחָד לְמָשָׁל וְלִשְׁנִינָה. מַהֵר עֲנֵנוּ אֱלֹהֵי יִשְׁעֵנוּ, וּפְדֵנוּ מִכָּל גְּזֵרוֹת קָשׁוֹת, וְהוֹשִׁיעָה בְּרַחֲמֶיךָ הָרַבִּים מְשִׁיחַ צִדְקֶךָ וְעַמֶּךָ.

מָרַן דְּבִשְׁמַיָּא לָךְ מִתְחַנְּנַן, כְּבַר שִׁבְיָא דְּמִתְחַנַּן לְשַׁבָּיֵהּ.
כֻּלְּהוֹן בְּנֵי שִׁבְיָא בְּכַסְפָּא מִתְפָּרְקִין
וְעַמָּךְ בֵּית יִשְׂרָאֵל בְּרַחֲמֵי וּבְתַחֲנוּנֵי.
הַב לַן שְׁאֶלְתִּין וּבָעוּתִין, דְּלָא נֶהְדַּר רֵיקָם מִן קֳדָמָךְ.

מָרַן דְּבִשְׁמַיָּא לָךְ מִתְחַנְּנַן, כְּעַבְדָּא דְּמִתְחַנַּן לְמָרֵהּ.
עֲשִׁיקֵי אֲנַן וּבַחֲשׁוֹכָא שָׁרֵינַן.
מְרִירָן נַפְשִׁין מֵעַקְתִין דִּנְפִישִׁין.
חֵילָא לֵית בַּן לְרַצּוּיָךְ, מָרַן.
עֲבֵד בְּדִיל קְיָמָא דִּגְזַרְתְּ עִם אֲבָהָתָנָא.

הפיוט ׳שׁוֹמֵר יִשְׂרָאֵל׳ חותם את הסליחות בחודש אלול ובעשרת ימי תשובה.

שׁוֹמֵר יִשְׂרָאֵל, שְׁמֹר שְׁאֵרִית יִשְׂרָאֵל, וְאַל יֹאבַד יִשְׂרָאֵל
הָאוֹמְרִים שְׁמַע יִשְׂרָאֵל.

שׁוֹמֵר גּוֹי אֶחָד, שְׁמֹר שְׁאֵרִית עַם אֶחָד, וְאַל יֹאבַד גּוֹי אֶחָד
הַמְיַחֲדִים שִׁמְךָ, יהוה אֱלֹהֵינוּ יהוה אֶחָד.

שׁוֹמֵר גּוֹי קָדוֹשׁ, שְׁמֹר שְׁאֵרִית עַם קָדוֹשׁ, וְאַל יֹאבַד גּוֹי קָדוֹשׁ
הַמְשַׁלְּשִׁים בְּשָׁלֹשׁ קְדֻשּׁוֹת לְקָדוֹשׁ.

מִתְרַצֶּה בְּרַחֲמִים וּמִתְפַּיֵּס בְּתַחֲנוּנִים, הִתְרַצֵּה וְהִתְפַּיֵּס לְדוֹר עָנִי
כִּי אֵין עוֹזֵר.

אָבִינוּ מַלְכֵּנוּ, חָנֵּנוּ וַעֲנֵנוּ, כִּי אֵין בָּנוּ מַעֲשִׂים
עֲשֵׂה עִמָּנוּ צְדָקָה וָחֶסֶד וְהוֹשִׁיעֵנוּ.

לקט הפסוקים מסדר רב עמרם גאון מבטא את תחושתו של האדם,
שלאחר שהתפלל בכל אופן שהוא מכיר, מוסר את דינו לשמים (טור, קלא).

עומדים במקום המסומן ב־* (מג״א קלא, ד בשם השל״ה).

וַאֲנַחְנוּ לֹא נֵדַע *מַה־נַּעֲשֶׂה, כִּי עָלֶיךָ עֵינֵינוּ: דברי הימים ב׳ כ

זְכֹר־רַחֲמֶיךָ יהוה וַחֲסָדֶיךָ, כִּי מֵעוֹלָם הֵמָּה: תהלים כה

יְהִי־חַסְדְּךָ יהוה עָלֵינוּ, כַּאֲשֶׁר יִחַלְנוּ לָךְ: תהלים לג

אַל־תִּזְכָּר־לָנוּ עֲוֹנֹת רִאשֹׁנִים תהלים עט
מַהֵר יְקַדְּמוּנוּ רַחֲמֶיךָ, כִּי דַלּוֹנוּ מְאֹד:

עֶזְרֵנוּ בְּשֵׁם יהוה, עֹשֵׂה שָׁמַיִם וָאָרֶץ: תהלים קכד

חָנֵּנוּ יהוה חָנֵּנוּ, כִּי־רַב שָׂבַעְנוּ בוּז: תהלים קכג

בְּרֹגֶז רַחֵם תִּזְכּוֹר: חבקוק ג

[בְּרֹגֶז עֲקֵדָה תִּזְכֹּר, בְּרֹגֶז תְּמִימוּת תִּזְכֹּר.

יהוה הוֹשִׁיעָה, הַמֶּלֶךְ יַעֲנֵנוּ בְיוֹם־קָרְאֵנוּ:] תהלים כ

כִּי־הוּא יָדַע יִצְרֵנוּ, זָכוּר כִּי־עָפָר אֲנָחְנוּ: תהלים קג

עָזְרֵנוּ אֱלֹהֵי יִשְׁעֵנוּ עַל־דְּבַר כְּבוֹד־שְׁמֶךָ תהלים עט
וְהַצִּילֵנוּ וְכַפֵּר עַל־חַטֹּאתֵינוּ לְמַעַן שְׁמֶךָ:

קדיש שלם

ש״ץ: יִתְגַּדַּל וְיִתְקַדַּשׁ שְׁמֵהּ רַבָּא (קהל: אָמֵן)
בְּעָלְמָא דִּי בְרָא כִרְעוּתֵהּ
וְיַמְלִיךְ מַלְכוּתֵהּ [וְיַצְמַח פֻּרְקָנֵהּ וִיקָרֵב מְשִׁיחֵהּ (קהל: אָמֵן)]
בְּחַיֵּיכוֹן וּבְיוֹמֵיכוֹן וּבְחַיֵּי דְכָל בֵּית יִשְׂרָאֵל
בַּעֲגָלָא וּבִזְמַן קָרִיב
וְאִמְרוּ אָמֵן. (קהל: אָמֵן)

קהל וש״ץ: יְהֵא שְׁמֵהּ רַבָּא מְבָרַךְ לְעָלַם וּלְעָלְמֵי עָלְמַיָּא.

ש״ץ: יִתְבָּרַךְ וְיִשְׁתַּבַּח וְיִתְפָּאַר וְיִתְרוֹמַם וְיִתְנַשֵּׂא
וְיִתְהַדָּר וְיִתְעַלֶּה וְיִתְהַלָּל
שְׁמֵהּ דְּקֻדְשָׁא בְּרִיךְ הוּא (קהל: אָמֵן)
לְעֵלָּא לְעֵלָּא מִכָּל בִּרְכָתָא וְשִׁירָתָא, תֻּשְׁבְּחָתָא וְנֶחֱמָתָא
דַּאֲמִירָן בְּעָלְמָא
וְאִמְרוּ אָמֵן. (קהל: אָמֵן)

תִּתְקַבַּל צְלוֹתְהוֹן וּבָעוּתְהוֹן דְּכָל בֵּית יִשְׂרָאֵל
קֳדָם אֲבוּהוֹן דִּי בִשְׁמַיָּא
וְאִמְרוּ אָמֵן. (קהל: אָמֵן)

יְהֵא שְׁלָמָא רַבָּא מִן שְׁמַיָּא
וְחַיִּים [טוֹבִים] עָלֵינוּ וְעַל כָּל יִשְׂרָאֵל
וְאִמְרוּ אָמֵן. (קהל: אָמֵן)

כורע ופוסע שלוש פסיעות לאחור. קד לשמאל, לימין ולפנים באמירת:

עֹשֶׂה הַשָּׁלוֹם בִּמְרוֹמָיו
הוּא יַעֲשֶׂה שָׁלוֹם עָלֵינוּ וְעַל כָּל יִשְׂרָאֵל
וְאִמְרוּ אָמֵן. (קהל: אָמֵן)

סליחות לערב יום הכיפורים

תהלים פד אַשְׁרֵי יוֹשְׁבֵי בֵיתֶךָ, עוֹד יְהַלְלוּךָ סֶּלָה:
תהלים קמד אַשְׁרֵי הָעָם שֶׁכָּכָה לּוֹ, אַשְׁרֵי הָעָם שֶׁיהוה אֱלֹהָיו:
תהלים קמה תְּהִלָּה לְדָוִד

אֲרוֹמִמְךָ אֱלוֹהַי הַמֶּלֶךְ, וַאֲבָרְכָה שִׁמְךָ לְעוֹלָם וָעֶד:
בְּכָל־יוֹם אֲבָרְכֶךָּ, וַאֲהַלְלָה שִׁמְךָ לְעוֹלָם וָעֶד:
גָּדוֹל יהוה וּמְהֻלָּל מְאֹד, וְלִגְדֻלָּתוֹ אֵין חֵקֶר:
דּוֹר לְדוֹר יְשַׁבַּח מַעֲשֶׂיךָ, וּגְבוּרֹתֶיךָ יַגִּידוּ:
הֲדַר כְּבוֹד הוֹדֶךָ, וְדִבְרֵי נִפְלְאוֹתֶיךָ אָשִׂיחָה:
וֶעֱזוּז נוֹרְאוֹתֶיךָ יֹאמֵרוּ, וּגְדוּלָּתְךָ אֲסַפְּרֶנָּה:
זֵכֶר רַב־טוּבְךָ יַבִּיעוּ, וְצִדְקָתְךָ יְרַנֵּנוּ:
חַנּוּן וְרַחוּם יהוה, אֶרֶךְ אַפַּיִם וּגְדָל־חָסֶד:
טוֹב־יהוה לַכֹּל, וְרַחֲמָיו עַל־כָּל־מַעֲשָׂיו:
יוֹדוּךָ יהוה כָּל־מַעֲשֶׂיךָ, וַחֲסִידֶיךָ יְבָרְכוּכָה:
כְּבוֹד מַלְכוּתְךָ יֹאמֵרוּ, וּגְבוּרָתְךָ יְדַבֵּרוּ:
לְהוֹדִיעַ לִבְנֵי הָאָדָם גְּבוּרֹתָיו, וּכְבוֹד הֲדַר מַלְכוּתוֹ:
מַלְכוּתְךָ מַלְכוּת כָּל־עֹלָמִים, וּמֶמְשַׁלְתְּךָ בְּכָל־דּוֹר וָדֹר:
סוֹמֵךְ יהוה לְכָל־הַנֹּפְלִים, וְזוֹקֵף לְכָל־הַכְּפוּפִים:
עֵינֵי־כֹל אֵלֶיךָ יְשַׂבֵּרוּ, וְאַתָּה נוֹתֵן־לָהֶם אֶת־אָכְלָם בְּעִתּוֹ:
פּוֹתֵחַ אֶת־יָדֶךָ, וּמַשְׂבִּיעַ לְכָל־חַי רָצוֹן:
צַדִּיק יהוה בְּכָל־דְּרָכָיו, וְחָסִיד בְּכָל־מַעֲשָׂיו:
קָרוֹב יהוה לְכָל־קֹרְאָיו, לְכֹל אֲשֶׁר יִקְרָאֻהוּ בֶאֱמֶת:
רְצוֹן־יְרֵאָיו יַעֲשֶׂה, וְאֶת־שַׁוְעָתָם יִשְׁמַע, וְיוֹשִׁיעֵם:

שׁוֹמֵר יהוה אֶת־כָּל־אֹהֲבָיו, וְאֵת כָּל־הָרְשָׁעִים יַשְׁמִיד:
תְּהִלַּת יהוה יְדַבֶּר פִּי, וִיבָרֵךְ כָּל־בָּשָׂר שֵׁם קָדְשׁוֹ לְעוֹלָם וָעֶד:
וַאֲנַחְנוּ נְבָרֵךְ יָהּ מֵעַתָּה וְעַד־עוֹלָם, הַלְלוּיָהּ: תהלים קטו

וְעַתָּה יִגְדַּל־נָא כֹּחַ אֲדֹנָי כַּאֲשֶׁר דִּבַּרְתָּ לֵאמֹר: במדבר יד
זְכֹר־רַחֲמֶיךָ יהוה וַחֲסָדֶיךָ כִּי מֵעוֹלָם הֵמָּה: תהלים כה

חצי קדיש

ש״ץ: יִתְגַּדַּל וְיִתְקַדַּשׁ שְׁמֵהּ רַבָּא (קהל: אָמֵן)
בְּעָלְמָא דִּי בְרָא כִרְעוּתֵהּ
וְיַמְלִיךְ מַלְכוּתֵהּ [וְיַצְמַח פֻּרְקָנֵהּ וִיקָרֵב מְשִׁיחֵהּ (קהל: אָמֵן)]
בְּחַיֵּיכוֹן וּבְיוֹמֵיכוֹן וּבְחַיֵּי דְכָל בֵּית יִשְׂרָאֵל
בַּעֲגָלָא וּבִזְמַן קָרִיב, וְאִמְרוּ אָמֵן. (קהל: אָמֵן)

קהל וש״ץ: יְהֵא שְׁמֵהּ רַבָּא מְבָרַךְ לְעָלַם וּלְעָלְמֵי עָלְמַיָּא.

ש״ץ: יִתְבָּרַךְ וְיִשְׁתַּבַּח וְיִתְפָּאַר וְיִתְרוֹמַם וְיִתְנַשֵּׂא
וְיִתְהַדָּר וְיִתְעַלֶּה וְיִתְהַלָּל
שְׁמֵהּ דְּקֻדְשָׁא בְּרִיךְ הוּא (קהל: אָמֵן)
לְעֵלָּא לְעֵלָּא מִכָּל בִּרְכָתָא וְשִׁירָתָא, תֻּשְׁבְּחָתָא וְנֶחֱמָתָא
דַּאֲמִירָן בְּעָלְמָא, וְאִמְרוּ אָמֵן. (קהל: אָמֵן)

לְךָ אֲדֹנָי הַצְּדָקָה, וְלָנוּ בֹּשֶׁת הַפָּנִים: דניאל ט
מַה נִּתְאוֹנֵן וּמַה נֹּאמַר, מַה־נְּדַבֵּר וּמַה־נִּצְטַדָּק: בראשית מד
נַחְפְּשָׂה דְרָכֵינוּ וְנַחְקֹרָה וְנָשׁוּבָה אֵלֶיךָ, כִּי יְמִינְךָ פְשׁוּטָה לְקַבֵּל שָׁבִים.
לֹא בְחֶסֶד וְלֹא בְמַעֲשִׂים בָּאנוּ לְפָנֶיךָ, כְּדַלִּים וּכְרָשִׁים דָּפַקְנוּ דְלָתֶיךָ.
דְּלָתֶיךָ דָּפַקְנוּ רַחוּם וְחַנּוּן, נָא אַל תְּשִׁיבֵנוּ רֵיקָם מִלְּפָנֶיךָ.
מִלְּפָנֶיךָ מַלְכֵּנוּ רֵיקָם אַל תְּשִׁיבֵנוּ, כִּי אַתָּה שׁוֹמֵעַ תְּפִלָּה.

סְלַח לָנוּ, אָבִינוּ, כִּי בְּרֹב אִוַּלְתֵּנוּ שָׁגִינוּ.
מְחַל לָנוּ, מַלְכֵּנוּ, כִּי רַבּוּ עֲוֹנֵינוּ.

אֵל אֶרֶךְ אַפַּיִם אַתָּה, וּבַעַל הָרַחֲמִים נִקְרֵאתָ, וְדֶרֶךְ תְּשׁוּבָה הוֹרֵיתָ.
גְּדֻלַּת רַחֲמֶיךָ וַחֲסָדֶיךָ, תִּזְכֹּר הַיּוֹם וּבְכָל יוֹם לְזֶרַע יְדִידֶיךָ.
תֵּפֶן אֵלֵינוּ בְּרַחֲמִים, כִּי אַתָּה הוּא בַּעַל הָרַחֲמִים.
בְּתַחֲנוּן וּבִתְפִלָּה פָּנֶיךָ נְקַדֵּם, כְּהוֹדַעְתָּ לֶעָנָו מִקֶּדֶם.
מֵחֲרוֹן אַפְּךָ שׁוּב, כְּמוֹ בְּתוֹרָתְךָ כָּתוּב.
וּבְצֵל כְּנָפֶיךָ נֶחֱסֶה וְנִתְלוֹנָן, כְּיוֹם וַיֵּרֶד יהוה בֶּעָנָן.
תַּעֲבֹר עַל פֶּשַׁע וְתִמְחֶה אָשָׁם, כְּיוֹם וַיִּתְיַצֵּב עִמּוֹ שָׁם.
תַּאֲזִין שַׁוְעָתֵנוּ וְתַקְשִׁיב מֶנּוּ מַאֲמָר, כְּיוֹם וַיִּקְרָא בְשֵׁם יהוה
וְשָׁם נֶאֱמַר

קהל ואחריו שליח הציבור:

שמות לד וַיַּעֲבֹר יהוה עַל־פָּנָיו וַיִּקְרָא

יהוה, יהוה, אֵל רַחוּם וְחַנּוּן, אֶרֶךְ אַפַּיִם, וְרַב־חֶסֶד וֶאֱמֶת:
נֹצֵר חֶסֶד לָאֲלָפִים, נֹשֵׂא עָוֹן וָפֶשַׁע וְחַטָּאָה, וְנַקֵּה:

וְסָלַחְתָּ לַעֲוֹנֵנוּ וּלְחַטָּאתֵנוּ וּנְחַלְתָּנוּ:
סְלַח לָנוּ, אָבִינוּ, כִּי חָטָאנוּ
מְחַל לָנוּ, מַלְכֵּנוּ, כִּי פָשָׁעְנוּ.
תהלים פו כִּי־אַתָּה, יהוה, טוֹב וְסַלָּח וְרַב־חֶסֶד לְכָל־קֹרְאֶיךָ:

איוב ד הַאֱנוֹשׁ מֵאֱלוֹהַּ יִצְדָּק, אִם־מֵעֹשֵׂהוּ יִטְהַר־גָּבֶר:
תהלים קמה טוֹב־יהוה לַכֹּל, וְרַחֲמָיו עַל־כָּל־מַעֲשָׂיו:
תהלים קטז חַנּוּן יהוה וְצַדִּיק, וֵאלֹהֵינוּ מְרַחֵם:
איוב ד הֵן בַּעֲבָדָיו לֹא יַאֲמִין, וּבְמַלְאָכָיו יָשִׂים תָּהֳלָה:
יָדַעְנוּ כִּי חָטָאנוּ וְאֵין מִי יַעֲמֹד בַּעֲדֵנוּ
שִׁמְךָ הַגָּדוֹל יַעֲמֹד לָנוּ בְּעֵת צָרָה.

כְּרַחֵם אָב עַל בָּנִים, כֵּן תְּרַחֵם יהוה עָלֵינוּ.
לַיהוה הַיְשׁוּעָה, עַל־עַמְּךָ בִרְכָתֶךָ סֶּלָה: תהלים ג
יהוה צְבָאוֹת עִמָּנוּ, מִשְׂגָּב לָנוּ אֱלֹהֵי יַעֲקֹב סֶלָה: תהלים מו
יהוה צְבָאוֹת, אַשְׁרֵי אָדָם בֹּטֵחַ בָּךְ: תהלים פד
יהוה הוֹשִׁיעָה, הַמֶּלֶךְ יַעֲנֵנוּ בְיוֹם־קָרְאֵנוּ: תהלים כ

סְלַח־נָא לַעֲוֹן הָעָם הַזֶּה כְּגֹדֶל חַסְדֶּךָ במדבר יד
וְכַאֲשֶׁר נָשָׂאתָה לָעָם הַזֶּה מִמִּצְרַיִם וְעַד־הֵנָּה:
וְשָׁם נֶאֱמַר

קהל ואחריו שליח הציבור:

וַיֹּאמֶר יהוה, סָלַחְתִּי כִּדְבָרֶךָ:

הַטֵּה אֱלֹהַי אָזְנְךָ וּשְׁמָע, פְּקַח עֵינֶיךָ וּרְאֵה שֹׁמְמֹתֵינוּ דניאל ט
וְהָעִיר אֲשֶׁר־נִקְרָא שִׁמְךָ עָלֶיהָ
כִּי לֹא עַל־צִדְקֹתֵינוּ אֲנַחְנוּ מַפִּילִים תַּחֲנוּנֵינוּ לְפָנֶיךָ
כִּי עַל־רַחֲמֶיךָ הָרַבִּים:
אֲדֹנָי שְׁמָעָה, אֲדֹנָי סְלָחָה, אֲדֹנָי הַקְשִׁיבָה וַעֲשֵׂה אַל תְּאַחַר
לְמַעַנְךָ אֱלֹהַי כִּי־שִׁמְךָ נִקְרָא עַל־עִירְךָ וְעַל־עַמֶּךָ:

על פי שורת הדין אין לנו תקווה לצאת זכאים, שכן אנו מלאי חסרונות, חטא ורשע. את תקוותנו אנו תולים ברחמיו של הקב״ה ובהבטחתו שי״ג מידות אינן חוזרות ריקם.

פה. מחבר: רבי זבדיה

אֱלֹהֵינוּ וֵאלֹהֵי אֲבוֹתֵינוּ

אָדוֹן, דִּין אִם יְדַקְדֵּק
בְּחֵקֶר פֹּעַל אִם יְבַדֵּק
גֶּבֶר לְפָנֶיךָ לֹא יִצְדָּק.

דֹּפִי תִתֵּן בִּצְבָא מַעְלָה
הֵן בְּמַלְאָכֶיךָ תָּשִׂים תָּהֳלָה
וְאַף שׁוֹתֶה כַּמַּיִם עַוְלָה.

זְכוּת וּצְדָקָה אֵין בָּנוּ
חֵטְא וָרֶשַׁע כֻּלָּנוּ
טוֹב, אַל תָּבֹא בְמִשְׁפָּט עִמָּנוּ.

יֶהֱמוּ מֵעֶיךָ עָלֵינוּ
כְּרֹב רַחֲמֶיךָ פְּנֵה אֵלֵינוּ
לְבִלְתִּי כְּרֹעַ מַעֲלָלֵינוּ.

מְשׁוּבוֹתֵינוּ רַבּוּ מִלִּמְנוֹת
נִיחוֹחִים אַיִן וְקָרְבָּנוֹת
סְלִיחָה מְצֹא לַעֲוֹנוֹת.

עַל צִדְקוֹתֵינוּ אֵין אָנוּ סְמוּכִים
פֶּשַׁע וְעָוֹן מְלֻכְלָכִים
צְדָקָה מְצֹא תֵּחַן עוֹרְכִים.

קַו אַל תִּמְתַּח בְּאָרְחוֹתֵינוּ
רִמָּה וְתוֹלֵעָה אַחֲרִיתֵנוּ
שָׁוְא וְהֶבֶל שְׁנוֹתֵינוּ.

תָּשׁוּב עַל הָרָעָה תִּנָּחֵם
זֶה דַּרְכְּךָ חִנָּם מְרַחֵם
בְּרַחֲמֶיךָ הָרַבִּים עָלֵינוּ רַחֵם.

דְּרָכֶיךָ הוֹדַעְתָּ לֶעָנָו לְהוֹרוֹת
יְדַעְתּוֹ שְׁלֹשׁ עֶשְׂרֵה סְדוּרוֹת
הִבְטַחְתּוֹ שֶׁאֵין רֵיקָם חוֹזְרוֹת.

חִנּוּן בָּם סִדַּרְנוּ לְפָנֶיךָ
זַעַק קָשֹׁב מִמִּתְחַנְּנֶיךָ
וְאַל תְּשִׁיבֵנוּ רֵיקָם מִלְּפָנֶיךָ.

אֵל מֶלֶךְ יוֹשֵׁב עַל כִּסֵּא רַחֲמִים, מִתְנַהֵג בַּחֲסִידוּת.
מוֹחֵל עֲוֹנוֹת עַמּוֹ, מַעֲבִיר רִאשׁוֹן רִאשׁוֹן.
מַרְבֶּה מְחִילָה לְחַטָּאִים, וּסְלִיחָה לְפוֹשְׁעִים.
עֹשֶׂה צְדָקוֹת עִם כָּל בָּשָׂר וָרוּחַ, לֹא כְרָעָתָם תִּגְמֹל.
אֵל, הוֹרֵיתָ לָּנוּ לוֹמַר שְׁלֹשׁ עֶשְׂרֵה
זְכָר לָנוּ הַיּוֹם בְּרִית שְׁלֹשׁ עֶשְׂרֵה
כְּהוֹדַעְתָּ לֶעָנָו מִקֶּדֶם, כְּמוֹ שֶׁכָּתוּב:

וַיֵּרֶד יהוה בֶּעָנָן, וַיִּתְיַצֵּב עִמּוֹ שָׁם, וַיִּקְרָא בְשֵׁם יהוה: שמות לד

קהל ואחריו שליח הציבור:

וַיַּעֲבֹר יהוה עַל־פָּנָיו וַיִּקְרָא

יהוה, יהוה, אֵל רַחוּם וְחַנּוּן, אֶרֶךְ אַפַּיִם, וְרַב־חֶסֶד וֶאֱמֶת:
נֹצֵר חֶסֶד לָאֲלָפִים, נֹשֵׂא עָוֹן וָפֶשַׁע וְחַטָּאָה, וְנַקֵּה:

וְסָלַחְתָּ לַעֲוֹנֵנוּ וּלְחַטָּאתֵנוּ וּנְחַלְתָּנוּ:
סְלַח לָנוּ, אָבִינוּ, כִּי חָטָאנוּ, מְחַל לָנוּ, מַלְכֵּנוּ, כִּי פָשָׁעְנוּ.
כִּי־אַתָּה, יהוה, טוֹב וְסַלָּח וְרַב־חֶסֶד לְכָל־קֹרְאֶיךָ: תהלים פו

מַה יִּצְדַּק אֱנוֹשׁ עִם־אֵל, וּמַה־יִּזְכֶּה יְלוּד אִשָּׁה: איוב כה
וַתִּפְקְדֶנּוּ לִבְקָרִים, וְלִרְגָעִים תִּבְחָנֵנוּ.
יהוה, אַל בְּאַפְּךָ תוֹכִיחֵנוּ, וְאַל בַּחֲמָתְךָ תְיַסְּרֵנוּ.
אַף עַל זֶה פָּקַחְתָּ עֵינֶךָ, וְאֹתָנוּ תָבִיא בְמִשְׁפָּט עִמָּךְ.

כְּרַחֵם אָב עַל בָּנִים, כֵּן תְּרַחֵם יהוה עָלֵינוּ.
לַיהוה הַיְשׁוּעָה, עַל־עַמְּךָ בִרְכָתֶךָ סֶּלָה: תהלים ג
יהוה צְבָאוֹת עִמָּנוּ, מִשְׂגָּב לָנוּ אֱלֹהֵי יַעֲקֹב סֶלָה: תהלים מו
יהוה צְבָאוֹת, אַשְׁרֵי אָדָם בֹּטֵחַ בָּךְ: תהלים פד
יהוה הוֹשִׁיעָה, הַמֶּלֶךְ יַעֲנֵנוּ בְיוֹם־קָרְאֵנוּ: תהלים כ

אין כוח באדם לעמוד מול יצר הרע המלפף אותו מלידתו, וכל ימי חייו מלאי מכאוב.
אולם הקב״ה רוצה בתשובת רשעים וכל שכן בתשובת ישראל הבוטחים בו.
על כן אנו מבקשים מה׳ לדון אותנו ברחמים ולמנוע מהשטן לקטרג עלינו.

פו. מחבר: רבי יצחק הכהן

אֱלֹהֵינוּ וֵאלֹהֵי אֲבוֹתֵינוּ

אָדוֹן, בְּפָקְדְךָ אֱנוֹשׁ לַבְּקָרִים
בְּמִצּוּי הַדִּין אַל תִּמְתַּח
גּוּף וּנְשָׁמָה אִם תְּרִיבֵם
דֹּחוּ וְלֹא יוּכְלוּ קוּם
הֲיוּכַל גֶּבֶר לִזְכּוֹת בַּמִּשְׁפָּט
וְאִם יֵשׁ בְּיָדוֹ מַעַשׂ לְהִצְטַדֵּק
זֵרוּי יְחוּמוֹ מִלֵּחָה סְרוּחָה
חָבוּי אוֹרְבוֹ בְּקִרְבּוֹ מֵעֵת הִוָּלְדוֹ
טָמוּן בְּחֻבּוֹ כְּרֶשֶׁת לְרַגְלָיו
יְסִיתֵהוּ בְּכָל יוֹם לְשַׁחַת לְהַפִּילוֹ
כֹּחַ וּגְבוּרָה בַּגּוּף אַיִן
לְפָנָיו לַעֲמֹד וּלְהִתְיַצֵּב
מִיּוֹם עָמְדוֹ עַל דַּעְתּוֹ
נַפְשׁוֹ יָשִׂים בְּכַפּוֹ לְהָבִיא לַחְמוֹ
שָׂבֵעַ כָּל יָמָיו כַּעַס וּמַכְאוֹבוֹת
עַד שׁוּבוֹ לַעֲפָרוֹ לֹא יִשְׁקֹט.
פְּנֵה, אָדוֹן, בְּעִצְּבוֹן רוּחַ
צְפֵה בְּשִׁבְרוֹן לֵב
קָרוֹב אַתָּה לָרְחוֹקִים
רוֹצֶה בִּתְשׁוּבַת רְשָׁעִים
שַׁדַּי, הִמָּצֵא לְדוֹרְשֶׁיךָ
תֹּאמַר הִנְנִי לִמְבַקְשֶׁיךָ
יְבַשְּׂרוּ סָלַחְתִּי קוֹרְאֵי בִשְׁמֶךָ
צַדֵּק בַּמִּשְׁפָּט עִם מְיַחֲדֶיךָ

חֲסֹם מְנֻוָּל מִלְּהַרְשִׁיעַ
קְצֹף בְּמַשְׂטִין מִלְּהַשְׂטִין
הָקֵם לָנוּ מֵלִיץ יֹשֶׁר
כַּפֵּר מְצָאתִי תַּשְׁמִיעַ לַשּׁוֹבָבִים.
הִשְׁלַכְנוּ עָלֶיךָ יְהָבֵנוּ
נָא אַתָּה תְּכַלְכְּלֵנוּ
הֵעָתֵר לָנוּ בִּתְפִלָּתֵנוּ
חֶפְצֵנוּ וּבַקָּשָׁתֵנוּ מַלֵּא בְּרַחֲמִים
בְּךָ תָּלִינוּ בִּטְחוֹנֵנוּ
רַחֲמֶיךָ מַהֵר יְקַדְּמוּנוּ
חָזָק וְאַמִּיץ, שִׁמְךָ לֹא שָׁכַחְנוּ
אָנָּא לָנֶצַח אַל תִּשְׁכָּחֵנוּ.

אֵל מֶלֶךְ יוֹשֵׁב עַל כִּסֵּא רַחֲמִים, מִתְנַהֵג בַּחֲסִידוּת.
מוֹחֵל עֲוֹנוֹת עַמּוֹ, מַעֲבִיר רִאשׁוֹן רִאשׁוֹן.
מַרְבֶּה מְחִילָה לְחַטָּאִים, וּסְלִיחָה לְפוֹשְׁעִים.
עֹשֶׂה צְדָקוֹת עִם כָּל בָּשָׂר וָרוּחַ, לֹא כְרָעָתָם תִּגְמֹל.
אֵל, הוֹרֵיתָ לָּנוּ לוֹמַר שְׁלֹשׁ עֶשְׂרֵה
זְכָר לָנוּ הַיּוֹם בְּרִית שְׁלֹשׁ עֶשְׂרֵה
כְּהוֹדַעְתָּ לֶעָנָו מִקֶּדֶם, כְּמוֹ שֶׁכָּתוּב:
וַיֵּרֶד יהוה בֶּעָנָן, וַיִּתְיַצֵּב עִמּוֹ שָׁם שמות לד
וַיִּקְרָא בְשֵׁם יהוה:

קהל ואחריו שליח הציבור:

וַיַּעֲבֹר יהוה עַל־פָּנָיו וַיִּקְרָא

יהוה, יהוה, אֵל רַחוּם וְחַנּוּן, אֶרֶךְ אַפַּיִם, וְרַב־חֶסֶד וֶאֱמֶת:
נֹצֵר חֶסֶד לָאֲלָפִים, נֹשֵׂא עָוֹן וָפֶשַׁע וְחַטָּאָה, וְנַקֵּה:

וְסָלַחְתָּ לַעֲוֺנֵנוּ וּלְחַטָּאתֵנוּ וּנְחַלְתָּנוּ:
סְלַח לָנוּ, אָבִינוּ, כִּי חָטָאנוּ
מְחַל לָנוּ, מַלְכֵּנוּ, כִּי פָשָׁעְנוּ.
כִּי־אַתָּה, יהוה, טוֹב וְסַלָּח וְרַב־חֶסֶד לְכָל־קֹרְאֶיךָ: תהלים פו

בערב יום הכיפורים נאספים כולם לזעקה ולצום מתוך פחד הדין. עבודת הכהנים בטלה ומעשים אין בידינו. אנו מייחדים את שמו של הקב״ה, צמים וזועקים. אנא החשב את תפילתנו ותעניתנו כסדר עבודת הקרבנות של הכהן הגדול, וניחתם לחיים.

פז. פזמון | מחבר: רבי יצחק

יֵרָצֶה צוֹם עַמְּךָ אֲשֶׁר דָּמוֹ לְךָ מַזֶּה
חֲשֹׁב חֶלְבּוֹ כְּעַל זֶבַח וְקָרְבָּנוֹ אַל תִּבְזֶה
חֲתֹם עָלָיו אוֹת חַיִּים וּתְפִלָּתוֹ תֶּחֱזֶה
מָחָר יִהְיֶה הָאֹת הַזֶּה: שמות ח

צִדְקָתְךָ הִתְאַזֵּר, שׁוֹכֵן עַד וּמְרוֹמָם
סְמֹךְ נָא הַנִּכְשָׁלִים שְׁלַח יָדְךָ לַהֲקִימָם
אֲשֶׁר דִּמְעָם שִׁקּוּיָם וְאַנְחָתָם הִיא לַחְמָם
וְתִנְקֹם דַּם עֲבָדֶיךָ מֵאוֹיְבֶיךָ עַד תֻּמָּם
וְתִדְרֹשׁ לְשֹׁפֵךְ דָּמָם
לָדַעַת מַה־זֶּה וְעַל־מַה־זֶּה: מָחָר יִהְיֶה הָאֹת הַזֶּה: אסתר ד

חַנּוּן, חֹן עַמְּךָ אֲשֶׁר לְשִׁמְךָ הוּא מַאֲמִין
סַנֵּגוֹר עָלַי תְּמַנֶּה אֲשֶׁר חַטָּאתִי יַטְמִין
וְחוֹבִי בִּשְׂמֹאל יַכְמִין, זְכוּתִי יַעֲלֶה בְּיָמִין
וְאֵפֶר יִצְחָק יַזְמִין
אֲשֶׁר יֹאמַר כִּי־הוּא זֶה: מָחָר יִהְיֶה הָאֹת הַזֶּה: שמות כב

קָרֵב וּשְׁמַע רִנָּתִי לְזַעֲקִי תִּפְתַּח שַׁעַר
לְזַכּוֹת אֶת חַטָּאתִי כְּמוֹ בֶּן שָׁנָה נַעַר
וְתַחְסֹם לְשׁוֹן מַשְׂטִינִי וְאֶת פִּיהוּ לֹא יִפְעַר
יהוה בַּשָּׂטָן יִגְעַר, קוּם רֵד מַהֵר מִזֶּה: מָחָר יִהְיֶה הָאֹת הַזֶּה: דברים ט

בַּמָּה אֲקַדֵּם וְאִכַּף פְּנֵי לֹא יִקַּח שֹׁחַד
וּבְיָדִי אֵין מַעַשׂ וְעַל זֹאת לִבִּי יִפְחַד
אֲבָל עַתָּה בְּזָכְרִי מַלְכוּת שֵׁם הַמְיֻחָד
וְעַל זֹאת אֲנִי בוֹטֵחַ בְּאָמְרִים יהוה אֶחָד
וּמוֹשְׁכִים כֻּלָּם יַחַד, מִזֶּה אֶחָד וּמִזֶּה: מָחָר יִהְיֶה הָאֹת הַזֶּה: שמות יז

רְאֵה אֵין מְכַפֵּר בַּעֲדִי וְאֵין סוֹדֵר לִי סֵדֶר
וּבִגְדֵי לָבָן אַיִן וְאֵין לוֹבֵשׁ הָאֵדֶר
וְגַם אֵין קָרְבַּן חוֹבָה וְלֹא נְדָבָה וָנֶדֶר
וְאַתָּה תְּכַפֵּר עָלַי, בּוֹחֵן כְּלָיוֹת וָחֶדֶר
גְּדֹר פִּרְצַת צֹאנְךָ וְשִׂים רֶוַח לָעֵדֶר
וְתִבְנֶה לָמוֹ גָּדֵר מִזֶּה וְגָדֵר מִזֶּה: מָחָר יִהְיֶה הָאֹת הַזֶּה: במדבר כב

צֵל קוֹרָתְךָ בָּאוּ בָּנִים אֲשֶׁר נִגְרָשׁוּ
בֵּיתְךָ כְּנִתְוָעֲדוּ רָעֲשׁוּ וְגַם נִתְגָּעֲשׁוּ
חֶסֶד אֲבוֹתָם תִּזְכֹּר עֵת לָרִיב יִגָּשׁוּ
אֱמֶת וְשָׁלוֹם נִפְגָּשׁוּ
גַּם אֶת־זֶה לְעֻמַּת־זֶה: מָחָר יִהְיֶה הָאֹת הַזֶּה: קהלת ז

אֵל מֶלֶךְ יוֹשֵׁב עַל כִּסֵּא רַחֲמִים, מִתְנַהֵג בַּחֲסִידוּת.
מוֹחֵל עֲוֹנוֹת עַמּוֹ, מַעֲבִיר רִאשׁוֹן רִאשׁוֹן.
מַרְבֶּה מְחִילָה לְחַטָּאִים, וּסְלִיחָה לְפוֹשְׁעִים.
עֹשֶׂה צְדָקוֹת עִם כָּל בָּשָׂר וָרוּחַ, לֹא כְרָעָתָם תִּגְמֹל.
אֵל, הוֹרֵיתָ לָנוּ לוֹמַר שְׁלֹשׁ עֶשְׂרֵה
זְכָר לָנוּ הַיּוֹם בְּרִית שְׁלֹשׁ עֶשְׂרֵה
כְּהוֹדַעְתָּ לֶעָנָו מִקֶּדֶם, כְּמוֹ שֶׁכָּתוּב:
וַיֵּרֶד יהוה בֶּעָנָן, וַיִּתְיַצֵּב עִמּוֹ שָׁם, וַיִּקְרָא בְשֵׁם יהוה: שמות לד

קהל ואחריו שליח הציבור:

וַיַּעֲבֹר יהוה עַל־פָּנָיו וַיִּקְרָא

יהוה, יהוה, אֵל רַחוּם וְחַנּוּן, אֶרֶךְ אַפַּיִם, וְרַב־חֶסֶד וֶאֱמֶת:
נֹצֵר חֶסֶד לָאֲלָפִים, נֹשֵׂא עָוֹן וָפֶשַׁע וְחַטָּאָה, וְנַקֵּה:

וְסָלַחְתָּ לַעֲוֹנֵנוּ וּלְחַטָּאתֵנוּ וּנְחַלְתָּנוּ:
סְלַח לָנוּ, אָבִינוּ, כִּי חָטָאנוּ, מְחַל לָנוּ, מַלְכֵּנוּ, כִּי פָשָׁעְנוּ.
כִּי־אַתָּה, יהוה, טוֹב וְסַלָּח וְרַב־חֶסֶד לְכָל־קֹרְאֶיךָ: תהלים פו

זְכֹר־רַחֲמֶיךָ יהוה וַחֲסָדֶיךָ, כִּי מֵעוֹלָם הֵמָּה: תהלים כה
זָכְרֵנוּ יהוה בִּרְצוֹן עַמֶּךָ, פָּקְדֵנוּ בִּישׁוּעָתֶךָ.
זְכֹר עֲדָתְךָ קָנִיתָ קֶּדֶם, גָּאַלְתָּ שֵׁבֶט נַחֲלָתֶךָ תהלים עד
הַר־צִיּוֹן זֶה שָׁכַנְתָּ בּוֹ:
זְכֹר יהוה חִבַּת יְרוּשָׁלָיִם, אַהֲבַת צִיּוֹן אַל תִּשְׁכַּח לָנֶצַח.
אַתָּה תָקוּם תְּרַחֵם צִיּוֹן תהלים קב
כִּי־עֵת לְחֶנְנָהּ, כִּי־בָא מוֹעֵד:
זְכֹר יהוה לִבְנֵי אֱדוֹם אֵת יוֹם יְרוּשָׁלָםִ תהלים קלז
הָאֹמְרִים עָרוּ עָרוּ, עַד הַיְסוֹד בָּהּ:
זְכֹר לְאַבְרָהָם לְיִצְחָק וּלְיִשְׂרָאֵל עֲבָדֶיךָ שמות לב
אֲשֶׁר נִשְׁבַּעְתָּ לָהֶם בָּךְ וַתְּדַבֵּר אֲלֵהֶם
אַרְבֶּה אֶת־זַרְעֲכֶם כְּכוֹכְבֵי הַשָּׁמָיִם
וְכָל־הָאָרֶץ הַזֹּאת אֲשֶׁר אָמַרְתִּי אֶתֵּן לְזַרְעֲכֶם
וְנָחֲלוּ לְעֹלָם:
זְכֹר לַעֲבָדֶיךָ לְאַבְרָהָם לְיִצְחָק וּלְיַעֲקֹב דברים ט
אַל־תֵּפֶן אֶל־קְשִׁי הָעָם הַזֶּה וְאֶל־רִשְׁעוֹ וְאֶל־חַטָּאתוֹ:

זְכָר לָנוּ בְּרִית אָבוֹת כַּאֲשֶׁר אָמַרְתָּ:
וְזָכַרְתִּי אֶת־בְּרִיתִי יַעֲקוֹב ויקרא כו
וְאַף אֶת־בְּרִיתִי יִצְחָק
וְאַף אֶת־בְּרִיתִי אַבְרָהָם אֶזְכֹּר
וְהָאָרֶץ אֶזְכֹּר:

פותחים את ארון הקודש ואומרים פסוק פסוק עד 'אַל תַּעַזְבֵנוּ'.

יש קהילות האומרות את הפסוקים בסדר אחר: 'שְׁמַע קוֹלֵנוּ', 'הֲשִׁיבֵנוּ', 'אַל תַּשְׁלִיכֵנוּ מִלְּפָנֶיךָ' ו'אַל תַּשְׁלִיכֵנוּ לְעֵת זִקְנָה', וממשיכים בלחש: 'אַל תַּעַזְבֵנוּ', 'עֲשֵׂה עִמָּנוּ אוֹת', 'אֲמָרֵינוּ הַאֲזִינָה', 'יִהְיוּ לְרָצוֹן' ו'כִּי לְךָ ה' הוֹחָלְנוּ'.

שליח הציבור אומר, והקהל חוזר אחריו בקול:

שְׁמַע קוֹלֵנוּ, יהוה אֱלֹהֵינוּ, חוּס וְרַחֵם עָלֵינוּ
וְקַבֵּל בְּרַחֲמִים וּבְרָצוֹן אֶת תְּפִלָּתֵנוּ.
הֲשִׁיבֵנוּ יהוה אֵלֶיךָ וְנָשׁוּבָה, חַדֵּשׁ יָמֵינוּ כְּקֶדֶם: איכה ה
אֲמָרֵינוּ הַאֲזִינָה יהוה, בִּינָה הֲגִיגֵנוּ.

בלחש: יִהְיוּ לְרָצוֹן אִמְרֵי פִינוּ וְהֶגְיוֹן לִבֵּנוּ לְפָנֶיךָ, יהוה צוּרֵנוּ וְגוֹאֲלֵנוּ.
אַל תַּשְׁלִיכֵנוּ מִלְּפָנֶיךָ, וְרוּחַ קָדְשְׁךָ אַל תִּקַּח מִמֶּנּוּ.
אַל תַּשְׁלִיכֵנוּ לְעֵת זִקְנָה, כִּכְלוֹת כֹּחֵנוּ אַל תַּעַזְבֵנוּ.
אַל תַּעַזְבֵנוּ יהוה, אֱלֹהֵינוּ אַל תִּרְחַק מִמֶּנּוּ.
עֲשֵׂה עִמָּנוּ אוֹת לְטוֹבָה, וְיִרְאוּ שׂוֹנְאֵינוּ וְיֵבֹשׁוּ
כִּי אַתָּה יהוה עֲזַרְתָּנוּ וְנִחַמְתָּנוּ.
כִּי לְךָ יהוה הוֹחָלְנוּ, אַתָּה תַעֲנֶה אֲדֹנָי אֱלֹהֵינוּ.

סוגרים את ארון הקודש.

וידוי

אֱלֹהֵינוּ וֵאלֹהֵי אֲבוֹתֵינוּ, תָּבֹא לְפָנֶיךָ תְּפִלָּתֵנוּ, וְאַל תִּתְעַלַּם מִתְּחִנָּתֵנוּ.
שֶׁאֵין אֲנוּ עַזֵּי פָנִים וּקְשֵׁי עֹרֶף לוֹמַר לְפָנֶיךָ
יהוה אֱלֹהֵינוּ וֵאלֹהֵי אֲבוֹתֵינוּ, צַדִּיקִים אֲנַחְנוּ וְלֹא חָטָאנוּ.
אֲבָל אֲנַחְנוּ וַאֲבוֹתֵינוּ חָטָאנוּ.

כשמתוודה, מכה באגרופו על החזה כנגד הלב בכל חטא שמזכיר.

אָשַׁמְנוּ, בָּגַדְנוּ, גָּזַלְנוּ, דִּבַּרְנוּ דֹפִי
הֶעֱוִינוּ, וְהִרְשַׁעְנוּ, זַדְנוּ, חָמַסְנוּ, טָפַלְנוּ שֶׁקֶר
יָעַצְנוּ רָע, כִּזַּבְנוּ, לַצְנוּ, מָרַדְנוּ, נִאַצְנוּ
סָרַרְנוּ, עָוִינוּ, פָּשַׁעְנוּ, צָרַרְנוּ, קִשִּׁינוּ עֹרֶף
רָשַׁעְנוּ, שִׁחַתְנוּ, תִּעַבְנוּ, תָּעִינוּ, תִּעְתָּעְנוּ.

סַרְנוּ מִמִּצְוֹתֶיךָ וּמִמִּשְׁפָּטֶיךָ הַטּוֹבִים, וְלֹא שָׁוָה לָנוּ.

נחמיה ט וְאַתָּה צַדִּיק עַל כָּל־הַבָּא עָלֵינוּ, כִּי־אֱמֶת עָשִׂיתָ וַאֲנַחְנוּ הִרְשָׁעְנוּ:

תהלים יט מְשִׁיחַ צִדְקֶךָ אָמַר לְפָנֶיךָ: שְׁגִיאוֹת מִי־יָבִין, מִנִּסְתָּרוֹת נַקֵּנִי: נַקֵּנוּ יהוה אֱלֹהֵינוּ מִכָּל פְּשָׁעֵינוּ וְטַהֲרֵנוּ מִכָּל טֻמְאוֹתֵינוּ וּזְרֹק עָלֵינוּ מַיִם טְהוֹרִים וְטַהֲרֵנוּ, כַּכָּתוּב עַל יַד נְבִיאֶךָ:

יחזקאל לו וְזָרַקְתִּי עֲלֵיכֶם מַיִם טְהוֹרִים וּטְהַרְתֶּם, מִכֹּל טֻמְאוֹתֵיכֶם וּמִכָּל־גִּלּוּלֵיכֶם אֲטַהֵר אֶתְכֶם: עַמְּךָ וְנַחֲלָתְךָ רְעֵבֵי טוּבְךָ, צְמֵאֵי חַסְדְּךָ, תְּאֵבֵי יִשְׁעֶךָ. יַכִּירוּ וְיֵדְעוּ, כִּי לַיהוה אֱלֹהֵינוּ הָרַחֲמִים וְהַסְּלִיחוֹת.

קדיש שלם

ש״ץ: יִתְגַּדַּל וְיִתְקַדַּשׁ שְׁמֵהּ רַבָּא (קהל: אָמֵן)
בְּעָלְמָא דִּי בְרָא כִרְעוּתֵהּ
וְיַמְלִיךְ מַלְכוּתֵהּ [וְיַצְמַח פֻּרְקָנֵהּ וִיקָרֵב מְשִׁיחֵהּ (קהל: אָמֵן)]
בְּחַיֵּיכוֹן וּבְיוֹמֵיכוֹן וּבְחַיֵּי דְכָל בֵּית יִשְׂרָאֵל
בַּעֲגָלָא וּבִזְמַן קָרִיב, וְאִמְרוּ אָמֵן. (קהל: אָמֵן)

קהל וש״ץ: יְהֵא שְׁמֵהּ רַבָּא מְבָרַךְ לְעָלַם וּלְעָלְמֵי עָלְמַיָּא.

ש״ץ: יִתְבָּרַךְ וְיִשְׁתַּבַּח וְיִתְפָּאַר וְיִתְרוֹמַם וְיִתְנַשֵּׂא
וְיִתְהַדָּר וְיִתְעַלֶּה וְיִתְהַלָּל שְׁמֵהּ דְּקֻדְשָׁא בְּרִיךְ הוּא (קהל: אָמֵן)
לְעֵלָּא לְעֵלָּא מִכָּל בִּרְכָתָא וְשִׁירָתָא, תֻּשְׁבְּחָתָא וְנֶחֱמָתָא
דַּאֲמִירָן בְּעָלְמָא, וְאִמְרוּ אָמֵן. (קהל: אָמֵן)

תִּתְקַבַּל צְלוֹתְהוֹן וּבָעוּתְהוֹן דְּכָל בֵּית יִשְׂרָאֵל
קֳדָם אֲבוּהוֹן דִּי בִשְׁמַיָּא, וְאִמְרוּ אָמֵן. (קהל: אָמֵן)

יְהֵא שְׁלָמָא רַבָּא מִן שְׁמַיָּא
וְחַיִּים [טוֹבִים] עָלֵינוּ וְעַל כָּל יִשְׂרָאֵל, וְאִמְרוּ אָמֵן. (קהל: אָמֵן)

כורע ופוסע שלוש פסיעות לאחור. קד לשמאל, לימין ולפנים באמירת:

עֹשֶׂה הַשָּׁלוֹם בִּמְרוֹמָיו
הוּא יַעֲשֶׂה שָׁלוֹם, עָלֵינוּ וְעַל כָּל יִשְׂרָאֵל, וְאִמְרוּ אָמֵן. (קהל: אָמֵן)